2024

中国上市公司业绩评价报告

中国上市公司业绩评价课题组 编著

PERFORMANCE EVALUATION REPORTS
OF CHINESE LISTED COMPANIES

中国市场出版社
China Market Press

·北京·

图书在版编目（CIP）数据

2024 中国上市公司业绩评价报告／中国上市公司业绩评价课题组编著. — 北京：中国市场出版社有限公司，2024.6. —ISBN 978-7-5092-2568-4

Ⅰ. F279. 246

中国国家版本馆 CIP 数据核字第 2024KE4309 号

2024 中国上市公司业绩评价报告

2024 ZHONGGUO SHANGSHI GONGSI YEJI PINGJIA BAOGAO

编　　著：中国上市公司业绩评价课题组

责任编辑：张　瑶

出版发行：中国市场出版社

社　　址：北京市西城区月坛北小街 2 号院 3 号楼（100837）

电　　话：（010）68034118/68021338

网　　址：http：//www. scpress. cn

印　　刷：北京捷迅佳彩印刷有限公司

规　　格：210mm×285mm　　16 开本

印　　张：25　　　　　　　　字　　数：515 千字

版　　次：2024 年 6 月第 1 版　　印　　次：2024 年 6 月第 1 次印刷

书　　号：ISBN 978-7-5092-2568-4

定　　价：398. 00 元

中国上市公司业绩评价课题组

目录

第一部分　中国上市公司评价总报告

第二部分　中国上市公司评价各行业分析报告

第三部分　中国上市公司各板业绩评价

附　　录

第一部分
中国上市公司评价
总报告

第一章

中国上市公司业绩评价宏观经济背景

2023 年是全面践行党的二十大精神的起始之年，也是疫情防控取得显著成效后，经济稳步复苏的关键一年。回顾这一年，国际形势变幻莫测，国内挑战艰巨繁多，全国上下努力奋斗，国内经济稳步复苏，主要目标如期实现，高质量发展步伐加快，为全面建设社会主义现代化国家打下坚实基础。

一、国际经济大环境的影响

（一）动荡与分化凸显，经济增长放缓

后疫情时代，尽管仍受到新冠疫情、乌克兰危机等负面因素余波影响，但全球经济总体呈现稳健复苏态势。世界各国经济发展分化态势愈发明显，不仅发达经济体与发展中经济体之间存在分化，而且二者内部同样呈现分化特征，发达经济体增速大幅放缓，新兴市场和发展中经济体增速放缓步伐相对较小。

（二）全球通胀缓解，地区分化加剧

2023 年，大部分经济体依然把抗击通胀作为首要任务，并在控制通胀方面取得阶段性成果。全年全球通胀率回落 2 个百分点，至 6.9%。发达经济体控通胀更有成效，通胀率下降 2.7 个百分点，主要归因于美联储连续三次加息，释放强烈控通胀信号，促使美国通胀率快速下降。相比之下，新兴经济体和发展中国家通胀率仅下滑 1.3%，依然处于高位，尤其是阿根廷和土耳其等部分国家，通胀近乎失控。

（三）全球贸易投资增长乏力

虽然疫情对全球经济造成的冲击和破坏已逐渐消散，但国际贸易与投资活动并未呈现预期中的快速增长，依然承受较大下行压力。世界贸易组织（WTO）警告，全球供应链分化迹象已经显现，并将持续威胁全球贸易。另外，联合国贸易和发展会议（UNCTAD）发

布报告称，2023 年全球外国直接投资总量约为 1.37 万亿美元，较上年增长 3%，虽好于预期，但经济不确定性和利率高企对全球投资带来的负面影响不容忽视。

（四）全球多国股市创新高

2023 年，全球主要股指均有突出表现，其中，美股三大股指数大幅上涨，道指频创历史新高；欧洲股市也迎来强劲大涨，德国、法国、英国等股市均一度创下历史新高；亚太股市中，日本股市表现亮眼，韩国综合指数和印度 SENSEX30 指数均大幅上涨。

二、国内宏观经济指标

（一）GDP 突破 126 万亿元

2023 年，我国国内生产总值（GDP）达到 1260582 亿元，较上年实现 5.2% 的稳健增长（见图 1-1）。其中，第一产业增加值达到 89755 亿元，同比增长 4.1%，展现出稳健可持续增长态势；第二产业增加值攀升至 482589 亿元，实现 4.7% 的正增长，为经济稳定提供有力支撑；第三产业增加值更是达到 688238 亿元，增长率高达 5.8%，成为推动经济增长的重要引擎。

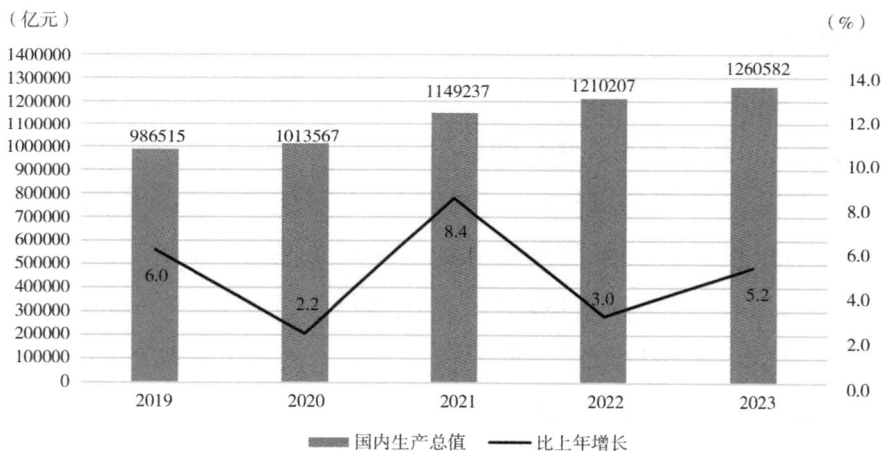

图 1-1 2019—2023 年国内生产总值及其增长速度

数据来源：国家统计局网站。

（二）固定资产投资平稳增长

2023 年，全社会固定资产投资总额为 509708 亿元，相较 2022 年实现 2.8% 的稳步增长。其中，不含农户的固定资产投资达到 503036 亿元，同比增长 3.0%。然而，不同地区差异明显，东部地区投资增长势头强劲，增长率达到 4.4%；中部地区投资增速较为平缓，为 0.3%；西部地区投资增长 0.1%，保持稳定态势；东北地区投资则下跌 1.8%。2023 年三次产业投资占固定资产投资（不含农户）比重见图 1-2。

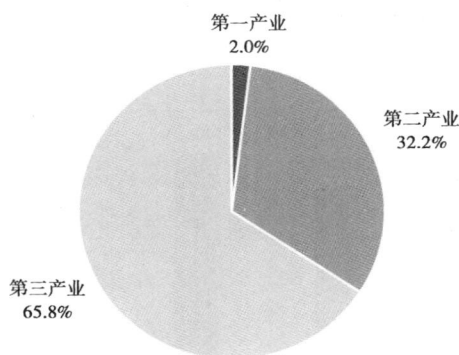

图1-2　2023年三次产业投资占固定资产投资（不含农户）比重

数据来源：国家统计局网站。

（三）货物进出口总体平稳

2023年，货物进出口总额达到417568亿元，较上年微增0.2%。其中，出口总额为237726亿元，实现0.6%的正增长；进口总额为179842亿元，小幅下降0.3%（见图1-3）。进出口顺差同比增加1938亿元，达到57883亿元。在对外贸易伙伴中，我国对"一带一路"倡议所涵盖的沿线国家进出口表现尤为出色，达到194719亿元，同比增长2.8%，为区域经济共同发展贡献中国力量。

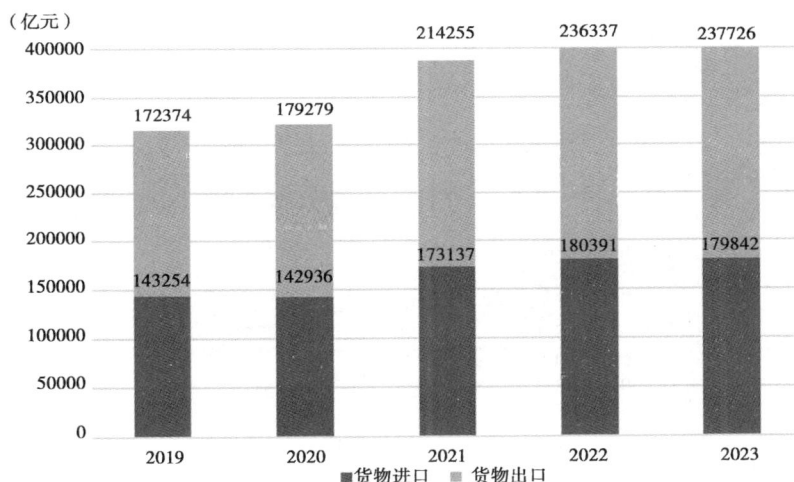

图1-3　2019—2023年货物进出口总额

数据来源：国家统计局网站。

（四）国内贸易大幅回升

2023年，社会消费品零售总额达到471495亿元（见图1-4），相比2022年增长7.2%。从城乡分布来看，城镇消费品零售占据主导地位，总额达到407490亿元，增长7.1%；乡村消费品零售额增长势头更为强劲，达到64005亿元，增长8.0%。进一步分析消费类型发现，商品零售额达到418605亿元，增长5.8%；餐饮收入达到52890亿元，增长率高达20.4%。网上实物商品零售额攀升至130174亿元，相较上年实现8.4%的稳健增长，其占社会消费品零售总额的份额超过四分之一，展现出强大市场活力与潜力。

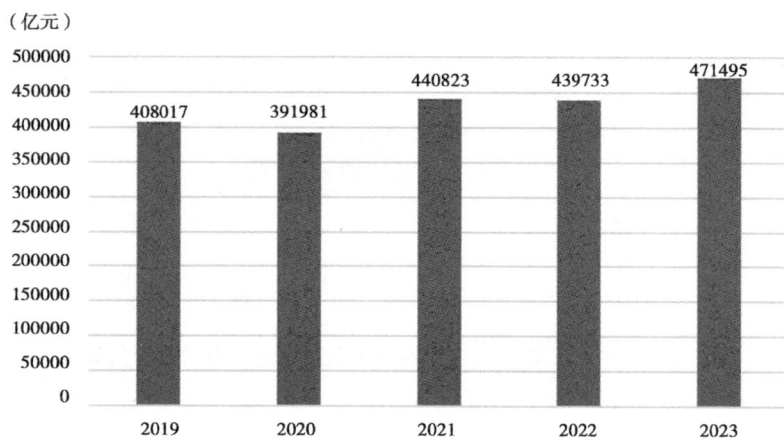

图 1-4 2019—2023 年社会消费品零售总额

数据来源：国家统计局网站。

（五）CPI 总体平稳

2023 年我国居民消费价格指数（CPI）上涨 0.2%，与主要发达经济体饱受高通胀困扰形成鲜明对比（美国为 4.1%，欧元区为 5.4%）。由于俄乌冲突等一些非经济、非常规因素影响减轻，食品和能源价格随之回落，对全年整体 CPI 影响较大。而扣除食品和能源的核心 CPI 保持平稳，微涨 0.7%。2023 年 CPI 月度涨跌幅度见图 1-5。

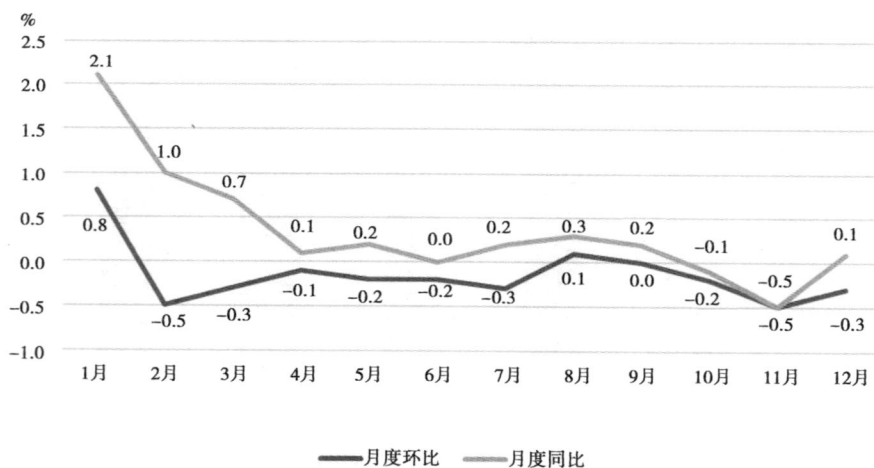

图 1-5 2023 年居民消费价格指数月度涨跌幅度

数据来源：国家统计局网站。

（六）就业形势总体稳定

截至 2023 年底，全国就业人员共 74041 万人。其中，城镇就业人员占比达 63.5%，达 47032 万人；城镇新增就业人数为 1244 万人（见图 1-6），同比增长 3.2%。另外，农民工作为就业市场重要组成部分，总数达 29753 万人，相比上年增长 0.6%。根据就业地区分布，农民工可分为外出务工和本地就业两类，前者人数为 17658 万人，同比增长 2.7%，后者人数为 12095 万人，同比下降 2.2%。

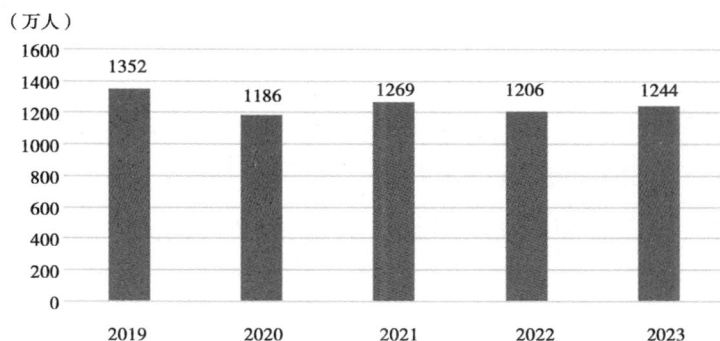

图 1-6　2019—2023 年城镇新增就业人数

数据来源：国家统计局网站。

（七）国际收支保持平衡

2023 年末，我国外汇储备保持在 3.2 万亿美元以上，国际收支运行总体稳健。经常账户顺差达到 2530 亿美元，较 2022 年减少 39.4%，与 GDP 之比为 1.4%。值得注意的是，货物贸易顺差 5939 亿美元，处于历史次高水平，凸显了我国持续推进产业升级和外贸多元化发展取得的显著成效；服务贸易逆差为 2078 亿美元。截至 2023 年末，我国对外净资产为 2.9 万亿美元，同比增加 20%。

（八）PMI 基本平稳

制造业采购经理指数（PMI）是通过对企业采购经理发放月度问卷调查所统计出的扩散指数加权得到的综合指数，用来反映制造业整体行业的增长或者衰退情况，是行业运行情况的晴雨表。PMI 以 50% 表示荣枯线。PMI>50%，通常可以理解为制造业经济扩张；PMI<50%，解释为制造业经济萎缩。2023 年 PMI 各月指数见表 1-1。

表 1-1　PMI 各月指数

月份	1月	2月	3月	4月	5月	6月	7月	8月	9月	10月	11月	12月
PMI（%）	50.1	52.6	51.9	49.2	48.8	49.0	49.3	49.7	50.2	49.5	49.4	49.0

数据来源：国家统计局网站。

（九）股票市场指数与成交量双双回落

2023 年末，上证综合指数收于 2975 点，较上年末回落 3.7%；深证成份指数收于 9525 点，较上年末回落 13.5%。从行业角度来看，通信行业涨幅超过 20%，电子和汽车等行业涨幅同样位居前列，商贸零售和房地产等行业表现相对较弱。在股票市场方面，成交量和筹资额与上年同期相比有所减少。沪、深股市全年累计成交额达 212.2 万亿元，平均每日成交 8769 亿元，相比上年下降 5.5%；沪、深股市全年累计筹资 9170 亿元，相比上年减少 30.4%。

（十）货币市场回购交易活跃，利率互换市场平稳运行

2023 年，银行间市场债券回购交易活跃度显著提升，累计成交额达到 1674.2 万亿元，日均成交额为 6.7 万亿元，较去年同期实现 21.3% 的强劲增长。然而，同业拆借市场表现略显平淡，累计成交额为 143 万亿元，日均成交额为 5719 亿元，同比小幅下降 2.6%。同时，人民币利率互换市场交易活跃度明显提升，全年成功实现 35.2 万笔交易，与去年相比增长 44.1%，而且名义本金总额也显著增长，达到 31.7 万亿元，同比增长 50.8%。

三、宏观经济特征

2023 年，全球经济增长势头略显疲弱，发达经济体继续推行紧缩货币政策，地缘政治格局错综复杂。面对如此国际环境，政府加强宏观调控，国民经济稳步回升，内生动力逐步恢复，高质量发展踏上新台阶。

（一）三大产业有序恢复、增势良好

2023 年，我国国民经济三大产业同比增速分别为 4.1%、4.7% 和 5.8%，占国内生产总值比重分别为 7.1%、38.3% 和 54.6%。具体情况如下：

1. 粮食产量再创新高，畜牧业生产平稳发展

2023 年，全国粮食总产量达到 13908.2 亿斤，同比增加 177.6 亿斤，再创新高，连续 9 年保持在 1.3 万亿斤以上。其中，早稻和秋粮分别增产 0.8% 和 1.9%；夏粮减产 0.8%。全年，我国猪牛羊禽肉产量达到 9641 万吨，与上年相比实现 4.5% 的稳步增长。具体来看，各类肉品产量均呈现增长态势，其中，猪肉产量同比增长 4.6%，牛肉产量同比增长 4.8%，羊肉产量同比增长 1.3%，禽肉产量同比增长 4.9%。

2. 工业生产回升向好，发展动能不断增强

2023 年，工业发展势头稳健，全国工业增加值达到 399103 亿元，同比增长 4.2%，规模以上工业企业增加值更是实现 4.6% 的增长。从经济类型来看，外商及港澳台商投资企业增加值增长 1.4%，私营企业增加值增长 3.1%，国有控股企业增加值增长 5.0%，而股份制企业增加值实现 5.3% 的增长。分行业看，各行业发展较为均衡协调，采矿业、电力热力燃气及水生产和供应业、制造业分别实现 2.3%、4.3% 和 5.0% 的增长。值得关注的是，一些新兴产品产量增长迅猛，如太阳能电池产量增长 54.0%，新能源汽车产量增长 30.3%，发电机组（发电设备）产品产量增长 28.5%。

3. 服务业持续恢复，现代服务业增势强劲

2023 年，全部服务业增加值为 688238 亿元，继续成为推动经济增长的主要动力，较上年增长 5.8%，有效拉动国内生产总值增长 3.2%。另外，现代服务业增长态势迅猛。金融业、租赁和商务服务业、信息传输、软件和信息技术服务业等行业增加值均实现显著增长，

同比分别增加 6.8%、9.3% 和 11.9%，进一步夯实服务业在国民经济中的主导地位。

（二）消费较快恢复，投资和进出口基本稳定

1. 收入持续增长，消费复苏加快

在收入方面，2023 年全国居民人均可支配收入为 39218 元，同比增长 6.3%，不考虑价格因素影响，实际增长 6.1%。具体来看，城镇和农村分别为 51821 元和 21691 元，较上年分别增长 5.1% 和 7.7%。在消费方面，全国居民人均消费支出 26796 元，同比增长 9.2%，剔除价格影响，实际增长 9.0%。细分来看，城镇和农村分别为 32994 元和 18175 元，同比分别增长 8.6% 和 9.3%。除此之外，全国居民恩格尔系数为 29.8%，较上年降低 0.7%；分城乡看，城镇为 28.8%，农村为 32.4%，分别较上年下降 0.7% 和 0.6%。

2. 制造业投资持续向好，高技术投资占比提高

2023 年，全国固定资产投资增至 509708 亿元，同比增长 2.8%，增速同比下降 2.1 个百分点。其中，扣除农户的固定资产投资为 503036 亿元，同比增长 3.0%，投资规模不断扩大。全年来看，制造业企业经营状况大幅好转，转型升级步伐加快，企业投资企稳向好，实现 6.5% 的同比增长。同时，现代化产业体系建设进展顺利，高技术产业投资增长速度加快，为经济发展注入新动力。

3. 货物进出口整体稳定，贸易结构不断优化

2023 年 1—12 月，全国进出口总额 41.76 万亿元，同比增加 0.2%。其中，出口总额 23.77 万亿元，同比增加 0.6%；进口总额 17.99 万亿元，同比下降 0.3%。从产品类型来看，以电动汽车、锂离子蓄电池和太阳能蓄电池为代表的"新三样"出口额共计 1.06 万亿元，实现 29.9% 的大幅增长，首次超过万亿元；船舶和家用电器出口表现同样强劲，同比分别增长 35.4% 和 9.9%。

（三）居民消费价格总体平稳，生产价格低位运行

2023 年，国际油价下行、国内消费市场供应充足，但受核心 CPI 上涨带动，整体 CPI 同比上涨 0.5%。具体来看，食品价格同比下降 0.3%，主要是由于猪肉和鲜菜价格较低，猪肉价格平均下降 13.6%，鲜菜价格下降 2.6%。受国际油价下行影响，全年能源价格由涨转降，其中，液化石油气、汽油和柴油价格分别下跌 2.1%、5.6% 和 6.1%；与此同时，车用天然气和居民用煤价格分别上涨 2.3% 和 0.2%，涨幅与上年同期相比均有所回落。

由于国际大宗商品价格下行、部分工业品需求不振，再加上 2022 年基数较高，2023 年生产者出厂价格指数（PPI）同比下跌 3.0%。尽管如此，高技术产业的迅猛发展和促消费政策的实施，对 PPI 走势产生积极提振效应。具体而言，航空航天器和设备制造价格同比上涨 4.2%，医疗仪器设备和设备制造价格以及可穿戴智能设备制造价格分别上涨 1.6% 和 1.2%。

（四）房地产开发投资和到位资金持续下降

2023 年，房地产开发投资总额为 110913 亿元，较上年减少 9.6%，具体来看，住宅投资 83820 亿元，同比减少 9.3%；办公楼投资 4531 亿元，同比减少 9.4%；商业营业用房投资 8055 亿元，跌幅较大，达到 16.9%。在销售面积和销售额方面，全年商品房销售面积和销售额分别为 111735 万平方米和 116622 亿元，同比分别下跌 8.5% 和 6.5%。

从资金到位情况来看，房地产开发企业在资金筹措方面的压力和挑战增大，全年到位资金为 127459 亿元，同比下跌 13.6%。从资金来源角度看，自筹资金 41989 亿元，下跌 19.1%；定金及预收款 43202 亿元，下跌 11.9%；个人按揭贷款 21489 亿元，下跌 9.1%；国内贷款 15595 亿元，下跌 9.9%；外资仅 47 亿元，跌幅显著，达到 39.1%。

四、宏观经济政策

（一）积极的财政政策

2023 年，财政部门坚持实施更加有力有效的财政举措，加强财政监督管理，将宏观调控、扩大消费、创新动能和化解风险有机结合，推动我国经济平稳运行和高质量发展。

从收入层面来看，全年全国一般公共预算收入显著增长，达到 216784 亿元，实现 6.4% 的正增长。其中，中央和地方分别为 99566 亿元和 117218 亿元，同比分别增长 4.9% 和 7.8%，地方财政收入增长势头更强。从地域分布来看，东部、中部、西部和东北地区收入同比分别实现 6.7%、6.9%、10.7% 和 12% 的正增长。

从支出层面来看，全年全国一般公共预算支出呈现稳健态势，总额达到 274574 亿元，实现 5.4% 的正增长。具体来看，中央和地方分别为 38219 亿元和 236355 亿元，分别增长 7.4% 和 5.1%。分项目看，教育、城乡社区、科学技术、社会保障和就业支出同比分别增长 4.5%、5.7%、7.9% 和 8.9%。

1. 优化现有减税降费举措，实施新税费优惠政策

加强逆周期调控策略与政策储备相关研究，持续优化巩固减税降费政策实施效果，与时俱进改进帮扶措施，精准有效助力企业渡过难关，实现稳健长远发展，推动国民经济整体复苏并朝更好方向发展。2023 年，新实施减税降费达 1.57 万亿元，新增留抵退税约 0.65 万亿元，减税降费及退税缓费合计总额达 2.22 万亿元，有效缓解了中小微企业发展初期资金压力和短期现金流问题。

2. 完善财税政策，促进居民消费

一是为促进新能源汽车销售，推动新能源汽车行业蓬勃发展，继续实施购车税费减免优惠，在年底到期基础上再延长四年。二是为提振影视行业信心，促进消费市场复苏回升，决定自 2023 年 5 月至 10 月六个月内，免征国家电影事业发展专项资金。三是为建设健全各

地区商业体系，中央财政出资 42.4 亿元，设立支持保障服务业发展专项资金。在资金分配上，特别关注中西部地区，通过资金倾斜配置，引导地方政府将工作重心置于完善县乡村商业网络体系和农村物流配送等关键领域，进一步推动农村商业设施完善与发展。

3. 政府投资示范引导，持续优化投资结构

2023 年，新增 3.8 万亿元地方政府专项债券额度，主要用于满足高成熟度项目和在建项目资金需求，保障资金高效利用和项目顺利推进。同时，专项债券投资目标涵盖城中村改造、5G 基础设施建设等项目，将供热、供水和供气等民生项目纳入专项债券资本金范畴。此外，督促引导各级政府提高债券发行和使用速度，以期尽快发挥债券资金社会效益。提前下达新一年地方政府债务新增限额，以保障重要战略项目建设资金需求，最大化拉动地方经济增长。

（二）稳健的货币政策

2023 年，国务院金融管理部门根据经济形势适时加强逆周期调节力度，力求在总量与结构、数量与价格、内部与外部等多方面实现均衡，保障实体经济稳健发展。

全年跨境资本流动保持平稳有序态势，外汇市场供求关系基本维持平衡，人民币汇率总体保持稳定。2023 年 12 月底，人民币汇率指数为 97.42，同比贬值 1.3%，在合理区间内波动；流通中货币（M0）、狭义货币供应量（M1）和广义货币供应量（M2）余额分别达到 11.3 万亿元、68.1 万亿元和 292.3 万亿元，同比分别增长 8.3%、1.3% 和 9.7%。此外，统计数据显示，2023 年社会融资规模年末存量和全年增量分别为 378.1 万亿元和 35.6 万亿元，同比分别增长 9.5% 和 10.56%。

1. 灵活开展公开市场操作

2023 年，中国人民银行两次下调公开市场逆回购操作利率各 10 个基点，至 12 月底利率稳定在 1.8%。此外，在港发行人民币央行票据常态化，12 个月累计发行 1600 亿元，此举有效促进离岸人民币货币市场及债券市场稳健发展；持续超额续作中期借贷便利（MLF），全年累计操作量达 70750 亿元，保证中长期流动性充分供给；累计开展常备借贷便利（SLF）操作总额达 456 亿元，满足地方法人金融机构短期流动性需要。

2. 调整金融机构准备金率

2023 年，金融机构人民币存款准备金率两次各下调 0.25 个百分点，释放超过 1 万亿元中长期流动性，不仅有利于传递加大宏观政策调控力度政策信号，增强社会信心和底气，还有利于优化央行向银行体系供给流动性结构，降低银行体系资金成本。近年来，为有效缓解美欧等发达经济体货币政策改变造成的不良影响，我国多次调整金融机构外汇存款准备金率，其中，9 月 15 日，金融机构外汇存款准备金率下调 2 个百分点，释放外汇流动性约 150 亿美元。

3. 发挥货币政策工具总量和结构双重功能

一是运用支农支小扶贫再贷款、再贴现等工具，引导地方金融机构增加对涉农、小微企业和民营企业信贷支持。截至 2023 年 12 月底，四项工具余额分别为 6562 亿元、1.7 万亿元、1222 亿元和 5920 亿元。二是继续实施碳减排支持工具和煤炭清洁高效利用专项再贷款，以推动绿色金融发展。截至 2023 年末，两项工具余额分别为 5410 亿元和 2748 亿元。三是科技创新再贷款、设备更新改造专项再贷款到期退出，存量资金依然发挥积极作用。截至 2023 年末，两项工具余额分别为 2556 亿元和 1567 亿元。

五、对 2024 年宏观经济的几点展望

2023 年，在外部压力与内部困难的双重考验下，我国经济依然实现质的显著提升和量的稳健增长。2024 年，我们必须坚定不移贯彻落实中央经济工作会议精神，把高质量发展作为核心任务，积极发展新质生产力，不断探索和开辟高质量发展的新领域、新赛道。

（一）积极的财政政策要适度加力、提质增效

1. 加速构建现代化产业体系

围绕基础研究、应用基础研究、国家战略科技任务等关键领域和薄弱环节，加强科技投资、研发投资力度，致力于实现前沿科技独立自主与强大发展。同时，大力支持产业科技创新，保障制造业领域重点研发项目和工作顺利开展。严格执行企业科技研发相关项目税收减免政策，进一步激发企业创新活力。

2. 进一步激发国内需求

统筹建设全国统一大市场，平等对待各类经营主体。深入研究并推行一系列财税政策，鼓励和引导国内消费，促进新消费增长点形成与壮大。积极推进市县商业建设行动，全力建设、完善和优化消费基础设施。有效利用本年新发国债，根据项目建设程度划拨所需资金，确保政策有效落地和项目顺利推进。

3. 支持保障和改善民生

贯彻落实就业优先政策，综合应用税费减免、社保补贴、贷款贴息等多项措施，多途径帮助企业稳定现有岗位并扩大招聘，同时鼓励个人创业和就业。持续加大教育支持力度，构建更高水平教育体系。继续优化医疗卫生保障体系，推进公立医院以公益性为原则和导向进行改革。不断完善社保体系，全国统筹职工基本养老保险，建立分层级分类别社会救助保障制度。加强"三保"支出预算监督管理，确保资金使用透明高效。

（二）稳健的货币政策要灵活适度、精准有效

1. 保持融资和货币总量合理增长

不断增强企业直接融资能力，准确认识债券和信贷之间的关系。持续推动公司信用类

债券和金融债券市场发展。分析监测银行体系流动性供求和金融市场变化，密切关注主要央行货币政策变化，灵活运用不同货币政策工具，保障政府债券顺利发行。

2. 充分发挥货币信贷政策导向作用

坚持"聚焦核心、适度调控、进退有序"原则，确保再贷款、再贴现政策稳定连续，用好普惠小微贷款支持工具和各类专项再贷款工具，整合科技创新及数字金融领域支持工具方案，增强对普惠小微、制造业等关键领域和薄弱环节金融支持力度。依城定策，依据不同住房需求，制定差异化信贷政策。一视同仁不同所有制房地产企业，平等提供融资资金。

3. 精准调控利率与汇率，实现内外均衡

深化利率市场化改革，确保货币政策传导畅通。完善市场利率形成与传导机制，进一步优化央行政策利率体系，保证市场利率波动区间合理。稳步推进汇率市场化改革，完善浮动汇率调节管理制度。加强外汇市场管理，培养金融机构"风险中性"理念，并指导其积极帮助中小微企业规避汇率风险。

（三）着力扩大国内需求，推动经济良性循环

1. 促进消费稳定增长

培育发展新消费模式，制定施行数字智能、绿色低碳、安全健康等促消费政策，积极挖掘智慧家居、特色文旅、精彩赛事、新品国货等消费热点。持续推动传统项目消费复苏，筹划开展以旧换新、汽车下乡等优惠活动，激发新能源智能汽车、智能电器等大宗商品消费潜力和活力。着力提升关乎群众切身利益的养老、抚幼等领域服务质量，携手支持民间力量共同参与提供高质量社区服务。

2. 积极扩大有效投资

政府投资发挥引领作用，补齐我国经济社会发展领域短板，如关键技术创新、新型基础设施、绿色节能降碳等。同时，加强建设抗洪排涝、抗震救灾等基础设施，更新改造各类型生产、服务设备。统筹资金运用，加强统一管理，提升投资效率。此外，积极吸引社会资本投资，制定完善政策保障体系，创新政府同民间资本合作途径，消除各种隔阂障碍，促进民间投资在更多领域、更大范围内进得去、容得下、能成长、有贡献。

（四）建设现代化产业体系，加快发展新质生产力

1. 优化升级产业链和供应链

加强产业链协同创新，鼓励上下游企业加强合作，形成产学研用一体化紧密创新体系。通过设立联合研发中心、共享技术平台等方式，促进技术、人才、资金等要素深度融合。推动供应链数字化转型，利用大数据、云计算、物联网等现代信息技术，智能化改造供应链。构建数字化供应链平台，实现各环节信息实时共享和协同作业。加强供应链风险管理，建立健全风险预警和应对机制，及时识别、评估潜在风险。统筹运用多元化采购、建立备

份供应链等方式，降低单一供应商或生产环节风险。

2. 推进数字经济创新发展

制定一系列支持和保障政策，推动数字产业化与产业数字化、数字科技与实体企业融合发展。利用数字技术赋能中小企业，促进工业互联网应用规模化，加快制造业、服务业企业数字化转型进程。建立健全数据基础制度，推动数据开发、开放、交流和使用。及早制定算力发展规划，超前部署数字基础设施，全国统筹算力分布与应用，建成一体化算力体系，不断培育、完善和升级算力产业生态体系。通过数字变革，为经济发展增添新动力，提升人民生活品质和社会治理现代化水平。

参考文献：

1. 国家统计局网站
2. 财政部网站
3. 中国人民银行网站
4. 2024 年政府工作报告
5. 《2023 年中国财政政策执行情况报告》
6. 《2023 年货币政策执行报告》

第二章

中国上市公司业绩评价结果综述

2023 年，世界进入新的动荡变革期，地缘政治持续紧张，美联储多次加息，全球经济增长动能不足，国际格局在加速演变、重组。面对外循环增长停滞、国内有效需求不足的双重挑战，我国强化宏观政策逆周期和跨周期调节，继续实施积极的财政政策和稳健的货币政策，优化完善减税降费政策，进一步改善营商环境，全力支持实体经济高质量发展。中国经济呈现出"稳""进""好"的发展特征，国内生产总值增长 5.2%。创新驱动发展战略深入实施，持续推动以科技创新引领现代化产业体系建设，扎实推进制造业高端化、智能化、绿色化转型，经济发展的新动能新优势不断壮大，资本市场推动产业、资本、科技高效融合，正向循环相得益彰，经济整体展现较强韧性和恢复能力，经济高质增长进一步全面提升。2023 年，沪深北三市 5194 家上市公司（不包括金融股和 B 股，本章如无特指按此口径；本书除第二部分第十三、十四章，如无特指，以下简称"全部上市公司"或"上市公司"的也按此口径）合计实现营业收入 63.46 万亿元，同比增长 3.15%，连续两年增长但增速放缓；归属于母公司股东的净利润合计 2.86 万亿元，同比增长 2.11%。2023 年 A 股市场日均成交额为 8764.54 亿元，较 2022 年 9050.2 亿元日均成交额，下降 3.16%，创三年新低；三大指数连续两年集体下跌，上证综指下跌 3.7%，深证成指下跌 13.54%，创业板股指下跌 19.41%。

一、上市公司业绩评价结果

按照上市公司业绩评价体系，本书以统一的评价标准为测算基准，运用功效系数法，同时结合上市公司的市场表现，对 2023 年度上市公司业绩进行评价。从整体综合评价得分情况来看，5194 户上市公司的业绩评价得分在 2023 年整体小幅下降。2023 年综合得分 62.92 分，与 2022 年综合得分 63.00 分相比下降了 0.08 分。

2023 年与 2022 年全部上市公司在财务效益、资产质量、偿债风险、发展能力和市场表现各方面得分情况如图 2-1 所示。从图 2-1 可以看出，2023 年全部上市公司各方面得分较 2022 年变动幅度较小，其中偿债风险、发展能力得分较上年小幅上涨，财务效益、资产质量及市场表现得分较上年小幅下降，综合得分较 2022 年略有下降。在经历三年疫情后，面对世界经济增速放缓和内需不足等多重挑战，经济恢复必然呈现波浪曲折式发展，2023 年全部上市公司整体业绩得分虽较 2022 年小幅降低，但经济整体展现出较强的韧性和恢复能力。股票发行注册制改革全面落地实行，财政部、中国证监会"四箭齐发"，以政策"组合拳"助力市场活力持续提升，上市公司群体不断壮大，经济回升向好态势明显。

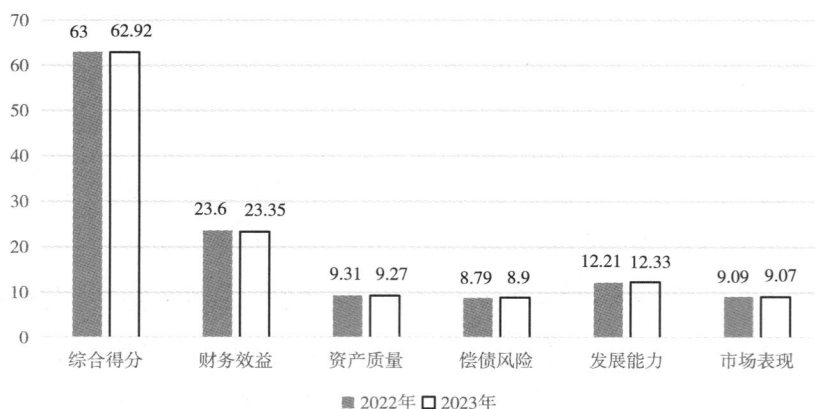

图 2-1　2022—2023 年全部上市公司各项能力得分情况对比

图 2-2 列示了 2022—2023 年各行业综合得分情况变化。从图 2-2 可以看出，各行业表现相对平稳，部分行业呈现较大幅度变动，社会服务、非银金融、纺织服饰、商贸零售、汽车、传媒、房地产、家用电器、通信等行业得分较上年有不同程度提高。主要影响因素分为两方面，社会服务、纺织服饰、商贸零售等行业得分上涨主要是由于 2022 年受到疫情因素影响导致得分较低，防疫政策逐步放开后行业生产经营逐渐恢复。汽车、通信等行业得分上涨主要是由于行业新建、扩建导致产能释放。其中社会服务行业增长最为显著，营业收入增长率高达 31.53%。2023 年随着防疫政策逐步放开，社会服务需求回暖，行业限制逐渐放宽，尤其旅游业政策导向由限制转向鼓励，进一步提振居民出游信心，旅游消费发展全面复苏；同时由于新一代科技的引入，社会服务行业的效率大幅提升，费用率大幅回落，整体得分大幅上涨。商贸零售及纺织服饰行业，同样随着正常生产、生活秩序恢复和线下消费场景加快拓展，消费市场逐步恢复，线上线下均实现恢复性增长。依托从中央到地方对促进汽车市场消费激励政策，2023 年汽车产销量及出口量再创历史新高，新能源汽车延续持续增长势头，但受三轮极具规模的"价格战"影响，行业整体得分仅上涨12.71%。农林牧渔、电力设备、有色金属、医药生物等行业综合得分较上年则有不同程度下降，其中农林牧渔行业受全年畜禽价格低迷、饲料原料价格高位运行等因素影响，2023年行业整体盈利水平较 2022 年明显下滑；随着硅料产能释放，光伏设备板块内供需格局出

现显著变化，主产业链竞争加剧，进而导致电力设备行业得分小幅下降。除此之外，建筑材料、建筑装饰、机械设备、国防军工、食品饮料、电子、交通运输、综合等行业综合得分较上年基本不变，整体发展较为平稳。

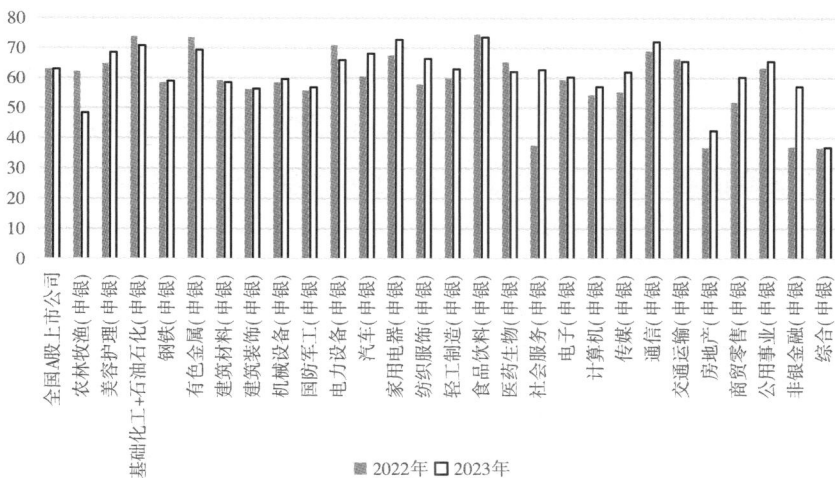

图 2-2　2022—2023 年各行业综合得分情况对比

图 2-3 列示了 2022—2023 年各规模上市公司综合得分情况。从图中可以看出，较大规模的 100 亿元以上及 50 亿~100 亿元上市公司综合得分有不同程度降低，较小规模的 10 亿~50 亿元及 10 亿元以下上市公司综合得分则有不同程度增长，其中 10 亿元以下的上市公司综合得分上涨幅度最大，增长 5.07 分。北交所、科创板、创业板总市值实现正增长与评价综合得分增长正相关。由此可见，在诸多利好政策扶持下，中小企业、专精特新企业发展活力逐步显现。

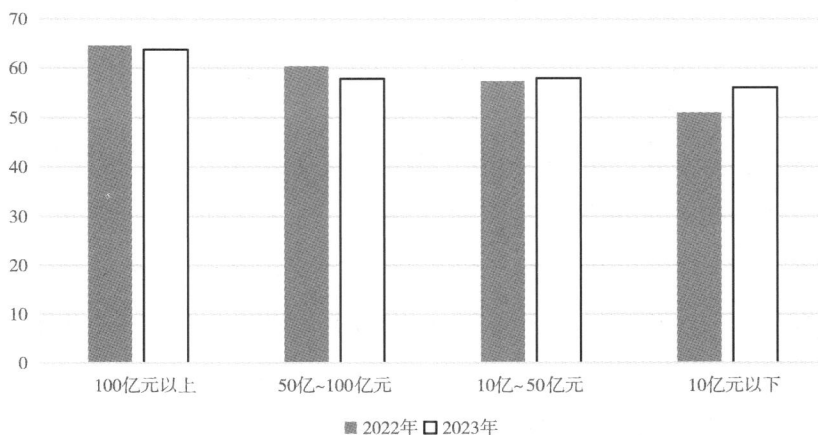

图 2-3　2022—2023 年各规模上市公司综合得分情况对比

2023 年上市公司的期末总资产为 1020709.32 亿元，同比增长 5.37%，占当年 GDP 1260582 亿元的 80.97%。

2023 年上市公司共实现营业收入 634627.83 亿元，同比增长 3.15%，占当年 GDP 的 50.34%。2023 年共实现营业利润 40756.54 亿元，同比下降 0.33 %，占当年 GDP

的 3.23%。

下面分别从财务效益、资产质量、偿债风险、发展能力和市场表现五个方面对评价结果逐一进行说明。

（一）财务效益

2023 年上市公司的财务效益状况平均得分为 23.35 分。评价财务效益状况的指标包括两个基本指标（扣除非经常性损益净资产收益率和总资产报酬率）和三个修正指标（营业利润率、盈利现金保障倍数、总股本收益率）。财务效益状况各项指标年度变化情况详见表 2-1。

表 2-1 财务效益状况指标年度对比表

	分析指标	2023 年上市公司平均值	2022 年上市公司平均值	增长率（%）
基本指标	净资产收益率（%）	6.75	7.31	-7.66
	总资产报酬率（%）	5.03	5.28	-4.73
修正指标	营业利润率（%）	6.42	6.65	-3.46
	盈利现金保障倍数	2.01	1.84	9.24
	总股本收益率（%）	44.8	45.68	-1.93
综合得分		23.35	23.6	-1.06

由以上财务效益状况指标年度对比表可见，除盈利现金保障倍数较上年有所上涨外，其余各项指标均呈不同幅度下降，故 2023 年度整体财务效益状况较 2022 年小幅下降。可以看出，虽然 2023 年上市公司整体现金流状况较上年改善较为明显，但由于资产收益率下降较为明显，总体财务效益状况得分有所降低。

1. 行业分析

图 2-4 列示了各行业财务效益得分在 2022—2023 年度之间的变化。美容护理、汽车、纺织服饰、社会服务、房地产、商贸零售、非银金融等行业有较大程度的改善，农林牧渔、钢铁、建筑材料、医药生物等行业有不同程度降低。

从 2023 年各行业上市公司财务效益指标评分看来，食品饮料行业得分较上年小幅上涨，以 28.88 分稳居各行业榜首，较全部上市公司平均财务效益指标评分高出 5.53 分，此外，家用电器、美容护理、基础化工+石油石化、电力设备、有色金属、公用事业和通信行业也分别以 28.06 分、27.3 分、27.19 分、26.3 分、25.82 分、25.71 分和 25.52 分远超全部上市公司平均水平。2023 年度，食品饮料行业 125 家上市公司实现营业利润 2772.71 亿元，占全部上市公司实现营业利润总额的 6.8%，较 2022 年的 2409.17 亿元增长 15.09%，涨幅相对平稳。从各项财务效益基本指标和修正指标看，食品饮料行业净资产收益率、总资产报酬率、营业利润率和总股本收益率指标均远高于其他行业，进而拔得头筹。家用电器行业紧随其后，得分较上年增长 4.78%。2023 年度，家用电器行业上市公司实现的营业利润为 1342.86 亿元，占全部上市公司实现营业利润的 3.29%，较 2022 年的 1173.11 亿元增长 14.47%。从各项财务效益基本指标和修正指标情况看，家用电器行业净资产收益率、总资产报酬率、营业利润率和总股本收益率指标均远高于上市公司平均水平，总股本收益率高达 135.63%。可以看出，2023 年，虽然面对复杂严峻的国际环境和艰巨繁重的国内改革发展稳定任务，经济发展面临诸多阻碍，但国家及时出台的稳经济一揽子政策，促进民生保障持续加强，内需持续扩大，结构不断优化，整体国民经济回升向好，使得食品饮料、家用电器、美容护理、社会服务等消费类行业在财务效益方面表现亮眼。

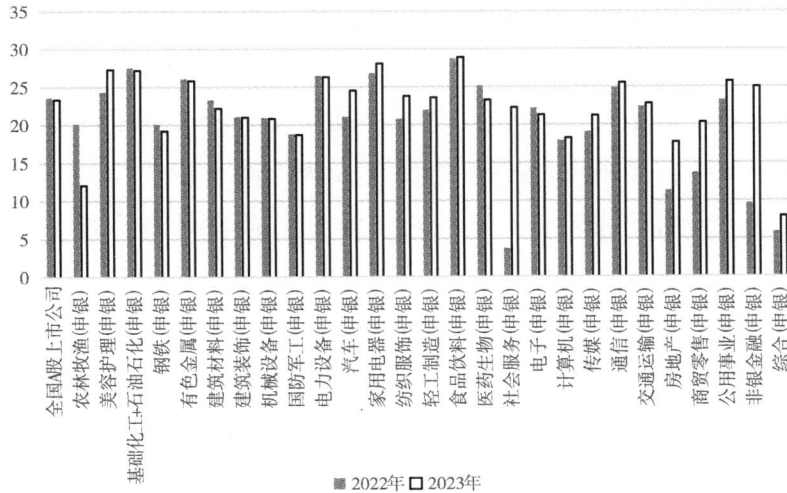

图 2-4　2022—2023 年各行业财务效益得分

此外，美容护理、基础化工+石油石化、电力设备、有色金属、公用事业、通信等行业财务效益状况评分均高于全部上市公司平均评分。美容护理行业受国民经济回升向好的正向影响，以及人口结构提供韧性增长动力，需求大幅提升，同时消费呈现多元化发展，技术革新频率加快，进一步推动了美容护理行业财务效益的大幅增长。基础化工+石油石化行业受原油、天然气及其绝大多数石化产品价格大幅下跌影响，2023 年全行业呈现"增产增消不增利"的情况，导致财务效益得分较 2022 年有所下降，但各项财务效益指标均高于各行业平均水平，营业利润虽较上年有所下降，但仍保持 6912.06 亿元的较高水平。电力设备行业受光伏行业处于周期性调整期间影响，产业链价位处于低位，行业整体盈利能力较上年有所降低，但整体营业利润率仍远高于全部上市公司平均水平，虽短期盈利承压，但财务效益仍保持较高水平。有色金属行业整体发展态势稳中向好，2023 年实现十种有色金属产品产量首次突破 7000 万吨大关，有色金属企业实现利润由降转增，整体超过上年水平；同时光伏、风电、新能源汽车、动力及储能电池等产业高速发展，能源金属需求不断加大，价格持续走高，行业整体盈利能力继续提升。通信行业电信业务量、营收双增，连续 5 年投资实现正增长，行业拓展数字化转型服务成效凸显；同时算力等新型网络基础设施建设加快，5G 和千兆用户规模保持快速增长，龙头公司盈利能力增强带动行业整体净利率提升，财务效益得分持续保持较高水平。

建筑材料、汽车、纺织服装、轻工制造、医药生物、社会服务、电子、交通运输等行业财务效益状况评分与全部上市公司平均水平基本持平。从各项财务效益状况指标来看，以上各行业指标较全部上市公司平均水平略高或略低，与平均水平差距较小。其中社会服务行业较上年增长明显，财务效益得分较上年增长约 5 倍，营业利润率为 9.61%，较 2022 年-7.95%扭亏为盈并显著增长。此外，汽车、纺织服装、轻工制造行业得分均较上年有不同幅度上涨。医药生物行业得分则较上年有所下降，主要受疫后复苏预期、龙头减持、行业政策等因素影响，以及医疗反腐行动纵深推进，导致行业整体承压，营收减弱。

农林牧渔、钢铁、国防军工、计算机、房地产、商贸零售、综合等行业财务效益状况评分显著低于全部上市公司平均水平。其中农林牧渔得分较上年下降约 40%，主要由于全年动物蛋白价格低迷导致养殖业与饲料行业出现较为严重亏损，生猪出栏量虽较上年有所增加，但猪价持续低迷使得营收明显下滑，进而导致行业整体盈利能力减弱。房地产和商贸零售行业得分则较上年显著提升，其中房地产行业主要受系列利好政策影响，且随着供应加码，销售金额、面积在低位迎来边际改善，各项指标虽仍处于较低水平，但较 2022 年盈利能力显著提升；商贸零售行业自疫情放开以来，通过完善商贸设施、丰富业态、推进数字化转型，不断提升供给侧质量，实现行业扩容增效，财务效益稳步提升。

2. 中联五强

从上市公司的财务效益指标来看，排在前 5 家的情况如表 2-2 所示。

表 2-2　2023 年度上市公司财务效益中联五强排行榜

名次	股票代码	股票简称	财务效益得分
1	600938	中国海油	35
2	601088	中国神华	35
3	601857	中国石油	35
4	600519	贵州茅台	35
5	600900	长江电力	35

2023 年度中联上市公司业绩评价中财务效益得分并列第一名的上市公司共有 13 家，得分均为 35.00 分，前五名按总体评分排序。财务效益得分排名前 5 家的上市公司企业规模均为 100 亿元以上企业，其中，3 家来自采矿行业，1 家来自制造行业，1 家来自电力行业。

以上公司 2023 年度整体财务效益状况除盈利现金保障倍数外，均远高于全部上市公司平均水平，石油板块再创新高，中国海油、中国石油两大龙头企业业绩亮眼，贵州茅台再度上榜。

（二）资产质量

2023 年度上市公司的资产质量状况平均得分为 9.27 分。评价资产质量状况的指标包括两个基本指标（总资产周转率和流动资产周转率）和两个修正指标（存货周转率和应收账款周转率）。资产质量状况各项指标年度变化情况如表 2-3 所示。

表 2-3　资产质量状况指标年度对比表

分析指标		2023 年上市公司平均值	2022 年上市公司平均值	增长率（%）
基本指标	总资产周转率（次）	0.64	0.66	-3.03
	流动资产周转率（次）	1.27	1.27	0.00
修正指标	存货周转率（次）	3.48	3.25	7.08
	应收账款周转率（次）	7.99	8.67	-7.84
综合得分		9.27	9.31	-0.43

从上表可以清晰地看出，2023 年上市公司总资产质量较 2022 年小幅下降，其中总资产周转率和应收账款周转率不同程度降低，而存货周转率有所提升，流动资产周转率则保持不变，说明全部上市公司整体存货管理情况在 2023 年度有所提升，但整体营运能力、经营质量呈下降趋势。

1. 行业分析

图 2-5 列示了 2022—2023 年度各行业资产质量状况得分情况。除纺织服饰、社会服务、房地产、商贸零售、综合等行业得分有不同程度增长，电力设备、医药生物、电子、计算机、非银金融等行业得分小幅下降外，其他各行业基本维持不变，其中社会服务、房地产和综合行业变动幅度最大。

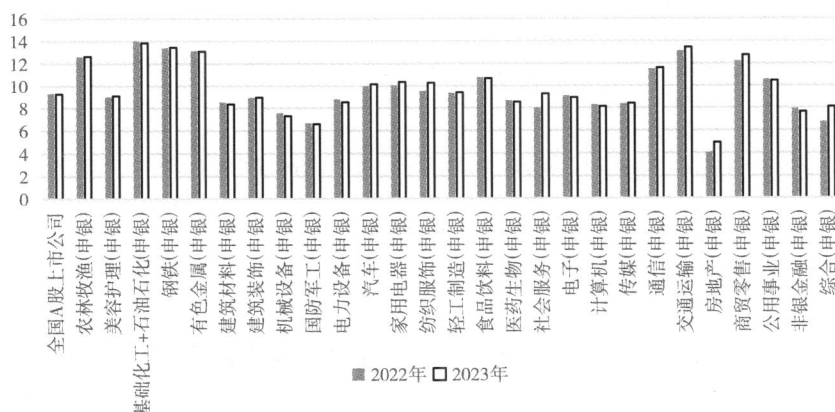

图 2-5　2022-2023 年各行业资产质量得分情况对比

2023 年资产质量状况表现最突出的行业为基础化工+石油石化行业，资产质量状况得分为 13.85 分，较上年下降 1.14%，但流动资产、存货及应收账款周转率均处于较高水平，主要由于原油、天然气及其绝大多数石化产品的价格出现了大幅下跌，原油加工量和表观消费量均创历史新高，周转率均保持在较高水平，但也造成了 2023 年基础化工+石油石化全行业"增产增消不增利"的情况。其他行业中，农林牧渔、钢铁、有色金属、食品饮料、通信、交通运输和公共事业等行业亦远远超出上市公司资产质量状况平均得分。这些行业各项资产质量状况指标基本均不同程度高于全部上市公司平均水平，其中应收账款周转率最为突出，分别为 25.17 次、37.74 次、24.11 次、41.93 次、9.27 次、5.35 次，除公用事业受行业特点影响应收账款周转率较低外，其余均远高于全部上市公司平均水平。

此外，汽车、家用电器、纺织服饰等行业的资产质量状况得分都高于全部上市公司平均水平。从各项资产质量状况指标来看，除纺织服饰行业存货周转率略低于平均水平外，以上各行业的各项相关指标均高于全部上市公司平均水平，且均较上年得分有所增长。由于扩内需、促消费各项政策措施落地显效，居民多样化、个性化衣着消费需求加快释放，2023 年纺织服饰内需保持较好回暖态势，纺织服饰行业资产质量得分增长幅度最为显著，较上年上涨 7.76%。

美容护理、建筑装饰、轻工制造、社会服务、电子等行业资产质量状况得分与全部上市公司平均水平相近，除社会服务行业因资产投资规模较大的行业特点，虽较上年周转率有所上涨，但仍导致总资产周转率低于上市公司平均水平外，其余各行业总资产周转率得分基本与上市公司平均值持平，其中社会服务行业得益于政策支持，需求大幅提升，资产质量状况得分较上年增长最为显著。

机械设备、国防军工、房地产等行业资产质量状况指标则远低于全部上市公司平均水平。其中，房地产行业的资产质量状况得分虽较上年有所上涨，但仍处于最低水平，从各项指标来看，除应收账款周转率维持在 11.56% 的较高水平外，其余各指标均大幅低于平均水平。其主要原因是 2023 年房地产行业整体融资环境宽松，房企融资成本降低，"三支箭"齐发支持房地产市场的合理融资，使得其资产质量较 2022 年有所提升，但政策端的改善对购房需求释放的促进仍不够显著，开发投资增速仍处于历史较低水平。

2. 中联五强

从 2023 年上市公司资产质量状况得分来看，有 119 家公司资产质量指标得分为满分，占上市公司总数的 2.29%。资产质量中联五强排行榜中列示的 5 家为资产质量得分相同情况下综合得分较高的上市公司（见表 2-4）。

表 2-4　2023 年度上市公司资产质量中联五强排行榜

名次	股票代码	股票简称	资产质量得分
1	600941	中国移动	15
2	600026	中远海能	15
3	600803	新奥股份	15
4	600007	中国国贸	15
5	605090	九丰能源	15

位列上市公司资产质量中联五强的公司中，有 2 家为公用事业行业，1 家为通信行业，1 家为交通运输行业，1 家为房地产行业。2023 年，中国移动作为通信行业龙头企业，业绩

表现亮眼，客户总数达 9.91 亿户，营收突破万亿元大关，存货周转率高达 61.07 次，应收账款周转率达 20.67 次，均处于较高水平。公用事业行业整体资产质量得分与上年基本持平，保持在较高水平，其中新奥股份充分发挥其在能源方面全场景优势，保持较高资产质量，总资产周转率高达 1.06 次，虽较上年 1.14 次小幅下降，但仍远高于行业平均水平。

（三）偿债风险

2023 年度上市公司的偿债风险状况平均得分为 8.90 分。评价偿债风险状况的指标包括两个基本指标（资产负债率、已获利息倍数）和三个修正指标（现金流动负债比率、速动比率和带息负债比率）。偿债风险状况各项指标年度变化情况见表 2-5。

表 2-5　偿债风险状况指标年度比较表

	分析指标	2023 年上市公司平均值	2022 年上市公司平均值	增长率（%）
基本指标	资产负债率（%）	57.83	58.63	-1.36
	已获利息倍数	5.21	5.40	-3.52
修正指标	速动比率	88.92	86.08	3.30
	现金流动负债比率	15.9	14.64	8.61
	带息负债比率（%）	42.82	41.74	2.59
综合得分		8.9	8.79	1.25

从上表可以看出，2023 年度上市公司整体偿债能力较 2022 年小幅提升，整体来看偿债风险仍处于较低水平，具有较好的负债偿付能力。资产负债率逐年下降，去杠杆效应明显，获利倍数指标较上年小幅下降，带息负债比率小幅增长，长期偿债能力有所减弱，但速动比率和现金流动负债比率较上年有所上涨，说明 2023 年全部上市公司整体短期偿债能力有所加强，整体偿债能力仍处于较好水平。

1. 行业分析

图 2-6 列示了各行业在 2022—2023 年的偿债风险得分情况。其中，美容护理、纺织服饰、轻工制造、社会服务、商贸零售等行业在偿债能力方面有较大程度的改善，农林牧渔、基础化工+石油石化、钢铁、医药生物、交通运输等行业偿债风险小幅上升。

在偿债风险控制方面，表现较好的行业有食品饮料、美容护理、通信、传媒、医药生物等，以上行业的偿债风险得分均高于全部上市公司平均水平，偿债风险指标中除通信行业速动比率略低于上市公司平均水平外，其余行业已获利息倍数、速动比率和现金流动负债比率均高于全部上市公司的均值，同时资产负债率和带息负债比率均低于全部上市公司的均值，反映出较强的偿债能力。其中美容护理和食品饮料行业受利好政策影响，偿债能力增长较为显著，盈利能力涨速可观，同时资产负债率下降，负债占比有所下降。医药生物行业偿债风险则较上年略有增加，主要源于新冠疫情防控转段后，需求降低，同时研发费用较高，带息负债比率增加。此外，机械设备、国防军工、电力设备、汽车、家用电器、纺织服饰、社会服务、电子和计算机等行业的偿债风险得分也高于全部上市公司平均得分。其中社会服务行业因政策组合拳效果不断显现，社会群众旅游出行等需求逐步恢复，营收快速增长，资产负债率降低，已获利息倍数转负为正，速动比率和现金流动负债比率较上年均不同程度增长，整体获利情况和现金流状况明显改善，偿债风险显著降低。

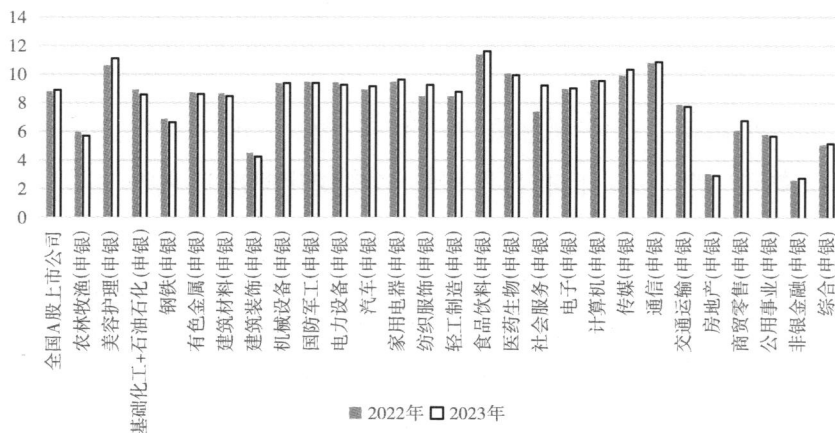

图 2-6　2022—2023 年各行业偿债风险得分情况对比

农林牧渔、钢铁、建筑装饰、交通运输、房地产、商业贸易、公用事业、非银金融和综合等行业偿债风险得分显著低于全部上市公司平均水平。其中，尤以非银金融、房地产和建筑装饰行业得分最低。2023 年房地产行业政策虽趋向宽松，但整体市场表现不及预期，全国商品房销售额创 2016 年以来新低，出现了供求关系发生重大变化的新形势，其已获利息倍数、速动比率和现金流动负债比率均远低于全部上市公司均值，并且资产负债率常年保持较高比率，因而其偿债能力一直保持在较低水平，且仍呈下降态势；现金流动负债比率最为突出，仅为 3.58%，与全部上市公司平均水平差距较大，说明行业内公司资金压力大，偿债风险高，从而导致偿债风险得分较低。商贸零售行业受政府宏观调控政策影响，偿债能力得分较上年增长显著，主要由于行业已获利息倍数和现金流动负债比率大幅增长，而资产负债率和带息负债比率均不同比例下降，偿债风险有所降低但整体得分仍处于较低水平。农林牧渔、钢铁和建筑装饰行业偿债风险均较上年有不同幅度增长，已获利息倍数均处于较低水平且较上年进一步降低。

2. 中联五强

从上市公司的偿债风险指标来看，2023 年偿债风险得分并列最高分 15.00 分的共有 4 家，偿债风险得分相同情况下按照综合得分进行排序。排在前 5 家的情况如表 2-6 所示。

表 2-6 2023 年度上市公司偿债风险状况中联五强排行榜

名次	股票代码	股票简称	偿债风险得分
1	300770	新媒股份	15
2	839273	一致魔芋	15
3	603738	泰晶科技	15
4	300079	数码视讯	15
5	601958	金钼股份	14.99

总体来看，偿债能力得分排名前五的上市公司分别来自传媒行业、基础化工行业、电子行业、计算机行业和有色金属行业。从偿债能力评价指标来看，资产负债率普遍较低，最高仅为 20.15%。较低的负债导致速动比率和现金流动负债比率普遍较高，而由于付息债务较少，带息负债比率最高仅为 4.55%，已获利息倍数均高于上市公司平均水平超 10 倍，其中新媒股份已获利息倍数高达 973.99。因此，以上上市公司具备优良的偿还债务能力，但过高的现金流动负债比率也会制约其盈利能力的发展。

（四）发展能力

2023 年度上市公司的发展能力状况平均得分为 12.33 分。评价发展能力状况的指标包括两个基本指标（营业收入增长率和资本扩张率）和四个修正指标（累计保留盈余率、三年营业收入平均增长率、总资产增长率和营业利润增长率）。2023 年发展能力各项指标年度变化情况见表 2-7。

表 2-7 发展能力状况指标年度比较表

分析指标		2023 年上市公司平均值	2022 年上市公司平均值	增长率（%）
基本指标	营业收入增长率（%）	2.21	8.80	-74.89
	资本扩张率（%）	6.75	9.10	-25.82
修正指标	累计保留盈余率（%）	44.05	43.64	0.94
	三年营业收入平均增长率（%）	10.93	11.10	-1.53
	总资产增长率（%）	5.71	7.88	-27.54
	营业利润增长率（%）	-3.95	0.85	-564.71
	综合得分	12.33	11.95	3.18

上市公司的发展能力是判断公司能否持续稳定经营的一个重要依据。2023 年度上市公司整体发展能力较上年小幅上涨，但从各项指标来看，整体营收增长情况并不乐观，营业利润呈负增长态势，营业收入增长率较上年同样降幅较大，仅累计保留盈余率较上年小幅增长。2023 年虽利好政策不断落地，但受国际形势严峻、美联储加息不断、内部需求收缩、居民储蓄消耗等多重因素冲击，经济恢复呈现波浪式发展、曲折式前进。

1. 行业分析

图 2-7 列示了各行业在 2022—2023 年的发展能力得分情况，可明显看出各行业变动幅度较大，美容护理、汽车、家用电器、纺织服饰、社会服务、传媒、商贸零售和非银金融等行业较上年有较大程度的改善，农林牧渔、基础化工+石油化工、有色金属、电力设备、生物医药等行业发展能力得分有不同程度下降。各行业发展能力得分波动明显，主要受政策变动及经济环境波动影响，社会服务、纺织服饰、传媒、有色金属、电力设备、非银金融、农林牧渔等行业变动幅度最大，其中社会服务行业发展能力得分较往年上涨最为显著，涨幅高达 84.62%，主要得益于居民消费需求增长，出行相关的旅游休闲、酒店餐饮整体恢复较好；农林牧渔行业得分较上年下降最为显著，主要由于猪价、鸡价承压，毛利下降严重，同时受动保、饲料行业收入持续下行等多方面因素影响，营业利润增长率仅为 -105.58%；有色金属行业得分较上年下降幅度较大，主要受美国超预期加息、海外地缘政治等因素影响，净利润较上年下降 27.23%，同时能源金属及稀土赛道受供给端扰动，业绩承压。

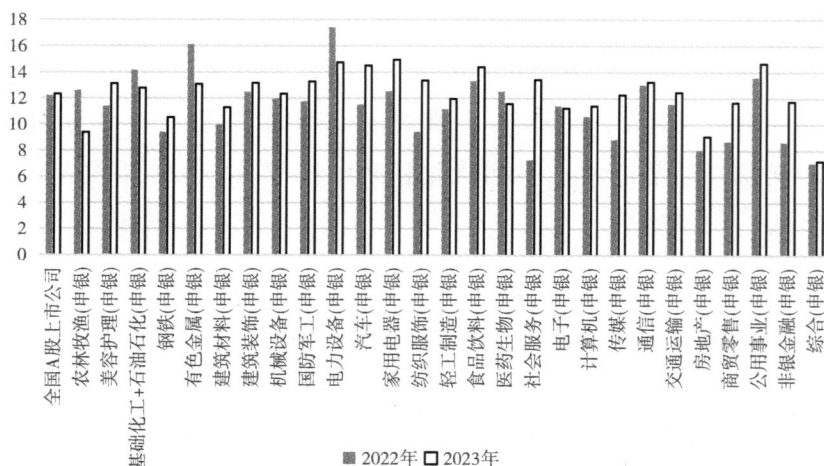

图 2-7　2022—2023 年各行业发展能力得分情况对比

2023 年发展能力评分较高的行业有电力设备、汽车、家用电器、纺织服饰、食品饮料、社会服务、通信、公用事业等，以上行业发展能力评分都在 13 分以上，各单项指标表现差异性较大，但以上行业营业收入增长率均超过全部上市公司平均水平；资本扩张率和总资产增长率指标中仅纺织服饰和通信行业略低于平均水平；除电力设备行业外，营业利润增长率均远超平均水平。家用电器行业表现最为亮眼，以 14.96 分摘得桂冠，其资本扩张率高达 12.86%，得益于消费逐步复苏及出口恢复影响。电气设备行业得分较上年下降较为显著，跌落榜首，营业利润增长率仅为 -15.31%，但营业收入增长率及资本扩张率仍保持较高水平，整体发展能力仍较为亮眼。

此外，美容护理、基础化工+石油石化、有色金属、建筑装饰、国防军工、交通运输等行业也高于全部上市公司平均水平。其中美容护理和国防军工行业得分较上年增长较为显著，美容护理行业由于医美与美妆等可选消费均处于复苏进程，发展能力涨幅较大，其营业收入增长率、资本扩张率和营业利润增长率均较上年不同程度增长，营业利润增长率转负为正，涨幅最为显著，行业整体业绩稳中向好。国防军工行业虽然受"十四五"规划中期调整影响，部分订单暂时延缓落地，同时研发费用快速增长，但具有较高发展能力。

农林牧渔、钢铁、建筑材料、轻工制造、医药生物、电子、计算机、传媒、房地产、商贸零售、综合、非银金融和房地产等行业发展能力得分则低于上市公司平均水平，除农林牧渔行业得分显著下降外，医药生物行业得分也出现小幅下降，主要由于疫情缓解，相关需求有所降低，同时较高的研发成本导致营业利润增长率较低，仅为−19.00%。其余各行业得分则较上年不同幅度增长，钢铁和建筑材料行业作为房地产产业链相关行业，三者呈正相关关系，由于利好政策不断出台，融资成本有所降低，房地产行业营业收入及营业利润虽仍呈负向增长，但降幅显著减小，整体得分呈上升趋势，行业发展能力仍具有较大增长空间。

2. 中联五强

从上市公司的发展能力指标来看，共有11家上市公司以满分20分获得上市公司发展能力最高分。发展能力中联五强排行榜中列示的5家为发展能力得分相同情况下综合得分较高的上市公司。排在前5家的情况如表2-8所示。

表2-8　2023年度上市公司发展能力状况中联五强排行榜

名次	股票代码	股票简称	偿债风险得分
1	000625	长安汽车	20
2	300122	智飞生物	20
3	300124	汇川技术	20
4	002594	比亚迪	20
5	300750	宁德时代	20

发展能力得分排名前5家的上市公司企业规模均为100亿元以上企业，其中，2家来自汽车行业，1家来自医药生物行业，1家来自机械设备行业，1家来自电力设备行业。上述上市公司发展能力状况得分较高的原因主要有：营业利润和营业收入增长率处于较高水平，远超全部上市公司平均值；企业核心竞争力提高；"双碳"背景下，新能源汽车行业发展受到高度重视，政府先后出台全方位激励政策，进而带动以宁德时代为代表的电力设备企业发展。长安汽车五大品牌全面发力，智能新能源势能全面释放发展带动下，营业收入增长率达24.78%，成长属性突出。

（五）市场表现

2023年度上市公司的市场表现状况平均得分为9.07分，较上年小幅下降。评价市场表现状况的指标包括市场投资回报率和股价波动率。

2023年全部上市公司平均市场投资回报率降为5.76%，虽较上年-12.92%有所回调，但较2021年27.9%的投资回报率仍有较大差距，由此可见，2023年随着政策组合拳效果不断显现，经济运行中的积极因素在积累、亮点在增多，但经济恢复呈现波浪式发展、曲折式前进过程，各行业恢复速度有所差异，因而各行业市场投资回报率差距较大，部分行业回报率仍为负数。上市公司股价波动率为82.72%，较2022年的股价波动率98.53%持续下降，说明2023年度上市公司股价波动幅度较2022年进一步减小，整体处于"变中趋稳"的发展态势。

2014—2016年，上市公司的股价与其整体业绩之间的正相关关系逐渐减弱，甚至背离情况显著。2017年以后，上市公司股价与其整体业绩之间的正相关关系逐渐显现，2022年以来二者正相关关系再度减弱。受世界经济复苏动力不足、国内周期性结构性矛盾交织叠加的影响，2023年上市公司整体业绩恢复不及预期，但由于一系列利好政策陆续出台，多数投资者对经济将回升向好具有充足信心，因而股价较上年较为稳定。

1. 行业分析

图2-8列示了各行业在2022—2023年度的市场表现得分情况。如该图所示，通信行业较上年大幅上涨，摘得市场表现桂冠；非银金融、汽车、机械设备、家用电器等行业紧随其后，均较2022年有不同幅度上涨；2022年得分最高的综合行业则同比有所下降，得分降至8.42分，较上年降低29.30%；同样得分下降较为明显的还有社会服务、食品饮料、房地产、商贸零售等行业。

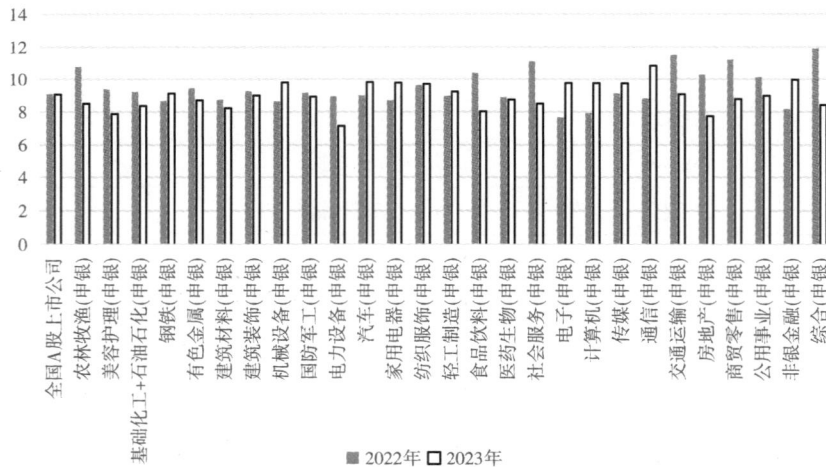

图2-8 2022—2023年各行业市场表现得分对比

2023年，在市场表现方面，通信行业以10.84分摘得桂冠，较上年增长23.04%，该行业市场投资回报率为32.01，同样位于各行业峰值，股价波动率为96.55%，较上市公司平均值高16.73%。科技产业作为中国数字经济转型最重要的支撑，行业拓展数字化转型服务成效凸显，通信行业因此保持相对稳定的投资收益。非银金融行业市场表现得分同样较上年增长显著，增长率达 22.18%，市场表现远超上市公司平均值，市场投资回报率为 11.27%，股价波动率为 68.08%，其相对较高的市场投资回报率主要源于宏观政策利好，包括中央政治局会议上首次提出"要活跃资本市场，提振投资者信心"，中国证监会在中期工作会议中提及将从投资端、融资端、交易端三维度提振市场信心，体现了资本市场对稳经济、提信心的重要作用。

2023 年，市场表现得分较低的行业包括电力设备、房地产、美容护理、食品饮料、建筑材料等行业，且以上行业市场表现得分均较上年有不同程度下降，市场投资回报率均远低于全部上市公司平均水平，股价波动率均大于 100%，其中电力设备行业市场表现差的最主要原因还是光伏及新能源电池相关产业持续大跌，产业链价格大幅波动并持续走低，导致上市公司整体盈利能力承压。

2. 中联五强

从上市公司的市场表现指标来看，2023 年共有 4 家上市公司以满分 15 分获得上市公司市场表现最高分。市场表现得分相同情况下按照综合得分进行排序，排在前 5 家的情况如表 2-9 所示。

表 2-9　2023 年度上市公司市场表现状况中联五强排行榜

名次	股票代码	股票简称	市场表现得分
1	603373	安邦护卫	15
2	301413	安培龙	15
3	688652	京仪装备	15
4	001239	永达股份	15
5	873679	前进科技	14.4

2023 年市场表现得分排名前 5 家的上市公司中，3 家来自机械设备行业，1 家来自社会服务行业，1 家来自电子行业。其中，4 家企业规模为 10 亿~50 亿元，1 家企业规模为 1 亿~10 亿元。安邦护卫市场表现亮眼，安邦护卫依托政策红利，向综合安防和安全应急业务转型，同时通过资本化扩张提升押运业务市场份额，市场投资回报率高达 288.21%。

资料链接：

2023 年度中国资本市场十大关键词

全面注册制落地：2023 年 4 月 10 日，沪深交易所主板注册制首批 10 只新股集体上市，标志着我国股票发行注册制改革全面落地。此次全面注册制精简优化发行上市条件、完善审核注册程序、优化发行承销制度、完善上市公司重大资产重组制度、强化监管执法和投资者保护等，拓宽了融资的深度与广度。

"一行一局一会"：2023 年 5 月 18 日，国家金融监督管理总局正式挂牌，中国金融监管体系从"一行两会"迈入"一行一局一会"金融监管新格局，有利于加强对金融市场的监管和管理、融资环境的改善以及有助于有效管理债务风险。

3000 点"拉锯战"：2023 年 A 股市场表现承压，全年共上演了四次 3000 点保卫战，沪指两次跌破 3000 点，大盘处于寻底、筑底阶段。

A 股强制退市创新高：2023 年 A 股市场有 46 家公司退市，其中 44 家强制退市，1 家吸收合并退市，1 家主动退市，强制退市数量创新高。

ChatGPT 引爆人工智能：2023 年 A 股概念股中，ChatGPT 一度引发生成式人工智能技术的投资热潮，人工智能成为 2023 年 A 股市场被"爆炒"的板块之一。

高层定调"活跃资本市场"：2023 年中国资本市场经历了一场新的变革，高层定调"要活跃资本市场，提振投资者信心"，为新一轮资本市场改革拉开序幕，A 股市场迎来政策利好。

IPO、再融资趋紧：2023 年 8 月，中国证监会表示，阶段性收紧 IPO，促进投融资两端平衡，适当限制融资规模。

增持回购火热：2023 年下半年，A 股市场震荡下行，指数保卫战频频打响。中央汇金时隔八年再度出手增持四大行，多家央企推出增持、回购计划，公募基金提速发行，更多真金白银投向资本市场。

私募进入强监管时代：2023 年 7 月 9 日，《私募投资基金监督管理条例》正式发布，中国私募投资基金行业首部行政法规正式落地，私募基金正式进入强监管时代。

北交所深改 19 条：2023 年 9 月 1 日，中国证监会制定并发布《关于高质量建设北京证券交易所的意见》，进一步推进北京证券交易所稳定发展和改革创新，加快打造服务创新型中小企业"主阵地"系统合力。

资料来源：新浪财经、大河财立方。

二、上市公司业绩评价结果总体分析

（一）内生动能不断集聚，高质稳定发展取得新成效

2023 年，全部上市公司实现营业收入 63.46 万亿元，同比增长 2.21%，归母净利润合计 2.86 万亿元，同比增长 2.11%。沪深北三市面对国内外多重因素挑战，全部上市公司整体业绩持续修复，内生动能不断集聚，回报能力稳步提升，高质量发展取得新成效。

具体来看，纳入本次业绩评价范围的 5194 家上市公司中，营业利润业绩同比增长的上市公司合计 2617 家，占比 50.39%，较 2022 年的 46.22% 有所上涨；4074 家上市公司实现

盈利，占比 78.44%；2472 家上市公司盈利过亿，占比 47.59%。从沪深北三市情况看，石油石化行业营收、净利两项指标均位居各板块首位，中国石化和中国石油以超过 3 万亿元的营收领跑 A 股，领衔资本市场高质量增长。

1. 沪市经营业绩总体持平，内生稳定性有所增强

2023 年，沪市公司共实现营业收入 43.13 万亿元，同比增长 1.44%；共实现归母净利润 2.00 万亿元，同比增长 0.78%。总体上看，沪市 2167 家上市公司实现超全国 GDP 三成的营业收入，充分展现了国民经济的中流砥柱作用。

沪市主板公司在稳固经济"基本盘"的同时，坚持将因地制宜发展新质生产力作为实现高质量发展的关键发力点，高研发投入带动新兴产业涌现与传统产业转型齐头并进、互融互促。新兴产业渐成气候，近十年来沪市主板中新兴制造、现代服务公司数量呈现阶跃式增长，重点产业链加速汇聚，如集成电路产业中，有芯片设计领域模拟芯片龙头韦尔股份和存储芯片龙头兆易创新、封装测试领域市占率全球前三的长电科技、国内整合设备制造龙头士兰微。传统产业加速演变，创新驱动发展不断增加新质动能，如宝钢股份基于钢铁主业持续推进核心技术攻关，近年相继开发出 4 个系列 58 项高等级取向硅钢新产品，有力支撑电力装备制造业发展。

2023 年科创板上市公司共 566 家，全年合计实现营业收入 1.39 万亿元，同比增长 4.70%，全年实现净利润 741.04 亿元，营收总额稳中有升。创新成果不断涌现，2023 年科创板公司在科技创新方面取得了一系列新进展、新突破。截至 2023 年末，累计 124 家次公司牵头或者参与的项目获得国家科学技术奖等重大奖项，6 成公司核心技术达到国际或者国内先进水平；累计形成发明专利超 10 万项，其中中芯国际、信科移动的专利均超过万项。科创板公司坚持创新驱动，持续加大研发，着力夯实未来高质量发展的基础。

2. 深市整体业绩稳中有升，个体盈利增长特色显现

2023 年，深市公司共实现营业收入 20.15 万亿元，同比增长 3.92%，其中主板和创业板同比分别增长 3.32%、6.54%，创业板高于上市公司整体平均水平。主板创新蓝筹"市场稳定器"作用凸显，深市主板 1460 家上市公司总市值 18.99 万亿元，汇聚千亿市值公司超 20 家。创业板"优创新、高成长"特色凸显，创业板 1327 家上市公司总市值超 10 亿元，2023 年 1024 家上市公司盈利，发展动能强劲。宁德时代、比亚迪、美的集团、迈瑞医疗、海康威视等龙头公司"头雁"示范作用充分发挥。深市上市公司充分发挥创新主导作用，科技创新能力持续提升，发展内生动力不断积聚，以科技创新推动产业创新，不断塑造发展新动能新优势，推动经济高质量发展实现新跃升。

3. 北交所上市公司稳健发展，"新三样"加速新布局

2023 年，北交所 239 家上市公司共实现营业收入 1680.93 亿元，同比下降 0.69%；共实现净利润121.01亿元，同比增长4.09%。其中217家上市公司盈利，占比达90.79%，上市公司经营状况总体稳健，经营活动产生的现金流量净额达130.31亿元。面对复杂多变的内外部宏观环境，北交所上市公司深耕主业，持续创新提质增效，扎实推进高质量发展，"新三样"加速新布局，光伏、汽车产业增势较好。2023年，新能源汽车、锂电池、光伏产品"新三样"给中国制造增添了新亮色，北交所相关产业公司持续推进"出海"步伐，逐渐成为发展新引擎。锂电材料龙头贝特瑞连续14年负极出货量全球第一，报告期紧抓国际化发展契机，深入推进印度尼西亚负极材料项目、摩洛哥正极材料项目开工建设。新能源汽车配件企业骏创科技报告期积极拓展海外客户，扩大国际市场，外销业务收入增速超过35%，全球化配套能力持续提升。光伏行业景气度提升，下游客户采购量增加，2023年平均净利润达2.05亿元，同比增长44.24%。

（二）强力财税政策支持，经营主体纾困发展

2023年，我国强化逆周期调节和政策储备研究，延续、优化、完善并落实减税降费政策，创新完善帮扶举措，支持经营主体纾困发展，推动国民经济持续恢复、总体回升向好。减税降费政策优化完善，及早明确到期税费优惠政策后续安排，在全面评估的基础上，分批延续、优化和完善70余项税费优惠政策，把握好时机、力度和节奏，大部分政策直接延续至2027年底，同时聚焦特定领域、关键环节，精准实施新的税费优惠政策；小微企业融资担保降费奖补政策深入实施，中小企业股权融资力度不断加大，各级政府性融资担保再担保机构作用有效发挥，持续增强融资支持力度；提效加力稳岗就业政策，2023年中央财政下达就业补助资金预算667.43亿元，比上年增长8.1%，强化资金支持保障，带动全国就业服务能力整体提升；抓好高校毕业生等重点群体就业，加强职业技能培训解决结构性就业矛盾，支持创业担保贷款增量扩面。

从全部上市公司的税负情况看，2021—2023年平均税负率（支付的各项税费/营业总收入）分别为5.38%、5.88%、5.54%，先升后降。其中，实体企业税负下降最为明显，尤其是石油石化、房地产、建筑材料、基础化工等行业税负下降最大。可见，2023年财政政策强化逆周期调节颇有成效，在经济市场波动的情况下，稳住宏观经济大盘。从各行业税负情况看，历年税负率最高的行业是食品饮料、煤炭和石油石化（见图2-9）。

2023年度，居于上市公司纳税榜首地位的大户仍然是中国石化和中国石油，支付税负总额分别为3267.74亿元和4146.17亿元，较上一年度税负率均有下降。中国海油排名第三，支付税负总额957.37亿元，较上一年度有所下降。排在前十名的除了"两桶油"、中国海油外，还有保利发展、贵州茅台、中国移动、中国神华、中国中铁、中国建筑、万科A。

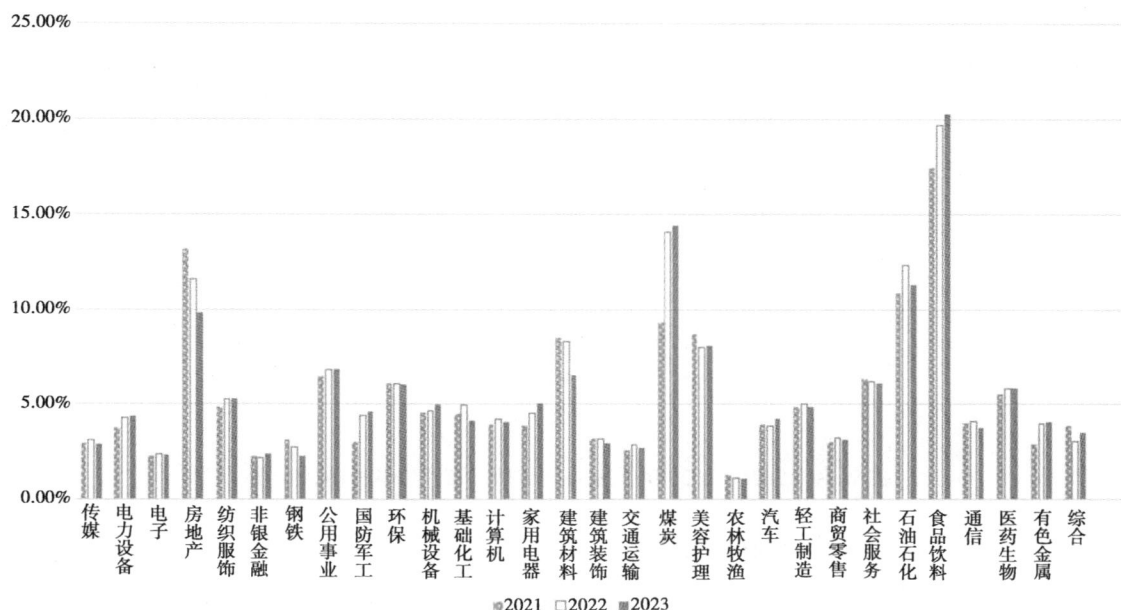

图 2-9 2021—2023 年 A 股各行业税负率

（三）研发强度持续加码，厚积新质生产力

2023 年政府工作报告将"大力推进现代化产业体系建设，加快发展新质生产力"列为十大任务之首。上市公司是我国研发投入的主力军之一，通过科技创新赋能，加快形成新质生产力。2023 年，全部上市公司研发费用支出为 17920.41 万元，同比增长 8.24%。从研发费用占营业收入的比重来看，2021—2023 年分别为 2.48%、2.66%、2.82%，研发费用占营业收入比重不断增加。

如图 2-10 所示，分行业看，计算机、国防军工、电子行业的研发费用投入占比是最高的，中国建筑、比亚迪、中国移动、中国中铁、上汽集团、中国铁建、中国电建、中国交建、中国石油、中兴通讯 10 家公司研发支出超过 200 亿元，中国建筑研发支出 460.74 亿元，名列前茅，是全部上市公司研发投入的主力军。全部上市公司中有 22 家上市公司研发支出占营收比例超过 100%，其中医药生物行业 17 家、电子行业 2 家、计算机行业 1 家、国防军工行业 2 家，部分医药生物行业是由于处于研发阶段，营收较少，电子、计算机、通信、国防军工随着科技型企业增长动力持续迸发，研发支出占比也逐年增加。如比亚迪在汽车领域强化核心技术的研发及自主可控，持续提升产品竞争力，连续十一年稳居中国新能源汽车销量龙头地位，蝉联全球新能源汽车销量桂冠，并开创中国车企首次跻身全球销量前十的历史，成为首家达成这一成绩的中国车企。

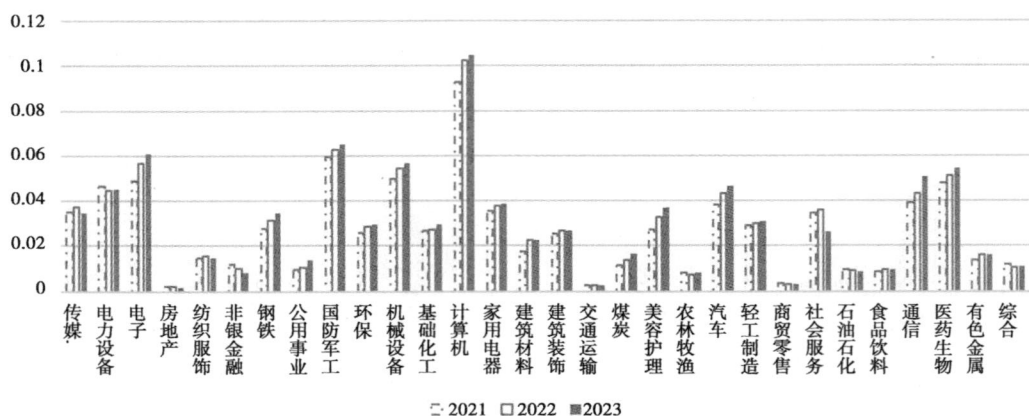

图 2-10　2021—2023 年 A 股各行业研发费用占营业收入比重

（四）市场喜新厌旧，信创新业态引领结构化行情

全年来看，沪指累计跌 3.7%，深成指累计跌 13.54%，创业板指累计跌 19.41%；上证 50 指数跌 11.73%，科创 50 指数跌 11.24%；沪深 300 指数跌 11.38%，中证 1000 指数跌 6.28%；北证 50 指数一枝独秀，上涨 14.92%。2023 年 A 股市场经历了较大波动，行业的频繁轮动和不断变更的主题投资成为市场的结构性主线。从 A 股市值来看，2023 年末，A 股市值总额 69.64 万亿元，较上年末降低 1.20%（见图 2-11），在经济运行整体回升向好的有力支撑下，上市公司基本延续 2022 年市场行情，A 股总市值增速较 2022 年回升。市值上升的公司数量为 2664 家，占比 51.29%，较上年大幅上涨，市值上升超过 100% 的公司数量占比为 3.60%，较上年上涨。

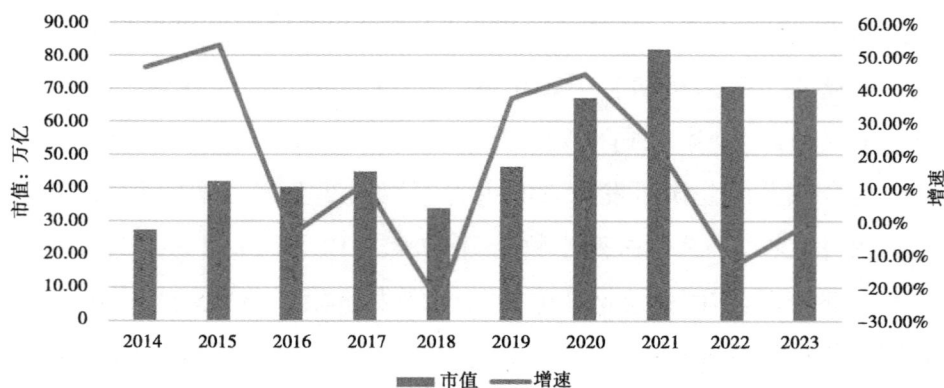

图 2-11　历年 A 股总市值变化图

从行业来看，商贸零售、美容护理、电力设备、房地产、建筑材料、社会服务等 15 个行业的市值较上年度有所下降，其中商贸零售、美容护理、电力设备三个行业市值减值比例最大。商贸零售行业主要由于整体经济预期下行、消费不振，行业逐步复苏，居民收入增长缓慢，消费信心不足；各类专业店、折扣店、线上等渠道分流，对实体门店、线下商超百货冲击日益加剧，从而导致行业惨淡。美容护理行业作为中高端可选消费，收入端消

费决策理性化使得需求下降，叠加淘系平台流量回落，从而导致市值下降。电力设备行业主要由于光伏及新能源电池相关产业持续大跌。光伏产业多晶硅市场整体供大于求，行业头部企业为缓解库存和资金压力而采取的降价排库策略，导致多晶硅价格大幅跳水，光伏产业产能爬坡，叠加产业链价格大幅波动并持续走低的影响，导致公司整体盈利能力承压。2023 年随着新能源汽车国家补贴退坡在 2022 年底透支、油车降价促销等，新能源汽车下游需求增速放缓，引发产业链悲观预期，进而推动碳酸锂价格快速回落，从而导致锂电材料产业链开始陷入价格与毛利双降、账期延长等困局。

通信、电子、石油石化、传媒、煤炭、计算机等 15 个行业市值都有不同程度的上涨。其中通信行业涨幅最大，为 27.97%，主要是由于中国经济中长期正在从传统经济向数字经济转型，科技产业是中国数字经济转型最重要的支撑，通信行业市值上涨主要依靠三个方向拉动：通信运营商、人工智能的算力产业链、卫星互联网。运营商是数字经济的核心底座，全面受益于人工智能以及数据要素的长期快速发展；AI 算力产业链主要受益于海外 AI 产业链需求爆发；卫星互联网作为新兴产业，大幅推进技术产业化。总体来看，2023 年 A 股市场经历了较大波动，但全年来看总市值基本保持稳定。详见图 2-12。

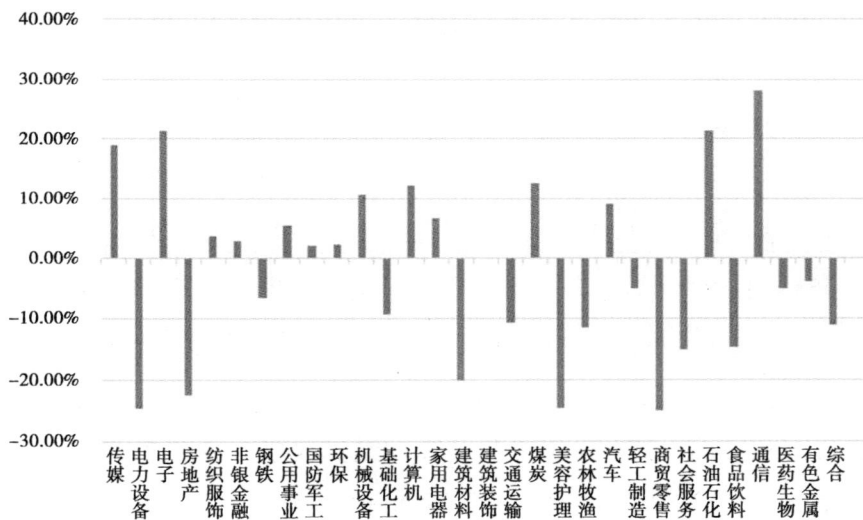

图 2-12　各行业 2023 年市值涨幅

（五）现金分红再创新高，成为低迷市场行情亮点

截至 2023 年末，全部上市公司总计 5194 家累计宣告分红总额为 1.47 万亿元，较上一年度增加 4.56%。共计 3745 家上市公司宣告分红，占全部上市公司数量的 72.10%；1279 家上市公司的分红比例（分红金额/归母净利润）超过 50%；2810 家上市公司的分红比例超过 30%。

沪市公司共有约 1609 家公司推出分红方案，占全部盈利公司家数近 92.63%。其中，150 家上市公司分红 10 亿元以上，13 家上市公司分红 100 亿元以上，同时，768 家上市公司连续三年分红比例超过 30%，145 家上市公司连续 3 年分红比例超过 50%，现金分红创历史新高。

深市公司共有 1925 家推出现金分红预案，占全部盈利公司家数的 90.80%。其中，671 家上市公司的分红比例超过 50%，1331 家上市公司的分红比例超过 30%，1313 家上市公司连续三年分红，格力电器、五粮液、美的集团、宁德时代四家上市公司宣告分红达百亿元。深市公司更加注重分享发展红利，持续加强与投资者交流沟通。

北交所公司共有 211 家推出现金分红预案，占全部盈利公司家数的 97.24%。其中，95 家上市公司的分红比例超过 50%，155 家上市公司的分红比例超过 30%，武汉蓝电、锦波生物、颖泰生物、华洋赛车、同力股份、贝特瑞、青矩技术、天力复合八家上市公司宣告分红达亿元。

17 家上市公司宣告分红高达百亿元，中国移动宣告分红金额为 989.10 亿元，中国石油、中国石化宣告分红金额分别为 805.29 亿元、412.50 亿元。中国海油宣告分红金额为 571.32 亿元，中国神华宣告分红金额为 449.03 亿元。除此之外，贵州茅台、宁德时代、中国电信、美的集团、长江电力、五粮液等上市公司宣告分红也都超过了百亿元。

（六）绿色发展渐成自觉，ESG 披露量质双升

沪深北三市已有 1800 余家上市公司披露 2023 年度社会责任报告或 ESG 报告，其中有 287 家公司为首次披露。围绕"环境"等关键词，上市公司 ESG 披露内容也更加向深向实，头部企业详述"减碳"信息。

其中，2023 年沪市主板公司努力践行绿色低碳发展理念，ESG 信息披露逐渐从引导走向自觉。全年有 950 余家公司披露 ESG、社会责任、可持续发展等专项报告，截至 2023 年底已累计发布 ESG 等可持续发展指数 138 条，其中股票指数 104 条、债券指数 31 条、多资产指数 3 条；86 只基金产品跟踪，规模合计 1050 亿元，集中反映沪市主板公司突出的社会贡献和社会价值。环境保护方面，1404 家公司建立环保机制，2023 年环境保护相关资金投入近 1900 亿元；绿色金融方面，绿色债券持续蓄势赋能，沪市债券市场全年发行金额合计达 554 亿元；社会贡献方面，774 家公司积极履行脱贫攻坚、乡村振兴等社会责任，全年扶贫总体投入超 1000 亿元，相关项目惠及人数达 3006 万人。

北交所于 2024 年 4 月 12 日正式发布《北京证券交易所上市公司持续监管指引第 11 号——可持续发展报告（试行）》，鼓励公司积极适用。2023 年度，所有公司均在年度报告中披露社会责任相关信息，已有 14 家公司主动编制并发布社会责任报告或 ESG 报告。北交所上市公司在促进就业、改善民生、脱贫攻坚中发挥重要作用，积极服务国家战略，2023 年新增就业岗位超 7000 个，整体就业人数达 15.4 万人，上市公司通过产业助农、定点帮扶等，积极推动脱贫攻坚成果巩固，助力实现乡村振兴。

（七）金融行业总体分析

1. 上市银行业绩增长承压，息差收窄趋势延续

截至 2023 年末，A 股市场 42 家上市银行总资产达到 281.06 万亿元，同比增长

11.33%，增速与上年度基本持平。营业收入合计 5.65 万亿元，同比减少 3.52%；归母净利润合计 2.09 万亿元，同比增长 1.47%，增速较上年度下降。在经济低谷、利差收窄的情况下，多数银行依旧保住了利润增长，充分体现了中国银行界面对经济低谷的韧性。

2023 年末，上市银行整体不良贷款率平均值为 1.17%，较上年末 1.21% 有所下降；拨备覆盖率平均值为 309.47%，较上年末 313.74% 有所下降。42 家上市银行资产质量稳中有进，拨备覆盖率整体保持高位。同时，上市银行盈利回升，资本积累能力提升，年末一级资本充足率平均值达到 10.25%，较上年末的 10.21% 有所上涨。

2. 上市证券公司经营业绩微涨，头部券商相对稳健

截至 2023 年末，A 股市场 42 家证券公司总资产合计 11.91 万亿元，同比增长 6.46%。2023 年实现营业收入 4946.82 亿元，同比增长 1.38%；实现归母净利润 1268.84 亿元，同比增长 0.83%。上市证券公司业绩较 2022 年微涨。

2023 年 42 家上市券商合计获得手续费及佣金净收入 2391.13 亿元，同比下降 11.76%。其中，有 6 家券商的净收入超 100 亿元，中信证券以 272.02 亿元拔得头筹。42 家上市券商合计获得经纪业务手续费净收入 1007.54 亿元，同比下降 11.44%。其中，有 7 家券商的净收入超 50 亿元，中信证券以 102.23 亿元拔得头筹。2023 年，伴随着一系列规范行业发展的政策出台，证券行业向高质量发展迈出更坚实的步伐，证券公司增强主动管理能力，资产管理业务结构持续改善，证券行业资管收入较以前年度微涨，42 家上市券商共计实现资管业务净收入 454.09 亿元，同比上涨 3.19%。其中，有 11 家券商资管业务净收入超 10 亿元。

（八）强者恒强，经济大省资本市场彰显实力

高 GDP 省份上市公司市值大、质量高、数量多。截至 2023 年末，全部上市公司按照地区分布分类（本文所指地区不包括我国的台湾、香港、澳门），华东地区为全部上市公司最多的地区，占总数的 48.32%，其次是华南地区、华北地区。东北地区以及西北地区全部上市公司较少，两个地区皆不超过 200 家（见图 2-13）。

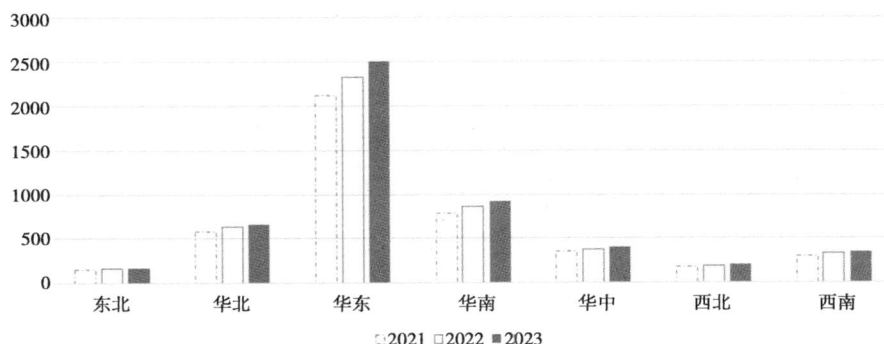

图 2-13　2021—2023 年各地区上市公司数量

从具体省市来看（不包括我国的台湾、香港、澳门），截至 2023 年末，全国 31 个省份中广东省、浙江省、江苏省、北京市、上海市五个地区上市公司数量最多，分别为 853 家、691 家、673 家、451 家、423 家，对应地区 GDP 为 13.57 万亿元、8.26 万亿元、12.82 万亿元、4.38 万亿元、4.72 万亿元，广东省、浙江省、江苏省 2023 年 GDP 位于全国前五名。全国上市公司总市值前五名的省份分别为：北京市、广东省、浙江省、江苏省、上海市，分别为 13.26 万亿元、10.86 万亿元、6.26 万亿元、5.91 万亿元、5.59 万亿元。北广浙苏沪五地成为上市公司聚集地。以 2023 年 GDP 为判断指标，GDP 在 5 万亿元以上的省市全部上市公司共计 3245 家，占总数的 62.48%。GDP 超过 4 万亿元的省市共计 13 个，其余 12 个省市全部上市公司皆超过 100 家，仅河北省没有达到 100 家（见图 2-14）。

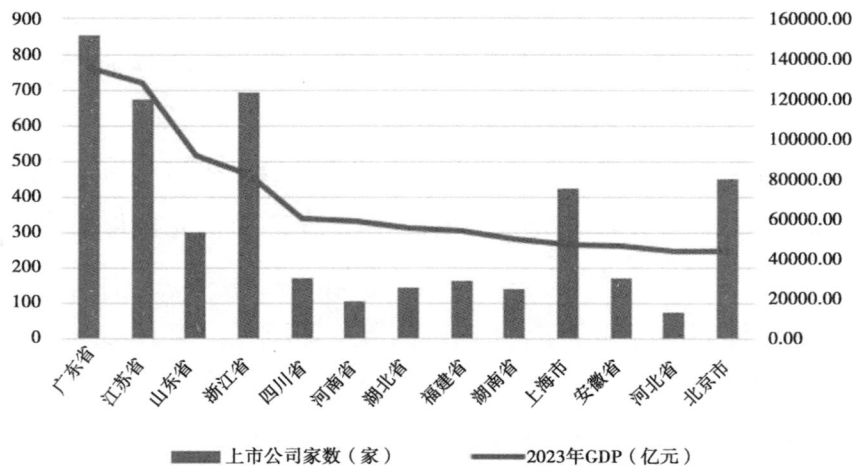

图 2-14　GDP 在 4 万亿元以上的省市全部上市公司数量

上市公司数量与公司所在地 GDP 有一定的关系，GDP 偏低的地区上市公司主要集中在省会城市；上市公司业绩与公司所在地 GDP 也有一定的关系，GDP 较高的地区上市公司业绩较好，而 GDP 偏低的地区上市公司业绩相对较差。地方政策及 GDP 会吸引上市公司，上市公司同时会带动地方经济发展。

（九）专精特新小巨人，雨后春笋展希望

2022—2023 年度各规模上市公司财务效益、资产质量、偿债风险、发展能力及市场表现五个方面的得分情况如表 2-10 所示。

表 2-10　2022—2023 年度各规模上市公司得分情况

项目	财务效益		资产质量		偿债风险		发展能力		市场表现	
年份	2022	2023	2022	2023	2022	2023	2022	2023	2022	2022
100 亿元以上	24.71	24.78	9.59	9.53	8.28	8.31	12.45	12.56	9.46	8.48
50 亿~100 亿元	21.31	20.57	8.65	8.3	9.5	9.37	11.69	11.19	9.22	8.44
10 亿~50 亿元	19.21	19.37	8.08	7.88	9.73	9.81	11.33	11.68	9.03	9.22
10 亿元以下	16.72	18.18	7.96	7.76	10.07	10.18	8.12	8.79	8.16	11.19

财务效益指标中，除 50 亿~100 亿元规模上市公司外财务效益指标得分均呈小幅上涨趋势，其中 10 亿元以下规模上市公司涨幅相对最为显著；资产质量状况指标中，各规模上市公司资产质量得分均小幅下降，其中 50 亿~100 亿元规模上市公司降幅相对最为显著；偿债风险指标中，除 50 亿~100 亿元规模上市公司外偿债风险得分均呈小幅上涨趋势，且随上市公司规模减小，偿债能力逐步提升；发展能力指标中，除 50 亿~100 亿元规模上市公司外发展能力得分均呈小幅上涨趋势；市场表现指标中，100 亿元以上、50 亿~100 亿元规模上市公司得分较 2022 年下降，其余较 2022 年均存在不同程度上涨，10 亿元以下规模上市公司得分变动幅度最大。

10 亿元以下规模上市公司各项指标较 2022 年均有所上涨，营收情况良好；50 亿~100 亿元规模上市公司受经济环境影响，各项指标打分均下降；100 亿元以上、10 亿~50 亿元规模上市公司各项指标得分与 2022 年相比存在小幅波动。

第三章

2023 年度 "中联价值" 上市公司业绩评价

一、2023 年度 "中联价值" 上市公司评价结果

按照中国上市公司业绩评价体系，我们以统一测算的评价标准为基准，运用功效系数法，对截至 2024 年 5 月 5 日公布年报的 A 股上市公司（不包括 B 股、金融行业，以下简称"全部上市公司"）业绩进行了评价，得出了 2023 年度 100 家"中联价值"上市公司（以下简称"中联价值 100"），其中，传音控股以综合得分 89.28 分获得第一，得分第 2~10 名的企业分别是中国移动、中国海油、石头科技、电投能源、中国神华、中国石油、东鹏饮料、宝丰能源、贵州茅台。具体信息见表 3-1。

表 3-1   "中联价值 100" 评价得分表

序号	股票代码	股票简称	得分	序号	股票代码	股票简称	得分
1	688036	传音控股	89.28	17	600900	长江电力	82.92
2	600941	中国移动	87.34	18	600985	淮北矿业	82.51
3	600938	中国海油	86.88	19	601006	大秦铁路	82.42
4	688169	石头科技	85.57	20	000858	五粮液	82.39
5	002128	电投能源	84.92	21	000625	长安汽车	82.38
6	601088	中国神华	84.89	22	603871	嘉友国际	82.19
7	601857	中国石油	84.72	23	300760	迈瑞医疗	82.16
8	605499	东鹏饮料	84.16	24	601898	中煤能源	82.02
9	600989	宝丰能源	84.16	25	600809	山西汾酒	81.97
10	600519	贵州茅台	84.12	26	600970	中材国际	81.95
11	600026	中远海能	83.79	27	601899	紫金矿业	81.86
12	300795	米奥会展	83.76	28	002648	卫星化学	81.60
13	000333	美的集团	83.57	29	600060	海信视像	81.44
14	603195	公牛集团	83.27	30	600406	国电南瑞	81.41
15	000921	海信家电	83.03	31	600023	浙能电力	81.31
16	002475	立讯精密	82.96	32	601021	春秋航空	81.26

序号	股票代码	股票简称	得分	序号	股票代码	股票简称	得分
33	601958	金钼股份	81.21	67	300832	新产业	79.02
34	601225	陕西煤业	81.02	68	300866	安克创新	79.01
35	002050	三花智控	80.99	69	603993	洛阳钼业	78.93
36	600398	海澜之家	80.93	70	601918	新集能源	78.88
37	000651	格力电器	80.74	71	600426	华鲁恒升	78.86
38	600803	新奥股份	80.65	72	601567	三星医疗	78.82
39	600007	中国国贸	80.65	73	603099	长白山	78.78
40	600309	万华化学	80.61	74	300130	新国都	78.76
41	300122	智飞生物	80.48	75	603199	九华旅游	78.75
42	000983	山西焦煤	80.48	76	600566	济川药业	78.73
43	601298	青岛港	80.42	77	000933	神火股份	78.72
44	600012	皖通高速	80.37	78	600161	天坛生物	78.67
45	301004	嘉益股份	80.36	79	002984	森麒麟	78.57
46	600660	福耀玻璃	80.23	80	002517	恺英网络	78.46
47	605090	九丰能源	80.11	81	002028	思源电气	78.36
48	000999	华润三九	80.10	82	002179	中航光电	78.34
49	600612	老凤祥	80.01	83	300750	宁德时代	78.31
50	300124	汇川技术	79.89	84	300514	友讯达	78.30
51	600276	恒瑞医药	79.79	85	600582	天地科技	78.29
52	601058	赛轮轮胎	79.71	86	600089	特变电工	78.22
53	002594	比亚迪	79.64	87	601717	郑煤机	78.11
54	002422	科伦药业	79.64	88	000426	兴业银锡	78.07
55	603259	药明康德	79.62	89	000521	长虹美菱	78.02
56	000596	古井贡酒	79.51	90	000423	东阿阿胶	78.00
57	600598	北大荒	79.50	91	000878	云南铜业	77.99
58	002236	大华股份	79.49	92	002223	鱼跃医疗	77.96
59	000807	云铝股份	79.40	93	688617	惠泰医疗	77.88
60	600886	国投电力	79.38	94	603053	成都燃气	77.87
61	000997	新大陆	79.36	95	600887	伊利股份	77.86
62	000568	泸州老窖	79.34	96	300882	万胜智能	77.83
63	002415	海康威视	79.28	97	002318	久立特材	77.79
64	603298	杭叉集团	79.13	98	002371	北方华创	77.76
65	300002	神州泰岳	79.11	99	601156	东航物流	77.71
66	600690	海尔智家	79.04	100	600971	恒源煤电	77.65

说明：被实施风险警示的＊ST/ST 的公司、当年 IPO 上市公司和借壳上市公司未参与排序。

从评价得分结果来看，2023 年度"中联价值 100"表现优异，算术平均得分为 80.52 分，比全部上市公司算术平均得分 62.92 分高出 17.60 分，高出全部上市公司综合水平

27.97%。与 2022 年度相比，2023 年度"中联价值 100"算术平均分略降了 2.55%。

从市场价值来看，2023 年度"中联价值 100"总市值为 171252.82 亿元，同比增加了 22.56%，占全部上市公司总市值的比重为 23.74%，同比提升了 4.47 个百分点；"中联价值 100"户均市值为 1712.53 亿元，全部上市公司户均市值为 153.24 亿元，"中联价值 100"户均市值为全部上市公司户均市值的 11.18 倍，远高于全部上市公司的户均市值。以上数据表明，"中联价值 100"市场价值明显优于全部上市公司平均水平。

从经营规模来看，"中联价值 100"2023 年度实现营业收入 107936.80 亿元，占全部上市公司营业收入的 17.01%，户均水平为全部上市公司户均水平的 8.01 倍；"中联价值 100"2023 年度净利润为 12691.44 亿元，占全部上市公司净利润的 39.58%，户均水平为全部上市公司户均水平的 18.64 倍，明显高于全部上市公司平均水平。"中联价值 100"2023 年度经营活动产生的现金流量净额为 23056.79 亿元，占全部上市公司现金流量净额的 35.81%，户均水平为全部上市公司户均水平的 16.85 倍，明显高于全部上市公司平均水平。"中联价值 100"2023 年度资产总额为 151672.94 亿元，占全部上市公司资产总额的 14.86%，户均水平为全部上市公司户均水平的 6.99 倍。

从经营质量来看，"中联价值 100"2023 年度平均净资产收益率为 16.03%，是全部上市公司平均水平的 2.08 倍；"中联价值 100"2023 年度整体总资产周转率为 0.75 次，为全部上市公司平均水平的 1.17 倍；"中联价值 100"2023 年度整体资产负债率为 46.08%，低于全部上市公司的平均水平 57.83%；"中联价值 100"2023 年度整体收入增长率为 4.86%，为全部上市公司平均水平的 2.20 倍。可见，2023 年度"中联价值 100"整体经营质量明显优于全部上市公司平均水平。

以上数据表明，2023 年度"中联价值 100"集聚了一批经营效益好、资产质量优、发展潜力大的上市公司。

二、2023 年度"中联价值 100"上市公司评价指标分析

本次业绩评价分别从财务效益状况、资产质量状况、偿债风险状况、发展能力状况、市场表现状况五个方面进行，"中联价值 100"上市公司整体优于全部上市公司平均水平，下面分别从上述五个方面对"中联价值 100"上市公司的财务指标进行分析。

（一）财务效益

表 3-2 列示了"中联价值 100"上市公司财务效益状况评价结果。根据财务效益状况指标具体分析，2023 年度"中联价值 100"上市公司财务效益指标中，除盈利现金保障倍数外，其他指标均高于全部上市公司平均值；与 2022 年度"中联价值 100"情况相比较，2023 年度"中联价值 100"除盈利现金保障倍数有所上升，其他指标均不同幅度地呈现下降。总体而言，2023 年度"中联价值 100"上市公司财务效益状况较 2022 年度有所下降。

就"中联价值100"具体上市公司的财务效益得分情况而言，100家上市公司财务效益均超过全部上市公司平均水平，其中，中国海油、中国神华、中国石油、贵州茅台、长江电力、五粮液、中煤能源、陕西煤业、格力电器、比亚迪、宁德时代、特变电工12家上市公司在财务效益方面获得满分35分。

表3-2　"中联价值100"财务效益状况比较表

分析指标		2023年上市公司平均值	2023年"中联价值100"平均值	与上市公司平均值比值	2022年"中联价值100"平均值	同比增长率（%）
基本指标	扣除非经常性损益净资产收益率	7.69%	16.03%	2.08	24.40%	-34.30
	总资产报酬率	5.03%	11.76%	2.34	16.59%	-29.11
	基本得分	21.27	33.58	1.58	34.00	1.25
修正指标	营业利润率	6.42	14.94	2.33	17.54%	-14.82
	盈利现金保障倍数	2.01%	1.82%	0.91	1.49	22.15
	总股本收益率	44.80%	113.55%	2.53	225.16%	-49.57
	综合得分	23.35	31.24	1.34	31.18	-0.19

（二）资产质量

表3-3列示了"中联价值100"上市公司资产质量状况评价结果。从资产质量状况指标来看，2023年度"中联价值100"四项指标均高于全部上市公司平均水平，与2022年度相比，基本指标中的总资产周转率与流动资产周转率均有所下降，修正指标中的存货周转率和应收账款周转率也有不同程度的下降。就资产质量得分情况而言，2023年度"中联价值100"中有91家上市公司超过全部上市公司平均水平，其中，中国移动、中远海能、新奥股份、中国国贸、九丰能源、北大荒、云南铜业、成都燃气8家上市公司在资产质量方面获得满分15分。

表3-3　"中联价值100"资产质量状况比较表

分析指标		2023年上市公司平均值	2023年"中联价值100"平均值	与上市公司平均值比值	2022年"中联价值100"平均值	同比增长率（%）
基本指标	总资产周转率（次）	0.64	0.75	1.17	0.92	-18.48
	流动资产周转率（次）	1.27	1.96	1.54	2.42	-19.01
	基本得分	9.52	10.74	1.13	11.95	11.27
修正指标	存货周转率（次）	3.48	8.13	2.34	9.31	-12.67
	应收账款周转率（次）	7.99	15.68	1.96	26.10	-39.92
	综合得分	9.27	11.22	1.21	12.25	9.18

（三）偿债风险

表3-4列示了"中联价值100"上市公司偿债风险状况评价结果。从偿债风险状况指

标来看，2023 年度"中联价值 100"各项基本指标和修正指标均优于全部上市公司平均水平。从具体公司得分情况来看，"中联价值 100"上市公司中有 80 家企业偿债能力综合得分高于全部上市公司平均水平。其中，金钼股份、恒瑞医药、新产业 3 家上市公司获得了 14.99 分，接近满分，明显优于"中联价值 100"其他公司水平。

表 3-4   "中联价值 100"偿债风险状况比较表

分析指标		2023 年上市公司平均值	2023 年"中联价值 100"平均值	与上市公司平均值比值	2022 年"中联价值 100"平均值	同比增长率（%）
基本指标	资产负债率	57.83%	46.08%	0.80	47.37%	-2.72
	已获利息倍数	5.21	15.80	3.03	19.54	-19.14
基本得分		8.89	11.5	1.29	11.63	1.13
修正指标	速动比率	88.92%	103.09%	1.16	105.80%	-2.56
	现金流动负债比率	15.90%	50.09%	3.15	57.28%	-12.55
	带息负债比率	42.82%	36.30%	0.85	37.44%	-3.04
综合得分		8.9	11.07	1.24	11.06	-0.09

（四）发展能力

表 3-5 列示了"中联价值 100"上市公司发展能力状况评价结果。从具体指标来看，2023 年度"中联价值 100"发展能力水平与 2022 年度相比，除了修正指标中的累计保留盈余率有所上升外，其余的营业收入增长率、资本扩张率、三年营业收入平均增长率、总资产增长率和营业利润增长率指标均有不同程度的下降，但 2023 年度"中联价值 100"发展能力水平的基本指标和修正指标均优于全部上市公司平均水平。从具体公司得分情况来看，"中联价值 100"上市公司中 99 家企业发展能力得分高于全部上市公司平均水平。长安汽车、智飞生物、汇川技术、比亚迪、宁德时代 5 家上市公司发展能力综合得分为满分 20 分。

表 3-5   "中联价值 100"发展能力状况比较表

分析指标		2023 年上市公司平均值	2023 年"中联价值 100"平均值	与上市公司平均值比值	2022 年"中联价值 100"平均值	同比增长率（%）
基本指标	营业收入增长率	2.21%	4.86%	2.20	31.43%	-84.54
	资本扩张率	6.75%	9.74%	1.44	22.58%	-56.86
基本得分		12.14	15.89	1.31	17.25	8.56
修正指标	累计保留盈余率	44.05%	73.42%	1.67	67.60%	8.61
	三年营业收入平均增长率	10.93%	18.69%	1.71	20.51%	-8.87
	总资产增长率	5.71%	10.42%	1.82	20.02%	-47.95
	营业利润增长率	-3.95%	7.40%	-1.87	57.72%	-87.18
综合得分		12.33	16.28	1.32	17.13	5.22

（五）市场表现

表3-6列示了"中联价值100"上市公司市场表现状况评价结果。从具体指标来看，2023年度"中联价值100"上市公司投资回报率为19.34%，明显高于纳入全部上市公司的平均值5.76%，且高于2022年度"中联价值100"上市公司的平均值8.45%。2023年度"中联价值100"上市公司平均股价波动率为66.72%，低于纳入全部上市公司的平均值82.72%。100家上市公司中有65家公司的市场投资回报率高于全部上市公司平均水平，投资回报率排前六名的是神州泰岳、新国都、传音控股、恒源煤电、大华股份、皖通高速。2023年度"中联价值100"上市公司中有75家公司的股价波动率低于全部上市公司平均水平，说明股票价格较为稳定。以上数据表明"中联价值100"市场表现良好。

表3-6　"中联价值100"市场表现状况比较表

分析指标	2023年上市公司平均值	2023年"中联价值100"平均值	与上市公司平均值比值	2022年"中联价值100"平均值	同比增长率（%）
市场投资回报率（%）	5.76	19.34	3.36	8.45	128.88
股价波动率（%）	82.72	66.72	0.81	89.74	−25.65
综合得分	9.07	10.71	1.18	11.01	2.80

2023年度"中联价值100"指数与沪深300指数情况见图3-1。

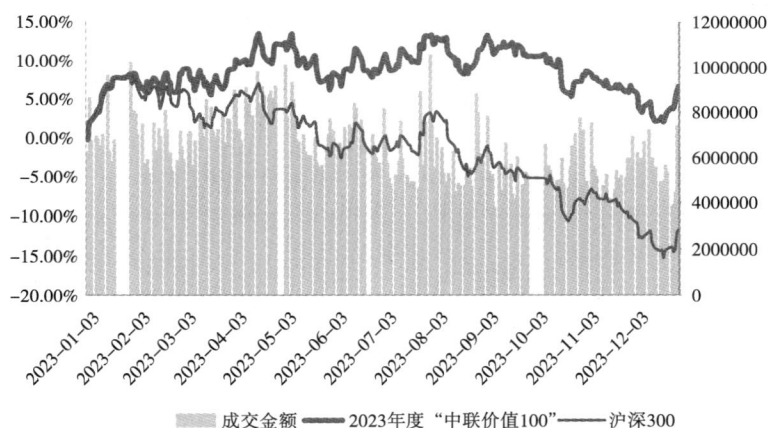

图3-1　2023年度"中联价值100"指数与沪深300指数

三、2023年度"中联价值100"上市公司分布特点

2023年是全面践行党的二十大精神的开局之年，也是实施"十四五"规划承前启后的关键之年。我国国内生产总值（GDP）达到1260582亿元，较上年实现了5.2%的稳健增长。面对国内外多重因素挑战，A股上市公司整体业绩持续修复，内生动能不断集聚，回报能力稳步提升，高质量发展取得新成效。在A股上市公司中，"中联价值100"表现出了更为明显的优势。下面主要从行业、地区、公司属性、企业规模、上市时间来介绍"中联

价值100"的分布特点。

（一）"中联价值100"上市公司行业分布特点

高端制造业持续霸榜，擎筑"中联价值100"。2023年"中联价值100"上市公司分布于11个行业中。其中，制造业上榜数量持续领先，共计61家上市公司；采矿业上榜数量位居第二，共计14家上市公司；其他行业中，交通运输、仓储和邮政业上榜7家上市公司，电力、热力、燃气及水生产和供应业上榜6家上市公司，信息传输、软件和信息技术服务业上榜5家上市公司，水利、环境和公共设施管理业上榜2家上市公司，房地产业，建筑业，科学研究和技术服务业，农、林、牧、渔业，租赁和商务服务业各上榜1家上市公司。

入榜2023年度"中联价值100"的制造业上市公司中，有11家上市公司为电气机械和器材制造业，数量最多，计算机、通信和其他电子设备制造业与医药制造业各有8家，酒、饮料和精制茶制造业与专用设备制造业各有6家，化学原料和化学制品制造业以及汽车制造业各有3家，金属制品业、通用设备制造业、橡胶和塑料制品业、仪器仪表制造业各有2家，纺织服装、服饰业，非金属矿物制品业，食品制造业和其他制造业各有1家。

入榜2023年度"中联价值100"的采矿业上市公司中，有8家上市公司为煤炭开采和洗选业，有色金属矿采选业有4家，石油和天然气开采业有2家。交通运输、仓储和邮政业入榜2023年度"中联价值100"的上市公司涵盖了水上运输业、铁路运输业、道路运输业、航空运输业以及装卸搬运和运输代理业。其他入榜2023年度"中联价值100"的上市公司，主要为发电行业与水利、环境和公共设施管理业等。

2023年"中联价值100"行业分布情况如表3-7和图3-2所示。

表3-7　"中联价值100"行业分布情况表

门类行业	大类行业	数量	合计
制造业	电气机械和器材制造业	11	61
	纺织服装、服饰业	1	
	非金属矿物制品业	1	
	化学原料和化学制品制造业	4	
	计算机、通信和其他电子设备制造业	8	
	金属制品业	2	
	酒、饮料和精制茶制造业	6	
	其他制造业	1	
	汽车制造业	3	
	食品制造业	1	
	通用设备制造业	2	
	橡胶和塑料制品业	2	
	医药制造业	8	
	仪器仪表制造业	2	
	有色金属冶炼和压延加工业	3	
	专用设备制造业	6	

续　表

门类行业	大类行业	数量	合计
采矿业	煤炭开采和洗选业	8	14
	石油和天然气开采业	2	
	有色金属矿采选业	4	
交通运输、仓储和邮政业	道路运输业	1	7
	航空运输业	2	
	水上运输业	2	
	铁路运输业	1	
	装卸搬运和运输代理业	1	
电力、热力、燃气及水生产和供应业	电力、热力生产和供应业	3	6
	燃气生产和供应业	3	
信息传输、软件和信息技术服务业	电信、广播电视和卫星传输服务	1	5
	互联网和相关服务	1	
	软件和信息技术服务业	3	
水利、环境和公共设施管理业	公共设施管理业	2	2
房地产业	房地产业	1	1
建筑业	土木工程建筑业	1	1
科学研究和技术服务业	研究和试验发展	1	1
农、林、牧、渔业	农业	1	1
租赁和商务服务业	商务服务业	1	1

说明：本行业分类标准参照中国证监会发布的《上市公司行业分类指引（2012 年修订）》。

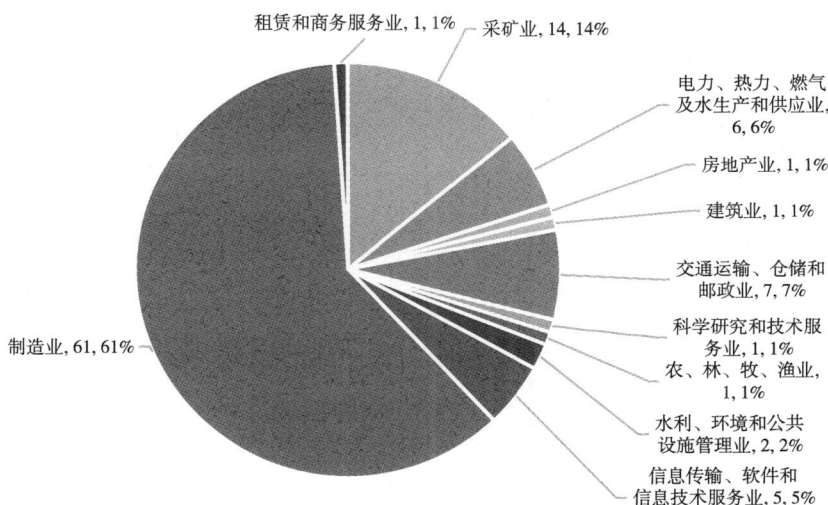

图 3-2　2023 年 "中联价值 100" 行业分布

（二）"中联价值 100" 上市公司地区分布特点

强者恒强，呈现马太效应。东部地区入榜 2023 年度 "中联价值 100" 的上市公司数量最多，有 65 家上市公司，较 2022 年度增加了 13 家。东部地区中，北京市和广东省入榜 2023 年度 "中联价值 100" 的上市公司最多，均为 14 家。其中，北京市入榜 2023 年度

"中联价值 100"的上市公司较 2022 年度增加了 7 家,实现了增长翻番;广东省入榜 2023 年度"中联价值 100"的上市公司较 2022 年度增加了 3 家;江苏省入榜 2023 年度"中联价值 100"的上市公司有 6 家;福建省和上海市入榜 2023 年度"中联价值 100"的上市公司均有 5 家。

西部地区入榜 2023 年度"中联价值 100"的上市公司数量明显减少。共有 16 家上市公司入榜,较 2022 年度减少了 12 家。西部地区入榜名单中,四川省入榜 2023 年度"中联价值 100"的上市公司依然最多,共有 4 家企业入榜;内蒙古自治区入榜 2023 年度"中联价值 100"的上市公司数量为 3 家;陕西省、云南省和重庆市入榜 2023 年度"中联价值 100"的上市公司数量均为 1 家。

中部地区和东北地区入榜 2023 年度"中联价值 100"的上市公司数量基本稳定,分别为 17 家和 2 家。中部地区中,安徽省入榜 2023 年度"中联价值 100"的上市公司数量最多,为 7 家;东北地区中,黑龙江省和吉林省各有 1 家上市公司入榜 2023 年度"中联价值 100"。

"中联价值 100"地区和省份数量及占比分布情况如表 3-8 和图 3-3 所示。

表 3-8 "中联价值 100"地区和省份分布情况表

地区	省份	2023 年	2022 年	2021 年	2020 年
东部地区	北京市	14	7	10	8
	广东省	14	11	9	26
	浙江省	12	6	13	11
	山东省	8	8	7	7
	江苏省	6	4	4	7
	福建省	5	3	3	3
	上海市	5	4	5	2
	河北省	1	5	2	2
	天津市	0	4	2	2
	小计	65	52	55	68
西部地区	四川省	4	7	3	4
	内蒙古自治区	3	3	6	2
	陕西省	2	3	3	2
	云南省	2	4	1	0
	重庆市	2	0	2	1
	宁夏回族自治区	1	1	1	1
	新疆维吾尔自治区	1	3	4	0
	贵州省	1	2	0	1
	西藏自治区	0	1	1	1
	广西壮族自治区	0	1	0	0
	青海省	0	2	1	0
	甘肃省	0	1	0	1
	小计	16	28	22	13

地区	省份	2023 年	2022 年	2021 年	2020 年
中部地区	安徽省	7	5	6	3
	河南省	4	3	2	2
	山西省	3	6	7	1
	湖北省	1	2	3	3
	湖南省	1	1	2	4
	江西省	1	1	2	3
	小计	17	18	22	16
东北地区	黑龙江省	1	1	0	1
	吉林省	1	0	0	0
	辽宁省	0	1	1	2
	小计	2	2	1	3

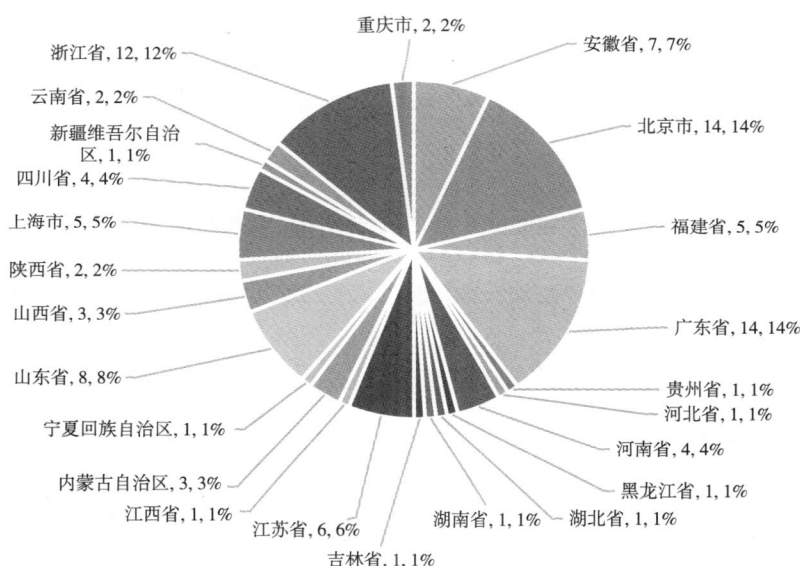

图 3-3　2023 年"中联价值 100"地区和省份分布

（三）"中联价值 100"上市公司公司属性分布特点

国企转型升级发展见成效，民企创新发展成主力军。2023 年度上榜"中联价值 100"的企业中，按照公司属性分布情况，可以看出民营企业上榜 43 家，中央国有企业上榜 23 家；其次是地方国有企业、公众企业、外资企业和集体企业（见图 3-4）。

国有企业入榜 2023 年度"中联价值 100"的上市公司合计占比达到 47%，展现了国企转型升级发展的成效；民营企业入榜 2023 年度"中联价值 100"的上市公司主要是高科技企业，可见，民营企业是创新发展的主力军，也是集聚科技创新要素的重要载体。

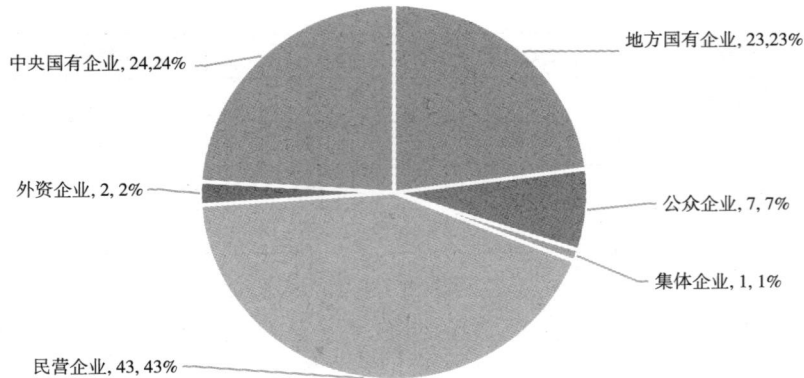

图 3-4　2023 年"中联价值 100"公司属性分布

（四）"中联价值 100"上市公司企业规模分布特点

规模彰显竞争力，高质成就发展力。近三年"中联价值 100"大多为企业规模 100 亿元以上的上市公司，分布结构趋近一致。2023 年度入榜上市公司中企业规模 100 亿元以上的共有 86 家，较 2022 年度减少了 1 家。企业规模在 50 亿~100 亿元的共有 7 家，与 2022 年度持平；企业规模在 10 亿~50 亿元的共有 6 家，与 2022 年度持平；企业规模在 1 亿~10 亿元的共有 1 家。详见表 3-9。

表 3-9　"中联价值 100"上市公司企业规模情况表

企业规模（亿元）	2023 年	2022 年	2021 年
1~10	1	0	1
10~50	6	6	12
50~100	7	7	9
100 以上	86	87	78

（五）"中联价值 100"上市公司上市时长分布特点

资本助力发展，时间淬炼真金。从"中联价值 100"的上市公司上市时间来看，2023 年度"中联价值 100"榜单中，上市时间在 10 年以上的上市公司最多，占比 70%；上市 5 年以内的上市公司占比 22%；上市 6~10 年的上市公司占比 8%；1 年内上市的企业共有 2 家，分别是中国移动和中国海油。

与 2022 年度"中联价值 100"相比，上市 10 年以上的上市公司增加了 2 家，上市 6~10 年的上市公司减少了 3 家，上市 4~5 年的上市公司增加了 5 家，上市 3 年内的上市公司减少了 4 家。详见表 3-10。

表 3-10　"中联价值 100"上市时间分布情况表

上市时间	2023 年	2022 年	2021 年
1 年内	2	6	6
2~3 年	11	11	12
4~5 年	9	4	9
6~10 年	8	11	13
10 年以上	70	68	60

四、2023 年度"中联价值 100"亮点分析

（一）国企改革深化提升

随着国企改革三年行动实现高质量圆满收官，2023 年成为总结经验、开拓未来的承上启下的关键之年。2023 年 6 月，中共中央办公厅、国务院办公厅联合印发《国有企业改革深化提升行动方案（2023—2025 年）》，标志着继国企改革三年行动之后的新一轮改革正式启动。A 股国企改革概念股也数次呈现多股涨停的盛况，体现了市场对国企改革深化提升的良好预期。

2023 年度"中联价值 100"榜单中，有 47 家上市公司为国企改革概念股。央企改革概念方面，有 24 家上市公司入榜 2023 年度"中联价值 100"。其中，中国移动和中国海油在 2022 年度完成上市后，在 2023 年度便顺利跻身"中联价值 100"，并在榜单中分别取得第二名和第三名的好成绩，改革成效显著。地方国企改革概念股也异军突起，有 23 家上市公司入榜 2023 年度"中联价值 100"，主要包括淮北矿业、紫金矿业和陕西煤业等采矿业上市公司，五粮液、山西汾酒和贵州茅台等酒类制造业上市公司等。可见，2023 年度"中联价值 100"集聚了多领域国企改革领先的上市公司，彰显了国企改革的成效，展现了国企改革深化提升的潜力。

（二）科技创新数智赋能

2023 年度，我国持续加强自主科技创新，推动数字经济、绿色经济发展方式转变和中国制造升级。电动汽车、锂电池和光伏产品成为中国外贸的"新三样"，展现了中国制造迈向高端化、智能化、绿色化的崭新名片，也折射出太阳能、风能、锂电池等新能源技术得到了更广泛的应用；体现在 A 股市场中，锂电、光伏、汽车、电力以及家电板块均实现了营收和净利润的增长。在人工智能领域，我国 A 股与 AI 相关的科技股展现出了惊人的"狂飙"，人工智能相关概念股全线反弹，人工智能指数（885728.TI）的全年涨幅达到了 35.46%。在生物技术领域，基因编辑技术取得了突破性进展，生物制药加速发展，沪市医药生物行业上市公司数量由 62 家增至 109 家。

2023 年度"中联价值 100"也集聚了一批高科技上市公司，其中，传音控股凭借出色的研发能力，深耕智能终端领域，荣登 2023 年度"中联价值 100"榜首。在研发投入方面，2023 年度"中联价值 100"研发投入累计达到 2796.01 亿元，较 2022 年度"中联价值 100"研发投入高出 76.29%，研发投入超过 1 亿元的上市公司共有 81 家，其中，研发投入最多的上市公司为比亚迪，研发投入为 399.18 亿元。可见，2023 年度"中联价值 100"科技含量十足。其中，科技味浓郁的包括 12 家人工智能领域上市公司、13 家芯片领域上市公司、8 家数据要素领域上市公司、8 家医药领域上市公司、6 家光伏领域上市公司等。

（三）低碳转型稳步破局

近年来，我国把绿色低碳和节能减排摆在突出位置，坚持把绿色低碳发展作为解决生态环境问题的治本之策。2023 年度，A 股市场体现环境、社会责任和公司治理的 ESG 报告更加受到重视，逾 2400 家上市公司披露了 ESG 报告，占比近半。2023 年度"中联价值 100"中，有 83 家上市公司披露了 ESG 报告，所占比例超过八成。根据华证 ESG 评级，2023 年度"中联价值 100"中有 41 家上市公司的 ESG 评级在 BBB 级以上，其中，迈瑞医疗评级最高，为 AA 级。

"双碳"目标下，我国能源产业和环保事业发展良好，低碳转型稳步破局。中国更是成为新增可再生能源的主要贡献者，占全球太阳能增量的 51%，占全球风力发电增量的 60%。2023 年度，A 股"新能源"概念表现亮眼，彰显我国能源结构稳步实现"清洁化"的成效。2023 年度"中联价值 100"中亦集聚了一批"含绿量"十足的上市公司，其中，新能源汽车领域有 14 家上市公司入榜，发电领域有 14 家上市公司入榜，储能领域有 11 家上市公司入榜。

（四）高比例分红彰显实力，投资回报坚定信心

2023 年度"中联价值 100"中有 69 家上市公司股价实现增长，其中有 16 家上市公司 2023 年度的股价涨幅超过 50%。年度涨幅最大的是神州泰岳，涨幅为 103.92%；其次是新国都，涨幅为 100.50%（见表 3-11）。

2023 年度"中联价值 100"中有 99 家上市公司在 2023 年度进行了分红，分红比例超过 50% 的上市公司达到 34 家。东阿阿胶分红比例最高，为 99.60%；海澜之家紧随其后，分红比例为 91.11%，公牛集团分红比例 81.78%。

可见，"中联价值 100"集聚了一批极具投资价值的上市公司。

表 3-11 "中联价值 100"股价涨跌幅情况表

序号	股票代码	股票简称	2023 年涨幅（%）	序号	股票代码	股票简称	2023 年度分红比例（%）
1	300002	神州泰岳	103.92	1	000423	东阿阿胶	99.60
2	300130	新国都	100.50	2	600398	海澜之家	91.11
3	688036	传音控股	74.04	3	603195	公牛集团	81.78
4	002517	恺英网络	70.27	4	300882	万胜智能	81.74
5	002236	大华股份	63.13	5	300795	米奥会展	81.27
6	300882	万胜智能	61.97	6	601088	中国神华	75.22
7	600612	老凤祥	61.22	7	600900	长江电力	73.66
8	300514	友讯达	59.02	8	600598	北大荒	73.53

（五）三年蝉联百强榜，厚积实力傲群雄

连续三年入围"中联价值 100"的上市公司，三年分红均实现增长。

表 3-12 显示，2021 年度、2022 年度、2023 年度连续三年入围"中联价值 100"的有 17 家公司。就三年累计分红占比而言，迈瑞医疗三年累计分红占比为 153.15%，位居第一，中国神华以三年累计分红占比 140.22% 位列第二。就每股留存收益而言，古井贡酒以 27.94 元/股的优势占据榜首，万华化学以 26.71 元/股的优势排名第二。就近三年涨幅而言，陕西煤业以 123.66% 的涨幅位居第一，中煤能源以 117.75% 的涨幅紧随其后。

表 3-12 连续三年入围"中联价值 100"公司

股票代码	股票简称	三年累计分红占比（%）	每股留存收益（元/股）	近三年涨幅（%）
601088	中国神华	140.22	15.10	74.07
601857	中国石油	103.65	6.30	70.12
600989	宝丰能源	64.59	3.28	26.24
300760	迈瑞医疗	153.15	20.86	-31.78
601898	中煤能源	38.40	6.32	117.75
600809	山西汾酒	78.58	21.14	-38.52
601899	紫金矿业	48.89	2.68	34.12
601225	陕西煤业	132.47	7.40	123.66
600803	新奥股份	43.15	6.13	23.77
600309	万华化学	93.46	26.71	-15.62
000983	山西焦煤	133.97	4.25	75.18
300124	汇川技术	41.50	6.11	-32.33
000596	古井贡酒	82.21	27.94	-14.41
000807	云铝股份	23.98	3.33	62.28
600426	华鲁恒升	59.52	11.58	-26.03
300750	宁德时代	54.76	23.97	-53.50
600089	特变电工	57.89	8.41	35.96

第二部分
中国上市公司评价
各行业分析报告

第四章

煤炭行业上市公司业绩评价

2023 年，政策、气候、环境、国际局势等因素加剧了中国煤炭市场的波动。根据中国煤炭工业协会数据，2023 年，全国规模以上煤炭企业营业收入 3.50 万亿元，同比下降 13.1%；利润总额 0.76 万亿元，同比下降 25.3%。2023 年煤炭行业股票指数整体保持平稳走势，年末报收于 2782.24 点，涨幅为 3.25%，全年煤炭行业指数仍低于沪深 300 指数。2024 年预计全国煤炭供应体系质量提升、应急保供能力增强，煤炭市场供需将保持基本稳定。

一、煤炭行业上市公司业绩评价结果

截至 2023 年末，煤炭行业相关上市公司共计 38 家，其中沪市为 32 家，深市为 6 家。除陕西黑猫、宝泰隆、大有能源、安源煤业和安泰集团外，全部实现盈利，盈利企业占比 86%，2021 年和 2022 年该比例分别为 91% 和 89%，说明煤炭行业上市公司在 2021 年度受供需不平衡影响后，2022 年和 2023 年供需关系趋于平衡，业绩略有回落。

煤炭行业 2023 年度综合评分分值为 73.50 分，较 2022 年度的 80.61 分有所下降，超过同年全部上市公司（除金融和 B 股外，本文以下如无特指按此口径）的综合评价分值 62.90 分；共 7 家煤炭行业上市公司业绩评价综合得分进入 2023 年度"中联价值 100"，其中电投能源和中国神华分别位列第 5 名和第 6 名。

煤炭行业 38 家上市公司业绩评价等级如下：6 家 AA、6 家 A、6 家 BBB、6 家 BB、2 家 CCC、3 家 CC 和 9 家 C。

2023 年全部上市公司共 5194 家，其资产总额为 102.07 万亿元，其中，煤炭行业上市公司资产总额为 2.73 万亿元，占全部上市公司的 2.67%；全部上市公司实现营业收入 63.46 万亿元，其中，煤炭行业上市公司营业收入为 1.51 万亿元，占全部上市公司的

2.38%；全部上市公司实现净利润 3.21 万亿元，其中，煤炭行业上市公司净利润为 0.23 万亿元，占全部上市公司的 7.26%。2023 年度煤炭行业评价得分前十的公司见表 4-1。

表 4-1　2023 年度煤炭行业评价得分前十的公司

序号	股票代码	股票简称	在 A 股上市公司中评价得分排序
1	002128	电投能源	5
2	601088	中国神华	6
3	600985	淮北矿业	18
4	601898	中煤能源	24
5	601225	陕西煤业	34
6	000983	山西焦煤	42
7	601918	新集能源	70
8	600971	恒源煤电	101
9	600546	山煤国际	104
10	601699	潞安环能	114

基于对煤炭行业上市公司的整体评价，下面分别从财务效益状况、资产质量状况、偿债风险状况、发展能力状况、市场表现状况五个方面对煤炭行业上市公司进行具体分析。

（一）财务效益

表 4-2 列示了 2023 年煤炭行业上市公司财务效益评价结果（满分 35 分）。从基本指标来看，煤炭行业上市公司财务效益状况得分 35.00 分，与 2022 年得分持平，扣除非经常性损益净资产收益率、总资产报酬率两项基本指标均有一定下降，降幅分别为 27.90% 和 27.16%。上述指标下降的主要原因为：2023 年，进口煤量大幅增加，缺煤现象得到显著缓解，受进口煤冲击煤炭价格继续下滑，企业盈利能力受到一定程度的冲击。

从修正指标来看，煤炭行业营业利润率、盈利现金保障倍数和总股本收益率分别下降 14.63%、11.27% 和 30.42%，上述三项指标与 2022 年度相比，均出现一定幅度下降，说明国内供需情况略显供大于求的风险，煤炭行业上市公司盈利能力增长放缓。

财务效益指标综合得分高于全部上市公司平均水平 23.35 分的共有 22 家，其中中国神华、中煤能源、陕西煤业和兖矿能源该指标得分最高，均为 35.00 分，其特点在于该批煤炭上市公司对产品结构和资本结构的布局合理，业务均衡发展，综合实力突出，抗风险能力优于同行。如中国神华，年报显示，2023 年煤炭销量 4.5 亿吨，同比增长 7.7%，全年实现营业收入 3430.7 亿元，同比降低 0.4%；实现归母净利润 596.9 亿元，同比降低 14.3%。

表 4-2　煤炭行业财务效益状况比较表

	评价指标	2023 年全部上市公司平均值	2023 年行业值	2022 年行业值	增长率（%）
基本指标	扣除非经常性损益净资产收益率（%）	6.75	15.97	22.15	-27.90
	总资产报酬率（%）	5.03	11.88	16.31	-27.16
	基本得分	21.27	35.00	35.00	0.00
修正指标	营业利润率（%）	6.42	19.96	23.38	-14.63
	盈利现金保障倍数	2.01	1.26	1.42	-11.27
	总股本收益率（%）	44.80	127.46	183.18	-30.42
	综合得分	23.35	28.63	29.58	-3.21

（二）资产质量

表 4-3 列示了煤炭行业上市公司资产质量状况评价结果（满分 15 分），基本指标与修正指标变化趋势一致，2023 年度煤炭行业上市公司资产质量状况综合得分为 13.65 分，与2022 年度 14.34 分相比下降 4.81%。

基本指标中总资产周转率为 0.56 次，与 2022 年的 0.66 次相比下降 15.15%，略低于全部上市公司平均值 0.64 次。而流动资产周转率从 2022 年的 2.04 次降低为 1.84 次，表明企业流动资产周转速度变慢，资金利用效率下降，企业盈利能力降低。

修正指标中应收账款周转率略有下降，平均为 23.15 次，较 2022 年降低 9.92%，说明煤炭行业上市公司收账速度小幅下降，平均收账期、坏账损失和偿债能力都略有下降。存货周转率平均为 17.18 次，比上年降低 3.37%，低于全部上市公司平均值 3.48 次，表明煤炭流动性较为平稳，煤炭供需平衡使得库存煤炭维持高位的状况进一步缓解，2023 年度煤炭销售情况与上一年度相比基本保持平稳。

2023 年度煤炭行业上市公司资产质量综合得分 13.65 分，已经超过 2023 年全部上市公司平均得分 9.27 分，但较 2022 年行业得分 14.34 分略有降低，煤炭企业销售收入受进口煤冲击略有下降，回款能力略有下降，资产周转速度降低等因素是导致资产质量略有下降的主要原因。该指标表现较好的有安泰集团和淮河能源，均为 15.00 分，公司在销售渠道开拓、去库存等方面处理较为出色。

表 4-3　煤炭行业资产质量状况比较表

	评价指标	2023 年全部上市公司平均值	2023 年行业值	2022 年行业值	增长率（%）
基本指标	总资产周转率（次）	0.64	0.56	0.66	-15.15
	流动资产周转率（次）	1.27	1.84	2.04	-9.80
	基本得分	9.52	10.58	11.75	-9.96

	评价指标	2023年全部上市公司平均值	2023年行业值	2022年行业值	增长率（％）
修正指标	应收账款周转率（次）	7.99	23.15	25.70	-9.92
	存货周转率（次）	3.48	17.18	17.78	-3.37
综合得分		9.27	13.65	14.34	-4.81

（三）偿债风险

表4-4列示了煤炭行业上市公司偿债风险状况评价结果（满分15分）。从综合得分来看，2023年煤炭行业上市公司偿债风险状况高于全部上市公司平均水平8.9分，与2022年得分10.88分相比降低4.87%。

基本指标中，资产负债率小幅度下降0.66%，已获利息倍数小幅度下降9.39%，国际上通常认为，该指标为3时较为适当，煤炭行业上市公司已获利息倍数13.61与之相比较高，说明煤炭行业上市公司长期偿债能力较强。

从修正指标来看，速动比率和带息负债比率指标较上年均出现小幅降低，降幅分别为6.46%和2.73%，表明企业流动资产中可以立即变现用于偿还流动负债的能力略有下降，同时企业负债中带息负债的比重进一步下降，减小了企业未来的偿债（尤其是偿还利息）压力。现金流动负债比率较上年大幅下降31.27%，反映账面现金存量进一步降低，可用于立即变现偿还负债的能力下降。在综合得分上，陕西煤业该项指标得分为13.07分，表现较好。

表4-4　煤炭行业偿债风险状况比较表

	评价指标	2023年全部上市公司平均值	2023年行业值	2022年行业值	增长率（％）
基本指标	资产负债率（％）	57.83	45.31	45.61	-0.66
	已获利息倍数	5.21	13.61	15.02	-9.39
基本得分		8.89	10.47	10.47	0.00
修正指标	速动比率（％）	88.92	99.76	106.65	-6.46
	现金流动负债比率（％）	15.90	40.27	58.59	-31.27
	带息负债比率（％）	42.82	37.75	38.81	-2.73
综合得分		8.90	10.35	10.88	-4.87

（四）发展能力

表4-5列示了煤炭行业上市公司发展能力状况评价结果（满分20分），下游行业需求基本稳定，进口煤量大幅增加，煤炭消费稳中有降，发展能力综合得分由2022年度的14.44分下降至10.57分。

各项指标中，累计保留盈余率指标连续三年表现较为稳定，营业收入增长率大幅下降

211.03%，至-10.37%，主要原因是进口煤量大幅增加，煤炭价格波动下降。三年营业收入平均增长率下降至9.59%，营业利润增长率降幅为150.81%。

从综合得分来看，电投能源发展能力得分在煤炭行业中排名第一，发展能力综合评分16.45分，电投能源为全球首个"煤-电-铝"循环经济绿色产业集群，目前公司正在积极开拓相关业务，以确保公司持续稳定发展。

表4-5　煤炭行业发展能力状况比较表

	评价指标	2023年全部上市公司平均值	2023年行业值	2022年行业值	增长率（%）
基本指标	营业收入增长率（%）	2.21	-10.37	9.34	-211.03
	资本扩张率（%）	6.75	3.99	14.47	-72.43
	基本得分	12.14	9.20	13.08	-29.66
修正指标	累计保留盈余率（%）	44.05	55.03	59.70	-7.82
	三年营业收入平均增长率（%）	10.93	9.59	13.97	-31.35
	总资产增长率（%）	5.71	3.06	7.25	-57.79
	营业利润增长率（%）	-3.95	-23.54	46.33	-150.81
	综合得分	12.33	10.57	14.44	-26.80

（五）市场表现

图4-1为煤炭行业（申万）指数与沪深300指数波动对比图，可以看到煤炭行业指数的走势与沪深300指数变化趋势相比差异较大。

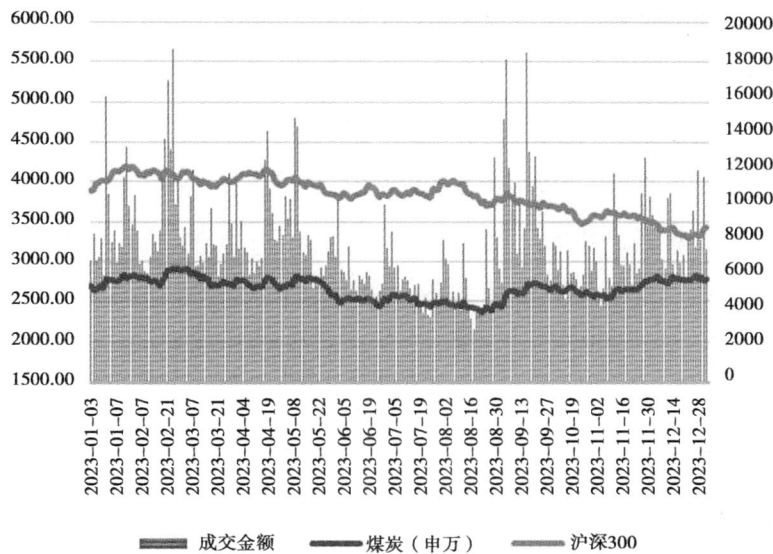

图4-1　煤炭（申万）指数与沪深300指数波动情况

数据来源：同花顺。

表4-6列示了煤炭行业上市公司市场表现状况评价结果（满分15分）。其中市场投资

回报率指标 2023 年度行业值为 9.52%，涨幅为 36.39%，表现比较理想。股价波动率指标远低于全部上市公司平均值，说明煤炭行业股票市场具有较强的抗压能力。从综合得分来看，煤炭行业上市公司市场表现综合得分 10.3 分，总体比 2022 年度略有下降。

表 4-6　煤炭行业市场表现状况比较表

评价指标	2023 年全部上市公司平均值	2023 年行业值	2022 年行业值	增长率（%）
市场投资回报率（%）	5.76	9.52	6.98	36.39
股价波动率（%）	82.72	52.35	89.31	−41.38
综合得分	9.07	10.30	11.37	−9.41

二、2023 年度煤炭行业上市公司业绩影响因素分析

2023 年，政策、气候、环境、国际局势等因素加剧了中国煤炭市场的波动。具体来看，供应方面，2023 年煤炭增产保供政策持续发力，"十四五"以来全国新增煤炭产能约 6 亿吨/年，全国原煤产量达到 47.1 亿吨，同比增长 4.5%，进口量达到 4.74 亿吨，较 2022 年增加 1.81 亿吨，煤炭的安全稳定供应有力支撑了我国经济社会平稳健康发展。现对影响 2023 年煤炭行业上市公司业绩具体因素分析如下。

（一）动力煤方面

2023 年，煤炭行业形势发生了根本性变化，在保供增产、进口量增加、中长协履约完善、经济逐渐恢复等因素影响下，我国供需形势由紧转松。2023 年，国内煤炭需求约增加 2 亿吨。

2023 年上半年，随着新增产能不断释放，国内市场供应处于高位水平。此外，进口煤继续实施零关税，印度尼西亚（简称印尼）煤供应充足，俄煤贸易东移，进口澳煤放开，蒙煤通关常态化，进口量屡创新高。然而需求恢复相对缓慢，煤价延续下跌态势，并跌入限价区间。下半年，在主产地安全事故频发、迎峰度夏、秋季非电行业集中复产的情况下，下游煤炭需求转好。上游，受安全检查影响，产地供应出现收缩。八月中旬，随着非电终端逐渐进入"金九银十"传统旺季，需求持续释放，在港口结构性优质资源持续紧张下，煤价出现大幅反弹。进入第四季度，处于"迎峰度冬"用煤高峰，产地保供与安检并存。然而，电厂库存持续高位叠加非电终端需求转入淡季，需求较为有限，煤价出现旺季不旺。

2023 年，国际方面经济稳中向好，地缘冲突效应减弱，国际能源供需矛盾缓和，能源价格高位回调，动力煤价格高位下调，价格重心同比大幅下滑。数据显示，2023 年印尼 Q3800FOB 年均价为 64.7 美元/吨，同比下调 24.4 美元/吨；澳大利亚 Q5500FOB 年均价为 104.2 美元/吨，同比下调 76.4 美元/吨。

（二）炼焦煤方面

2023 年炼焦煤市场行情先跌后涨。上半年，国内炼焦煤在保供政策大背景下，产量充分释放，叠加进口煤量大幅上升，总体供应相对宽裕。而成材市场的颓势导致钢厂检修减产，炼焦煤需求下滑，供需错配之下煤价大幅跳水。下半年，产地安全生产形势进一步升级，主产区煤矿产量收缩明显，而铁水产量居高不下，韧性支撑带动焦煤价格走高。

2023 年国产炼焦煤市场上，炼焦煤价格重心较 2022 年出现大幅下移，Mysteel 国产炼焦煤价格指数均值由 2022 年的 2319.3 元/吨，大幅下跌至 2023 年的 1802.2 元/吨。全年价格行情呈现先抑后扬的"V"型走势。上半年炼焦煤行情总体偏弱，产地煤矿在保供稳价的政策驱动下，煤炭产量充足，进口煤也明显放量。而上半年成材市场却表现萎靡，钢材价格大幅下跌，钢厂盈利状况明显恶化而被迫减产止损，铁水产量明显下滑，双焦需求走弱，引发炼焦煤价格大幅下跌，安泽低硫主焦煤出厂价由 2600 元/吨直降 1000 元/吨，至 1600 元/吨。下半年由于主产地煤矿事故频发，引起全国安全监管进一步升级；另外山西将事故瞒报的处理提到前所未有的高度，炼焦煤产量出现明显缩减，而下半年宏观利好频频，成材市场迎来利好，钢厂开工率快速回升，铁水产量持续高位，炼焦煤供需格局反转，煤价快速反弹。12 月安泽低硫主焦煤价格已涨至 2600 元/吨。

港口进口炼焦煤 2023 年整体先抑后扬，上下波动 1000 元/吨左右。上半年在稳增长的政策基调和下游积极补库的情况下，3 月中下旬触顶。随着钢市承压，市场参与者信心受挫，焦炭连续下跌 10 轮，价格不断承压下行。8 月份港口在售资源数量减少，炼焦煤迎来阶段性回暖。且在钢焦冬储补库、产地供应有所减少的条件下，港口贸易商多报价坚挺，且价格呈现不同程度反弹。

2023 年进口蒙煤价格整体呈现宽"V"型运行，受国内炼焦煤市场走势影响，3 月中旬后蒙煤价格开始滑落，第三季度价格开始震荡上行。截至 12 月 29 日，甘其毛都口岸蒙5#原煤价格为 1600 元/吨，较 2023 年 3 月份价格高点下降 180 元/吨；较 2023 年最低值上涨 550 元/吨。

三、2024 年度煤炭行业前景分析

2024 年在地缘冲突、气候变化、汇率波动等多种因素影响下，全球能源市场依然充满不确定性。在我国国内，一揽子稳经济措施持续发力，经济稳步复苏。随着煤炭产能的不断释放，煤炭产量或将再度提高，煤炭市场供应偏紧的局面或将得到彻底缓解，煤炭价格重心或将继续下移。

（一）动力煤市场价格中枢或继续震荡下移

强监管下 2023 年动力煤长协合同履约率明显提升，价格保持稳定。全年长协煤 5500 大卡均价为 713.83 元/吨，较 2022 年均价 721.67 元/吨回落 7.84 元/吨；其中最高价为 1 月的 728 元/吨，最低价为 9 月的 699 元/吨。全年价格先降后升，在紧邻最高限价之下窄幅波动。

展望 2024 年，根据国家发展改革委《关于做好 2024 年电煤中长期合同签订履约工作的通知》，2024 年度电煤中长期合同需求方覆盖范围缩窄至统调公用电厂、承担民生供电供暖任务的相关电厂；发电、供热企业签订长协比例由 2023 年的最高 105% 下调至不低于 80%。随着电煤中长期合同的调整，部分长协煤资源或向现货市场释放。预计 2024 年动力煤价格"小需求，大波动"的现象将得到改善，非电需求对市场价格的影响力将减弱，煤电需求话语权将有所增强。

2023 年煤电企业采取高库存策略，提前将库存增至往年迎峰度夏、度冬时的高点以上，在保证自身用煤安全的同时对市场煤炭价格形成了有效压制。2024 年在长协煤保证及进口煤炭补充的共同作用下，煤电企业将延续高库存战略，全社会煤炭库存仍将维持高位，煤炭市场价格中枢或将继续小幅下移。

2023 年国际动力煤市场供大于求，国际煤炭市场价格在 2022 年的创纪录高点后呈现出不断波动下降的走势，或将无力再攀巅峰。2024 年较为疲弱的宏观经济或将拖累煤炭价格的上行，但不时发生的贸易流通中断和缺乏新的煤炭供应来源，对国际煤炭市场价格又形成一定的支撑，预计在各个因素不断博弈中国际煤炭价格将维持相对平稳。同时我国恢复煤炭进口关税，虽然澳大利亚、印尼煤炭适用协定税率仍为零，但对来自包括俄罗斯、美国、南非、蒙古国等在内的其他国家进口煤则实行最惠国税率。各煤种税率分别为：褐煤、无烟煤、炼焦煤执行 3%，其他煤和煤砖、煤球及类似用煤制固体燃料执行 5%，其他烟煤执行 6%。据市场价格测算，俄罗斯和蒙古国进口成本将小幅上涨，因此进口关税恢复对俄煤和蒙煤影响较大。预计我国不会有太多煤炭进口量增长空间，进口量或将持平甚至略降。

（二）炼焦煤供应难有明显增量，价格中枢或以震荡为主

展望 2024 年，基于产业链分析，年度铁水产量同比仍有下移趋势，也就意味着总体需求或有所下滑，对于 2024 年评估的利润端修复仍存在较大阻力，2024 年供应端在安全监管下，产地供应难有明显增量，不考虑露天煤矿以及长期停产煤矿等外围因素市场下，产地端供应依旧维持偏紧态势，进口煤高位保持，2024 年进口煤市场仍是进一步突破高点，形成国内市场有效补给。

一是主焦煤。主焦煤下游焦钢行业需求依存度逐渐增大，随着 4.3 米焦炉逐步淘汰，高强度优质主焦煤仍是下游首选之一。基于 2024 年铁水同比仍有进一步下移趋势，同时焦钢利润难有明显的改善背景下，原料价格难有超预期下跌行情，供应偏紧，需求矛盾暂不明显预期下，低硫主焦煤价格或以小幅震荡为主。

二是配焦煤。充分利用各种煤的结焦特性取长补短，节约优质炼焦煤，降低成本，进一步扩大配焦煤资源利用率仍是大势所趋，降低成本，最大限度实行区域配煤，力求达到配煤质量稳定，出焦的稳定、价格的循环走低是企业降本增效的举措之一。从近几年数据来看，配焦资源相对宽松，价格重心随市场变动下移节奏略快于主焦煤。

（三）2024 年煤炭市场走势分析

从煤炭需求看，中央经济工作会议对 2024 年经济工作作出部署，提出要坚持稳中求进、以进促稳、先立后破，多出有利于稳预期、稳增长、稳就业的政策，继续实施积极的财政政策和稳健的货币政策，着力稳定宏观经济大盘，保持经济运行在合理区间。《政府工作报告》确定了 2024 年国内生产总值增长 5% 左右的预期目标。国内经济持续向好将拉动煤炭需求适度增长，同时，国家推动经济社会全面绿色转型，清洁能源发电并网规模快速增长，对燃煤发电的替代作用增强，但也要关注迎峰度夏、迎峰度冬、极端天气等情况下，对煤电的顶峰保供能力提出更高要求，预计 2024 年我国煤炭需求或将适度增长。

从煤炭供应看，煤炭企业深入贯彻落实全国能源工作会议精神，扛牢能源安全首要责任，统筹处理好发展与安全、供给与需求等关系，克服产能核增潜力不足、产能接续能力建设相对滞后等困难，有序释放优质产能，科学组织煤矿生产，确保煤炭产量保持在较高水平。同时，供给侧结构性改革稳步推进，煤炭生产结构持续优化，大型智能化煤矿生产效率提高、生产弹性增强，全国煤炭安全稳定供应能力大幅提升，预计全国煤炭供应总量仍将保持增长态势。

综合判断，2024 年全国煤炭供给体系质量提升、应急保供能力增强，煤炭市场供需将保持基本平衡态势，中长期合同制度有效发挥煤炭市场平稳运行的"压舱石"和"稳定器"作用。但国际能源形势错综复杂，国内煤炭供需格局深刻变化，考虑极端天气、突发性事件、新能源出力等不确定因素，还可能存在区域性、时段性、品种性煤炭供需错配的情况。

附表 2023 年度煤炭行业上市公司业绩评价结果排序表

序号	A股上市公司评价得分排序	股票代码	股票简称	评价等级	综合得分(100)	每股收益(元)	总资产报酬率(%)	净资产收益率(%)	总资产周转率(次)	流动资产周转率(次)	资产负债率(%)	已获利息倍数	营业收入增长率(%)	资本扩张率(%)	市场投资回报率(%)	股价波动率(%)	年末资产总额(万元)	营业收入(万元)	净利润(万元)
1	5	002128	电投能源	AA	84.92	2.11	13.19	15.58	0.59	3.69	29.27	48.95	0.20	25.59	18.97	29.89	4850117.51	2684552.98	502070.48
2	6	601088	中国神华	AA	84.89	3.00	14.43	15.52	0.55	1.67	24.08	28.61	-0.42	4.16	23.65	51.74	63013100.00	34307400.00	6959800.00
3	18	600985	淮北矿业	AA	82.51	2.51	9.10	14.12	0.86	3.67	52.24	10.75	6.26	9.32	39.84	77.17	8699094.94	7338745.36	595034.01
4	24	601898	中煤能源	AA	82.02	1.47	10.50	14.71	0.56	1.58	47.68	11.47	-12.52	10.74	20.09	41.65	34935991.90	19296883.30	2574880.00
5	34	601225	陕西煤业	AA	81.02	2.19	20.82	30.02	0.84	2.58	36.01	131.96	2.41	-10.03	24.43	49.94	19390183.40	17087249.07	3588741.74
6	42	000983	山西焦煤	AA	80.48	1.23	13.30	18.56	0.59	2.07	48.46	13.31	-14.82	11.97	1.47	54.52	9360351.24	5552287.09	843145.79
7	70	601918	新集能源	A	78.88	0.81	11.40	17.25	0.37	3.98	59.15	7.22	7.01	19.45	29.34	72.66	3629453.43	1284478.67	240496.11
8	101	600971	恒源煤电	A	77.65	1.70	11.13	16.15	0.37	0.74	40.34	35.59	-7.16	6.62	72.56	93.55	2126342.22	778589.87	203123.08
9	104	600546	山煤国际	A	77.56	2.15	22.97	35.41	0.87	3.29	49.45	26.71	-19.44	9.69	38.18	84.30	4061722.74	3737083.73	679956.23
10	114	601699	潞安环能	A	77.10	2.65	13.29	18.74	0.48	0.98	43.04	30.10	-20.55	0.42	53.12	75.22	8676233.05	4313702.97	927515.87
11	130	600123	兰花科创	A	76.69	1.41	11.49	14.59	0.43	1.58	46.09	11.62	-6.16	9.01	14.30	46.39	3093729.82	1328380.81	230686.84
12	135	601001	晋控煤业	A	76.63	1.97	15.72	19.13	0.38	0.77	35.31	15.22	-4.60	15.02	8.71	95.66	3767452.47	1534161.95	450363.22
13	223	601101	昊华能源	BBB	74.22	0.72	8.12	11.99	0.28	1.35	51.36	9.92	-9.15	6.04	7.77	30.59	2991733.12	843702.54	171133.71
14	225	601666	平煤股份	BBB	74.17	1.73	9.45	15.68	0.42	1.58	62.53	4.79	-12.44	17.48	19.82	96.41	7768501.60	3156128.24	425005.32
15	263	600348	华阳股份	BBB	73.36	1.44	11.98	19.27	0.40	1.43	55.06	14.49	-18.62	8.63	7.58	53.62	7157104.32	2851816.36	604951.94
16	410	000552	甘肃能化	BBB	71.55	0.37	8.02	11.54	0.39	1.00	46.67	10.14	-8.17	23.41	0.04	19.81	3083337.55	1125906.22	174309.75
17	455	000937	冀中能源	BBB	71.04	1.40	13.80	14.87	0.47	1.31	51.00	12.59	-32.49	2.84	32.21	45.43	5232800.71	2432954.37	562723.77
18	550	600508	上海能源	BB	69.98	1.34	7.40	7.81	0.56	2.34	36.74	14.43	-13.11	3.91	0.02	20.71	1993762.70	1097765.65	97770.49
19	713	600575	淮河能源	BB	68.27	0.22	5.95	4.33	1.31	4.70	47.47	5.74	7.79	5.20	0.43	31.29	2350461.08	2733335.19	87752.22
20	799	600188	兖矿能源	BB	67.35	2.74	12.77	20.78	0.46	1.62	66.60	9.24	-25.30	-7.61	3.37	49.37	35427813.90	15002486.00	2715149.50
21	909	600157	永泰能源	BB	66.33	0.10	5.22	5.26	0.29	3.28	52.17	2.65	-15.29	7.63	-10.46	37.14	10708281.62	3011965.13	250451.57
22	1026	603071	物产环能	BB	65.49	1.90	14.36	19.98	4.06	7.15	40.84	40.36	-19.70	13.34	-3.46	27.53	1038648.78	4432696.31	120035.03
23	1050	600997	开滦股份	BB	65.25	0.69	4.98	4.73	0.79	1.75	45.92	7.09	-12.16	-0.94	22.95	50.82	2882368.96	2284148.89	75673.09
24	2317	600740	山西焦化	CCC	56.41	0.34	3.29	5.04	0.29	1.33	64.51	7.02	-20.60	-0.54	-2.97	29.38	3525911.96	940336.61	74708.3
25	2431	603113	金能科技	CCC	55.66	0.50	6.21	8.43	0.36	3.76	38.49	6.23	-27.54	4.75	-4.41	21.54	2498581.47	874934.67	126862.49
26	2547	000571	新大洲A	CC	54.94	0.16	1.50	0.08	0.84	2.06	52.11	1.50	-13.20	0.55	-12.62	56.18	1828434.23	1458378.28	13738.06
27	2580	000723	美锦能源	CC	54.68	-0.13	3.25	0.59	0.42	1.76	61.18	2.76	-7.04	10.52	25.38	62.88	287938.14	122417.45	-588.19
28	2750	000792	盐湖股份	CC	53.36	0.07	1.95	0.70	0.53	1.92	60.20	1.98	-15.40	2.28	-27.05	84.99	4251254.39	2081104.07	15670.27
29	3202	600792	云煤能源	C	49.51	0.15	2.55	-4.94	0.77	1.81	65.54	2.36	-1.06	4.51	33.90	130.22	985680.59	746083.33	15053.81

续　表

序号	A股上市公司评价得分排序	股票代码	股票简称	综合得分(100)	评价等级	每股收益(元)	总资产报酬率(%)	净资产收益率(%)	总资产周转率(次)	流动资产周转率(次)	资产负债率(%)	已获利息倍数	营业收入增长率(%)	资本扩张率(%)	市场投资回报率(%)	股价波动率(%)	年末资产总额(万元)	营业收入(万元)	净利润(万元)
30	3281	600758	辽宁能源	48.73	C	0.02	2.74	-0.79	0.39	1.20	61.52	1.79	-15.46	-1.13	-5.19	43.18	1360331.13	559613.35	2328.84
31	3346	600121	郑州煤电	48.07	C	0.03	4.08	7.42	0.32	0.91	78.86	2.72	-2.26	4.13	-21.32	49.99	1326263.62	432325.86	21778.64
32	3579	600725	云维股份	44.94	C	—	1.64	-0.30	1.88	1.97	26.72	40.02	-22.47	1.45	-7.94	58.86	49167.52	89847.64	514.83
33	3776	601015	陕西黑猫	41.85	C	-0.25	-0.92	-5.19	0.88	3.86	52.91	-0.59	-19.86	-10.60	-0.27	42.91	2088144.95	1859265.18	-55066.58
34	4181	601011	宝泰隆	32.64	C	-0.80	-16.19	-22.35	0.29	1.96	45.97	-19.80	-1.23	-19.99	0	20.04	124299.41	372659.97	-168113.79
35	4240	600403	大有能源	31.24	C	-0.20	-0.13	-6.72	0.27	0.88	64.69	-0.12	-32.30	-14.55	-10.23	48.43	2094514.05	581430.75	-39874.21
36	4280	600397	安源煤业	30.19	C	-0.12	1.51	-28.84	0.82	1.87	95.46	0.56	-22.94	-23.99	-0.33	29.63	789691.82	687080.31	-11514.89
37	4366	600408	安泰集团	27.86	C	-0.67	-10.10	-31.46	1.97	12.95	62.81	-3.33	-21.19	-26.89	-8.65	52.51	496662.38	1000640.02	-67831.4
38		600925	苏能股份	71.87	BBB	0.36	9.82	16.83	0.35	1.01	53.19	28.75	-20.55	41.37	-21.55	23.26	3789197.65	1202874.73	262531.65

第五章

钢铁行业上市公司业绩评价

　　钢铁行业是以从事黑色金属矿物采选和黑色金属冶炼加工等工业生产活动为主的工业产业，是国家重要的原材料工业之一。作为国民经济的关键基础材料部门，钢铁行业在2023年经受了复杂严峻的挑战。受房地产市场低迷拖累，行业需求疲软，叠加供给端略有增长，供需失衡导致钢材价格震荡下行，压缩了利润空间。与此同时，原燃料成本虽有所降低，但降幅未能同步钢价下滑，进一步加剧了企业盈利压力。然而，值得指出的是，钢铁出口量达到8261万吨，同比增长45.6%，在调节国内外市场供需平衡中发挥了"关键少数"的重要作用。展望未来，随着政策支持加码与宏观经济逐步复苏，钢铁行业需求有望迎来边际改善，但其持续性与房地产市场的恢复情况密切相关，仍需持续关注。

一、钢铁行业上市公司业绩评价结果

　　截至2023年末，钢铁行业A股上市公司共计45家，其中33家盈利，12家亏损；钢铁行业上市公司总资产共计23524.98亿元，占全部上市公司总资产的2.30%。2023年全国5194家上市公司共计完成营业收入634627.83亿元，45家钢铁行业上市公司完成营业收入22248.34亿元，占全部上市公司总收入的3.51%；全部上市公司共计实现净利润32068.05亿元，钢铁行业上市公司实现净利润329.24亿元。

　　2023年钢铁行业整体评价结果为：45家钢铁行业上市公司业绩评价综合得分仅有1家上市公司进入2023年度"中联价值100"。行业中业绩为A的有4家，业绩为BBB的有3家，业绩为BB的有7家，业绩为B的有9家，业绩为CCC的有2家，业绩为CC的有6家，业绩为C的有14家。表5-1为2023年度钢铁行业评价得分前十名的公司。

表 5-1　2023 年度钢铁行业评价得分前十名的公司

序号	股票代码	股票简称	在 A 股上市公司中评价得分排序
1	002318	久立特材	98
2	000708	中信特钢	121
3	000923	河钢资源	172
4	000932	华菱钢铁	176
5	600295	鄂尔多斯	322
6	301160	翔楼新材	422
7	002478	常宝股份	476
8	600019	宝钢股份	581
9	000655	金岭矿业	607
10	002443	金洲管道	778

　　基于对钢铁行业上市公司的整体评价，下面分别从财务效益状况、资产质量状况、偿债风险状况、发展能力状况、市场表现状况五个方面对钢铁行业上市公司进行具体分析。

（一）财务效益

　　2023 年钢铁行业上市公司财务效益状况劣于全部上市公司平均水平。财务状况评价是通过基本指标扣除非经常性损益净资产收益率、总资产报酬率进行基本评分，然后再用营业利润率、盈利现金保障倍数、总股本收益率进行修正，得出综合得分。从综合得分看，2023 年钢铁行业上市公司财务效益状况平均得分为 19.19 分，低于全部上市公司平均得分 23.35 分。

　　表 5-2 列示了 2023 年钢铁行业上市公司财务效益状况评价结果。在钢铁行业上市公司财务效益状况指标中，中信特钢财务效益排名第一。2023 年，面对日益严峻的市场形势，中信特钢根据市场需求变化迅速转变思路，克服轴承钢和汽车用钢中高端市场需求下滑的不利影响，积极应对市场变化，产销量稳步提升，公司保持稳健经营。2023 年公司营业收入为 1140.19 亿元，同比增长 15.94%，归属于上市公司股东的净利润为 57.21 亿元，基本每股收益为人民币 1.13 元/股，有效地抵御了市场和行业波动。

表 5-2　钢铁行业财务效益状况比较表

	分析指标	2023 年上市公司平均值	2023 年行业值	2022 年行业值	增长率（%）
基本指标	扣除非经常性损益净资产收益率（%）	6.75	2.14	3.16	−32.28
	总资产报酬率（%）	5.03	2.51	2.86	−12.24
	基本得分	21.27	16.85	17.15	−1.75
修正指标	营业利润率（%）	6.42	1.77	1.96	−9.69
	盈利现金保障倍数	2.01	2.85	3.95	−27.85
	总股本收益率（%）	44.8	13.21	15.39	−14.17
	综合得分	23.35	19.19	20.1	−4.53

与 2022 年的情况相比较，2023 年钢铁行业上市公司财务效益指标均低于 2022 年行业值。

（二）资产质量

2023 年钢铁行业上市公司资产质量状况优于全部上市公司平均水平。资产质量评价是通过基本指标总资产周转率、流动资产周转率进行基本评分，再用应收账款周转率和存货周转率进行修正，得出综合得分。

表 5-3 列示了钢铁行业上市公司资产质量状况评价结果。在钢铁行业上市公司资产质量状况指标中，方大特钢、甬金股份、友发集团、杭钢股份、中南股份、新钢股份、山东钢铁和重庆钢铁并列排名第一，资产质量状况得分均为 15 分，远高于 2023 年上市公司平均值。

表 5-3　钢铁行业资产质量状况比较表

分析指标		2023 年上市公司平均值	2023 年行业值	2022 年行业值	增长率（％）
基本指标	总资产周转率（次）	0.64	0.95	1.02	-6.86
	流动资产周转率（次）	1.27	2.66	2.7	-1.48
基本得分		9.52	14.2	14.36	-1.11
修正指标	应收账款周转率（次）	7.99	37.74	45.31	-16.71
	存货周转率（次）	3.48	8.02	8.08	-0.74
综合得分		9.27	13.45	13.4	0.37

与 2022 年比较可知，从综合得分来看，2023 年钢铁行业上市公司资产质量有小幅度上涨，为 13.45 分。钢铁行业上市公司 2023 年平均应收账款周转率 37.74 次，比 2022 年低 16.71%。

（三）偿债风险

2023 年钢铁行业上市公司偿债风险状况劣于全部上市公司平均水平。偿债风险评价是通过基本指标资产负债率和已获利息倍数进行基本评分，再用速动比率、现金流动负债比率和带息负债比率进行修正，得出综合得分。

表 5-4 列示了钢铁行业上市公司偿债风险状况评价结果。在钢铁行业上市公司偿债风险状况指标中，金岭矿业排名第一，得分为 14.99 分，远高于 2023 年上市公司平均值 8.9 分，以及 2023 年行业值 6.64 分。2023 年，各钢铁企业加强资金管理，努力去杠杆，年末资产负债率为 55.41%，同比下降 0.40%。例如杭钢股份资产负债率连续三年低于 50%，流动比率 1.54，变现能力持续提升。

表 5-4　钢铁行业偿债风险状况比较表

	分析指标	2023 年上市公司平均值	2023 年行业值	2022 年行业值	增长率（%）
基本指标	资产负债率（%）	57.83	55.41	55.63	-0.40
	已获利息倍数	5.21	2.82	3.15	-10.48
	基本得分	8.89	8.01	8.28	-3.26
修正指标	速动比率（%）	88.92	56.01	58.99	-5.05
	现金流动负债比率（%）	15.9	9.52	14.95	-36.32
	带息负债比率（%）	42.82	42.89	43.64	-1.72
	综合得分	8.9	6.64	6.88	-3.49

　　与 2022 年比较可知，2023 年钢铁行业上市公司偿债风险状况平均得分有所下降。钢铁行业上市公司 2023 年带息负债比率为 42.89%，比 2022 年降低 1.72%。

（四）发展能力

　　2023 年钢铁行业上市公司发展能力状况劣于全部上市公司平均水平。发展能力评价是通过基本指标营业收入增长率和资本扩张率进行基本评分，再用累计保留盈余率、三年营业收入平均增长率、总资产增长率和营业利润增长率进行修正，得出综合得分。

　　表 5-5 列示了钢铁行业上市公司发展能力状况评价结果。在钢铁行业上市公司发展能力状况指标中，中信特钢年度排名第一，得分为 17.39 分。2023 年中信特钢克服轴承钢和汽车用钢中高端市场需求下滑的不利影响，抢抓石油、天然气、电力、石化、风电、光伏、新能源汽车等行业发展契机，积极应对市场变化，产销量稳步提升，公司保持稳健经营。2023 年，中信特钢实现收入 1140.19 亿元，同比增长 15.94%；实现营业利润 65.31 亿元，同比减少 22.82%。

表 5-5　钢铁行业发展能力状况比较表

	分析指标	2023 年上市公司平均值	2023 年行业值	2022 年行业值	增长率（%）
基本指标	营业收入增长率（%）	2.21	-4.37	-6.32	-30.85
	资本扩张率（%）	6.75	2.27	0.54	320.37
	基本得分	12.14	9.87	8.99	9.79
修正指标	累计保留盈余率（%）	44.05	39.03	38.76	0.70
	三年营业收入平均增长率（%）	10.93	8.01	10.49	-23.64
	总资产增长率（%）	5.71	1.8	2.33	-22.75
	营业利润增长率（%）	-3.95	-13.85	-72.13	-80.80
	综合得分	12.33	10.54	9.4	12.13

　　2023 年钢铁行业上市公司营业收入增长率从 2022 年的 -6.32% 增长到 -4.37%，营业收

入规模持续下降，主要是国内需求下行，硅铁上游钢铁量升利跌，原材料价格波动较大，出口大幅下滑，导致硅铁行业开工率和产量均同比下降明显，硅铁价格全年震荡下行所致。

（五）市场表现

钢铁行业上市公司市场表现状况优于全部上市公司平均水平。市场表现评价是通过市场投资回报率和股价波动率两个指标对上市公司进行评价得出综合得分。钢铁指数与沪深300指数波动见图5-1。

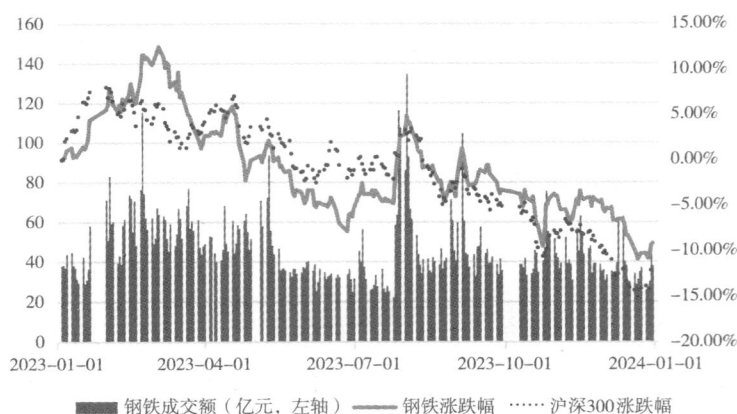

图5-1 钢铁指数与沪深300指数波动情况

表5-6列示了钢铁行业上市公司市场表现状况评价结果。在钢铁行业上市公司市场表状况指标中，南钢股份名列第一，得分为12.56分。2023年，南钢股份持续优化品种结构，抢抓海外市场，持续扩大高附加值品种出口数量、出口品种及重点高端客户再延伸，克服钢铁行业供需矛盾、原燃料价格高位波动、内部生产与项目建设双线作战等影响，经营业绩稳健，盈利水平和综合竞争力在市场中表现较好。2023年，南钢股份计派发现金红利15.41亿元。

表5-6 钢铁行业公司市场表现状况比较表

分析指标	2023年上市公司平均值	2023年行业值	2022年行业值	增长率（%）
市场投资回报率（%）	5.76	-4.17	-19.84	-78.98
股价波动率（%）	82.72	54.45	90.05	-39.53
综合得分	9.07	9.13	8.67	5.31

二、2023年度钢铁行业上市公司业绩影响因素分析

2023年第一季度，受市场主体信心持续恢复和供需结构改善的影响，钢铁行业景气度有所恢复；第二季度由于钢材需求恢复不及预期，钢材价格由涨转跌；2023年下半年，房

地产政策有所放松，对钢材需求有所提振，从而带动钢材价格小幅修复，但钢铁行业整体仍维持弱势运行。具体影响钢铁行业上市公司业绩的因素如下。

（一）供给端实现微增

钢铁行业过去几年经历了明显的变化，从产量来看，2023 年粗钢产量为 10.19 亿吨，同比微增 0.6%（见图 5-2），结束了产量连续 2 年的下滑，在地产冲击的影响下实属不易。钢材上，2023 年产量为 13.63 亿吨，同比增长 5.2%。从重点钢企的日均产量来看，也呈现出与 2021 年和 2022 年同样的特点，即产量先增后减。

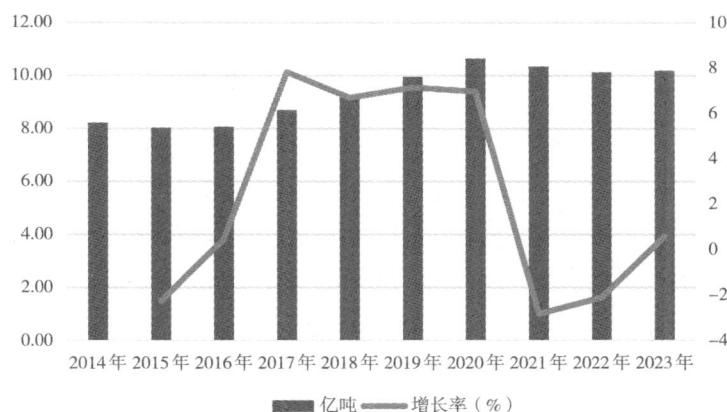

图 5-2 粗钢产量及同比增速

数据来源：国际钢铁协会、iFinD。

（二）需求端：需求分化，结构蜕变

2023 年，房地产依旧处于筑底阶段，虽"认房不认贷"等一系列政策出台，但是房地产市场依旧低迷，新开工面积持续下降，销售面积也持续下降，企业资金回流变慢，影响房地产行业链，也影响用钢需求。

2023 年，基建用钢仍发挥托底作用，重大项目开工以及一万亿国债的发行，均支撑基建用钢需求。

2023 年，制造业整体表现较为突出。从分板块的工业品产量情况来看，船舶新接订单增长明显，汽车、家电及家电装机产量累计同比也呈增长趋势。但机械板块出现分化，部分机械设备产量呈下降趋势。

1. 房地产

房地产基本是钢铁最重要的下游，而房地产过去几年的景气度未见好转，也是钢铁需求最大的负面因素。首先是投资端，2021 年 2 月创新高后一路下行，2023 年第一季度短暂回暖后，第二季度开始继续走低，虽然趋势已放缓，但仍在磨底过程中（见图 5-3）。销售的表现也基本趋同，增速仍在下探，但趋势已放缓。2023 年全国商品房销售面积 11.17 亿平方米，比上年下降 8.5%，其中住宅销售面积下降 8.2%；商品房销售额 11.66 亿元，同比下降 6.5%，其中住宅销售额下降 6.0%（见图 5-4）。

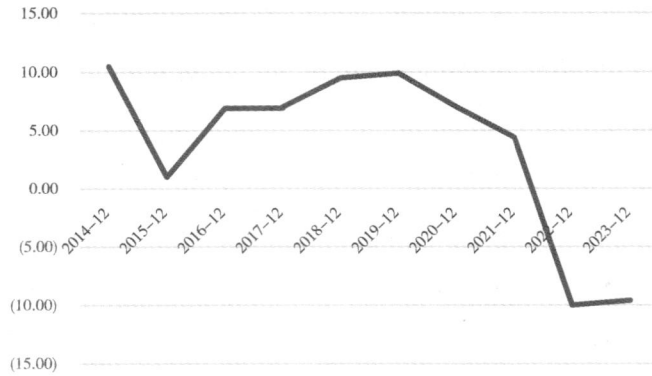

图 5-3　房地产开发投资完成额累计同比（单位:%）

数据来源: 国家统计局、iFinD。

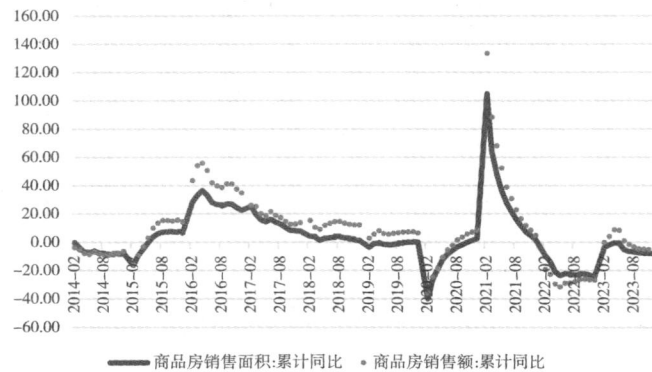

图 5-4　商品房销售面积及商品房销售额累计同比（单位:%）

数据来源: 国家统计局、iFinD。

　　从建筑施工的角度来看，仅有竣工面积表现良好，更多的是保交楼的要求。而新开工和施工面积依然表现不佳，新开工面积降幅虽有收窄，但 2023 年全年仍在-20.4%的水平；随着竣工面积的提升，2023 年施工面积则处于走弱趋势中（见图 5-5），如果新开工无法回暖，施工面积的下降可能仍会持续，这将是对钢铁需求最明显的冲击。而新开工面积的复苏一方面需要销售的回暖，另一方面也需要解决房企的债务问题，两者目前来看均面临困难。

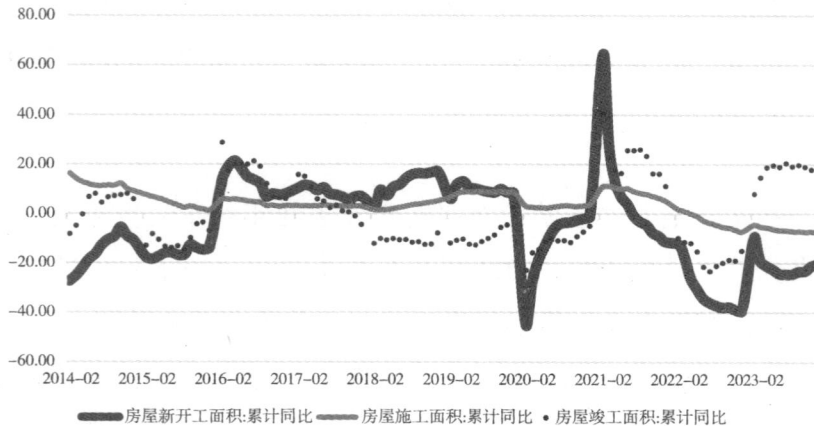

图 5-5　房屋新开工面积、施工面积及竣工面积累计同比（单位:%）

数据来源: 国家统计局、iFinD。

2. 基建

地产之外，钢铁最主要的需求就是基建。2022年和2023年基础设施建设的投资增速整体表现尚可，分别为11.52%和8.24%（见图5-6），已摆脱疫情的影响回归正常，这是钢铁需求最重要的稳定器。但基建也存在地方债务等困扰，当下化解地方债务是核心目标，最重要的基建投资主体受到抑制，尤其是高债务风险区域。中央已对12个重点省份的政府投资项目作出了明确要求，严控新增，在建项目分情况对待，处理方式包括缓建和停建。在地方债务的约束下，基建对钢铁的需求更可能是托底而非刺激，且更多需要中央发力。

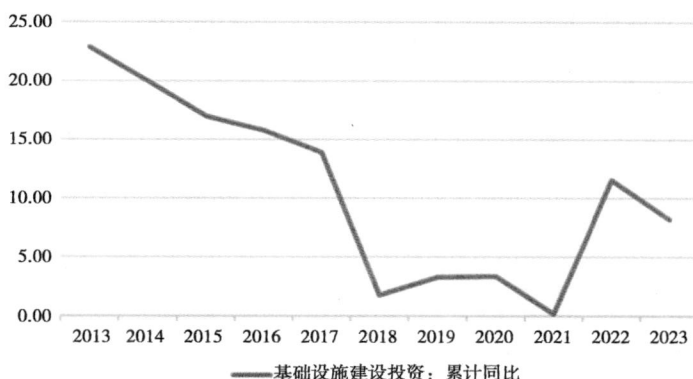

图5-6　基础设施建设投资完成额累计同比（单位:%）

数据来源：国家统计局、iFinD。

3. 其他行业

钢铁的下游主要需求还包括以机械、汽车、船舶等为主的制造业，制造业的固定资产投资增速自2021年初以来，持续处于下降通道中，2023年下半年有所企稳，前7个月5.7%的增速是本轮的新低，此后稳步回升，2023年全年为6.5%。其中，汽车行业保持着较高投资增速，全年同比增长19.4%。汽车行业经过多年的反复，产量终于在2023年迈上了3000万辆的大关，全年产量3011.32万辆，同比增长9.30%。

机械领域，在疫情冲击和经济增长的压力下，机械设备的投资增速也处于下行通道中，未来的回暖仍有赖于宏观经济的复苏。而铁路、船舶、航空航天等领域投资增速已呈现底部回升态势，2023年前4个月创下本轮新低-8.2%后，逐步回暖，全年增速2.8%。

（三）价格先降后升

2023年钢材价格走势近似"V"型（见图5-7），第一季度在地产销售回暖和经济向好的预期中走强，但随着复苏的证伪，钢价重回跌势，并于6月初回到2022年11月的低点，此后处于盘整阶段，直到11月才重新上涨。

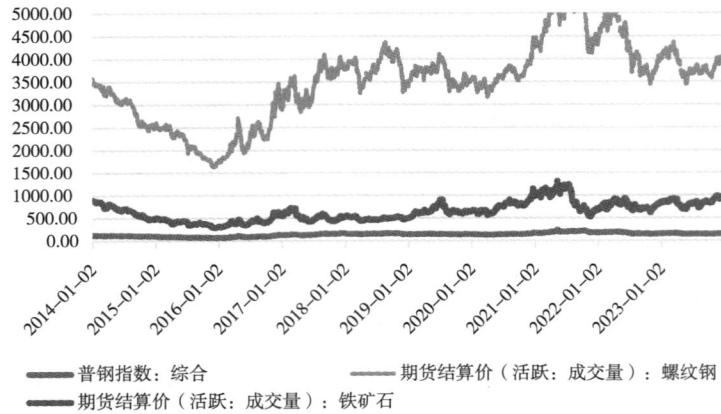

图 5-7　我国钢材综合价格指数及螺纹钢和铁矿石期货结算价（单位：元/吨）

数据来源：国家统计局、iFinD。

2023 年 6 月后，铁矿石带动钢价上涨。我国铁矿石的对外依赖度高达 75% 左右，2023 年铁矿石进口量为 11.79 亿吨，同比增长 6.6%。从历史的走势来看，目前铁矿石的价格已处于相对高位，低库存以及美国的降息预期仍是其价格的利好，同时海外矿山减产这一常规操作也极易刺激到其价格。若未来铁矿石价格能够保持相对稳定，对钢价也是一定支撑。但铁矿石作为一个极易炒作的品种，若价格出现明显下行，也会显著影响钢价。

（四）钢材出口再现增长，进口大幅回落

2023 年我国粗钢出口 9930.16 万吨，进口 1139.95 万吨，净出口 8790.21 万元（见图 5-8）；钢材出口 9026 万吨，进口 765 万吨，净出口 8261 万吨。从需求来看，钢铁的净出口约占全国需求的 8%～10%。考虑到当前的海外经济和国际环境，今后出口的情况很可能会出现波动，但惯性的存在以及占比使得潜在的降幅预计也在可承受范围。

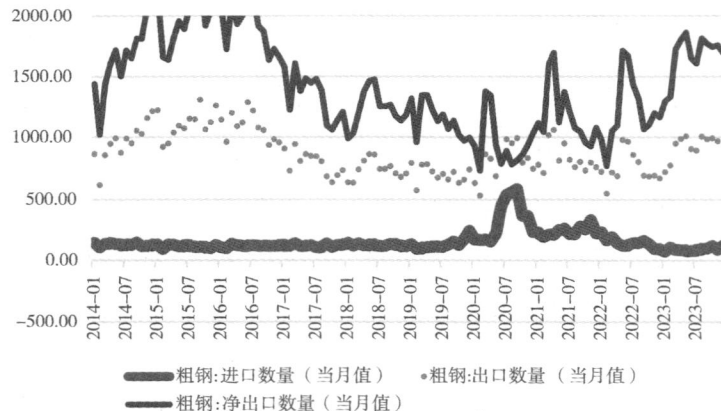

图 5-8　粗钢进出口及净出口数量（单位：万吨）

数据来源：国家统计局、iFinD。

（五）吨钢毛利回升难以对冲销售下滑，钢企盈利再创新低

2023 年钢铁行业营业收入为 83352.40 亿元，同比下降 2.20%，继 2022 年转负后连续两年负增长，但降幅已收窄；月度营业收入（累计值）增速均为负。从利润来看，全年实现利润总额 564.80 亿元，同比大幅增长 157.30%。详见图 5-9。

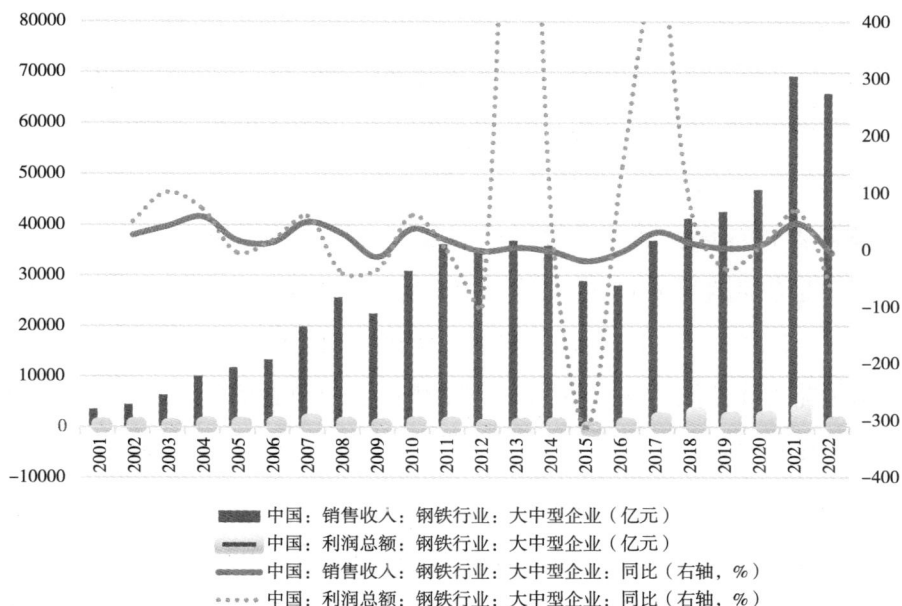

图 5-9　钢铁行业年度营业收入及利润总额情况

数据来源：国家统计局、iFinD。

　　2023 年钢铁行业毛利率整体呈回落后反弹趋势。从年初至 5 月，毛利率水平持续下滑，由 2022 年末的 7.29% 下降至 2023 年 5 月的 2.82%，但此后波动上升，且临近年末增幅较快，2023 年末达到 8.86%，为 2021 年 7 月以来的最高水平。对比近几年情况来看，2023 年 5 月之前处于 2018 年以来的同期最低水平，之后逐渐好转，并于年末赶超之前两年，已在中枢附近。而费用率近年来总体稳中趋降，2023 年维持在 2%~3%。

　　2023 年年内亏损企业占比整体呈下降趋势，在第二季度出现了小幅的回调，但下半年继续下降，由 6 月的 37.51% 下降至 11 月的 31.49%，在近年来整体水平中仍较高。随着行业兼并重组的进行，行业集中度不断提升，规模效应愈发明显，小钢企盈利能力远不及大中型企业。

　　总体来看，钢铁行业在 2022 年大幅恶化后，2023 年边际改善明显，尤其是利润表现，但目前仍处于历史相对较低的水平。同时，考虑到房地产的情况，盈利改善的持续性则有待观察。上市钢企表现折射出行业现金流仍有弱化。此外，亏损企业的占比虽有下降，但仍处于近几年行业中高水平，行业负债率则继续提升。

三、2024 年度钢铁行业前景分析

2024 年度钢铁行业需求或将边际改善。

（一）政策逆周期调控下，宏观经济企稳回升将利好大宗商品价格和钢铁需求

从周期的视角看，国内经济底部特征明显，预计 2024 年宏观政策仍将维持宽松基调以

刺激经济增长，而经济的企稳回升将有利于钢铁需求的回暖。此外，欧美国家加息周期渐近尾声，有利于大宗商品价格企稳的宏观环境正在形成。预计 2024 年房屋新开工面积同比下降 5%。基建投资仍将是未来逆周期调控的要手段，预计 2024 年基建投资增速为 7%。制造业方面，预计 2024 年保持复苏态势，同比增长 7%。整体而言，预计 2024 年下游主要用钢行业的用钢需求仍将有所下降，但降幅可能较小。

（二）政府债务发行加速，基建投资韧性较强，支撑钢铁需求

专项债、超长期特别国债等政府债务是基建的主要资金来源之一，其变化大致与基建投资增速走势一致。2024 年 4 月 30 日中央政治局会议指出，"要及早发行并用好超长期特别国债，加快专项债发行使用进度，保持必要的财政支出强度"。2024 年增发的一万亿超长期特别国债继续给出了稳增长、化风险的强烈信号，属于增量型的总需求刺激政策。同时，在增量政策选择方面，房地产等领域并不是首选，化债"一举两得"的方式仍然是政策锚点。因此，预计从 2024 年第二季度开始，超长期特别国债和专项债的加速发行将使基建投资继续维持较高强度，对钢铁需求形成有力支撑。总体来看，当前我国或已处于从政策底向（资本）市场底、经济底过渡的关键时期，积极的财政政策有利于积极引导市场预期，提振市场信心。

（三）房地产市场仍在筑底过程中，但高频数据及调研显示已有回暖迹象

当前地产行业仍在筑底，虽对钢铁的影响有减弱趋势，但若销售迟迟无法回暖，新开工和施工面积仍难以增长，那么地产这一负面冲击仍将持续，这也是钢铁行业面临的最大变量。由于受到"房住不炒"等宏观调控以及疫情因素的影响，房地产行业探底后将是一个时间较长的磨底过程，结合当前房地产行业的高频数据以及市场调研反馈，房地产销售同比增速或有望在 2024 年下半年转正，新开工面积同比增速有可能在 2024 年下半年或 2025 年上半年转正。

（四）制造业预计总体维持较高增速

当前中美制造业库存水平都处于较低位置，补库存的需求促进我国制造业出口提升。近期许多制造业相关数据已有触底反弹的迹象，在补库存需求的带动下，商品价格具备了止跌甚至上涨的可能，同时也有利于促进制造业出口的提升。分板块来看，预计汽车、家电、船舶及机械内需或趋于饱和，但出口有望延续增长态势。制造业占 GDP 比值将有所提升。2022 年我国全部工业增加值突破 40 万亿元大关，占 GDP 比重达 33.2%，其中制造业增加值占 GDP 比重为 27.7%，并且制造业规模已经连续 13 年居世界首位。但近几年制造业占比还是处于历史低位，未来预计将有所提升。

附表 2023 年度钢铁行业上市公司业绩评价结果排序表

序号	A股上市公司评价得分排序	股票代码	股票简称	综合得分(100)	评价等级	每股收益(元)	扣除非经常性损益净资产收益率(%)	总资产报酬率(%)	总资产周转率(次)	流动资产周转率(次)	资产负债率(%)	已获利息倍数	营业收入增长率(%)	资本扩张率(%)	市场投资回报率(%)	股价波动率(%)	年末资产总额(万元)	营业收入(万元)	净利润(万元)
1	98	002318	久立特材	77.79	A	1.53	17.64	15.53	0.75	1.22	42.75	52.39	31.07	15.91	26.1	62.18	1301602.7	856841.47	149176.65
2	121	000708	中信特钢	76.88	A	1.13	13.94	7.45	1.1	2.57	64.26	6.63	15.94	14.26	-19.22	68.12	11650660.55	11401879.92	589804.64
3	172	000923	河钢资源	75.66	A	1.4	10.65	12.03	0.37	0.87	23.17	12771.18	16.1	2.18	34.83	62.6	1586535.22	586676.96	126892.28
4	176	000932	华菱钢铁	75.53	A	0.74	10.24	6.26	1.3	2.62	51.67	18.67	-2.5	11.72	14.47	65.87	13313253.59	16389680.17	663965.18
5	322	600295	鄂尔多斯	72.62	BBB	1.04	14.2	9.11	0.63	2.4	45.66	20.95	-16.05	2.21	-5.71	46.7	4856835.15	3055363.03	373965.77
6	422	301160	翔楼新材	71.36	BBB	2.69	12.89	13.46	0.78	1	17.46	66.12	11.69	26.56	15.84	59.25	189830.71	135347.52	20071.51
7	476	002478	常宝股份	70.83	BBB	0.88	14.14	12.05	0.88	1.31	30.81	182.28	7.03	14.17	-6.36	68.84	781943.18	666079.03	80529.98
8	581	600019	宝钢股份	69.62	BB	0.54	5.62	4.28	0.89	2.21	41.46	11.2	-6.33	1.97	4.17	32.63	37605148.36	34450042.83	1374091.65
9	607	000655	金岭矿业	69.28	BB	0.4	7.29	7.84	0.4	0.67	12.07	0	5.92	6.58	7.35	44.11	376019.37	145408.38	24012.03
10	778	002443	金洲管道	67.56	BB	0.55	9.09	8.02	1.23	1.6	22.68	75.43	-5.68	8.47	11.11	30.98	463685.97	574318.42	31845.66
11	917	603878	武进不锈	66.30	BB	0.63	12.06	10.39	0.87	1.17	34.27	34.99	24.21	8.45	-11.18	44.99	425830.74	351551.74	35161.68
12	931	600507	方大特钢	66.19	BB	0.3	7.33	6.07	1.43	2.67	51.94	7.05	14.07	8.64	-23.8	82.86	1977650.67	2650730.74	68295.14
13	1017	600282	南钢股份	65.54	BB	0.34	6.81	4.61	0.98	2.33	61.28	4.5	2.65	-7.85	26.16	40.09	7317650.08	7254278.06	224464.62
14	1081	603995	甬金股份	65.04	BB	1.23	10.79	7.63	3.45	9.43	50.93	8.39	0.81	28.45	-30.77	115.1	1258273.56	3987381.7	61822.66
15	1151	601686	友发集团	64.55	B	0.4	6.7	5.5	3.54	5.87	56.36	4.82	-9.56	4.35	5.08	42.87	1765014.44	6091821.82	57199.6
16	1295	001203	大中矿业	63.60	B	0.76	18.13	12.11	0.32	1.55	58.03	7.56	-1.35	-4.93	-20.64	52.86	1405739.13	400345.72	114101.37
17	1440	601969	海南矿业	62.60	B	0.31	7.42	7.51	0.39	0.85	39.03	10.79	-3.13	0.98	-8.05	45.51	1221298.33	467873.96	62563.52
18	1456	000778	新兴铸管	62.49	B	0.34	3.19	3.76	0.78	1.75	48.71	4.29	-9.44	3.23	6.91	37.32	5553037.05	4325347.78	141247.82
19	1573	000629	钒钛股份	61.66	CCC	0.12	9.78	8.73	1.05	2.74	18.24	141.84	-4.69	36.7	-34	116.78	1533434.25	1438013.81	107214.91
20	1586	600126	杭钢股份	61.58	CCC	0.05	-0.06	1.21	1.87	3.63	35.23	4.35	28.86	0.09	26.44	63.04	3120145.35	5582662.09	18402.99
21	1592	300881	盛德鑫泰	61.56	B	1.1	13.09	6.64	0.89	1.22	62.38	16.32	64.13	27.02	-25.28	66.96	283285.25	198089.81	12639.21
22	1773	000959	首钢股份	60.25	B	0.09	1.18	1.73	0.81	3.38	60.43	1.59	-3.71	8.68	-8.95	34.27	13751966.11	11376144.36	75380.48
23	1984	600516	方大炭素	58.84	CCC	0.11	2.05	2.61	0.25	0.51	15.04	16.22	-3.54	9.85	-16.03	39.67	2170760.22	513190.88	42130.05
24	2226	000717	中南股份	57.09	CCC	0.02	-2.55	0.48	1.89	8.49	57.13	1.15	-0.74	-0.84	-7.71	29.92	2125633.44	3901415.79	4902.54
25	2624	000709	河钢股份	54.40	CC	0.09	1.22	2.5	0.47	1.64	74.86	1.26	-14.45	0.82	-5.74	27.43	26651721.09	12274394.89	118970.15
26	2856	600782	新钢股份	52.48	CC	0.16	-1.02	1.28	1.34	2.74	48.42	5.62	-28.14	1.03	-12.36	45.21	5293475.89	7114297.89	51702.72
27	2881	002075	沙钢股份	52.33	CC	0.09	0.84	2.07	0.76	1.25	57.91	4.33	-15.48	0.84	-3.59	27.55	2346105.21	1535928.69	27128.53
28	2923	600022	山东钢铁	51.99	CC	-0.04	-0.95	0.56	1.33	5.87	54.13	0.8	-11.55	-3.75	-6.8	27.59	6675141.62	9047506.18	-7061.2

续表

序号	A股上市公司评价得分排序	股票代码	股票简称	综合得分(100)	评价等级	每股收益(元)	扣除非经常性损益净资产收益率(%)	总资产报酬率(%)	总资产周转率(次)	流动资产周转率(次)	资产负债率(%)	已获利息倍数	营业收入增长率(%)	资本扩张率(%)	市场投资回报率(%)	股价波动率(%)	年末资产总额(万元)	营业收入(万元)	净利润(万元)
29	3147	600399	抚顺特钢	50.02	CC	0.18	5.71	3.66	0.71	1.36	48.2	5.18	9.72	6	-36.06	139.24	1239088.85	857458.6	36233.87
30	3176	000825	太钢不锈	49.77	C	-0.19	-5.26	-1.31	1.5	4.84	47.37	-3.27	8.15	-3.84	-13.84	47.87	6823864.64	10561779.14	-126882.56
31	3211	600010	包钢股份	49.45	C	0.01	-0.08	1.7	0.47	1.83	59.5	1.2	-2.23	0.11	-24.37	62.03	15177563.68	7056538.86	2960.42
32	3262	002110	三钢闽光	49.01	C	-0.27	-0.87	-1.16	1.01	2.64	57.4	-1.65	-7.2	-4.1	-13.6	46.65	4819506.59	4794082.41	-65904.19
33	3424	600808	马钢股份	47.26	C	-0.17	-6.2	-1.19	1.09	3.22	61.82	-2.08	-3.15	-3.14	-2.42	34.66	8455225.29	9893796.94	-163990.07
34	3652	601003	柳钢股份	44.06	C	-0.39	-6.43	-0.55	1.14	3.7	68.99	-0.35	-1.31	-5.74	-14.78	70.95	6857502.63	7966457.09	-130634.19
35	3694	601005	重庆钢铁	43.35	C	-0.17	-7.35	-3.85	1.02	5.4	46.85	-5.48	7.54	-6.97	-13.1	46.07	3735703.47	3931814.25	-149441.69
36	3789	688186	广大特材	41.60	C	0.51	2.33	2.16	0.36	0.72	63.53	2.34	12.51	3.17	-30.59	148.26	1066007.73	378845.3	12479.19
37	3793	000898	鞍钢股份	41.58	C	-0.35	-5.75	-3.96	1.17	4.03	42.9	-12.9	-13.4	-5.79	-8.17	42.28	9701400	11350200	-322300
38	3848	600382	广东明珠	40.30	C	0.2	4.44	6.97	0.17	0.28	15.67	18.19	-27.04	-13.6	14.94	37.3	377872.17	68236.75	15339.79
39	3953	600231	凌钢股份	38.12	C	-0.24	-8.53	-5.05	1.23	3.48	54.9	-10.35	-5.74	-8.87	-0.5	29.89	1646026.95	2032098.19	-68117.42
40	4075	000761	本钢板材	35.50	C	-0.42	-10.79	-2.57	1.28	4.31	61.89	-2.79	-7.67	-9.16	19.05	60.4	4618197.99	5781496.94	-167007.08
41	4081	600307	酒钢宏兴	35.38	C	-0.17	-10.39	-1.09	0.93	3.67	77.14	-0.79	-11.56	-9.38	-10.76	32.09	4435848.75	3945223.41	-105001.54
42	4179	600569	安阳钢铁	32.72	C	-0.54	-20.92	-3.63	0.98	2.17	82.98	-2.48	7.43	-8.65	1.02	32.74	4350953.52	4215090.47	-157791.57
43	4330	600581	八一钢铁	28.71	C	-0.76	-48.06	-2.53	0.78	3.34	93.69	-1.23	-0.32	-38.24	-10.71	41.68	2925474.47	2297095.64	-116810.09
44		601121	宝地矿业	60.48	B	0.25	4.26	5.15	0.16	0.52	39.4	21.01	13.88	53.18	16.41	57.04	618583.16	86618.33	23370.1
45		600117	*ST 西钢	50.12	CC	0.52	-48.8	10.43	0.32	1.02	45.07	4.56	-36.33	1266.33	7.51	39.62	1399326.93	493909.09	125260.99

第六章

有色金属行业上市公司业绩评价

有色金属，作为国民经济发展的重要基石，不仅是经济和科技发展的物质基础，更是提升国家综合实力、保障国防安全的关键战略资源。2023 年，我国有色金属行业稳中向好态势日趋明显，有色金属行业工业增加值同比增长 7.5%，有色金属行业完成固定资产投资增幅创近十年历史新高。2023 年有色金属价格指数全年震荡下行，年末收盘为 4629.46 点，下跌 14.85%。2024 年，国内经济将持续修复，经济回暖趋势较为确定，预计常用有色金属运行基本平稳，新能源金属运行可能会有起伏。

一、有色金属行业上市公司业绩评价结果

截至 2023 年末，有色金属行业（含铝、铅锌、铜、黄金、锂、钨、稀土等采掘、制造子行业）的 A 股上市公司共 139 家，其中盈利 118 家，占 84.89%；亏损 21 家，占 15.11%。按照中国上市公司业绩评价指标体系，有色金属行业综合评价结果为 69.40 分，比全部上市公司综合评价结果 62.92 分高 6.48 分。139 家有色金属行业上市公司年末资产总额为 29226.49 亿元，归属母公司的所有者权益为 12543.13 亿元，资产负债率为 49.63%。2023 年度有色金属行业上市公司完成营业收入 32790.64 亿元，比上年增加 2.91%；实现净利润 1763.73 亿元，比上年降低 21.40%。与全部上市公司相比，有色金属行业总资产、营业收入和净利润所占比例分别为 2.86%、5.17% 和 5.50%。有色金属行业 139 家上市公司业绩评价等级如下：2 家 AA、9 家 A、14 家 BBB、27 家 BB、16 家 B、15 家 CCC、17 家 CC、39 家 C。2023 年度有色金属行业评价得分前十名的公司见表 6-1。

表 6-1   2023 年度有色金属行业评价得分前十名的公司

序号	股票代码	股票简称	在 A 股上市公司中评价得分排序
1	601899	紫金矿业	27
2	601958	金钼股份	33
3	000807	云铝股份	59
4	603993	洛阳钼业	69
5	000933	神火股份	77
6	000426	兴业银锡	89
7	000878	云南铜业	92
8	601168	西部矿业	127
9	000630	铜陵有色	131
10	603979	金诚信	142

基于有色金属行业上市公司的整体评价，下面分别从财务效益状况、资产质量状况、偿债风险状况、发展能力状况、市场表现状况五个方面对有色金属行业上市公司进行具体分析。

（一）财务效益

从综合得分来看，2023 年有色金属行业上市公司财务效益状况相比 2022 年略有下降，但仍高于全部上市公司平均水平。

表 6-2 列示了有色金属行业上市公司财务效益状况评价结果。从综合得分来看，有色金属行业上市公司财务效益平均得分为 25.82 分，比全部上市公司平均分 23.35 分高 2.47 分。其中，紫金矿业、神火股份、天齐锂业、西部矿业、中国铝业、云铝股份、洛阳钼业等 47 家公司超过全部上市公司平均水平。

表 6-2   有色金属行业财务效益状况比较表

评价指标		2023 年上市公司平均值	2023 年行业值	2022 年行业值	增长率（%）
基本指标	扣除非经常性损益净资产收益率（%）	6.75	11.76	18.11	−35.06
	总资产报酬率（%）	5.03	8.97	12.18	−26.35
基本得分		21.27	30.38	34.68	−12.40
修正指标	营业利润率（%）	6.42	6.72	8.53	−21.22
	盈利现金保障倍数	2.01	1.35	1.15	17.39
	总股本收益率（%）	44.80	65.18	95.50	−31.75
综合得分		23.35	25.82	26.08	−1.00

从具体指标看，除盈利现金保障倍数外，其余各项指标均有较大幅度降低，总体情况劣于 2022 年。其中扣除非经常性损益净资产收益率由 18.11% 降低至 11.76%；总资产报酬

率从 12.18% 降低至 8.97%；营业利润率从 8.53% 降低至 6.72%；总股本收益率从 95.50% 降低至 65.18%，尤其是扣除非经常性损益净资产收益率和总股本收益率降低幅度均超过 30%。这些指标的大幅降低导致有色金属行业的整体财务效益状况评分劣于 2022 年。

（二）资产质量

从综合得分来看，2023 年有色金属行业上市公司资产质量状况与 2022 年基本持平，仍高于全部上市公司平均水平。

从表 6-3 可以看出，2023 年有色金属行业上市公司资产质量状况基本指标平均得分 15.00 分，大幅高于全部上市公司 9.52 分的平均水平。其中有 92 家企业超过全部上市公司平均水平，云南铜业、江西铜业、创新新材、楚江新材、金田股份、株冶集团等 25 家企业的资产质量状况基本指标评分获得 15.00 分。

表 6-3　有色金属行业资产质量状况比较表

	评价指标	2023 年上市公司平均值	2023 年行业值	2022 年行业值	增长率（%）
基本指标	总资产周转率（次）	0.64	1.17	1.29	-9.30
	流动资产周转率（次）	1.27	2.70	2.92	-7.53
	基本得分	9.52	15.00	15.00	0.00
修正指标	应收账款周转率（次）	7.99	24.11	26.32	-8.40
	存货周转率（次）	3.48	6.75	7.13	-5.33
	综合得分	9.27	13.10	13.14	-0.30

从修正指标来看，2023 年有色金属行业上市公司资产质量状况（满分 15 分）平均得分 13.10 分，高于全部上市公司 9.27 分的平均水平，同时与 2022 年资产质量状况得分基本持平。

在有色金属行业上市公司资产质量指标中，江西铜业的资产质量得分为 15 分，位居行业排名前列。2023 年，江西铜业实现营业收入 5218.93 亿元，同比增长 8.74%，总资产周转率 3.11 次，流动资产周转率 5.25 次，应收账款周转率 123.73 次，存货周转率 12.92 次，好于行业平均水平。

（三）偿债风险

从综合得分来看，2023 年有色金属行业上市公司偿债风险状况得分较 2022 年略有降低，同时略低于全部上市公司平均水平。

从表 6-4 可以看出，2023 年有色金属行业上市公司偿债风险状况（满分 15 分）基本指标平均得分 9.65 分，高于全部上市公司 8.89 分的平均水平。其中有 88 家企业超过全部上市公司平均水平，东方钽业、银河磁体、屹通新材、中国稀土等 11 家企业得分为满分 15 分。基本指标得分较 2022 年同比降低 0.92 个百分点。有色金属行业 2023 年已获利息倍数较 2022 年降低 22.05%，可见有色金属行业上市公司偿债能力在 2023 年有所减弱。

表 6-4 有色金属行业偿债风险状况比较表

评价指标		2023 年上市公司平均值	2023 年行业值	2022 年行业值	增长率（％）
基本指标	资产负债率（％）	57.83	49.63	50.67	-2.05
	已获利息倍数	5.21	7.46	9.57	-22.05
	基本得分	8.89	9.65	9.74	-0.92
修正指标	速动比率（％）	88.92	90.07	89.22	0.95
	现金流动负债比率（％）	15.90	27.28	28.98	-5.87
	带息负债比率（％）	42.82	61.57	58.08	6.01
	综合得分	8.90	8.62	8.73	-1.26

从修正指标来看，2023 年有色金属行业上市公司偿债风险状况（满分 15 分）平均得分 8.62 分，略低于全部上市公司 8.90 分的平均水平。速动比率与 2022 年基本持平，现金流动负债比率较 2022 年略有降低，而带息负债比率较 2022 年略有上升，反映有色金属行业流动资产及经营现金净流量较 2022 年有所降低，偿债压力有所增加。

在有色金属行业上市公司偿债风险指标中，腾远钴业的偿债风险得分为 14.69 分，排名靠前。作为全球领先的钴、铜生产企业之一，腾远钴业 2023 年实现营业收入 55.43 亿元，同比增长 15.47％，资产负债率 13.35％，已获利息倍数 190.56，速动比率 399.58％，现金流动负债比率 71.3％。

（四）发展能力

从综合得分来看，2023 年有色金属行业上市公司发展能力状况得分较 2022 年大幅降低，但仍高于全部上市公司平均水平。

从表 6-5 可以看出，有色金属行业上市公司发展能力状况（满分 20 分）基本指标平均得分为 13.23 分，高于全部上市公司 12.14 分的平均水平。其中有 59 家公司高于全部上市公司平均水平，四川黄金、鑫铂股份等 2 家企业得分为满分 20.00 分。

表 6-5 有色金属行业发展能力状况比较表

评价指标		2023 年上市公司平均值	2023 年行业值	2022 年行业值	增长率（％）
基本指标	营业收入增长率（％）	2.21	1.47	15.66	-90.61
	资本扩张率（％）	6.75	10.94	26.19	-58.23
	基本得分	12.14	13.23	15.88	-16.69
修正指标	累计保留盈余率（％）	44.05	41.03	41.37	-0.82
	三年营业收入平均增长率（％）	10.93	16.87	22.65	-25.52
	总资产增长率（％）	5.71	8.77	21.25	-58.73
	营业利润增长率（％）	-3.95	-17.49	64.14	-127.27
	综合得分	12.33	13.10	16.13	-18.78

从修正指标来看，2023 年有色金属行业上市公司发展能力状况（满分 20 分）平均得分13.10 分，高于全部上市公司 12.33 分的平均水平；各项修正指标中，三年营业收入平均增长率、总资产增长率、营业利润增长率得分均较上年降低，尤其是总资产增长率、营业利润增长率较 2022 年降幅较大，反映出虽然 2023 年有色金属行业公司的整体发展势头平稳向好，但营业收入、利润增速放缓。

在有色金属行业上市公司发展能力状况指标中，铜陵有色的发展能力得分为 17.82分，排名靠前。铜陵有色是集铜采选、冶炼、加工、贸易为一体的大型全产业链铜生产企业，2023 年，铜陵有色在转型中升级，主产品产量持续稳定增长，销售收入再创新高，实现营业收入约 1374.54 亿元，同比增加 12.81%，营业利润约 53.96 亿元，同比减少 26.52%。

（五）市场表现

如图 6-1 所示，2023 年有色金属行业上市公司股价总体呈现区间震荡下行，波动较大，整体走势与大盘走势接近，上半年冲高后大幅回落下探，后逐步回升，下半年整体维持高位震荡至年底回落。从评价指标来看，2023 年有色金属行业上市公司的平均市场回报率为 -1.67%，虽较 2022 年大幅增长，但在 139 家有色金属行业上市公司中，仅有 66 家上市公司的市场投资回报率大于 0，市场投资回报率整体表现较差。有色金属行业上市公司市场表现状况得分情况如表 6-6 所示。

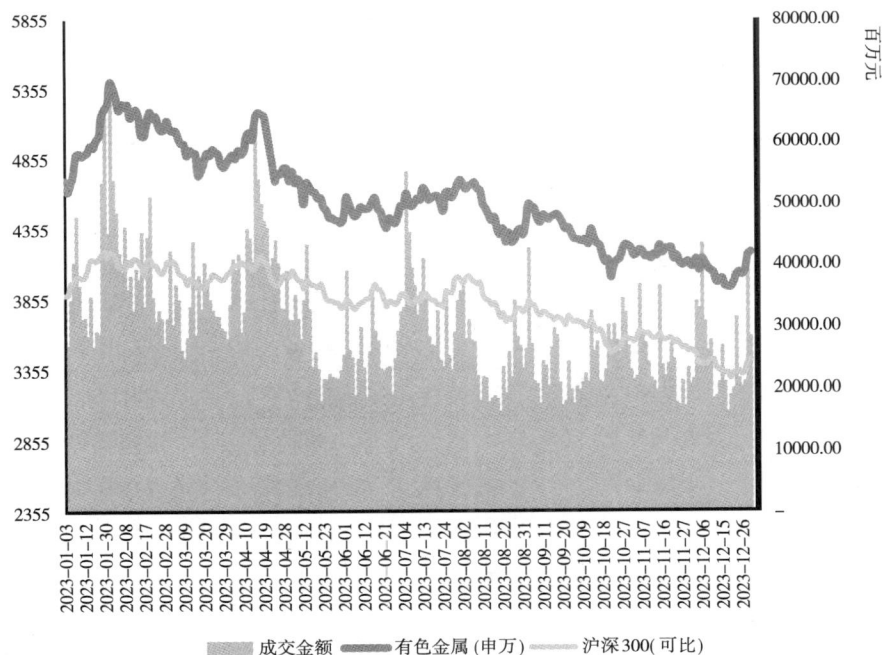

图 6-1　2023 年有色金属行业指数与沪深 300 指数走势图

数据来源：同花顺 iFinD。

表6-6　有色金属行业市场表现状况比较表

评价指标	2023年上市公司平均值	2023年行业值	2022年行业值	增长率（%）
市场投资回报率（%）	5.76	-1.67	-10.73	84.44
股价波动率（%）	82.72	74.44	93.71	-20.56
综合得分	9.07	8.71	9.45	-7.83

二、2023年度有色金属行业上市公司业绩影响因素分析

据国家统计局数据，2023年，有色金属行业工业增加值同比增长7.5%，增幅较工业平均水平高2.9个百分点。十种有色金属产量为7470万吨，同比增长7.1%，首次突破7000万吨。其中，精炼铜产量1299万吨，同比增长13.5%；电解铝产量4159万吨，同比增长3.7%。

2023年，有色金属价格出现分化。金、铜、铅现货均价分别为449.05元/克、68272元/吨、15709元/吨，同比分别增长14.97%、1.2%、2.9%；铝、锌、工业硅、电池级碳酸锂现货均价分别为18717元/吨、21625元/吨、15605元/吨、26.2万元/吨，同比分别下跌6.4%、14.0%、22.5%、47.3%。2023年我国有色金属行业运行呈现出稳中向好态势。具体影响有色金属行业业绩的因素主要有以下几方面。

（一）有色金属品种价格分化，常用有色金属价格波动小于新能源金属，碳酸锂价格大幅走低

1. 基本金属分析

2018—2023年伦敦金属交易所六种基本金属现货结算年平均价格见表6-7。

表6-7　2018—2023年基本金属LME现货结算年平均价统计表

	现货结算价：LME铜（美元/吨）	现货结算价：LME铝（美元/吨）	现货结算价：LME锌（美元/吨）	现货结算价：LME铅（美元/吨）	现货结算价：LME锡（美元/吨）	现货结算价：LME镍（美元/吨）
2018年	6523.04	2110.08	2921.95	2242.43	20153.22	13122.27
2019年	5999.73	1791.13	2546.34	1999.68	18642.89	13935.57
2020年	6180.63	1704.02	2267.00	1825.58	17158.70	13789.31
2021年	9317.49	2479.62	3007.38	2206.23	32678.16	18487.78
2022年	8797.01	2703.18	3478.32	2150.17	31219.02	26147.87
2023年	8477.77	2249.54	2646.57	2138.18	25959.04	21473.88
增幅	-3.63%	-16.78%	-23.91%	-0.56%	-16.85%	-17.88%

2023年初，在美联储利率政策转向和中国后疫情时期经济复苏的两大强预期带动下，铜价创下本年度最高值9550美元/吨；随后受地缘政治、美国通胀和就业数据均出现明

显放缓和强化降息预期，叠加海外矿端供应干扰、需求反弹不及预期等因素影响，铜价波动中枢下移，在 7000~9000 美元/吨震荡。

2023 年铅价呈现震荡上行的走势，其中上半年价格走势较为平稳，下半年波动明显加剧，年内低点在 15015 元/吨，高点在 17540 元/吨，分别出现在第二季度和第三季度。年初受消费淡季和累库影响，铅价高位回落。国内再生铅产能加速释放，再生铅产量已超出原生铅，下半年受再生铅原料供给紧张影响，再生铅成本持续提升。同时，海外铅锭货源偏紧，带动国内铅价上行。年底消费进入淡季，致使价格回落。

2023 年，在美联储加息和海内外消费疲弱的影响下，国际锌价短期上扬后探底震荡，从年初 3509 美元/吨高位一路回落至 5 月下旬的 2224 美元/吨，创 2020 年中以来新低。随后多家矿山因盈利压力减停产，全球锌矿供应有所收缩，基本面支撑走强，下半年锌精矿转向紧张，锌锭持续宽松，锌价重心开始缓慢上移。

2023 年，受基本面供强需弱打击，2023 年镍价走势可谓崩塌式下跌，1 月 4 日沪镍 234870 元/吨成为全年的高点，年度跌幅为 45.37%，伦镍年度跌幅为 44.45%，年线均结束四连涨。2023 年上海现货 1#电解镍现货均价年度跌幅为 45.81%。

从 LME 综合指数 2013—2023 年的数据（见图 6-2）可以看出，基本金属指数 2023 年整体呈现宽幅震荡下行趋势。

LME：综合指数

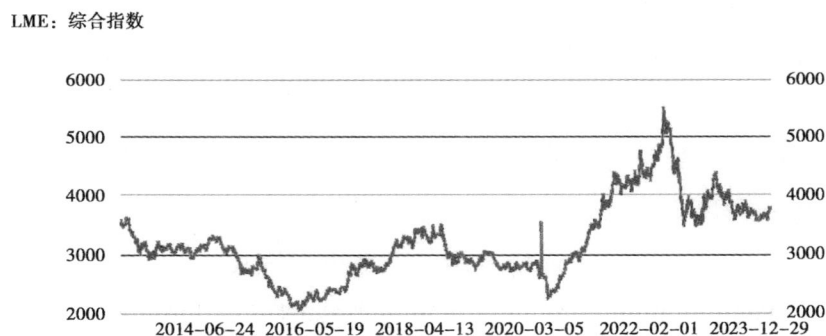

图 6-2　2013—2023 年 LME 综合指数

数据来源：同花顺 iFinD。

以紫金矿业为例，公司是一家以金铜等金属矿产资源勘查和开发为主的大型跨国矿业集团，是中国金属矿产资源控制最多的大型矿业企业之一。2023 年，紫金矿业矿产铜产量达到 101 万吨，这一成绩使得紫金矿业成为亚洲唯一矿产铜突破百万大关的企业，铜价因新能源需求持续强劲，且供应扰动频发，表现相对坚挺。得益于上述影响，2023 年紫金矿业营业收入约 2934 亿元，同比增加 8.54%；归属于上市公司股东的净利润约 211.2 亿元，同比增加 5.38%。

2. 稀有金属分析

2018—2023 年主要稀有金属价格统计如表 6-8 所示。

表6-8　2018—2023年主要稀有金属年平均价格统计表

	碳酸稀土：REO 42.0%~45.0%（元/吨）	碳酸锂（99.5%电池级，国产）（元/吨）	电解钴（≥99.8%）（元/吨）	铌：≥99%（元/千克）	1#钼：≥99.95%（元/千克）
2018年	23000.00	116617.28	530927.98	629.55	257.86
2019年	23202.48	68932.38	270904.96	578.68	277.06
2020年	21206.79	44000.41	262026.75	521.32	262.28
2021年	41184.98	121312.76	373510.29	591.03	317.93
2022年	66735.33	482448.35	425320.25	608.84	391.94
2023年	42858.88	258794.01	271518.60	600.39	530.53
增幅	−35.78%	−46.36%	−36.16%	−1.39%	35.36%

2023年，受稀土市场下游消费需求不旺、市场信心不足等因素影响，主要稀土产品价格震荡下跌。稀土镧铈类产品市场供过于求矛盾依旧突出，价格整体延续弱稳，市场成交平淡；稀土镨钕类产品市场消费增长不及预期，产品价格震荡下行，市场信心不足；镝铽等中重类稀土产品分化运行，整体表现弱势。

2023年，锂化合物价格快速下跌，目前已跌至历史价格的相对底部区间。碳酸锂从年初均价约50万元/吨持续下跌至4月初18万元/吨附近才止跌。随后随着部分企业不同程度减产和终端消费季节性增量预期的刺激下，下游排产好转，备货积极，碳酸锂价格短暂反弹至30万元/吨左右。7月碳酸锂期货上市以后，市场悲观预期后续供应投产增量大于需求增速，叠加锂矿定价模式更新，需求数据显示疲弱，使得锂化合物价格持续下探。

2023年，钼市场震荡剧烈、波动频繁，钼价呈现鲜明的季节性波动趋势。据国内权威行业网站统计，全年国内45%钼精矿均价3876元/吨度，同比上涨38.35%；国际氧化钼均价24.14美元/磅钼，同比上涨28.61%。以金钼股份为例，金钼股份是全球钼行业内具有较强影响力的纯钼专业供应商，受益于2023年钼价大好行情，金钼股份经营业绩创上市以来最好水平，2023年，公司实现营业收入115.31亿元，同比增长20.99%；实现归母净利润30.99亿元，同比增长132.19%。

3. **贵金属分析**

在贵金属方面，从均价来看，金银铱价格增长较大，钯铑钌价格跌幅较大。2018—2023年贵金属平均价格见表6-9。

表 6-9　2018—2023 年主要贵金属年平均价格统计表

	金：99.99% （元/克）	1#银：99.99% （元/千克）	铂：99.95% （元/克）	钯：99.95% （元/克）	钌：99.95% （元/克）	铑：99.95% （元/克）	铱：99.95% （元/克）
2018 年	271.08	3592.43	202.97	251.89	68.84	561.82	325.96
2019 年	312.92	3880.98	203.50	389.79	75.60	1027.50	387.01
2020 年	387.51	4678.78	207.77	557.28	77.34	2887.17	432.52
2021 年	374.50	5196.22	237.78	566.72	139.27	4859.29	1236.77
2022 年	392.24	4710.34	219.82	523.85	128.89	3835.07	1079.45
2023 年	450.11	5552.52	229.87	346.52	115.59	1655.81	1196.92
增幅	14.75%	17.88%	4.57%	−33.85%	−10.32%	−56.82%	10.88%

在美联储政策调整预期等因素影响下，伦敦金 2023 年整体在 1804.5～2146.8 美元/盎司区间，呈现先扬后抑再度走强态势，涨幅接近 10.8%；伦敦银整体呈现宽幅震荡行情，2023 年整体在 19.88～26.13 美元/盎司区间运行，跌幅接近 0.3%。在人民币走势以及国内供需等因素影响下，沪金表现强于国际贵金属，沪金 2023 年整体在 408.5～486.48 元/克区间持续走强，并不断刷新历史新高，涨幅接近 15.3%；沪银表现强于国际白银，沪银 2023 年整体在 4756～6343 元/千克区间，呈现震荡上行行情，但是重心持续上移，涨幅接近 11.4%。

以山东黄金为例，2023 年受益于金价上行带动盈利，2023 年山东黄金实现营收 592.75 亿元，同比增长 17.83%，归母净利润 23.28 亿元，同比增长 86.57%。

（二）科技创新为产业发展提供新动能，新能源成为有色金属消费增长的主要驱动力

2023 年，光伏、风电、新能源汽车、动力及储能电池领域的需求增加，带动有色金属消费增长。据不完全测算，2023 年，我国有色金属行业新材料营业收入达 1.17 万亿元，比 2022 年增长 10%，约占行业规模以上企业营业收入的 15%，成为支撑行业发展的新增长点。高温超导材料、液态金属、增材制造材料等有色金属前沿材料批量进入市场，数控机床刀具、大规格轻合金等关键材料实现国内需求保障。

2023 年，国内新能源装机量以及上述领域产品出口量均大幅增长，成为拉动铜、铝、锌等有色金属消费增长的主要领域。据测算，2023 年，新能源消费铜约 300 万吨，比 2022 年增长 52%，占全国铜消费量的比重约 19%；新能源消费铝约 900 万吨，比 2022 年增长 50%，占全国铝消费量的比重约 20%；风电、光伏的结构设备镀锌消费约 70 万吨，比 2022 年增长 51%，占全国锌消费量的比重约 9%。

（三）稳增长政策推动有色金属产业迭代升级，助力有色金属行业绿色化、智能化、高端化发展

2023 年 8 月，工信部等七部委联合印发了《有色金属行业稳增长工作方案》（以下简称《方案》），提出 2023—2024 年，有色金属行业稳增长的主要目标是：铜、铝等主要产品产量保持平稳增长，十种有色金属产量年均增长 5% 左右。在政策的推动下，有色金属行业在实施传统产业改造、赋能产业迭代升级上取得了显著成绩。铜冶炼方面，国内多家铜冶炼企业先后完成了 PS 转炉环保改造工作，行业环保水平得到进一步提升。铅锌冶炼方面，2023 年，国内仅有的 2 座竖罐炼锌工艺均关停，提前完成了淘汰任务。行业 60 余家企业申报 2023 年制造业单项冠军，在强链补链中发挥了重要作用。

在行业绿色化、智能化、高端化发展取得了一定成效。绿色化方面，行业有 4 项技术入选工信部二十大绿色低碳技术。智能化方面，有 14 家单位获评 2023 年度智能制造示范工厂揭榜单位。高端化方面，部分金属品种在关键核心技术方面取得突破，采用半密封直拉法（SSC 法）成功制备出高质量 6 英寸 N 型磷化铟单晶、6 英寸光电类砷化镓、2~4 英寸微电类砷化镓、4 英寸氮化镓外延片、2 英寸氧化镓晶片、6 英寸红外锗单晶等实现量产，自主研发的超纯锡高效提纯技术解决了 EUV 光刻技术研究中超纯锡"卡脖子"问题。

三、2024 年有色金属行业前景分析

2024 年有色金属行业前景看好，受益于全球经济逐步复苏、新能源领域需求增长、国家稳增长政策支持以及行业自身技术创新和绿色转型的推动，预计将继续保持平稳运行，但也需关注宏观经济波动、地缘政治风险及供需变化等因素对市场带来的影响。

（一）全球经济面临挑战和不确定性，有色金属价格仍受外部扰动因素影响

2024 年，在发达经济体货币政策冲击、通胀压力持续的情况下，全球金融环境收紧、贸易增长乏力、企业和消费者信心下降的趋势依然凸显，再加上地缘冲突升级、气候灾害等因素，全球经济增长动能恢复走弱，全球经济增长面临巨大的挑战和不确定性。相比国际环境，2024 年，国内经济将持续修复，经济回暖趋势较为确定，但随着海外发达经济体需求的下滑，我国经济也将面临一定的外部扰动。

2024 年，光伏、风电、动力电池、新能源汽车及交通工具轻量化等仍是扩大有色金属消费的增长点，国内房地产对有色金属消费的降幅有望缓解，铜、铝金属消费预期将有所提升；美联储加息带来的高位美元指数缓慢下行，若 2024 年下半年开始降息，流动性紧缩的态势将有所缓解，国际市场以美元计价的有色金属价格有望回升。从目前看，2024 年有色金属行业将延续 2023 年的发展势头，常用有色金属运行基本平稳，新能源金属运行可能会有起伏。2024 年上半年，主要有色金属价格以在目前价位震荡为主基调，下半年的铜、铝金属价格有望回升，工业硅、碳酸锂价格也有望止跌企稳。

（二）国内经济政策支持有色金属行业稳增长

2024 年，中国有色金属行业将继续受益于国家稳增长政策的推动。根据《有色金属行业稳增长工作方案》，政府明确了铜、铝等主要产品产量的稳定增长目标，并强调了对新能

源、新一代信息技术、重大技术装备等关键领域的支持。这些政策将促进有色金属行业供给能力的提升，加强重点产品保供稳价，培育优质骨干企业，支持重大项目建设，促进行业高端化、智能化、绿色化发展。此外，政府还将加强运行监测和营造良好环境，以支持企业创新和高质量发展。

（三）可再生金属产业发展稳定向好，推动有色金属行业绿色低碳发展

2023 年，我国再生有色金属产业发展总体呈现稳中向好态势。2024 年，随着社会对再生金属产业的认识程度得到显著提升，产业发展信心进一步提振。山东省、湖南省、河南省、江西省等地已明确规定再生有色资源冶炼不再归入"两高"范畴，地方政府对发展再生有色金属产业的必要性和紧迫性有了更深的认识，对产业的引导力度也在不断加强。此外，国内外企业对再生有色金属原料的需求和采购意愿明显增强，全社会对使用再生原料制造的产品的接受度也在稳步提高，为再生金属产业的进一步发展注入了强大的信心。

（四）智能化技术革新将促进有色金属产业转型，人工智能技术将对有色金属行业产生深远影响

2024 年，随着人工智能、大数据和物联网等技术的快速进步，全球有色金属产业正步入智能化生产的新纪元。人工智能（AI）技术正深刻影响有色金属行业的多个方面，推动其向更高效、更智能、更绿色的方向发展。AI 在新材料的开发中发挥着重要作用，通过大数据分析和机器学习，可以加速从理论到实践的产业化过程，尤其是在高熵合金、纳米材料等前沿新材料的设计上。在生产效率方面，AI 通过优化生产流程和预测性维护减少停机时间，提高生产精准度。智能制造的实现，依赖于 AI 技术对生产过程的自动化和智能化控制，确保产品质量的一致性。

AI 还助力有色金属行业实现绿色生产，通过优化能源使用和减少废料产生，支持环保目标的实现。在供应链管理上，AI 技术能够预测市场趋势，优化库存，提升供应链效率。此外，AI 在安全监控和质量控制方面的应用，提高了工作场所的安全性和产品质量的检测速度及精度。研发团队也利用 AI 进行新合金和材料的模拟测试，加快研发流程。市场和客户需求的预测变得更加精准，帮助企业更好地规划生产和调整业务战略。AI 是有色金属行业数字化转型的关键，它通过数据驱动的决策支持，使企业能够灵活适应市场变化。随着技术的不断进步，预计 AI 将在未来对有色金属行业产生更加深远的影响。

附表 2023 年度有色金属行业上市公司业绩评价结果排序表

序号	A股上市公司评价得分排序	股票代码	股票简称	综合得分(100)	评价等级	每股收益(元)	净资产收益率(%)	总资产报酬率(%)	总资产周转率(次)	流动资产周转率(次)	资产负债率(%)	已获利息倍数	营业收入增长率(%)	资本扩张率(%)	市场投资回报率(%)	股价波动率(%)	年末资产总额(万元)	营业收入(万元)	净利润(万元)
1	27	601899	紫金矿业	81.86	AA	0.80	20.57	11.33	0.90	3.73	59.66	6.70	8.54	11.17	22.01	41.71	34300570.60	29340324.29	2111941.96
2	33	601958	金钼股份	81.21	AA	0.96	22.52	24.23	0.68	1.60	11.21	436.60	20.99	18.85	-16.38	76.71	1829239.31	1153147.60	309915.70
3	59	000807	云铝股份	79.40	A	1.14	17.22	14.54	1.09	4.71	25.60	36.96	-11.96	15.71	12.52	56.65	3930970.58	4266876.76	395577.12
4	69	603993	洛阳钼业	78.93	A	0.38	9.72	10.26	1.10	2.20	58.40	4.19	7.68	16.00	14.20	54.49	17297453.07	18626897.19	824971.19
5	77	000933	神火股份	78.72	A	2.65	29.19	14.67	0.64	1.75	57.95	16.60	-11.89	14.87	21.76	60.64	5785761.38	3762507.96	590538.66
6	89	000426	兴业银锡	78.07	A	0.53	16.61	11.67	0.36	4.35	40.58	8.85	77.67	18.53	47.52	78.88	1108343.72	370600.50	96934.48
7	92	000878	云南铜业	77.99	A	0.79	13.64	8.35	3.70	6.55	56.43	6.01	8.95	6.89	-3.35	41.77	3938037.10	14698455.37	157898.73
8	127	601168	西部矿业	76.74	A	1.17	19.56	10.34	0.82	3.17	60.93	7.70	7.51	-1.05	55.75	71.68	5206671.49	4274811.62	278928.46
9	131	000630	铜陵有色	76.69	A	0.21	8.53	9.19	1.97	3.43	49.52	6.24	12.81	31.72	9.77	35.62	7824512.47	13745384.76	269917.62
10	142	603979	金诚信	76.47	A	1.71	15.27	11.70	0.59	1.07	46.58	11.59	38.18	17.61	52.08	65.09	1362527.53	739921.45	103122.73
11	192	000975	银泰黄金	75.07	A	0.51	11.94	13.12	0.50	1.39	17.98	47.55	-3.29	5.44	35.71	59.62	1629894.82	810571.61	142429.88
12	242	600489	中金黄金	73.86	BBB	0.61	12.35	9.61	1.21	2.80	41.66	8.66	7.20	9.76	24.31	70.03	5268024.34	6126363.63	297785.54
13	257	601600	中国铝业	73.43	BBB	0.39	13.37	8.69	1.06	3.98	53.30	5.52	-22.65	12.69	26.19	55.57	21175580.90	22507088.00	671694.50
14	293	601137	博威合金	73.02	BBB	1.43	17.37	9.30	1.15	1.85	56.52	9.67	32.03	18.14	2.81	51.72	1634771.26	1775580.41	112357.34
15	380	600362	江西铜业	72.00	BBB	1.88	7.37	5.00	3.11	5.25	54.36	0.00	8.74	-6.35	5.72	32.98	16815090.54	52189251.22	650510.91
16	382	000408	藏格矿业	71.92	BBB	2.18	28.34	27.99	0.38	1.29	7.39	5369.38	-36.22	7.64	3.09	39.37	1409158.46	522572.12	341988.09
17	404	605158	华达新材	71.60	BBB	0.65	13.58	7.21	1.36	1.54	59.59	35.86	-6.57	12.60	17.34	43.86	603542.98	757917.68	33433.95
18	435	688190	云路股份	71.27	BBB	2.77	14.21	14.17	0.67	0.97	18.25	187.80	22.43	13.04	-18.34	64.39	279157.92	177203.52	33200.75
19	444	600547	山东黄金	71.11	BBB	0.42	6.17	4.55	0.53	2.37	60.43	3.27	17.83	45.13	19.44	70.95	13459926.20	5927527.45	232775.05
20	449	000612	焦作万方	71.08	BBB	0.50	10.65	9.59	0.79	2.68	26.54	13.76	-7.33	9.56	10.97	42.59	789821.58	618655.38	59304.68
21	462	300855	图南股份	70.95	BBB	0.84	19.13	18.63	0.68	1.21	16.47	83.17	34.12	22.86	-18.18	53.09	218895.91	138457.32	33032.55
22	481	600961	株冶集团	70.79	BBB	0.54	25.26	11.55	2.66	6.41	58.77	9.67	23.79	326.72	17.79	44.11	911405.72	1940613.79	61115.46
23	535	002466	天齐锂业	70.15	BBB	4.45	47.61	51.13	0.56	1.78	25.94	66.95	0.13	2.20	-30.87	111.94	7322846.44	4050346.21	729731.50
24	555	600497	驰宏锌锗	69.89	BB	0.28	8.17	6.87	0.83	6.81	31.13	17.06	0.24	6.24	3.66	26.35	2656730.21	2195359.27	143274.90
25	605	002978	安宁股份	69.32	BB	2.34	16.21	16.25	0.27	0.55	15.11	147.09	-7.01	10.99	-5.41	47.89	713357.08	185599.70	93640.49
26	610	600549	厦门钨业	69.24	BB	1.14	13.18	8.86	1.00	1.85	51.44	5.97	-18.30	18.75	-15.69	65.53	3927252.04	3939790.60	160169.99
27	629	600595	中孚实业	69.12	BB	0.29	9.36	9.11	0.79	3.35	34.45	7.28	7.29	5.09	14.86	61.35	2311407.63	1879286.61	115920.63
28	661	002756	永兴材料	68.86	BB	6.33	26.05	27.23	0.79	1.03	14.38	1186.27	-21.76	5.59	-27.28	116.81	1550621.94	1218900.88	340677.19
29	681	002155	湖南黄金	68.54	BB	0.41	8.18	7.94	3.13	14.68	17.06	127.70	10.75	6.56	-15.35	100.47	758536.30	2330287.50	48910.34

续表

A股上市公司评价得分排序	序号	股票代码	股票简称	综合得分（100）	评价等级	每股收益（元）	净资产收益率（%）	总资产报酬率（%）	总资产周转率（次）	流动资产周转率（次）	资产负债率（%）	已获利息倍数	营业收入增长率（%）	资本扩张率（%）	市场投资回报率（%）	股价波动率（%）	年末资产总额（万元）	营业收入（万元）	净利润（万元）
30	699	300811	铂科新材	68.40	BB	1.29	13.52	12.96	0.49	0.96	24.06	17.51	8.71	17.08	8.35	72.40	251172.20	115851.96	25577.09
31	700	600888	新疆众和	68.38	BB	1.17	15.68	11.38	0.42	1.07	41.76	13.89	-15.52	14.95	-9.94	39.40	1671903.41	653470.20	156141.21
32	703	600988	赤峰黄金	68.36	BB	0.49	11.70	7.84	0.40	1.60	54.36	6.61	15.23	15.31	-25.28	94.06	1871779.27	722095.15	80393.36
33	766	000060	中金岭南	67.65	BB	0.18	6.14	4.73	1.73	5.06	60.22	3.00	18.53	11.90	7.09	61.23	4302451.57	6559639.69	68776.22
34	769	002540	亚太科技	67.64	BB	0.46	9.51	9.35	1.01	1.54	26.36	16.71	5.67	1.97	34.80	50.13	770777.72	711068.94	56537.09
35	772	000831	中国稀土	67.63	BB	0.42	6.59	12.44	0.89	1.07	9.20	107.11	5.34	61.11	-19.55	89.30	5536672.28	398831.01	41767.38
36	800	002237	恒邦股份	67.34	BB	0.45	6.89	4.12	3.14	4.42	58.10	2.83	31.03	12.02	-0.18	36.00	2190100.02	6557704.20	51572.95
37	816	000962	东方钽业	67.23	BB	0.41	8.25	8.05	0.46	0.84	14.50	94.77	12.35	59.95	30.97	51.00	281772.72	110805.29	18712.88
38	836	601702	华峰铝业	67.05	BB	0.90	21.24	16.01	1.38	1.93	37.01	16.68	8.73	21.22	16.01	72.35	718313.09	929094.45	89920.15
39	915	002738	中矿资源	66.31	BB	3.15	21.50	18.43	0.44	0.84	23.05	24.94	-25.22	62.23	-30.34	126.15	1588483.25	601332.41	220816.24
40	919	002203	海亮股份	66.30	BB	0.56	8.94	5.18	2.05	3.55	58.33	3.54	2.33	25.88	-5.37	31.43	4040509.96	7558876.28	111812.36
41	950	601677	明泰铝业	66.03	BB	1.31	7.36	7.51	1.32	2.12	24.95	30.16	-4.82	26.16	-31.15	115.22	2124260.76	2644218.37	134748.83
42	994	600459	贵研铂业	65.71	BB	0.62	4.98	5.75	3.63	4.27	42.47	6.68	10.62	9.34	-7.40	36.91	1177455.77	4508557.68	46830.89
43	1023	002171	楚江新材	65.52	BB	0.40	6.40	5.46	2.95	4.56	58.06	3.89	14.08	4.77	2.33	33.44	1672797.23	4631118.47	52921.83
44	1041	603132	金徽股份	65.34	BB	0.35	12.82	8.65	0.24	1.97	43.53	6.79	3.50	0.66	15.26	35.59	563867.25	128289.32	34298.39
45	1063	600111	北方稀土	65.15	BB	0.66	9.90	8.81	0.87	1.19	33.57	12.76	-10.10	7.47	-26.17	80.66	4049665.50	3349699.31	237074.02
46	1085	300697	电工合金	65.02	BB	0.41	13.37	11.45	1.56	1.92	32.19	12.90	12.49	8.03	34.35	58.04	156049.29	239242.23	13559.73
47	1086	000960	锡业股份	65.02	BB	0.86	8.31	6.03	1.15	3.85	49.24	4.65	-18.54	8.59	4.59	37.54	3706049.29	4235925.65	140836.23
48	1217	301219	腾远钴业	64.05	B	1.28	4.31	4.80	0.57	0.81	13.35	190.56	15.47	0.55	-25.93	101.03	983110.10	554341.78	37807.51
49	1235	600531	豫光金铅	63.90	B	0.53	12.46	6.62	2.25	3.15	67.43	3.16	18.56	10.66	17.07	55.38	1480508.14	3214529.02	58120.50
50	1356	600980	北矿科技	63.21	B	0.48	6.47	5.12	0.45	0.65	42.47	218.02	6.79	6.79	23.40	36.90	226553.35	92927.10	9174.99
51	1361	000969	安泰科技	63.20	B	0.24	4.86	3.49	0.74	1.22	41.33	16.67	10.55	6.67	12.93	34.80	1137006.77	818748.77	24948.78
52	1399	601609	金田股份	62.87	B	0.37	4.78	5.12	5.28	7.74	61.14	2.38	9.20	9.17	0.14	18.92	2183132.84	11049958.40	52677.12
53	1403	600219	南山铝业	62.85	B	0.30	6.24	6.99	0.43	0.78	21.49	15.67	-17.47	8.02	-10.54	47.51	6881534.02	2884360.01	347397.40
54	1447	300224	正海磁材	62.54	B	0.55	10.16	7.14	0.68	0.93	53.21	10.27	-7.05	6.76	-10.24	35.85	837762.14	587374.77	44750.52
55	1468	688786	悦安新材	62.37	B	0.93	10.44	10.24	0.42	0.76	18.94	0.00	-13.84	6.23	1.26	47.27	87561.16	36847.99	7987.97
56	1470	688102	斯瑞新材	62.36	B	0.18	7.99	7.59	0.73	1.67	36.42	11.13	18.71	7.94	8.74	52.51	171533.08	117951.30	9834.11
57	1493	300748	金力永磁	62.20	B	0.42	7.18	5.77	0.58	0.74	40.49	13.73	-6.66	3.67	3.00	53.59	1182595.43	668786.44	56369.28
58	1510	871634	新威凌	62.11	B	0.35	5.91	8.13	1.94	2.71	14.88	98.14	-6.47	1.09	74.10	123.97	28737.48	54738.92	2190.04

续 表

序号	A股上市公司评价得分排序	股票代码	股票简称	综合得分(100)	评价等级	每股收益(元)	净资产收益率(%)	总资产报酬率(%)	总资产周转率(次)	流动资产周转率(次)	资产负债率(%)	已获利息倍数	营业收入增长率(%)	资本扩张率(%)	市场投资回报率(%)	股价波动率(%)	年末资产总额(万元)	营业收入(万元)	净利润(万元)
59	1511	002988	豪美新材	62.10	B	0.80	7.61	5.17	1.07	1.71	57.15	2.82	10.60	15.75	60.00	130.25	590957.45	598606.05	18130.19
60	1539	601212	白银有色	61.89	B	0.01	4.14	4.16	1.84	3.25	63.30	2.80	-0.98	-1.34	4.25	27.36	4796952.43	8697115.03	8306.44
61	1581	603115	海星股份	61.63	B	0.57	5.86	6.60	0.74	1.05	16.93	0.00	1.43	-2.02	-6.80	57.03	239454.79	179046.53	13678.87
62	1702	000758	中色股份	60.80	B	0.18	5.89	4.23	0.47	0.93	55.70	4.45	26.98	6.70	-5.86	60.39	1952359.42	936137.55	35912.65
63	1738	000603	盛达资源	60.55	B	0.21	5.26	5.46	0.38	1.35	40.33	4.67	19.92	10.53	-13.67	96.55	654979.84	225350.34	14798.70
64	1870	603799	华友钴业	59.57	CCC	2.05	10.97	5.70	0.56	1.34	64.36	3.43	5.19	36.87	-44.65	145.55	12552027.73	6630404.75	335089.13
65	1901	002532	天山铝业	59.41	CCC	0.48	8.02	6.22	0.51	1.25	57.78	3.99	-12.22	5.56	-21.54	84.56	5709701.68	2897477.24	220531.14
66	2018	000737	北方铜业	58.60	CCC	0.35	13.48	8.28	0.79	1.83	68.06	6.13	-12.71	13.20	10.94	49.04	1529904.67	932253.24	61882.49
67	2026	300127	银河磁体	58.54	CCC	0.50	11.17	11.69	0.53	0.68	9.45	148.91	-16.95	2.27	10.78	56.38	158153.12	82394.45	16099.16
68	2051	300963	中洲特材	58.27	CCC	0.35	7.77	6.24	0.73	1.00	38.20	36.54	24.42	6.89	22.28	47.29	160114.90	108544.82	8252.76
69	2164	003038	鑫铂股份	57.52	CCC	2.08	11.11	6.49	1.05	1.68	64.50	4.38	61.59	61.63	-30.53	95.94	859584.61	682131.74	30236.08
70	2216	600456	宝钛股份	57.14	CCC	1.14	8.70	6.60	0.56	0.79	42.81	11.29	4.41	5.62	-21.63	74.90	1249322.79	692722.63	54422.38
71	2231	002149	西部材料	57.02	CCC	0.40	7.23	5.45	0.50	0.78	47.44	7.48	9.69	7.96	-2.17	42.11	656361.59	322633.01	19620.18
72	2276	688456	有研粉材	56.68	CCC	0.53	2.36	4.40	1.76	2.52	25.50	13.47	-3.58	4.00	-16.14	57.67	158094.44	268101.03	5511.93
73	2388	002182	宝武镁业	55.97	CCC	0.46	6.61	4.71	0.74	1.92	47.40	4.46	-15.96	31.21	-3.58	58.33	1151771.35	765180.89	30644.70
74	2394	600768	宁波富邦	55.92	CCC	0.12	-1.80	4.05	0.58	1.24	29.54	96.30	8.59	4.01	26.46	37.22	57938.53	32914.44	1573.91
75	2395	300930	屹通新材	55.92	CCC	0.51	6.27	6.27	0.44	1.07	11.72	0.00	1.67	5.06	-8.50	46.82	95204.06	39339.08	5050.75
76	2518	603527	众源新材	55.12	CCC	0.43	6.51	5.94	2.90	4.58	36.03	6.89	6.35	65.42	-27.32	85.98	306030.78	758230.03	11489.86
77	2532	601388	怡球资源	55.04	CCC	0.06	3.36	4.64	1.20	2.03	24.45	4.55	-11.27	1.53	-21.18	76.76	568243.46	679664.44	13290.29
78	2544	000751	锌业股份	54.97	CCC	0.06	2.23	3.70	1.84	2.74	59.53	1.58	-16.03	19.50	7.24	28.99	884773.72	1566662.73	8910.68
79	2574	002295	精艺股份	54.71	CC	0.10	1.17	2.09	1.25	1.56	34.77	2.82	2.44	2.38	18.41	44.29	204919.01	271188.77	2397.45
80	2706	000970	中科三环	53.78	CC	0.23	3.96	4.54	0.73	0.95	30.38	9.29	-13.97	2.52	-26.24	78.42	1121846.07	835823.11	27531.03
81	2730	300835	龙磁科技	53.53	CC	0.62	7.01	5.03	0.57	1.19	48.09	7.20	15.35	10.66	-27.61	120.57	212086.64	107024.68	7388.62
82	2742	000657	中钨高新	53.43	CC	0.35	6.91	6.10	1.03	1.67	49.90	7.95	-2.63	6.19	-30.78	75.73	1297535.22	1273599.98	48456.99
83	2758	002378	章源钨业	53.26	CC	0.12	6.64	5.02	0.70	1.27	58.10	3.43	6.15	1.87	4.77	42.21	487576.53	340048.69	14395.67
84	2868	603045	福达合金	52.42	CC	0.30	2.71	4.53	1.35	2.11	58.83	1.77	27.31	3.85	9.69	55.52	226837.04	279163.18	4085.71
85	2894	603937	丽岛新材	52.23	CC	0.32	4.06	3.77	0.63	1.09	37.22	41.66	-12.20	4.49	5.52	38.33	261569.84	140723.72	6743.67
86	2900	601020	华钰矿业	52.16	CC	0.09	1.27	1.84	0.16	1.99	35.35	2.43	54.38	0.40	15.32	72.06	541957.08	87107.53	7388.72
87	2907	600392	盛和资源	52.13	CC	0.19	3.37	3.63	1.16	1.79	36.30	5.49	6.68	-2.54	-30.87	103.91	1532576.49	1787744.67	33273.77

续　表

序号	A股上市公司评价得分排序	股票代码	股票简称	综合得分(100)	评价等级	每股收益(元)	净资产收益率(%)	总资产报酬率(%)	总资产周转率(次)	流动资产周转率(次)	资产负债率(%)	已获利息倍数	营业收入增长率(%)	资本扩张率(%)	市场投资回报率(%)	股价波动率(%)	年末资产总额(万元)	营业收入(万元)	净利润(万元)
88	2994	002824	和胜股份	51.45	CC	0.51	7.86	4.93	0.87	1.38	52.67	8.22	-3.14	6.00	-8.12	91.29	363111.42	290505.47	14178.80
89	3004	600259	广晟有色	51.38	CC	0.60	3.96	5.07	2.77	4.96	48.43	4.39	-9.01	11.03	-14.36	77.61	767692.26	2080526.02	20338.25
90	3022	300337	银邦股份	51.21	CC	0.08	3.45	3.83	1.05	1.70	63.94	1.59	12.99	3.60	-1.69	101.51	449354.49	445657.05	6448.41
91	3036	000795	英洛华	51.09	CC	0.08	4.89	3.07	0.84	1.09	37.17	4.34	-18.67	-3.58	-8.53	45.65	418703.66	384885.79	8671.22
92	3130	301026	浩通科技	50.15	CC	0.92	5.85	5.78	1.41	2.02	19.00	10.27	-1.63	5.23	-23.40	97.23	189376.51	252725.56	10466.17
93	3148	300618	寒锐钴业	50.02	CC	0.45	4.04	2.70	0.63	1.08	31.96	5.09	-5.86	4.36	-31.97	110.21	777313.85	478875.23	13823.97
94	3149	600711	盛屯矿业	50.00	C	0.08	3.63	3.26	0.70	1.43	57.04	2.13	-3.55	-3.51	-27.18	90.55	3768445.83	2445581.42	26469.43
95	3159	002996	顺博合金	49.96	C	0.28	3.45	3.74	1.77	2.25	65.44	2.04	7.94	0.91	-18.07	63.89	762209.58	1194465.23	12494.98
96	3203	002460	赣锋锂业	49.51	C	2.46	4.55	7.15	0.39	1.10	42.95	7.21	-21.16	7.06	-39.21	139.67	9169790.10	3297168.02	494680.95
97	3209	002192	融捷股份	49.46	C	1.46	9.00	9.73	0.29	0.54	24.91	89.65	-59.53	2.74	-47.03	181.60	439388.35	121089.01	38033.83
98	3279	603876	鼎胜新材	48.76	C	0.61	7.42	4.13	0.90	1.41	67.60	3.94	-11.76	3.84	-50.27	150.32	2023934.65	1906405.62	53482.79
99	3341	605208	永茂泰	48.11	C	0.09	0.82	1.42	1.05	1.88	37.79	1.99	0.07	1.32	-11.86	78.31	337614.65	353637.30	3091.10
100	3364	600615	丰华股份	47.90	C	0.02	0.29	1.10	0.22	0.40	11.42	24.52	3.65	0.76	32.21	91.82	72448.34	15795.79	423.69
101	3415	300328	宜安科技	47.42	C	0.00	-4.08	0.44	0.61	1.29	56.41	0.37	5.63	-0.69	10.64	39.26	282070.62	170692.02	340.68
102	3434	002160	常铝股份	47.20	C	0.01	0.39	1.97	0.85	1.27	54.02	1.38	1.31	1.01	4.25	34.49	788456.16	687395.19	1510.70
103	3477	002578	闽发铝业	46.51	C	0.03	1.24	1.59	1.13	1.59	40.65	6.00	1.17	1.82	2.28	58.63	260545.81	282398.42	2686.29
104	3611	000633	合金投资	44.53	C	0.02	3.14	3.72	0.95	1.70	23.55	16.50	2.00	2.69	-14.56	105.98	23345.33	23389.85	581.62
105	3689	002240	盛新锂能	43.45	C	0.77	0.89	4.85	0.41	0.77	36.03	4.99	-33.96	2.13	-41.50	145.77	2075305.12	795113.77	70223.63
106	3698	002428	云南锗业	43.33	C	0.01	-1.02	1.18	0.27	0.80	41.86	1.12	25.23	0.74	24.04	90.03	257924.60	67197.68	697.45
107	3736	002497	雅化集团	42.72	C	0.03	-1.89	0.45	0.81	1.25	26.09	1.52	-17.72	-4.69	-45.01	140.56	1460915.50	1189525.69	4021.47
108	3802	688231	隆达股份	41.36	C	0.22	1.05	2.01	0.37	0.69	17.08	6.66	26.91	-0.63	-38.93	116.43	335605.82	120766.24	5537.93
109	3830	600490	鹏欣资源	40.69	C	-0.05	-3.54	-1.76	0.63	1.73	29.35	-3.28	-35.66	-0.20	-0.66	59.49	824972.45	537347.59	-10786.05
110	3832	300139	晓程科技	40.67	C	-0.13	-3.35	-2.46	0.20	0.43	12.42	-60.50	8.44	-6.32	29.38	66.52	113550.14	23696.12	-3437.78
111	3877	600255	鑫科材料	39.63	C	-0.03	-4.57	-0.88	0.83	1.67	55.56	-1.19	3.44	-1.62	-16.30	79.83	384604.37	319992.38	-6126.27
112	3892	000688	国城矿业	39.35	C	0.06	0.98	1.24	0.14	2.95	62.52	2.50	-22.70	1.66	-39.01	139.01	875174.91	119584.25	6271.44
113	3912	002716	湖南白银	38.95	C	-0.07	-8.56	-1.50	1.24	2.80	60.63	-0.63	51.43	-10.42	-7.24	44.06	418679.96	513909.07	-16068.76
114	3945	002379	宏创控股	38.37	C	-0.14	-8.58	-4.73	0.96	1.83	31.96	-14.58	-23.86	46.19	8.37	30.29	298204.19	268727.57	-14522.23
115	3951	601069	西部黄金	38.18	C	-0.30	-5.51	-3.84	0.69	2.24	35.00	-6.85	1.37	-7.69	0.00	45.96	674409.22	446838.09	-27395.67
116	3981	000762	西藏矿业	37.60	C	0.31	5.91	4.89	0.10	0.27	53.35	7.01	-63.54	-6.47	-30.87	137.56	814361.12	80551.18	16381.31

续 表

序号	A股上市公司评价得分排序	股票代码	股票简称	综合得分(100)	评价等级	每股收益(元)	净资产收益率(%)	总资产报酬率(%)	总资产周转率(次)	流动资产周转率(次)	资产负债率(%)	已获利息倍数	营业收入增长率(%)	资本扩张率(%)	市场投资回报率(%)	股价波动率(%)	年末资产总额(万元)	营业收入(万元)	净利润(万元)
117	4004	300057	万顺新材	37.10	C	-0.05	-1.61	0.33	0.52	0.93	46.64	0.36	-7.96	-1.59	-35.48	102.63	1021770.50	537006.07	-4989.03
118	4022	002167	东方锆业	36.77	C	-0.10	-7.53	-1.89	0.44	1.03	59.97	-1.96	5.56	-1.86	5.58	79.52	342425.95	144580.45	-7763.32
119	4184	600366	宁波韵升	32.55	C	-0.21	-3.33	-2.85	0.59	0.85	30.57	-6.31	-16.23	-3.09	-30.78	117.03	856212.08	536942.77	-22742.77
120	4215	603978	深圳新星	31.72	C	-1.08	-8.57	-1.91	0.47	0.97	55.38	-0.98	3.60	-7.75	-15.71	69.87	358129.73	157924.98	-14143.00
121	4253	605376	博迁新材	30.88	C	-0.12	-2.33	-1.38	0.34	0.73	18.72	-5.60	-7.72	-6.56	-36.99	149.15	194172.12	68890.75	-3231.11
122	4264	603399	吉翔股份	30.47	C	-0.65	-17.86	-7.85	1.77	2.57	49.91	-5.15	6.29	-21.17	-27.15	100.78	391523.70	750518.28	-33731.38
123	4303	002114	罗平锌电	29.46	C	-0.65	-18.12	-6.99	0.63	2.57	57.26	-5.41	-21.88	-19.23	10.83	33.06	241778.17	153801.06	-20913.10
124	4314	002842	翔鹭钨业	29.20	C	-0.47	-14.65	-3.37	0.83	1.43	61.06	-1.24	7.48	-13.89	8.63	45.76	211500.34	179875.50	-12912.31
125	4422	600338	西藏珠峰	26.60	C	-0.23	-6.96	-1.83	0.27	2.17	41.26	-0.94	-25.56	-6.78	-47.11	165.35	549169.87	146849.99	-21370.67
126	4486	688077	大地熊	24.79	C	-0.38	-5.44	-1.81	0.56	0.96	51.28	-1.91	-32.52	-7.66	-36.67	121.71	230667.52	143015.06	-4280.59
127	4495	002501	利源股份	24.51	C	-0.05	-16.91	-9.39	0.27	0.93	35.80	-11.49	-6.14	-14.46	-23.49	73.33	167231.37	47686.32	-18126.62
128	4656	600281	华阳新材	19.21	C	-0.39	-58.05	-16.76	0.26	0.85	74.86	-8.16	-17.49	-44.76	2.40	41.19	97723.46	27055.10	-19967.46
		600807	济南高新	18.57	C	-0.11	-22.22	-1.58	0.23	0.31	74.23	-1.47	-58.29	-30.90	1.73	50.85	223644.79	71595.26	-9510.13
		002176	江特电机	18.20	C	-0.23	-12.20	-5.24	0.41	0.81	39.37	-14.29	-57.41	-10.63	-26.03	159.30	634038.50	279871.60	-39691.24
131		000506	中润资源	37.64	BB	0.03	-13.98	2.96	0.14	0.92	42.59	1.35	2.61	100.07	24.71	91.46	234236.45	28437.55	3001.73
132		600361	创新新材	66.29	BB	0.23	9.68	8.66	3.96	6.43	48.40	4.54	5.08	29.75	-12.88	65.28	1991558.68	7284363.16	95787.17
133		873576	天力复合	74.19	BBB	0.88	18.35	12.74	0.95	1.16	47.00	333.83	15.86	50.52	95.30	150.50	89924.23	74017.52	8884.52
134		001337	四川黄金	72.51	BBB	0.51	18.52	16.40	0.39	1.04	26.72	17.93	33.13	61.55	200.21	110.56	185235.39	62899.03	21092.19
135		833751	惠同新材	69.04	BB	0.47	10.16	11.09	0.53	0.76	11.59	33.58	2.39	64.13	41.71	123.48	41590.07	19107.00	3464.39
136		301323	新莱福	67.12	BB	1.47	8.47	9.92	0.48	0.95	7.53	174.13	7.88	121.99	-22.60	53.13	218020.76	77118.58	13810.40
137		301141	中科磁业	59.90	CCC	0.58	4.57	5.35	0.47	0.57	12.85	37.64	-21.75	207.13	14.52	129.83	145510.37	48459.76	4813.20
138		301500	飞南资源	50.67	CC	0.49	2.61	3.54	0.95	2.41	56.98	2.15	-1.12	31.17	-105.13	37.18	1060551.28	866833.66	18005.35
139		002502	ST鼎龙	41.27	C	-0.01	-3.22	0.61	0.27	1.01	25.44	2.70	70.77	-3.78	-29.18	162.49	224725.69	61133.78	-707.54

第七章

石油石化行业上市公司业绩评价

2023 年，石油石化行业受俄乌冲突、地缘政治等因素的影响，市场供需平衡严重失衡，能源价格久居高位，石油和化工行业景气指数（PCPI）整体呈现波动上升趋势，景气程度在经历一年的波动后，2023 年末与上年末基本持平。根据国家统计局数据，2023 年石油石化行业实现营业收入 10.27 万亿元、利润总额 6708.59 亿元、进出口总额 9522.70 亿美元。石油石化指数在年初缓慢上升，第一季度后石油石化指数高于沪深 300 指数，但整体呈现出波动下降的趋势。根据《中国石油流通行业发展蓝皮书（2023—2024）》预测，2024 年国际原油价格预计将宽幅震荡，加剧成品油市场价格波动风险。乌克兰危机、巴以冲突以及红海危机等国际事件仍将影响全球能源市场；中国原油预计 2024 年一次加工能力将维持在 9.8 亿吨，成品油表观消费量将超过 4.0 亿吨。由于新能源汽车持续发力，传统汽油需求增长受到限制，汽油消费将可能明显下降，达峰时间可能提前；基建投资增加推高客货运需求，提振柴油消费，但在"双碳"目标推动下，柴油需求增速将进一步放缓；随着国内外航空业的复苏和航班数量的逐渐增加，预计航煤需求将继续增加，增速回归正常。

一、石油石化行业上市公司业绩评价结果

2023 年全部上市公司共计 5194 家，石油石化行业涉及的石油化工、化学原料、化学制品、塑料、橡胶等行业上市公司共 458 家，其中 369 家公司为盈利状态。

2023 年石油石化行业 458 家上市公司平均评价分值为 70.80 分，高于全部上市公司的平均评价分值 62.90 分；其中有 6 家石油石化行业上市公司进入 2023 年上市公司业绩评价综合得分的"中联价值 100"榜单。石油石化行业 458 家上市公司（包含借壳上市）业绩评价等级如下：1 家 AAA、5 家 AA、9 家 A、35 家 BBB、43 家 BB、67 家 B、83 家 CCC、60 家 CC、155 家 C。

石油石化行业上市公司资产总额合计 10.88 万亿元，占全部上市公司资产总额的 10.66%；石油石化行业上市公司实现业务收入 10.27 万亿元，占全部上市公司营业收入的 16.18%；石油石化行业上市公司实现净利润 0.52 万亿元，占全部上市公司净利润的 16.17%。该行业上市公司 2023 年度市场投资回报率为-4.23%，低于全部上市公司 5.76% 的市场投资回报率；石油石化行业上市公司股价波动率为 78.67%，略低于全部上市公司 82.72% 的股价波动率。石油石化行业扣除非经常性损益净资产收益率的平均值为 9.74%，高于全部上市公司 6.75% 的平均水平；总资产报酬率为 7.34%，高于全部上市公司 5.03% 的平均水平。2023 年随着我国经济的逐步恢复以及传统石油石化行业的创新改革，行业整体保持稳定增长态势，股价较全部上市公司平均水平波动性小，较为稳定；净资产收益率以及总资产报酬率高于全部上市公司平均水平。

2023 年度石油石化行业综合排名评价得分前十强见表 7-1。

表 7-1　2023 年度石油石化行业评价得分前十名的公司

序号	股票代码	股票简称	在 A 股上市公司中评价得分排序
1	600938	中国海油	3
2	601857	中国石油	7
3	600989	宝丰能源	9
4	002648	卫星化学	28
5	600309	万华化学	40
6	600426	华鲁恒升	71
7	002749	国光股份	116
8	600968	海油发展	125
9	600873	梅花生物	126
10	002588	史丹利	143

下面将从财务效益状况、资产质量状况、偿债风险状况、发展能力状况及市场表现状况等五个方面对石油石化行业上市公司进行具体分析。

（一）财务效益

2023 年石油石化行业整体财务效益与 2022 年基本保持稳定，表 7-2 显示全部上市公司净资产收益率、总资产报酬率平均值分别为 6.75%、5.03%，分别低于石油石化行业 9.74% 和 7.34% 的平均值。2023 年石油石化行业上市公司相比于 2022 年，数据指标均有小幅下降；但所有财务效益数据全部高于上市公司平均水平。上述财务指标显示：2023 年石油石化行业受大环境以及行业自身的不良因素影响，整体行业水平较 2022 年有小幅度下降；但是通过对总资产和净资产的合理布局，石油石化行业上市公司相比于全部上市公司，仍保持了较高的收益。财务效益指标排名前五的是：中国海油、中国石油、宝丰能源、万华化学、盐湖股份。

表 7-2 石油石化行业财务效益状况比较表

评价指标		2023 年上市公司平均值	2023 年行业值	2022 年行业值	增长率（%）
基本指标	净资产收益率（%）	6.75	9.74	12.38	-21.32
	总资产报酬率（%）	5.03	7.34	8.91	-17.62
基本得分		21.27	26.5	27.52	-3.71
修正指标	营业利润率（%）	6.42	6.73	7.8	-13.72
	盈利现金保障倍数	2.01	2.23	1.71	30.41
	总股本收益率（%）	44.8	61.06	76.88	-20.58
综合得分		23.35	27.19	27.52	-1.20

（二）资产质量

从表 7-3 可以看出，2023 年石油石化行业上市公司资产质量数据指标都略高于全部上市公司平均值，且均略低于 2022 年同行业上市公司数据。横向比较来看，2023 年石油石化行业依托于自身的积极转型以及对企业主营业务的合理规划，资产利用率以及收入回流能力较上市公司平均水平更为强劲；纵向比较来看，受到地缘政治以及大环境的多方面影响，2023 年行业值较 2022 年有小幅度下降。资产质量评分排名前五的是：隆华新材、宇新股份、新凤鸣、双环科技、聚合顺。

表 7-3 石油石化行业资产质量状况比较表

评价指标		2023 年上市公司平均值	2023 年行业值	2022 年行业值	增长率（%）
基本指标	总资产周转率（次）	0.64	0.97	1.08	-10.19
	流动资产周转率（次）	1.27	3.07	3.36	-8.63
基本得分		9.52	14.31	14.84	-3.57
修正指标	应收账款周转率（次）	7.99	23.28	25.96	-10.32
	存货周转率（次）	3.48	8.95	10.06	-11.03
综合得分		9.27	13.85	14.01	-1.14

（三）偿债风险

由表 7-4 可知，2023 年石油石化行业的资产负债率略低于上市公司平均水平，已获利息倍数略高于上市公司平均水平。速动比率低于全部上市公司平均值。造成上述现象的主要原因在于：石油石化行业作为资产型行业，付息债务比例相较于整体行业而言较高，故表现为相关指标相较于全部上市公司表现较差的现象；但从纵向资产负债率来看，2023 年行业值相比于 2022 年有明显提高，也表明了石油石化行业正在积极转型，优化相关数据指标。偿债风险评分排名前五的上市公司是：石英股份、龙高股份、江苏博云、美农生物、华信新材。

表 7-4　石油石化行业偿债风险状况比较表

	评价指标	2023 年上市公司平均值	2023 年行业值	2022 年行业值	增长率（％）
基本指标	资产负债率（％）	57.83	48.46	48.62	−0.33
	已获利息倍数	5.21	7.34	10.32	−28.88
	基本得分	8.89	9.69	9.92	−2.32
修正指标	速动比率（％）	88.92	73.61	77.05	−4.46
	现金流动负债比率（％）	15.9	35.36	34.29	3.12
	带息负债比率（％）	42.82	49.25	47.43	3.84
	综合得分	8.9	8.58	8.93	−3.92

（四）发展能力

由表 7-5 可知，2023 年石油石化行业受地缘政治因素影响，指标较全行业上市公司表现不佳。根据石油石化行业上市公司年报，未来该行业上市公司将通过传统化工和新能源建设相互补充的方式，优化企业成本结构，积极开展化工新产品新材料研发与成果产业化，促使企业营业收入不断提高。发展能力评分排名前五的上市公司是：卫星化学、万华化学、石英股份、中曼石油、合盛硅业。

表 7-5　石油石化行业发展能力状况比较表

	评价指标	2023 年上市公司平均值	2023 年行业值	2022 年行业值	增长率（％）
基本指标	营业收入增长率（％）	2.21	−3.17	22.23	−114.26
	资本扩张率	6.75	6.07	11.04	−45.02
	基本得分	12.14	11	14.61	−24.71
修正指标	累计保留盈余率（％）	44.05	60.23	60.57	−0.56
	三年营业收入平均增长率（％）	10.93	16.31	9.98	63.43
	总资产增长率（％）	5.71	5.76	10.3	−44.08
	营业利润增长率（％）	−3.95	−15.97	8.93	−278.84
	综合得分	12.33	12.8	14.17	−9.67

（五）市场表现

图 7-1 列示了石油化工行业指数与沪深 300 指数在 2023 年的变动情况，从整体来看，年初石油石化行业逐渐恢复，第一季度后保持高于沪深 300 指数水平；后三季度石油化工指数呈现出波动下降的趋势，波动原因在于受地缘政治因素以及美联储加息因素等多方面影响。

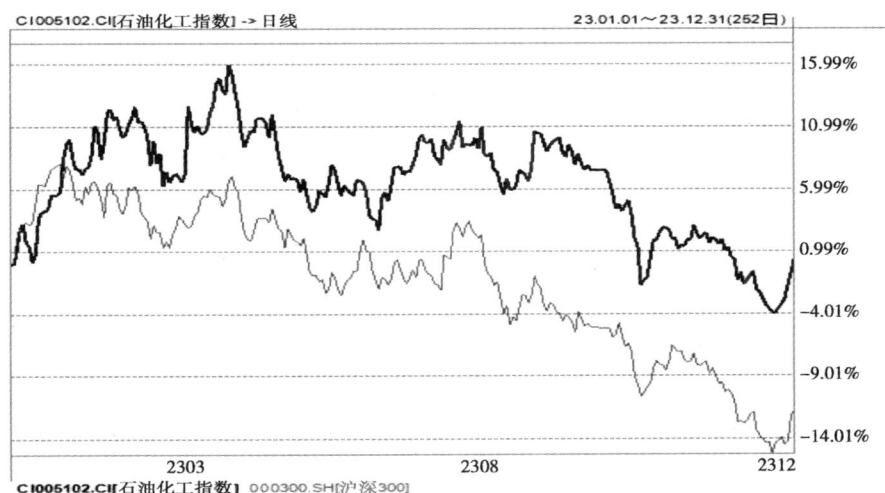

图 7-1　2023 年度石油化工指数与沪深 300 指数对比

数据来源：同花顺 I-Find。

从表 7-6 可知，2023 年石油石化行业的股价波动率为 78.67%，低于上市公司 82.72% 的平均值，低于行业 2022 年的 91.45%；市场投资回报率较 2022 年小幅上升，但是受国际经济的影响以及人们对新能源行业的逐步认可，2023 年石油石化行业市场投资回报率低于全部上市公司平均水平，这就更加促使传统石油石化行业加快企业转型升级的脚步，逐步向清洁能源、新型化工材料的方向迈进。

表 7-6　石油石化行业市场表现状况比较表

评价指标	2023 年上市公司平均值	2023 年行业值	2022 年行业值	增长率（%）
市场投资回报率（%）	5.76	-4.23	-13.68	-69.08
股价波动率（%）	82.72	78.67	91.45	-13.97
综合得分	9.07	8.37	9.23	-9.32

二、2023 年度石油石化行业上市公司业绩影响因素分析

2023 年度，石油石化行业涵盖的 458 家上市公司总体表现平稳。中国石油、中国石化仍是石油石化行业上市公司业绩的决定性因素，其他的石油石化类上市公司在行业的影响力也正日渐显现，占比逐步提高。

表 7-7 数据显示，2023 年中国石油、中国石化两家上市公司整体营业收入、净利润占比较 2022 年呈现上升趋势。行业龙头的收入和利润增长，反映了石油石化行业整体的向上发展趋势，基础化工产业和新能源产业通过改革自身的资产负债结构、积极开展化工新产品新材料研发、分区域制定化工产品营销策略等方式促使销售收入提高，市场表现突出；中国石油、中国石化等龙头上市公司也不断进行改革创新，推动社会

认可度不断提升。

表 7-7　2023 年度中国石油、中国石化与石化行业上市公司指标表

企业名称	营业收入（万亿元）		净利润（亿元）	
	数额	比例（%）	数额	比例（%）
中国石化	3.21	31.26	700.46	13.51
中国石油	3.01	29.31	1802.91	34.77
小计	6.22	60.56	2503.37	48.27
石化行业上市公司	10.27	100.00	5185.77	100.00

（一）国际方面

1. 国际形势动荡导致原油价格震荡波动

从图 7-2 可以看出，从 2023 年国际油价整体的走势来看，全年波动表现为先降后升。2023 年国际冲突进一步加剧，俄乌冲突和巴以冲突等地缘动荡强烈冲击了能源韧性，加之美联储在年度内三次加息，使得作为最重要大宗商品的原油价格产生强烈震荡，根据同花顺 I-Find 数据，2023 年 WTI 原油下跌 8.46%，但整体震幅达到 35%。

2023 年上半年受经济增速放缓、欧美央行加息以及当地银行业危机影响，油价在上半年震荡下行，最终在 OPEC+采取大规模减产等诸多托底措施后，原油价格在 5 月跌至年内底部。2023 年下半年，受供给紧缩和美国、中国等地区需求的增长，油价开始震荡爬升，这种上涨一直持续到 2023 年 9 月。虽然对巴以冲突爆发及局势扩散的担忧还使国际油价出现小幅跳涨，但在 10 月以来又再次开启震荡下行，最终在年末保持在 70~75 美元区间。

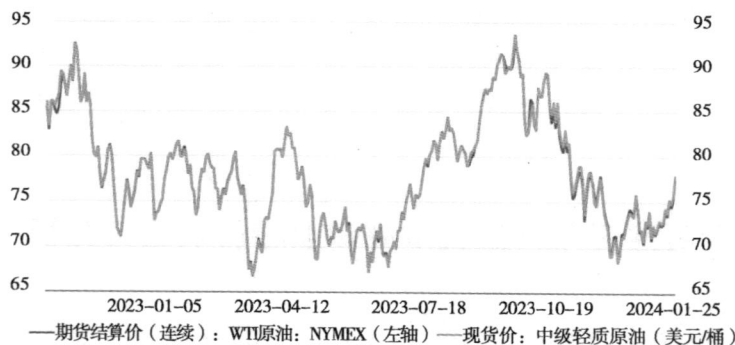

图 7-2　2023 年 WTI 电子盘连续合约

数据来源：同花顺 I-Find。

2. 上游产业波动导致化工行业进退两难

受困于 2023 年度国际社会的地缘危机以及气候复杂多变引发的粮食危机，石油石化上下游行业均受到了一定程度的影响。化肥行业在此影响下价格宽幅震荡。尿素市场进入 2023 年以来，作为化肥主要原料其中之一的尿素原材料价格下降，导致化肥市场成本面支撑不足；加之，下游工业和农业消费者目前无较强购买欲望，多以短期操作为主，成本和

需求出现双重疲软状态，供大于求导致尿素价格水平处于低位，市场波动频率增加。

清洁能源战略部署持续升级，能源转型稳步推进。根据 2023 年国际可再生能源署数据，全球可再生能源累计装机量同比增长 13.90%，风电和光伏装机是其中的绝对主角，新增规模占到总增量的 98%。截至 2023 年底，光伏、水电、风电累计装机量排名前三，在可再生能源总装机中占比分别为 37%、33% 和 26%。

（二）国内方面

随着疫情影响的逐步减弱，加之国内稳能源政策的陆续推进，我国石油石化行业逐步复苏，石油石化行业公司深刻贯彻国家能源局在 2023 年初发布的《2023 年能源监管工作要点》中的政策，坚决落实能源安全保供工作，履行保供主体责任，2023 年度石油化工相关产品的价格呈现回落趋势，供需关系基本保持稳定，同时能源转型布局稳步推进。

1. 传统石油行业稳定发展，主导石油石化行业的平稳增长

（1）原油。国家统计局资料显示，2023 年国内原油产量为 20902.60 万吨，同比增长 2.10%，原油产量连续第五年增长，在 2022 年重回 2 亿吨基础上再次增长 2%，达到 2.09 亿吨。石油石化行业公司深刻贯彻党中央"能源革命"的重大部署，加大深海、西部和页岩油气资源勘探开发的力度，保证"增储上产七年行动计划"的落实。中国石化继续坚持拓展资源、增加储量的根本方针，加快推进济阳、塔河、准西等原油重点产能建设，加强老区精细开发，2023 年油气当量产量为 504.09 百万桶，较 2022 年 488.99 百万桶增长了 3.10%；中国石油同样坚持高效探测、重点探测相结合的原则，强化老油田稳产和新区效益建产，2023 年加工原油 1398.80 百万桶，比上年同期的 1212.70 百万桶增长了 15.30%。

（2）成品油。国家统计局资料显示，2023 年国内规模以上工业原油加工量为 73478 万吨，同比增长 9.30%。国内成品油价格走势与国际市场油价变化趋势基本保持一致，国家 22 次调整国内汽油、柴油价格，汽油、柴油标准品价格均累计下调人民币 50 元/吨。中国石化抓住需求快速反弹的关键时机，通过自身完善的一体化"产供销"体系，实施精准差异化策略扩销增效，2023 年生产成品油 1.59 亿吨，境内成品油经销量 1.91 亿吨；中国石油各个项目本年度积极开展转型升级，大力推进重点项目生产成品油 12273.60 万吨，比上年同期的 10535.40 万吨增长 16.50%。

（3）天然气。国家统计局、国家发展改革委资料显示，2023 年国内天然气产量为 2324.30 亿立方米，同比增长 5.60%；天然气进口量为 11997 万吨，同比增长 9.90%；天然气表观消费量为 3945.30 亿立方米，同比增长 7.60%。中国石化在本年度积极推动天然气的重点产能建设，构建起天然气"生产、供给、储蓄、销售"的产业链体系，体系中各部分相互协同，基于产业链的良性协同发展，中国石化 2023 年天然气产量为 13378.20 亿立方英尺，较 2022 年的 12487.50 亿立方英尺增长 7.10%。

2. 化工行业优化创新，助力石油石化行业稳定增长

2023 年，化工产品市场需求恢复缓慢，供应侧保持高速增长，化工行业仍处于景气周期低谷，国内化工市场主要产品价格同比下跌，大多数化工产品生产利润依然位于历史低位。国内复合肥企业区域性结构调整战略虽增多，但受制于原料以及其他因素，行业盈利水平处于产业链后端，同时上游无规律的价格变化导致了季节肥生产备货推迟，产能利用率难以提升。然而，综合来看，虽然 2023 年复合肥面临困难较多，但从行业的发展角度来看，目前集中度得以进一步提升，产业布局也日趋合理。

中国石化继续贯彻个性化和定制化的发展路径，坚持"基础+高端"，持续推进原料多元化，提高优质资产的创收能力，拓展增效空间。2023 年中国石油化工产品商品量达3430.80 万吨，比上年同期增长 8.70%，乙烯、合成树脂产量分别比上年同期增长 7.80%、8.30%，化工新材料产量达 137 万吨，比上年同期增长 60%。

3. 新能源行业持续发力，推动石油石化行业可持续发展

（1）相关政策对石油石化行业放管并重，促进行业规范有序发展。2022 年 3 月 22 日，国家发展改革委、国家能源局印发《"十四五"现代能源体系规划》。为更好落实党中央、国务院和国家发展改革委制定的计划，国家能源局于 2023 年 4 月 6 日制定了《2023 年能源工作指导意见》，意见指出：2023 年新能源行业发展应坚持把能源保供稳价放在首位、积极稳妥推进绿色低碳转型、创新驱动提升产业现代化水平和高水平改革开放增强发展动力的四大基本原则；将增强供应保障能力、深入推进结构转型和稳步提高质量效率作为工作的主要目标。在政策加持下，2023 年度我国新能源技术飞速发展，光伏和风电的装机容量和发电量实现了快速增长，太阳能发电装机容量约 6.10 亿千瓦，同比增长 55.20%；风电装机容量约 4.40 亿千瓦，同比增长 20.70%；储能和氢能等新兴领域也在加速发展，截至2023 年末全国已有 20 多个省份出台了新型储能专项规划、实施方案或指导意见，成为新能源行业新的增长点。

（2）行业龙头积极创新，拓展行业发展空间。2023 年度，考虑到国际油气市场的波动风险和低碳发展的趋势，石油石化行业也积极开展绿色低碳、科技创新的转型升级，并积极进行数字化转型升级。本年度我国绿氢、新型储能项目迅猛发展，出现"油田变地热田""油田变绿电田""油田变绿氢田""油田变储碳田"的四变现象。

中国石化累计发展加氢站 128 座，已成为全球最大的加氢站运营单一企业，供给量占全国 40%左右，加氢量为 3471 万吨，同比增加 100%，受此影响中国石化大力拓市扩销增效，向"油气氢电服"综合能源服务商转型；中国石油稳步推进终端销售业务绿色低碳转型，积极开展加氢站、充换电站、光伏站等建设布局，2023 年度实现风电光伏发电量 22 亿千瓦时，累计地热供暖面积超 3500 万平方米，高纯氢总产能达到 6600 吨/年，碳捕集、利用和封存注入二氧化碳 159.20 万吨。

石化产业在推动自身创新高质量发展的同时，为国民经济重要领域（包括电子信息、轨道交通等高端制造业，新能源、新一代信息技术等战略新兴产业，C919实现商飞、神舟家族太空接力、"奋斗者"号极限深潜、航空航天等领域）提供了系列关键配套材料，为其发展提供了重要保障，并作出了巨大贡献。

三、2024年石油石化行业前景分析

展望2024年，后疫情时代全球能源行业或将恢复至常态化发展，加之新能源汽车的迅猛发展对石油消费影响加大，预计石油需求端将放缓，但地缘政治局势以及高通胀压力也会对能源价格产生扰动，未来，石油市场面临的不确定性仍极为巨大，油价大涨大跌不能排除。中国经济将持续回升，能源化工行业也将加快转型，培育新质生产力，着力推动转型升级，拓展创效空间；着力加强科技攻关，壮大发展动能，推动可持续发展，预计境内天然气、成品油和化工产品需求保持增长，带来新的发展机遇。

（一）国际油价稳中有升，呈小幅波动状态

综合分析，2024年国际石油市场总体宽松，油价中枢或将下移，但仍处中高位水平。从需求看，后疫情时代全球石油消费恢复性反弹阶段结束将回归常态，全球石油需求增速将放缓，预计同比仅增95万桶/日，远低于2023年220万桶/日水平。从供给看，美国、加拿大、巴西等国家的产量将继续保持快速增长态势，能满足全球需求增量。若OPEC+保持当前控产力度，供给将略大于需求。但全球石油库存仍保持低位，油价有一定底部支撑，预计国际油价中枢较2023年略有下移，布伦特原油均价或将在75～85美元/桶。但受地缘政治影响，能源市场价格未来仍存在巨大不确定性。

（二）国内传统石油石化产业持续发展

中国石化将加强风险勘探，加大"深地工程"、页岩油气等领域勘探力度，增加优质规模储量；加强效益开发，在稳油增气降本上提升成效，以效益为导向，坚持产销协同，全面提升产业链运转效能，2024年预计计划原油产量279.06百万桶，计划生产天然气13797亿立方英尺，原油加工量2.60亿吨，生产成品油1.59亿吨。中国石油将继续坚持高效勘探、效益开发，不断发现评价优选潜在目标，持续加强风险勘探，做好新增产能市场布局，大力开拓高端市场，加大海外市场开发力度；坚持高端化、智能化、绿色化方向，深入推进炼油化工业务转型升级，2024年预计计划原油产量为909.20百万桶，可销售天然气产量为5142.60十亿立方英尺，油气当量合计为1766.30百万桶，原油加工量为1403.90百万桶。

（三）我国新型化工企业助力石油石化行业平稳增长

中国石化未来将密切跟踪化工市场变化，全面提升产销协同、精益排产水平，坚持

"基础+高端"，培育"成本+附加值+绿色低碳"新优势。提升优质资产创效能力，持续加大新材料、高附加值产品开发力度，抢抓市场需求，拓展增效空间，在保证高质量推进新建产能的同时，着力满足客户差异化、定制化需求，不断提高战略客户销量占比，加大适销对路产品出口力度，提升国际化经营水平。2024年计划生产乙烯1435万吨。中国石油将继续坚持绿色、智能方向，推进业务结构调整，加快转型升级，迈向产业链中高端，聚力攻关多元化、过程绿色化基础化学品生产技术，加快高附加值合成材料生产关键核心技术突破。

（四）传统能源和新能源相互融合，促进石油石化行业向清洁化转型

在能源转型的大背景下，我国油气生产企业正处于转型升级的重要时期。中国石化将坚定实施创新驱动战略，推动"创新-产业-资金-人才"深度融合，全力攻坚关键核心技术，发挥科技创新支撑和引领作用，提升资源清洁高效低碳利用水平，积极开展氢能关键技术和CCUS（碳捕集、利用和封存）技术攻关与应用开发，大力推动数智化改造升级，充分发挥数据要素作用，加强新技术研究、数智应用场景探索与试点成果转化。中国石油新将加快推动新能源大基地建设，抓好风光发电、气电、地热、氢能、CCUS等项目布局落地，提高清洁电力指标转化率和并网率，推动绿色低碳转型，助力"双碳"目标实现。

附表　2023 年度石油石化行业上市公司业绩评价结果排序表

序号	A股上市公司评价得分排序	股票代码	股票简称	综合得分(100)	评价等级	每股收益(元)	净资产收益率(%)	总资产报酬率(%)	总资产周转率(次)	流动资产周转率(次)	资产负债率(%)	已获利息倍数	营业收入增长率(%)	资本扩张率(%)	市场投资回报率(%)	股价波动率(%)	年末资产总额(万元)	营业收入(万元)	净利润(万元)
1	3	600938	中国海油	86.88	AAA	2.60	19.81	18.44	0.43	1.62	33.58	33.31	-1.33	11.61	45.46	68.59	100559800.00	41660900.00	12409000.00
2	7	601857	中国石油	84.72	AA	0.88	13.02	9.66	1.11	4.73	40.76	10.68	-7.04	6.02	50.00	109.57	275271000.00	301101200.00	18029100.00
3	9	600989	宝丰能源	84.16	AA	0.77	16.43	11.31	0.45	7.35	46.20	8.70	2.48	13.76	20.22	43.97	7163029.93	2913551.12	565061.49
4	28	002648	卫星化学	81.6	AA	1.42	20.01	10.87	0.69	3.39	60.53	5.44	11.99	20.53	-10.12	51.27	6458196.23	4148692.21	478375.37
5	40	600309	万华化学	80.61	AA	5.36	20.39	10.35	0.77	3.09	62.67	6.74	5.92	16.13	-16.46	50.23	25304039.08	17536093.57	1829980.52
6	71	600426	华鲁恒升	78.86	A	1.69	12.85	11.08	0.69	3.30	30.90	44.78	-9.87	9.01	-13.62	48.59	4405145.76	2725988.69	362242.51
7	116	002749	国光股份	77.09	A	0.70	17.14	15.17	0.76	1.09	26.26	263.86	12.82	19.07	35.02	65.42	265671.70	185979.59	32073.10
8	125	600968	海油发展	76.78	A	0.30	12.21	9.23	1.15	2.05	43.65	41.09	3.19	9.83	-0.32	41.48	4490559.24	4930795.76	316828.75
9	126	600873	梅花生物	76.78	A	1.06	22.28	16.11	1.17	2.86	38.84	33.31	-0.63	4.79	-2.44	27.28	2315717.99	2776061.23	318094.97
10	143	002588	史丹利	76.43	A	0.61	9.95	7.20	0.86	1.63	44.36	96.46	10.54	18.17	5.96	27.08	1278248.20	999134.95	72250.48
11	174	301149	隆华新材	75.6	A	0.58	13.98	12.92	2.21	4.06	30.30	79.95	58.50	12.82	13.03	37.65	264529.73	502101.23	24802.95
12	183	002986	宇新股份	75.31	A	1.45	13.22	10.82	1.29	3.98	40.03	32.68	5.52	51.33	1.40	46.83	643176.83	660922.73	44660.24
13	187	605016	百龙创园	75.18	A	0.78	12.31	13.87	0.54	1.07	14.04	99.48	20.28	12.11	70.83	101.01	175417.97	86825.97	19299.57
14	197	834033	康普化学	74.99	BBB	1.64	23.85	22.25	0.56	0.73	20.67	379.56	26.22	32.17	131.31	106.11	84597.77	44187.09	14979.67
15	220	601808	中海油服	74.3	BBB	0.63	7.71	6.50	0.55	1.51	49.24	5.38	23.70	5.91	-11.09	38.48	8324583.46	4410861.64	328262.82
16	229	832225	利通科技	74.06	BBB	1.26	23.94	21.07	0.67	1.42	23.99	8494.37	29.50	23.52	256.86	235.06	78009.17	48539.99	13319.54
17	243	001207	联科科技	73.86	BBB	0.88	10.73	8.98	0.89	1.36	25.38	498.49	4.45	29.59	22.40	38.24	235362.73	191670.77	17037.94
18	266	000902	新洋丰	73.35	BBB	1.00	12.17	8.72	0.90	2.23	40.70	30.14	-5.38	11.07	-2.81	33.45	1688469.36	1509986.90	120218.24
19	274	600028	中国石化	73.2	BBB	0.51	7.41	5.33	1.62	6.07	52.70	5.34	-3.19	2.29	34.32	83.29	202667400.00	321221500.00	7004600.00
20	291	300487	蓝晓科技	73.04	BBB	1.43	23.51	16.50	0.49	0.67	39.32	29.24	29.62	26.30	7.42	52.35	569504.24	248881.78	72150.88
21	296	002274	华昌化工	72.96	BBB	0.77	12.54	11.78	0.99	2.42	33.44	45.35	-9.18	8.93	5.67	35.92	833224.11	821456.82	70198.02
22	302	603225	新凤鸣	72.89	BBB	0.72	5.54	4.69	1.42	4.65	62.79	2.38	21.03	6.99	28.96	60.88	4514027.92	6146860.18	108615.26
23	323	600346	恒力石化	72.59	BBB	0.98	10.62	5.86	0.94	3.30	76.98	2.52	5.61	13.38	-17.94	59.53	26059902.09	23479067.24	690446.39
24	329	603948	建业股份	72.56	BBB	1.98	15.20	14.50	1.00	1.34	23.93	4860.90	-5.24	1.93	9.84	57.82	265413.16	264967.28	31768.37
25	335	688300	联瑞新材	72.53	BBB	0.94	11.66	12.11	0.43	0.79	23.21	98.07	7.51	9.55	46.86	96.32	175470.13	71168.24	17399.44
26	339	600096	云天化	72.49	BBB	2.47	26.46	13.73	1.31	3.63	58.13	10.63	-8.30	13.38	-21.38	76.01	5257078.18	6906021.26	549334.50
27	340	002064	华峰化学	72.49	BBB	0.50	10.13	8.16	0.77	1.36	29.81	16.74	1.60	7.67	-4.74	34.03	3550796.16	2629846.08	247918.55
28	352	603688	石英股份	72.39	BBB	13.95	92.80	98.05	1.19	1.65	9.86	340304.36	258.46	130.33	-36.52	107.51	839285.59	718423.11	505150.76
29	372	600256	广汇能源	72.12	BBB	0.80	18.57	12.34	1.02	4.16	51.56	7.85	3.48	-0.84	-14.47	79.75	5856349.37	6147513.12	492371.54

续表

序号	A股上市公司评价得分排序	股票代码	股票简称	综合得分(100)	评价等级	每股收益(元)	净资产收益率(%)	总资产报酬率(%)	总资产周转率(次)	流动资产周转率(次)	资产负债率(%)	已获利息倍数	营业收入增长率(%)	资本扩张率(%)	市场投资回报率(%)	股价波动率(%)	年末资产总额(万元)	营业收入(万元)	净利润(万元)
30	390	603619	中曼石油	71.81	BBB	2.05	33.22	14.37	0.46	1.29	68.66	7.85	21.75	24.56	7.74	64.63	913237.49	373194.77	82117.35
31	412	000893	亚钾国际	71.54	BBB	1.35	10.29	9.89	0.27	2.10	19.49	127.89	12.45	8.69	-4.37	52.92	1569829.21	389759.73	120992.67
32	440	605086	龙高股份	71.14	BBB	0.90	9.42	10.97	0.25	0.54	7.81	0.00	13.26	6.67	42.32	112.95	128288.84	31493.56	11576.20
33	453	000683	远兴能源	71.05	BBB	0.39	18.17	9.32	0.38	1.57	47.41	9.06	9.62	7.25	-28.98	92.43	3409396.36	1204356.38	214383.19
34	466	000792	盐湖股份	70.93	BBB	1.49	32.22	24.58	0.49	0.72	25.25	50.43	-29.82	21.83	-31.69	105.08	4640728.72	2157850.44	936584.03
35	471	600929	雪天盐业	70.89	BBB	0.45	9.09	8.66	0.61	1.74	27.08	53.37	-2.77	23.65	-16.88	62.66	1121070.52	626205.08	72951.23
36	478	600618	氯碱化工	70.82	BBB	0.66	8.49	7.75	0.62	1.60	28.75	41.42	13.35	5.47	-5.03	36.35	1226070.08	721387.06	81008.21
37	487	688639	华恒生物	70.68	BBB	2.84	26.34	17.24	0.65	2.03	54.02	48.59	36.63	23.22	22.37	73.74	397023.81	193826.81	44659.98
38	500	301286	侨源股份	70.56	BBB	0.51	11.96	13.62	0.53	1.81	13.97	40.02	11.25	10.26	8.56	51.73	200180.43	102168.17	20275.01
39	528	300905	宝丽迪	70.24	BBB	0.62	5.56	6.95	0.69	1.37	10.00	1042.43	51.18	40.90	26.02	64.32	202839.91	119705.65	9860.24
40	539	300019	硅宝科技	70.1	BBB	0.81	13.11	12.04	0.86	1.29	24.28	45.03	-3.30	9.60	-0.76	25.98	322051.51	260563.91	31516.06
41	541	600583	海油工程	70.07	BBB	0.37	4.75	4.48	0.72	1.23	38.09	173.40	4.75	4.27	-3.54	34.91	4325166.35	3075203.75	163033.86
42	542	300927	江天化学	70.05	BBB	0.47	10.01	10.08	0.79	1.51	31.43	81.62	-3.82	7.70	2.10	39.92	100052.98	70911.78	6854.69
43	561	000707	双环科技	69.8	BB	1.33	33.95	22.31	1.32	3.41	30.32	26.95	-13.06	43.20	-20.33	75.95	301343.59	379425.05	61631.72
44	577	603227	雪峰科技	69.63	BB	0.82	18.60	15.13	0.88	2.02	30.19	27.52	1.72	17.01	-21.72	55.31	765293.49	702092.68	95126.25
45	584	301057	汇隆新材	69.58	BB	0.45	6.99	6.72	0.97	1.80	13.97	95.63	30.70	23.81	-19.38	52.53	89639.13	80410.29	5133.80
46	613	003002	壶化股份	69.23	BB	1.02	14.27	13.83	0.72	1.34	25.65	337.14	36.31	13.33	-21.96	86.82	194450.12	131387.05	21567.04
47	633	605166	聚合顺	69.08	BB	0.62	11.47	5.80	1.39	1.95	58.89	19.40	-0.31	8.49	-18.27	75.58	468522.36	601836.53	21698.85
48	637	301003	江苏博云	69.06	BB	1.17	8.77	11.22	0.43	0.54	3.54	2608.99	-1.97	7.85	6.96	33.85	123293.31	50623.08	11539.82
49	639	002601	龙佰集团	69.05	BB	1.38	12.99	7.27	0.44	1.33	60.79	8.04	11.00	7.55	-6.81	57.91	6381724.07	2676487.67	324599.01
50	641	603299	苏盐井神	69.02	BB	0.95	11.69	9.70	0.57	1.15	41.34	19.73	-4.80	10.88	-14.31	47.59	1010638.92	568236.09	73873.87
51	648	600328	中盐化工	68.97	BB	0.79	12.68	11.63	0.84	2.74	28.53	32.60	-11.35	7.96	-30.71	95.60	1826305.62	1610078.44	157491.22
52	669	688398	赛特新材	68.68	BB	0.91	10.27	8.50	0.55	0.98	39.05	15.08	31.69	22.12	20.63	54.42	188197.51	83980.51	10609.70
53	690	000822	山东海化	68.48	BB	1.17	21.14	18.23	1.14	2.01	35.90	110.56	-12.19	25.07	-14.46	56.92	805153.27	852811.35	104396.61
54	719	301019	宁波色母	68.22	BB	0.85	8.53	10.29	0.40	0.44	6.98	1179.41	-2.78	5.17	23.79	41.12	118009.32	45122.91	10194.20
55	749	601216	君正集团	67.87	BB	0.32	9.25	8.32	0.48	1.84	31.25	17.57	-10.88	5.04	-7.75	28.58	4017426.78	1912441.06	281386.15
56	764	605183	确成股份	67.65	BB	0.99	13.96	14.42	0.56	0.86	12.83	195.12	3.66	12.09	-28.68	79.20	341765.72	181035.79	41243.51
57	820	002998	优彩资源	67.2	BB	0.42	8.55	6.52	0.97	1.84	30.84	10.52	8.51	4.15	19.19	60.30	246062.77	244592.74	13704.07
58	843	688571	杭华股份	66.97	BB	0.30	8.00	7.60	0.64	0.78	22.47	133.38	4.39	7.61	39.22	64.87	194379.02	118951.18	12463.25

续表

序号	A股上市公司评价得分排序	股票代码	股票简称	综合得分(100)	评价等级	每股收益(元)	净资产收益率(%)	总资产报酬率(%)	总资产周转率(次)	流动资产周转率(次)	资产负债率(%)	已获利息倍数	营业收入增长率(%)	资本扩张率(%)	市场投资回报率(%)	股价波动率(%)	年末资产总额(万元)	营业收入(万元)	净利润(万元)
59	848	000731	四川美丰	66.94	BB	0.66	7.76	9.16	0.77	1.32	21.34	1484.56	-14.98	4.64	-8.32	35.58	571395.28	417412.57	40948.43
60	859	600486	扬农化工	66.85	BB	3.87	16.55	12.54	0.75	1.25	38.37	41.72	-27.41	13.33	-21.58	64.56	1570324.63	1147769.04	156616.87
61	861	600160	巨化股份	66.83	BB	0.35	5.27	4.81	0.90	2.90	29.97	36.23	-3.88	3.75	2.46	63.92	2338380.69	2065521.69	96867.40
62	863	870866	绿亨科技	66.81	BB	0.29	4.42	5.87	0.49	0.84	11.93	113.10	8.90	6.23	28.02	63.29	90290.58	42201.79	4908.55
63	868	301156	美农生物	66.79	BB	0.56	7.44	8.12	0.58	0.86	4.74	0.00	4.37	2.23	21.60	45.44	83882.38	50441.99	6304.53
64	869	000096	广聚能源	66.79	BB	0.17	2.74	4.51	0.90	1.81	6.47	163.81	21.55	5.19	43.26	77.89	292532.31	255277.04	9124.26
65	882	300109	新开源	66.67	BB	1.59	14.45	15.19	0.41	1.21	12.43	284.19	6.58	12.92	-26.29	84.71	401969.11	158341.78	48578.52
66	890	605077	华康股份	66.54	BB	1.63	12.45	9.12	0.55	1.00	49.80	12.37	26.48	16.76	-29.47	66.63	617768.22	278269.55	37238.43
67	903	301076	新瀚新材	66.41	BB	0.69	7.73	8.65	0.35	0.55	8.25	1067466.00	9.37	3.03	68.56	96.14	121441.11	43540.66	9334.11
68	908	603332	苏州龙杰	66.33	BB	0.07	0.22	0.66	1.05	1.66	16.28	0.00	49.94	-0.81	37.25	65.88	150400.13	159864.11	1437.87
69	924	002895	川恒股份	66.26	BB	1.53	13.89	10.12	0.39	1.21	47.43	7.21	25.30	27.40	-26.88	124.67	1202449.46	431950.84	78889.09
70	937	002381	双箭股份	66.16	BB	0.59	11.35	8.57	0.71	1.16	42.98	13.74	11.03	8.21	21.68	41.05	374529.78	259257.83	24359.89
71	947	603360	百傲化学	66.06	BB	0.93	20.59	21.09	0.58	0.92	15.71	99.33	-15.20	12.01	-12.00	50.32	194170.43	106566.07	32837.51
72	953	603977	国泰集团	66	BB	0.49	9.35	8.05	0.49	1.08	33.90	29.32	18.05	8.24	21.37	35.54	540527.95	254100.69	35177.21
73	969	603150	万朗磁塑	65.9	BB	1.63	9.34	6.05	0.84	1.41	58.22	7.20	50.01	7.89	9.38	31.82	360838.16	256420.45	13530.67
74	972	002226	江南化工	65.89	BB	0.29	10.38	8.49	0.54	1.21	41.10	8.90	26.29	1.00	-12.61	44.78	1674930.19	889476.31	99958.21
75	986	300910	瑞丰新材	65.79	BB	2.63	19.36	19.54	0.78	1.12	16.55	424.82	-7.57	14.57	-33.99	103.35	377909.49	281567.41	60903.30
76	1025	603867	新化股份	65.5	BB	1.36	12.07	9.43	0.67	1.39	39.51	14.19	-3.23	10.26	-2.50	61.03	397055.78	259660.36	28877.50
77	1036	603505	金石资源	65.37	BB	0.58	20.44	12.15	0.47	1.56	57.82	12.22	80.54	33.31	-2.73	65.01	501350.62	189587.72	37596.43
78	1055	603041	美思德	65.21	BB	0.61	6.71	7.75	0.30	0.50	16.63	601.95	0.85	6.18	19.69	36.43	175210.92	50100.62	10978.89
79	1087	605589	圣泉集团	65.01	BB	1.02	8.18	7.81	0.70	1.54	28.83	14.99	-4.98	9.63	-2.09	54.07	1345693.49	911953.05	80250.96
80	1104	300717	华信新材	64.89	B	0.40	5.92	6.40	0.43	0.89	12.36	620.52	-5.00	3.16	12.40	38.29	76880.77	32705.25	4098.12
81	1113	603235	天新药业	64.82	B	1.09	10.40	11.61	0.39	0.60	16.84	270.15	-18.34	4.31	-16.81	52.07	509015.92	188199.30	47585.33
82	1123	603798	康普顿	64.73	B	0.19	3.63	4.49	0.90	1.40	14.60	217.20	51.48	3.26	13.66	53.37	135869.53	119912.96	5442.69
83	1127	002360	同德化工	64.71	B	1.09	7.75	17.75	0.28	1.08	44.15	12.24	-11.56	24.39	-5.44	35.46	390168.78	96408.13	43920.36
84	1130	601233	桐昆股份	64.69	B	0.34	1.35	1.89	0.86	3.40	65.07	1.52	33.30	2.22	3.15	50.30	10244611.32	8263984.85	82139.98
85	1137	300121	阳谷华泰	64.64	B	0.75	9.88	10.25	0.87	1.39	27.38	15.45	-1.78	15.42	-19.22	67.95	441732.98	345461.23	30430.26
86	1138	000920	沃顿科技	64.64	B	0.35	8.80	6.73	0.63	1.27	22.07	30.45	16.68	2.26	5.02	30.37	246794.53	170516.30	17571.15
87	1146	301196	唯万科技	64.57	B	1.35	4.06	5.91	0.38	0.60	15.35	76.67	39.97	4.92	2.44	16.51	369591.41	134107.43	17590.28

续表

序号	A股上市公司评价得分排序	股票代码	股票简称	评价等级	综合得分(100)	每股收益(元)	净资产收益率(%)	总资产报酬率(%)	总资产周转率(次)	流动资产周转率(次)	资产负债率(%)	已获利息倍数	营业收入增长率(%)	资本扩张率(%)	市场投资回报率(%)	股价波动率(%)	年末资产总额(万元)	营业收入(万元)	净利润(万元)
88	1161	600273	嘉化能源	B	64.5	0.85	11.06	11.02	0.73	2.24	15.73	45.64	-23.72	1.28	9.23	43.19	1176849.27	877413.24	117992.38
89	1200	836675	秉扬科技	B	64.21	0.40	11.99	9.41	0.61	0.90	37.35	19.70	15.79	7.82	63.98	102.49	92987.08	53912.06	6866.06
90	1206	600409	三友化工	B	64.15	0.27	6.23	6.24	0.82	2.42	41.52	6.74	-7.43	2.68	-15.17	57.85	2559260.66	2192009.23	93220.21
91	1212	688722	同益中	B	64.11	0.68	11.68	11.87	0.44	0.77	10.41	226.49	3.89	4.68	-20.52	98.80	145286.65	64032.44	15739.46
92	1230	001296	长江材料	B	63.95	1.27	7.41	8.13	0.51	0.78	16.85	69.53	6.46	8.04	19.34	60.28	204837.67	100759.68	13536.81
93	1242	000819	岳阳兴长	B	63.84	0.34	5.31	5.33	1.28	3.25	35.21	27.33	-4.80	104.23	-23.29	71.91	340208.64	306740.14	9052.44
94	1254	000677	恒天海龙	B	63.79	0.05	10.12	11.07	0.83	1.29	23.84	190.74	3.94	5.89	10.91	48.46	131590.36	102997.79	9901.55
95	1262	603725	天安新材	B	63.74	0.57	14.60	8.05	1.11	1.98	69.98	4.96	15.67	36.87	56.33	106.86	282082.84	314177.55	15458.75
96	1281	300847	中船汉光	B	63.68	0.32	7.09	7.48	0.75	1.18	8.61	1060.59	-1.46	5.02	5.34	97.15	145656.58	106938.75	9770.74
97	1294	002324	普利特	B	63.6	0.45	11.29	5.87	0.85	1.30	61.02	5.69	28.87	49.33	-24.59	77.77	1190720.98	870937.45	47287.84
98	1299	603067	振华股份	B	63.57	0.74	14.15	10.93	0.90	2.03	32.51	12.75	4.67	12.19	-27.82	96.70	424926.65	369869.89	37236.04
99	1308	001218	丽臣实业	B	63.53	1.08	6.01	5.25	1.20	2.06	21.14	0.00	6.72	3.77	4.56	23.84	271288.98	324915.33	13572.05
100	1314	002783	凯龙股份	B	63.46	0.45	10.42	5.87	0.51	1.55	66.46	3.24	10.95	10.97	30.36	56.46	746309.68	377875.78	24694.61
101	1330	300387	富邦股份	B	63.35	0.25	5.02	5.43	0.58	1.29	29.27	7.68	23.72	8.71	24.81	37.43	193972.61	104853.16	6667.59
102	1364	300727	润禾材料	B	63.18	0.64	8.73	7.02	0.74	1.15	44.22	7.85	-4.03	8.69	9.86	80.71	160517.08	113510.87	8221.03
103	1369	002632	道明光学	B	63.15	0.25	5.84	7.28	0.49	0.92	15.03	55.99	2.81	-5.15	56.21	51.87	261466.66	132270.67	15619.60
104	1381	832089	禾昌聚合	B	63	1.08	11.66	9.00	0.95	1.12	38.15	137.73	26.40	10.92	96.82	151.72	163690.09	141677.67	11582.77
105	1385	003017	大洋生物	B	62.97	0.62	5.79	3.48	0.60	1.32	34.81	8.65	-13.10	2.35	22.06	34.50	154667.24	91945.14	5000.67
106	1387	002971	和远气体	B	62.96	0.52	6.40	4.01	0.47	2.00	68.06	3.11	25.19	7.83	46.89	57.39	407455.48	165455.54	8377.86
107	1407	603928	兴业股份	B	62.82	0.38	4.74	4.78	0.78	1.24	16.88	34.92	-16.06	2.56	21.77	33.32	183872.93	150036.85	7594.20
108	1418	002683	广东宏大	B	62.7	0.96	12.30	7.97	0.73	1.27	51.14	10.03	13.51	11.44	-32.86	110.09	1625916.92	1154260.41	97231.59
109	1423	603650	彤程新材	B	62.66	0.68	11.55	7.42	0.41	1.21	52.21	5.27	17.74	11.55	4.40	66.95	733390.68	294351.85	40411.81
110	1438	300230	永利股份	B	62.61	0.46	7.84	10.86	0.51	0.92	25.69	34.23	-3.75	14.54	3.06	41.53	422305.94	202196.15	38413.88
111	1442	300848	美瑞新材	B	62.59	0.29	6.00	3.67	0.56	1.08	55.27	13.95	0.01	25.13	5.88	73.61	335494.57	147514.48	8810.36
112	1443	002395	双象股份	B	62.59	0.21	5.08	3.03	0.70	1.50	59.75	17.66	8.46	6.46	100.00	118.32	227297.15	151074.61	5521.68
113	1472	002170	芭田股份	B	62.35	0.29	10.38	7.65	0.65	2.05	54.24	8.27	13.60	10.85	-8.73	49.79	532105.95	324352.72	25975.03
114	1481	300174	元力股份	B	62.29	0.66	8.85	8.32	0.53	0.93	18.21	43.12	3.30	6.96	-26.36	84.14	395167.93	201545.33	27703.06
115	1495	600623	华谊集团	B	62.19	0.42	3.70	3.04	0.67	1.50	57.20	6.51	6.15	2.82	3.77	26.86	6258525.61	4088136.72	134674.22
116	1496	002827	高争民爆	B	62.19	0.35	11.33	6.52	0.65	1.04	59.69	8.46	36.88	6.26	57.05	143.29	262754.56	1552262.35	12218.08

续　表

序号	A股上市公司评价得分排序	股票代码	股票简称	综合得分(100)	评价等级	每股收益(元)	净资产收益率(%)	总资产报酬率(%)	总资产周转率(次)	流动资产周转率(次)	资产负债率(%)	已获利息倍数	营业收入增长率(%)	资本扩张率(%)	市场投资回报率(%)	股价波动率(%)	年末资产总额(万元)	营业收入(万元)	净利润(万元)
117	1503	300644	南京聚隆	62.14	B	0.68	7.94	4.01	0.99	1.45	57.32	0.00	7.11	11.18	45.08	57.79	206093.10	182893.77	6809.66
118	1530	002545	东方铁塔	61.96	B	0.51	7.39	6.69	0.31	0.86	33.93	14.08	10.74	1.33	-14.46	54.57	1298721.82	400441.60	63376.99
119	1536	688087	英科再生	61.93	B	1.05	8.81	7.00	0.71	1.24	44.26	9.07	19.41	7.76	-12.25	77.28	401668.53	245507.70	19565.37
120	1546	603683	晶华新材	61.83	B	0.24	5.80	3.37	0.79	1.63	39.41	0.00	10.23	27.05	34.67	75.24	212704.10	155856.64	6749.62
121	1551	600866	星湖科技	61.76	B	0.41	10.07	6.83	1.14	3.20	46.75	5.98	-0.64	10.54	-27.07	61.58	1438458.58	1737372.79	68569.51
122	1560	300243	瑞丰高材	61.74	B	0.36	7.88	5.47	0.86	1.73	47.52	4.99	-3.04	21.95	20.91	46.37	217370.28	177593.20	8527.67
123	1585	831834	三维股份	61.58	B	0.32	10.91	10.98	0.67	0.89	20.16	104.19	3.78	-10.55	137.94	231.08	37717.61	26698.03	3913.17
124	1591	000422	湖北宜化	61.57	B	0.47	10.74	5.89	0.83	3.03	59.61	5.00	-17.72	27.14	-29.56	111.51	2143433.38	1704203.73	80552.98
125	1601	605488	福莱新材	61.48	B	0.40	3.99	3.41	0.90	1.74	53.83	5.30	12.06	20.19	25.25	53.97	289097.78	213083.88	6863.73
126	1602	001316	润贝航科	61.48	B	1.15	8.09	9.19	0.69	0.77	8.01	429.06	46.90	10.28	-8.41	29.74	125681.74	82567.66	9186.37
127	1611	000968	蓝焰控股	61.42	B	0.56	9.18	6.73	0.20	0.66	51.95	5.10	-4.81	9.09	-18.02	41.77	1182933.03	238145.43	53198.61
128	1640	000990	诚志股份	61.25	B	0.15	1.42	2.10	0.49	2.01	28.28	3.18	5.97	-0.27	-7.48	44.82	2574337.61	1241739.18	28850.94
129	1651	600423	柳化股份	61.18	B	0.09	5.92	13.81	0.27	0.31	7.16	1740.83	1.03	16.44	7.69	42.38	54790.57	14190.32	7325.13
130	1653	603181	皇马科技	61.17	B	0.57	11.16	11.52	0.56	1.43	19.32	23.62	-13.21	9.16	-23.04	99.08	341781.25	189411.33	32472.83
131	1693	002539	云图控股	60.88	B	0.74	8.64	6.17	1.11	2.44	59.30	6.38	6.17	7.53	-26.26	93.32	2049875.52	2176721.69	87309.16
132	1695	603599	广信股份	60.86	B	1.58	14.04	11.38	0.40	0.52	38.04	67.78	-35.25	9.06	-28.99	79.25	1551609.67	586756.27	143289.89
133	1713	301036	双乐股份	60.74	B	0.47	2.96	3.42	0.76	2.45	15.30	6.39	12.80	1.87	31.02	74.24	185117.05	143332.44	4727.72
134	1714	001217	华尔泰	60.74	B	0.48	6.84	5.79	0.57	1.57	34.30	302290.50	-14.73	6.11	4.24	42.80	335149.19	179193.49	15827.60
135	1725	688625	呈和科技	60.61	B	1.68	18.76	10.12	0.28	0.69	61.43	11.52	15.07	20.81	-22.21	89.64	331055.20	79962.64	22612.57
136	1745	002768	国恩股份	60.46	B	1.72	8.60	4.92	1.25	1.86	57.62	5.97	30.08	8.11	-31.40	92.56	1505320.54	1743877.82	53118.63
137	1786	603639	海利尔	60.18	B	1.39	14.94	9.59	0.72	1.39	47.55	34.84	-3.01	5.30	-37.23	111.18	644863.17	439844.01	47320.24
138	1800	600230	沧州大化	60.07	B	0.46	4.47	3.53	0.72	3.52	32.66	6.22	-0.95	1.57	-19.57	83.31	641170.54	486712.97	19354.35
139	1802	603379	三美股份	60.04	B	0.46	3.61	5.71	0.51	0.74	12.43	2250.41	-30.12	3.20	17.31	77.07	672895.46	333378.82	27964.48
140	1817	300801	泰和科技	59.96	CCC	0.67	4.88	6.11	0.73	1.38	23.94	24.98	-19.12	-0.12	-19.48	88.02	311774.91	220556.47	14184.32
141	1828	300522	世名科技	59.89	CCC	0.06	2.88	2.48	0.65	1.56	25.25	5.34	9.47	1.66	53.73	81.90	109116.45	68159.49	1749.53
142	1830	301209	联合化学	59.85	CCC	0.42	4.67	4.72	0.54	0.63	15.13	0.00	-20.96	2.96	6.30	31.13	81053.92	42838.84	3382.98
143	1842	603192	汇得科技	59.77	CCC	0.46	4.33	2.73	1.17	1.57	38.34	12.48	-10.12	3.38	-8.33	38.94	234027.43	271189.89	6387.58
144	1860	300218	安利股份	59.64	CCC	0.35	4.99	3.40	0.89	1.63	35.87	6.34	2.43	-1.32	34.12	102.98	219218.57	200027.19	6732.13
145	1876	600722	金牛化工	59.54	CCC	0.05	5.07	5.27	0.36	0.45	9.72	124254.50	-22.47	2.83	1.62	23.52	142911.97	51134.62	6996.32

续表

A股上市公司评价得分排序序号	股票代码	股票简称	综合得分(100)	评价等级	每股收益(元)	净资产收益率(%)	总资产报酬率(%)	总资产周转率(次)	流动资产周转率(次)	资产负债率(%)	已获利息倍数	营业收入增长率(%)	资本扩张率(%)	市场投资回报率(%)	股价波动率(%)	年末资产总额(万元)	营业收入(万元)	净利润(万元)
146	1900	301059	金三江	59.41	CCC	0.15	5.92	5.82	0.42	1.29	18.18	38.45	5.33	-0.03	2.51	63.88	69806.30	29440.26	3499.26
147	1902	301300	远翔新材	59.38	CCC	0.54	3.85	3.98	0.40	0.47	17.00	69.68	7.32	1.90	1.16	31.00	101549.45	39382.82	3440.67
148	1905	002802	洪汇新材	59.37	CCC	0.28	5.87	8.27	0.51	0.71	7.71	6201.03	-27.82	-3.57	16.22	55.66	72128.13	37278.56	5088.20
149	1912	600731	湖南海利	59.32	CCC	0.50	7.30	7.60	0.57	1.06	28.68	26.47	-24.14	43.14	-19.79	86.03	440233.67	237435.14	28392.64
150	1935	300041	回天新材	59.16	CCC	0.52	9.05	6.05	0.64	1.04	53.43	10.02	5.05	5.78	-29.27	74.85	619530.24	390151.92	29796.94
151	1949	002810	山东赫达	59.05	CCC	0.64	10.92	7.91	0.44	1.66	44.76	12.58	-9.70	11.33	-10.51	101.60	379252.76	155622.55	22020.94
152	1962	000830	鲁西化工	58.98	CCC	0.43	5.02	3.77	0.73	9.58	51.75	5.06	-16.47	-2.48	-13.39	74.55	3528216.87	2535779.06	81978.90
153	1964	600378	昊华科技	58.97	CCC	0.99	9.67	6.48	0.50	0.98	45.71	24.45	-13.40	4.07	-25.28	102.33	1576166.06	785237.94	90003.44
154	1965	605020	永和股份	58.96	CCC	0.49	4.39	4.68	0.72	2.61	60.83	4.42	14.86	5.24	-14.37	97.07	674388.94	436880.00	18390.54
155	1982	002206	海利得	58.85	CCC	0.30	9.86	6.50	0.76	1.53	48.90	6.19	2.00	4.95	-18.59	53.78	723901.21	562236.32	35109.96
156	1988	001231	农心科技	58.83	CCC	0.52	4.75	4.54	0.46	0.70	29.60	33.94	-4.44	3.13	-9.28	34.27	135347.64	60570.36	4892.19
157	1989	836957	汉维科技	58.82	CCC	0.23	5.00	4.33	0.77	1.10	37.79	13.97	-4.24	-2.38	73.96	136.81	63233.09	46718.91	2223.93
158	2001	603260	合盛硅业	58.75	CCC	2.24	7.62	5.90	0.39	1.92	61.10	6.62	12.37	35.22	-41.55	134.80	8334404.69	2658356.30	258302.67
159	2005	300164	通源石油	58.72	CCC	0.09	3.58	4.72	0.58	1.18	26.67	6.90	33.88	20.68	18.10	57.92	182897.27	102929.75	5374.09
160	2007	688386	泛亚微透	58.69	CCC	1.24	11.32	11.82	0.45	1.07	24.03	22.00	12.64	11.85	-36.47	131.17	95300.44	41054.82	9112.55
161	2015	603938	三孚股份	58.61	CCC	0.51	7.04	6.67	0.64	1.31	27.02	17.50	-19.61	4.62	-31.05	106.59	329619.82	212898.83	17840.71
162	2031	301090	华润材料	58.46	CCC	0.26	5.03	4.64	1.64	2.19	31.62	98.55	-0.59	3.26	5.98	26.76	1049464.05	1722498.46	37921.54
163	2045	002224	三力士	58.32	CCC	0.10	1.67	3.07	0.30	0.60	21.60	7.02	7.59	0.33	15.62	54.42	321312.76	93020.20	6867.77
164	2046	688585	上纬新材	58.31	CCC	0.18	5.65	5.29	0.78	1.07	31.79	100.38	-24.74	6.16	1.06	52.08	178424.69	139959.05	7092.03
165	2063	300891	惠云钛业	58.18	CCC	0.10	3.02	2.18	0.65	1.37	47.24	4.43	9.22	2.71	-1.01	48.81	261453.67	165189.99	4127.25
166	2073	002825	纳尔股份	58.11	CCC	0.30	6.61	5.01	0.68	1.42	39.34	16.33	-8.09	3.77	-2.09	51.31	239067.70	148745.45	9789.72
167	2085	000985	大庆华科	58.06	CCC	0.04	0.17	0.58	2.84	5.27	16.51	0.00	-23.34	-2.84	-5.03	39.97	70193.67	200020.49	567.67
168	2087	603213	镇洋发展	58.02	CCC	0.57	13.32	11.63	0.77	2.85	40.04	1547.45	-17.48	3.59	-31.13	80.85	297075.76	211463.88	24954.70
169	2092	002753	永东股份	58	CCC	0.27	4.38	4.63	1.38	2.42	29.14	3.71	1.31	4.64	-2.54	66.24	325364.57	456298.53	10136.01
170	2135	603663	三祥新材	57.7	CCC	0.19	5.48	4.71	0.56	1.43	33.45	9.54	11.07	3.44	17.52	41.91	201852.53	107990.10	7316.46
171	2151	000973	佛塑科技	57.58	CCC	0.22	1.95	6.05	0.49	1.06	25.10	11.07	-15.96	5.42	9.86	24.46	458924.31	221460.27	24101.29
172	2156	301077	星华新材	57.56	CCC	0.81	7.49	7.31	0.41	0.53	30.69	8.33	-4.88	1.02	-9.07	37.09	177695.62	69759.11	9747.04
173	2158	838971	天马新材	57.54	CCC	0.12	5.23	2.60	0.38	0.58	15.82	127.03	1.54	-0.17	84.56	144.36	51877.29	18878.89	1225.12
174	2174	002809	红墙股份	57.43	CCC	0.41	4.81	4.50	0.34	0.48	32.31	67.47	-18.93	8.95	12.41	27.05	244068.16	76080.16	8551.38

续 表

A股上市公司评价得分排序	序号	股票代码	股票简称	综合得分(100)	评价等级	每股收益率(元)	净资产收益率(%)	总资产报酬率(%)	总资产周转率(次)	流动资产周转率(次)	资产负债率(%)	已获利息倍数	营业收入增长率(%)	资本扩张率(%)	市场投资回报率(%)	股价波动率(%)	年末资产总额(万元)	营业收入(万元)	净利润(万元)
2175	175	600871	石化油服	57.42	CCC	0.03	4.65	2.37	1.09	2.11	89.33	2.15	8.42	8.02	-7.96	42.00	7516297.40	7998093.90	58921.60
2188	176	603739	蔚蓝生物	57.32	CCC	0.32	3.61	5.05	0.43	1.15	39.84	7.36	3.07	5.28	12.12	26.63	303405.76	119890.21	10285.72
2222	177	603020	爱普股份	57.11	CCC	0.24	2.33	3.77	0.72	1.21	11.30	44.52	-13.09	2.18	-14.80	35.57	382046.15	278317.01	11139.25
2245	178	002442	龙星化工	56.94	CCC	0.23	6.73	4.97	1.19	1.81	54.74	3.41	-6.31	8.36	28.62	48.82	380379.92	427215.79	11040.17
2267	179	601208	东材科技	56.8	CCC	0.37	4.28	5.31	0.39	0.99	52.53	3.59	2.67	7.89	-0.88	44.49	992670.44	373746.10	30648.50
2268	180	301256	华融化学	56.8	CCC	0.29	5.96	7.27	0.45	0.52	29.89	14.97	-6.67	5.87	-4.90	25.28	249628.18	105932.44	13867.29
2272	181	000912	泸天化	56.75	CCC	0.10	0.76	2.01	0.62	1.15	38.35	9.41	-14.81	2.32	-5.16	35.74	1039026.95	641823.46	14638.39
2290	182	300535	达威股份	56.59	CCC	0.27	0.16	1.43	0.54	1.20	30.46	2.29	41.97	5.93	32.23	64.14	141619.49	72459.93	355.30
2292	183	301035	润丰股份	56.58	CCC	2.78	12.72	7.58	0.87	1.10	54.09	15.65	-20.58	7.08	-18.21	49.88	1489795.41	1148479.26	85011.00
2294	184	300796	贝斯美	56.58	CCC	0.24	5.30	4.71	0.28	0.67	41.75	15.62	-8.97	4.39	40.25	85.10	292365.75	69919.06	9219.21
2295	185	600727	鲁北化工	56.57	CCC	0.19	4.69	2.48	0.62	1.30	61.14	12.55	1.96	3.54	-4.08	45.44	851711.13	499415.33	15714.71
2297	186	002597	金禾实业	56.55	CCC	1.27	8.58	8.49	0.53	0.90	26.47	15.07	-26.75	1.51	-31.06	110.86	971247.91	531111.59	70422.75
2302	187	300610	晨光股份	56.51	CCC	0.29	2.60	4.43	0.66	0.96	23.63	75.31	-13.78	-0.37	-13.19	54.81	147004.92	92975.83	5818.08
2306	188	688129	东来技术	56.48	CCC	0.44	1.82	5.02	0.37	0.44	44.77	5.98	31.83	2.79	18.95	46.93	157107.23	51894.82	5167.36
2308	189	301069	凯盛新材	56.46	CCC	0.38	9.81	8.65	0.48	0.90	32.78	56.44	-2.33	17.46	-24.15	106.63	248294.27	98689.72	15768.74
2339	190	002493	荣盛石化	56.29	CCC	0.12	1.32	2.41	0.88	3.48	74.75	1.21	12.46	-2.57	-16.82	64.36	37491844.03	32511161.43	160316.25
2341	191	688203	海正生材	56.28	CCC	0.21	2.75	3.06	0.38	0.69	27.76	8.12	24.43	2.02	-21.49	96.73	205051.80	75331.70	4353.75
2364	192	300980	祥源新材	56.13	CCC	0.38	3.17	4.23	0.27	0.59	37.27	4.77	2.69	8.68	29.54	52.35	165431.85	38368.34	4102.06
2365	193	600141	兴发集团	56.12	CCC	1.25	6.10	4.74	0.65	3.33	50.70	6.28	-7.28	2.97	-35.12	128.25	4456089.34	2810534.58	138687.78
2367	194	002053	云南能投	56.12	CCC	0.52	4.84	3.94	0.19	0.67	54.52	4.92	11.18	3.40	-18.64	57.99	1758352.92	290410.49	41870.76
2374	195	300731	科创新源	56.06	CCC	0.20	1.20	3.36	0.57	1.09	36.14	4.39	7.36	2.64	14.45	63.67	101133.08	55857.08	2531.88
2380	196	605033	美邦股份	56	CCC	0.43	3.84	3.86	0.43	0.62	34.15	167.25	-22.85	2.56	3.86	26.68	169200.23	69902.69	5755.70
2392	197	300538	同益股份	55.93	CCC	0.14	1.52	2.87	1.46	2.11	53.49	2.79	19.93	3.34	85.94	126.96	233375.37	325629.83	2814.59
2398	198	301092	争光股份	55.9	CCC	0.81	5.27	6.66	0.27	0.33	10.79	265.97	-22.16	6.26	-8.75	46.40	203943.83	52620.04	10879.11
2413	199	601568	北元集团	55.83	CCC	0.09	2.82	2.70	0.70	1.40	20.20	461.99	-12.89	-13.56	-7.68	22.45	1479036.44	1096653.71	37256.99
2423	200	301212	联盛化学	55.71	CCC	0.66	4.97	4.95	0.40	0.62	18.24	378.99	-36.41	2.31	-21.98	71.90	168351.37	66201.57	7175.64
2430	201	300920	润阳科技	55.68	CCC	0.42	3.18	2.95	0.27	0.48	10.28	25.44	-7.81	4.41	28.00	64.20	131954.68	35926.48	3918.79
2432	202	688718	唯赛勃	55.65	CCC	0.26	5.21	5.43	0.45	1.20	12.31	259.34	24.72	6.76	-29.13	88.38	87320.16	38421.18	4493.67
2439	203	300539	横河精密	55.62	CCC	0.15	5.51	4.12	0.60	1.09	51.72	3.80	1.43	3.58	21.23	60.71	1112152.88	67760.79	3279.88

续表

序号	A股上市公司评价得分排序	股票代码	股票简称	综合得分(100)	评价等级	每股收益(元)	净资产收益率(%)	总资产报酬率(%)	总资产周转率(次)	流动资产周转率(次)	资产负债率(%)	已获利息倍数	营业收入增长率(%)	资本扩张率(%)	市场投资回报率(%)	股价波动率(%)	年末资产总额(万元)	营业收入(万元)	净利润(万元)
204	2449	603010	万盛股份	55.58	CCC	0.31	4.04	3.70	0.46	1.03	33.58	9.32	-20.03	3.67	-12.78	51.98	628047.55	285020.44	17282.15
205	2453	000703	恒逸石化	55.55	CCC	0.13	-0.04	3.37	1.24	3.43	70.42	1.12	-10.46	-2.13	-6.93	52.57	10805210.69	13614811.41	36867.87
206	2463	002254	泰和新材	55.52	CCC	0.39	4.17	4.02	0.33	0.81	40.76	14.82	4.67	75.30	-32.53	124.69	1362051.64	392527.97	36180.23
207	2464	688157	松井股份	55.51	CCC	0.73	5.51	5.77	0.40	0.72	16.88	234.15	18.17	3.38	-15.20	113.83	157194.53	58976.73	7826.44
208	2474	600810	神马股份	55.45	CCC	0.12	1.35	2.70	0.44	0.94	62.80	1.63	-4.72	12.71	-2.62	40.18	3144219.75	1291940.39	21040.31
209	2482	600299	安迪苏	55.4	CCC	0.02	0.09	0.76	0.62	2.29	29.97	1.66	-9.26	0.75	-4.10	34.45	2151336.76	1318374.86	5268.02
210	2486	300107	建新股份	55.37	CCC	0.03	0.82	0.82	0.39	0.77	12.18	63.16	-11.35	0.42	3.15	38.75	167012.02	65821.41	1473.31
211	2500	600367	红星发展	55.26	CCC	0.09	0.26	2.77	0.73	1.28	19.54	7.84	-23.01	31.44	-20.27	71.49	315987.38	219685.24	4390.70
212	2507	603790	雅运股份	55.17	CCC	0.23	2.54	3.12	0.46	0.89	25.59	8.58	0.75	2.87	20.16	73.67	173860.47	77395.37	4156.01
213	2508	603722	阿科力	55.17	CCC	0.27	2.41	2.71	0.57	0.97	18.15	2276.58	-24.73	0.13	29.73	59.96	93251.94	53676.40	2312.64
214	2515	002748	世龙实业	55.14	CCC	0.08	-0.73	2.06	0.95	2.47	40.57	2.95	-19.33	-2.60	13.37	77.78	225929.81	209080.69	1419.91
215	2519	300221	银禧科技	55.12	CCC	0.06	2.67	1.81	0.92	1.47	27.99	6.27	-9.79	4.61	11.72	36.89	184526.82	166537.80	2749.28
216	2520	002666	德联集团	55.11	CCC	0.06	0.52	1.60	1.10	1.68	34.62	1.93	16.63	1.50	11.11	32.34	524325.55	569380.07	4103.60
217	2538	688269	凯立新材	55.01	CCC	0.86	11.00	8.41	1.17	1.95	35.11	24.77	-5.15	2.53	-55.47	171.28	153248.52	178530.01	11287.63
218	2543	300829	金丹科技	54.97	CC	0.47	2.30	3.78	0.48	1.55	49.99	3.19	-7.59	10.30	-5.12	40.12	340157.04	141812.99	6612.89
219	2581	000059	华锦股份	54.68	CC	0.04	0.16	1.41	1.43	2.45	53.04	1.51	-5.95	-0.84	-18.80	74.25	3188862.59	4614201.54	8308.74
220	2590	600339	中油工程	54.62	CC	0.13	2.10	1.45	0.75	0.81	75.68	11.51	-3.88	2.49	1.99	88.67	10756884.09	8034336.54	74264.78
221	2614	600955	维远股份	54.47	CC	0.18	0.83	0.99	0.62	2.82	33.03	12.64	-9.59	-0.11	-15.16	57.02	1289327.92	705016.94	9861.54
222	2630	002215	诺普信	54.37	CC	0.24	3.76	3.04	0.40	0.96	61.06	3.22	-3.41	-1.07	56.28	82.18	1086793.18	411953.79	20457.13
223	2631	603033	三维股份	54.36	CC	0.15	4.38	3.75	0.43	1.60	65.90	2.76	0.57	6.24	16.03	61.41	1054443.97	389494.91	15892.63
224	2662	002407	多氟多	54.09	CC	0.46	6.10	3.72	0.58	1.14	48.38	5.49	-3.41	47.21	-37.53	128.45	2279558.81	1193663.85	64080.73
225	2664	000554	泰山石油	54.08	CC	0.07	4.28	3.41	1.94	4.14	46.53	7.94	18.61	2.27	2.83	23.03	179328.96	364127.78	3527.48
226	2665	688219	会通股份	54.05	CC	0.33	6.02	3.50	0.82	1.28	70.81	2.80	3.27	7.14	23.58	44.25	654793.52	534884.29	14198.73
227	2674	002108	沧州明珠	54	CC	0.16	4.11	4.77	0.37	0.95	27.94	18.20	-7.60	-2.02	-10.92	35.44	710915.13	261905.27	27729.80
228	2695	603217	元利科技	53.84	CC	1.21	6.56	8.26	0.60	0.94	14.87	9169.50	-18.70	5.90	-44.46	138.73	373267.53	218129.73	24967.97
229	2711	603823	百合花	53.72	CC	0.29	4.84	4.91	0.66	1.15	28.98	17.69	-7.46	0.58	-22.20	110.77	339177.60	228393.17	13686.58
230	2714	603155	新亚强	53.69	CC	0.55	3.75	5.42	0.26	0.34	10.14	226.28	-40.44	-4.18	-8.66	44.17	253432.30	67520.41	12309.87
231	2721	601678	滨化股份	53.61	CC	0.19	3.10	3.28	0.37	1.70	45.47	4.18	-17.84	0.84	-17.81	59.36	2113438.89	730590.42	40351.06
232	2732	002917	金奥博	53.51	CC	0.29	5.73	4.64	0.48	0.82	44.56	5.21	26.34	3.69	-26.04	77.59	316765.71	150726.92	10682.35

续表

序号	A股上市公司评价得分排序	股票代码	股票简称	综合得分(100)	评价等级	每股收益(元)	净资产收益率(%)	总资产报酬率(%)	总资产周转率(次)	流动资产周转率(次)	资产负债率(%)	已获利息倍数	营业收入增长率(%)	资本扩张率(%)	市场投资回报率(%)	股价波动率(%)	年末资产总额(万元)	营业收入(万元)	净利润(万元)
233	2747	430489	佳先股份	53.38	CC	0.15	2.93	3.05	0.53	1.22	49.55	4.54	-5.52	-1.20	35.35	104.18	107028.72	53604.78	2030.30
234	2763	002637	赞宇科技	53.22	CC	0.19	-0.15	2.83	1.24	2.60	52.14	2.13	-14.45	2.21	-13.45	57.09	785711.09	961172.29	4555.29
235	2811	002886	沃特股份	52.84	CC	0.02	1.03	1.78	0.52	1.10	40.69	1.36	3.11	47.32	17.28	49.74	319626.38	153651.74	2101.39
236	2821	000301	东方盛虹	52.74	CC	0.11	0.59	2.19	0.79	4.23	81.34	1.09	120.05	-0.58	-33.38	98.69	19021480.22	14043973.81	71119.38
237	2826	603223	恒通股份	52.72	CC	0.16	3.04	3.20	0.78	1.33	24.55	11.23	-28.72	2.49	-36.27	119.98	5073363.20	375588.80	11754.56
238	2834	603353	和顺石油	52.64	CC	0.31	2.69	3.83	1.44	3.69	25.72	5.51	-18.04	-2.09	45.87	167.16	222269.65	327332.36	5220.55
239	2843	002386	天原股份	52.58	CC	0.03	-3.63	1.09	1.09	3.42	55.22	1.11	-9.70	30.93	-25.58	86.07	1828901.57	1836670.01	1076.77
240	2844	002136	安纳达	52.58	CC	0.30	4.13	2.73	1.08	1.87	29.82	24.90	-22.22	2.59	-14.90	81.30	201111.04	211104.46	5729.52
241	2855	688669	聚石化学	52.49	CC	0.24	-1.15	2.43	0.82	1.51	64.13	1.52	-5.64	1.78	10.93	37.37	489440.30	368517.12	3336.68
242	2875	300876	蒙泰高新	52.34	CC	0.22	1.62	2.34	0.34	0.75	33.98	3.23	15.26	8.85	-15.39	42.80	146787.76	45458.54	1974.71
243	2876	300214	日科化学	52.34	CC	0.18	3.16	2.88	0.73	1.82	34.57	19.75	-8.04	2.10	-2.27	29.62	394154.31	253777.48	8433.63
244	2880	002554	惠博普	52.33	CC	0.08	3.57	3.54	0.69	1.07	50.74	3.04	77.51	1.51	-19.33	56.01	525331.56	352705.96	9742.33
245	2884	300320	海达股份	52.32	CC	0.23	6.24	5.00	0.79	1.14	38.21	14.45	4.00	5.84	-29.87	108.32	359913.56	273513.30	13900.19
246	2887	300596	利安隆	52.3	CC	1.58	8.25	5.94	0.67	1.47	47.89	7.71	9.00	8.96	-44.72	139.28	821350.51	527845.61	35751.33
247	2895	600143	金发科技	52.23	CC	0.12	-0.27	2.13	0.82	2.19	70.91	1.15	18.63	-2.03	-16.93	56.12	6157533.85	4794059.09	6874.17
248	2898	002221	东华能源	52.19	CC	0.10	1.15	2.62	0.65	1.43	69.80	1.25	-7.11	5.17	21.19	63.35	4200000.12	2712309.83	17232.60
249	2905	002258	利尔化学	52.14	CC	0.75	8.88	6.90	0.57	1.52	41.01	12.24	-22.55	4.35	-33.65	101.83	1482896.25	785060.75	76725.82
250	2906	600746	江苏索普	52.13	CC	0.02	0.26	0.17	0.85	2.58	18.83	3.24	-24.84	-3.92	-9.50	62.37	648609.90	539039.36	1790.59
251	2916	301220	亚香股份	52.02	CC	1.00	4.66	5.06	0.35	0.53	14.24	21.94	-10.66	2.12	-12.52	73.11	183918.53	63017.79	7949.05
252	2920	603822	嘉澳环保	52	CC	0.03	-0.10	1.65	0.82	2.33	60.92	0.72	-16.98	27.94	-21.83	66.96	353987.34	266610.27	521.09
253	2929	002828	贝肯能源	51.95	CC	0.21	7.16	3.47	0.50	0.79	68.16	3.36	46.61	-0.87	14.05	95.47	192311.40	98102.08	4758.09
254	2945	688089	嘉必优	51.82	CC	0.54	3.94	6.24	0.28	0.55	7.30	168.93	2.39	4.83	-47.43	185.36	161149.26	44380.31	8636.74
255	2967	688179	阿拉丁	51.61	CC	0.49	8.30	6.81	0.27	0.36	31.16	15.18	6.55	6.33	-29.54	122.40	150555.36	40287.65	8582.91
256	2969	001333	光华股份	51.61	CC	0.82	6.81	5.30	0.66	0.83	29.77	19.19	8.96	2.68	-22.49	66.44	225043.72	148007.11	10524.40
257	2977	300641	正丹股份	51.54	CC	0.02	0.30	0.96	0.69	1.04	30.56	1.75	-20.09	-0.65	9.43	26.66	220779.03	153781.66	987.51
258	3002	600389	江山股份	51.39	CC	0.65	8.09	5.52	0.77	1.27	44.59	15.99	-39.08	11.68	-42.93	143.98	667536.85	508569.63	28434.63
259	3006	300575	中旗股份	51.37	CC	0.41	10.35	6.20	0.61	1.52	41.21	7.50	-19.52	10.25	-47.42	121.16	385649.10	239001.33	19229.17
260	3008	301131	聚赛龙	51.34	CC	0.78	3.00	3.26	0.95	1.26	52.53	3.24	13.34	2.65	6.31	80.81	167759.19	147739.32	2977.87
261	3009	002522	浙江众成	51.34	CC	0.11	2.55	3.61	0.47	1.06	37.12	3.43	-8.27	1.88	-12.05	42.55	366917.28	172835.43	6849.08

续 表

序号	A股上市公司评价得分排序	股票代码	股票简称	综合得分(100)	评价等级	每股收益(元)	净资产收益率(%)	总资产报酬率(%)	总资产周转率(次)	流动资产周转率(次)	资产负债率(%)	已获利息倍数	营业收入增长率(%)	资本扩张率(%)	市场投资回报率(%)	股价波动率(%)	年末资产总额(万元)	营业收入(万元)	净利润(万元)
262	3019	603110	东方材科	51.23	CC	0.26	0.94	7.54	0.47	0.62	19.68	90854.57	-2.63	3.27	-26.10	143.78	85775.41	39358.25	5201.57
263	3027	001255	博菲电气	51.15	CC	0.41	3.79	3.89	0.32	0.52	17.98	66.08	-11.86	-1.92	6.13	96.49	93163.33	31160.91	3338.64
264	3048	301216	万凯新材	50.91	CC	0.85	4.87	5.06	1.44	2.28	55.27	6.03	-9.57	2.05	-27.85	89.68	1276071.49	1753176.52	43629.02
265	3057	600935	华塑股份	50.81	CC	0.01	0.25	0.22	0.61	4.54	31.64	6.59	-17.42	-1.73	-24.95	70.35	931420.56	556322.72	3017.19
266	3058	300586	美联新材	50.81	CC	0.16	7.06	6.25	0.58	1.60	31.09	9.58	-22.00	22.70	-43.82	120.22	343093.09	187093.22	16573.08
267	3060	688350	富淼科技	50.8	CC	0.22	0.68	1.76	0.65	1.10	36.46	1.74	-3.34	0.06	-8.14	69.93	249020.70	164008.96	1788.76
268	3065	301190	善水科技	50.76	CC	0.10	5.67	1.36	0.21	0.27	17.44	16.66	23.69	-0.98	3.00	33.77	245141.09	49528.64	2105.45
269	3077	300225	金力泰	50.56	CC	0.03	1.43	1.78	0.61	0.89	34.77	7.01	16.09	8.61	81.12	158.77	128206.14	73474.32	1480.90
270	3085	000949	新乡化纤	50.46	CC	-0.03	-1.22	1.33	0.64	1.92	54.58	1.11	1.43	-1.15	-2.71	33.42	1199324.14	737874.55	-4215.36
271	3088	688357	建龙微纳	50.43	CC	1.84	8.23	6.74	0.37	0.69	41.28	165.79	13.87	14.80	-33.65	119.64	302914.00	97224.16	15303.37
272	3089	301283	聚胶股份	50.42	CC	1.35	6.29	7.48	0.94	1.13	14.69	593.11	20.50	8.72	-45.90	149.07	180210.03	162766.03	10810.27
273	3091	300798	锦鸡股份	50.41	CC	0.04	1.50	1.02	0.41	0.79	28.38	37.32	5.28	26.87	50.23	145.84	242867.48	94791.25	1584.86
274	3111	000936	华西股份	50.27	CC	0.08	1.37	1.83	0.44	1.75	20.77	3.19	-2.37	1.22	57.82	179.87	645660.28	285814.67	7239.31
275	3112	603970	中农立华	50.26	CC	0.84	14.51	5.40	1.71	1.79	73.47	21.16	-10.59	7.38	-25.74	61.21	600822.10	1045962.14	24757.78
276	3144	603077	和邦生物	50.04	CC	0.15	6.16	6.42	0.36	0.90	17.62	64.02	-32.33	2.30	-21.61	80.18	2452434.41	882410.78	127869.93
277	3150	600470	六国化工	50	C	0.04	1.98	2.02	1.07	1.96	67.04	2.00	-8.17	1.65	-5.64	61.57	591378.68	693279.93	5228.52
278	3156	688295	中复神鹰	49.97	C	0.35	5.02	4.31	0.27	0.70	49.19	9.78	13.25	4.94	-35.04	111.27	953619.49	225913.03	31798.13
279	3158	002165	红宝丽	49.97	C	0.05	1.12	2.52	0.51	0.94	58.05	1.11	5.09	0.64	2.49	29.31	487911.76	264710.99	3827.37
280	3163	300665	飞鹿股份	49.92	C	0.11	1.30	3.38	0.45	0.82	69.11	1.62	24.19	3.47	14.62	33.77	182475.62	82504.08	2088.15
281	3179	603826	坤彩科技	49.74	C	0.18	4.21	3.94	0.21	0.69	56.23	2.81	1.19	5.79	14.50	41.19	434472.64	82899.27	8874.10
282	3197	002361	神剑股份	49.59	C	0.03	0.17	1.12	0.55	0.91	51.09	1.21	2.18	-3.16	-1.31	29.05	478177.88	257105.64	1875.47
283	3199	002263	大东南	49.56	C	0.01	0.57	0.52	0.44	0.80	11.61	2.46	-15.84	0.76	-14.61	46.24	309608.08	133326.89	2068.15
284	3226	605566	福莱蒽特	49.31	C	0.22	0.63	1.20	0.34	0.44	27.58	5.57	-11.02	1.84	4.66	44.50	280527.98	91644.64	1524.70
285	3233	600352	浙江龙盛	49.21	C	0.49	5.19	3.58	0.23	0.34	47.33	5.53	-27.90	2.75	-13.45	33.56	6780644.34	1530310.55	173298.53
286	3261	002476	宝莫股份	49.01	C	0.01	-2.02	1.13	0.39	0.56	9.03	17.70	-34.60	0.86	16.33	81.37	96415.10	38733.82	523.33
287	3265	600063	皖维高新	48.97	C	0.16	3.12	3.34	0.60	1.54	42.67	5.59	-16.89	3.73	-26.88	101.32	1409228.30	826260.70	33549.61
288	3277	300834	星辉环材	48.8	C	0.41	2.30	2.72	0.46	1.55	13.52	44.92	-14.63	0.36	-13.98	38.96	347147.51	159630.02	8012.10
289	3285	002909	集泰股份	48.69	C	0.03	0.84	2.09	0.69	1.53	56.66	1.38	-8.13	-0.28	-17.85	60.45	196620.07	133239.73	1024.76
290	3290	300741	华宝股份	48.64	C	0.62	3.46	5.38	0.17	0.24	10.66	17.81	-21.61	-5.09	-6.57	36.67	823552.64	148462.79	37478.08

续表

A股上市公司评价得分排序	序号	股票代码	股票简称	综合得分(100)	评价等级	每股收益率(元)	净资产收益率(%)	总资产报酬率(%)	总资产周转率(次)	流动资产周转率(次)	资产负债率(%)	已获利息倍数	营业收入增长率(%)	资本扩张率(%)	市场投资回报率(%)	股价波动率(%)	年末资产总额(万元)	营业收入(万元)	净利润(万元)
291	3296	002312	川发龙蟒	48.61	C	0.22	4.45	3.80	0.48	1.50	46.59	3.90	-23.10	0.24	-32.26	114.21	1706917.23	770816.42	41663.25
292	3299	000818	航锦科技	48.58	C	0.19	2.07	3.32	0.66	1.48	31.76	5.58	-14.53	6.91	-0.21	67.06	601432.28	366842.90	10579.66
293	3305	603255	鼎际得	48.47	C	0.46	3.86	3.86	0.40	0.70	21.94	11.91	-15.92	5.72	-22.33	131.57	204109.39	75656.92	6136.43
294	3309	300858	科拓生物	48.41	C	0.35	4.69	5.70	0.17	0.26	4.26	204.72	-18.94	2.15	-13.53	96.38	181010.08	29924.18	9347.99
295	3331	600688	上海石化	48.2	C	-0.13	-5.33	-3.85	2.30	5.96	37.11	-9.97	12.72	-5.42	-9.14	39.01	3965824.40	9301359.50	-140904.30
296	3334	300995	奇德新材	48.17	C	0.10	0.89	1.31	0.36	0.77	20.88	11.32	10.50	-0.26	18.52	58.57	80247.45	28324.85	800.51
297	3359	300478	杭州高新	47.96	C	0.19	-49.07	9.83	1.15	2.23	72.96	3.48	5.64	34.46	33.74	63.84	34123.93	38856.09	2364.70
298	3362	002734	利民股份	47.92	C	0.17	1.66	2.20	0.61	1.73	58.69	1.73	-15.80	-0.88	-17.92	62.53	681533.47	422393.70	6350.59
299	3371	002145	中核钛白	47.85	C	0.12	3.40	3.66	0.33	0.63	35.13	9.13	-9.76	71.99	-31.06	115.77	1853558.38	494655.94	41964.55
300	3374	002838	道恩股份	47.84	C	0.31	4.10	4.06	0.91	1.42	36.19	5.91	0.41	4.65	-28.39	92.00	509602.13	454406.78	15512.50
301	3377	836077	吉林碳谷	47.81	C	0.41	11.72	7.38	0.47	1.80	53.73	4.36	-1.65	63.37	-40.42	157.71	524752.18	204923.70	23135.76
302	3393	002166	莱茵生物	47.63	C	0.11	1.15	3.29	0.33	0.59	30.72	4.54	6.65	2.93	-23.69	86.34	462557.71	149392.95	9834.60
303	3397	603968	醋化股份	47.59	C	0.15	0.71	1.99	0.90	1.39	41.23	3.90	-16.21	-0.39	-32.87	82.27	354602.70	300833.66	3416.00
304	3410	002319	乐通股份	47.48	C	0.02	3.31	2.98	0.62	1.42	86.94	1.25	-4.18	7.78	15.10	60.59	60748.82	38657.51	363.36
305	3458	603580	艾艾精工	46.81	C	0.02	0.14	0.36	0.29	0.75	-13.75	2.78	-12.41	0.17	-15.67	63.13	52837.27	15461.89	131.28
306	3462	688065	凯赛生物	46.75	C	0.63	2.34	2.62	0.12	0.26	21.56	14.95	-13.39	-1.76	-11.19	58.49	1883337.28	211417.49	40853.56
307	3464	300067	安诺其	46.74	C	0.01	-0.41	0.55	0.26	0.66	25.12	1.57	7.67	0.60	1.64	28.92	316761.91	80904.23	1228.61
308	3469	002440	国土股份	46.66	C	0.04	1.23	1.50	0.46	0.83	17.94	6.55	-10.84	-1.89	-13.08	40.13	1177119.18	558846.47	6619.59
309	3470	000859	国风新材	46.65	C	-0.03	-1.58	-0.83	0.58	1.47	29.71	-9.27	-9.16	-1.60	-2.52	43.23	407056.99	223305.27	-2863.42
310	3478	002538	司尔特	46.51	C	0.14	1.85	2.64	0.59	1.53	17.23	22.04	-19.87	-1.86	-22.18	71.52	633879.08	391321.87	12188.79
311	3486	301100	风光股份	46.38	C	0.08	0.19	1.40	0.30	0.46	15.32	8.84	-9.81	0.05	-17.07	54.79	249931.54	75278.52	1503.13
312	3496	605366	宏柏新材	46.25	C	0.11	2.09	2.57	0.47	1.20	33.70	3.08	-18.41	-0.92	-25.35	110.36	299963.35	138502.12	6497.09
313	3519	605008	长鸿高科	45.89	C	0.15	-0.46	3.82	0.33	0.94	56.21	2.77	-40.30	2.56	-0.40	38.75	469823.32	141592.88	9490.22
314	3527	600596	新安股份	45.75	C	0.12	0.60	1.80	0.71	1.57	36.24	6.18	-32.89	11.00	-38.37	125.77	2181853.87	1463116.06	17469.41
315	3531	603601	永冠新材	45.69	C	0.43	4.32	2.67	0.84	1.45	61.24	1.65	8.55	1.17	-32.82	162.73	648630.01	545656.35	8239.41
316	3553	600135	乐凯胶片	45.28	C	-0.08	-3.58	-0.95	0.60	0.85	29.83	-5.90	2.41	-6.62	3.72	34.90	358500.07	211763.55	-4460.49
317	3563	600714	金瑞矿业	45.21	C	0.03	0.64	1.31	0.34	0.44	7.90	191.99	-26.15	1.14	7.51	37.69	79686.99	27468.95	766.93
318	3574	603916	苏博特	45.04	C	0.38	4.71	3.92	0.46	0.73	40.80	5.77	-3.58	2.58	-37.01	106.23	796020.26	358211.86	23341.91
319	3592	300321	同大股份	44.82	C	-0.09	-4.08	-1.10	0.49	0.77	7.53	-9306.88	-29.10	-1.75	27.11	44.27	66851.38	32924.28	-792.51

续 表

A股上市公司评价得分排序 序号	股票代码	股票简称	评价等级	综合得分(100)	每股收益(元)	净资产收益率(%)	总资产报酬率(%)	总资产周转率(次)	流动资产周转率(次)	资产负债率(%)	已获利息倍数	营业收入增长率(%)	资本扩张率(%)	市场投资回报率(%)	股价波动率(%)	年末资产总额(万元)	营业收入(万元)	净利润(万元)
320	002999	天禾股份	C	44.45	0.29	5.84	2.59	2.29	2.91	78.72	4.98	6.95	1.58	-25.80	73.49	687423.61	1551147.24	9258.28
321	300758	七彩化学	C	44.34	0.03	0.27	1.37	0.38	1.03	48.72	1.23	0.77	3.63	-17.81	92.19	343275.73	121782.25	1708.81
322	002669	康达新材	C	43.75	0.10	-4.53	1.64	0.45	0.84	53.54	1.69	13.22	5.29	-13.00	74.17	712293.68	279252.50	3414.38
323	605399	晨光新材	C	43.72	0.32	2.65	3.95	0.42	0.64	30.70	743.12	-40.18	-0.46	-48.14	200.07	315328.20	116456.03	10102.74
324	300806	斯迪克	C	43.48	0.12	1.84	1.67	0.28	0.90	69.83	1.47	4.86	0.94	-18.94	69.70	721927.04	196851.54	5605.64
325	002246	北化股份	C	43.48	0.10	1.25	1.13	0.46	0.68	33.09	14.53	-15.61	0.74	-17.40	62.57	456935.59	215922.27	5243.26
326	301206	三元生物	C	43.32	0.29	1.26	1.27	0.10	1.01	5.66	0.00	-25.99	-1.79	-22.38	60.50	481042.64	49950.08	5887.44
327	301237	和顺科技	C	43.26	0.18	0.24	1.14	0.26	0.47	11.15	8.45	-16.29	-4.36	2.32	27.43	161451.44	42150.24	1460.86
328	301071	力量钻石	C	43.17	1.40	5.81	6.64	0.12	0.16	18.55	45.18	-17.03	1.36	-52.52	208.90	654054.19	75196.37	36372.07
329	002054	德美化工	C	42.98	0.06	-3.40	0.08	0.42	1.07	57.48	0.07	-6.02	-1.78	-9.97	29.38	723182.71	307728.53	-10374.13
330	603585	苏利股份	C	42.6	0.11	0.48	0.89	0.36	0.69	43.62	1.70	-37.84	-4.05	-19.75	70.83	568816.79	195820.85	1419.30
331	002408	齐翔腾达	C	42.59	-0.13	-2.48	-0.67	0.97	3.25	54.01	-0.58	-9.70	-12.58	-23.58	58.62	2678000.51	2691846.63	-45764.14
332	300180	华峰超纤	C	42.47	-0.13	-6.83	-2.26	0.59	1.88	39.86	-2.15	8.38	-4.29	12.74	85.39	757722.67	458724.54	-23068.52
333	000565	渝三峡A	C	42.17	-0.08	-2.47	-1.92	0.32	0.91	19.44	-4.78	6.69	-4.55	3.46	43.53	153925.07	50020.18	-3481.32
334	000420	吉林化纤	C	42.1	0.01	0.34	2.41	0.35	1.56	59.17	1.05	1.83	0.74	-40.02	115.68	1068599.26	373673.00	3218.56
335	002391	长青股份	C	41.51	0.11	1.85	1.62	0.47	1.12	43.10	1.82	-14.83	-1.48	-11.39	33.49	805048.26	361447.77	7289.29
336	600370	三房巷	C	41.48	-0.07	-4.05	-1.42	1.54	2.70	60.87	-1.31	2.81	-6.68	-14.23	45.29	1609316.69	2347929.15	-27496.04
337	002942	新农股份	C	40.75	-0.17	-3.80	-1.94	0.53	1.01	24.00	-312.30	-34.22	-4.22	19.60	44.96	147601.07	82103.23	-2537.43
338	600506	统一股份	C	40.65	-0.26	-17.48	0.53	0.97	2.46	81.10	0.16	11.35	-10.87	55.08	98.66	212458.99	223887.00	-4898.45
339	833819	颖泰生物	C	40.6	0.08	1.93	2.76	0.47	1.11	54.21	1.89	-28.09	-2.42	-10.12	66.52	1264214.40	586830.54	9117.42
340	002109	兴化股份	C	40.23	-0.39	-8.54	-4.52	0.43	1.57	50.53	-4.82	9.64	21.71	-3.43	45.19	1154724.97	357172.09	-45135.92
341	688196	卓越新能	C	39.84	0.66	3.96	2.83	0.93	1.72	12.59	9.64	-35.29	-3.72	-43.73	108.15	306635.63	281172.19	7861.08
342	600319	亚星化学	C	39.83	0.02	-17.39	2.89	0.41	2.69	69.35	1.13	-2.58	1.53	-5.03	61.61	211236.71	82485.03	627.63
343	688133	泰坦科技	C	39.32	0.62	1.93	2.71	0.66	0.89	35.05	4.04	6.20	3.02	-55.20	184.05	438832.50	276964.90	7531.43
344	301037	保立佳	C	39.22	-0.31	-3.92	-0.30	0.92	1.43	66.72	-0.21	-28.25	-3.18	18.61	54.95	241868.58	226947.39	-3150.40
345	830832	齐鲁华信	C	38.78	0.07	1.02	1.51	0.35	0.62	26.40	2.64	-35.61	0.13	-8.69	136.98	103914.23	37170.14	954.45
346	300343	联创股份	C	38.7	0.01	-1.18	1.50	0.34	0.52	28.97	4.40	-49.79	2.28	-35.74	126.03	306832.53	103561.60	1155.86
347	301118	恒光股份	C	38.13	-0.35	-4.34	-1.91	0.43	0.94	41.01	-4.41	-13.30	-4.78	-23.71	82.95	238915.73	93643.09	-4306.67
348	603727	博迈科	C	37.88	-0.27	-2.20	-1.80	0.36	0.53	33.10	-7.32	-44.08	-3.53	9.24	43.06	480017.57	179898.94	-7547.67

续表

A股上市公司评价得分排序	序号	股票代码	股票简称	综合得分(100)	评价等级	每股收益(元)	净资产收益率(%)	总资产报酬率(%)	总资产周转率(次)	流动资产周转率(次)	资产负债率(%)	已获利息倍数	营业收入增长率(%)	资本扩张率(%)	市场投资回报率(%)	股价波动率(%)	年末资产总额(万元)	营业收入(万元)	净利润(万元)
3975	349	300505	川金诺	37.74	C	-0.37	-5.15	-2.97	0.82	1.74	31.25	-2.81	7.60	29.39	-30.04	143.75	355389.26	271134.01	-9846.82
3977	350	688267	中触媒	37.71	C	0.44	2.04	3.00	0.19	0.28	9.41	53.82	-19.21	-0.16	-49.57	184.86	290941.44	54987.75	7691.20
4014	351	300305	裕兴股份	36.94	C	0.03	0.07	1.33	0.52	1.15	43.48	1.13	-9.67	-0.95	-34.76	81.02	346031.40	168555.74	870.58
4019	352	000782	美达股份	36.87	C	-0.27	-6.89	-3.98	0.86	1.45	62.91	-5.24	-3.30	-11.25	27.45	49.11	339660.15	281738.00	-14267.87
4038	353	603980	吉华集团	36.52	C	-0.34	-6.11	-4.88	0.35	0.54	13.90	-123.70	-12.45	-7.08	0.77	26.51	453013.34	169127.91	-24509.95
4040	354	300072	海新能科	36.37	C	-0.04	-16.00	0.56	0.59	1.24	35.82	0.22	-11.50	-7.53	-22.18	63.91	1088416.57	765390.81	-31801.09
4045	355	600075	新疆天业	36.25	C	-0.45	-7.60	-2.49	0.56	1.83	56.05	-1.66	-1.56	-15.27	-19.80	61.12	2106546.90	1146503.39	-86151.79
4097	356	688199	久日新材	34.97	C	-0.89	-4.35	-1.82	0.31	0.68	31.66	-2.65	-12.47	-3.63	-17.56	68.13	398598.47	123498.56	-10393.31
4103	357	688323	瑞华泰	34.74	C	-0.11	-2.16	-0.08	0.12	0.68	59.17	-0.11	-8.55	-3.12	-11.58	61.93	244736.88	27592.81	-1960.30
4111	358	002591	恒大高新	34.54	C	-0.14	-8.13	-3.17	0.40	0.76	33.25	-4.62	8.09	-5.85	-9.91	54.16	101564.91	40406.99	-4137.72
4113	359	300721	怡达股份	34.49	C	-0.24	-4.08	-0.90	0.66	2.18	52.52	-0.51	16.72	-3.84	-34.43	120.66	263659.01	181411.86	-5266.47
4116	360	600227	赤天化	34.39	C	-0.07	-11.57	-2.28	0.48	2.14	43.59	-2.72	-10.79	-4.54	-14.04	29.60	473651.68	224577.90	-12397.75
4118	361	603991	至正股份	34.33	C	-0.60	-17.73	-5.47	0.48	1.07	51.55	-3.71	84.85	-3.23	26.13	84.46	60074.93	23941.92	-3845.55
4138	362	600331	宏达股份	33.53	C	-0.05	-28.51	-0.71	1.35	2.99	85.05	-0.26	2.90	-22.59	79.37	144.09	214156.35	302565.83	-9580.02
4140	363	002549	凯美特气	33.48	C	-0.04	-2.58	-0.29	0.22	0.39	32.29	-0.38	-32.97	58.07	-38.18	115.89	288904.86	57116.83	-2674.50
4142	364	002585	双星新材	33.44	C	-0.15	-2.52	-1.56	0.41	1.01	30.49	-7.03	-12.74	-4.18	-39.01	122.85	1339997.51	528945.56	-16756.65
4145	365	603330	天洋新材	33.39	C	-0.22	-7.57	-2.10	0.51	0.99	37.25	-2.48	-7.06	76.40	-47.36	156.44	288049.36	132536.20	-9420.67
4146	366	300200	高盟新材	33.39	C	-0.80	-20.59	-15.50	0.47	0.96	24.75	-1790.03	1.92	-19.76	21.68	56.68	210268.18	103540.15	-34995.44
4162	367	300135	宝利国际	33.07	C	-0.05	-8.38	-0.14	0.92	1.46	59.30	-0.08	-13.07	-4.93	13.24	152.58	229358.61	214598.83	-4839.38
4173	368	603810	丰山集团	32.86	C	-0.24	-2.80	-1.21	0.45	0.68	42.09	-2.10	-30.00	-2.53	-25.85	83.15	269141.75	119637.36	-4047.53
4182	369	000635	英力特	32.63	C	-2.19	-37.40	-22.47	0.65	2.52	40.28	-1381.90	-6.82	-29.43	1.70	48.66	268146.36	174719.60	-66776.87
4194	370	600844	丹化科技	32.27	C	-0.39	-49.51	-29.10	0.52	4.41	46.80	-44.87	-7.79	-39.28	-3.54	38.14	146483.27	86107.57	-50342.07
4196	371	000510	新金路	32.18	C	-0.29	-12.65	-6.08	1.06	3.13	48.67	-6.43	-14.79	-9.09	-6.44	61.77	258483.72	258930.45	-17790.56
4223	372	002629	仁智股份	31.58	C	-0.08	-107.41	-15.13	0.95	1.14	69.65	-99.60	23.56	67.13	-5.95	42.63	20230.12	20824.20	-3392.01
4229	373	002068	黑猫股份	31.42	C	-0.33	-8.44	-1.53	1.16	2.12	60.08	-1.19	-4.47	-7.69	-10.56	109.75	794074.00	945112.02	-25754.65
4238	374	000545	金浦钛业	31.29	C	-0.16	-9.62	-5.26	0.75	1.78	44.35	-6.09	-9.79	-13.22	-15.32	61.94	292691.78	226426.49	-16116.39
4254	375	002562	兄弟科技	30.87	C	-0.17	-7.26	-1.41	0.49	1.50	48.12	-1.06	-17.30	-9.46	-15.78	67.85	588685.68	282116.57	-17546.88
4259	376	300821	东岳硅材	30.6	C	-0.23	-5.39	-4.35	0.70	1.64	22.80	-14727.64	-28.70	-6.81	-34.07	109.79	632647.25	480146.79	-27155.86
4262	377	300637	扬帆新材	30.53	C	-0.37	-13.29	-5.69	0.51	1.69	47.69	-4.01	-12.71	-8.48	52.44	121.65	132494.91	69131.51	-8773.20

续 表

序号	A股上市公司评价得分排序	股票代码	股票简称	综合得分(100)	评价等级	每股收益(元)	净资产收益率(%)	总资产报酬率(%)	总资产周转率(次)	流动资产周转率(次)	资产负债率(%)	已获利息倍数	营业收入增长率(%)	资本扩张率(%)	市场投资回报率(%)	股价波动率(%)	年末资产总额(万元)	营业收入(万元)	净利润(万元)
378	4282	002513	蓝丰生化	30.14	C	-0.89	-123.89	-13.45	0.71	1.80	92.63	-12.35	20.51	-29.90	29.59	107.12	339958.99	174162.84	-34773.62
379	4310	688659	元琛科技	29.33	C	-0.16	-5.12	-1.55	0.40	0.77	53.44	-1.37	-9.46	-4.40	-33.04	105.74	132013.39	52424.46	-2537.38
380	4316	002427	尤夫股份	29.13	C	-0.09	-10.49	-2.78	1.04	1.93	61.84	-2.48	5.48	-8.90	-22.06	100.22	250430.11	258116.30	-9340.06
381	4355	000881	中广核技	28.22	C	-0.78	-15.15	-4.90	0.55	0.94	46.56	-5.51	-8.53	-10.56	-7.66	34.37	1128340.46	635251.89	-74402.32
382	4362	002207	准油股份	28.01	C	-0.07	-20.31	-3.98	0.84	1.43	74.94	-2.28	38.14	-20.96	-3.57	43.73	33717.51	27175.42	-1872.67
383	4367	300839	博汇股份	27.86	C	-0.83	-23.04	-6.78	1.27	2.42	65.48	-3.58	-6.32	-27.25	-22.62	80.98	211119.92	277775.60	-20294.96
384	4384	300082	奥克股份	27.41	C	-0.45	-9.71	-5.06	0.64	1.65	42.42	-6.28	-32.39	-9.09	-15.30	80.35	551625.90	381270.47	-30100.46
385	4388	300191	潜能恒信	27.35	C	-0.40	-10.74	-5.03	0.23	0.79	49.93	-7.02	-0.14	-10.58	-10.38	39.85	226136.45	48056.15	-12788.63
386	4391	600889	南京化纤	27.26	C	-0.50	-23.68	-14.18	0.27	1.03	43.10	-40.88	-8.82	-20.13	14.03	59.02	158972.93	47403.69	-22746.43
387	4400	603086	先达股份	27.07	C	-0.23	-5.11	-3.54	0.74	1.28	39.37	-16.67	-20.58	-7.79	-37.89	115.36	331729.50	248248.51	-9521.92
388	4405	600800	渤海化学	26.96	C	-0.44	-20.70	-12.88	0.71	1.66	44.09	-15.87	-46.67	-17.80	0.83	40.93	427815.28	322532.88	-52101.07
389	4418	002250	联化科技	26.69	C	-0.50	-4.55	-2.00	0.45	1.12	51.40	-2.57	-18.10	-6.37	-55.18	201.57	1390701.40	644215.28	-42952.21
390	4429	000553	安道麦A	26.31	C	-0.69	-8.22	-2.38	0.58	1.04	60.43	-23.49	-12.31	-5.19	-23.74	66.42	5540580.30	3277945.60	-160588.70
391	4446	002092	中泰化学	25.61	C	-1.11	-10.38	-2.67	0.49	1.93	59.46	-1.74	-28.15	-10.93	-16.42	56.02	7253049.00	3711804.89	-318551.03
392	4474	600500	中化国际	25.07	C	-0.52	-9.75	-2.26	0.87	2.24	59.94	-1.92	-37.94	-18.63	-32.53	99.95	5391725.24	5427229.18	-185265.36
393	4476	300767	震安科技	25.03	C	-0.17	-2.78	-0.56	0.27	0.38	40.57	-0.47	-22.65	-3.20	-64.15	275.90	264399.65	69405.08	-4124.49
394	4494	300261	雅本化学	24.52	C	-0.09	-3.85	-1.33	0.31	0.74	41.43	-1.57	-36.09	-3.27	-35.38	124.06	414522.27	127884.83	-7236.07
395	4513	603051	鹿山新材	24.11	C	-0.94	-8.24	-2.49	1.13	1.46	51.99	-1.58	12.69	-0.80	-48.65	184.33	274027.04	295057.15	-8630.99
396	4519	002211	宏达新材	23.99	C	-0.07	-31.58	-8.51	0.72	1.01	79.56	-192.49	-35.59	-31.70	62.40	110.55	30955.94	23483.46	-2936.22
397	4530	603612	索通发展	23.67	C	-1.40	-16.87	-3.57	0.89	1.47	56.13	-2.12	-21.08	3.10	-40.42	136.61	1717971.33	1531063.38	-79450.56
398	4531	000698	沈阳化工	23.63	C	-0.56	-23.44	-5.47	0.82	1.75	74.46	-3.99	-11.10	-22.67	-28.96	64.82	608320.01	528189.26	-45741.98
399	4545	600691	阳煤化工	23.35	C	-0.57	-33.96	-7.85	0.58	1.09	80.05	-4.48	-20.05	-33.59	0.93	33.68	2252063.88	1362079.61	-227658.49
400	4565	603188	亚邦股份	22.77	C	-1.01	-55.05	-22.39	0.28	0.72	61.61	-14.36	-32.68	-39.58	13.12	33.37	214728.65	65050.09	-52921.15
401	4585	300405	科隆股份	21.97	C	-0.35	-19.59	-4.87	0.41	0.64	58.94	-2.45	-28.46	-20.16	18.51	46.55	126697.89	55819.60	-10030.48
402	4591	002915	中欣氟材	21.87	C	-0.57	-8.87	-4.83	0.43	1.21	46.03	-5.02	-16.16	-11.95	-6.88	131.99	319115.64	134352.81	-17216.41
403	4595	002470	金正大	21.66	C	-0.30	-57.62	-5.73	0.68	1.51	82.28	-3.04	-14.31	-31.53	-15.95	67.09	1176035.81	854894.04	-97967.28
404	4600	002453	华软科技	21.53	C	-0.21	-31.66	-7.36	0.21	0.37	35.59	-32.30	-79.56	-20.85	6.89	42.46	204855.72	55133.99	-18554.72
405	4605	002455	百川股份	21.36	C	-0.79	-22.02	-4.85	0.38	1.49	79.16	-3.98	-0.45	-20.18	-23.48	97.15	1144114.91	411249.06	-57013.85
406	4607	000691	亚太实业	21.32	C	-0.32	-45.20	-16.40	0.56	1.51	69.01	-8.77	-31.92	-38.08	3.27	50.09	62957.81	37319.37	-11484.78

续 表

序号	A股上市公司评价得分排序号	股票代码	股票简称	综合得分(100)	评价等级	每股收益(元)	净资产收益率(%)	总资产报酬率(%)	总资产周转率(次)	流动资产周转率(次)	资产负债率(%)	已获利息倍数	营业收入增长率(%)	资本扩张率(%)	市场投资回报率(%)	股价波动率(%)	年末资产总额(万元)	营业收入(万元)	净利润(万元)
407	4632	300169	天晟新材	20.09	C	-0.49	-85.65	-8.94	0.45	0.76	90.42	-2.68	-1.78	-58.75	65.84	220.45	116004.18	57422.79	-16029.84
408	4651	002037	保利联合	19.39	C	-1.37	-25.54	-3.35	0.41	0.70	82.29	-1.64	6.50	-22.36	-30.10	81.68	1653259.13	677735.89	-85113.75
409	4669	002496	辉丰股份	18.56	C	-0.31	-26.38	-14.58	0.08	0.50	48.42	-24.09	-13.61	-23.29	-16.07	66.64	274945.54	23111.10	-46917.71
410	4684	300716	泉为科技	17.99	C	-0.87	-71.09	-10.70	0.94	2.00	75.51	-6.53	-8.72	-25.37	-22.74	140.61	110106.61	116548.18	-16758.64
411	4685	300530	领湃科技	17.96	C	-1.24	-115.25	-10.85	0.12	0.28	85.20	-5.13	-60.30	62.87	11.76	99.59	167259.92	19022.60	-21114.21
412	4690	003042	中农联合	17.82	C	-1.35	-12.61	-5.62	0.46	1.06	60.62	-6.35	-13.06	-12.22	-34.48	110.95	374348.95	168090.52	-19247.06
413	4728	600610	中毅达	15.43	C	-0.11	-149.21	-7.11	1.01	2.78	97.88	-2.09	-11.68	-83.65	-42.22	180.24	110470.05	120643.87	-11977.94
414	4755	300587	天铁股份	12.93	C	-0.60	-23.69	-12.97	0.29	0.51	54.07	-11.33	-12.39	-20.33	-55.27	187.74	527093.70	150729.56	-67318.07
415	4777	002326	永太科技	9.05	C	-0.69	-22.46	-5.84	0.36	1.00	70.37	-4.21	-34.85	-9.79	-47.96	172.43	1140430.68	412804.08	-72352.42
416		300163	先锋新材	35.19	C	-0.21	-9.17	-13.56	0.41	0.75	17.46	0.00	-17.20	-16.63	21.10	50.50	59889.77	25226.82	-9960.84
417		600277	亿利洁能	32.28	C	-0.15	-3.73	-0.80	0.26	1.27	38.86	-0.75	-21.62	-3.89	-35.40	136.41	3134490.93	876130.11	-59585.05
418		603879	永悦科技	31.37	C	-0.19	-15.62	-14.67	0.62	1.02	18.75	-34.84	13.97	-15.50	6.65	123.73	52939.94	33771.57	-7157.93
419		002341	新纶新材	12.96	C	-0.82	-138.09	-13.42	0.15	0.81	94.60	-2.56	-32.27	-81.85	-4.38	72.75	388530.44	66290.19	-94967.73
420		002096	易普力	72.38	BBB	0.56	14.47	12.20	1.20	2.26	30.46	23.83	265.75	269.58	-29.63	78.32	1047346.17	842774.36	67545.36
421		601065	江盐集团	78.21	A	0.84	15.62	12.39	0.59	1.82	27.22	35.77	-1.65	92.55	-8.58	53.16	573600.54	288755.55	51387.56
422		603125	常青科技	73.22	BBB	1.20	13.81	15.01	0.62	0.77	5.65	0.00	5.75	159.14	-20.03	36.44	229825.42	101901.18	21257.23
423		831304	迪尔化工	72.39	BBB	0.52	18.79	18.73	1.36	2.09	31.30	0.00	-8.33	79.01	21.92	221.12	66250.67	76179.49	7881.51
424		873665	科强股份	71.15	BBB	0.70	12.61	13.13	0.52	0.68	14.14	0.00	23.14	55.97	175.95	162.45	79964.96	34964.94	7506.38
425		301518	长华化学	70.98	BBB	0.97	11.66	11.30	2.23	3.18	16.35	66.22	17.27	186.81	-66.30	49.79	172873.33	271176.42	11616.71
426		603004	鼎龙科技	70.09	BBB	0.99	12.76	13.08	0.46	0.66	10.31	102.45	-10.74	120.29	0.00	0.00	212955.87	74154.96	17383.68
427		871694	中裕科技	67.91	BB	1.37	22.06	17.80	0.79	1.24	29.28	31.95	9.93	114.39	0.90	141.46	105438.00	66701.12	12631.45
428		301459	丰茂股份	67.65	BB	2.26	17.65	13.92	0.71	0.96	29.77	0.00	31.83	193.08	-107.13	5.34	151718.24	80157.52	13818.27
429		603276	恒兴新材	66.9	BB	0.60	5.89	6.74	0.44	0.85	6.48	37.83	-4.88	127.39	1.32	15.59	188081.64	64412.74	7807.91
430		301373	凌玮科技	66.71	BB	1.18	10.58	12.56	0.39	0.56	11.28	129.45	16.11	142.56	-32.10	57.04	168881.91	46589.69	12499.66
431		001358	兴欣新材	65.2	BB	2.15	13.35	12.99	0.52	0.72	9.46	110.73	-18.62	168.10	-361.72	11.03	167359.98	63024.44	14157.68
432		836419	万德股份	64.52	B	0.73	9.73	11.27	0.98	1.49	24.83	24.76	4.48	70.78	4.26	100.14	67587.78	58124.18	5423.67
433		001378	德冠新材	64.44	B	1.15	8.57	7.83	0.69	1.18	23.71	53.09	-5.41	132.35	-109.57	26.57	246917.22	121896.32	12135.69
434		603281	江瀚新材	63.97	B	1.78	17.97	18.73	0.56	0.65	7.53	0.00	-31.23	100.04	-46.07	100.38	516268.86	227748.59	65468.72
435		688716	中研股份	63	B	0.55	5.52	7.17	0.34	0.44	7.05	36.37	17.62	253.59	120.74	62.95	124495.45	29183.71	5455.38

续 表

A股上市公司评价得分排序序号	股票代码	股票简称	综合得分(100)	评价等级	每股收益(元)	净资产收益率(%)	总资产报酬率(%)	总资产周转率(次)	流动资产周转率(次)	资产负债率(%)	已获利息倍数	营业收入增长率(%)	资本扩张率(%)	市场投资回报率(%)	股价波动率(%)	年末资产总额(万元)	营业收入(万元)	净利润(万元)
436	603073	彩蝶实业	62.75	B	0.96	9.12	9.52	0.55	0.97	18.54	29.52	-3.58	78.31	-33.62	47.52	157970.17	70936.53	10393.72
437	839273	一致魔芋	61.61	B	0.74	6.64	10.10	0.81	1.02	11.84	77.11	7.03	49.42	-38.98	287.07	64188.59	47882.31	5278.88
438	603062	麦加芯彩	60.55	B	1.96	10.51	9.98	0.58	0.64	22.48	73.25	-17.75	230.04	2.56	10.05	273466.95	114065.13	16695.64
439	832469	富恒新材	58.25	CCC	0.65	13.06	9.53	0.66	1.07	53.99	4.96	23.96	66.67	123.08	183.12	99312.49	57961.44	5657.16
440	834261	一诺威	57.68	CCC	0.45	8.51	6.62	2.81	5.45	37.79	48.58	-0.20	18.89	-43.19	275.07	231462.05	629585.43	12728.00
441	832175	东方碳素	56.01	CCC	0.67	9.81	9.45	0.41	0.65	28.94	11.06	5.94	104.75	-3.62	132.50	120356.96	37755.95	6902.61
442	301395	仁信新材	55.89	CCC	0.44	3.59	4.41	1.32	1.87	15.33	361.72	-18.95	132.66	-35.58	44.54	195778.71	197861.98	5579.22
443	603172	万丰股份	55.5	CCC	0.34	4.52	4.55	0.45	0.56	25.23	15.69	-7.63	80.58	7.87	18.81	138327.14	50356.16	4093.60
444	839719	宁新新材	51.68	CC	0.70	7.87	6.38	0.42	0.81	49.09	3.41	30.27	61.53	-12.68	140.15	191593.76	72465.84	7150.58
445	300804	广康生化	49.93	C	0.46	2.75	2.77	0.36	0.76	29.79	4.94	-24.99	111.66	-15.58	28.70	183110.23	49501.14	3007.14
446	836422	润普食品	49.75	C	0.12	2.28	2.41	1.03	1.88	18.25	12.61	-20.08	47.14	-36.34	258.18	52111.97	51774.61	990.84
447	301555	惠柏新材	47.44	C	0.79	6.86	3.88	0.69	0.80	48.19	6.06	-22.37	93.82	-146.95	36.38	207592.40	137819.57	5739.85
448	603065	宿迁联盛	45.96	C	0.18	3.41	3.38	0.47	1.34	35.05	3.85	-20.92	28.57	-39.00	50.93	322662.77	141735.95	7504.68
449	832471	美邦科技	45.34	C	0.29	3.25	3.48	0.53	1.08	29.78	12.25	-15.32	24.97	-36.86	327.54	95396.48	47798.04	2755.74
450	830974	凯大催化	40.54	C	0.03	0.17	0.64	1.36	1.92	32.81	3.85	-41.48	14.17	-50.88	382.98	95641.34	116008.27	469.11
451	600777	ST新潮	81.12	AA	0.38	14.57	11.48	0.27	2.44	40.12	8.72	-5.43	19.04	39.73	42.63	3358130.72	884877.92	259554.68
452	600759	ST洲际	68.97	BB	0.35	3.83	21.04	0.21	1.86	37.17	6.60	-3.87	101.36	6.06	44.21	1284761.96	272639.95	128279.92
453	600589	*ST榕泰	42.48	C	0.06	1051.91	11.50	0.24	0.43	67.95	1.89	-12.88	0.00	92.73	234.63	195933.02	36682.74	8272.47
454	600078	ST澄星	37.85	C	-0.09	-0.26	2.31	0.56	1.45	58.59	1.12	-31.66	-9.43	-30.12	127.01	553098.15	310096.81	3053.83
455	600387	*ST海越	24.93	C	-0.52	-7.62	-6.97	0.48	0.84	30.49	-34.55	-67.70	-8.27	-15.42	98.80	439186.35	212808.14	-24866.96
456	000637	ST实华	19.56	C	-0.25	-11.94	-2.69	1.69	5.94	65.03	-1.66	-24.95	-15.29	-42.77	136.92	249884.62	454781.07	-11006.78
457	000525	ST红太阳	16.29	C	-0.67	-73.01	-1.89	0.32	0.65	89.89	-0.55	-49.81	-28.66	-32.08	98.13	986296.32	323223.64	-38670.62
458	600165	*ST宁科	5.67	C	-0.68	-77.60	-11.99	0.09	1.27	87.08	-2.62	-58.06	-57.28	-50.38	192.25	295751.45	28568.87	-51614.62

第八章

机械行业上市公司业绩评价

机械行业是为国民经济、国防军工和民生事业发展提供技术装备的基础性和战略性产业，是支撑国家制造能力和综合国力的重要基石，是稳住工业经济大盘的"压舱石"。2023年机械行业经济运行经历波动起伏，随着一批稳定经济政策措施的集中出台与落实，其中机械设备全年主要经济指标实现平稳增长，电气设备及国防军工呈现下行趋势。2023年，申万机械设备指数上涨1.32%，申万电气设备指数下降27.17%，申万国防军工指数下降9.24%，与2022年机械行业指数相比整体呈现下降趋势。2024年机械行业发展机遇与挑战并存，但机遇大于挑战，有利条件强于不利因素，预计全年机械行业经济运行将延续稳中向好的总体态势，主要经济指标增速预计在5%以上，对外贸易保持基本稳定。

一、机械行业上市公司业绩评价结果

机械行业上市公司细分为机械设备、电气设备和国防军工三个子行业。截至2023年末，A股机械行业上市公司共计1070家，其中盈利888家、亏损182家，83%的公司实现盈利，比2022年降低了2个百分点。

2023年，机械行业上市公司资产总额11.47万亿元，占全部上市公司资产总额的11.24%，资产规模占比较2022年末提高了0.96个百分点；归属于母公司股东的所有者权益4.76万亿元，比2022年末增加了0.62万亿元，占全部上市公司归属于母公司的所有者权益的12.80%。

2023年，机械行业上市公司实现营业收入6.17万亿元，占全部上市公司营业收入的9.72%，比2022年实现的营业收入增加了0.38万亿元；实现营业利润0.47万亿元，占全部上市公司营业利润的11.58%，比2022年实现的营业利润减少了0.05万亿元，收入呈现上升趋势，但营业利润呈现下降趋势。

2023 年，机械行业业绩评价综合得分 62.8 分，比全部上市公司平均得分低 0.1 分。剔除 2023 年新上市、买壳上市的公司后，机械行业上市公司业绩评价综合得分进入"中联价值 100"；业绩评价等级为：1 家 AA、19 家 A、54 家 BBB、102 家 BB、201 家 B、175 家 CCC、165 家 CC、353 家 C。表 8-1 列示了 2023 年度机械行业上市公司评价得分前十名的公司。

表 8-1　2023 年度机械行业上市公司评价得分前十名的公司

序号	股票代码	股票简称	A 股上市公司中评价得分排序
1	600406	国电南瑞	30
2	300124	汇川技术	50
3	603298	杭叉集团	64
4	601567	三星医疗	72
5	002028	思源电气	82
6	002179	中航光电	83
7	300750	宁德时代	84
8	300514	友讯达	85
9	600582	天地科技	86
10	600089	特变电工	87

基于对机械行业上市公司的整体评价，下面分别从财务效益状况、资产质量状况、偿债风险状况、发展能力状况、市场表现状况五个方面对机械行业上市公司进行具体分析。

（一）财务效益

从综合得分来看，机械行业上市公司 2023 年的财务效益状况与 2022 年本行业相比，扣除非经常性损益净资产收益率、总资产报酬率、营业利润率、总股本收益率指标均呈现下降趋势；盈利现金保障倍数指标大幅上升。

2023 年财务效益排名中宁德时代和特变电工并列第一。宁德时代是全球领先的动力电池和储能电池企业。根据 SNE Research 统计，2023 年宁德时代全球动力电池使用量市占率为 36.8%，连续 7 年排名全球第一；全球储能电池出货量市占率为 40%，连续 3 年排名全球第一。2023 年，宁德时代实现营业总收入 4009.17 亿元，同比增长 22.01%；归属于上市公司股东的净利润 441.21 亿元，同比增长 43.58%；加权平均净资产收益率为 24.04%。表 8-2 列示了 2023 年机械行业上市公司财务效益状况评价结果。

表 8-2 机械行业财务效益状况比较表

分析指标		2023 年上市公司平均值	2023 年行业值	2022 年行业值	增长率（％）
基本指标	净资产收益率（％）	7.69	8.37	9.10	-8.02
	总资产报酬率（％）	5.03	4.99	6.03	-17.25
	基本得分	21.27	21.64	22.96	-5.75
修正指标	营业利润率（％）	6.42	7.65	8.88	-13.85
	盈利现金保障倍数	2.01	1.44	1.02	41.18
	总股本收益率（％）	44.80	49.98	57.11	-12.48
	综合得分	23.35	22.96	23.69	-3.08

（二）资产质量

从综合得分来看，机械行业上市公司 2023 年资产质量状况低于 2023 全部上市公司的平均水平，与行业上年相比也有不同程度的减少。表 8-3 列示了 2023 年机械行业上市公司资产质量状况评价结果。

表 8-3 机械行业资产质量状况比较表

分析指标		2023 年上市公司平均值	2023 年行业值	2022 年行业值	增长率（％）
基本指标	总资产周转率（次）	0.64	0.57	0.61	-6.56
	流动资产周转率（次）	1.27	0.89	0.94	-5.32
	基本得分	9.52	8.22	8.73	-5.84
修正指标	应收账款周转率（次）	7.99	3.77	4.07	-7.37
	存货周转率（次）	3.48	3.04	3.15	-3.49
	综合得分	9.27	7.79	8.11	-3.95

机械行业上市公司 2023 年总资产及流动资产周转率分别为 0.57 次、0.89 次，分别比 2022 年减少 6.56％和 5.32％。机械行业上市公司应收账款周转率远远低于上市公司平均水平，这主要与机械行业上市公司交易结算方式有关。机械行业上市公司 2023 年存货周转率为 3.04 次，比 2022 年 3.15 次减少 3.49％。

资产质量状况指标中，钧达股份、天海防务及派斯林的资产质量状况得分均为 15 分，资产质量在机械行业中并列最高。钧达股份是中国较早一批从事光伏电池研发、生产与销售的专业化电池厂商，已拥有 P 型 PERC 电池产能 9.5GW、N 型 TOPCon 电池产能约 40GW。据 lnfoLink 数据统计，2023 年钧达股份电池出货量排名行业第四，在 N 型电池出货方面，排名行业第一。2023 年，钧达股份总资产周转率为 1.34 次，流动资产周转率为 3.53 次，应收账款周转率为 660.43 次，存货周转率为 29.84 次。

（三）偿债风险

从综合得分来看，2023 年机械行业上市公司偿债风险状况得分较 2022 年有所下降。与

2022 年相比,资产负债率和带息负债比率有所上升,但都低于 2023 年全部上市公司平均水平,说明机械行业在后疫情时代,公司的还款压力有所增加。

在机械行业上市公司偿债风险状况指标中,豪迈科技等 21 家公司得分为 14.99 分,在行业中最高。2023 年,豪迈科技实现营业收入 71.66 亿元,同比增长 7.88%;归属于上市公司股东的净利润 16.12 亿元,同比增长 34.33%;总资产 99.14 亿元,同比增长 15.38%;归属于上市公司股东的净资产 86.13 亿元,同比增长 17.38%,财务状况良好。豪迈科技 2023 年资产负债率为 13.06%,速动比率为 485.71%,带息负债比率为 3.69%,现金流动负债比率为 149.02%。豪迈科技偿债能力有所削弱,短期偿债能力很强。表 8-4 列示了 2023 年机械行业上市公司偿债风险状况评价结果。

表 8-4　机械行业偿债风险状况比较表

	分析指标	2023 年上市公司平均值	2023 年行业值	2022 年行业值	增长率（%）
基本指标	资产负债率（%）	57.83	55.19	55.05	0.25
	已获利息倍数	5.21	7.78	9.33	−16.61
	基本得分	8.89	9.38	9.49	−1.16
修正指标	速动比率（%）	88.92	115.19	113.76	1.26
	现金流动负债比率（%）	15.9	12.2	10.1	20.79
	带息负债比率（%）	42.82	37.76	29.35	28.65
	综合得分	8.9	9.34	9.42	−0.85

（四）发展能力

从综合得分来看,2023 年机械行业上市公司发展能力状况略高于全部上市公司的平均水平,营业收入增长率、资本扩张率、累计保留盈余率、三年营业收入平均增长率、总资产增长率均高于所有上市公司平均水平,营业利润增长率明显低于所有上市公司平均水平。表 8-5 列示了 2023 年机械行业上市公司发展能力状况评价结果。

表 8-5　机械行业发展能力状况比较表

	分析指标	2023 年上市公司平均值	2023 年行业值	2022 年行业值	增长率（%）
基本指标	营业收入增长率（%）	2.21	6.55	22.7	−71.15
	资本扩张率（%）	6.75	11.56	20.66	−44.05
	基本得分	12.14	14.26	16.39	−13.00
修正指标	累计保留盈余率（%）	44.05	37.76	37.43	0.88
	三年营业收入平均增长率（%）	10.93	18.6	20.65	−9.93
	总资产增长率（%）	5.71	12.12	22.05	−45.03
	营业利润增长率（%）	−3.95	−10.25	34.79	−129.46
	综合得分	12.33	13.87	15.16	−8.51

在机械行业上市公司发展能力状况指标中，汇川技术、宁德时代、阳光电源、晶科能源、天合光能、晶盛机电、中航机载发展能力得分均为 20 分，排名并列第一。汇川技术在工业自动化行业，通用伺服系统在中国市场份额约 28.2%，位居第一名；工业机器人产品出货量在中国市场的份额约 6.5%，位居第四名，其中 SCARA 机器人产品销量在中国市场的份额约 20.8%，位居第一名。2023 年，汇川技术实现营业总收入 304.20 亿元，较上年同期增长 32.21%；实现营业利润 50.01 亿元，较上年同期增长 11.88%。

（五）市场表现

2023 年机械行业指数一直低于大盘的表现，全年机械行业指数位于沪深 300 指数下方。具体情况见图 8-1。

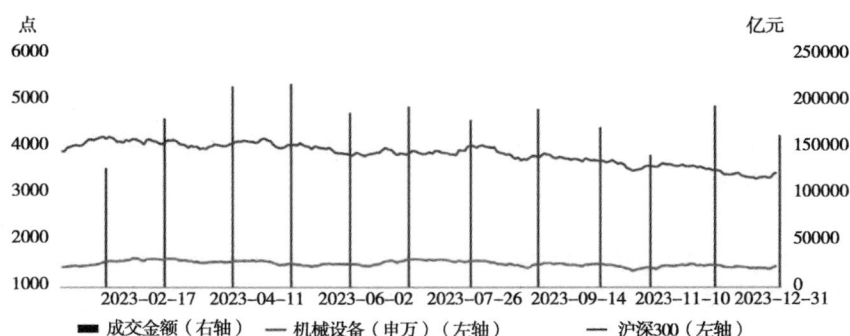

图 8-1　机械行业指数与沪深 300 指数波动

资料来源：同花顺 iFinD。

从综合得分来看，机械行业上市公司市场表现状况明显低于全部上市公司的平均水平，市场投资回报率为 3.68%，低于全部上市公司 5.76% 的平均水平，比 2022 年机械行业 -13.62% 的平均水平上升了 127.01%。2023 年机械行业上市公司有 533 家市场投资回报率为正值，比上年增加了 338 家，其中最高的为坤博精工，其市场投资回报率达到 568.10%。市场表现得分最高的为安培龙、永达股份，得 15 分。表 8-6 列示了 2023 年机械行业上市公司市场表现状况评价结果。

表 8-6　机械行业市场表现状况比较表

分析指标	2023 年上市公司平均值	2023 年行业值	2022 年行业值	增长率（%）
市场投资回报率（%）	5.76	3.68	-13.62	127.01
股价波动率（%）	82.72	86.35	105.06	-17.80
综合得分	9.07	8.79	8.81	-0.23

二、2023 年度机械行业上市公司业绩影响因素分析

2023 年机械行业运行保持平稳向好态势，，全年各月份机械工业景气指数均位于景气区

间。2023 年，机械行业上市公司实现营业收入 6.17 万亿元，占全部上市公司营业收入的 9.72%，比 2022 年增加了 0.38 万亿元；实现营业利润 0.47 万亿元，占全部上市公司营业利润的 11.58%，比 2022 年下降了 0.81 个百分点，减少了 0.05 万亿元，呈现收入上升、营业利润下降的趋势。影响机械行业上市公司业绩的主要原因如下。

（一）固定资产投资持续增长带动机械行业持续发展

机械行业与固定资产投资之间存在相互促进、相互依存的关系。固定资产投资为机械行业提供了市场需求和发展空间，而机械行业的发展也为固定资产投资提供了技术支持和产业支撑。根据国家统计局公布数据，2023 年全国固定资产投资（不含农户）为 503036 亿元，较上年增长 3.0%。根据中国机械工业联合会公布数据，2023 年机械工业主要涉及的五个国民经济行业大类中，汽车、电气机械、通用设备、专用设备和仪器仪表投资增速分别为 19.4%、32.2%、4.8%、10.4% 和 14.4%。五大行业投资增速均高于全社会固定资产投资增速，特别是电气机械连续两年增速始终高于 32%。受益于固定资产投资增长，中联重科 2023 年实现营业收入 470.75 亿元，同比增长 13.08%；归属于母公司净利润 35.06 亿元，同比增长 52.04%。

（二）机械行业对外出口贸易结构持续升级优化

2023 年世界政治经济形势复杂严峻，全球贸易呈现低迷状态，但我国机械行业克服多重困难，对外贸易稳中有升再创新高。据海关统计数据，2023 年机械行业外贸进出口总额达 1.09 万亿美元，同比增长 1.7%，连续三年超过万亿美元，占全国外贸进出口总额的 18.3%，并且实现贸易顺差 4785.1 亿美元，同比增长 16.6%，占全国货物贸易顺差的 58.1%。

2023 年，我国机械工业外贸出口在高基数的基础上再次刷新纪录，在外贸总额、出口额、贸易顺差规模上实现了量的合理增长，在增长动能、贸易结构等方面取得了质的有效提升。机械行业外贸市场新局面、外需产品新结构、国际国内业务协同发展新格局为对外出口贸易结构带来持续升级。根据中国机械工业联合会公布数据，2023 年我国机械工业对俄罗斯出口额同比增长 1.1 倍，俄罗斯成为我国机械工业第二大出口国；对非洲、欧洲、拉丁美洲和共建"一带一路"国家出口额分别增长 17.3%、16.3%、9.8%、14%。电动汽车、锂离子电池和太阳能电池"新三样"产品合计出口 1.06 万亿元，首次突破万亿元大关，同比增长 29.9%；挖掘机、大中型拖拉机出口量同比分别增长 15.4%、33.5%，装载机、起重机、数控金切机床出口量同比分别增长 1.2 倍、2 倍和 1.2 倍，体现了机械行业从中国制造向中国创造的迈进。

以行业龙头上市公司柳工（000528）为例，公司快速抓住海外市场机会，积极构建新发展格局，奋力打造面向 RCEP 及"一带一路"的开发合作高地，让布局海外更全面深化。2023 年柳工国际化收入占比突破 40%，国际市场营收突破百亿元大关，实现 114.6 亿元，同比增长 41.18%。

（三）战略性新兴产业引领机械行业创新发展

战略性新兴产业是新质生产力的重要领域，是科技创新的主战场。近年来战略性新兴产业持续快速发展，为机械行业创新发展注入强劲动力。中国机械工业联合会公布，2023年机械工业战略性新兴产业相关行业营业收入合计 24.2 万亿元，同比增长 7.8%，占机械工业的比重为 81.3%，较上年提高 0.7 个百分点，其中，新能源装备、新能源汽车、节能环保产业等战略性新兴产业成为引领机械行业创新发展的新龙头。

在国家"双碳"目标引领下，新能源装备制造行业带领机械行业不断向绿色化发展，清洁能源装备也正迎来黄金发展期。2023 年底我国可再生能源发电装机容量 14.5 亿千瓦，占比超过总装机的一半，历史性地超过了火电。中国机械工业联合会公布，2023 年机械工业能源装备制造业营业收入与利润总额同比分别增长 9.7% 和 18.5%。我国已成为全球清洁能源装备技术的主要供应国，"风光氢储"研发制造能力跻身世界一流，清洁能源装备大型化发展正稳步推进。

以风电整机制造企业金风科技为例，2023 年金风科技国内风电新增装机容量达 15.67GW，国内市场份额占比 20%，连续十三年排名全国第一；全球新增装机容量 16.4GW，全球市场份额占比 13.90%，全球排名蝉联第一。

（四）高端化、智能化推进机械行业加速转型

"十四五"时期以来，机械行业深入实施智能制造赋能工程，着力提升智能制造实施能力和应用水平，有序深入推进智能制造发展，为深化新一代信息技术与机械行业融合发展、推动行业数字化转型、智能化升级奠定了基础。在机械行业中，智能化和自动化技术正得到广泛应用。例如，人工智能、物联网、机器人等技术被越来越多地应用于工程机械中，极大地提高了机械的安全性、效率和经济性。这些技术的运用不仅加速了机械行业的转型，还为我国机械行业在国际市场上的竞争提供了有力支持。

截至 2023 年底，宁德时代、广汽埃安、隆基股份、三一重工等 18 家机械企业智能工厂入选世界"灯塔"工厂，成为全球智能制造的先锋力量。埃斯顿（002747）作为国内工业机器人龙头之一展现出强劲的发展态势，营业收入从 2011 年的 4.82 亿元，增长到 2023 年的 46.52 亿元，复合年增长率达到 20.84%。

三、2024 年机械行业前景分析

2024 年是新中国成立 75 周年，是"十四五"规划实施的关键一年。展望 2024 年，机械行业发展机遇与挑战并存，但机遇大于挑战，有利条件强于不利因素，预计全年机械行业经济运行将延续稳中向好的总体态势，主要经济指标增速在 5% 以上，对外贸易保持基本

稳定。

（一）政府基础设施建设投资增加有望拉动机械行业内需

2024 年基础设施建设呈现出了蓬勃发展的态势。2023 年 4 月 17 日，在国务院新闻办公室召开的发布会上，国家发展改革委宣布 2024 年度中央预算内投资总额将达到 7000 亿元人民币，为基础设施建设提供了强大的资金支持。这一投资决策预计将推动基础设施建设的投资增长，并进一步提振固定资产投资的增长动能，进而有望带动机械行业国内需求量增加。

在具体实施上，政策引导强调发挥好政府投资的带动放大效应，重点支持科技创新、新型基础设施、节能减排降碳，加强民生等经济社会薄弱领域补短板。例如，在水利基础设施建设方面，2024 年第一季度完成水利建设投资 1933 亿元，同比增长 4.4%，为历史同期最多。第一季度全国实施水利项目 2.35 万个、在建规模 4.7 万亿元，同比分别增长 15.8%、12.3%。其中，新开工水利项目 9683 个、投资规模 4733 亿元，同比分别增长 33.8%、47.6%。全国已开工长江干流铜陵河段治理、江西乐平水利枢纽、黄河宁夏段治理、北京永定河卢三段综合提升、陕西蒋家窑则水库、江西峡江灌区、湖南梅山灌区等 13 项重大水利工程。

（二）大规模设备更新为机械行业带来新机遇

2024 年 3 月 11 日，国务院发布《推动大规模设备更新和消费品以旧换新行动方案》，明确了总体目标：到 2027 年，工业、农业、建筑、交通、教育、文旅、医疗等领域设备投资规模较 2023 年增长 25% 以上；重点行业主要用能设备能效基本达到节能水平，环保绩效达到 A 级水平的产能比例大幅提升，规模以上工业企业数字化研发设计工具普及率、关键工序数控化率分别超过 90%、75%。设备更新初步估算是一个年规模 5 万亿元以上的巨大市场，机械行业将迎来更多的订单和商机，有助于机械生产企业扩大生产规模，提高市场份额，还有助于推动机械行业的整体发展。该方案鼓励设备更新升级对机械行业技术研发和转型升级产生良好的引领示范作用，引导和推动向高端化、智能化、绿色化、数字化"新四化"方向发展。

（三）新能源产业将继续推动机械行业奋力向前

2023 年以来，我国能源绿色低碳转型步伐加快。2024 年 1 月，《中共中央 国务院关于全面推进美丽中国建设的意见》发布并提出具体措施，明确要加快发展方式绿色转型，积极稳妥推进碳达峰碳中和，包括加快规划建设新型能源体系，重点控制煤炭等化石能源消费，大力发展非化石能源，加快构建新型电力系统等。2024 年 3 月，国家能源局印发《2024 年能源工作指导意见》，明确了基本原则并提出非化石能源发电装机占比提高到 55% 左右，风电、太阳能发电量占全国发电量的比重达到 17% 以上，非化石能源占能源消费总量比重提高到 18.9% 左右，终端电力消费比重持续提高。该意见还提出，稳步推进大型风电光伏基地建设，有序推动项目建成投产；统筹优化海上风电布局，推动海上风电基地建设，稳妥有序推动海上风电向深水远岸发展。

伍德麦肯兹（Wood Mackenzie）发布《中国陆上风电市场展望2023》，预计2023—2032年，中国陆上风电市场年平均新增装机容量将超过59GW，十年间总新增装机量将达到597GW。在"双碳"目标引领、政府政策引导下，加快能源结构转型，推动构建以新能源为主体的新型电力系统，促进新能源产业发展仍将是推进机械行业向前发展的动力。

（四）新时代强军目标蓄力军工行业持续发展

新时代强军目标无疑为军工行业的持续发展注入了强大的动力，为行业未来的蓬勃发展提供了坚实的支撑。新时代强军目标明确了国家安全和军队现代化的战略方向，这直接推动军工行业的研发和生产需求，促进军工行业的产业升级和结构调整，强调军民融合发展战略的重要性，并鼓励军工企业积极参与国际军事合作与竞争。国家国防支出预算在逐年增加，2024年全国一般公共预算安排国防支出1.69万亿元，比上年执行数增长7.2%。同时，国防军工装备发展逐渐由机械化向信息化、无人化、低成本化方向发展。军民融合代表性产业C919大飞机2023年初已经进入交付加速阶段，未来5年年产能规划将达到150架甚至更多。近年来，中国国产军工产品以高性价比获得全球军贸市场的认可，亚洲、非洲多数国家为重要受让国。其中飞机、舰船、装甲车和导弹为主要出口产品，这得益于我国自主研发的总装产品性能优良、价格实惠，是很多国家提高国防实力的主要军购对象。复杂的国际形势有望为我国的军贸市场创造新机遇、拓展新市场和新客户。

附表　2023 年度机械行业上市公司业绩评价结果排序表

序号	A股上市公司评价得分排序	股票代码	股票简称	综合得分(100)	评价等级	每股收益(元)	净资产收益率(%)	总资产报酬率(%)	总资产周转率(次)	流动资产周转率(次)	资产负债率(%)	已获利息倍数	营业收入增长率(%)	资本扩张率(%)	市场投资回报率(%)	股价波动率(%)	年末资产总额(万元)	营业收入(万元)	净利润(万元)
1	30	600406	国电南瑞	81.40	PR B+一良	0.9	16.02	9.96	0.63	0.84	41.48	225.86	10.13	11.07	10.61	26.97	8608741.83	5157330.4	765003.56
2	50	300124	汇川技术	79.90	PR B一良	1.78	21.41	11.31	0.69	1.06	48.93	29.03	32.21	24.31	-5.33	50.63	4895756.41	3041992.54	477557.16
3	64	603298	杭叉集团	79.10	PR B一良	1.86	23.09	16.11	1.27	1.99	33.42	42.22	12.9	35.84	43.15	73.49	1389421.31	1627183.45	183461.18
4	72	601567	三星医疗	78.80	PR B一良	1.35	18.56	12.02	0.61	1.12	48.16	43.88	25.99	15.92	56.7	110.89	2151302.29	1146250.84	192080.39
5	82	688472	阿特斯	78.40	PR B一良	0.85	17.55	5.88	0.9	1.43	67.34	8.1	7.94	83.01	-5.55	76.91	6577536.7	5130956.08	288700.62
6	83	002028	思源电气	78.40	PR B一良	2.02	15.95	10.11	0.72	0.93	43.06	273.65	18.25	13.03	29.67	45.01	1873333.9	1246002.84	160851.42
7	84	600582	天地科技	78.30	PR B一良	0.57	10.89	7.48	0.62	0.85	45.41	169.31	9.16	16.03	8.16	35.91	5323249.51	2992764.59	317841.51
8	85	300750	宁德时代	78.30	PR B一良	11.79	24.36	7.44	0.61	0.96	69.34	15.42	22.01	24.29	-29.01	83.77	71716804.11	40091704.49	4676103.45
9	86	300514	友讯达	78.30	PR B一良	0.96	23.87	18.64	0.95	1.42	27.12	544.66	7.42	22.41	49.14	80.26	121244.68	109740.31	19159.13
10	87	002179	中航光电	78.30	PR B一良	1.62	17.62	10.64	0.6	0.75	38.11	100.51	26.75	18.99	-12.5	36.17	3556990.43	2007443.96	353576.24
11	88	600089	特变电工	78.20	PR B一良	2.39	17.8	9.96	0.54	1.35	54.28	12.14	2.33	9.45	-6.58	49.87	19189831.62	9812348.37	1409303.66
12	97	601717	郑煤机	78.10	PR B一良	1.85	17.15	9.26	0.78	1.04	55.5	12.01	13.66	17.4	12.47	39.05	4917439.82	3639595.67	346907.57
13	102	300882	万胜智能	77.80	PR B一良	1.22	23.6	18.24	0.75	1.04	26.37	9289.53	32.6	21.9	53.04	138.59	158150.3	111933.85	25008.43
14	132	002595	豪迈科技	77.60	PR B一良	2.03	20.21	19.92	0.77	1.15	13.06	443.89	7.88	17.37	29.52	72.84	991360.33	716580.87	161164.15
15	140	603556	海兴电力	76.70	PR B一良	2.02	15.59	11.78	0.49	0.6	26.92	29.63	26.91	11	62.18	78.78	907552.38	420035.03	98234.37
16	156	603338	浙江鼎力	76.50	PR B一良	3.69	23.3	15.64	0.49	0.67	36.9	114.16	15.92	26.89	12.62	56.51	1420730.11	631196.38	186714.55
17	171	002833	弘亚数控	76.10	PR B一良	1.39	22.62	17.6	0.69	1.44	29.34	18.48	26.09	6.87	36.47	64.38	398347.39	268265.19	59148.72
18	177	300274	阳光电源	75.70	PR B一良	6.36	40.71	16.03	1	1.19	64.46	36.93	79.47	49.23	-26.92	93.43	8287650.67	7225067.49	960873.98
19	190	601100	恒立液压	75.50	PR B一良	1.86	18.49	14.95	0.53	0.71	19.29	369.42	9.61	13.92	-13.72	58.58	1789556.28	898464.04	250374.81
20	199	600761	安徽合力	75.20	PR B一良	1.73	17.59	10.48	1.1	1.5	51.11	22.59	11.47	11.96	33.85	78.99	1689771.62	1747051.12	141562.65
21	201	833523	德瑞锂电	74.90	PR B一良	0.68	12.25	10.72	0.64	0.99	20.26	0	23.79	11.43	32.4	92.67	57498.15	34638.22	5330.13
22	209	600438	通威股份	74.80	PR B一良	3.02	22.19	14.6	0.9	2.01	55.08	17.39	-2.33	0.8	-33.06	92.9	16436316.15	13910406.21	1824616.38
23	212	688092	爱科科技	74.60	PR B一良	1.29	13.29	11.28	0.57	0.74	16.52	169.18	29.27	11.5	23.92	48.67	71568.04	38400.06	7529.51
24	218	601865	福莱特	74.60	PR B一良	1.24	15.23	9.39	0.57	1.47	48.14	6.17	39.21	58.85	-26.53	85.29	4298199.8	2152370.85	276302.69
25	236	601038	一拖股份	74.40	PR B一良	0.89	15.76	7.21	0.86	1.6	47.75	38.04	-7.44	11.11	30.17	50.21	1381726.2	1152816.08	98902.73
26	250	835174	五新隆装	73.90	PR B一良	1.82	25.55	19.85	1.05	1.23	16.44	647.12	76.34	22.63	163.63	242.65	104828.58	95412.42	16368.96
27	253	836961	西磁科技	73.70	PR B一良	0.83	23.27	19.09	0.72	0.95	32.67	0	11.85	117.78	359.53	400.47	31119.65	18881.11	4414.48
28	270	688819	天能股份	73.60	PR B一良	2.37	15.84	7.47	1.4	2.13	56.41	15.13	14	10.98	-25.25	55.47	3583196.32	4774757.1	212932.08
29	295	603277	银邦股份	73.60	PR B一良	1.22	19.08	15.3	0.73	1.11	26.39	47.42	-0.39	11.61	63.59	123.22	383813.21	265251.57	51090.46

续表

序号	A股上市公司评价得分排序	股票代码	股票简称	综合得分(100)	评价等级	每股收益(元)	净资产收益率(%)	总资产报酬率(%)	总资产周转率(次)	流动资产周转率(次)	资产负债率(%)	已获利息倍数	营业收入增长率(%)	资本扩张率(%)	市场投资回报率(%)	股价波动率(%)	年末资产总额(万元)	营业收入(万元)	净利润(万元)
30	297	688543	国科军工	73.30	PR B——良	1.1	9.56	6.62	0.41	0.63	29.77	15.6	24.25	233.72	19.07	34.73	324701.93	104025.42	14694.59
31	299	688628	优利德	73.20	PR B——良	1.46	14.35	12.74	0.77	1.32	17.46	597.87	14.44	12.29	19.31	45.52	144075.67	102015.51	15830.57
32	309	688349	三一重能	73.00	PR B——良	1.68	16.74	7.36	0.5	0.73	61.67	24.71	21.21	14.4	-14.15	41.8	3337565.1	1493888	200653.7
33	312	300880	迦南智能	73.00	PR B——良	0.8	17.38	13.72	0.73	0.96	28.92	2777.14	13.13	8.83	34.5	127.18	129798.04	90993.52	15385.57
34	316	603283	赛腾股份	72.90	PR B——良	3.58	35.62	17.13	0.94	1.33	51.47	39.91	51.76	28.4	124.51	181.36	462142.44	444616.04	69320.09
35	324	603339	四方科技	72.80	PR B——良	1.08	14.25	11.06	0.67	0.94	27.29	420.71	10.09	12.27	-5.07	70.27	340505.79	222862.73	33359.69
36	325	600312	平高电气	72.80	PR B——良	0.6	8.43	4.95	0.58	0.83	47.97	457.57	19.44	7.7	51.91	74.79	2015925.73	1107700.01	92078.67
37	330	835185	贝特瑞	72.70	PR B——良	1.5	15.42	8.04	0.83	1.53	53.21	9.21	-2.18	22.09	-17.97	94.48	2938454.17	2511943.82	183965.11
38	336	873726	卓兆点胶	72.60	PR B——良	0.89	14.29	13.65	0.44	0.6	6.64	34.31	-23.86	121.79	473.25	75.47	66058.48	26257.08	6393.27
39	346	830839	万通液压	72.60	PR B——良	0.68	16.23	13.87	1.02	1.53	24.05	62.7	32.46	13.06	101.71	117.67	68310.3	66854.44	7934.77
40	350	600885	宏发股份	72.60	PR B——良	1.34	17.59	13.92	0.77	1.3	37.61	19.1	10.2	11.1	-19.31	56.13	1772368.77	1292977.79	191841.18
41	361	002533	金杯电工	72.60	PR B——良	0.71	13.96	8.55	1.85	2.64	52.03	16.13	15.83	7.84	30.25	51.61	893204.76	1529308.47	59149.52
42	384	834950	迅安科技	72.50	PR B——良	1.19	21.84	20.52	0.68	0.92	19	3792.46	16.69	12.57	96.33	173.24	33464.12	21149.6	5590.5
43	391	832110	雷特科技	72.50	PR B——良	0.89	10.36	9.98	0.47	0.7	11.13	3795.67	1.49	7.39	42.99	92.86	38995.09	17510.41	3467.67
44	400	830779	武汉蓝电	72.50	PR B——良	1.88	27.49	27.31	0.48	0.52	9.21	0	22.23	146.98	6.82	110.09	57674.53	20415.37	10319.69
45	402	688310	迈得医疗	72.50	PR B——良	0.85	11.66	11	0.44	0.71	18.23	1671.13	25.22	13.34	72.18	120.43	114985.88	48022.03	10960.73
46	430	002353	杰瑞股份	72.40	PR B——良	2.41	13.42	9.43	0.46	0.63	36.6	26.59	21.94	11.18	-0.37	57.53	3177657.25	1391209.37	249348.7
47	431	688223	晶科能源	72.30	PR B——良	0.74	24.37	8.02	1	1.58	73.99	8.37	43.55	28.74	-45.71	128.16	13211654.18	11868177.85	744047.72
48	442	832651	天罡股份	72.10	PR B——良	1.11	15.82	12.07	0.46	0.71	29.65	0	12.23	45.5	52.84	111.4	66065.44	26818.93	6204.95
49	459	873679	前进科技	72.00	PR B——良	0.99	9.73	9.29	0.35	0.48	5.4	2241.86	-23.78	74.29	42.65	23.34	58538.95	16720.39	4238.44
50	460	300360	炬华科技	71.90	PR B——良	1.2	18.2	15.37	0.42	0.59	16.86	8556.81	17.59	18.05	-5.34	65.88	440569.03	177133.97	60890.57
51	461	301448	开创电气	71.80	PR B——良	0.73	10.41	7.86	0.91	1.06	20.84	669.4	-1.95	107.22	22.94	62.41	83183.23	58629.32	4985.33
52	474	000400	许继电气	71.80	PR B——良	1	9.67	5.75	0.84	1.02	46.61	351.64	14.37	7.22	3.43	63.59	2190309.84	1706089.66	118601.79
53	477	301028	东亚机械	71.70	PR B——良	0.43	13.12	10.16	0.54	0.93	31.01	0	20.6	10.23	29.43	39.89	188958.09	95859.29	16304.49
54	483	873703	广厦环能	71.60	PR B——良	2.06	17.34	13.96	0.5	0.57	25.99	1863.84	10.14	79.3	-7.11	8.1	125675.49	52437.72	12563.93
55	488	873570	坤博精工	71.60	PR B——良	2.16	21.41	15.63	0.74	1.07	32.85	32.93	39.52	137.18	568.1	728.89	51132.94	29521.45	5226.13
56	516	300445	康斯特	71.60	PR B——良	0.48	9.8	9.31	0.42	0.87	9.71	506.04	20.36	8.98	36.15	62.44	122296.7	49828.51	10140.04
57	519	688599	天合光能	71.30	PR B——良	2.55	19.12	7.01	1.08	1.65	69.63	5.83	33.32	26.91	-59.07	216.96	12031228.65	11339178.26	599770.36
58	530	002158	汉钟精机	71.30	PR B——良	1.62	25.58	16.65	0.64	0.87	43.41	33.66	17.96	21.22	-10.93	38.7	658523.91	385233.96	86708.78

续表

A股上市公司评价得分排序 序号	股票代码	股票简称	综合得分(100)	评价等级	每股收益(元)	净资产收益率(%)	总资产报酬率(%)	总资产周转率(次)	流动资产周转率(次)	资产负债率(%)	已获利息倍数	营业收入增长率(%)	资本扩张率(%)	市场投资回报率(%)	股价波动率(%)	年末资产总额(万元)	营业收入(万元)	净利润(万元)
59	534	688569	铁科轨道	71.10	PR B—良	1.38	11.11	11.04	0.45	0.59	16.78	451.79	22.17	10.14	53.14	190.7	377857.34	163725.94	37167.04
60	537	834599	同力股份	71.00	PR B—良	1.39	27.37	12.48	1.02	1.22	56.29	75.14	12.67	21.75	60.12	114.03	572241.27	586035.24	62076.74
61	544	002459	晶澳科技	71.00	PR B—良	2.14	22.48	9.15	0.91	1.87	64.35	16.81	11.74	25.99	-55.12	114	10658946.61	8155617.72	719235.96
62	545	002056	横店东磁	71.00	PR B—良	1.13	21.68	9.91	1.02	1.5	56.65	35.29	1.39	18.23	-34.59	98.48	2119572.57	1972095.53	182594.3
63	559	300316	晶盛机电	70.90	PR B—良	3.49	35.42	18.05	0.55	0.72	56.12	115.61	69.04	44.05	-31.29	124.78	3680835.92	1798318.57	531300.01
64	560	688570	天玛智控	70.80	PR B—良	1.07	14.72	11.19	0.54	0.6	23.64	179.67	12.09	162.2	0.44	17.52	546952.79	220618.2	42450.47
65	564	002270	华明装备	70.80	PR B—良	0.61	16.23	14.17	0.44	0.67	25.57	40.62	14.57	0.72	80.49	127.51	451814.82	196113.6	55065.8
66	567	603699	纽威股份	70.70	PR B—良	0.96	20.65	11.43	0.75	0.97	51.47	27.74	36.59	15.11	30.91	73.79	787859.4	554446.15	73416.01
67	568	002871	伟隆股份	70.70	PR B—良	0.53	15.38	13.8	0.57	0.83	18.23	1024.72	5.57	7.82	7.81	42.68	101710.84	57021.4	12005.4
68	569	600862	中航高科	70.60	PR B—良	0.74	17.67	14.55	0.59	0.82	25.45	302.66	7.5	14.3	-3.68	35.75	864655.66	477956.99	103763.45
69	574	688556	高测股份	70.40	PR B—良	4.43	47.68	21.68	0.8	1.01	58.46	49.45	73.19	96.52	-31.56	74.04	977845.79	618389.42	146112.23
70	619	601126	四方股份	70.40	PR B—良	0.75	15.16	7.53	0.64	0.72	55.45	1143.86	13.24	4.6	-3.24	35.64	950477.66	575105.15	62790.01
71	622	603757	大元泵业	70.20	PR B—良	1.71	17.7	12.47	0.74	1.1	36.03	24.14	11.98	9.6	17.48	62.72	264072.2	187909.14	28090.47
72	643	002444	巨星科技	70.20	PR B—良	1.42	11.98	10.11	0.57	1.05	23.73	24.46	-13.32	10.19	12.53	59.86	1968379.73	1092999.28	169471.39
73	647	301043	绿岛风	70.10	PR B—良	1.41	11.97	10.64	0.54	0.75	25.91	24.21	20.44	7.05	36.86	78.51	112132.46	57013.83	9621.08
74	655	603829	洛凯股份	70.00	PR B—良	0.68	12.17	8.37	0.86	1.21	52.12	13.12	22.06	13.64	49.78	83.32	245575.72	196428.71	16451.67
75	662	300833	浩洋股份	70.00	PR B—良	4.34	16.36	16.3	0.52	0.63	9.57	323.66	6.72	8.64	-0.95	70.86	260249.16	130489.39	36937.57
76	670	688563	航材股份	69.90	PR C—中	1.45	9.14	7.75	0.36	0.39	12.96	108.48	20.01	286.49	4.71	13.35	1150375.01	280265.64	57621.36
77	677	301386	未来电器	69.90	PR C—中	0.77	9.58	8.24	0.45	0.52	11.76	13097.05	16.75	149.77	-0.87	66.78	170325	55783.59	10079.06
78	678	430425	乐创技术	69.80	PR C—中	0.78	15.24	14.36	0.41	0.48	6.31	430.07	2.87	110.52	56.19	186.13	26163.43	8329.4	2754.83
79	688	300722	新余国科	69.80	PR C—中	0.33	13.45	11.32	0.53	0.81	23.16	0	14.05	8.55	17.96	42.98	76465.43	38860.84	7485.6
80	705	300470	中密控股	69.80	PR C—中	1.69	14.04	13.72	0.47	0.62	15.63	1333.36	12.73	6.95	-4.54	46.9	302997.32	136935.98	34704.22
81	717	688616	西力科技	69.70	PR C—中	0.5	9.51	8.26	0.56	0.96	19.97	0	4.21	5.69	22.8	38.49	100764.37	56518.2	7437.06
82	735	603100	川仪股份	69.70	PR C—中	1.9	20.2	10.04	0.94	1.19	52.26	56.03	16.34	16.04	-2.52	84.64	831984.87	741084.34	74626.32
83	740	601882	海天精工	69.70	PR C—中	1.17	28.36	14.99	0.73	0.9	49.91	204.1	4.59	16.46	-5.44	56.27	461660.75	332346.14	60948.37
84	744	301222	浙江恒威	69.70	PR C—中	1.2	9.39	8.49	0.43	0.48	4.87	8399.23	1.35	5.74	15.32	29.42	140064.74	58811.75	12165.6
85	752	002884	凌霄泵业	69.70	PR C—中	1.07	17.25	17.25	0.56	0.65	6.19	0	-11.32	1.25	12.19	38.75	238555.19	131557.03	38369.88
86	753	301291	明阳电气	69.40	PR C—中	1.82	19.22	9.48	0.85	1.01	46.26	45.46	52.91	333.79	-24.48	27.7	783558.19	494804.44	49787.1
87	757	600760	中航沈飞	69.20	PR C—中	1.09	21.53	5.41	0.81	0.94	70.69	1195.92	11.18	17.69	-0.97	30.26	5546643.77	4624777.86	300919.37

续表

序号	A股上市公司评价得分排序序号	股票代码	股票简称	综合得分(100)	评价等级	每股收益(元)	净资产收益率(%)	总资产报酬率(%)	总资产周转率(次)	流动资产周转率(次)	资产负债率(%)	已获利息倍数	营业收入增长率(%)	资本扩张率(%)	市场投资回报率(%)	股价波动率(%)	年末资产总额(万元)	营业收入(万元)	净利润(万元)
88	760	300488	恒锋工具	69.20	PR C—中	0.82	10.17	9.74	0.36	0.84	12.89	142.96	5.75	8.75	7.49	41.77	158997.95	56120.65	13519.58
89	761	002430	杭氧股份	69.20	PR C—中	1.24	14.23	8.36	0.64	1.21	55.43	11.13	3.95	12.53	-26.08	61.56	2262031.61	1330899.98	127501.77
90	762	603050	科林电气	69.00	PR C—中	1.32	20.35	7.47	0.78	1	69.52	7.92	48.88	16.19	36.82	62.05	528196.33	390451.85	30536.51
91	767	601012	隆基绿能	69.00	PR C—中	1.42	16.21	7.24	0.85	1.36	56.87	24.24	0.39	13.59	-45.6	171.16	16396920.14	12949767.42	1068665.76
92	768	300349	金卡智能	68.90	PR C—中	1	9.95	7.13	0.48	0.8	40.07	29.49	15.91	9.86	27.02	50.73	721725.7	317486.81	42018.9
93	773	002025	航天电器	68.90	PR C—中	1.65	12.54	8.68	0.59	0.69	34.68	82.12	3.16	10.7	-24.4	64.25	1114766.35	620982.03	86820.25
94	776	300286	安科瑞	68.70	PR C—中	0.95	16.41	13.45	0.68	0.9	24.59	0	10.17	14.06	-22.06	120.78	173502.24	112215.35	20120.92
95	798	300660	江苏雷利	68.60	PR C—中	1	10.07	7.16	0.58	0.81	33.38	61.32	6.1	20.47	44.27	109.11	575719.05	307670.75	36134.85
96	804	002837	英维克	68.60	PR C—中	0.61	14.95	9.11	0.77	0.94	51.25	19.73	20.72	17.72	-0.5	60.86	509105.52	352885.91	34874.87
97	806	688698	伟创电气	68.50	PR C—中	1.02	13.11	9.13	0.65	1.03	23.94	357.2	44.03	97.65	61.57	133.53	254418.1	130488.25	18858.05
98	809	836395	朗鸿科技	68.40	PR C—中	0.49	20.77	19.91	0.47	0.58	10.85	136.09	3.02	-0.26	77.84	136.29	24377.91	11653.67	4521.01
99	812	688719	爱科赛博	68.30	PR C—中	2.07	12.64	9.55	0.52	0.58	19.99	29.52	42.68	366.47	-7.92	17.82	229256	82606.33	13412.7
100	814	603031	安孚科技	68.20	PR C—中	1.01	9.54	14.46	0.68	3.42	40.49	9.02	27.62	41.07	-0.32	23.29	670681.97	431762.21	71028.26
101	815	301559	中集环科	68.20	PR C—中	1.12	16.58	13.64	0.99	1.17	16.46	134	-15.81	84.36	-56.19	14.28	558193.83	466322.36	59226.17
102	821	002690	美亚光电	68.00	PR C—中	0.85	27.54	24.27	0.72	0.94	19.44	0	14.55	4.15	-16.25	101.01	342473.04	242539.44	74483.44
103	824	000811	冰轮环境	68.00	PR C—中	0.88	12.69	6.43	0.67	1.04	49.72	20.71	22.86	8.48	20.59	76.69	1139897.02	749631.62	66517.66
104	825	301272	英华特	67.90	PR C—中	1.75	13.61	11.45	0.67	0.86	15.09	227.39	23.86	251.37	-70.27	61.89	117717.08	55498.53	8739.44
105	831	301056	森赫股份	67.90	PR C—中	0.34	11.52	5.46	0.52	0.65	43.45	211.71	6.72	10.41	31.83	75.22	145715.62	72355.27	9046.91
106	837	300718	长盛轴承	67.80	PR C—中	0.81	16.69	15.28	0.61	0.94	16.98	98.05	3.18	11.57	-23.93	69.28	195780.79	110545.49	24185.36
107	844	300037	新宙邦	67.80	PR C—中	1.36	11.53	7.11	0.45	0.78	45.35	13.3	-22.53	10.14	-0.72	42.49	1762431.31	748395.02	101067.15
108	865	688551	科威尔	67.70	PR C—中	1.45	10.01	7.11	0.34	0.4	24.39	128.54	41	27.23	12.83	80.53	173331.02	52895.06	11597.66
109	866	603201	常润股份	67.70	PR C—中	1.89	15.21	11.24	0.79	1.48	43.79	28.18	-0.38	15.45	22.78	49.39	271815.16	275165.91	21847.53
110	872	300457	赢合科技	67.70	PR C—中	0.85	9.29	6.41	0.57	0.7	62.94	147.26	8.09	12.23	1.18	96.48	1754208.43	974978.59	101917.46
111	878	000682	东方电子	67.70	PR C—中	0.4	12.4	5.87	0.63	0.76	54.85	64.65	18.64	10.26	-4.23	49.56	1114233.45	647807.13	60537.86
112	883	601877	正泰电器	67.60	PR C—中	1.73	9.77	6.88	0.51	0.87	61.5	8.41	24.53	11.95	-27.86	77.29	12080465.6	5725081.43	494884.78
113	885	600475	华光环能	67.60	PR C—中	0.79	9.2	5.68	0.44	1.07	60.76	5.25	18.93	12.91	16.01	57.69	2614487.77	1051289.85	93667.82
114	892	300820	英杰电气	67.60	PR C—中	1.99	23.61	14.56	0.52	0.57	44.93	664.59	37.99	42.04	7.1	108.37	389495.97	176980.57	43123.82
115	895	300693	盛弘股份	67.60	PR C—中	1.3	32.04	16.23	0.95	1.22	56.53	60.5	76.37	36.98	-25.85	115.95	334771.26	265097.41	40106.78
116	904	688789	宏华数科	67.40	PR C—中	2.74	14.36	12.01	0.45	0.66	18.19	105.68	40.65	69.62	-10.98	103.59	355387.24	125816.3	33587.48

续 表

序号	A股上市公司评价得分排序	股票代码	股票简称	综合得分(100)	评价等级	每股收益(元)	净资产收益率(%)	总资产报酬率(%)	总资产周转率(次)	流动资产周转率(次)	资产负债率(%)	已获利息倍数	营业收入增长率(%)	资本扩张率(%)	市场投资回报率(%)	股价波动率(%)	年末资产总额(万元)	营业收入(万元)	净利润(万元)
117	906	688002	睿创微纳	67.30	PRC一中	1.11	11.3	6.11	0.49	0.87	38.26	6.43	34.5	18.05	10.4	37.46	829707.1	355859.63	42219.27
118	914	603337	杰克股份	67.30	PRC一中	1.13	12.46	6.99	0.62	1.24	47.65	12.39	-3.78	1.28	12.47	38.85	851461.42	529388.3	54009.96
119	921	300140	节能环境	67.30	PRC一中	0.28	9.81	7.15	0.33	0.87	60.57	2.53	624.29	831.02	-0.8	60.65	3433510.98	614472.57	74962.28
120	922	002774	快意电梯	67.30	PRC一中	0.43	11.72	7.72	0.79	1.08	41.49	90680	12.97	5.24	29.01	54.55	216430.78	166299.67	14497.07
121	929	000922	佳电股份	67.30	PRC一中	0.67	12.89	6.49	0.67	0.82	63.88	18.03	48.65	15.89	10.65	77.26	963908.97	532051.39	44227.68
122	957	605066	天正电气	67.20	PRC一中	0.4	8.98	4.97	0.88	1.23	46.99	84.56	18.14	3.58	21.64	46.02	345928.18	287893.4	16163.65
123	961	603063	禾望电气	67.20	PRC一中	1.13	13.65	9.09	0.57	0.83	44.53	19.66	33.56	17.46	-20.96	71.36	724730.8	375201.77	50538.91
124	962	600894	广日股份	67.20	PRC一中	0.89	8.46	4.57	0.54	0.92	34.4	152.43	4.54	8.15	15.07	34.13	1470132.69	738432.48	72128.76
125	971	000680	山推股份	67.20	PRC一中	0.51	14.63	6.31	0.84	1.14	56.34	28.1	5.43	13.19	19.02	55.38	1342679.52	1054086.26	76849.48
126	976	600481	双良节能	67.10	PRC一中	0.8	21.6	8.17	0.89	1.7	76.45	6.36	59.91	2.5	-32.5	116.65	3009066.15	2314926.93	160314.34
127	993	834407	驰诚股份	67.00	PRC一中	0.32	9.12	8.36	0.64	0.86	18.28	122.3	0.41	37.23	67.8	219.59	31460.91	17976.25	2011.53
128	995	300818	耐普矿机	67.00	PRC一中	0.77	6.18	5.17	0.42	0.74	43.7	4.21	25.28	5.99	62.42	100.46	238721.7	93775.85	8355.86
129	1001	002131	利欧股份	67.00	PRC一中	0.29	15.55	11.64	0.93	1.56	44.48	29.47	1	17.37	26.66	51.03	2464425.01	2047140.79	193601.89
130	1005	688113	联测科技	66.80	PRC一中	1.42	11.01	8.25	0.41	0.55	28.8	278.15	32.56	12.52	8.27	36.69	125622.68	49510.63	9131.01
131	1006	002334	英威腾	66.80	PRC一中	0.47	15.06	8.11	0.91	1.26	47.99	20.32	12.03	16.19	-1.44	90.34	518628.95	458986.28	32814.97
132	1008	000733	振华科技	66.80	PRC一中	5.13	22.25	19.93	0.49	0.65	20.18	72.89	7.19	47.1	-48.1	120.9	1797451.4	778928.62	268339.47
133	1009	603088	宁波精达	66.70	PRC一中	0.36	23.3	12.49	0.51	0.64	48.58	271.15	8.94	13.53	18.27	43.68	143161.15	70858.72	15976.67
134	1013	300441	鲍斯股份	66.70	PRC一中	0.43	16.08	11.82	0.69	1.31	36.94	24.84	17.58	13.78	19.2	48.8	374124.38	241524.6	34502.54
135	1014	605117	德业股份	66.60	PRC一中	4.17	38.54	20.46	0.77	1.02	51.64	29.85	25.59	27.91	-56.72	232.96	1081738.4	747970.57	179098.68
136	1016	301413	安培龙	66.60	PRC一中	1.41	9.56	5.92	0.43	0.83	45.33	6.79	19.36	119.12	161.41	4.42	210039.9	74657.09	7989.15
137	1027	300395	菲利华	66.60	PRC一中	1.05	15.52	12.36	0.41	0.79	23.9	160.65	21.59	29.41	-30.34	61.55	591501.3	209054.26	57441.49
138	1028	301568	思泰克	66.50	PRC一中	1.25	14.42	14.02	0.46	0.53	8.27	1565.56	-5.04	166.95	-153.93	15.6	109315.09	36783.71	9938.5
139	1044	002801	微光股份	66.50	PRC一中	0.53	8	6.64	0.71	0.98	16.87	1450.53	5.25	-2.45	-15.82	62.76	179970.6	126800.5	11463.05
140	1048	002757	南兴股份	66.50	PRC一中	0.59	7.34	6.36	0.93	2	39.57	8.54	22.58	-3.38	42.36	68.39	389991.2	362864.67	18089.07
141	1052	603331	百达精工	66.40	PRC一中	0.61	10.73	5.94	0.54	1.33	59.19	8.5	11.79	32.11	7.28	38.55	325082.6	143925.19	11623.32
142	1059	600262	北方股份	66.40	PRC一中	0.83	9.87	6.4	0.8	0.96	50.82	0	7.54	7.9	18.46	52.07	325888.05	240342.21	16764.07
143	1065	839167	同享科技	66.30	PRC一中	1.1	23.26	10.99	1.59	1.76	66.76	6.02	74.39	26.84	78.46	141.17	174458.9	217473.62	12029.35
144	1068	300919	中伟股份	66.30	PRC一中	2.9	10.71	5.08	0.59	1.1	55.1	4.04	12.95	37.26	-30.08	96.68	6218628.38	3427322.26	209949.37
145	1076	002611	东方精工	66.30	PRC一中	0.36	10.1	8.95	0.66	0.99	37.2	28.18	21.91	10.98	19.49	53.61	753822.26	474573.73	47033.86

续表

序号	A股上市公司评价得分排序	股票代码	股票简称	综合得分(100)	评价等级	每股收益(元)	净资产收益率(%)	总资产报酬率(%)	总资产周转率(次)	流动资产周转率(次)	资产负债率(%)	已获利息倍数	营业收入增长率(%)	资本扩张率(%)	市场投资回报率(%)	股价波动率(%)	年末资产总额(万元)	营业收入(万元)	净利润(万元)
146	1077	831689	克莱特	66.20	PR C 一中	0.83	14.08	10.5	0.77	1.05	35.47	49.89	20.44	9.6	95.72	149.25	69703.83	50809.97	6052.09
147	1082	688627	精智达	66.10	PR C 一中	1.44	9.96	7.89	0.44	0.52	13.8	0	28.53	182.97	31.16	34.37	199648.75	64856.33	11197.57
148	1089	833943	优机股份	66.00	PR C 一中	0.74	14.08	10.61	0.94	1.4	39.67	21.8	10.14	10.92	174.46	193.77	99685.73	89306.18	8276
149	1095	002865	钧达股份	66.00	PR C 一中	3.83	28.32	6.77	1.34	3.53	74.39	4.05	60.9	348.14	-44.7	134.35	1838494.53	1865695.07	81564.22
150	1099	688128	中国电研	65.90	PR C 一中	1.01	14.7	6.31	0.62	0.79	59.95	109.38	9.97	9.54	14.2	64.99	731934.09	417275.85	40821.7
151	1103	605378	野马电池	65.90	PR C 一中	0.79	8.72	7.69	0.65	0.89	21.44	46720.08	-2.28	3.48	17.64	30.9	156729.85	99686.17	10554.01
152	1105	300371	汇中股份	65.90	PR C 一中	0.52	10	9.9	0.41	0.67	10.68	4867.34	-2.32	10.06	25.55	73.45	122723.93	49572.47	10570.66
153	1112	688777	中控技术	65.70	PR C 一中	1.44	14.61	7.03	0.56	0.63	44.41	46.87	30.13	86.96	-27.59	126	1787965.4	861991.08	112300.97
154	1118	688596	正帆科技	65.70	PR C 一中	1.47	14.84	6.37	0.55	0.69	62.13	17.99	41.78	26.58	10.7	61.03	806522.83	383473.55	42338.8
155	1119	603173	福斯达	65.70	PR C 一中	1.22	18.41	5.37	0.59	0.67	66.94	57.09	14.3	133.3	-32.38	64.64	439716.19	215578.89	19114.68
156	1132	603016	新宏泰	65.70	PR C 一中	0.46	8.38	7.71	0.6	0.72	18.53	1203.62	2.91	2.97	16.23	53.97	106542.63	63247.31	7438.15
157	1133	833509	同惠电子	65.60	PR C 一中	0.24	11.54	10.24	0.42	0.62	13.83	0	-11.1	4.98	35.65	80.26	39927.69	16933.02	3859.53
158	1134	605196	华通线缆	65.60	PR C 一中	0.71	13.72	8.08	0.98	1.27	48.53	8	3.3	14.67	7.02	37.87	551670.04	536409.19	36405.1
159	1142	300606	金太阳	65.60	PR C 一中	0.37	8.06	6.2	0.58	1.06	36.21	25.97	42.99	16.85	176.82	261.56	110586.23	56514.03	5301.84
160	1147	002276	万马股份	65.60	PR C 一中	0.55	10.82	4.81	1.15	1.46	60.59	5.48	3.04	11.08	19.03	67.19	1376022.42	1512100.21	56081.32
161	1152	000988	华工科技	65.60	PR C 一中	1	11.58	5.87	0.6	0.83	47.28	12.86	-15.01	11.06	73.83	152.37	1740767.36	1020827.4	99858.94
162	1156	000009	中国宝安	65.60	PR C 一中	0.29	7.94	5.2	0.6	0.96	58.04	4.71	-4.07	11.57	-4.15	44.42	5010002.58	3069711.81	168095.08
163	1157	603530	神马电力	65.50	PR C 一中	0.37	9.78	8.47	0.46	0.79	18.57	0	30.06	3.59	21.34	53.79	202358.29	95910.24	15839.96
164	1158	603187	海容冷链	65.50	PR C 一中	1.08	10.82	8.52	0.6	0.8	28.71	15.47	10.34	9.3	-25.88	70.79	563813.46	320490.89	41314.16
165	1168	002850	科达利	65.50	PR C 一中	4.82	14.8	9.09	0.67	1.26	38.97	33.84	21.47	80.37	-33.79	117.95	1722235.54	1051136.01	121815.59
166	1173	688697	纽威数控	65.30	PR C 一中	0.97	20.98	10.48	0.67	0.81	55.99	479.19	25.76	13.14	-24.99	84.42	365277.32	232103.69	31764.65
167	1174	300861	美畅股份	65.30	PR C 一中	3.31	27.56	25.95	0.63	0.79	15.47	783.86	23.34	26.57	-34	83.36	763268.22	451193.47	159439.61
168	1180	301278	快可电子	65.20	PR C 一中	2.33	17.67	13.53	0.81	0.96	29.49	32.45	16.86	18.17	-35.32	122.06	168310.45	128499.11	19360.87
169	1181	002249	大洋电机	65.20	PR C 一中	0.26	7.41	4.79	0.72	1.15	45.41	0	3.28	4.43	-2.82	26.17	1609425.85	1128822.41	67454.48
170	1184	831855	浙江大农	65.10	PR C 一中	0.57	8.03	5.85	0.4	0.61	16.56	775.89	6.39	4.64	99.06	172.12	64446.96	24970.94	4223.07
171	1185	301399	英特科技	65.10	PR C 一中	1.28	11.95	10.33	0.58	0.72	8.04	0	0.08	243.11	-52.34	97.65	142579.44	56707.53	10116.52
172	1190	301261	恒工精密	65.10	PR C 一中	1.69	11.78	8.74	0.53	0.93	37.1	16.49	2.26	122.6	30.37	36.41	235940.58	88327.01	12664.9
173	1192	300193	佳士科技	65.10	PR C 一中	0.42	9.33	6.44	0.41	0.52	20.52	68.18	-6.97	8.91	5.35	37.35	287232.23	114617.92	20269.23
174	1197	300092	科新机电	65.10	PR C 一中	0.61	13.8	8.94	0.71	0.85	36.16	324.07	39.19	79.75	-4.6	59.46	238550.45	149682.6	16350.97

续表

序号	A股上市公司评价得分排序	股票代码	股票简称	综合得分(100)	评价等级	每股收益(元)	净资产收益率(%)	总资产报酬率(%)	总资产周转率(次)	流动资产周转率(次)	资产负债率(%)	已获利息倍数	营业收入增长率(%)	资本扩张率(%)	市场投资回报率(%)	股价波动率(%)	年末资产总额(万元)	营业收入(万元)	净利润(万元)
175	1202	002851	麦格米特	65.10	PR C一中	1.27	15.5	7.13	0.73	1.12	55.1	10.42	23.3	18.5	-5.92	73.44	1011341.34	675424.12	62511.2
176	1203	688390	固德威	65.00	PR C一中	4.94	32.52	15.37	1.14	1.59	56.97	66.14	56.1	34.15	-48.14	203.96	711123.29	735268.09	86622.37
177	1207	688006	杭可科技	65.00	PR C一中	1.35	19.11	9.01	0.43	0.51	49.93	0	13.83	52.92	-28.57	106.7	1022475.85	393171.9	80909.05
178	1208	600150	中国船舶	65.00	PR C一中	0.66	6.27	0.97	0.44	0.59	70.49	6.59	25.66	3.95	30.12	70.46	17783216.86	7483850.44	295466.36
179	1215	603915	国茂股份	64.90	PR C一中	0.6	11.53	9.01	0.55	0.83	28.25	276.68	-1.35	9.74	-19.98	74.38	501378.43	266041.49	39327.32
180	1216	603488	展鹏科技	64.90	PR C一中	0.28	8.11	7.76	0.42	0.59	15.64	0	0.84	4.64	51.69	105.45	122036.99	50336.52	8165.78
181	1221	300897	山科智能	64.90	PR C一中	1.37	9.71	7.96	0.52	0.75	23.87	1714.77	16.14	5.6	26.86	60.65	129016.48	65519.92	9286.27
182	1225	688676	金盘科技	64.80	PR C一中	1.18	16.35	7.52	0.83	1.14	61.35	10.78	40.5	14.69	-17.52	67.8	852859.46	666757.94	50200.55
183	1228	605288	凯迪股份	64.80	PR C一中	1.53	5.07	4.27	0.48	0.79	19.07	134.81	5.29	4.21	16.86	52.6	268028.2	123394.15	10759.91
184	1231	605259	绿田机械	64.80	PR C一中	1.46	11.79	7.75	0.75	0.98	28.05	4166.34	0.46	6.27	-12.38	47.47	218443.13	162647.67	17989.87
185	1233	301358	湖南裕能	64.70	PR C一中	2.18	18.6	7.76	1.55	2.56	57.77	8.85	-3.35	98.02	-36.32	75.53	2679464.49	4135767.1	158050.84
186	1237	300990	同飞股份	64.70	PR C一中	1.08	10.74	9.97	0.91	1.38	18.94	494.51	83.13	8.06	-26.15	65.46	217508.73	184513.36	18237.52
187	1243	002367	康力电梯	64.70	PR C一中	0.46	10.95	5.47	0.71	0.97	53.36	107.74	-1.56	6.97	2.09	42.77	740964.49	503503.24	36545.02
188	1247	002184	海得控制	64.70	PR C一中	0.33	8.76	4.8	0.93	1.14	60.26	19.66	31.27	15.32	3.71	37.63	449790.29	355171.47	15221.96
189	1248	603628	清源股份	64.60	PR C一中	0.62	14.43	9.21	0.82	1.48	49.73	11.58	34.3	12.96	17.58	92.07	248677.52	193645.43	16878.06
190	1253	002498	汉缆股份	64.60	PR C一中	0.23	10.32	8.57	0.95	1.31	25.04	55.94	-1.87	8.63	-6.7	29.05	1041585.9	965803.82	75105.42
191	1257	871396	常辅股份	64.50	PR C一中	0.61	12.64	9.97	0.58	0.73	30.35	52.97	14.84	10.68	113.28	149.94	42504.89	23834.74	3561.71
192	1261	603698	航天工程	64.50	PR C一中	0.35	5.84	2.9	0.54	0.7	39.91	0	12.01	4.62	19.17	44.63	546239.28	280738.35	18715.83
193	1264	300724	捷佳伟创	64.50	PR C一中	4.69	20.49	5.87	0.3	0.32	77.64	175.63	45.43	21.49	-37.11	137.3	3913364.49	873342.72	163927.24
194	1269	300589	江龙船艇	64.50	PR C一中	0.12	5.56	1.57	0.6	0.95	63.08	103.92	74.4	11.99	12.39	39.88	239249.14	118681.83	4522.46
195	1280	002896	中大力德	64.50	PR C一中	0.48	6.77	5.1	0.7	1.49	31.35	19.49	20.99	6	52.86	141.33	162124.99	108598.46	7357.29
196	1283	605056	咸亨国际	64.40	PR C一中	0.24	6.19	5.08	1.06	1.31	46.23	70.48	37.87	1.29	27.23	35.17	296514.6	292792.6	10829.13
197	1284	600268	国电南自	64.40	PR C一中	0.27	7.65	5.27	0.8	1.09	59.53	18.02	8.78	10.06	3.02	29.49	994305.6	762330.39	40972.81
198	1287	301548	崇德科技	64.40	PR C一中	2.08	10.82	9.71	0.44	0.53	12.77	99.81	16.25	225.48	-37.51	16.13	164683.26	52319.43	10069.48
199	1290	300014	亿纬锂能	64.40	PR C一中	1.98	12.43	5.74	0.55	1.32	59.72	7.1	34.38	14.61	-52.91	161.15	9435533.8	4878358.72	452026.59
200	1292	003021	兆威机电	64.40	PR C一中	1.05	5.96	4.28	0.33	0.48	18.83	58.63	4.64	4.77	84.25	88.06	380404.39	120594.53	17992.33
201	1302	835237	力佳科技	64.30	PR C一中	0.87	10.38	7.13	0.6	0.85	29.04	1193.2	14.14	8.91	17.13	122.55	63875.08	38193.97	4219.48
202	1304	688375	国博电子	64.30	PR C一中	1.52	10.42	7.52	0.42	0.54	29.19	98.82	3.08	6.43	-17.6	62.72	847106.96	356696.33	60622.82
203	1309	603855	华荣股份	64.30	PR C一中	1.39	24.68	11.63	0.72	0.88	56.83	175.71	5.06	8.04	-12.86	87.19	458993.13	319694.43	46759.04

续表

序号	A股上市公司评价得分排序	股票代码	股票简称	综合得分(100)	评价等级	每股收益(元)	净资产收益率(%)	总资产报酬率(%)	总资产周转率(次)	流动资产周转率(次)	资产负债率(%)	已获利息倍数	营业收入增长率(%)	资本扩张率(%)	市场投资回报率(%)	股价波动率(%)	年末资产总额(万元)	营业收入(万元)	净利润(万元)
204	1324	603097	江苏华辰	64.30	PR C 一中	0.76	13.79	8.81	0.96	1.22	47.58	26.16	47.4	12.07	34.66	62.39	177883.03	151014.77	12143.28
205	1326	300902	国安达	64.20	PR C 一中	0.3	4.48	4.37	0.37	0.57	12.78	297.34	40.58	12.9	16.5	43.66	105508.46	37304.66	3614.59
206	1332	300415	伊之密	64.20	PR C 一中	1.02	19.37	10.23	0.7	1.13	57.95	15.68	11.3	7.49	-1.75	70.24	619139.67	409581.69	49134.11
207	1333	300201	海伦哲	64.20	PR C 一中	0.2	15.36	10.71	0.62	1.04	39.27	36.78	32.03	-2.69	63.12	106.45	218282.73	135219.08	20408.13
208	1336	002576	通达动力	64.20	PR C 一中	0.53	7.59	5.76	0.97	1.21	29.53	66.61	-4.4	7.36	17.14	77.57	168652.5	167531.11	8777.2
209	1339	833455	汇隆活塞	64.10	PR C 一中	0.18	10.39	10.34	0.45	0.58	4.39	62.44	-4.49	71.07	280.08	330.71	35248.25	13473.95	2773.47
210	1342	688395	正弦电气	64.10	PR C 一中	0.59	7.25	6.49	0.46	0.6	13.31	1130.23	7.4	6.53	21.83	54.87	83888.61	37322.73	5112.4
211	1350	603025	大豪科技	64.10	PR C 一中	0.37	19.33	13.17	0.58	0.79	38.27	38	27.22	12.26	-11.42	93	393560.62	203251.92	43778.25
212	1357	300001	特锐德	64.10	PR C 一中	0.48	7.56	2.89	0.64	0.99	67.77	4.36	25.56	6.29	29	61.05	2387688.07	1460177.39	52675.91
213	1360	830879	基康仪器	64.00	PR C 一中	0.52	12.84	11.81	0.48	0.55	16.05	2377.19	9.97	-3.31	118.81	139.05	66338.53	32863.58	7242.28
214	1368	301179	泽宇智能	64.00	PR C 一中	1.08	11.25	8.68	0.35	0.37	25.86	31.12	22.96	8.21	7.52	68.4	319203.13	106167.44	24671.99
215	1372	003036	泰坦股份	64.00	PR C 一中	0.6	9.6	5.13	0.52	0.65	51.32	24.98	-12.5	13.45	0.63	31.98	297059.07	140048.8	13177.59
216	1376	870299	灿能电力	63.90	PR C 一中	0.27	8.67	7.55	0.34	0.4	11.25	0	11.47	5.27	106.56	172.76	32679.83	10908.66	2451.52
217	1378	600835	上海机电	63.90	PR C 一中	0.98	7.57	3.89	0.6	0.72	56.45	494.33	-5.3	4.01	6.29	74.12	3721677.96	2232116.13	156268.87
218	1382	300228	富瑞特装	63.90	PR C 一中	0.26	8.11	6.21	0.75	1.17	52.49	11.15	89.33	15.32	34.7	90.35	426305.43	303856.35	18217.77
219	1384	300992	泰福泵业	63.80	PR C 一中	0.59	6.57	3.82	0.48	0.8	48	6.89	29.03	5.87	15.27	35.95	161118.6	71439.83	5344.69
220	1386	300354	东华测试	63.80	PR C 一中	0.63	13.88	13.9	0.53	0.68	9.39	2469.39	3.03	11.07	22.63	68.31	73526.61	37819.19	8774.87
221	1393	002980	华盛昌	63.80	PR C 一中	0.79	10.34	8.79	0.53	0.69	21.72	102.81	12.24	3.97	-22.11	53.62	135255.75	66984.73	10769.96
222	1396	002953	日丰股份	63.80	PR C 一中	0.42	9.48	5.68	1.26	1.74	43.18	8.33	6.78	31.13	-12.57	49.15	310768.67	376502.92	14510.47
223	1398	002843	泰嘉股份	63.80	PR C 一中	0.6	12.36	5.54	0.79	1.37	44.2	9.65	88.66	93.94	24.45	111.64	270155.99	184464.51	11810.09
224	1405	688187	时代电气	63.70	PR C 一中	2.19	8.7	6.18	0.43	0.59	29.38	72.2	20.88	6.86	-34.32	92.65	5340484.74	2179894.08	315009.4
225	1410	688028	沃尔德	63.70	PR C 一中	0.64	5.13	4.88	0.29	0.73	10.18	301.65	45.52	1.85	4.93	58.47	213291.71	60291.56	9702.7
226	1419	688003	天准科技	63.70	PR C 一中	1.12	11.94	7.42	0.54	0.83	40.52	16.67	3.7	14.03	14.45	57.32	322820.57	164802.29	21517.24
227	1430	603700	宁水集团	63.70	PR C 一中	0.66	8.35	6.31	0.77	1.1	29.29	40.57	15.06	5	2.96	20.13	227565.89	178919.88	13109.32
228	1434	603275	众辰科技	63.70	PR C 一中	1.55	11.39	10.73	0.31	0.36	10.58	2411.45	15.01	264.46	-48.24	31.33	296199.9	61634.83	19219.74
229	1435	301533	威马农机	63.70	PR C 一中	0.89	9.64	8.01	0.84	0.97	14	127.33	18.31	187.26	-142.45	89.4	129953.03	78864.25	7263.07
230	1437	300066	三川智慧	63.70	PR C 一中	0.23	10.18	9.8	0.73	1.15	18.8	23.25	71.57	8.45	-1.34	36.28	325170.96	228472.42	26051.93
231	1439	002698	博实股份	63.70	PR C 一中	0.52	16.12	9.93	0.4	0.46	45.89	51.97	19.11	7.5	6.18	66.99	664869.28	256540.88	55294.94
232	1450	835368	连城数控	63.60	PR C 一中	2.92	19.41	6.1	0.56	0.67	68.59	18.5	59.1	14.19	-19.72	125.42	1270593.34	600157.71	54524.57

续 表

序号	A股上市公司评价得分排序	股票代码	股票简称	综合得分(100)	评价等级	每股收益(元)	净资产收益率(%)	总资产报酬率(%)	总资产周转率(次)	流动资产周转率(次)	资产负债率(%)	已获利息倍数	营业收入增长率(%)	资本扩张率(%)	市场投资回报率(%)	股价波动率(%)	年末资产总额(万元)	营业收入(万元)	净利润(万元)
233	1451	605305	中际联合	63.60	PR C 一中	1.36	9.25	7.84	0.41	0.46	18.2	277.49	38.17	6.67	-14.21	94.45	282086.65	110452.48	20683.8
234	1455	605060	联德股份	63.60	PR C 一中	1.05	11.67	10.46	0.46	0.83	15.9	81.46	8.09	8.7	-31.76	92.53	267517.83	121129.52	24940.45
235	1466	001256	炜冈科技	63.60	PR C 一中	0.58	7.73	6.79	0.33	0.55	17.88	283.92	7.05	6.5	-19.48	65.78	135366.03	41655.64	8327.36
236	1469	603416	信捷电气	63.50	PR C 一中	1.42	9.72	7.56	0.54	0.73	25.8	135.7	12.73	8.85	-20.36	77.95	288036.55	150505.08	19912.03
237	1471	601766	中国中车	63.50	PR C 一中	0.41	7.41	3.57	0.51	0.77	58.35	15.68	5.08	2.9	5.58	62.77	47179173.5	23426151.4	1456964.7
238	1478	301295	美硕科技	63.50	PR C 一中	0.69	6.75	4.14	0.63	0.85	18.44	237.21	-0.76	202.85	-25.79	33.71	118513.8	53300.53	4338.53
239	1479	837006	晟楠科技	63.40	PR C 一中	0.68	20.07	15.77	0.4	0.54	30.16	83.78	21.43	104.32	76.56	107.79	53262.07	16868.74	5525.8
240	1483	603028	赛福天	63.40	PR C 一中	0.11	4.49	4.08	0.9	1.9	61.45	5.22	101.7	32.5	21.38	49.69	235156.44	160545.12	5141.66
241	1487	600558	大西洋	63.40	PR C 一中	0.11	4.57	4.48	1.09	1.97	23.1	14.42	2.94	3.42	27.78	52.46	318457.28	343836.57	11613.41
242	1494	688510	航亚科技	63.30	PR C 一中	0.35	8.99	6.26	0.36	0.78	31.28	0	49.93	8.86	5.79	39.92	158586.04	54350.54	8748.16
243	1497	605389	长龄液压	63.30	PR C 一中	0.73	5.14	4.51	0.35	0.55	14.27	736.43	-10.05	16.93	1.28	55.55	252408.4	80631.43	10644.88
244	1498	601311	骆驼股份	63.30	PR C 一中	0.49	6.28	5.33	1.02	1.96	32.8	11.74	4.87	3.23	-3.16	38.2	1401595.37	1407885.24	57258.92
245	1499	430476	海能技术	63.30	PR C 一中	0.54	9.1	6.88	0.56	1.11	17.28	40.7	18.72	2.56	-0.17	92.55	61274.6	34115.82	3808.17
246	1508	300838	浙江力诺	63.30	PR C 一中	0.78	11.12	8.21	0.78	1.09	30.82	83.06	9.71	9.56	2.54	29.95	145555.72	111120.57	10706.25
247	1513	002903	宇环数控	63.20	PR C 一中	0.26	5.16	6.1	0.39	0.52	28.74	0	17.48	6.36	25.35	84.84	115050.74	42036.2	6399.04
248	1514	688303	大全能源	63.20	PR C 一中	2.7	12.89	12.7	0.32	0.57	13.44	74.59	-47.22	-3.65	-34.87	86.78	5069505.45	1632908.15	576269.62
249	1515	603606	东方电缆	63.20	PR C 一中	1.45	16.97	11.57	0.74	0.99	40.88	36.64	4.3	14.5	-38.57	114.2	1063983.38	731004.4	100003.95
250	1517	600372	中航机载	63.20	PR C 一中	0.44	7.82	4.59	0.57	0.75	48.73	9.05	159.31	198.59	-19.45	72.33	7352341.74	2900692.12	214908.95
251	1519	301029	怡合达	63.20	PR C 一中	0.95	19.01	17.38	0.81	1.1	15.78	682.6	14.58	15.26	-53.96	146.86	364892.8	288149.48	54553.19
252	1537	002255	海陆重工	63.20	PR C 一中	0.4	9.67	6.34	0.45	0.65	41.68	135.18	18.2	10.26	11.85	42.96	643471.25	279521.59	34853.62
253	1538	300491	通合科技	63.10	PR C 一中	0.59	9.64	6.17	0.57	0.81	43.68	22	57.8	10.35	54.66	117.58	198253.36	100857.16	10257.1
254	1540	002927	泰永长征	63.10	PR C 一中	0.32	7.08	5.27	0.66	0.89	32.37	46.48	15.88	4.78	50.69	59.47	160227.56	103800.72	7714.58
255	1541	000157	中联重科	63.10	PR C 一中	0.43	6.31	3.15	0.37	0.62	54.79	7.12	13.08	3.85	23.17	41.61	13086238.94	4707485.31	377092.17
256	1543	603111	康尼机电	63.00	PR C 一中	0.35	9.31	6.16	0.57	0.64	36.29	74.72	6.9	7.74	33.86	53.56	630812.16	352236.99	36749.24
257	1549	600482	中国动力	63.00	PR C 一中	0.36	2.15	1.13	0.49	0.67	52.27	5.51	17.77	3.62	16.67	72.52	9911959.59	4510280.43	105836.42
258	1552	300776	帝尔激光	63.00	PR C 一中	1.69	16.04	8.12	0.28	0.3	55.28	14.62	21.49	14.66	-28.52	105.74	686998.51	160889.69	46118.72
259	1558	834770	艾能聚	62.90	PR C 一中	0.43	11.1	9.51	0.49	1.82	28.94	11.49	-20.34	34.64	124.17	149.97	78025.7	34478.43	5363.98
260	1566	603203	快克智能	62.90	PR C 一中	0.77	13.76	10.36	0.43	0.58	21.34	561.77	-12.07	-2.18	0.07	69.52	177824.14	79259.84	18833.59
261	1572	603036	如通股份	62.90	PR C 一中	0.46	7.66	7.45	0.27	0.31	12.27	0	23.71	4.68	39.44	93.49	145780.28	37970.61	9474.43

续 表

序号	A股上市公司评价得分排序	股票代码	股票简称	综合得分(100)	评价等级	每股收益(元)	净资产收益率(%)	总资产报酬率(%)	总资产周转率(次)	流动资产周转率(次)	资产负债率(%)	已获利息倍数	营业收入增长率(%)	资本扩张率(%)	市场投资回报率(%)	股价波动率(%)	年末资产总额(万元)	营业收入(万元)	净利润(万元)
262	1575	301312	智立方	62.90	PR C 一中	1.16	6.36	5.84	0.34	0.37	9.08	132.62	-15.9	3.62	70.29	99.02	127945.11	42738.67	7272.29
263	1588	300842	帝科股份	62.80	PR C 一中	3.85	34.4	9.91	1.89	2.07	80.22	4.92	154.94	41.93	25.96	119.46	678471.83	960282.27	37765.98
264	1589	001696	宗申动力	62.80	PR C 一中	0.32	7.56	5.24	0.85	1.65	48.23	5.97	-0.04	2.44	11.8	30.87	1011175.04	799739.51	37168.82
265	1595	871553	凯腾精工	62.70	PR C 一中	0.16	6.9	8.34	0.77	1.75	30.57	20.43	11.4	4.32	80.71	133.98	58334.96	42099.78	3721.38
266	1603	873833	美心翼申	62.60	PR C 一中	0.63	7.84	7.15	0.6	1.22	18.76	12.43	-11.52	31.91	77.12	181.17	77872.56	44436.03	4246.14
267	1605	836414	欧普泰	62.60	PR C 一中	0.52	11.34	10.15	0.48	0.51	17.61	86.12	35.42	5.8	69.65	116.02	37830.85	18004.59	3438.55
268	1612	300851	交大思诺	62.60	PR C 一中	0.98	6.73	5.78	0.26	0.36	9.71	1434.82	22.84	4.07	38.46	64.49	142802.47	35972.38	8321.76
269	1616	300719	安达维尔	62.60	PR C 一中	0.44	11.04	8.95	0.6	0.69	31.4	31.35	106.25	12.32	10.18	38.7	158959.48	85086.09	11348.51
270	1618	300008	天海防务	62.60	PR C 一中	0.06	5.48	3.89	0.88	1.29	55.14	6.47	32.13	9.24	-0.76	49.02	433660.42	360645.41	10308.75
271	1623	002335	科华数据	62.60	PR C 一中	1.1	12.51	5.92	0.75	1.54	62	7.74	44.13	15.18	-47.05	138.81	1186781.31	814096.11	52080.18
272	1624	001269	欧晶科技	62.60	PR C 一中	3.4	44.3	26.42	1.13	1.39	48.85	102.95	118.25	58.6	-33.04	174.85	353939.55	312934.95	65392.73
273	1627	831175	派诺科技	62.50	PR C 一中	0.76	7.91	5.74	0.6	0.84	29.45	60.71	-1.87	27.09	89.53	143.16	105598.35	60195.77	5581.29
274	1638	688408	中信博	62.50	PR C 一中	2.54	13.03	6.06	0.93	1.15	65.53	19.15	72.59	12.61	-34.43	118.78	816539.87	639015.88	34545.48
275	1639	300985	致远新能	62.50	PR C 一中	0.42	4.67	5.33	0.86	1.85	51.09	4.93	971.39	4.92	73.91	136.69	253711.59	177676.4	5602.34
276	1643	002518	科士达	62.50	PR C 一中	1.45	21.77	14.68	0.83	1.23	37.38	359.57	23.61	19.3	-54.22	184.19	688278.9	543957.54	87118.17
277	1646	688191	智洋创新	62.40	PR C 一中	0.27	4.89	3.16	0.61	0.74	38.18	47.44	18.9	4.71	40.94	80.74	140797.38	79812.83	4090.15
278	1652	603662	柯力传感	62.40	PR C 一中	1.1	12.95	10.75	0.29	0.46	29.28	19.38	1.1	12.64	110.73	186.45	383808.11	107218.07	33529.17
279	1655	600215	派斯林	62.40	PR C 一中	0.27	6.72	2.73	0.57	1.2	49.92	3.02	91.03	22.11	39.99	107.27	395896.24	213687.66	12122.4
280	1656	688665	四方光电	62.30	PR C 一中	1.9	14.35	11.71	0.58	0.87	21.99	102.74	14.82	8.55	-25.98	97.78	124281.75	69169.84	13506.84
281	1658	688025	杰普特	62.30	PR C 一中	1.14	5.69	4.73	0.49	0.72	23.15	19.28	4.46	6.9	91.12	132.99	254791.33	122562.53	10422.81
282	1661	430685	新芝生物	62.30	PR C 一中	0.64	10.66	11.74	0.31	0.36	7.32	229.98	0.3	-2.27	-5.01	106.22	61124.3	19079.41	6691.69
283	1666	301353	普莱得	62.30	PR C 一中	1.15	8.52	6.59	0.6	1.02	14.53	23.03	1.35	122.3	-35.06	41.6	149048.43	71314.77	7699.38
284	1682	872541	铁大科技	62.20	PR C 一中	0.3	11.58	8.29	0.5	0.62	29.88	148.92	7.01	39.11	97.81	238.78	55734.33	24906.3	3890.09
285	1683	688558	国盛智科	62.20	PR C 一中	1.08	9.19	7.25	0.54	0.7	21.51	0	-5.08	5.47	-22.4	89.15	205411.92	110411.82	14291.4
286	1684	688433	华曙高科	62.20	PR C 一中	0.33	9.74	7.53	0.35	0.46	16.9	250.76	32.74	152.08	31.38	64.48	232139.8	60603.98	13116.11
287	1688	601890	亚星锚链	62.20	PR C 一中	0.25	7.06	5.57	0.41	0.49	26.36	21.44	27.34	7.65	10.66	51.36	490316.82	193111.42	23441.56
288	1690	301377	鼎泰高科	62.20	PR C 一中	0.53	9.73	8.01	0.43	0.7	27.05	38.37	8.34	5.94	11.42	53.17	317944.37	132022.46	21948.53
289	1697	002338	奥普光电	62.20	PR C 一中	0.36	7.31	6.46	0.38	0.72	32.67	19.94	23.34	8.89	43.91	103.92	217661.07	77345.16	12326.6
290	1700	000777	中核科技	62.20	PR C 一中	0.58	11.7	7.08	0.57	0.88	39.07	50.18	20.65	11.42	37.77	54.64	328386.64	180975.44	22203.02

续表

序号	A股上市公司评价得分排序	股票代码	股票简称	综合得分(100)	评价等级	每股收益(元)	净资产收益率(%)	总资产报酬率(%)	总资产周转率(次)	流动资产周转率(次)	资产负债率(%)	已获利息倍数	营业收入增长率(%)	资本扩张率(%)	市场投资回报率(%)	股价波动率(%)	年末资产总额(万元)	营业收入(万元)	净利润(万元)
291	1701	873305	九菱科技	62.10	PR C 一中	0.72	10.6	9.9	0.39	0.5	14.85	4434.46	5.34	3.96	118.2	172.59	36566.92	14080.25	3238.8
292	1708	834475	三友科技	62.10	PR C 一中	0.34	9.83	6.45	0.67	0.88	39.83	18.5	15.52	6.7	61.51	110.24	60243.7	39931.84	3469.85
293	1711	603960	克来机电	62.10	PR C 一中	0.35	8.86	7.71	0.54	0.85	13.65	213.26	1.62	8.48	-18.94	84.22	125740.97	68821.93	9246.63
294	1712	603070	万控智造	62.10	PR C 一中	0.44	8.66	6.06	0.73	0.94	37.24	13.38	3.17	7.26	-10.92	46.68	333773.3	229241.48	17289.3
295	1717	301006	迈拓股份	62.10	PR C 一中	0.81	9.4	8.84	0.28	0.34	11.97	0	6.57	5.64	9.96	93.44	139452.2	38201.89	11227.63
296	1719	300946	恒而达	62.10	PR C 一中	0.73	8.01	7.36	0.4	0.75	22.89	137.29	12.34	5.65	8.21	50.67	145369.85	54248.58	8719.02
297	1726	871263	莱赛激光	62.00	PR C 一中	0.47	9.45	7.85	0.65	0.88	19.55	0	-4.11	68.88	0	0	44358.49	24144.44	2684.53
298	1727	688360	德马科技	61.90	PR C 一中	0.71	7.55	4.7	0.65	0.9	47.43	21	-9.51	34.24	11.29	30.61	253755.26	138424.55	8731.67
299	1733	603897	长城科技	61.90	PR C 一中	1.05	7.84	4.2	1.9	2.36	53.85	13.29	10.5	1.12	-1.14	53.36	601516.65	1107920.51	21650.71
300	1734	300906	日月明	61.90	PR C 一中	0.76	7.16	6.52	0.16	0.18	9.62	2193.89	35.3	5.42	18.98	39.01	96138.12	15419	6063.33
301	1736	300407	凯发电气	61.90	PR C 一中	0.31	5.77	3.72	0.67	0.81	41.62	9.57	4.55	15.47	26.21	38.32	309973.26	200073.66	9250.4
302	1747	002730	电光科技	61.90	PR C 一中	0.33	7.87	5.36	0.58	0.78	36.34	22.12	11.68	5.53	17.05	33.87	252776.5	137353.69	12486.08
303	1751	873593	鼎智科技	61.80	PR C 一中	0.88	17.31	16.21	0.52	0.74	6.73	237	-11.31	148.75	-61.02	338.98	71592.14	28246.59	8055.14
304	1755	688160	步科股份	61.80	PR C 一中	0.72	8.27	6.41	0.55	0.67	20.95	37.84	-6.09	3.47	86.61	176.94	95143.37	50648.03	6090.54
305	1757	300073	当升科技	61.80	PR C 一中	3.8	15.67	10.72	0.78	0.99	23.75	0	-28.86	15.53	-34.32	107.4	1740981.32	1512706.81	191884.91
306	1765	603012	创力集团	61.70	PR C 一中	0.62	11.74	7.25	0.41	0.56	43.68	21.05	1.84	10.74	7.52	21.33	663676.77	265595.94	37682.43
307	1768	600580	卧龙电驱	61.70	PR C 一中	0.41	5.76	4.13	0.65	1.21	56.61	4.05	3.79	5.53	-9.18	37.74	2466448.55	1556682.7	55287.75
308	1772	301468	博盈特焊	61.70	PR C 一中	1.16	8.56	8.38	0.35	0.41	6.89	16394.34	5.01	208.76	-46.91	43.52	248394.63	60375.93	13104
309	1776	301048	金鹰重工	61.70	PR C 一中	0.55	12.61	7.15	0.63	0.82	49.51	47.72	-6.18	12.07	20.38	84.51	500251.38	305866.73	29641.02
310	1782	002879	长缆科技	61.70	PR C 一中	0.38	4.18	2.98	0.46	0.63	23.74	324.43	5.39	4.95	11.54	28.99	231969.23	104217.07	7213.26
311	1784	001324	长青科技	61.70	PR C 一中	0.58	9.25	7.49	0.51	0.62	19.33	70.11	2.44	129.27	20.5	76.12	135473.17	53022.19	7034.09
312	1788	000738	航发控制	61.70	PR C 一中	0.55	6.32	4.9	0.35	0.48	22.65	199.51	7.74	6.23	-24.15	60.25	1577676.36	532404.51	73009.8
313	1794	301512	智信精密	61.60	PR C 一中	1.78	10.33	7.39	0.62	0.73	23.28	125.84	20.54	105.55	-42.18	58.97	137529.34	65972.44	8115.03
314	1797	301303	真兰仪表	61.60	PR C 一中	1.12	15.49	12.96	0.49	0.84	17.5	338.79	12.91	215.16	-33.47	59.68	375027.95	134482.89	32019.41
315	1805	301128	强瑞技术	61.60	PR C 一中	0.75	6.71	5.5	0.62	0.81	26.38	21.61	47.65	6.18	46.44	154.04	118833.58	67422	6028.21
316	1808	300306	远方信息	61.60	PR C 一中	0.35	6.17	5.65	0.25	0.37	10.03	2140.7	-4.43	1.51	27.53	52.25	170757.63	42165.28	9628.18
317	1809	600499	科达制造	61.50	PR C 一中	1.1	18.36	12.31	0.43	0.82	42.01	13.36	-13.1	2.67	-24.47	91.57	2360417.18	969563.98	260818.99
318	1812	002483	润邦股份	61.50	PR C 一中	0.06	1.39	2.95	0.68	1	60.13	5.46	38.82	3.96	-2.99	31.71	1071264.58	718267.63	20104.04
319	1816	000533	顺钠股份	61.50	PR C 一中	0.09	8.65	4.74	0.79	1.05	65.47	10.39	16.53	7.56	19.39	35.66	265975.61	206692.3	8960.82

续　表

序号	A股上市公司评价得分排序	股票代码	股票简称	综合得分(100)	评价等级	每股收益(元)	净资产收益率(%)	总资产报酬率(%)	总资产周转率(次)	流动资产周转率(次)	资产负债率(%)	已获利息倍数	营业收入增长率(%)	资本扩张率(%)	市场投资回报率(%)	股价波动率(%)	年末资产总额(万元)	营业收入(万元)	净利润(万元)
320	1819	832662	方盛股份	61.40	PRC一中	0.72	14.84	12.23	0.6	0.82	23.44	195.07	-2.71	11.13	168.4	176.12	58171.3	34337.85	6261.19
321	1820	688516	奥特维	61.40	PRC一中	5.59	40.28	12.45	0.52	0.59	76.03	48.63	78.05	44.61	-40.51	106.4	1561748.64	630219.81	125470.09
322	1822	601179	中国西电	61.40	PRC一中	0.17	4.15	2.64	0.49	0.68	44.21	15.18	15.78	6.46	4.05	49.65	4377874.05	2084791.08	101996.26
323	1823	300828	锐新科技	61.40	PRC一中	0.45	9.28	9.24	0.72	1.17	8.48	43.22	-13.19	-5.51	15.97	54.29	86211.62	66471.3	7536.46
324	1825	300259	新天科技	61.40	PRC一中	0.19	7.43	6.66	0.32	0.44	15.48	0	-3.15	0.69	11.55	32.45	342040.18	108638.27	21382.72
325	1836	300034	钢研高纳	61.40	PRC一中	0.42	9.85	6.86	0.5	0.72	48.38	16.89	18.37	10.24	-28.26	66.5	722016.9	340809	41567.77
326	1841	301255	通力科技	61.30	PRC一中	0.74	7.8	5.99	0.36	0.48	21.18	477.47	0.1	1.24	84.1	253.69	132202.4	46796.07	8075.54
327	1847	301158	德石股份	61.30	PRC一中	0.58	6.71	6.05	0.36	0.41	18.72	3437.29	15.18	4.79	-0.37	37.37	162694.17	56700.83	8673.43
328	1853	002452	长高电新	61.30	PRC一中	0.28	7.94	6.32	0.46	0.65	30.23	32.79	22.12	7.51	7.57	28.04	324112.56	149338.29	17085.3
329	1854	688633	星球石墨	61.20	PRC一中	1.71	10.25	7.32	0.31	0.41	46.61	15.19	18.35	12.34	-6.99	49.79	285482.12	77076.37	14769.61
330	1856	688630	芯　微装	61.20	PRC一中	1.43	11.64	8.82	0.41	0.48	18.09	280.37	27.07	93.66	-3.43	70.63	248047.3	82885.54	17930.58
331	1864	603659	璞泰来	61.20	PRC一中	0.95	12.24	6.13	0.39	0.57	57.11	10.32	-0.8	34.08	-41.36	121.95	4367494.76	1534004.11	213692.26
332	1879	603280	南方路机	61.20	PRC一中	1.11	9.95	6.23	0.57	0.61	37.82	0	-6.27	7.44	10.89	33.1	201689.43	114094.65	12041.75
333	1882	301446	福事特	61.20	PRC一中	1.14	10.22	8.39	0.41	0.66	15.77	67.28	-9.7	139.73	-49.18	30.49	131463.89	41948.38	8074.03
334	1884	300265	通光线缆	61.20	PRC一中	0.25	5.55	4.29	0.77	1.12	29.72	5.76	12.67	61.35	11.12	36.33	328535.93	234711.85	10831.88
335	1885	300154	瑞凌股份	61.20	PRC一中	0.22	5.97	4.37	0.51	0.7	27.89	12.1	7.18	2.49	31.2	59.28	243384.89	114973.12	9064.63
336	1888	688218	江苏北人	61.10	PRC一中	0.69	9.08	5.49	0.48	0.64	49.25	18.81	15.71	8.89	22.39	61.78	186921.47	85388.55	8176.38
337	1897	000528	柳工	61.10	PRC一中	0.44	5.38	2.94	0.62	0.88	61.36	3.95	3.93	4.78	14.01	61.48	4657804.5	2751912.23	94162.95
338	1899	603500	祥和实业	61.00	PRC一中	0.27	7.17	7.48	0.54	0.79	18.56	41.25	5.6	6.01	6.45	48.75	122309.35	64065.88	7630.71
339	1911	832522	纳科诺尔	60.90	PRC一中	1.85	20.53	6.53	0.44	0.47	64.93	50.2	25.03	185.23	66.58	96.55	254670.86	94551.27	12382.73
340	1913	688517	金冠电气	60.90	PRC一中	0.59	10.51	7.23	0.46	0.58	37.26	0	-5.75	8.62	30.78	125.24	127655.13	57138.62	8082.53
341	1920	300885	海昌新材	60.90	PRC一中	0.18	5.69	4.72	0.26	0.33	6.95	0	2.16	5.85	12.49	37.06	89780.73	22482.78	4617.85
342	1929	300699	光威复材	60.90	PRC一中	1.05	16.91	14.71	0.38	0.7	21.65	104.35	0.26	10.73	-40.66	128.6	705758.63	251769.73	84091.48
343	1939	300179	四方达	60.90	PRC一中	0.28	12.17	8.61	0.35	0.64	19	99.43	5.55	21.01	-30.55	105.66	171356.88	54229.26	12629.22
344	1940	002877	智能自控	60.90	PRC一中	0.31	10.13	6.53	0.46	0.83	49.8	6.51	18.76	30.3	48.78	76.79	233613.31	102431.28	10496.31
345	1944	002706	良信股份	60.90	PRC一中	0.47	12.97	9.84	0.8	1.36	28.95	106.29	10.3	10.46	-38.54	98.24	581953.06	458505.74	51097.14
346	1951	688147	微导纳米	60.80	PRC一中	0.6	12.56	5.1	0.29	0.32	69.08	18.6	145.39	19.45	40.2	117.15	758200.6	167972.13	27039.19
347	1953	600528	中铁工业	60.80	PRC一中	0.74	7.1	3.29	0.54	0.71	55.24	97.83	4.34	5.18	-3.79	75.29	5766832.36	3006697.85	176317.97
348	1963	301050	雷电微力	60.80	PRC一中	1.75	12.2	7.87	0.21	0.22	41.58	921.54	2.97	13.94	-27.96	96.05	456289.14	88580.95	30524.44

续表

序号	A股上市公司评价排序	股票代码	股票简称	评价等级	综合得分(100)	每股收益(元)	净资产收益率(%)	总资产报酬率(%)	总资产周转率(次)	流动资产周转率(次)	资产负债率(%)	已获利息倍数	营业收入增长率(%)	资本扩张率(%)	市场投资回报率(%)	股价波动率(%)	年末资产总额(万元)	营业收入(万元)	净利润(万元)
349	1971	300907	康平科技	PR C一中	60.80	0.52	6.52	4.69	0.8	1.23	33.99	17.51	-5.96	3.2	20.36	46	117093.57	93496.88	4953.69
350	1973	003025	思进智能	PR C一中	60.80	0.41	9.54	8.75	0.38	0.64	18.57	9394.64	-4.4	3.87	-10.59	88.81	128053.16	48586.52	9758.99
351	1974	301525	儒竞科技	PR C一中	60.70	2.75	11.45	8.27	0.53	0.6	22.63	69.83	-4.28	316.34	-82.94	49.47	395146.95	154455.14	22484.11
352	1977	300444	双杰电气	PR C一中	60.70	0.14	7.64	3.15	0.69	1.16	69.4	4.76	66.82	32.43	46.56	107.54	518223.33	313977.19	11051.44
353	1981	002960	青鸟消防	PR C一中	60.70	0.9	10.95	9.35	0.6	0.74	23.55	44.61	8.02	8.03	-38.53	110.3	847173.54	497156.12	70582.22
354	1986	603806	福斯特	PR C一中	60.60	0.99	12.51	9.72	1.07	1.34	27.65	27.59	19.66	12.76	-54.43	177.59	2183641.63	2258852.67	184886.84
355	1987	603321	梅轮电梯	PR C一中	60.60	0.27	7.01	3.22	0.47	0.75	43.18	46.3	-6	4.7	19.5	45.98	210691.06	95529.33	8254.21
356	1993	603159	上海亚虹	PR C一中	60.60	0.25	7.19	5.61	0.85	1.33	25.02	325.7	-6.91	4.43	24.72	51.32	66811.32	55641.87	3527.15
357	1997	600458	时代新材	PR C一中	60.60	0.48	6.82	2.46	0.99	1.47	64.2	6.69	16.65	3.13	-3.08	48.19	1823000.86	1753786.71	32651.47
358	2006	300775	三角防务	PR C一中	60.60	1.48	15.95	11.35	0.33	0.41	34.1	129.44	32.9	17.24	-27.5	77.11	836317.19	249382.74	81452.25
359	2017	300700	岱勒新材	PR C一中	60.60	0.46	11.04	7.27	0.46	0.88	40.02	9.69	31.96	72.26	-18.96	71.5	216074.55	84809.76	11221.86
360	2019	600765	中航重机	PR C一中	60.50	0.9	12.14	7	0.45	0.62	51.81	18.8	0.07	13.53	-38.38	87.93	2542935.55	1057713.35	139743.76
361	2027	301418	协昌科技	PR C一中	60.50	1.36	7.34	7.32	0.36	0.39	5.65	38697.62	-16.31	138.92	-70.76	46.13	169764	44944.97	8338.62
362	2028	000425	徐工机械	PR C一中	60.50	0.45	9.74	3.97	0.55	0.77	64.51	4.43	-1.03	5.18	6.08	64.24	16199460.76	9284822.05	523609.65
363	2035	688257	新锐股份	PR C一中	60.40	1.26	7.84	6.88	0.47	0.66	33.85	26.95	30.89	2.27	-9.3	34.11	348042.3	154933.25	18724.24
364	2037	300809	华辰装备	PR C一中	60.40	0.47	7.77	6.15	0.23	0.29	24.79	497.13	42.48	5.74	48.23	78.61	208200.27	47916.3	12274.95
365	2055	002882	金龙羽	PR C一中	60.40	0.38	7.95	7.42	1.29	1.57	36.29	13.84	-1.03	4.13	30.15	78.62	328703.95	393197.97	16320.53
366	2057	600562	国睿科技	PR C一中	60.30	0.48	11.25	7.81	0.38	0.44	37.89	209.07	1.77	8.77	-16.89	46.43	897171.5	328207.24	60444.94
367	2062	300870	欧陆通	PR C一中	60.30	1.93	11.23	6.41	0.81	1.4	50.49	10.65	6.17	14.03	-11.35	121.71	374960.71	286999.9	19409.18
368	2069	300145	中金环境	PR C一中	60.30	0.1	8.86	4.22	0.66	1.03	68.4	3.78	3.22	10.96	24.29	38.57	807877.74	543342.95	22567.84
369	2075	836720	吉冈精密	PR C一中	60.20	0.23	9.82	8.16	0.78	1.31	27.72	33.87	14.39	6.18	181.52	245.15	62074.58	45786.32	4269.41
370	2076	430556	雅达股份	PR C一中	60.20	0.26	8.5	7.17	0.54	0.66	19.5	169.55	1.38	40.61	17.69	169.01	66913.91	31415.31	3721.72
371	2080	300823	建科机械	PR C一中	60.20	0.62	5.94	5.61	0.37	0.56	21.86	285.85	5.41	1.52	33.14	74.89	126563.1	46095.05	6431.32
372	2081	300720	海川智能	PR C一中	60.20	0.19	6.16	5.28	0.35	0.44	9.32	112.14	12.62	1.07	1.35	43.66	65390.83	22549.95	3558.96
373	2086	002282	博深股份	PR C一中	60.10	0.24	3.74	3.2	0.41	0.91	11.34	149.43	10.51	-0.33	8.25	35.3	391700.54	160668.42	13121.31
374	2096	836260	中嘉股份	PR C一中	60.10	0.42	10.63	8.9	0.51	0.61	25.67	137.49	4.67	3.06	90.89	135.14	55666.03	28191.85	4333.73
375	2097	601698	中国卫通	PR C一中	60.00	0.08	2.29	2.02	0.12	0.33	14.05	79.58	-4.3	1.41	47.05	109.5	2265566.4	261569.59	50900.8
376	2098	835579	机科股份	PR C一中	60.00	0.43	11.36	5.1	0.54	0.57	57.5	12.34	3.71	124.2	40.84	88.01	117958.11	54043.52	4117.07
377	2099	688557	兰剑智能	PR C一一中	60.00	1.52	10.59	7.27	0.62	0.89	32.77	505.76	6.56	9.67	7.83	32.8	162296.02	97550.45	11043.28

续表

序号	A股上市公司评价得分排序	股票代码	股票简称	综合得分(100)	评价等级	每股收益(元)	净资产收益率(%)	总资产报酬率(%)	总资产周转率(次)	流动资产周转率(次)	资产负债率(%)	已获利息倍数	营业收入增长率(%)	资本扩张率(%)	市场投资回报率(%)	股价波动率(%)	年末资产总额(万元)	营业收入(万元)	净利润(万元)
378	2101	600577	精达股份	60.00	PR C--中	0.21	8.25	5.8	1.62	2.14	52.41	5.45	2.07	0.28	-2.16	26.46	1131273.07	1790586.52	43865.79
379	2112	002812	恩捷股份	60.00	PR C--中	2.68	11.32	7.73	0.28	0.77	39.23	9.03	-4.36	52.12	-60.3	213.63	4720091.66	1204222.98	265021.44
380	2118	002346	柘中股份	60.00	PR C--中	0.68	10.56	8.5	0.27	1.17	33.43	32.04	54.76	7.75	-15.06	45.67	438624.96	112293.79	29723.63
381	2120	002300	太阳电缆	60.00	PR C--中	0.24	9.56	4.85	2.32	3.77	62.96	5.12	3.37	6.98	18.95	45.77	626548.87	1354466.33	17558.93
382	2124	688305	科德数控	59.90	PR C--中	1.09	9.42	7.92	0.32	0.46	24.42	177.47	43.37	9.89	-23.88	83.06	149973.23	45225.61	10171.36
383	2125	605100	华丰股份	59.90	PR C--中	0.64	6	5.17	0.59	1.11	21.47	18901.77	81.56	5.35	18.77	45.9	238029.45	135220.06	10923.75
384	2127	301309	万得凯	59.90	PR C--中	1.04	7.34	5.88	0.43	0.57	14.21	29.36	-11.28	3.11	10.74	27.29	167527.29	68919.32	10324.83
385	2129	300443	金雷股份	59.90	PR C--中	1.4	8.47	7.4	0.33	0.62	12.6	19.02	7.41	69.84	-34.46	123.49	700699.04	194584.78	41179.68
386	2136	002779	中坚科技	59.90	PR C--中	0.36	7.11	5.37	0.71	1.1	28.43	633.25	30.09	6.5	3.12	70.8	97468.03	66661.89	4809.36
387	2138	300747	锐科激光	59.80	PR C--中	0.39	6.93	4.18	0.65	0.92	43.43	19.89	15.4	4.55	-0.54	53.94	584081.04	367971.58	22533.24
388	2141	300390	天华新能	59.80	PR C--中	1.99	14.02	11.78	0.53	0.83	22.88	77.12	-38.54	3.39	-43.26	140.77	1886612.03	1046771.67	211690.09
389	2144	000821	京山轻机	59.80	PR C--中	0.54	9.69	3.4	0.55	0.67	76.55	11.32	48.2	12.03	-12.31	113.73	1606032.98	721383.54	39315.55
390	2146	600592	龙溪股份	59.70	PR C--中	0.42	7.27	5.03	0.52	0.76	35.47	21.24	10.74	7.26	62.83	102.87	369720.71	190414.13	16111.83
391	2148	301361	众智科技	59.70	PR C--中	0.63	6.98	7.16	0.2	0.25	4.1	0	9.79	6.82	2.71	55.65	112916.28	22006.16	7316.88
392	2153	301138	华研精机	59.70	PR C--中	0.63	6.92	5.62	0.37	0.45	25.06	118.75	-2.19	-3.93	21.6	80.21	144688.28	53298.08	7779.4
393	2154	002651	利君股份	59.70	PR C--中	0.12	4.64	3.78	0.32	0.47	18.09	160.58	5.17	3.85	4.13	37.15	329256.04	107267.16	12289.97
394	2173	001225	和泰机电	59.70	PR C--中	1.84	10.48	8.44	0.31	0.38	9.83	1748.06	-22.35	99.41	-39.13	69.33	160547.48	38562.24	11385.92
395	2178	688378	奥来德	59.60	PR C--中	0.84	7.09	5.11	0.24	0.51	19.69	101.49	12.73	6.43	35.4	77.88	221312.05	51727.88	12226.6
396	2185	001239	永达股份	59.60	PR C--中	0.51	10.62	7.99	0.49	0.67	42.53	9.04	-1.46	146.89	401.91	19.53	212856.73	82083.73	9122.5
397	2187	873169	七丰精工	59.50	PR C--中	0.24	6.41	4.93	0.46	0.61	14.39	177.43	-17.49	2.69	65.43	115.2	36221.56	16653.55	1950.23
398	2190	688425	铁建重工	59.50	PR C--中	0.3	9.95	7.35	0.41	0.67	34.93	24.68	-0.73	6.76	0.73	95.01	2544099.31	1002746.69	159386.32
399	2192	301325	曼恩斯特	59.50	PR C--中	3.18	19.3	15.73	0.33	0.38	19.92	166.43	62.76	450.25	-21.15	80.45	373335.54	79503.51	33646.89
400	2195	300943	春晖智控	59.50	PR C--中	0.38	8.23	5.76	0.38	0.5	21.76	1394.69	-5.26	4.35	16.11	57.24	123503.44	46673.32	7876.15
401	2201	002531	天顺风能	59.50	PR C--中	0.44	9.28	5.58	0.35	0.87	63.25	3.47	14.67	7.45	-28.57	69.14	2431056.36	772662.48	78173.25
402	2202	000049	德赛电池	59.50	PR C--中	1.71	10.83	4.17	1.4	2.05	61.35	2.05	-6.73	50.97	-35.08	106.41	1650108.62	2028491.9	51103.76
403	2203	603507	振江股份	59.40	PR C--中	1.29	7.9	6.24	0.65	1.17	60.67	2.79	32.28	9.3	-19.81	119.04	636110.47	384162.25	20389.08
404	2204	300984	金沃股份	59.40	PR C--中	0.49	5.46	3.75	0.78	1.54	45.62	7.24	-5.35	3.29	31.8	48.51	129002.56	98847.57	3770.78
405	2207	301107	瑜欣电子	59.30	PR C--中	0.85	6.84	5.03	0.46	0.82	22.63	55.71	-9.17	2.21	14.77	48.88	119370.09	50885.66	6073.27
406	2210	002465	海格通信	59.30	PR C--中	0.3	5.98	3.87	0.37	0.57	30.59	35.96	14.84	19.76	54.28	81.27	1943386.23	644904.16	73317.29

续 表

A股上市公司评价得分排序 序号	股票代码	股票简称	综合得分(100)	评价等级	每股收益(元)	净资产收益率(%)	总资产报酬率(%)	总资产周转率(次)	流动资产周转率(次)	资产负债率(%)	已获利息倍数	营业收入增长率(%)	资本扩张率(%)	市场投资回报率(%)	股价波动率(%)	年末资产总额(万元)	营业收入(万元)	净利润(万元)
407	2213	000039	中集集团	59.30	PR C--中	0.07	0.87	2.89	0.83	1.55	60.05	2.46	-9.7	3.15	11.39	34.83	16176323.3	12780951.9	186337.4
408	2218	300669	沪宁股份	59.20	PR C--中	0.25	5.56	4.57	0.37	0.61	14.35	64.7	-7.12	2.9	89.51	139.91	103525.62	37580.77	4858.54
409	2255	300629	新劲刚	59.10	PR C--中	0.59	9.73	10.15	0.3	0.49	15.4	48.08	18.75	34.44	3.42	55.61	196239.64	51109.22	14411.4
410	2256	002125	湘潭电化	59.10	PR C--中	0.56	13.69	8.55	0.43	1.18	43.44	8.78	3.01	16.92	-24.22	91.96	501724.6	216346.3	34025.37
411	2257	001288	运机集团	59.10	PR C--中	0.64	5.23	3.63	0.34	0.42	41.4	12.48	15.2	12.67	13.52	42.99	354049.48	105345.59	10181.97
412	2261	688448	磁谷科技	59.00	PR C--中	0.67	5.06	2.98	0.31	0.38	30.23	289.95	20.16	2.22	63.28	104.93	137714.35	41355.6	4806.48
413	2266	688112	鼎阳科技	59.00	PR C--中	0.98	10.18	8	0.3	0.31	6.06	190.18	21.5	5.01	-33.08	97.45	166286.16	48322.8	15526.08
414	2274	600379	宝光股份	59.00	PR C--中	0.21	10.43	4.94	0.89	1.07	51.95	21.9	9.84	8.46	-17.09	58.48	152909.65	134941.91	7244.19
415	2278	603966	法兰泰克	58.90	PR C--中	0.45	10.95	6.19	0.59	0.95	55.44	8.14	6.51	7.12	-16.67	90.85	347830.35	199207.42	16697.17
416	2279	603278	大业股份	58.90	PR C--中	0.33	4.83	2.29	0.77	1.54	64.18	1.51	6.58	27.29	77.87	135.33	728794.6	555592.14	10644.36
417	2298	600031	三一重工	58.90	PR C--中	0.53	6.81	3.45	0.47	0.72	54.25	6.08	-8.49	4.79	-15.65	61.99	15120232	7322172.5	460615.7
418	2305	300802	矩子科技	58.90	PR C--中	0.3	5.65	5.23	0.34	0.42	8.67	55.37	-17.94	40.9	-1.72	68.91	186808.25	56093.78	8134.14
419	2307	002519	银河电子	58.90	PR C--中	0.17	5.96	4.57	0.28	0.37	28.82	2097.86	-13.9	2.4	32.55	63.71	446264.38	112842.46	18472.43
420	2309	603667	五洲新春	58.80	PR C--中	0.4	5.31	4.23	0.68	1.26	36.91	5.14	-2.95	23.55	67.37	157.82	471460.33	310608.02	14384.23
421	2322	301151	冠龙节能	58.80	PR C--中	0.59	4.82	4.29	0.4	0.47	21.46	18.97	13.25	3.49	19.68	89.71	264683.58	105702.92	9850.07
422	2323	301070	开勒股份	58.80	PR C--中	0.42	3.36	2.91	0.37	0.56	21.95	18.8	21.27	3.87	78.09	112.3	105242.14	36858.13	2523.43
423	2331	300667	必创科技	58.80	PR C--中	0.17	2.9	2.18	0.55	0.96	20.1	18.6	24.43	3.98	8.37	47.16	160745.13	89376.21	3717.81
424	2333	688248	南网科技	58.70	PR C--中	0.5	10.44	6.86	0.61	0.69	38.92	119.62	41.77	8.95	-60.73	201.92	461818.1	253731.29	28382.82
425	2335	601608	中信重工	58.60	PR C--中	0.09	4.9	2.44	0.5	0.85	55.11	7.08	8.26	5.04	9.59	30.25	1835116.47	955653.1	39377.99
426	2343	601399	国机重装	58.60	PR C--中	0.06	3.15	1.41	0.38	0.54	51.69	14.22	16.6	3.55	-7.52	30.85	3007252.89	1125804.87	44161.64
427	2350	831627	力王股份	58.50	PR C--中	0.37	7.7	4.29	0.85	1.3	39.33	19.07	6.73	61	-22.27	195.07	73051	58660.75	2764.62
428	2360	301279	金道科技	58.50	PR C--中	0.49	3.72	2.53	0.39	0.77	21.85	187.59	-0.43	-0.07	12.17	44.34	168693.84	65076.01	4910.42
429	2361	002438	江苏神通	58.50	PR C--中	0.53	8.63	5.41	0.37	0.66	43.93	10.78	9.1	10.98	7.38	58.25	584590.92	213303.56	26886.66
430	2363	688009	中国通号	58.40	PR C--中	0.32	7.55	3.68	0.31	0.4	58.93	62.74	-7.96	3.38	-4.21	75.62	11899048.77	3700222.94	401483.47
431	2368	603320	迪贝电气	58.40	PR C--中	0.32	5.14	4.56	0.73	1.29	36.58	4.14	-7.04	3.61	25.09	58.75	129759.9	93002.18	4143.04
432	2371	688623	双元科技	58.30	PR C--中	2.58	10.44	6.61	0.23	0.25	21.52	69.19	15.46	475.35	-45.05	53.48	277594.18	42921.17	13346.06
433	2372	300817	双飞集团	58.30	PR C--中	0.33	5.8	4.75	0.58	1.2	22.07	12.8	5.06	2.53	9.39	71.83	134843.73	75239.95	5488.02
434	2382	688663	新风光	58.20	PR C--中	1.18	13.7	6.92	0.66	0.72	53.26	2834.02	30.5	12.49	-45.98	130.07	275501.67	170082	16619.95
435	2387	605123	派克新材	58.20	PR C--中	4.06	12.07	8.75	0.57	0.74	35.12	43.71	30.06	11.12	-35.54	110.76	661493.69	361830.64	49208.29

续　表

序号	A股上市公司评价得分排序	股票代码	股票简称	综合得分(100)	评价等级	每股收益(元)	净资产收益率(%)	总资产报酬率(%)	总资产周转率(次)	流动资产周转率(次)	资产负债率(%)	已获利息倍数	营业收入增长率(%)	资本扩张率(%)	市场投资回报率(%)	股价波动率(%)	年末资产总额(万元)	营业收入(万元)	净利润(万元)
436	2389	300018	中元股份	58.20	PR C—中	0.13	4.98	5.2	0.32	0.45	12.61	686.83	1.19	2.96	-2.61	34.36	143868.46	44808.54	6342.87
437	2405	002823	凯中精密	58.20	PR C—中	0.27	5.33	4.02	0.8	2.33	61.5	2.18	13.6	4.92	32.56	64.76	382823.56	302397.7	7671.86
438	2406	688059	华锐精密	58.10	PR C—中	2.56	13.32	10.27	0.39	0.87	43.16	7.08	32.02	12.78	-32.22	91.98	221039.24	79427.06	15790.66
439	2410	603135	中重科技	58.10	PR C—中	0.43	7.98	5.26	0.34	0.42	20.86	1017.29	-26.93	106.95	-27.69	50.31	388619.23	111682.24	18199.39
440	2415	601369	陕鼓动力	58.10	PR C—中	0.6	12.07	4.07	0.38	0.47	63.37	13.65	-5.79	7.78	-31.23	102.76	2548022.6	1014291.66	109815.14
441	2418	300430	诚益通	58.10	PR C—中	0.63	8.25	6.28	0.36	0.69	36.39	9.37	20.63	8.57	15.85	51.56	340317.41	117551.09	16776.64
442	2419	300118	东方日升	58.10	PR C—中	1.22	11.09	3.6	0.76	1.42	71.93	4.52	20.22	46.41	-40.3	149.87	5424592.94	3532680.44	138597.39
443	2424	002129	TCL中环	58.10	PR C—中	0.85	8.64	4.73	0.51	1.78	51.83	4.27	-11.74	28	-49.98	175.77	12506304.33	5914646.32	389889.19
444	2436	834682	球冠电缆	58.00	PR C—中	0.59	11.83	7.75	1.43	1.83	54.02	5.29	12.28	5.98	81.89	112.21	231873.55	298251.58	12257.96
445	2438	831305	海希通讯	58.00	PR C—中	0.34	6.17	5.25	0.27	0.32	11.07	91.6	6.66	4.11	54.77	91.69	90750.08	23426.05	4898.18
446	2450	603269	海鸥股份	58.00	PR C—中	0.54	8.75	4.28	0.47	0.56	68.87	7.13	1.95	6.3	45.33	109.65	326257.41	138062.88	8994.4
447	2456	300617	安靠智电	58.00	PR C—中	1.23	7.67	6.85	0.28	0.33	20.58	23.03	23.99	8.08	-18.27	70.3	345368.85	95843.86	19904.86
448	2457	300260	新莱应材	58.00	PR C—中	0.58	13.97	7.57	0.68	1.05	58.91	6.84	3.49	11.38	-12.11	93.74	435029.94	271139.77	23566.56
449	2462	300129	泰胜风能	57.90	PR C—中	0.31	7.01	4.55	0.64	0.82	44.87	20.34	53.93	6.9	42.64	73.59	786911.56	481305.29	29409.62
450	2469	837046	亿能电力	57.80	PR C—中	0.25	7.7	5.59	0.58	0.64	41.27	11.28	12.05	4.75	87.18	122.58	40621.64	22493.34	1795.21
451	2470	688439	振华风光	57.80	PR C—中	3.05	13.69	13.1	0.25	0.28	11.09	395.66	66.54	12.33	-24.03	67.72	536046.77	129712.44	61243.93
452	2472	600967	内蒙一机	57.80	PR C—中	0.5	7.61	3.58	0.43	0.68	51.68	372.76	-30.24	4.4	-0.22	37.96	2374211.6	1000968.72	84260.26
453	2480	600444	国机通用	57.80	PR C—中	0.27	5.97	3.18	0.63	0.73	45.97	71.26	-4.17	3.32	16.47	39.54	126235.89	75501.16	4004.8
454	2487	300757	罗博特科	57.80	PR C—中	0.7	8.32	3.96	0.66	0.99	61.82	7.4	74	12.62	32.75	113.63	256737.84	157153.68	7637.94
455	2488	002046	国机精工	57.80	PR C—中	0.49	8.13	6.28	0.53	1.03	34.68	12.32	-18.98	5.7	1.84	40.01	516628.35	278372.53	27034.83
456	2489	836942	恒立钻具	57.70	PR C—中	0.72	9.97	8.16	0.28	0.31	27.24	213.74	-14.66	10.42	23.24	66.06	64272.13	17408.36	4436.85
457	2490	834062	科润智控	57.70	PR C—中	0.41	11.49	6.57	0.74	1.02	54.34	9.98	15.43	11.83	35.26	77.03	147327.13	100353.58	7297.53
458	2493	603270	金帝股份	57.70	PR C—中	0.74	8.72	6.84	0.47	0.8	26.83	11.46	3.57	135.59	-107.06	61.31	292120.31	113642.47	13672.54
459	2497	300756	金马游乐	57.70	PR C—中	0.31	3.75	1.93	0.36	0.52	33.2	32.33	81.96	29.27	5.14	49.37	211041.64	73845.54	4591.82
460	2499	002209	达意隆	57.70	PR C—中	0.24	7.57	2.98	0.68	0.93	68.75	4.93	11.89	8.05	30.82	65.94	205113.31	128459.04	4662.36
461	2504	688611	杭州柯林	57.60	PR C—中	0.6	5.69	4.48	0.22	0.32	10.24	509.82	6.22	3.48	-0.84	74.74	93960.31	20182.84	4726.44
462	2506	430510	丰光精密	57.60	PR C—中	0.27	8.66	7.12	0.4	1.29	22.25	190.79	-15.27	9.06	208.53	350.61	55134.87	21108.32	3557.57
463	2514	300153	科泰电源	57.60	PR C—中	0.1	3.95	2.27	0.68	0.94	49.91	6.23	24.86	4.31	12.23	45.41	168183.08	109280.06	3103.98
464	2517	002767	先锋电子	57.60	PR C—中	0.05	0.95	0.69	0.57	0.76	26.77	145.1	10.91	0.82	31.85	70.81	111384.44	62400.22	939.64

续 表

A股上市公司评价得分排序序号	A股上市公司评价得分排序	股票代码	股票简称	综合得分(100)	评价等级	每股收益(元)	净资产收益率(%)	总资产报酬率(%)	总资产周转率(次)	流动资产周转率(次)	资产负债率(%)	已获利息倍数	营业收入增长率(%)	资本扩张率(%)	市场投资回报率(%)	股价波动率(%)	年末资产总额(万元)	营业收入(万元)	净利润(万元)
465	2524	001208	华菱线缆	57.50	PR C--中	0.16	5.72	3.07	0.92	1.3	61.25	5.02	15.08	4	-7.01	41.48	397738.96	347005.28	8650.3
466	2527	603656	泰禾智能	57.40	PR C--中	0.06	0.99	0.3	0.35	0.58	19.07	0	6.27	34.43	40.92	47.67	162678.14	50941.2	842.63
467	2536	300726	宏达电子	57.40	PR C--中	1.15	10.23	10.38	0.3	0.38	12.47	604.69	-20.94	7.24	-30.42	93.1	576539.03	170620.74	53039.32
468	2548	603032	德新科技	57.30	PR C--中	0.47	9.49	8.02	0.32	0.71	26.66	14.29	-3.45	16.52	-67.81	277.9	167285.98	56221.57	10933.11
469	2549	300960	通业科技	57.30	PR C--中	0.35	5.61	4.28	0.4	0.45	29.98	17.66	21.4	-0.21	28.67	69.52	91099.52	35881.3	3584.44
470	2557	002892	科力尔	57.30	PR C--中	0.12	4.01	2.96	0.7	1	32.58	9.63	9.45	0.02	94.45	177.64	190407.01	129528.52	4591.61
471	2562	002506	协鑫集成	57.30	PR C--中	0.03	6.74	1.84	1.09	1.9	87.32	1.51	91.15	7.43	-10.16	36.5	1910936.8	1596761.03	15668.36
472	2565	871245	威博液压	57.20	PR C--中	0.4	6.08	4.83	0.62	1.6	34.99	23.3	-0.55	5.28	32	102.3	50017.07	29589.44	1925.85
473	2569	839725	惠丰钻石	57.20	PR C--中	0.76	11.38	9.07	0.59	0.71	25.14	82.23	14.85	9.11	3.89	92.88	86658.85	49551.72	7106.67
474	2572	834639	晨光电缆	57.20	PR C--中	0.2	4.81	2.92	1.14	1.34	52.83	3.18	2.21	0.34	50.44	83.24	175898.86	190599.81	3985.35
475	2575	301226	祥明智能	57.20	PR C--中	0.38	4.54	4.02	0.55	0.75	13.56	570.36	-9.48	0.05	23.86	86.79	104609.28	58177.2	4103.68
476	2577	300515	三德科技	57.20	PR C--中	0.26	7.45	4.97	0.42	0.57	35.06	30998.5	18.01	3.89	-10.99	76.09	115474.4	46454.31	5477.41
477	2578	300105	龙源技术	57.20	PR C--中	0.27	7.35	3.6	0.41	0.55	32.6	5480.25	54.1	1.99	-11.7	56.4	287856.33	112911.41	14123.01
478	2579	001332	锡装股份	57.20	PR C--中	1.53	7.61	5.31	0.39	0.49	34.63	0	6.74	4.11	-27.02	112.96	338182.94	124841.84	16500.48
479	2582	688552	航天南湖	57.10	PR C--中	0.34	5.65	2.68	0.28	0.32	18.4	1840.35	-23.85	178.63	-16.4	25.82	327000.26	72568.68	10245.55
480	2583	301360	荣旗科技	57.10	PR C--中	0.9	6.4	3.55	0.37	0.43	19.3	36.41	1.35	383.15	47.02	92.15	141741.27	36452.55	4420.69
481	2589	300988	津荣天宇	57.10	PR C--中	0.66	8.82	6.09	0.89	1.45	40.87	11.25	6.87	26.09	-3.79	49.23	199970.69	152662.64	8684.24
482	2593	688090	瑞松科技	56.90	PR C--中	0.74	5.56	3.05	0.59	0.79	45.16	9.11	0.97	4.29	25.17	62.03	168977	101567.87	5302.69
483	2595	600560	金自天正	56.90	PR C--中	0.23	5.92	3.01	0.53	0.64	42.3	732.95	29.16	4.55	47.86	77.69	163691.49	94957.79	5533.53
484	2602	300062	中能电气	56.90	PR C--中	0.09	4.06	2.6	0.59	0.82	56.21	3.79	26.47	6.93	1.78	31.05	303801.08	165950.5	5216.43
485	2604	001360	南矿集团	56.90	PR C--中	0.52	9.89	6.51	0.54	0.66	30.97	91.14	6.38	147.45	-24.7	37.48	204179.73	91872.74	10193.32
486	2608	688122	西部超导	56.80	PR C--中	1.16	12.21	7.85	0.36	0.45	44.26	13.88	-1.62	5.89	-23.07	84.09	1208414.52	415878.43	76457.49
487	2616	603090	宏盛股份	56.80	PR C--中	0.54	9.82	8.61	0.83	1.24	29.71	21.47	-2.57	4.91	-20.94	143.67	81951.33	69592.96	5566.17
488	2618	301528	多浦乐	56.80	PR C--中	1.51	8.5	8.66	0.21	0.25	3.23	275.99	-1.41	290.25	-91.88	45.32	150892.09	19926.01	7794.41
489	2626	301456	盘古智能	56.80	PR C--中	0.87	8.03	7.7	0.27	0.32	6.9	1486.9	19.19	200.09	-80.81	59.98	222380.21	40932.34	11072.32
490	2628	300393	中来股份	56.80	PR C--中	0.48	12.68	4.81	0.72	1.28	69.43	3.85	28.01	12.86	-39.63	125.53	1709951.5	1225946.27	59443.43
491	2635	605286	同力日升	56.70	PR C--中	1.23	12.68	9.13	0.74	1	44.46	24.63	-0.79	10.99	-43.01	180.63	369515.26	243305.25	25817.54
492	2636	300257	开山股份	56.70	PR C--中	0.44	7.23	4.82	0.3	1.17	56.38	3.32	10.98	6.83	3.93	57.03	1423946.67	416658.39	43474.67
493	2637	002849	威星智能	56.70	PR C--中	0.15	2.7	2.18	0.55	0.71	44.58	10.45	30.56	1.92	31.7	89.69	235856.04	124366.57	4386.3

续表

序号	A股上市公司评价得分排序	股票代码	股票简称	综合得分(100)	评价等级	每股收益(元)	净资产收益率(%)	总资产报酬率(%)	总资产周转率(次)	流动资产周转率(次)	资产负债率(%)	已获利息倍数	营业收入增长率(%)	资本扩张率(%)	市场投资回报率(%)	股价波动率(%)	年末资产总额(万元)	营业收入(万元)	净利润(万元)
494	2638	600685	中船防务	56.50	PR C——中	0.03	0.3	-0.4	0.33	0.58	61.45	1.64	26.19	4.57	20.01	65.46	5086250.2	1614595.15	7320.8
495	2639	300690	双一科技	56.50	PR C——中	0.53	6.33	5.27	0.43	0.63	20.11	153.46	-27.35	4.62	10.76	56.27	178097.1	74924.31	8775.73
496	2643	002441	众业达	56.50	PR C——中	0.47	5.61	4.84	1.74	2.09	29.35	435.39	-1.76	1.43	-5.71	48.9	651608.38	1191490.13	25985.51
497	2646	002112	三变科技	56.50	PR C——中	0.34	18.01	6.56	0.95	1.21	73.62	3.79	31.76	19.34	32.66	83.66	204700.71	172203.39	8938.96
498	2648	688772	珠海冠宇	56.40	PR C——中	0.31	5.06	0.98	0.55	1.16	66.37	1.25	4.29	8.48	14.21	53.07	2150845.27	1144562.22	19697.15
499	2651	688586	江航装备	56.40	PR C——中	0.24	7.98	5.73	0.34	0.42	30.9	693.97	8.89	4.92	-5.47	45.64	358494.42	121409.55	19298.08
500	2653	002535	林州重机	56.40	PR C——中	0.15	24.53	4.47	0.45	1.11	86.21	2.03	64.1	31.08	86.35	173.33	398898.32	183757.07	11693.87
501	2654	605222	起帆电缆	56.30	PR C——中	1.01	9.7	5.99	1.81	2.15	66.22	3.71	13.1	9.2	-30.14	114.93	1354759.14	2334840.89	42401.01
502	2667	603638	艾迪精密	56.30	PR C——中	0.33	8.63	6.53	0.39	0.76	43.46	7.86	10.39	6.38	7.16	48.63	589021.46	223539.67	27864.86
503	2669	600038	中直股份	56.30	PR C——中	0.75	4.48	1.27	0.84	0.96	63.24	6.73	19.81	1.6	-16.55	52.59	2779529.82	2332992.95	34700.17
504	2672	301163	宏德股份	56.30	PR C——中	0.6	4.45	3.36	0.49	0.81	16.6	31.93	-13.75	2.62	-4.24	38.98	133248.39	69704.44	4877.11
505	2676	300376	易事特	56.30	PR C——中	0.24	8.37	5.74	0.35	0.58	46.35	4.63	1.07	6.86	-9.5	70.9	1368796.38	479258.67	52602.48
506	2677	002979	雷赛智能	56.30	PR C——中	0.45	10.99	6.67	0.63	0.93	42.26	10.51	5.79	9.38	-9.3	84.73	230514.15	141536.77	13864.54
507	2679	600468	百利电气	56.20	PR C——中	0.11	5.91	4.25	0.53	0.79	43.24	8.78	-8.86	4.3	62.81	91.28	394093.81	203524.67	12867.6
508	2684	301320	豪江智能	56.20	PR C——中	0.3	6.23	4.17	0.62	0.92	28.5	55.96	7.65	114.27	-49.15	63.06	144377.9	71551.95	4715.38
509	2685	300751	迈为股份	56.20	PR C——中	3.29	13.47	4.78	0.43	0.5	69.6	36.96	94.99	9.76	-52.01	193.47	2321662.82	808854.92	87451.36
510	2686	688518	联赢激光	56.10	PR C——中	0.85	11.94	4.8	0.56	0.65	56.78	43.89	24.44	69.32	-33.98	128.89	697547.12	351225.76	28619.38
511	2690	603819	神力股份	56.10	PR C——中	0.78	21.08	12.04	0.85	1.12	39.14	7.98	-13.47	16.66	-9.08	47.99	146847.43	127173.73	16501.35
512	2701	603680	今创集团	56.10	PR C——中	0.35	5.6	3.62	0.42	0.61	43.93	6.14	4.62	5.29	18.07	50.72	891395.24	369733.95	25324.15
513	2705	002026	山东威达	56.10	PR C——中	0.37	4.97	3.71	0.46	0.64	34.8	13.47	-4.05	4.43	3.66	50.1	529808.79	236725.13	17993.42
514	2709	301137	哈焊华通	56.00	PR C——中	0.32	4.4	3.3	0.77	1.09	35.27	10.74	0.49	3.34	34.92	80.49	206940.58	157860.08	5799.08
515	2717	300932	三友联众	56.00	PR C——中	0.26	2.73	1.91	0.65	1.32	38.41	4.88	-0.86	1.39	8.84	33.57	285243.87	183639.23	4607.61
516	2726	300421	力星股份	56.00	PR C——中	0.2	4.79	4.06	0.55	1.14	32.43	13.51	2.12	-2.82	34.6	68.65	182535.47	100164.75	5988.33
517	2736	001306	夏厦精密	56.00	PR C——中	1.5	8	5.68	0.37	0.63	29.98	18.41	1.97	168.95	-75.73	11.67	186821.89	52778.94	7174.04
518	2738	688681	科汇股份	55.90	PR C——中	0.12	2.24	1.39	0.45	0.63	23.04	12.7	10.95	0.47	12.72	40.76	74385.47	34401.02	1158.83
519	2739	002073	软控股份	55.90	PR C——中	0.35	6.6	3.06	0.38	0.52	65.27	6.58	-1.54	8.83	-4.53	40.08	1596187.91	564759.52	39537.27
520	2745	603191	望变电气	55.80	PR C——中	0.7	10.07	6.1	0.65	0.98	50.96	18.34	7.57	5.45	-35.17	110.77	487524.19	271778.88	23201.81
521	2749	600879	航天电子	55.80	PR C——中	0.18	2.92	1.65	0.41	0.49	49.08	4.26	7.16	23.26	12.6	34.06	4643638.08	1872748.62	59079.81
522	2757	688097	博众精工	55.70	PR C——中	0.88	9.84	5.86	0.63	0.74	46.5	8.31	0.59	10.74	12.34	70.79	782240.22	483985	38418.38

续 表

序号	A股上市公司评价得分排序	股票代码	股票简称	综合得分(100)	评价等级	每股收益(元)	净资产收益率(%)	总资产报酬率(%)	总资产周转率(次)	流动资产周转率(次)	资产负债率(%)	已获利息倍数	营业收入增长率(%)	资本扩张率(%)	市场投资回报率(%)	股价波动率(%)	年末资产总额(万元)	营业收入(万元)	净利润(万元)
523	2760	601177	杭齿前进	55.70	PR C—中	0.53	9.45	5.45	0.41	1.02	49.25	7.42	-14.28	9.36	27.98	66.16	478309.76	188255.92	21755.38
524	2768	301053	远信工业	55.70	PR C—中	0.22	3.14	2.32	0.5	0.82	42.11	28.57	-13.5	3.01	34.07	53.96	104298.59	48798.72	2323.05
525	2771	300971	博亚精工	55.60	PR C—中	0.79	6.95	5.35	0.34	0.49	23.21	105.49	3.16	3.5	22.2	47.71	129192.13	42769.88	6564.79
526	2775	300922	天秦装备	55.60	PR C—中	0.21	3.68	3.57	0.16	0.22	8.62	0	4.51	1.86	22.02	63.14	96529.64	15457.94	3218.89
527	2778	300126	锐奇股份	55.60	PR C—中	0.01	0.37	-0.13	0.38	0.58	18.95	238.13	15.29	0.04	23.23	48.63	134760.06	50118.11	405.35
528	2781	688686	奥普特	55.50	PR C—中	1.59	6.85	6.36	0.31	0.37	5.55	1073.67	-17.27	3.57	-16.9	115.74	304714.03	94387.09	19370.87
529	2783	301439	泓淋电力	55.50	PR C—中	0.59	11.35	7.5	0.88	1.14	26.41	61.64	8.31	197.45	-47.98	70.51	385966.34	247930.36	21311.79
530	2784	301083	百胜智能	55.50	PR C—中	0.2	4.41	2.87	0.4	0.53	19.21	1416.7	-4.65	3.97	57.42	151.4	101947.6	38826.1	3457.63
531	2795	301032	新柴股份	55.50	PR C—中	0.13	2.94	0.62	0.92	1.23	58.33	10.97	10.58	2.35	32.73	56.87	265111.94	231588.45	3014.78
532	2796	300450	先导智能	55.50	PR C—中	1.13	15.45	5.48	0.49	0.56	66.43	95.52	19.35	6.51	-35.09	132.47	3529333.03	1662836.1	177077.72
533	2797	300402	宝色股份	55.50	PR C—中	0.29	6.14	3.17	0.72	0.91	45.29	4.94	21.04	110.17	-4.83	49.79	258880.03	170566.16	6412.22
534	2800	002709	天赐材料	55.50	PR C—中	0.99	14.6	9.99	0.62	1.23	43.36	12.95	-30.97	5.78	-43.43	151.17	2397686.99	1540463.95	184222.16
535	2805	688377	迪威尔	55.40	PR C—中	0.74	8.47	6.78	0.5	0.87	30.99	34.04	23.12	7.41	-37.37	125.43	252498.28	121006.69	14243.26
536	2806	688333	铂力特	55.40	PR C—中	0.89	4.5	3.3	0.26	0.38	27.37	6.47	34.24	211.87	10.4	61.09	656744.08	123238.71	14159.36
537	2807	688239	航宇科技	55.40	PR C—中	1.3	12.65	7.55	0.66	1	50.06	8.49	44.69	36.57	-40.4	118.96	340882.64	210384.82	18427.66
538	2809	603015	弘讯科技	55.40	PR C—中	0.16	4.76	3.61	0.35	0.63	32.63	7.12	-1.57	4.27	41.7	80.5	205488.48	72142.17	6357.31
539	2819	600875	东方电气	55.40	PR C—中	1.14	9.83	3.34	0.5	0.83	65.96	63.17	9.94	6.72	-33.76	82.53	12110837.33	5956652.66	364370.93
540	2823	300931	通用电梯	55.40	PR C—中	0.05	1.55	0.47	0.42	0.54	39.96	223.63	10.34	1.52	22.84	48.41	117316.02	47102.09	1049.19
541	2829	688523	航天环宇	55.30	PR C—中	0.34	11.27	8.56	0.25	0.45	26.89	329.81	13.65	129.57	-35.16	46.85	232853.73	45620.44	13824.1
542	2832	603969	银龙股份	55.30	PR C—中	0.2	7.86	6.6	0.83	1.04	32.41	15.48	11.57	7.16	19.36	67.02	336659.3	274864.19	18214.85
543	2836	600495	晋西车轴	55.30	PR C—中	0.02	0.63	0.45	0.32	0.52	17.92	0	3.01	0.34	18.24	40.09	395951.17	128273.81	2035.03
544	2840	600391	航发科技	55.30	PR C—中	0.15	3.08	2.52	0.67	0.99	64.5	3.49	18.85	15.56	4.54	51.52	713249.66	451778.82	10716.54
545	2841	002890	弘宇股份	55.30	PR C—中	0.16	3.68	3.16	0.49	0.67	19.95	0	-8.39	1.64	18.14	40.75	73741.07	36422.87	2154.07
546	2845	601218	吉鑫科技	55.20	PR C—中	0.14	4.6	4.39	0.37	0.72	22.38	6.11	-21.12	3.32	-1.46	30.35	373908.08	138974.67	13123.24
547	2846	300950	德固特	55.20	PR C—中	0.26	5.98	3.99	0.31	0.39	40.75	77.05	-4.19	4.7	-9.97	54.4	111554.88	30998.71	3866.23
548	2848	300351	永贵电器	55.20	PR C—中	0.26	4.44	2.34	0.49	0.65	26.17	0	0.53	3.79	30.47	118.52	319877.3	151837.26	9672.22
549	2850	002689	远大智能	55.10	PR C—中	0.03	2.69	1.94	0.69	1.02	38.82	163.27	35.16	2.19	-8.44	59.87	190196.04	133575.01	3101.31
550	2851	002526	山东矿机	55.10	PR C—中	0.1	5.81	4.9	0.59	0.83	35.53	22.54	12.17	5.85	28.92	47.4	478355.57	269757.25	17335.17
551	2852	000519	中兵红箭	55.10	PR C—中	0.59	8.17	5.34	0.4	0.59	32.58	78.13	-8.9	7.97	-29.39	121.87	1561768.33	611591.52	82833.03

续表

序号	A股上市公司评价得分排序	股票代码	股票简称	综合得分(100)	评价等级	每股收益(元)	净资产收益率(%)	总资产报酬率(%)	总资产周转率(次)	流动资产周转率(次)	资产负债率(%)	已获利息倍数	营业收入增长率(%)	资本扩张率(%)	市场投资回报率(%)	股价波动率(%)	年末资产总额(万元)	营业收入(万元)	净利润(万元)
552	2871	688056	莱伯泰科	55.00	PR C——中	0.41	3.29	2.5	0.42	0.53	15.45	532.49	17.18	2.74	-21.41	75.5	100449.8	41599.5	2756.25
553	2873	603273	天元智能	55.00	PR C——中	0.36	10.03	5.54	0.68	0.81	39.93	533.6	-16.53	148.69	-186.75	52.78	143002.48	82275.85	6039.47
554	2882	301317	鑫磊股份	55.00	PR C——中	0.4	8.13	2.5	0.52	0.73	50.88	746.71	9.25	175.94	-18.92	69.42	227442.2	77834.66	6117.95
555	2886	688400	凌云光	54.90	PR C——中	0.35	4.17	1.3	0.52	0.65	21.99	56.69	-3.92	1.79	3.16	101.31	508519.5	264093.08	15007.2
556	2888	300763	锦浪科技	54.90	PR C——中	1.98	12.99	5.75	0.33	1.24	64.08	4.34	3.59	82.66	-61.61	232.67	2159230.68	610083.7	77935.74
557	2892	831961	创远信科	54.80	PR C——中	0.24	4.62	2.57	0.24	0.8	35.34	9.64	-14.98	6.79	27.32	104.53	117901.11	27035.06	3193.75
558	2896	688577	浙海德曼	54.80	PR C——中	0.54	3.37	2.21	0.47	0.89	39.16	9.56	5.16	2.17	109.38	175.31	145192.8	66356.14	3013.37
559	2908	603728	鸣志电器	54.80	PR C——中	0.34	5.05	4.05	0.66	1.11	25.68	11.91	-14.09	5.1	71.89	158.44	384155.96	254279.11	14193.81
560	2921	301210	金杨股份	54.80	PR C——中	0.85	4.9	4.35	0.59	1.16	15.39	11.6	-9.73	153.68	-21.92	33.69	228591.9	110974.45	7603.06
561	2922	603289	泰瑞机器	54.70	PR C——中	0.29	6.25	4.71	0.46	0.81	40.35	21.28	-15.51	3.36	13.9	47.85	233926.37	100194.51	8583.68
562	2924	300400	劲拓股份	54.70	PR C——中	0.16	5.12	2.97	0.59	0.8	32.13	69.17	-8.98	6.98	-6.06	52.06	118632.11	72014.67	3617.52
563	2925	300112	万讯自控	54.70	PR C——中	0.08	2.1	2.44	0.63	1.02	30.5	3.18	2.67	-2.51	23.89	48.85	179199.87	112714.46	3004.2
564	2928	002957	科瑞技术	54.70	PR C——中	0.42	6.14	4.18	0.47	0.66	46.6	14.61	-11.98	2.51	22.42	56.53	590334.8	285735.89	22562.77
565	2934	002150	通润装备	54.70	PR C——中	0.18	3.99	4.96	0.8	1.16	55.25	15.6	50.06	5.54	-22.43	160.14	416609.41	251798.31	10156.68
566	2936	002090	金智科技	54.70	PR C——中	0.15	4.46	1.6	0.58	0.7	49.48	12.04	5.8	17.03	-26.5	82.39	292094.5	161642.61	6251.09
567	2938	002074	国轩高科	54.70	PR C——中	0.53	3.86	2.04	0.38	0.79	71.9	1.82	37.11	7.34	-28.67	84.09	9359265.21	3160549	96909.89
568	2940	002008	大族激光	54.70	PR C——中	0.78	5.64	2.64	0.43	0.58	52.1	4.42	-5.82	6.26	-20.83	83.85	3420036.37	1409110.18	91112.26
569	2947	873152	天宏锂电	54.60	PR C——中	0.12	5.85	3.6	0.91	1.06	30.42	16.4	-18.8	84.01	76.12	144.41	37746.41	28747.33	1088.99
570	2951	688682	霍莱沃	54.60	PR C——中	0.37	4.17	4.02	0.43	0.51	23.76	27.9	17.26	3.29	-17.6	93.07	91620.48	39423.68	4126.23
571	2960	603988	中电电机	54.60	PR C——中	0.18	6.66	4.49	0.66	0.77	40.23	18.62	-11.93	4.94	16.04	39.32	111183.22	75738.21	4320.7
572	2963	600893	航发动力	54.60	PR C——中	0.53	3.65	2.06	0.46	0.68	56.05	6.77	17.89	6.23	-14.69	61.18	9979555.21	4373388.19	151901.13
573	2987	600114	东睦股份	54.60	PR C——中	0.32	7.85	4.66	0.58	1.56	56.89	2.8	3.62	1.61	74.56	162.56	676906.95	386108.19	19416.49
574	2991	300447	全信股份	54.60	PR C——中	0.43	6.86	5.62	0.38	0.47	27.45	64.66	-5.05	7.65	-9.93	61.96	278338.09	103650.92	13351.71
575	2996	002559	亚威股份	54.60	PR C——中	0.18	5.69	1.92	0.45	0.64	59.13	5.04	5.35	-1.42	55.42	117.71	439768.94	192812.22	8247.2
576	2997	688255	凯尔达	54.50	PR C——中	0.23	2.28	1.63	0.4	0.46	12.68	0	22.3	-4.61	4.5	68.08	121968.4	48170.1	2487.05
577	3001	688063	派能科技	54.50	PR C——中	2.97	7.46	5	0.33	0.45	21.44	21.71	-45.13	121.12	-67.12	237.51	1213084.81	329944.12	51563.16
578	3003	300557	理工光科	54.40	PR C——中	0.35	2.7	1.34	0.37	0.44	39.64	166.97	10.94	2.67	8.43	57.34	168249.29	60409.99	3528.7
579	3010	300084	海默科技	54.40	PR C——中	0.08	3.09	3.44	0.36	0.59	47.14	2.11	18.56	4.68	63.63	73.25	205928.73	74386.97	3349
580	3011	002471	中超控股	54.40	PR C——中	0.2	16.62	5.81	1.08	1.41	70.27	3.29	3.74	20.32	7.38	47.17	568006.93	611100.72	24865.62

续 表

序号	A股上市公司评价得分排序	股票代码	股票简称	综合得分(100)	评价等级	每股收益(元)	净资产收益率(%)	总资产报酬率(%)	总资产周转率(次)	流动资产周转率(次)	资产负债率(%)	已获利息倍数	营业收入增长率(%)	资本扩张率(%)	市场投资回报率(%)	股价波动率(%)	年末资产总额(万元)	营业收入(万元)	净利润(万元)
581	3026	002340	格林美	54.40	PR C——中	0.18	5.02	4.08	0.63	1.31	58.76	2.99	3.87	3.98	-28.5	77.32	5263237.98	3052863.47	116207.95
582	3031	831856	浩淼科技	54.30	PR C——中	0.1	1.83	1.47	0.69	0.95	31.19	2.98	6.06	0.79	72.4	99.5	64353.1	47702.89	779.55
583	3035	688459	哈铁科技	54.30	PR C——中	0.23	3.36	2.15	0.24	0.27	15.33	825.06	6.65	2.25	4.19	24.3	405303.05	96934.57	11594.16
584	3041	600435	北方导航	54.30	PR C——中	0.13	7.4	3.79	0.52	0.63	52.38	4498.86	-7.16	7.3	-9.72	47.11	728827.05	356454.8	25039.11
585	3044	600072	中船科技	54.30	PR C——中	0.11	2.17	1.85	0.52	0.88	76.36	1.3	332.5	161.35	53.88	159.77	4808079.34	1448624.06	14197.07
586	3046	300069	金利华电	54.30	PR C——中	0.07	3.2	2.8	0.47	0.84	33.08	4.86	54.76	3.12	20.78	43.36	38668.24	18321.47	898.3
587	3052	301268	铭利达	54.20	PR C——中	0.8	13.34	7.69	0.79	1.29	54.27	8.05	26.42	16.57	-51.96	177.38	563960.23	406952.48	31960.86
588	3055	300619	金银河	54.20	PR C——中	1.05	7.26	4.26	0.58	0.87	62.68	3.22	23.79	81.01	-12.49	50.9	460523.21	225184.53	8344.68
589	3056	300080	易成新能	54.20	PR C——中	0.02	0.72	1.24	0.65	1.25	54.41	1	-12.1	18.43	-2.45	50.15	1684134.09	988420.7	2760
590	3062	003009	中天火箭	54.20	PR C——中	0.62	6.1	3.28	0.39	0.52	47.16	14.32	-4.5	5.36	13.33	58.21	305768.12	118008.94	9601.27
591	3064	002623	亚玛顿	54.20	PR C——中	0.43	2.58	1.96	0.71	1.19	37.82	3.96	14.52	0.72	-15.81	70.21	526483.07	362834.59	8659.47
592	3069	688297	中无人机	54.10	PR C——中	0.45	5.22	3.1	0.35	0.36	20.59	88.89	-3.94	1.55	-17.13	57.38	736239.76	266396.07	30257.36
593	3073	301516	中远通	54.10	PR C——中	0.31	5.37	3.8	0.64	0.9	26.06	11.86	-17.72	49.62	-322.99	28.52	199260.55	118410.82	6601.04
594	3092	000856	冀东装备	54.10	PR C——中	0.14	7.71	2.67	1.35	1.6	79.16	8.44	-8.71	5.91	13.52	34.87	212553.6	292092.92	3695.74
595	3095	873693	阿为特	54.00	PR C——中	0.36	7.41	6.29	0.52	0.8	18.02	21.52	-11.16	16.07	-205.35	72.4	40724.03	20738.47	2308.95
596	3100	871478	巨能股份	54.00	PR C——中	0.36	12.42	7.43	0.55	0.67	43.21	9.63	-21.09	104.41	-0.95	116.51	46958.22	21653.44	2465.96
597	3107	688636	智明达	54.00	PR C——中	1.28	9.31	6.55	0.44	0.58	29.16	29.15	22.58	10.58	-14.03	123.88	153362.7	66300.03	9625.6
598	3113	688379	华光新材	54.00	PR C——中	0.48	4.54	3.84	0.78	1.03	51.96	2.3	15.96	4.44	8.74	38.38	194910.21	141516.41	4160.28
599	3114	600525	长园集团	54.00	PR C——中	0.07	1.67	2.44	0.58	1.04	62.62	1.83	11.47	4.41	9.42	40.93	1551345.79	848627.94	9385.34
600	3122	300307	慈星股份	54.00	PR C——中	0.15	4	2.34	0.44	0.78	39.14	8.53	6.9	7.57	27.58	90.56	479064.69	203202.89	10947.19
601	3133	002580	圣阳股份	54.00	PR C——中	0.38	8.95	5.97	0.9	1.37	32.03	26.12	0.61	8.46	-15.05	49.45	319045.36	281329.88	16912.35
602	3135	000927	中国铁物	54.00	PR C——中	0.09	6.59	2.92	1.71	2.09	60.08	9.64	-17.28	5.41	-6.4	39.02	2498430.9	4506777.76	63477.28
603	3138	688511	天微电子	53.90	PR C——中	0.63	6.03	6.09	0.15	0.17	10.97	0	24.9	7	6.76	45.5	95681.1	14048.27	4970.43
604	3142	600843	上工申贝	53.90	PR C——中	0.13	2.77	3.62	0.65	0.99	39.26	4.33	13.85	3.84	17.23	40.65	589563.94	379008.18	10914.94
605	3145	300281	金明精机	53.90	PR C——中	0.02	0.53	0.25	0.31	0.58	14.88	362.29	-3.79	0.73	18.37	36.66	150007.34	45449.11	671.55
606	3146	688531	日联科技	53.80	PR C——中	1.53	6.19	5.19	0.27	0.31	8.6	554.76	21.19	651.17	-61.34	122.25	356611.88	58739.28	11423.84
607	3154	600973	宝胜股份	53.80	PR C——中	0.02	0.83	2.09	2.01	3.01	77.79	1.12	5.59	2.49	-3.28	27.57	2239412.72	4379833.75	4557.98
608	3161	001283	豪鹏科技	53.80	PR C——中	0.62	2.09	0.75	0.67	1.21	70.05	1.51	29.53	13.8	-3.6	75.26	855375.74	454080.92	5029.78
609	3175	600320	振华重工	53.70	PR C——中	0.1	3.36	1.62	0.4	0.78	77.77	1.79	9.08	4.11	2.48	51.57	8486457.61	3293326.38	64654.46

续表

序号	A股上市公司评价得分排序	股票代码	股票简称	综合得分(100)	评价等级	每股收益(元)	净资产收益率(%)	总资产报酬率(%)	总资产周转率(次)	流动资产周转率(次)	资产负债率(%)	已获利息倍数	营业收入增长率(%)	资本扩张率(%)	市场投资回报率(%)	股价波动率(%)	年末资产总额(万元)	营业收入(万元)	净利润(万元)
610	3177	301125	腾亚精工	53.70	PR C一中	0.05	0.79	0.49	0.52	1.44	38.08	0.98	6.43	5.54	12.36	49.72	106930.68	46257.13	49.69
611	3184	002985	北摩高科	53.70	PR C一中	0.66	7.07	6.49	0.22	0.28	16.2	113.05	-4.39	7.46	-24.3	85.02	457591.54	95401.63	25588.04
612	3201	000768	中航西飞	53.70	PR C一中	0.31	4.83	0.94	0.49	0.61	75.85	25.87	7.01	21.14	-12.81	49.46	8092078.1	4030123.21	86097.03
613	3206	688629	华丰科技	53.60	PR C一中	0.17	6.14	2.13	0.4	0.57	40.73	5.95	-8.17	73.58	-10.93	50.56	256968.38	90363.95	6725.57
614	3214	300263	隆华科技	53.60	PR C一中	0.14	4.06	3.56	0.4	0.72	48.07	3.52	7.22	2.61	-5.27	46.01	632349	246715.39	14226.12
615	3215	300207	欣旺达	53.50	PR C一中	0.58	4.99	0.62	0.62	1.1	59.07	1.23	-8.24	23.33	-31.67	105.64	7926125.95	4786222.7	33074.62
616	3220	002598	山东章鼓	53.50	PR C一中	0.34	9.29	5.49	0.74	1	54.98	8.28	6.93	15.94	-12.46	67	284698	200460.99	11439.93
617	3229	002337	赛象科技	53.50	PR C一中	0.11	5.25	3.14	0.36	0.42	32.43	66.03	40.78	4.02	20.32	50.42	193795.65	67735.01	6318.27
618	3232	301120	新特电气	53.40	PR C一中	0.19	4.39	3.74	0.27	0.33	4.5	184.78	-0.81	2.05	-11.88	76.25	166851.8	44817.04	6710.25
619	3235	002857	三晖电气	53.40	PR C一中	0.05	1.12	-0.04	0.46	0.58	31.43	4.06	67.07	0.44	10.88	68.85	77236.53	32615.68	128.39
620	3237	301388	欣灵电气	53.30	PR C一中	0.42	4.29	2.41	0.34	0.47	20.38	17.06	-9.62	-1.62	0.52	41.64	127140.21	43506.03	4498.4
621	3238	300099	尤洛卡	53.30	PR C一中	0.18	5.58	4.69	0.24	0.39	11.68	149.85	-12.28	-3.29	4.31	32.39	263866.25	66797.66	11729.16
622	3240	002933	新兴装备	53.30	PR C一中	0.12	0.98	0.77	0.2	0.24	39.78	2.99	118.33	2.46	29.63	51.64	245299.21	41649.25	1241.98
623	3249	603583	捷昌驱动	53.20	PR C一中	0.54	5.08	3.05	0.45	0.74	38.45	5.65	0.91	3.94	-23.51	113.06	670829.67	303399.1	20447.17
624	3250	300827	上能电气	53.20	PR C一中	0.81	20.53	5.38	0.85	0.96	74.6	11.66	110.93	71.48	-37.48	132.24	694054.92	493266.31	28535.13
625	3251	688001	华兴源创	53.10	PR C一中	0.54	6.2	4.44	0.33	0.57	29.31	9.08	-19.78	3.57	26.24	57.46	556710.86	186104.2	23966.8
626	3252	600501	航天晨光	53.10	PR C一中	0.17	3.19	1.7	0.63	0.9	56.36	7.83	-7.91	0.88	23.03	73.31	573595.25	381768.88	8344.13
627	3253	002692	远程股份	53.10	PR C一中	0.07	4.68	3.89	1.24	1.56	59.51	2.53	6.07	4.87	18.35	62.23	271716.65	320148.6	5112.48
628	3255	835985	海泰新能	53.00	PR C一中	0.44	10.63	4.99	1.08	1.46	64.43	7.11	-35.76	4.3	4.71	134.57	374913.73	410333.07	13447.93
629	3256	688155	先惠技术	53.00	PR C一中	0.52	3.45	4.12	0.54	0.8	67.34	4.69	35.63	9.42	0.43	65.47	458552.5	244837.81	12648.45
630	3266	301368	丰立智能	53.00	PR C一中	0.2	2.49	1.3	0.34	0.58	20.7	104.1	0.12	0.94	130.04	252.18	122364.21	42932.09	2409.07
631	3272	300480	光力科技	53.00	PR C一中	0.2	4.86	4.2	0.34	0.5	29.98	7.3	7.54	4.08	35.79	70.6	208647.1	66083.49	6938.94
632	3274	836807	奔朗新材	52.90	PR C一中	0.21	4.05	2.49	0.45	0.6	25.92	18.07	-19.21	-1.23	36.15	71.91	127286.84	57394.65	3538.7
633	3282	688597	煜邦电力	52.90	PR C一中	0.17	4.05	2.46	0.35	0.52	44.21	4.37	-9.75	15.3	-15.78	69.63	178937.43	56179.04	3710.97
634	3283	688226	威腾电气	52.90	PR C一中	0.77	12.38	7.48	1.15	1.42	65.11	5.95	74.03	14.47	-39.27	141.09	310081	284766.4	13394.52
635	3284	603861	白云电器	52.90	PR C一中	0.25	3.86	2.31	0.5	0.92	65.26	2.68	24.97	3.09	25.92	68.08	893169.47	433047.62	10842.92
636	3287	301161	唯万密封	52.90	PR C一中	0.31	4.01	3.61	0.35	0.42	9.65	280.09	6.69	1.84	-13.24	70.98	103214.59	36319.69	3709.1
637	3301	000530	冰山冷热	52.90	PR C一中	0.06	1.63	1.17	0.61	0.95	61.97	2.72	66.46	1.43	17.58	49.12	816284.83	481594.15	5417.45
638	3303	002733	雄韬股份	52.80	PR C一中	0.36	5.18	3.59	0.67	0.97	44.33	4.82	-11.72	3.33	-14.99	70.64	507465.45	360014.74	13600.55

续 表

A股上市公司评价得分排序 序号	A股上市公司评价得分排序	股票代码	股票简称	综合得分(100)	评价等级	每股收益(元)	净资产收益率(%)	总资产报酬率(%)	总资产周转率(次)	流动资产周转率(次)	资产负债率(%)	已获利息倍数	营业收入增长率(%)	资本扩张率(%)	市场投资回报率(%)	股价波动率(%)	年末资产总额(万元)	营业收入(万元)	净利润(万元)
639	3304	600545	卓郎智能	52.70	PR C一中	0.02	1.11	2.23	0.61	1.01	56.81	1.9	17.89	6.14	-5.61	59.58	989291.7	602359.2	7303.8
640	3340	300549	优德精密	52.70	PR C一中	0.13	3.16	2.72	0.48	0.75	19.93	10.73	-13.85	0.24	51.09	175.43	68595.63	34176.24	1733.42
641	3342	002175	东方智造	52.70	PR C一中	0.03	8.22	6.92	0.4	1.05	19.08	19.63	0.4	18.44	-21.45	61.96	71446.96	27470.9	4299.05
642	3343	688032	禾迈股份	52.60	PR C一中	6.16	8.01	6.33	0.28	0.32	11.74	266.8	31.86	-0.46	-54.96	231.03	722769.73	202600.32	51341.26
643	3347	688005	容百科技	52.60	PR C一中	1.27	7.42	3.28	0.9	1.41	58.32	6.2	-24.78	20.08	-45.31	158.72	2463909.66	2265727.47	62759.11
644	3349	301266	宇邦新材	52.60	PR C一中	1.46	10.07	7.53	1.04	1.16	47.69	7.72	37.36	17.57	-37.92	144.86	310445.5	276217.54	15133.47
645	3350	301238	瑞泰新材	52.60	PR C一中	0.64	6.7	5.17	0.35	0.43	31.57	34.78	-39.39	6.77	-25.54	102.89	1094774.67	371833.01	51251.91
646	3358	301168	通灵股份	52.60	PR C一中	1.37	8.16	5.66	0.5	0.61	35.78	46.58	23.35	7.95	-43.11	147.03	326958.27	154037.95	16498.89
647	3360	300045	华力创通	52.60	PR C一中	0.03	1.02	1.24	0.3	0.48	26.77	12.37	84.27	1.18	266.44	375.65	238815.33	70962.84	1866.86
648	3366	688778	厦钨新能	52.50	PR C一中	1.25	6.29	4.58	1.2	1.83	34.43	5.48	-39.79	5.86	-33	96.5	1348104.35	1731087.33	52949.18
649	3367	603800	道森股份	52.50	PR C一中	0.99	22.62	9.6	0.61	0.78	73.69	15.67	2.18	-21.18	-4.71	68.31	362052.51	223723.53	27879.88
650	3369	300540	蜀道装备	52.50	PR C一中	0.2	3.3	1.51	0.42	0.62	41.41	0	179.65	4.52	40.37	80.78	174061.55	66835.37	3277.24
651	3375	002625	光启技术	52.50	PR C一中	0.27	6.84	5.2	0.16	0.2	9.8	0	27.98	7.18	-16.08	64.3	977878.39	149430.81	58313.88
652	3383	300509	新美星	52.40	PR C一中	0.08	3.79	1.18	0.47	0.56	67.28	14	21.65	-1.79	28.78	50.7	208104.46	92863.88	2596.1
653	3384	002977	天箭科技	52.40	PR C一中	0.42	4.63	3.64	0.12	0.15	22.26	0	-51.21	3.16	16.41	47.72	141370.84	16723.15	5004.82
654	3390	603618	杭电股份	52.30	PR C一中	0.2	4.76	3.11	0.76	1.04	69.75	1.97	-9.52	3.82	18.62	37.91	989327.63	736584.23	14065.32
655	3402	002196	方正电机	52.30	PR C一中	0.2	7.51	3.41	0.63	1.19	65.41	5.15	7.09	10.66	-11.89	57.13	407726.04	249597.48	9953.6
656	3411	000852	石化机械	52.30	PR C一中	0.1	3.13	2.01	0.84	1.04	68.66	2.24	8.33	3.07	4.05	49.41	1004417.01	839801.17	10875.25
657	3414	688215	瑞晟智能	52.20	PR C一中	0.28	2.52	2.58	0.51	0.8	35	13.19	21.61	3.38	11.32	35.4	74299.85	37216.27	1541.15
658	3426	301517	陕西华达	52.20	PR C一中	0.92	8.17	4.98	0.41	0.51	43.58	6.37	6.14	111.56	-113.94	35.01	243400.3	85139.99	8164.16
659	3428	002445	中南文化	52.20	PR C一中	0.05	6.3	4.7	0.27	0.4	17.04	460.82	9.9	12.76	-3.28	39.56	264742.12	72103.37	12920.63
660	3435	301510	固高科技	52.10	PR C一中	0.14	5.17	4.46	0.36	0.51	8.81	96.74	16.02	70.17	-113.54	62.28	137574.66	40417.59	5129.71
661	3442	002451	摩恩电气	52.10	PR C一中	0.04	2.15	2.54	0.66	1.01	48.18	1.82	0.94	0.62	17.1	51.85	165200.27	108858.83	1805.68
662	3447	688503	聚和材料	52.00	PR C一中	2.67	9.34	7.34	1.55	1.67	34.36	246.45	58.21	8.2	-49.68	124.45	749575.17	1029036.57	44110.55
663	3454	600869	远东股份	52.00	PR C一中	0.14	7.13	3.55	1.25	1.75	76.32	2.1	12.85	7.21	-17.33	65.03	2007825.73	2446475.27	30011.83
664	3463	301023	江南奕帆	52.00	PR C一中	0.86	5.73	5.15	0.19	0.23	8.38	938.8	-4.7	-4.84	2.06	42.24	88409.99	17457.31	4643.39
665	3465	300161	华中数控	52.00	PR C一中	0.14	1.64	1.53	0.52	0.74	57.56	1.88	27.13	1.06	39.48	138.55	442066.13	211446.26	2315.55
666	3466	002364	中恒电气	52.00	PR C一中	0.07	1.73	0.67	0.47	0.67	29.42	7.6	-3.33	3.47	6.5	32	330202.05	155543.96	4246.13
667	3468	600212	绿能慧充	51.90	PR C一中	0.03	4.75	1.62	0.71	0.92	53.67	9.07	127.12	326.86	-7.92	85.19	129344.75	65047.22	1643.8

续表

序号	A股上市公司评价得分排序	股票代码	股票简称	综合得分(100)	评价等级	每股收益(元)	净资产收益率(%)	总资产报酬率(%)	总资产周转率(次)	流动资产周转率(次)	资产负债率(%)	已获利息倍数	营业收入增长率(%)	资本扩张率(%)	市场投资回报率(%)	股价波动率(%)	年末资产总额(万元)	营业收入(万元)	净利润(万元)
668	3471	301338	凯格精机	51.90	PR C——中	0.49	3.74	1.14	0.37	0.41	33.42	251.15	-5.04	1.55	7.29	60.58	214403.07	74002.14	5497.71
669	3473	300521	爱司凯	51.90	PR C——中	-0.04	-1.21	-0.81	0.27	0.61	13.33	0	22.9	-1.18	26.75	44.75	58372.56	15932.53	-604.03
670	3475	603029	天鹅股份	51.80	PR C——中	0.54	7.95	3.31	0.34	0.43	61.79	14.89	8.79	6.16	-29.55	82.41	221845.2	70416.35	6539.63
671	3484	601700	风范股份	51.80	PR C——中	0.06	2.61	1.45	0.54	0.79	60.55	1.83	25	16.64	-9.55	37.66	778464.33	342379.43	7592.28
672	3492	600764	中国海防	51.80	PR C——中	0.43	3.89	2.99	0.32	0.4	28.8	15.41	-16.31	7.04	5.38	51.55	1169684.54	359159.97	32588.87
673	3493	300923	研奥股份	51.70	PR C——中	0.6	4.09	3.69	0.32	0.4	9.19	196.95	0.23	1.16	21.4	44.61	127328.04	42360.88	4701.47
674	3495	300007	汉威科技	51.60	PR C——中	0.4	4.66	2.75	0.37	0.68	48.65	6.64	-4.5	1.98	17.49	67.91	619435.72	228723.46	13279.72
675	3508	871642	通易航天	51.50	PR C——中	0.16	6.38	3.71	0.38	0.68	47.31	3.62	0.39	-6	87.28	118.88	49051.12	18845.05	1528.32
676	3511	688281	华秦科技	51.50	PR C——中	2.41	8.37	5.58	0.2	0.24	16.52	111.49	36.45	11.58	-33.12	86.23	516166.68	91745.51	25941.27
677	3516	301199	迈赫股份	51.50	PR C——中	0.21	1.61	0.72	0.31	0.34	46.41	0	38.79	0.97	24.74	64.46	328901.15	97488.24	2826.65
678	3517	002383	合众思壮	51.50	PR C——中	0.65	29.31	17.59	0.43	0.71	48.5	5.1	-6.31	34.5	4.63	60.38	378115.16	180228.12	45840.93
679	3518	300607	拓斯达	51.40	PR C——中	0.21	3.7	2.35	0.66	0.84	64.54	3.19	-8.65	4.43	6.32	60.53	709324.64	455270.63	10599.24
680	3521	300420	五洋自控	51.40	PR C——中	0.04	1.69	1.01	0.38	0.6	27.98	17.74	-6.59	1.12	10.92	30.39	353572.25	136189.2	4285.19
681	3523	002560	通达股份	51.40	PR C——中	0.16	3.26	3.1	1.16	1.56	40.32	3.92	1.36	4.06	2.11	82.17	441519.62	557321.17	9776.05
682	3525	002339	积成电子	51.40	PR C——中	0.06	1.75	2.37	0.59	0.75	49.63	4.12	8.52	2.9	-3.34	61.89	421799.63	238656.3	7728.69
683	3529	603678	火炬电子	51.30	PR C——中	0.7	5.95	5.09	0.45	0.74	28.43	8.21	-1.55	3.71	-35.8	127.04	791967.4	350359.41	31346.97
684	3535	300227	光韵达	51.30	PR C——中	0.11	3.69	2.93	0.41	0.82	39.83	3.56	4.17	3.22	16.31	47.17	272394.48	107275.58	4764.08
685	3539	300890	翔丰华	51.20	PR C——中	0.77	4.67	3.06	0.37	0.59	58.4	3.25	-28.45	17.48	-19.72	78.42	469311.78	168625.09	8116.05
686	3542	688648	中邮科技	51.10	PR C——中	0.68	4.86	2.43	0.69	0.9	38.73	20.93	-12.05	41.66	-67.33	8.35	281640.24	195193.98	7159.38
687	3545	603489	八方股份	51.10	PR C——中	0.76	4.56	3.19	0.48	0.65	17.64	202.91	-42.18	-3.73	-29.55	124.59	334137.32	164772.29	12785.73
688	3551	300141	和顺电气	51.10	PR C——中	0.03	1.04	0.45	0.34	0.53	33.48	2.02	8.94	0.89	23.55	48.59	102078.07	33838.31	597.85
689	3555	688312	燕麦科技	51.00	PR C——中	0.48	5.14	3.27	0.22	0.27	11.26	33.38	2.84	-0.54	31.7	48.37	149644.79	32691.26	6707.07
690	3559	300568	星源材质	51.00	PR C——中	0.45	6.32	4.41	0.19	0.42	44.51	8.42	4.62	16.03	-33.62	117.73	1794545.96	301323.38	59369.45
691	3560	002204	大连重工	51.00	PR C——中	0.19	5.32	1.74	0.52	0.66	71.26	15.08	15.89	4.66	-15.82	53.06	2428300.89	1200314.48	36310.45
692	3565	688646	逸飞激光	50.90	PR C——中	1.24	9.05	5.4	0.36	0.46	32.73	37.35	29.36	192.29	-79.89	55.51	247591.29	69720.26	10111.85
693	3569	300114	中航电测	50.90	PR C——中	0.17	4.19	2.48	0.44	0.73	38.97	17.25	-11.95	3.61	311.07	162.6	397491.07	167730.48	9886.6
694	3570	688685	迈信林	50.80	PR C——中	0.14	2.18	1.71	0.33	0.58	19.02	33.22	-9.37	-3.24	32.19	66.28	86771.43	29366.53	1627.62
695	3577	600232	金鹰股份	50.80	PR C——中	0.1	3.39	3.74	0.81	1.05	37.01	9.03	5.17	-1.78	12.03	38.58	171757.96	137007.45	4470.4
696	3584	301002	崧盛股份	50.80	PR C——中	0.2	2.9	1.91	0.49	0.85	44.76	4.61	2.57	-3.89	-4.24	46.46	147461.58	76310	2422.99

续表

序号	A股上市公司评价得分排序	股票代码	股票简称	综合得分(100)	评价等级	每股收益(元)	净资产收益率(%)	总资产报酬率(%)	总资产周转率(次)	流动资产周转率(次)	资产负债率(%)	已获利息倍数	营业收入增长率(%)	资本扩张率(%)	市场投资回报率(%)	股价波动率(%)	年末资产总额(万元)	营业收入(万元)	净利润(万元)
697	3586	300512	中亚股份	50.80	PR C——中	0.1	2.56	1.38	0.39	0.51	40.68	6.31	9.99	1.71	18.52	38.11	274025.35	101836.88	3606.52
698	3596	300276	三丰智能	50.80	PR C——中	0.01	1.07	0.6	0.39	0.48	60.93	4.27	30.1	0.76	18.25	42.87	494771.28	173506.51	2474.83
699	3601	002023	海特高新	50.80	PR C——中	0.06	1.11	2.09	0.15	0.61	42.16	1.73	15.81	1.44	8.21	30.35	737830.01	105343.86	3697.11
700	3604	300772	运达股份	50.70	PR C——中	0.6	8.2	1.21	0.59	0.85	84.63	6.46	7.72	6.79	-32.65	103.34	3445778.72	1872672.56	41641.74
701	3610	688529	豪森智能	50.60	PR C——中	0.63	5.21	2.77	0.41	0.51	62	2.46	28.05	76.94	-1.18	48.92	559544.8	200618.42	8567.62
702	3613	688638	誉辰智能	50.40	PR C——中	1.64	7.9	3.05	0.58	0.63	45.63	36.86	56.67	270.29	-39.47	36.45	205430.22	111870.57	5537.11
703	3624	603712	七一二	50.40	PR C——中	0.57	9.8	4.39	0.33	0.38	51.27	19.33	-19.11	8.81	-10.63	71.27	976769.78	326773.54	46248.86
704	3630	601616	广电电气	50.40	PR C——中	0.02	0.59	0.59	0.25	0.43	12.87	22.99	-23.07	0.92	5.79	28.17	301108.34	75682.7	3771.72
705	3635	002523	天桥起重	50.40	PR C——中	0.03	1.61	0.81	0.4	0.55	46.09	4.12	9.27	0.39	-8.24	42.78	454097.69	173343.08	2979.51
706	3636	870508	丰安股份	50.30	PR C——中	0.43	6.08	4.96	0.18	0.26	14.91	0	-34.01	0.37	53.13	104.63	52388.98	9744.08	2659.92
707	3640	832885	星辰科技	50.30	PR C——中	0.07	3.46	1.28	0.28	0.37	21.24	12.46	8.77	0.69	74.28	164.17	47049.69	13506.79	1152.91
708	3641	833914	集智股份	50.30	PR C——中	0.4	4.72	2.25	0.26	0.55	32.16	8.36	7.6	3.91	-29.64	71.04	105937.55	25491.41	3011.8
709	3644	300424	航新科技	50.20	PR C——中	0.1	3.13	3.01	0.65	0.99	67.93	1.46	13.01	4.3	8.24	31.7	249076.54	157863.09	2969.54
710	3658	000837	秦川机床	50.20	PR C——中	0.06	1.26	0.86	0.41	0.71	45.31	3.25	-8.29	30.85	2.76	79.7	986034.99	376110.31	6699.4
711	3660	833933	远航精密	50.10	PR C——中	0.32	3.66	3.3	0.83	1	12.41	11.82	-10.59	-0.7	22.92	85.94	98332.57	80967.31	3160.77
712	3662	833781	瑞奇智造	50.10	PR C——中	0.18	6.45	3.68	0.47	0.57	50.31	13.44	10.23	3.62	24.4	89.61	79036.45	37324.57	2490.09
713	3663	688592	司南导航	50.10	PR C——中	0.81	6.32	4.7	0.48	0.5	17.13	28.06	22.66	242.34	-89.94	53.52	123367.69	41169.23	3971.06
714	3669	688367	工大高科	50.10	PR C——中	0.23	3.51	2.55	0.29	0.36	25.81	16.72	-23.69	1.23	8.45	24.84	77664.18	23014.49	1999.6
715	3670	300569	天能重工	50.10	PR C——中	0.27	5.2	3.64	0.35	0.68	55.6	2.28	1.26	41.07	-16.11	59.3	1284262.71	423548.11	24736.53
716	3672	601989	中国重工	50.00	PR C——中	-0.03	-0.94	-1.23	0.24	0.34	57.59	-0.22	5.75	-0.36	17.37	63.28	19754463.92	4669382.48	-79511.42
717	3675	300554	三超新材	50.00	PR C——中	0.24	3.65	2.54	0.44	0.83	31.45	6.33	18.33	22.11	-4.77	134.49	118461.39	48104.78	2366.38
718	3676	300011	鼎汉技术	50.00	PR D——低	0.03	1.37	1.76	0.43	0.6	63.65	1.32	19.57	1.69	46.16	66.62	365273.63	151756.35	1818.27
719	3677	002686	亿利达	50.00	PR C——中	0.04	1.28	1.48	0.54	0.98	42.02	2.81	-16.15	0.73	12.04	41.01	298177.18	159998.68	2336.3
720	3680	603333	尚纬股份	49.80	PR D——低	0.03	0.96	1.05	0.64	0.87	36.35	2	9.41	1.22	1.51	75.8	335170.55	220667.05	1996.16
721	3682	002358	森源电气	49.80	PR D——低	0.08	2.36	3.13	0.42	0.69	50.06	1.79	9.57	2.39	0.22	57.03	634584.23	263698.17	7387.16
722	3688	603218	日月股份	49.70	PR D——低	0.47	4.96	3.02	0.35	0.61	28.73	35.26	-4.3	2.67	-41.92	141.19	1381312.18	465564.08	47859.6
723	3696	833284	灵鸽科技	49.50	PR D——低	0.2	5.68	3.48	0.48	0.66	41.81	30.44	-18.38	33.43	121.43	152.35	59385.94	26499.85	1716.61
724	3699	688429	时创能源	49.50	PR D——低	0.47	9.6	6.45	0.59	0.9	32.19	268.72	-27.74	68.61	-51.55	56.65	341747.54	173059.03	17692.07
725	3700	603617	君禾股份	49.50	PR D——低	0.1	2.7	1.28	0.31	0.57	33.47	3.85	-4.67	7.57	0.7	58.63	211367.6	71855.18	3594.15

续 表

A股上市公司评价得分排序	序号	股票代码	股票简称	综合得分(100)	评价等级	每股收益(元)	净资产收益率(%)	总资产报酬率(%)	总资产周转率(次)	流动资产周转率(次)	资产负债率(%)	已获利息倍数	营业收入增长率(%)	资本扩张率(%)	市场投资回报率(%)	股价波动率(%)	年末资产总额(万元)	营业收入(万元)	净利润(万元)
726	3707	002202	金风科技	49.50	PR D 一低	0.29	3.52	2.34	0.36	0.8	71.96	2.53	8.66	-0.29	-28.28	75.39	14349459.97	5045718.91	152220.23
727	3711	605298	必得科技	49.40	PR D 一低	0.21	3.13	2.27	0.29	0.41	22.06	0	51.69	1.37	17.98	44.85	126523.22	34819.44	3024.08
728	3712	603011	合锻智能	49.40	PR D 一低	0.03	0.75	2.21	0.42	0.61	48.6	3.05	1.85	1.61	-13.68	74.11	431865.34	176644.72	1544.71
729	3727	002487	大金重工	49.40	PR D 一低	0.67	6.34	4.32	0.4	0.53	32.38	36.03	-15.3	6.26	-42.8	141.81	1022481.33	432508.2	42515.72
730	3732	301311	昆船智能	49.30	PR D 一低	0.34	4.43	1.79	0.44	0.49	61.82	9.58	1.08	3.71	32.63	101.03	485081.57	208588.6	8053.33
731	3752	605186	健麾信息	49.20	PR D 一低	0.44	5.83	5.29	0.24	0.38	13.6	62.37	-4.59	5.03	22.79	105.8	131677.11	30755.91	6197.49
732	3753	301082	久盛电气	49.20	PR D 一低	0.31	4.69	2.6	0.72	0.82	64.09	3	4.86	1.71	13.03	33.24	303420.64	200423.96	5067.54
733	3761	300933	中辰股份	49.20	PR D 一低	0.14	4.18	4.04	0.76	0.89	57.99	2.07	8.53	4.67	12.28	48.81	393983.59	279922.34	7373.15
734	3763	300195	长荣股份	49.20	PR D 一低	0.11	1.55	2.15	0.25	0.71	54.69	1.51	22.25	4.76	24.37	37.54	625855.79	160405.74	3905.31
735	3769	600416	湘电股份	49.10	PR D 一低	0.23	4.23	2.54	0.32	0.45	49.83	6.27	2.51	4.74	-13.23	85.65	1443574.07	456335.64	29984.34
736	3782	301112	信邦智能	49.10	PR D 一低	0.38	3.48	2.46	0.3	0.37	24.66	43.54	-9.39	3.02	-7.62	64.13	166226.26	49819.07	3935.27
737	3786	300862	蓝盾光电	49.10	PR D 一低	0.32	2.11	1.39	0.24	0.36	20.11	10.82	-15.83	2.16	79.49	91.13	254525.08	64299.34	4396.14
738	3796	300837	浙矿股份	49.10	PR D 一低	1.07	8.3	6.52	0.29	0.42	36.15	14.89	-21.13	13.34	-31.11	125.54	217734.57	54796.55	10684.08
739	3801	300151	昌红科技	49.10	PR D 一低	0.06	2.16	2.15	0.39	0.75	33.84	2.31	-24.18	25.35	-10.55	88.96	255543.64	93127.14	1759.35
740	3805	002122	汇洲智能	49.10	PR D 一低	0.07	6.44	4.24	0.22	0.44	34.64	28.5	14.05	6	34.95	94.22	373372.66	80138.14	15150.12
741	3810	688116	天奈科技	49.00	PR D 一低	0.87	11.4	8.46	0.31	0.56	43.77	9.29	-23.75	9.75	-47.89	201.6	493543.73	140415.43	29955.45
742	3811	301063	海锅股份	49.00	PR D 一低	0.59	4.36	3.47	0.64	0.86	30.32	6.09	-7.04	52.55	-37.79	88.25	221733.4	125778.94	5581.11
743	3813	000925	众合科技	49.00	PR D 一低	0.11	2.05	1.74	0.31	0.57	58.85	2.06	-9.16	1.84	21.97	61.53	751350.53	232499.66	6514.93
744	3815	688776	国光电气	48.90	PR D 一低	0.83	5.05	3.64	0.32	0.36	22.31	244.14	-18.21	5.34	-30.53	137.55	236439.88	74544.89	9035.5
745	3822	600330	天通股份	48.90	PR D 一低	0.26	4.08	2.53	0.33	0.55	29.46	80.46	-18.32	4.38	-20.94	90.41	1158854.87	368211.86	32424.4
746	3824	603577	汇金通	48.70	PR D 一低	0.08	1.47	2.75	0.68	0.92	69.79	1.23	13.42	3.89	-0.74	49.79	615629.05	409372.92	3061.19
747	3829	600184	光电股份	48.70	PR D 一低	0.14	2.75	1.42	0.53	0.83	37.99	49.48	-12.43	1.82	0.37	30.37	409561.99	220051.42	6917.06
748	3841	300567	精测电子	48.70	PR D 一低	0.54	4.33	2.18	0.29	0.5	54.25	2.98	-11.03	19.65	69.18	126.37	922133.49	242936.76	8947.18
749	3843	002278	神开股份	48.70	PR D 一低	0.07	2.27	2.49	0.41	0.56	34.13	7.67	23.13	3.59	9.91	33.94	180634.29	74367.1	3662.79
750	3844	002297	博云新材	48.60	PR D 一低	0.05	1.39	1.13	0.21	0.4	24.98	7.98	6.04	1.54	9.48	29.31	285876.53	59105.8	2929.7
751	3854	688700	东威科技	48.50	PR D 一低	0.68	11.32	7.82	0.43	0.48	30.04	445.56	-10.13	85.12	-36.99	138.37	248192.23	90922.99	15142.75
752	3856	688450	光格科技	48.50	PR D 一低	0.83	6.92	5.6	0.34	0.65	16.33	17.28	1.17	320.43	-48.44	49.62	131035.45	30443.3	4695.19
753	3859	603956	威派格	48.50	PR D 一低	0.05	1.14	0.92	0.42	0.65	37.7	1.43	34.09	-1.61	3.21	45.11	333932.41	141720.05	2023.87
754	3865	002943	宇晶股份	48.50	PR D 一低	0.72	8.96	4.45	0.47	0.77	58.42	13.09	62.19	10.63	-38.3	125.33	334697.68	130370.19	11298.84

续表

A股上市公司评价得分排序序号	股票代码	股票简称	综合得分(100)	评价等级	每股收益(元)	净资产收益率(%)	总资产报酬率(%)	总资产周转率(次)	流动资产周转率(次)	资产负债率(%)	已获利息倍数	营业收入增长率(%)	资本扩张率(%)	市场投资回报率(%)	股价波动率(%)	年末资产总额(万元)	营业收入(万元)	净利润(万元)
755	3870	300900	广联航空	48.40	PR D 一低	0.5	6.73	4.07	0.2	0.51	60.83	2.66	11.5	-7.55	-13.98	74.85	435700.56	73998.23	10110.87
756	3873	301232	飞沃科技	48.30	PR D 一低	1.2	5.08	3.84	0.68	0.86	48.77	3.52	22.63	128.14	-56.13	50.4	302672.7	164352.49	6319.37
757	3874	601727	上海电气	48.10	PR D 一低	0.02	0.53	1.57	0.4	0.58	72.84	2.77	-2.37	-18.33	4.61	35.54	28326656.7	11421820.9	215492.6
758	3885	301018	申菱环境	48.10	PR D 一低	0.4	5.2	2.81	0.6	0.92	48.17	5.5	13.06	54.86	-35.7	121.53	476675.36	251119.44	10421.97
759	3886	300278	华昌达	48.10	PR D 一低	0.05	4.63	2.24	0.94	1.28	47.28	47.74	-20.19	5.15	-5.92	50.4	325654.2	285954.12	7765.25
760	3887	002935	天奥电子	48.10	PR D 一低	0.25	5.71	3.29	0.43	0.49	39.54	466.46	-8.42	3.43	-7.98	47.96	256856.87	110894.68	8718.64
761	3890	002164	宁波东力	48.10	PR D 一低	0.08	3.09	2.2	0.64	1.32	42.72	2.95	1.28	3.05	5.61	55.51	232111.98	148722.45	3999.21
762	3895	002111	威海广泰	48.10	PR D 一低	0.24	4.07	3.04	0.42	0.6	46.17	4.22	2.49	5.1	-8.39	46.49	598858.64	240442.55	12334.51
763	3906	688017	绿的谐波	48.00	PR D 一低	0.5	4.26	2.67	0.14	0.22	28.25	9.93	-20.1	4.3	39.63	89.76	281207.26	35616.58	8483.22
764	3915	301016	雷尔伟	48.00	PR D 一低	0.45	5.46	5.06	0.29	0.36	18.14	64.54	-22.81	3.6	10.51	60.51	123477.84	34761.37	5422.88
765	3916	002342	巨力索具	48.00	PR D 一低	-0.01	-0.35	0.67	0.5	0.84	48.16	0.79	7.14	-0.38	1.14	27.6	477708.17	232774.33	-871.39
766	3923	872895	花溪科技	47.90	PR D 一低	0.06	1.93	1.34	0.39	0.67	12.06	92.39	-43.32	63.66	34.6	248.65	24587.31	7848.34	336.28
767	3928	688559	海目星	47.90	PR D 一低	1.6	14.67	2.93	0.49	0.61	78.48	26.5	17.03	14.91	-40.45	121.56	1088465.7	480451.23	32021.5
768	3932	600118	中国卫星	47.90	PR D 一低	0.13	2.5	0.98	0.5	0.68	39.35	8.67	-16.51	0.59	16.88	57.67	1350754.08	688116.33	16949.31
769	3935	300283	温州宏丰	47.90	PR D 一低	0.05	2.23	3.34	1.09	2.16	63.32	1.24	35.92	5.72	27.16	45	285450.08	290003.86	1071.31
770	3949	688033	天宜上佳	47.80	PR D 一低	0.25	2.79	3.53	0.27	0.54	39.02	5.82	113.82	2.88	-29.83	79.25	872622.84	211069.93	17985.31
771	3954	603095	越剑智能	47.80	PR D 一低	0.26	1.93	0.61	0.23	0.34	19.49	24.8	-43.82	-2.73	-0.75	48.02	308085.18	71040.74	4848.65
772	3955	300484	蓝海华腾	47.80	PR D 一低	0.11	3.63	2.6	0.35	0.42	26.25	23.81	-27.07	-3.19	15.64	64.08	90004.18	32595.71	2278.96
773	3972	838810	春光药装	47.70	PR D 一低	0.21	5.13	3.76	0.37	0.53	38.2	7.07	-23.61	0.42	26.37	75.78	45809.15	16507.19	1416.33
774	3974	002389	航天彩虹	47.70	PR D 一低	0.16	1.93	1.83	0.28	0.49	22.9	25.16	-25.7	1.78	-10.67	51.62	1063853.74	286632.4	15724.05
775	3988	688211	中科微至	47.50	PR D 一低	0.16	0.58	0.21	0.32	0.43	45.5	12.11	-15.44	2.29	-13.72	60.65	669832.4	195739.7	2085.25
776	4001	300411	金盾股份	47.50	PR D 一低	0.03	1.12	0.55	0.33	0.44	36.27	22.95	13.87	2.67	7.84	26.91	150290.34	48570.42	1060.54
777	4003	002021	*ST中捷	47.50	PR D 一低	0.49	370.34	40.82	0.48	0.6	61.68	46.4	-17.75	0	67.72	109.24	162505.12	71818.66	59366.53
778	4011	600241	时代万恒	47.40	PR D 一低	0.21	5.46	4.72	0.48	0.7	13.63	923.95	-30.15	8.64	-8	65.19	124574.96	65388.37	7099.41
779	4013	600207	安彩高科	47.30	PR D 一低	-0.02	-0.62	2.33	0.72	1.62	52.43	2.23	25.38	1.85	-27.89	93.2	697709.96	519626.11	3403.27
780	4015	301150	中一科技	47.30	PR D 一低	0.41	1.39	0.33	0.67	0.92	31.67	3.71	17.96	-5.12	-36.05	98.46	546255.3	341540.53	5310.05
781	4028	301197	工大科雅	47.20	PR D 一低	0.47	4.27	3.83	0.23	0.27	19.15	25.79	14.54	3.43	-10.57	66.68	167738.17	35793.49	5635.74
782	4031	301217	铜冠铜箔	47.10	PR D 一低	0.02	0.31	-0.02	0.58	0.98	19.61	1.27	-2.33	-1.18	-6.28	40.65	694048.33	378454.48	1720.02
783	4041	301157	华塑科技	47.00	PR D 一低	0.67	5.62	4.38	0.34	0.36	15.87	21.91	13.53	272.66	-48.23	87.54	126003.97	28156.38	3780.66

续　表

序号	A股上市公司评价得分排序	股票代码	股票简称	评价等级	综合得分(100)	每股收益(元)	净资产收益率(%)	总资产报酬率(%)	总资产周转率(次)	流动资产周转率(次)	资产负债率(%)	已获利息倍数	营业收入增长率(%)	资本扩张率(%)	市场投资回报率(%)	股价波动率(%)	年末资产总额(万元)	营业收入(万元)	净利润(万元)
784	4049	002606	大连电瓷	PR D 一低	47.00	0.12	3.41	2.56	0.38	0.63	32.45	13.83	-30.39	3.17	-21.58	83.27	231591.58	83950	5129.29
785	4050	836717	瑞星股份	PR D 一低	46.90	0.24	4.75	4.56	0.29	0.41	13.95	17.96	-14.79	28.61	-29.63	321.37	65119.29	17321.65	2359.75
786	4061	688285	高铁电气	PR D 一低	46.90	0.15	3.45	2.1	0.38	0.49	49.34	11.6	-19.17	1.77	14.41	46.74	321585.05	120298.88	6137.93
787	4064	002534	西子洁能	PR D 一低	46.80	0.07	1.44	0.85	0.51	0.75	72.72	2.24	10.01	5.67	-20.57	90.01	1595280.66	807909.72	11554.83
788	4076	600202	哈空调	PR D 一低	46.70	0.06	2.6	1.88	0.53	0.71	70.79	1.85	28.97	3.43	17.95	41.27	293679.89	142261.26	2472.01
789	4077	300040	九洲集团	PR D 一低	46.70	0.16	3.29	3.58	0.16	0.53	60.19	2.38	-8.89	2.35	-7.31	36.88	742749.06	121321.27	10074.15
790	4078	001301	尚太科技	PR D 一低	46.70	2.78	13.31	11.15	0.54	0.8	23.64	20.31	-8.18	9	-50.97	153.94	741752.55	439076.07	72290.5
791	4091	688522	纳睿雷达	PR D 一低	46.60	0.43	4.62	1.93	0.14	0.16	6.89	31.16	1.18	300.87	-9.92	67.31	235356.65	21249.3	6330.2
792	4102	300409	道氏技术	PR D 一低	46.60	-0.05	-0.49	1.06	0.55	0.96	52.25	1.1	6.32	11.38	-26.95	100.27	1486886.29	729564.08	-2783.73
793	4115	003022	联泓新科	PR D 一低	46.50	0.33	6.35	3.87	0.44	1.76	54.01	5.11	-16.91	6.19	-47.67	162.97	1702434.53	677758.54	45623.35
794	4129	600884	杉杉股份	PR D 一低	46.50	0.35	3.35	3.04	0.41	1	51.33	2.83	-12.13	-2.23	-24.48	78.07	4847496.6	1907022.52	76482.02
795	4132	605001	威奥股份	PR D 一低	46.40	0.65	9.79	6.4	0.25	0.4	43.18	7.02	48.03	9.89	-16.78	58.16	485769.22	117959.63	25811.55
796	4133	838670	恒进感应	PR D 一低	46.30	0.26	6.1	5.69	0.15	0.16	8.12	1431.12	-53.72	-2	86.2	133.66	48887.78	7380.52	2769.44
797	4144	603901	永创智能	PR D 一低	46.30	0.15	2.8	1.3	0.46	0.7	63.89	2.16	14.44	-2	-24.91	95.05	716274.58	314597.93	6234.13
798	4150	300185	通裕重工	PR D 一低	46.30	0.05	2.94	2.65	0.37	0.67	55.44	2.18	-1.76	1.32	-0.47	28.1	1578972.55	580873.71	20750.44
799	4152	688330	宏力达	PR D 一低	46.10	1.39	5.44	5.12	0.23	0.28	15.02	59.83	-8.03	2.5	-39.64	136.56	426097.01	98545.52	19460.12
800	4159	301079	邵阳液压	PR D 一低	46.00	0.06	1.37	0.66	0.34	0.55	44.38	5.46	-8.32	0.38	17.46	52.45	86729	27580.58	657.84
801	4172	603912	佳力图	PR D 一低	45.90	0.12	4.9	2.57	0.43	0.65	73.21	2.08	3.65	0.39	-4.48	55.35	1253692.45	516200.69	16633.13
802	4186	002414	高德红外	PR D 一低	45.90	0.02	0.98	0.84	0.28	0.42	21.31	13.7	-4.49	-4.75	-14.04	57.04	862252.22	241505.66	6878.33
803	4189	001270	铖昌科技	PR D 一低	45.90	0.51	5.75	5.01	0.2	0.24	4.89	1266.25	3.44	3.21	-29.28	62.71	148057.19	28735.4	7970.79
804	4192	688337	普源精电	PR D 一低	45.80	0.6	3.96	3.68	0.22	0.29	11.53	26.02	6.34	12.7	-31.45	107.58	326568.25	67053.77	10795.31
805	4201	300097	智云股份	PR D 一低	45.80	0.07	2.44	0.77	0.25	0.35	36.31	4.06	1.71	89	-6.52	59.79	297206.97	63542.15	3528.56
806	4210	300777	中简科技	PR D 一低	45.80	0.49	25.33	10.89	0.38	0.59	43.59	11.29	22.03	28.4	69.57	190.09	110916.94	47653.72	13529.96
807	4216	688167	炬光科技	PR D 一低	45.70	0.66	7.26	7.06	0.13	0.21	7.34	0	-29.9	4.86	-39.71	144.17	440670.47	55881.68	28920.63
808	4220	300293	蓝英装备	PR D 一低	45.70	-0.06	-2.97	-0.24	0.68	1.28	56.33	-0.16	14.12	85.1	67.21	170.4	209858.3	144178.11	-2098.11
809	4221	300850	新强联	PR D 一低	45.60	1.12	8.37	5.51	0.3	0.63	46.39	5.37	6.41	31.12	-40.11	166.33	967366.15	282363.18	39334.88
810	4231	301121	嵘泰股份	PR D 一低	45.50	0.33	1.44	0.66	0.41	0.68	34.22	1.91	5.42	1.23	-23.12	124.78	250360.67	97215.75	2362.79
811	4235	688320	禾川科技	PR D 一低	45.40	0.35	3.45	2.25	0.52	0.73	27.45	9.41	18.24	1.99	-23.73	98.23	215643.84	111647.93	5189.38
812	4239	601002	晋亿实业	PR D 一低	45.40	-0.02	-0.46	-0.68	0.44	0.79	20.11	-4.08	-14.83	-2.59	4.84	16.02	521963.92	231418.25	-1986.05

续　表

序号	A股上市公司评价得分排序	股票代码	股票简称	综合得分(100)	评价等级	每股收益(元)	净资产收益率(%)	总资产报酬率(%)	总资产周转率(次)	流动资产周转率(次)	资产负债率(%)	已获利息倍数	营业收入增长率(%)	资本扩张率(%)	市场投资回报率(%)	股价波动率(%)	年末资产总额(万元)	营业收入(万元)	净利润(万元)
813	4249	688573	信宇人	45.30	PR D 一低	0.72	8.93	3.74	0.37	0.49	49.16	9.83	-11.33	150.9	-126.06	82.68	184970.41	59362.23	5805.73
814	4263	688392	骄成超声	45.30	PR D 一低	0.58	3.8	2.58	0.24	0.26	19.38	12.06	0.52	-0.17	-22.05	71.46	217225.4	52518.88	6449.8
815	4265	002446	盛路通信	45.30	PR D 一低	0.06	1.65	1.68	0.28	0.5	24.63	10.19	-16.56	2.09	-21.54	62.39	425905.01	118725.39	5198.09
816	4276	688165	埃夫特-U	45.20	PR D 一低	-0.09	-2.67	-1.34	0.57	0.82	45.97	-1.5	42.11	2.69	40.1	67.85	333961.16	188646.63	-4833.57
817	4288	688121	卓然股份	45.20	PR D 一低	0.76	6.72	2.37	0.39	0.67	65.23	5.49	0.78	22.17	-12.37	136.7	764903.35	295857.72	13233.38
818	4291	600732	爱旭股份	45.20	PR D 一低	0.42	8.53	3.37	0.93	2.66	74.47	3.42	-22.54	-4.18	-38.39	118.65	3399618.19	2717011.03	75675.96
819	4292	300095	华伍股份	45.20	PR D 一低	0.15	2.84	2.43	0.36	0.51	38.5	2.38	-6.87	-2.28	-11.88	54.56	371642.12	134690.21	4603.79
820	4294	300836	佰奥智能	45.10	PR D 一低	-0.21	-2.54	-1.24	0.65	0.84	41.85	-6.13	13.88	-2.6	35	62.86	90793.43	56884.59	-1427.65
821	4304	301200	大族数控	45.00	PR D 一低	0.32	2.61	1.55	0.25	0.3	21.58	26.43	-41.34	-18.19	1.06	35.18	597912.6	163431.11	13566.76
822	4305	688015	交控科技	44.90	PR D 一低	0.47	3.6	1.95	0.35	0.47	53.99	27.5	-19.17	2.83	-27.47	95.79	571334.24	199463.86	12711.85
823	4313	002931	锋龙股份	44.90	PR D 一低	-0.04	-0.95	-0.04	0.38	0.72	31.5	0.29	-26.22	8.61	44.64	99	112153.64	43333.04	-704.02
824	4318	002747	埃斯顿	44.80	PR D 一低	0.16	4.94	2.93	0.51	0.91	72.01	2.49	19.87	-8.07	-18.01	86.99	1008150.05	465194.93	13269.95
825	4319	300594	朗进科技	44.70	PR D 一低	-0.03	-0.35	-0.39	0.51	0.62	49.52	-0.56	17.06	2.82	3.61	55.63	183221.92	90219.64	-430.94
826	4322	835508	殷图网联	44.60	PR D 一低	0.05	1.23	-0.36	0.29	0.31	18.28	28.35	5.64	-5.56	127.92	207.04	25657.02	7753.29	266.39
827	4328	301292	海科新源	44.60	PR D 一低	0.17	1.21	1	0.55	1.35	53.02	1.35	11.01	44.93	-68.69	56.23	696794.95	336258.36	1616.19
828	4336	300471	厚普股份	44.60	PR D 一低	-0.18	-6.13	-1.48	0.4	0.8	46.4	-1.9	31.17	15.18	10.85	36.64	239354.36	93623.35	-5645.72
829	4338	301511	德福科技	44.50	PR D 一低	0.33	3.98	2.14	0.55	1.01	64.91	1.67	2.36	59.76	-135.25	82.54	1407370.22	653132.36	11311.34
830	4339	301487	盟固利	44.50	PR D 一低	0.14	3.29	2.29	0.6	0.91	46.72	2.76	-27.03	16.74	-47.24	72.21	374554.06	235988.6	5663.52
831	4340	002829	星网宇达	44.50	PR D 一低	0.27	3.32	2.44	0.3	0.41	26.83	10.35	-28.25	41.31	-6.33	59.55	283369.59	77088.93	5760.58
832	4342	688053	思科瑞	44.40	PR D 一低	0.43	2.57	2.41	0.11	0.14	6.24	28.54	-19.69	3.58	-23.5	78.8	184251.63	19500.31	4184.04
833	4350	688388	嘉元科技	44.30	PR D 一低	0.04	0.26	0.72	0.42	0.93	42.94	1.21	7.06	-1.35	-38.62	138.47	1280115.72	496859.72	1657.85
834	4354	300417	南华仪器	44.30	PR D 一低	-0.03	-0.9	-1.33	0.23	0.36	4.11	-1103.63	-12.42	-1.52	25.6	56.87	47494.82	11221.17	-414.84
835	4357	301021	英诺激光	44.20	PR D 一低	-0.03	-0.46	-1.74	0.33	0.47	15.87	-29.06	15.06	-1.09	-3.94	53.32	116955.83	36790.26	-534.28
836	4368	002786	银宝山新	44.20	PR D 一低	0.49	66.62	8.31	0.57	1.19	88.38	3.28	-10.6	98.5	112.18	263.27	411849.85	232185.09	23280.71
837	4374	002691	襄凯股份	44.20	PR D 一低	-0.01	-0.2	-0.45	0.29	0.51	19.26	-3.71	2.4	-0.39	34.48	67.26	113146	33680.87	-126.81
838	4377	002132	恒星科技	44.10	PR D 一低	0.04	1.46	1.11	0.55	1.38	57.28	1.57	3.62	-0.43	-32.48	106.27	873683.84	457732.7	5446
839	4379	603267	鸿远电子	43.90	PR D 一低	1.18	6.66	5.85	0.31	0.38	21.4	14.06	-33.02	3.99	-50.14	154.66	531482.84	167584.9	27029.82
840	4386	600169	大原重工	43.90	PR D 一低	0.06	3.59	2.08	0.26	0.37	79.69	1.34	4.12	1.89	-1.28	21.97	3204787.93	837121.23	16447.42
841	4403	688420	美腾科技	43.80	PR D 一低	0.84	5.06	3.85	0.32	0.33	18.25	399.72	16.49	3.1	-39.17	138.37	182215.47	56994.53	7422.21

续表

序号	A股上市公司评价得分排序	股票代码	股票简称	综合得分(100)	评价等级	每股收益(元)	净资产收益率(%)	总资产报酬率(%)	总资产周转率(次)	流动资产周转率(次)	资产负债率(%)	已获利息倍数	营业收入增长率(%)	资本扩张率(%)	市场投资回报率(%)	股价波动率(%)	年末资产总额(万元)	营业收入(万元)	净利润(万元)
842	4404	600537	亿晶光电	43.80	PR D 一低	0.06	2.72	1.24	0.7	1.13	74.5	2.28	-17.96	3.48	-7.39	107.89	1150956.18	810214.77	8085.2
843	4406	688308	欧科亿	43.70	PR D 一低	1.05	6.6	5.19	0.29	0.49	33.94	20.75	-2.73	3.88	-52.45	155.24	388023.49	102646.06	16600.36
844	4407	300173	福能东方	43.70	PR D 一低	0.1	8.01	2.92	0.34	0.45	76.8	3.2	6.2	8.73	8.64	48.71	435643.69	149813.96	7608.6
845	4408	002759	天际股份	43.70	PR D 一低	0.09	0.86	0.65	0.31	0.69	33.56	5.09	-33.03	24.27	-36.18	121.37	774814.5	219303.21	3697.92
846	4410	603308	应流股份	43.60	PR D 一低	0.44	6.94	3.95	0.24	0.67	52.88	3.37	9.75	3.5	-33.94	109.98	1047481.82	241193.44	27842.42
847	4412	603076	乐惠国际	43.60	PR D 一低	0.16	1.5	1.06	0.48	0.6	62.3	1.55	37.17	0.74	-28.11	121.63	356725.54	165178.47	1584.33
848	4423	002546	新联电子	43.60	PR D 一低	0.07	1.95	1.34	0.17	0.2	10.21	60.39	-0.35	-1.3	36.8	106.86	356103.13	61849.75	5934.71
849	4456	603398	沐邦高科	43.50	PR D 一低	0.08	3.87	1.73	0.43	1.3	83.77	1.77	75.15	3.68	-44.74	127.64	457528.86	165402.58	2647.65
850	4457	601606	长城军工	43.50	PR D 一低	0.04	1.02	0.61	0.37	0.6	41.55	2.25	-5.82	0.01	14.86	45.84	449404.42	161462.29	2512.7
851	4465	300024	机器人	43.50	PR D 一低	0.03	1.13	0.98	0.33	0.49	62.36	1.75	10.93	2.39	28.88	100.01	1187479.49	396659.49	4544.68
852	4466	688383	新益昌	43.30	PR D 一低	0.59	4.37	2.93	0.41	0.54	46.83	2.86	-12.12	0.86	7.42	132.78	261345.58	104016.95	5537.76
853	4469	688170	德龙激光	43.30	PR D 一低	0.38	2.98	1.17	0.35	0.41	25.08	1117.41	2.35	-0.18	-19.53	121.51	174498.88	58180.88	3905.11
854	4472	603185	弘元绿能	43.30	PR D 一低	1.27	6.03	2.92	0.47	1.08	59.09	7.43	-45.87	-4.1	-55.96	203.84	2938219.02	1185887.62	74056.97
855	4473	603396	金辰股份	43.20	PR D 一低	0.77	6.03	2.74	0.48	0.55	71.82	8.59	15.33	5.64	-37.51	140.42	559630.64	225087.88	10519.06
856	4480	300083	创世纪	43.20	PR D 一低	0.12	4.1	2.56	0.41	0.76	41.9	4.78	-22.04	6.44	-23.18	97.79	843920.99	352921.14	20428.44
857	4490	002639	雪人股份	43.20	PR D 一低	-0.02	-0.62	-0.01	0.45	0.78	46.22	0.11	3.38	-0.76	-14.09	47.16	459783.41	203249.06	-2224.04
858	4497	300904	威力传动	42.90	PR D 一低	0.68	7.35	3.96	0.44	0.76	43.9	4.4	-10.65	202.44	-59.89	72.51	150116.84	55315.26	4120.14
859	4512	300461	田中精机	42.90	PR D 一低	0.07	1.47	-1.81	0.28	0.47	27.56	-4.99	36.43	0.14	84.51	116.46	92156.82	25994.7	-129.61
860	4517	000561	烽火电子	42.90	PR D 一低	0.09	2.83	1.84	0.34	0.44	52.8	7.17	-8.11	5.06	-8.79	61.88	430833.07	147032.11	6284.7
861	4522	603081	大丰实业	42.80	PR D 一低	0.25	3.51	0.03	0.25	0.51	62.73	1.91	-31.83	1.71	3.33	95.6	789979.98	193765.85	9629.14
862	4526	688125	安达智能	42.30	PR D 一低	0.36	1.53	-0.69	0.22	0.24	11.76	52.02	-27.47	-0.03	-16.54	99.3	215464.79	47240.84	2791.72
863	4528	300101	振芯科技	42.30	PR D 一低	0.13	4.48	2.22	0.32	0.42	30.27	6.14	-27.95	9.98	-12.02	106.68	270214.43	85193.62	5613.12
864	4536	831152	昆工科技	42.10	PR D 一低	-0.01	-0.24	0.71	0.52	0.96	59.02	0.91	-13.07	3.5	12.44	135.07	114828.59	48958.5	-143.78
865	4540	600992	贵绳股份	42.00	PR D 一低	0.14	2.28	1.27	0.65	1.25	55.18	3.79	-8.3	1.65	-34.72	114.86	334911.25	218871.48	3388.76
866	4543	002366	融发核电	42.00	PR D 一低	0.1	4.42	2.45	0.1	0.16	38.02	17.15	49.23	11.14	6.45	85.49	834795	74483.19	20034.05
867	4544	002347	泰尔股份	41.80	PR D 一低	-0.08	-3.5	-1.24	0.44	0.58	50.73	-4.79	2.25	-3.27	36.24	50.1	247806.19	110714.12	-3872.49
868	4547	688175	高凌信息	41.70	PR D 一低	0.5	2.48	1.99	0.17	0.19	9.44	358.28	-31.13	1.5	-23.43	84.47	206696.34	35639.42	4592.34
869	4553	688485	九州一轨	41.50	PR D 一低	0.01	0.12	-0.72	0.21	0.26	13.14	-0.07	-30.32	73.38	-26.86	65.09	153605.27	27473.9	123.17
870	4559	002972	科安达	41.50	PR D 一低	0.25	4.96	4.35	0.17	0.21	10.79	0	-33.31	-1.21	7.85	37.06	139837.22	24449.89	6230.7

续　表

A股上市公司评价得分序号	股票代码	股票简称	评价等级	综合得分(100)	每股收益(元)	净资产收益率(%)	总资产报酬率(%)	总资产周转率(次)	流动资产周转率(次)	资产负债率(%)	已获利息倍数	营业收入增长率(%)	资本扩张率(%)	市场投资回报率(%)	股价波动率(%)	年末资产总额(万元)	营业收入(万元)	净利润(万元)
871	4578	001223	欧克科技	PR D 一低	41.40	1.71	6.23	5.18	0.17	0.22	7.76	1008.02	-35.71	6.4	-13.04	97.24	204371.61	33230.17	11393.23
872	4579	688290	景业智能	PR D 一低	41.30	0.35	3	1.71	0.17	0.23	19.69	174.32	-44.89	19.5	-21.53	130.57	157158.77	25544.24	3497.61
873	4581	300696	爱乐达	PR D 一低	41.30	0.23	3.66	3.14	0.16	0.22	13.64	70.94	-37.69	0.62	-34.91	111.92	218714.12	34971.37	6885.58
874	4586	688355	明志科技	PR D 一低	41.20	0.12	1.38	0.77	0.37	0.51	23.58	4.64	-12.92	-1	-45.01	131.77	138612.16	53348.3	1466.35
875	4589	300510	金冠股份	PR D 一低	41.20	0.03	0.96	0.85	0.32	0.57	30.51	1.89	0.28	0.65	5.84	85.66	384930.33	116919.7	1877.57
876	4590	688768	容知日新	PR D 一低	41.10	0.77	8.03	4.71	0.48	0.6	24.76	72.39	-8.96	5.36	-52	218.37	106523.86	49803.79	6269.78
877	4611	688287	观典防务	PR D 一低	41.00	0.07	2.5	1.92	0.2	0.4	7.1	92.11	-27.12	0.65	-0.39	36.81	108258.12	21210.34	2502.13
878	4622	603131	上海沪工	PR D 一低	41.00	-0.17	-4.38	-1.7	0.47	0.63	44.11	-1.32	6.2	-4.18	31.78	88.84	216923.69	105297	-5373.33
879	4625	300438	鹏辉能源	PR D 一低	40.90	0.09	0.92	0.57	0.5	0.89	64.15	1.33	-23.54	34.77	-65.21	219.95	1566870.3	693247.55	6643.31
880	4642	002245	蔚蓝锂芯	PR D 一低	40.90	0.12	2.2	1.83	0.47	0.94	38.39	4.77	-16.92	-5.72	-43.42	140.16	1101064.12	522185.53	19985.64
881	4644	301012	扬电科技	PR D 一低	40.70	0.05	0.77	0.5	0.49	0.63	19.06	2.19	-9.43	82.08	-24.81	84.98	139957.63	57500.97	665.41
882	4645	603212	赛伍技术	PR D 一低	40.60	0.24	3.47	2.34	0.84	1.14	39.39	2.63	1.22	0.92	-48.66	183	494204.05	416560.01	10298.63
883	4646	300004	南风股份	PR D 一低	40.50	-0.04	-1.24	-2.46	0.24	0.33	15.46	-243.66	48.56	-1.47	12.36	33.91	198357.99	45866.9	-2497.41
884	4652	002097	山河智能	PR D 一低	40.40	0.03	0.78	1.65	0.35	0.57	77.21	1.03	-1	0.33	1.52	27.84	2089116.23	722929.99	1907.96
885	4668	300474	景嘉微	PR D 一低	40.20	0.13	1.78	-0.5	0.18	0.25	18.61	-0.34	-38.19	3.62	26.73	126.1	419439.15	71324.82	5968.11
886	4671	002552	宝鼎科技	PR D 一低	40.20	0.43	10.15	4.33	0.58	1.06	60.49	4.33	120.31	-21.11	-9.28	57.43	529624.16	304154.08	18606.18
887	4673	688610	埃科光电	PR D 一低	40.10	0.27	1.71	0.61	0.23	0.25	5.8	6.96	-10.31	336.3	-43.26	54.04	159124.72	23557.54	1575.14
888	4674	301357	北方长龙	PR D 一低	40.10	0.19	1.51	0.89	0.13	0.2	13.7	13.86	-46.09	190.24	-8.55	47.28	132173.86	13489.09	1154.07
889	4675	001266	宏英智能	PR D 一低	40.10	-0.09	-0.95	-2.07	0.34	0.39	14.46	-17.44	-1.71	-2.86	3.74	59.19	117175.14	40030.26	-1121.7
890	4683	300865	大宏立	PR E 一差	39.90	-0.35	-3.75	-3.59	0.45	0.62	25.68	-23.37	9.4	-4.39	21.23	46.45	116542.97	54403.66	-3320.14
891	4686	002151	北斗星通	PR E 一差	39.80	0.31	3.26	-1.19	0.58	1.03	13.57	-3.06	6.97	16.58	10.61	46.69	649304.97	408221.45	-5594.95
892	4692	300953	震裕科技	PR E 一差	39.70	0.42	1.7	1.39	0.64	1.1	75.89	1.16	4.63	10.19	-36.86	103.33	1092419.85	601851.22	4276.88
893	4695	002218	拓日新能	PR E 一差	39.70	0.02	0.55	1.15	0.16	0.39	36.9	1.37	-14.8	-0.82	-11.73	69.94	665637.56	112702.98	2310.91
894	4699	603666	亿嘉和	PR E 一差	39.40	-0.05	-0.42	-0.07	0.2	0.34	38.18	0	11.9	-1.05	-9.49	83.67	385123.46	74827.84	-991.14
895	4703	600847	万里股份	PR E 一差	39.40	-0.16	-3.73	-3.47	0.72	1.01	7.81	0	13.38	-3.66	-22.94	79.73	71946.57	53236.62	-2517.65
896	4706	600110	诺德股份	PR E 一差	39.40	0.02	0.44	1.99	0.31	0.62	49.86	1.43	-2.92	-1.37	-30.9	92.19	1523887.27	457159.85	4874.59
897	4710	300813	泰林生物	PR E 一差	39.40	0.18	3.03	1.21	0.28	0.38	33.21	38.56	-27.82	0.43	-28.04	82.6	97350.79	26985.61	1844.52
898	4711	600316	洪都航空	PR E 一差	39.30	0.05	0.61	0.18	0.23	0.26	66.09	0	-48.6	-0.08	-15.94	73.37	1561806.91	372692.52	3250.12
899	4718	002633	申科股份	PR E 一差	39.30	-0.13	-4.5	-2.45	0.42	0.67	37.22	-4.81	19.45	-4.36	18.73	32.81	65696.71	27315.48	-1899.87

续 表

A股上市公司评价得分排序序号	股票代码	股票简称	综合得分(100)	评价等级	每股收益(元)	净资产收益率(%)	总资产报酬率(%)	总资产周转率(次)	流动资产周转率(次)	资产负债率(%)	已获利息倍数	营业收入增长率(%)	资本扩张率(%)	市场投资回报率(%)	股价波动率(%)	年末资产总额(万元)	营业收入(万元)	净利润(万元)
900	4726	002169	智光电气	39.10	PR E 一差	-0.2	-4.91	-1.93	0.37	0.81	60.2	-2.73	16.25	-3.61	-20.14	59.59	830304.75	273409.88	-15870.75
901	4727	688348	昱能科技	38.90	PR E 一差	1.97	5.96	4.43	0.29	0.32	22.04	10.3	6.11	-0.64	-69.26	278.31	474986.06	142014	21553.02
902	4730	300581	晨曦航空	38.90	PR E 一差	0.01	0.56	0.38	0.18	0.22	18.42	405.71	0.12	0.54	-4.84	40.96	126647.77	23335.04	575.42
903	4734	002227	奥特迅	38.90	PR E 一差	-0.17	-3.99	-2.05	0.23	0.59	31.32	-2.05	13.71	-3.8	1.68	36.42	154140.43	35467.25	-4361.16
904	4742	300035	中科电气	38.80	PR E 一差	0.06	0.87	1.1	0.45	0.76	49.39	0.84	-6.64	-0.86	-50.29	180.61	1037259.92	490751.4	1043.26
905	4744	300466	赛摩智能	38.70	PR E 一差	-0.09	-5.4	-2.27	0.58	0.81	44.44	-4.18	4.09	-5.78	52.45	80.98	143275.12	83532.07	-4214.89
906	4747	600860	京城股份	38.60	PR E 一差	-0.1	-4.83	-1.52	0.54	1.2	50.99	-1.94	2.42	-2	-5.56	69.83	281234.36	140549.57	-7625.2
907	4759	301013	利和兴	38.60	PR E 一差	-0.16	-4.4	-3.6	0.33	0.64	44.15	-4.21	53.27	-4.46	61.2	101.49	149785.01	46983.4	-3912.57
908	4761	002272	川润股份	38.20	PR E 一差	-0.15	-4.44	-0.97	0.51	0.81	56.46	-0.75	-2.06	-4.03	8.55	56.46	166356.4	22549.16	-6286.26
909	4765	688084	晶品特装	38.10	PR E 一差	0.4	1.8	0.76	0.11	0.13	12.49	103.47	-19.41	0.35	-5.43	73.14	193549.24	22549.16	2689.53
910	4768	301349	信德新材	38.10	PR E 一差	0.4	1.48	1.31	0.31	0.39	12.17	9.72	4.99	-1.08	-38.85	143.46	315590.4	94885.25	4349.83
911	4770	688707	振华新材	37.80	PR E 一差	0.23	2.58	1.73	0.66	0.94	59.67	2.12	-50.66	-5.06	-55.8	198.28	962558.63	687573.75	10267.82
912	4774	002006	精工科技	37.80	PR E 一差	0.4	13.75	7.31	0.61	0.75	46.63	61.87	-34.66	-4.11	-40.83	148.12	247759.3	154006.85	18354.2
913	4782	000410	沈阳机床	37.50	PR E 一差	0.02	3.38	1.73	0.44	0.76	68.84	1.84	-10.11	1.47	20.06	78.69	317094.01	150140.15	2918.56
914	4784	688329	艾隆科技	37.20	PR E 一差	0.39	3.61	2.78	0.25	0.44	44.34	6.22	-23.84	-5.31	-36.64	117.03	144448.8	36355.15	2842.44
915		001226	拓山重工	37.10	PR E 一差	-0.17	-1.69	-0.85	0.44	0.59	35.07	-1.47	-30.14	-5.04	26.47	61.81	111112.16	49068.5	-1283.45
916		300499	高澜股份	37.00	PR E 一差	-0.1	-2.22	-1.9	0.29	0.48	22.73	-9.07	-69.89	-4.12	35.43	124.11	181904.69	57330.29	-3071.21
917		300412	迦南科技	37.00	PR E 一差	-0.05	-2.28	-0.74	0.41	0.58	59.35	-1.09	-5.11	-2.54	-6.56	48.76	259790.35	104709.39	-2794.74
918		601615	明阳智能	36.90	PR E 一差	0.16	1.34	0.62	0.36	0.71	66.07	2.09	-9.39	0.32	-52.19	165.15	8386125.59	2785907.65	38014.3
919		300068	南都电源	36.70	PR E 一差	0.04	0.68	1.21	0.86	1.43	70.89	0.82	24.83	5.14	-44.42	157.44	1820472.51	1466562.9	-2395.2
920		002168	惠程科技	36.70	PR E 一差	0	9.74	3.76	0.29	0.73	95.13	1.27	3.99	-5.63	16.25	45.84	94397.91	25416.23	195.57
921		300382	斯莱克	36.40	PR E 一差	0.21	5.53	3.8	0.39	0.65	47.27	3.99	-4.61	-6.4	-46.77	157.56	436336.75	165143.35	9502.75
922		688598	金博股份	36.20	PR E 一差	1.45	3.36	3.33	0.15	0.28	15.33	18.39	-26.11	1.26	-55.69	183.69	716114.4	107153.06	20366.88
923		300593	新雷能	36.20	PR E 一差	0.18	3.24	2.4	0.32	0.43	29.97	4.26	-14.4	0.95	-54.38	146.46	461624.09	146671.94	10419.08
924		603985	恒润股份	35.80	PR E 一差	-0.08	-1.04	-0.88	0.4	0.76	32.3	-1.51	-4.94	-1.42	-9.61	178.96	494762.56	184869.23	-3599.12
925		301213	观想科技	35.80	PR E 一差	-0.03	-0.26	-2.29	0.12	0.13	9.25	-25.37	6.64	-0.8	15.05	64.73	88526.41	10241.96	-224.78
926		688071	华依科技	35.50	PR E 一差	-0.2	-2.08	0.38	0.21	0.54	50.59	0.31	4.46	105.91	-21.55	105.18	211046.26	35181.98	-1591.06
927		301273	瑞晨环保	35.50	PR E 一差	0.43	3.05	1.94	0.27	0.36	19	25.58	-22.2	2.97	-34.79	130.3	125732.22	34124.9	2833.93
928		002058	威尔泰	35.50	PR E 一差	-0.12	-11.25	-3.76	0.46	0.58	39.74	-10.96	6.06	-7.8	24.29	53.56	30878.67	15659.63	-1193.07

续表

A股上市公司评价得分排序 序号	股票代码	股票简称	综合得分(100)	评价等级	每股收益(元)	净资产收益率(%)	总资产报酬率(%)	总资产周转率(次)	流动资产周转率(次)	资产负债率(%)	已获利息倍数	营业收入增长率(%)	资本扩张率(%)	市场投资回报率(%)	股价波动率(%)	年末资产总额(万元)	营业收入(万元)	净利润(万元)
929	300780	德恩精工	35.10	PR E一差	-0.06	-0.68	0.41	0.23	0.6	43.11	0.57	-28.46	-2.02	37.96	162.79	209943.03	49844.47	-922.25
930	688237	超卓航科	34.90	PR E一差	-0.39	-2.73	-3.15	0.17	0.38	22.9	-214.88	93.38	-1.71	-36.26	91.9	164601.74	27016.43	-3500.16
931	300600	国瑞科技	34.80	PR E一差	-0.08	-2.55	-2.36	0.16	0.25	18.51	-6.69	-28.5	9.14	52.1	94.3	116533.41	19616.5	-2535.19
932	002031	巨轮智能	34.50	PR E一差	-0.01	-1.25	-0.21	0.19	0.51	41.98	0.5	-18.85	-1.26	20.36	81.01	419745.65	80324.9	-3292.3
933	600151	航天机电	33.80	PR E一差	-0.3	-8.28	-2.21	0.84	1.7	50.84	-2.44	4.78	-7.03	-23.9	86.87	1090936.94	922561.72	-49275.25
934	600590	泰豪科技	33.70	PR E一差	0.07	1.61	3.3	0.31	0.45	67.87	1.66	-30.82	-0.94	10.41	25.35	1359609.22	428269.89	13272.28
935	301129	瑞纳智能	33.70	PR E一差	0.5	4.05	3.58	0.21	0.26	18.43	65.17	-33.35	0.56	-35.41	131.3	203710.42	43157.74	6715.63
936	688560	明冠新材	33.40	PR E一差	-0.12	-0.8	-1.6	0.39	0.49	15.84	-14.99	-19.82	-8.99	-65.85	257.93	340660.98	139628.18	-2440.06
937	603026	胜华新材	33.30	PR E一差	0.09	0.48	-1.17	0.82	2.13	39.73	-2.03	-32.24	-1.51	-53.73	188.07	727616.24	563478.83	-6267.29
938	002795	永和智控	33.30	PR E一差	-0.36	-19.56	-9.55	0.55	1.39	57.22	-7.21	-4.19	-2.28	12.11	61.38	187968.36	94822.18	-19108.77
939	300490	华自科技	33.20	PR E一差	-0.47	-7.42	-2.73	0.37	0.57	59.64	-4.97	40.99	31.25	-14.31	96.61	701982.3	236860.61	-19748.51
940	688011	新光光电	32.90	PR E一差	-0.39	-3.36	-3.98	0.12	0.16	12.47	-727.32	8.25	-4.34	5.17	48.53	130701.53	16222.9	-4069.1
941	688733	壹石通	32.50	PR E一差	0.12	1.09	0.71	0.16	0.3	24.75	2.72	-22.96	-0.94	-26.89	119.86	297290.13	46454.57	2452.37
942	688345	博力威	32.50	PR E一差	-0.34	-2.85	-2.1	0.85	1.37	56.34	-3.15	-2.88	-5.08	-42.25	138.99	265108.43	223452.94	-3378.02
943	000720	新能泰山	32.40	PR E一差	-0.05	-2.61	-0.11	0.27	0.3	51.07	0.22	-63.44	-2.35	-18.67	60.4	528726.13	145654.45	-6023.35
944	301040	中环海陆	32.10	PR E一差	-0.32	-3.04	-0.97	0.35	0.54	38.19	-1.11	-40.04	-3.36	-7.71	75.35	168148.72	62461.8	-3219.04
945	600478	科力远	32.00	PR E一差	-0.04	-2.48	-0.41	0.44	1.49	64.05	-0.12	-1.97	-5.85	-50.56	162.98	876591.68	371141.32	-13569.08
946	688528	秦川物联	31.70	PR E一差	-0.35	-8.22	-7.82	0.32	0.57	31.81	-17.61	-11.11	-7.81	5.24	33.25	101390.52	32701.42	-5907.48
947	301105	鸿铭股份	31.70	PR E一差	-0.34	-1.9	-2.98	0.17	0.24	11.71	-13.43	-24.03	-6.96	1.07	29.81	96585.57	17484.03	-1683.49
948	300626	华瑞股份	31.70	PR E一差	-0.5	-16.02	-7.88	0.64	1.35	45.51	-7.26	-0.46	-14.83	33.58	53.68	95758.63	66581.44	-9086.65
949	873223	荣亿精密	31.40	PR E一差	-0.2	-10.1	-8.26	0.53	0.97	38.12	-28.56	1.02	-9.59	76.71	139.8	47386.16	24807.84	-3196.01
950	002975	博杰股份	31.40	PR E一差	-0.41	-3.42	-3.59	0.34	0.47	38.07	-7.47	-25.6	-3.16	14.61	74.34	272905.04	90535.68	-8266.84
951	300123	亚光科技	31.30	PR E一差	-0.28	-10.94	-1.12	0.24	0.49	57.02	-0.38	-5.79	-7.21	20.75	67.61	626365.84	158874.84	-27316.06
952	300252	金信诺	31.00	PR E一差	-0.5	-16.45	-4.48	0.38	0.65	58.79	-2.82	-6.25	9.41	21.93	82.63	516601.31	199826.21	-32549.69
953	300713	英可瑞	30.50	PR E一差	-0.26	-6.18	-4.4	0.27	0.55	32.31	-17.19	-20.96	-3.8	38.51	123.71	96237.66	27071.64	-4587.36
954	300048	合康新能	30.50	PR E一差	-0.2	-12.43	-7.58	0.5	0.75	45.59	-39.01	4.73	-9.56	-1.96	39.23	316600.85	149116.05	-22177.78
955	300165	天瑞仪器	30.20	PR E一差	-0.23	-7.88	-3.94	0.27	0.31	61.84	-0.72	-27.55	-8.65	39.53	82.62	375644.18	101721.24	-11509.71
956	601798	蓝科高新	29.90	PR E一差	-0.39	-10.3	-4.25	0.41	0.62	51.15	-5.54	28.22	-9.72	7.21	43.3	265532.35	111538.94	-13866.9
957	688081	兴图新科	29.80	PR E一差	-0.66	-12.12	-12.87	0.23	0.32	16.82	-2026.71	4.13	-11.91	38.78	60.67	63047.49	14944.01	-6992.63

续表

序号	A股上市公司评价得分排序	股票代码	股票简称	综合得分(100)	评价等级	每股收益(元)	净资产收益率(%)	总资产报酬率(%)	总资产周转率(次)	流动资产周转率(次)	资产负债率(%)	已获利息倍数	营业收入增长率(%)	资本扩张率(%)	市场投资回报率(%)	股价波动率(%)	年末资产总额(万元)	营业收入(万元)	净利润(万元)
958		301155	海力风电	29.80	PRE 一差	-0.41	-1.64	-1.42	0.23	0.4	27.67	-4.64	3.22	-1.11	-40.45	123.77	772589.25	168531.14	-8649.67
959		688328	深科达	29.70	PRE 一差	-1.43	-14.28	-6.32	0.32	0.46	42.66	-4.79	-5.18	17.93	107.7	146.54	165546.65	55831.6	-11286.96
960		688779	长远锂科	29.40	PRE 一差	-0.06	-1.59	-0.98	0.67	0.97	46.67	-1.85	-40.31	-7.03	-52.47	177.34	1415660.79	1072903.62	-12446.8
961		300345	华民股份	29.40	PRE 一差	-0.34	-21.23	-13.22	0.62	1.13	65.08	-14.72	367.71	-14.72	-29.81	76.48	244596.35	117523.73	-23861.12
962		603356	华菱精工	29.20	PRE 一差	-0.78	-14.26	-5.31	0.77	1.41	56.03	-4.02	-11.41	-16.79	5.74	41.58	183299.52	155281.67	-12113.06
963		600550	保变电气	29.10	PRE 一差	-0.11	-33.22	-0.98	0.59	0.83	90.52	-0.56	0.48	-30.75	1.66	32.17	627734.35	346204.42	-18852.37
964		688306	均普智能	29.00	PRE 一差	-0.17	-10.8	-4.6	0.42	0.63	64.6	-3.42	5.03	-8.12	13.44	32.88	515572.75	209578.76	-20974.84
965		600815	厦工股份	29.00	PRE 一差	-0.12	-14.5	-7.59	0.32	0.41	29.02	-35.4	-18.46	1.3	0.77	27.92	239041.62	82123.01	-20738.43
966		301306	西测测试	28.80	PRE 一差	-0.61	-4.3	-3.26	0.2	0.27	22.02	-7.33	-4.29	-4.38	-11.1	73.78	152946.84	29109.42	-4869.26
967		600192	长城电工	28.60	PRE 一差	-0.25	-7.36	-1.29	0.43	0.59	70.51	-1.09	-1.87	-8.14	3.86	35.47	493217.95	212057.64	-11471.5
968		688455	科捷智能	28.50	PRE 一差	-0.43	-6.12	-3.98	0.44	0.5	53.83	-24.28	-31.2	-8.25	-7.8	44.96	263927.86	114846.27	-7792.91
969		688115	思林杰	28.50	PRE 一差	0.13	0.69	-0.8	0.12	0.13	10.67	6.86	-30.55	-3.36	-14.55	81.93	144206.79	16825.08	898.44
970		300875	捷强装备	28.50	PRE 一差	-0.68	-5.23	-4.5	0.18	0.31	14.21	-80.71	22.24	-4.49	-5.07	72.7	155087.48	29324.3	-6853.94
971		002665	ST航高	28.50	PRE 一差	-0.13	-6.24	-3.27	0.11	0.31	38.59	-2.24	37.1	-6.02	-31.92	109.22	800861.05	89418.15	-31494.41
972		002413	雷科防务	28.50	PRE 一差	-0.33	-11.08	-8.03	0.23	0.41	27.02	-24.15	-3.39	-8.62	20.01	51.41	528581.53	131754.63	-44884.4
973		603789	星光农机	28.30	PRE 一差	-0.21	-12.58	-3.57	0.26	0.51	64.25	-3.1	26.44	-9.71	23.63	61.21	129661.34	30840.12	-6085.37
974		600579	克劳斯	28.20	PRE 一差	-5.56	-131.55	-11.68	0.59	1.25	82.37	-6.2	11.27	-1.51	12.6	61.44	1950889.32	1160548.43	-270182.5
975		002816	*ST和科	28.10	PRE 一差	-0.63	-20.4	-14.64	0.36	0.45	21.23	-130.6	66.99	-18	-11.42	98.18	35197.54	14404.06	-6285.11
976		002760	凤形股份	28.10	PRE 一差	-0.55	-6.3	-3.51	0.42	0.7	39	-5.47	-15.36	-8.22	-3.46	54.67	148578.47	69080.13	-5963.59
977		688622	禾信仪器	27.80	PRE 一差	-1.37	-19.9	-11.05	0.36	0.64	61.37	-11.54	30.66	-18.2	-3.03	76.09	108113.82	36617.9	-10326.87
978		300065	海兰信	27.70	PRE 一差	-0.16	-6.38	-4.74	0.31	0.43	26.77	-25.98	4.04	-12.31	-26.83	108.76	232017.5	75368.84	-11603.74
979		002630	华西能源	27.60	PRE 一差	-0.16	-25.81	0.53	0.19	0.54	92.41	0.33	117.3	-27.97	-19.73	53.25	999702.96	186686.59	-20276.47
980		002527	新时达	27.50	PRE 一差	-0.57	-22.1	-6.24	0.66	0.87	64.2	-4.23	9.37	-19.26	50.91	173.32	427916.4	338745.31	-37889.94
981		300503	昊志机电	27.40	PRE 一差	-0.63	-16.25	-6.71	0.39	0.86	54.74	-4.28	3.66	-14.41	117.47	205.28	243521.23	100028	-19345.02
982		688272	*ST富吉	27.10	PRE 一差	-1.27	-17.93	-13.57	0.3	0.32	26.72	-26.01	88.77	-15.93	-4.26	66.6	66972.77	20933.41	-9631.87
983		688184	帕瓦股份	27.00	PRE 一差	-0.6	-3.19	-3.42	0.29	0.51	26.8	-11574.77	-29.26	-4.54	-36.92	105.09	407290.03	117161.31	-9737
984		002350	北京科锐	27.00	PRE 一差	-0.31	-9.38	-6.53	0.64	1.07	36.5	-23.06	-10.28	-10.1	-4.11	64.34	276091.42	195300.53	-18344.86
985		688132	邦彦技术	26.90	PRE 一差	-0.34	-3.36	-3.67	0.09	0.15	19.06	0	-51.18	-3.26	-17.19	62.03	189326.79	18068.99	-5328.93
986		300670	大烨智能	26.90	PRE 一差	-0.46	-20.25	-5.42	0.21	0.89	66.02	-1.88	65.66	-16.75	2.34	42.54	215030.21	44281.33	-14698.52

续　表

A股上市公司评价得分排序 序号	股票代码	股票简称	综合得分(100)	评价等级	每股收益(元)	净资产收益率(%)	总资产报酬率(%)	总资产周转率(次)	流动资产周转率(次)	资产负债率(%)	已获利息倍数	营业收入增长率(%)	资本扩张率(%)	市场投资回报率(%)	股价波动率(%)	年末资产总额(万元)	营业收入(万元)	净利润(万元)
987	300222	科大智能	26.90	PR E 一 差	-0.16	-7.42	-2.17	0.55	0.69	69.38	-4.75	-6.91	-13.44	12.37	52.39	544255.06	310193.4	-17071.68
988	002819	东方中科	26.90	PR E 一 差	-0.28	-2.67	-3.54	0.6	0.76	29.1	-19.92	-0.53	-10.77	1.44	76.21	482572.15	300677.77	-14508.16
989	688339	亿华通-U	26.80	PR E 一 差	-1.48	-9.03	-7.42	0.18	0.29	31.11	-19.38	8.48	24.14	-15.65	70.92	494572.08	80070.19	-30007.7
990	688282	理工导航	26.80	PR E 一 差	-0.26	-1.56	-2.79	0.01	0.02	15.6	-236.14	-89.37	-8.72	-17.71	87.77	163597.77	2175.04	-2254.94
991	000008	神州高铁	26.50	PR E 一 差	-0.31	-20.89	-6.14	0.23	0.51	65.7	-4.09	41.66	-18.43	-2.07	17.78	1065545.55	251164.78	-82447.53
992	000697	*ST炼石	26.30	PR E 一 差	-0.39	-1422.6	-2.75	0.46	1.22	89.02	-0.47	22.65	0	-11.84	77.5	380252.03	151555.95	-26268.39
993	300370	安控科技	25.40	PR E 一 差	-0.13	-28.01	-9.58	0.28	0.62	55.2	-4.83	2.32	-21.68	4.19	60.96	150818.87	47256	-19716.26
994	002009	天奇股份	25.40	PR E 一 差	-1.09	-19.29	-5.64	0.53	0.82	66.37	-3.67	-16.89	-5.16	1.62	68.89	649185.6	361620.26	-41927.77
995	002248	华东数控	25.20	PR E 一 差	-0.05	-23.52	-1.56	0.51	0.65	88.59	-0.97	9.78	-20.31	-17.35	59.05	53317.64	27934.26	-1639.21
996	002189	中光学	25.20	PR E 一 差	-0.95	-20.31	-8.43	0.64	0.99	62.85	-13.27	-33.84	-19.3	55.35	69.65	313168.05	217352.86	-28920.64
997	688311	盟升电子	25.10	PR E 一 差	-0.43	-3.27	-2.12	0.12	0.21	36.48	-5.42	-30.81	-1.18	-12.12	89.67	276543.85	33133.37	-4856.26
998	688070	纵横股份	25.10	PR E 一 差	-0.74	-10.11	-6.34	0.32	0.56	35.47	-12.08	5.03	-9.71	-18.86	73.31	94070.69	30176.34	-6486.93
999	301327	华宝新能	25.10	PR E 一 差	-1.39	-2.8	-3	0.32	0.33	13.81	-29.98	-27.76	-5.87	-50.14	210.08	690057.9	231383.2	-17371.72
1000	000982	中银绒业	25.10	PR E 一 差	-0.03	-11.79	-8.42	0.32	0.5	23.31	-25.46	-20.47	-11.37	-18.31	52.48	145823.54	49968.51	-14148.16
1001	000576	甘化科工	24.90	PR E 一 差	-0.53	-13.86	-12.67	0.17	0.37	11.36	0	-27.42	-8.74	-12.43	55.96	184172.48	32327.73	-24257.46
1002	300177	中海达	24.70	PR E 一 差	-0.57	-22.55	-16.83	0.34	0.48	50.31	-35.64	-10.02	-29.2	14.85	47.13	328237.48	118638.32	-62388.91
1003	688567	孚能科技	24.50	PR E 一 差	-1.53	-16.68	-6.28	0.53	0.79	65.55	-5.91	41.84	-13.58	-40.08	85.57	3014467.92	1643641.91	-186774.73
1004	603261	立航科技	24.50	PR E 一 差	-0.89	-8.08	-7.08	0.21	0.29	25.28	-29.08	-36.55	-6.78	-1.57	48.92	109224.07	23461.63	-6831.02
1005	600112	ST天成	24.10	PR E 一 差	-0.42	0	-11.46	0.12	0.8	113.44	-2.09	13.07	-362.67	-44.07	109.93	119165.78	15448.46	-21315.85
1006	301152	天力锂能	24.10	PR E 一 差	-4.13	-22.65	-15.32	0.71	1.03	37.7	-23.08	-8.43	-20.95	-25.54	124.6	317399.53	244332.73	-50502.05
1007	600243	青海华鼎	24.00	PR E 一 差	-0.36	-19.64	-11.61	0.29	0.47	32.84	-20.9	-33.46	-19.7	14.93	37.4	108560.97	35604.3	-16688.32
1008	600520	文一科技	23.90	PR E 一 差	-0.51	-20.56	-10.44	0.46	0.65	40.9	-18.59	-25.6	-17.87	50.44	264.03	59864.96	33068.5	-8064.8
1009	300340	科恒股份	23.80	PR E 一 差	-2.39	-209.74	-8.4	0.74	0.94	93.26	-4.35	-23.56	12.86	7.01	80.59	390500.59	302881.11	-51977.34
1010	300159	新研股份	23.80	PR E 一 差	-0.09	-140.75	0.52	0.38	0.74	99.16	0.18	-44.46	-84.65	16.06	67.89	296698.75	119069.15	-14919.4
1011	301260	格力博	23.70	PR E 一 差	-1.02	-15.88	-8.17	0.63	0.8	46.82	-4.61	-11.4	204.84	-58.75	171.48	845924.62	461688.45	-47436.15
1012	300489	光智科技	23.50	PR E 一 差	-1.76	-132.75	-6.1	0.32	0.91	98.07	-1.76	8.09	-78.4	7.5	69.73	333749.23	101138.74	-24103.4
1013	000595	宝塔实业	23.50	PR E 一 差	-0.14	-27.83	-13.23	0.25	0.51	49.67	-28.53	18.98	-23.16	-23.59	79.35	111124.27	29793.47	-16085.85
1014	688788	科思科技	23.40	PR E 一 差	-1.93	-7.9	-9.51	0.09	0.09	5.3	-184.76	1.28	-9.37	-0.31	67.6	257219.02	23629.08	-22153.38
1015	002231	奥维通信	23.40	PR E 一 差	-0.09	-9.26	-5.35	0.42	0.46	40.97	-60.06	23.38	-8.85	-32.81	76.67	54024.36	23518.09	-3095.3

续 表

序号	A股上市公司评价得分排序	股票代码	股票简称	综合得分(100)	评价等级	每股收益(元)	净资产收益率(%)	总资产报酬率(%)	总资产周转率(次)	流动资产周转率(次)	资产负债率(%)	已获利息倍数	营业收入增长率(%)	资本扩张率(%)	市场投资回报率(%)	股价波动率(%)	年末资产总额(万元)	营业收入(万元)	净利润(万元)
1016		300157	新锦动力	23.30	PR E 一差	-0.25	-91.65	-6.2	0.31	0.66	87.56	-2.06	41.56	-29.42	4.87	34.82	193433.69	65658.01	-18207.15
1017		688353	华盛锂电	23.00	PR E 一差	-0.15	-0.63	-1.4	0.12	0.18	14.22	-33.97	-39.09	-3.55	-41.32	125.46	442176.89	52503.14	-3394.16
1018		688499	利元亨	22.90	PR E 一差	-1.7	-7.48	-2.23	0.52	0.71	75.62	-1.9	18.81	-6.87	-68.17	292.82	995161.6	499438.02	-18779.77
1019		688022	瀚川智能	22.30	PR E 一差	-0.49	-6.05	-2.97	0.38	0.59	56.67	-3.96	17.21	72.69	-41.26	159.1	407568.9	133943.3	-9280.73
1020		300423	辉科技	22.30	PR E 一差	-3.41	-73.01	-35.96	0.45	0.59	55.29	-97.44	-6.72	-54.15	-1.57	109.59	326894.63	200235.67	-170404.19
1021		688162	巨一科技	22.20	PR E 一差	-1.49	-8.35	-3.42	0.51	0.59	67.47	-37.5	5.97	-9.08	-29.61	103.81	716117.06	369090.49	-20415.65
1022		600421	华嵘控股	21.90	PR E 一差	-0.04	-49.03	-3.04	0.9	1.01	72.75	-1.76	-2.45	-15.02	-1.52	50.64	14448.03	12212.34	-716.7
1023		600343	航天动力	21.90	PR E 一差	-0.31	-11.18	-6.87	0.28	0.49	46.28	-19.98	-29.4	-11.51	10.3	32.95	313702.67	90034.02	-21204.18
1024		002805	丰元股份	21.90	PR E 一差	-1.39	-17.16	-8.26	0.51	1.01	53.33	-5.94	59.98	-9.79	-48.92	178.53	592736.11	277678.98	-43232.81
1025		002520	日发精机	21.20	PR E 一差	-1.13	-52	-12.05	0.41	0.83	70.08	-8.23	-2.61	-42.78	-12.96	85.79	422676.58	208336.31	-90214.2
1026		603895	天永智能	20.60	PR E 一差	-1	-25.98	-8.81	0.37	0.44	80.34	-8.58	2.88	-33.27	2.74	41.35	148966.63	59492.19	-14623.94
1027		600302	标准股份	20.50	PR E 一差	-0.57	-21.79	-14.16	0.36	0.42	35.24	-144.99	-51.76	-20.71	-3.7	62.7	131060.93	50692.53	-21235.2
1028		300965	*ST 恒宇	19.80	PR E 一差	-2.79	-12.93	-10.67	-0.05	0	13.87	-223401.57	-144.49	-12.41	19.16	65.89	140341.49	-8176.94	-16741.33
1029		300853	申昊科技	19.70	PR E 一差	-0.69	-8.09	-5.23	0.18	0.26	41.29	-6.19	-1.32	-11.35	14.92	90.61	199549.8	38629.66	-10084.1
1030		300432	富临精工	19.60	PR E 一差	-0.45	-12.33	-7.48	0.62	1.17	55.89	-8.46	-21.58	-16.87	-28.82	114.47	910299.57	576126.59	-58280.63
1031		300397	天和防务	19.60	PR E 一差	-0.38	-11.27	-7.85	0.14	0.36	36.81	-44.59	-30.12	-12.15	9.33	36.36	254631.18	35068.85	-22293.28
1032		300103	达刚控股	19.60	PR E 一差	-0.34	-15.92	-10.26	0.18	0.31	39.65	-10.37	-35.26	-35.77	3.76	31.74	107083.38	25430.43	-13360.15
1033		002685	华东重机	19.40	PR E 一差	-0.8	-44.2	-28.53	0.21	0.31	54.53	-59.41	-54.53	-36.88	-8.66	39.26	310921.66	67105.97	-83586.36
1034		300477	合纵科技	18.60	PR E 一差	-0.6	-30.58	-9.19	0.35	0.68	76.16	-6.8	-0.23	-22.74	-27.74	85.7	968818.21	295498.56	-83810.13
1035		002490	ST 墨龙	18.50	PR E 一差	-0.71	-80.29	-12.59	0.38	1.02	88.41	-3.63	-52.36	-63.23	6.54	38.48	288808.2	131749.58	-57853.45
1036		688275	万润新能	18.40	PR E 一差	-11.93	-19.82	-7.88	0.62	1.11	66.08	-6.38	-1.44	-24.43	-48.78	183.28	1943177	1217419.51	-154721.87
1037		600152	维科技术	18.30	PR E 一差	-0.23	-6.52	-4.45	0.5	0.96	44.84	-15.15	-28.08	-5.84	-53.06	181.95	323932.21	167216.93	-14885.97
1038		300091	金通灵	18.30	PR E 一差	-0.34	-22.5	-8.34	0.25	0.41	64.51	-6.19	-6.6	-22.38	-26.44	83.42	544161.74	145008.16	-55554.97
1039		002667	威领股份	18.30	PR E 一差	-0.97	-30.59	-10.6	0.49	1.07	45.39	-7.2	-3.76	-13	-55.01	188.71	201834.24	114140.11	-29019.27
1040		300810	中科海讯	18.10	PR E 一差	-1.33	-16.56	-16.02	0.14	0.17	25.96	-137.72	-24.52	-15.73	16.21	48.67	117398.51	16458.04	-15883.48
1041		300762	上海瀚讯	17.90	PR E 一差	-0.3	-7.32	-7.62	0.09	0.11	28.28	-25.39	-21.93	-7.21	12.8	93.1	348046.28	31275	-18975.9
1042		300527	中船应急	17.70	PR E 一差	-0.23	-8.19	-5.05	0.14	0.2	34.95	-9.54	-63.63	-11.7	12.27	52.01	391530.75	60311.36	-20945.37
1043		688660	电气风电	17.50	PR E 一差	-0.95	-19.55	-4.75	0.36	0.61	77.28	-9.58	-16.24	-17.84	-17.85	67.52	2585741.56	1011421.29	-127152.84
1044		002121	科陆电子	17.40	PR E 一差	-0.34	-66.53	-4.95	0.5	1.1	87.6	-1.87	18.68	41.3	-44.89	177.22	790966.36	419996.52	-53404.94

续表

A股上市公司评价得分排序 序号	股票代码	股票简称	综合得分(100)	评价等级	每股收益(元)	净资产收益率(%)	总资产报酬率(%)	总资产周转率(次)	流动资产周转率(次)	资产负债率(%)	已获利息倍数	营业收入增长率(%)	资本扩张率(%)	市场投资回报率(%)	股价波动率(%)	年末资产总额(万元)	营业收入(万元)	净利润(万元)
1045	830809	安达科技	17.20	PR E 一差	-1.06	-26.42	-12.21	0.54	0.97	51.62	-15.26	-54.8	1.4	-64.97	407.61	499289.37	296415.31	-63378.57
1046	300116	*ST保力	17.20	PR E 一差	-0.04	-76.35	-32.32	0.23	0.38	60.5	-155.47	-28.68	-36.2	-11.95	58.86	48965.17	13649.07	-19003.18
1047	601106	中国一重	17.10	PR E 一差	-0.39	-26.13	-5.27	0.42	0.65	77.14	-3.69	-28.13	-22.94	-2.03	40.34	3999469.21	1716748.43	-274078.01
1048	002514	宝馨科技	17.10	PR E 一差	-0.27	-18.44	-6.64	0.22	0.58	57.1	-4.64	-15.09	-12.86	-25.72	104.3	289503.59	58077.76	-20084.43
1049	688680	海优新材	16.90	PR E 一差	-2.73	-9.77	-3.71	0.82	1.04	59.16	-1.73	-8.2	-11.42	-70.14	297.06	538340.63	487189.26	-22857.27
1050	300486	东杰智能	16.90	PR E 一差	-0.61	-16.3	-7.74	0.26	0.41	58.37	-13	-23.73	-15.35	-16.49	69.97	335972.16	87197.64	-24854.36
1051	300879	大叶股份	16.40	PR E 一差	-1.09	-19.73	-5.53	0.32	0.58	73.57	-2.87	-36.91	-14.2	-0.74	41.9	309630.3	92845.9	-17487.01
1052	836239	长虹能源	15.70	PR E 一差	-2.08	-31.48	-8.59	0.63	1.22	81.89	-6.5	-12.76	-34.49	-21.54	202.7	447713.16	279681.63	-41051.73
1053	600990	四创电子	15.70	PR E 一差	-2.06	-22.64	-7.06	0.27	0.4	66.67	-6.26	-29.19	-20.38	-14.15	59.57	658275.82	192660.15	-55048.02
1054	300769	德方纳米	15.40	PR E 一差	-5.87	-20.53	-7.74	0.68	1.23	57.96	-6.21	-24.76	-18.23	-57.71	186.44	2073495.85	1697250.89	-198172.96
1055	002529	海源复材	15.00	PR E 一差	-0.56	-27.77	-10.54	0.27	0.69	58.98	-10.63	-13	-24.39	-33.1	122.73	109632.04	31662.82	-14503.84
1056	002214	大立科技	14.50	PR E 一差	-0.49	-13.66	-11.87	0.1	0.14	20.58	-55.09	-36.49	-15.09	-20.03	75.27	246889.83	25455.01	-30116.92
1057	002610	爱康科技	14.30	PR E 一差	-0.18	-33.8	-6.66	0.42	0.8	77.81	-2.12	-30.32	-27.88	-27.04	75.04	1042312.59	466197.91	-89448.77
1058	000584	ST工智	14.20	PR E 一差	-0.53	-50.86	-9.02	0.5	0.8	86.63	-11.31	20.06	-50.79	-46.38	218.61	410516.79	218785.54	-40478.67
1059	600405	动力源	14.10	PR E 一差	-0.5	-37.2	-10.15	0.36	0.63	71.1	-5.74	-37.3	-31.49	-4.11	55.6	212134.88	85026.55	-28149.39
1060	000547	航天发展	13.90	PR E 一差	-1.22	-24.79	-17.11	0.14	0.24	38.78	-56.01	-47.74	-22.31	-13.98	72.9	1285509.56	186257.52	-229399.16
1061	300648	星云股份	12.40	PR E 一差	-1.31	-20.12	-6.96	0.36	0.57	64.83	-5.99	-29.18	-18.67	-30.42	113.65	245241.33	90670.04	-19429.11
1062	300410	正业科技	12.20	PR E 一差	-0.6	-40.14	-11.84	0.4	0.59	77.23	-9.18	-23.44	-33.46	-20.16	76.72	195215.01	75828.84	-23562.94
1063	301302	华如科技	12.00	PR E 一差	-1.4	-9.83	-12.7	0.15	0.16	9.23	-187.4	-56.55	-9.37	-46.15	133.51	236111.81	36202.83	-22163.49
1064	300472	新元科技	11.30	PR E 一差	-0.74	-28.25	-11.01	0.14	0.24	64.03	-12.51	-58.76	-26.63	-16.16	78.11	162385.04	23398.67	-21728.15
1065	688148	芳源股份	10.80	PR E 一差	-0.89	-35.71	-12.39	0.58	1.01	65.9	-7.1	-28.37	-30.57	-50	165.66	308645.71	210243.26	-45568.85
1066	002309	*ST中利	9.80	PR E 一差	-1.72	-693.29	-13.56	0.47	1.01	107.32	-3.75	-50.39	-157.54	-35.9	114.63	771240.52	405128.37	-149857.15
1067	600984	建设机械	9.40	PR E 一差	-0.59	-13.22	-2.12	0.18	0.43	70.05	-1.41	-16.98	-12.44	-36.22	127.36	1757374.16	322770.17	-74485.29
1068	300427	*ST红相	8.80	PR E 一差	-1.27	-39.07	-11.26	0.34	0.5	65.2	-4.69	-28.74	-31.87	-62.79	312.96	276301.62	115364.55	-47419.22
1069	603906	龙蟠科技	8.10	PR E 一差	-2.18	-30.17	-10.11	0.55	0.99	75.73	-6.35	-37.96	-25.46	-48.68	187.89	1722682.66	872947.86	-151423.35
1070	600172	黄河旋风	7.80	PR E 一差	-0.57	-27.6	-5.4	0.17	0.51	72.29	-1.38	-34.67	-24.26	-25.8	130.01	899840.67	157456.92	-79849.21

第九章

汽车行业上市公司业绩评价

汽车行业是国民经济的支柱产业之一，作为经济产业中重要的中游行业，其上游承载零部件、钢铁、橡胶原料行业及生产设备制造行业，下游衔接矿山开采、公路交通运输、特种用途等国民经济相关产业领域。2023年汽车销量呈现强势上扬的态势，全年汽车销量最终同比上升12%。但受宏观经济增速放缓、新能源补贴退坡等政策相关因素影响，2023年申万汽车股票指数变化态势不明显，全年指数从5414.62上升至5518.47，全年涨幅1.92%，但依然优于上证指数2023年全年表现。2023年市场规模已经完成行业拐点开始上扬，智能汽车赛道市场关注度提升明显。预计2024年汽车行业将进一步呈现上升态势，具备长期配置价值。

一、汽车行业上市公司业绩评价结果

截至2023年末，汽车行业包括汽车整车、汽车零部件、汽车服务、其他交运设备等企业的全部上市公司281家，其中240家盈利。汽车行业的综合评价分值为68.17分，略高于同年全部上市公司的综合评价分值62.92分。

2023年末，汽车行业上市公司资产总额为4.87万亿元，占全部上市公司资产总额的4.90%；实现营业收入共3.72万亿元，占全部上市公司营业收入的5.98%；实现净利润0.14万亿元，占全部上市公司净利润的4.34%。

在纳入评价的249家汽车行业上市公司中（剔除了其中32家当年上市或借壳上市的公司和ST公司），业绩评价为AA的有2家，业绩评价为A的有7家，业绩评价为BBB的有26家，业绩评价为BB的有43家，业绩评价为B的有49家，业绩评价为CCC的有37家，业绩评价为CC的有24家，业绩评价为C的有61家。

2023年汽车行业上市公司整体净利润率水平为3.77%，高于上年同期2.95%，低于全部上市公司 5.21% 的平均水平，说明汽车行业在 2023 年的经营收益水平低于全部上市公司平均水平。

2023 年度，汽车行业评价排名前十的公司见表 9-1。

表 9-1　2023 年度汽车行业评价排名前十的公司

序号	股票代码	股票简称	A 股全部上市公司中评价得分排序
1	000625	长安汽车	21
2	600660	福耀玻璃	46
3	601058	赛轮轮胎	52
4	002594	比亚迪	53
5	002984	森麒麟	79
6	000338	潍柴动力	115
7	601689	拓普集团	161
8	600066	宇通客车	165
9	300969	恒帅股份	166
10	430418	苏轴股份	200

下面分别从财务效益、资产质量、偿债风险、发展能力及市场表现等五个方面对汽车行业上市公司进行具体分析。

（一）财务效益

从综合得分来看，2023 年汽车行业上市公司财务效益除盈利现金保障倍数和总股本收益率外，全部低于上市公司当年平均水平，但总体来看较上一年有较大幅度增长。表 9-2 列示了 2023 年汽车行业上市公司财务效益状况评价结果。与 2022 年的情况相比，2023 年汽车行业上市公司财务效益中各项指标均有所提升，总体来看综合得分较 2022 年增长了 16.38%。从财务效益指标分析中可以看到，汽车行业在 2023 年实现了产销的长足增长，各项财务指标均有所优化。

在汽车行业上市公司财务效益状况指标中，排名前五的分别是比亚迪、福耀玻璃、赛轮轮胎、拓普集团和华域汽车。如福耀玻璃围绕集团经营战略，持续以"为客户持续创造价值"为中心，以市场为导向，以技术创新为支持，以规范管理为保障，致力于提升公司综合竞争力，主要开展专注客户需求、提升销售效率、强化质量管理、加强技术创新、强化创新管理、提高全球运营保障能力、推广开展"数字化绿色工厂"建设等工作，从而合并实现营业收入人民币 3316099.66 万元，比上年同期增长 18.02%；实现利润总额人民币 671602.19 万元，比上年同期增长 20.38%，实现归属于上市公司股东的净利润人民币 562925.61 万元，比上年同期增长 18.37%；实现每股收益人民币 2.16 元，比上年同期增长 18.68%，价值得以体现。

表 9-2　汽车行业财务效益状况比较表

分析指标		2023 年上市公司平均值	2023 年行业值	2022 年行业值	增长率（%）
基本指标	净资产收益率（%）	6.75	5.84	3.64	60.44
	总资产报酬率（%）	5.03	4.2	3.26	28.83
	基本得分	21.27	20.06	17.73	13.14
修正指标	营业利润率（%）	6.42	4.5	3.43	31.20
	盈利现金保障倍数	2.01	3.03	2.46	23.17
	总股本收益率（%）	44.8	55.29	35.93	53.88
	综合得分	23.35	24.51	21.06	16.38

（二）资产质量

从综合得分来看，汽车行业上市公司资产质量略高于全部上市公司平均水平。但同比来看，应收账款周转率和存货周转率较上年有所下降。表 9-3 列示了 2023 年汽车行业上市公司资产质量状况评价结果。应收账款周转率和存货周转率较上年有所下降，有可能是在产销均大幅增长的情况下，企业更多关注市场开拓而非内部管控所致。

在汽车行业上市公司资产质量指标中，排名前五的公司分别是中路股份、爱玛科技、长安汽车、新日股份和一汽解放。如爱玛科技在质量管理方面，不断推进、优化全流程质控体系，报告期内初步导入的产品开发 IPD 流程，在产品设计环节强化了项目质量策划中关于质量目标竞争力的评审，由原来侧重交付物的指标体系，优化为侧重企划信息、竞争力分析的指标体系，质量管理进一步向"以用户需求为导向"转变，同时按整车及零部件属性分领域成立技术专家团队，对设计质量负责。产品开发阶段，实施质量阀交付物分级及评审管理机制，执行质量阀预审及预警机制，全面提升新项目开发的过程质量。生产环节依托智能制造、ERP（Enterprise Resource Planning）、智能质量管理、品质信息拼图等数智化运营系统，实现生产全流程的品质数据采集、智能分析、智能预警、智能管控、智能预测及智能决策，建立统一品质管理体系与通用质量标准，聚焦产品问题改善，构建刚性执行、系统全面的质量管理数据运营体系。在检出力提升方面，爱玛科技融入汽车行业的产品开发测试理念，科学地设计试验策划及验证方案，零部件级、系统级和整车级试验执行同步工程，进一步提升检验效率和效果；报告期内各生产基地共投入检验设备 30 余套，在减震器的耐久性、材料的光照老化、电器件的高低温冲击、整车的振动耐久、整车转向等方面扩充了检测产能，新增了尺寸计量室，具备对重要零部件的长度尺寸和形位公差尺寸测量能力，进一步提升了公司资产质量。

表 9-3 汽车行业资产质量状况比较表

分析指标		2023 年上市公司平均值	2023 年行业值	2022 年行业值	增长率（%）
基本指标	总资产周转率（次）	0.64	0.80	0.78	2.56
	流动资产周转率（次）	1.27	1.41	1.36	3.68
	基本得分	9.52	11.19	10.69	4.68
修正指标	应收账款周转率（次）	7.99	8.21	8.34	-1.56
	存货周转率（次）	3.48	5.85	6.02	-2.82
	综合得分	9.27	10.16	9.98	1.80

（三）偿债风险

从综合得分来看，2023 年汽车行业上市公司偿债风险状况优于全部上市公司平均水平，且均高于同行业上年水平。可见在经过行业 U 型反转之后，随着企业经营业绩逐渐提升，偿债风险开始不断下降。

表 9-4 列示了 2023 年汽车行业上市公司偿债风险状况评价结果。从指标平均得分来看，除速动比率和带息负债比率外，所有指标较上年同比水平均有所优化。

在汽车行业上市公司偿债风险状况指标中，排名前五的分别是绿通科技、派特尔、天普股份、标榜股份和雪龙集团。如天普股份是国内汽车橡胶管路行业的领先企业，经过长期的发展和经验积累，在成本管控上形成了较大的竞争优势。首先，公司在售产品规格型号众多，在同类产品生产企业中排名前列，具备较强的规模化生产优势，有效降低了产品的生产成本。其次，公司积极借助各类信息化管理工具，建设了 SAP、MES、PLM、LIMS、APS 等信息化管理系统，通过经营管理制度和系统建设、优化，全面提升了公司的经营管理能力，并有效降低了公司的运营成本，为公司的持续发展提供了有力保证，进一步提升了偿债能力。

表 9-4 汽车行业偿债风险状况比较表

分析指标		2023 年上市公司平均值	2023 年行业值	2022 年行业值	增长率（%）
基本指标	资产负债率（%）	57.83	61.14	60.06	1.80
	已获利息倍数	5.21	7.38	6.26	17.89
	基本得分	8.89	8.31	8.53	-2.58
修正指标	速动比率（%）	88.92	90.71	91.13	-0.46
	现金流动负债比率（%）	15.9	17.36	10.86	59.8
	带息负债比率（%）	42.82	26.98	29.17	-7.51
	综合得分	8.9	9.16	8.93	2.58

（四）发展能力

从综合得分来看，除三年营业收入平均增长率以外，汽车行业 2023 年各项指标均高于上市公司平均水平。三年营业收入平均增长率略低于上市公司平均水平的主要原因是 2021 年和 2022 年行业正在经历 U 型反转，从而拉低了平均水平，但 2023 年行业营业收入增长率达到 15.86%，远高于上市公司同期表现。表 9-5 列示了 2023 年汽车行业上市公司发展能力状况评价结果。

汽车行业发展能力中排名前五的上市公司分别为长安汽车、比亚迪、赛轮论坛、伯特利和新泉股份。如比亚迪公司在巩固和扩大国内市场发展优势的同时，依托科技领先、安全领先、质量领先、市场领先的全面实力，积极加速海外布局。2023 年年内，比亚迪新能源乘用车已进入日本、德国、澳大利亚、巴西、阿联酋等 50 多个国家和地区，勇夺多国新能源汽车销量冠军，技术和车型在国际上多次获奖。比亚迪多品牌车型不断在国际亮相与上市，为全球消费者提供卓越的绿色出行体验。3 月，比亚迪在墨西哥城举行品牌发布暨新车型上市发布会，推出汉 EV、唐 EV、元 PLUS 三款纯电动车型，开启墨西哥乘用车市场的新格局。6 月，比亚迪在阿联酋正式推出通过本地化和高温测试的元 PLUS，以确保用户能够获得最佳的驾驶体验，开启中东乘用车市场全新篇章。9 月，比亚迪携六款新能源汽车亮相德国慕尼黑车展，并宣布海豹正式在欧洲上市。10 月，比亚迪携五款新能源车型及核心技术亮相第 47 届东京车展，成为历史上首家参加该车展的中国车企，并首次在海外展出亮相仰望 U8。11 月，比亚迪携五款重磅车型亮相第 40 届泰国国际汽车博览会，除元 PLUS、海豚、海豹三款在售车型外，亦首次带来腾势 N7 及仰望 U8，向媒体及广大消费者展现比亚迪丰富多样的产品矩阵和创新技术，发展能力得以体现。

表 9-5　汽车行业发展能力状况比较表

	分析指标	2023 年上市公司平均值	2023 年行业值	2022 年行业值	增长率（%）
基本指标	营业收入增长率（%）	2.21	15.86	4.55	248.57
	资本扩张率（%）	6.75	8.36	6.31	32.49
	基本得分	12.14	14.77	11.09	33.18
修正指标	累计保留盈余率（%）	44.05	45.53	43	5.88
	三年营业收入平均增长率（%）	10.93	9.95	5.53	79.93
	总资产增长率（%）	5.71	11.3	11.17	1.16
	营业利润增长率（%）	-3.95	46.74	-8.59	644.12
	综合得分	12.33	14.52	11.51	26.15

（五）市场表现

表 9-6 列示了 2023 年汽车行业市场表现情况。2023 由于新能源汽车赛道受到市场广泛关注，汽车行业的股票整体表现优于整体市场市值变动情况。从市值增长率和股价波动率来看，均高于上市公司整体平均值。

综合来看，汽车行业上市公司市场表现评价排名前五的公司为华纬科技、肇民科技、华培动力、秦安股份和新坐标。如华培动力股价在 2023 年从 6.82 元/股上涨至 10.87 元/股，股价涨幅达到 59.38%。华培动力动力总成事业部借助博格华纳、盖瑞特等重点客户关系，依靠公司的优质产品竞争力及客户关系维护，实现了包括 Scania、宝马、现代汽车、奔驰等客户多个系列产品的突破，实现了业务的稳健发展；同时，随着砂铸相关业务成功合并转移至武汉工厂，动力总成事业部的整体产能利用率、自动化率以及精细化管理水平得以提升，助力动力总成事业部市场占有率及净利润率的稳步提升；在内部管理层面，公司重视并加强数字能力建设，实现从营销、采购、研发、制造到服务端到端的价值链流程，完成 MES 平台和 IOT 平台的实施上线，实现从订单、生产、发货、质量追溯、设备状态实时监控的管理，达到工厂可视化、实时化管理，工厂管理精细化水平进一步提升，也有助于公司竞争力的进一步加强。

表 9-6　汽车行业市场表现状况比较表

分析指标	2023 年上市公司平均值	2023 年行业值	2022 年行业值	增长率（%）
市值增长率（%）	5.76	17.9	−9.81	282.47
股价波动率（%）	82.72	90.49	110.55	−18.15
综合得分	9.07	9.82	9	9.11

二、2023 年度汽车行业上市公司业绩影响因素分析

2023 年，从汽车行业整体来看，汽车销量首次突破 3000 万辆，行业景气度显著回升。根据中国汽车工业协会统计，2023 年，汽车产销分别完成 3016.1 万辆和 3009.4 万辆，同比增长 11.6% 和 12%。从增速来看，分别比上年同期的 3.4% 和 2.1% 增加了 8.2 个和 9.9 个百分点，销量增速与上年相比下降 1.7 个百分点。汽车行业上市公司作为汽车行业领头羊，其 2023 年收入总计 37200.62 亿元，同比增长 14.09%。业绩提升的主要因素如下。

（一）全年销量高增，行业延续高景气度

2023 年，虽然面临日趋复杂的国际形势和部分国家与地区的"砌墙"行为，中国汽车市场经过多年的稳步发展和深耕，迎来了产销 3000 万辆的里程碑，也让中国汽车产销总量连续 15 年稳居全球第一。在一系列稳增长、促消费政策的有效拉动下，中国汽车市场在逆境下整体复苏向好，为稳定工业发展贡献了重要力量。

2023 年乘用车销量达到 2680 万辆，同比增长 3%，实现连续 9 年乘用车销量超过 2000 万辆的成绩，为稳住汽车消费基本盘发挥了重要作用。其中，中国品牌乘用车扮演了重要角色。2023 年中国品牌乘用车销量达到 1459.6 万辆，同比增长 24.1%，市场份额达到 56%，提升了 6.1 个百分点。尤其是在新能源汽车市场，中国品牌乘用车中新能源产品市场占有率达到 49.9%。

商用车市场企稳回升，产销回归 400 万辆，印证了中国汽车产业基础扎实、底盘稳固。

（二）新能源汽车持续爆发式增长，市场渗透率不断提升

2023 年，我国新能源汽车产销突破 900 万辆，市场占有率超过 30%，高于 2022 年的 25.6%。从全年来看，仅在 2023 年 1 月，新能源汽车月销量同比有所下滑，其余 11 个月份均大幅高于 2022 年同月销量。根据中汽协数据，2023 年 12 月，国内新能源汽车销量渗透率达 37.74%，同比、环比分别提升 5.89 个、3.19 个百分点。2023 年，整体国内新能源汽车销量渗透率达 31.55%，同比提升 5.91 个百分点。我国汽车行业相继出现"新能源汽车持续爆发式增长""汽车出口屡创新高""中国本土品牌表现亮眼"等特点。其背后，是中国品牌整车企业紧抓新能源、智能网联转型机遇，推动汽车电动化、智能化升级和产品结构优化，产品竞争力不断提升，得到广大消费者青睐。由此，给我国汽车行业带来的一个可喜局面是：中国品牌整车从"国内"走向"海外"的全球化趋势越来越明显，出口呈加快增长趋势。

2023 年新能源市场前十大厂商的市场份额达到 78.1%，较上年 69.4% 提升 8.7 个百分点，行业集中度有所提升。其中比亚迪、特斯拉、广汽埃安位居前三（见表 9-7）。

表 9-7　新能源汽车前十大厂商 2023 年累计销量及市场份额

新能源车企	2023 年累计销量（辆）	市场份额
比亚迪	1799947.0	35%
特斯拉	439770.0	7.80%
广汽埃安	273757.0	6.30%
吉利汽车	304911.0	6.10%
上汽通用五菱	442118.0	5.90%
长安汽车	212078.0	5.00%
理想汽车	133246.0	4.90%
长城汽车	124472.0	3.10%
蔚来汽车	122486.0	2.10%
零跑汽车	111168.0	1.90%

数据来源：乘联会。

（三）动力电池装机量不断提升，集中效应凸显

根据公开资料，2023 年，从全球动力电池装车量前十大企业来看，中国企业依然占据 6 席，2023 年市占率达 63.5%，相比 2022 年市占率 59.6% 进一步上升。宁德时代和比亚迪市占率之和依然过半，达 52.6%。2023 年国内动力电池企业装机量头部企业分别为宁德时代、弗迪电池、中航创新、亿纬锂能、国轩高科、欣旺达、蜂巢能源、孚能科技、正力新能。动力电池行业经历需求快速增加、供给大幅扩张，再到供需自平衡下格局优化的过程，培育出一批在成本、性能上具备优势的动力电池供应商，全球竞争优势持续夯实。

据中国汽车动力电池产业创新联盟统计，2023 年我国动力和其他电池累计产量为 778.1GWh，同比增长 42.5%；我国动力电池累计装车量 387.7GWh，同比增长 31.6%。其中三元电池累计装车量 126.2GWh，占总装车量的 32.6%，同比增长 14.3%；磷酸铁锂电池累计装车量 261GWh，占总装车量的 67.3%，同比增长 42.1%。

表 9-8　2023 年我国动力电池装车量前十大企业

序号	企业名称	装车量（GWh）	占比
1	宁德时代	167.10	43.11%
2	比亚迪	105.48	27.21%
3	中创新航	32.90	8.49%
4	亿纬锂能	17.26	4.45%
5	国轩高科	15.91	4.10%
6	蜂巢能源	8.69	2.24%
7	LG 新能源	8.34	2.15%
8	欣旺达	8.30	2.14%
9	孚能科技	5.94	1.53%
10	正力新能	5.39	1.39%

资料来源：动力电池产业创新联盟。

（四）产业政策频出，保障汽车行业稳健复苏

汽车产业作为中国经济的支柱产业之一，上游承载零部件、钢铁、橡胶原料行业及生产设备制造行业，下游衔接矿山开采、公路交通运输、特种用途等国民经济相关产业领域，其发展态势将对我国国民经济产生深远的影响。

2023 年，中国汽车行业在政策的引导和推动下，呈现出新的发展格局。政府对于新能源汽车、智能网联汽车等新兴领域给予了高度的关注和政策支持，以促进汽车行业的可持续发展。与此同时，二手车市场在国家政策的引导下，逐渐走向规范化、透明化的发展道路。如商务部等 17 部门发布的《关于搞活汽车流通扩大汽车消费若干措施的通知》中指出，汽车业是国民经济的战略性、支柱性产业。为进一步搞活汽车流通，扩大汽车消费，助力稳定经济基本盘和保障改善民生，将支持新能源汽车购买使用、加快活跃二手车市场、促进汽车更新消费、推动汽车平行进口持续健康发展、优化汽车使用环境、丰富汽车金融服务，工信部等 7 部门联合发布《汽车行业稳增长工作方案（2023—2024 年）》，提出"鼓励企业以绿色低碳为导向，积极探索混合动力、低碳燃料等技术路线，促进燃油汽车市场平稳发展"；工信部等 5 部门联合发布了《关于开展 2023 年新能源汽车下乡活动的通知》，将促进引导乡村新能源汽车消费，活动时间为 2023 年 6—12 月。

三、2024 年汽车行业前景分析

2024 年，中国汽车市场将继续保持稳中向好发展态势，中国汽车工业协会预计，汽车总销量将超过 3100 万辆，同比增长 3% 以上。其中，乘用车销量 2680 万辆，同比增长 3%；商用车销量 420 万辆，同比增长 4%。新能源汽车销量 1150 万辆。

（一）新能源汽车发展强势延续，市场认可度不断提升

根据中国汽车工业协会对外发布的数据，2024 年第一季度，我国汽车产销分别完成 660.6 万辆和 672 万辆，同比分别增长 6.4% 和 10.6%。其中，中国新能源汽车产销量分别达到 211.5 万辆和 209 万辆，同比增长 28.2% 和 31.8%，市场占有率达到 31.1%，市场规模持续扩大。

根据乘联会预测，2024 年新能源市场将继续保持较强增长势头，预计批发销量达到 1100 万辆，同比增长 22%，渗透率达到 40%。

2024 年 4 月 25 日—5 月 4 日举办的北京车展，共吸引 2000 余家企业积极参展，主流车企及零部件厂商、科技公司均发布其最新电动化/智能化规划，新能源车型达到 278 个。其中本届北京车展全球首发车 117 台，新能源车型占比超过 80%，可见新能源汽车或将作为未来汽车主流的动力类型。

资料链接：

比亚迪 Q1 业绩稳健，Q2 产品矩阵加固有望提振量利

公司 Q1 业绩表现稳健，剔除比电财报后单车净利约 0.69 万元。Q1 销量 55.2 万辆，环比下降 19%，受补贴退坡、春节假期影响，销售环比下降，也间接导致费用中刚性支出占比提高、规模效应略降。2023 年新能源乘用车补贴取消，纯电、插混车型分别最高影响 1.26 万元、0.48 万元，公司盈利承压明显。受益于原料降价、供应链降本的对冲，单车净利最终表现稳健。剔除比电财报，Q1 单车均价约 17 万元，同比增加 1.3 万元；单车净利 0.69 万元，同比增加 0.5 万元，环比下降 0.4 万元。

资料来源：华创证券研究报告。

（二）新能源汽车渗透率提升，以旧换新政策逐步落地

新能源汽车持续保持在驱动车市销量稳健增长中的关键性地位，政策助力有望成为巩固新能源汽车发展的重要力量。为响应商务部等 14 个部门于 4 月 12 日发布的《推动消费品以旧换新行动方案》中提到的"鼓励有条件的地方支持汽车置换更新"，众多地方政府开始发布汽车"以旧换新"补贴细则，并对新能源汽车的购买进行了倾向性的补贴，以推动

本地区的新能源车产业发展，如湖南省发布《推动大规模设备更新和消费品以旧换新实施方案》，重点提到"加大政策支持力度，扩大节能与新能源汽车消费"；广东省发布《推动大规模设备更新和消费品以旧换新实施方案》，鼓励汽车生产、经销企业通过促销、补贴、赠送充电桩等形式提供购车优惠让利，促进汽车更新消费；苏州市自 4 月 20 日起，根据车价差异，对以旧换新购置燃油车提供 3000/5000 元的补贴，直接新购不提供补贴；以旧换新购置新能源汽车提供 4000/6000 元的补贴，直接新购亦提供 3000/5000 元的补贴。

（三）氢能政策不断出台，推动氢能时代加速到来

2024 年，氢能政策不断出台，推动氢能时代加速到来。工信部等 7 部门发布《关于加快推动制造业绿色化发展的指导意见》，提出围绕石化化工、钢铁、交通、储能、发电等领域用氢需求，构建氢能制、储、输、用等全产业链技术装备体系，提高氢能技术经济性和产业链完备性。2024 年 3 月 5 日，加快氢能产业发展首次被写入政府工作报告，名列 2024 年重点工作之一。未来在发展新质生产力大背景下，氢能将在诸多领域形成商业化应用，成为由旧能源向新能源转型的重要途径。

未来，由旧能源向新能源的转型将是能源系统发展的主旋律。在这一过程中，提高能源系统的灵活性，实现能源供需在时间上的匹配，以及在终端难以实现电气化的领域替代化石能源，实现深度脱碳，是转型所面临的两大重要问题。氢能的"灵活性"和"燃料/原料属性"两大特征与上述问题完美契合，在能源系统中作为一种优质的灵活性资源，以及作为终端深度脱碳的一种重要手段是氢能未来发展的重要定位。

（四）自主品牌强势崛起，海外市场机会与风险并存

我国自主品牌抓住汽车新能源化、智能化大变革下的机遇，紧紧把握住先发优势，在产品设计能力与生产制造效率上逐渐赶超传统合资品牌。同时自主品牌对新型营销模式的探索也较其他传统品牌更积极，进一步增强了自身市场竞争力。如小米汽车于 2024 年发布首款电动汽车，该车型上市仅 7 天，大定超 10 万台，锁单量超过 4 万台。与国内的支持与肯定有所差异，近期海外新能源汽车发展目标呈现收缩趋势，部分地区对中国新能源汽车全产业链出海表现政策阻力。政策方面，2023 年 9 月，英国首先宣布将燃油车禁令从 2030 年实施推迟至 2035 年；2024 年以来美国同样在计划放宽尾气排放限制规定；欧盟方面则在持续推动对中国新能源车企的反补贴调查。企业方面，福特、奥迪、奔驰等汽车制造商，都在缩减或推迟电动汽车计划，丰田方面则持续"唱衰"电动车技术方向。海外电动车发展目标有所收缩，且政策友好度出现短期下降。但整体来看，海外发展新能源汽车的目标从未改变：（1）政策层面，欧洲 2023 年 3 月通过法律，2035 年禁售燃油车已经具有强制效力，德国提前终止电动车补贴是财政因素考量，并非否定电动车路线。（2）车企层面，海外绝大多数车企将"电动化"视为重要战略。奔驰将 BEV 视作"战略"，燃油车仅仅是缓冲用的"战术"，仍然致力于 2030 年 50% 车型电动化；即使是态度保守的丰田，也认同未来多种路线并行替代燃油车，纯电车可能占到30%市场份额，相较当前新能源汽车渗透率有明显提升空间。欧洲、美国、东南亚各地渗透率仍在边际提升。2023年西欧、美国、东南亚新能源汽车渗透率分别为21.24%、9.21%、3.35%，同比分别增长0.07%、2.25%、2.36%。国际车企充分认可我国车企电动化实力，大众与小鹏合作，Stellantis和零跑合作，通过股权合作实现共赢。我国新能源汽车具备技术和制造优势，出海仍有广阔增长空间。

附表 2023 年度汽车行业上市公司业绩评价结果排序表

序号	A股上市公司评价得分排序	股票代码	股票简称	综合得分(100)	评价等级	每股收益(元)	总资产报酬率(%)	净资产收益率(%)	总资产周转率(次)	流动资产周转率(次)	资产负债率(%)	已获利息倍数	营业收入增长率(%)	资本扩张率(%)	市场投资回报率(%)	股价波动率(%)	年末资产总额(万元)	营业收入(万元)	净利润(万元)
1	21	000625	长安汽车	82.38	AA	2.84	6.34	16.82	0.90	1.30	60.73	0.00	24.78	18.64	36.83	104.39	19017112.71	15129770.66	950189.9
2	46	600660	福耀玻璃	80.23	AA	18.30	13.08	18.63	0.62	1.05	44.53	0.00	18.02	8.36	7.76	40.32	5663040.75	3316099.66	562910.83
3	52	601058	赛轮轮胎	79.71	A	23.10	12.42	22.84	0.82	1.83	54.22	9.36	18.61	20.99	17.62	52.71	3372571.35	2597825.95	320212.96
4	53	002594	比亚迪	79.64	A	21.90	6.66	24.05	1.03	2.22	77.86	0.00	42.04	23.95	-25.29	63.34	67954767	60231535.4	3134407
5	79	002984	森麒麟	78.57	A	13.44	11.65	14.10	0.59	1.16	24.69	122.30	24.63	54.60	1.25	43.72	1564992.65	784179.19	136850.91
6	115	000338	潍柴动力	77.10	A	9.48	5.26	11.82	0.68	1.17	66.29	25.48	22.15	8.24	31.99	60.21	33424721.3	21395847.56	1121161.43
7	161	601689	拓普集团	75.97	A	15.56	9.23	16.60	0.68	1.52	55.10	14.55	23.18	13.61	15.92	83.88	3076977.12	1970056.04	215001.62
8	165	600066	宇通客车	75.82	A	10.03	6.84	12.80	0.89	1.40	54.45	0.00	24.05	-3.70	81.74	123.90	3085695.6	2704198.95	183950.33
9	166	300969	恒帅股份	75.78	A	18.99	18.13	20.08	0.71	1.05	22.61	0.00	24.99	20.00	28.59	100.00	141845.13	92337.2	20209.78
10	200	430418	苏轴股份	74.89	A	17.45	18.66	18.69	0.83	1.34	14.00	0.00	12.96	14.73	181.95	215.47	82569.93	63637.33	12417.8
11	215	601965	中国汽研	74.52	A	12.18	11.46	13.22	0.47	0.97	23.85	0.00	21.76	10.01	18.06	53.90	895884.9	400661.9	86426.94
12	219	603040	新坐标	74.32	BBB	13.80	15.59	15.66	0.42	0.74	14.25	0.00	10.72	13.44	44.18	76.50	150434.72	58330.36	18605.33
13	252	601163	三角轮胎	73.58	BBB	9.59	9.13	11.37	0.57	0.83	31.38	0.00	13.03	10.05	10.20	52.33	1875817.28	1042172.51	139656.33
14	254	600933	爱柯迪	73.51	BBB	14.60	10.91	15.56	0.55	1.11	43.27	273.35	39.67	16.75	12.26	47.97	1155528.99	595727.7	92583.61
15	264	600741	华域汽车	73.35	BBB	12.45	5.75	13.03	0.99	1.53	65.03	108.81	6.52	7.93	-1.10	42.41	17609652.71	16859405.13	809476.5
16	279	301039	中集车辆	73.15	BBB	10.73	14.32	17.85	1.09	1.61	35.20	0.00	6.21	15.62	19.01	104.50	2383782.79	2508657.7	244776.09
17	298	002048	宁波华翔	72.94	BBB	15.13	11.15	8.83	0.93	1.59	49.21	0.00	18.39	9.05	-9.96	42.75	2721492.33	2323626.05	16747.03
18	317	836270	天铭科技	72.65	BBB	10.17	7.12	14.90	0.50	0.63	14.93	32.74	36.69	9.75	153.56	202.45	47804.64	22595.33	144106.81
19	319	603529	爱玛科技	72.64	BBB	24.24	19.77	26.07	1.10	1.99	60.89	242.20	1.12	15.53	-31.52	111.59	1989281.36	2103612.09	6653.11
20	326	601633	长城汽车	72.57	BBB	13.13	14.74	10.50	0.90	1.53	65.96	0.00	26.12	5.05	-12.98	64.33	20127028.86	17321207.68	5791.37
21	328	838171	邦德股份	72.56	BBB	17.42	18.56	18.11	0.62	1.08	9.21	0.00	-2.55	14.02	107.63	164.90	55651.8	32916.19	8589.6
22	351	603758	秦安股份	72.39	BBB	24.52	11.67	9.93	0.55	0.90	18.02	0.00	37.80	-2.71	39.20	55.46	315867.93	173983.27	189634.7
23	357	603596	伯特利	72.33	BBB	7.23	4.54	18.03	0.77	1.05	43.67	0.00	34.93	32.57	-17.45	68.00	1074674.82	747378.27	702281.27
24	374	603179	新泉股份	72.09	BBB	11.00	9.52	17.83	0.93	1.40	62.78	0.00	52.19	21.22	26.25	76.35	1344716.51	1057188.36	26072.61
25	386	603129	春风动力	71.84	BBB	16.47	10.80	21.78	1.22	1.57	49.85	0.00	6.44	20.42	-10.94	109.90	1031374.83	1211034.72	91069.88
26	405	603013	亚普股份	71.60	BBB	17.60	8.51	11.96	1.38	1.96	35.23	21.89	1.66	6.55	25.05	57.25	642624.28	858339.34	80505.47
27	428	605319	无锡振华	71.34	BBB	10.72	8.94	13.88	0.59	1.27	52.25	34.34	32.65	20.71	72.56	112.48	457634.65	231698.37	12543.1
28	438	000589	贵州轮胎	71.16	BBB	21.54	12.09	12.30	0.57	1.17	59.58	0.00	13.76	10.23	29.14	95.12	1767594.75	960119.6	105670.73
29	463	002126	银轮股份	70.95	BBB	15.18	15.14	12.08	0.74	1.23	62.30	40.48	29.93	16.39	31.45	89.01	1615621.1	1101800.91	5272.8

续　表

序号	A股上市公司评价得分排序	股票代码	股票简称	综合得分(100)	评价等级	每股收益(元)	总资产报酬率(%)	净资产收益率(%)	总资产周转率(次)	流动资产周转率(次)	资产负债率(%)	已获利息倍数	营业收入增长率(%)	资本扩张率(%)	市场投资回报率(%)	股价波动率(%)	年末资产总额(万元)	营业收入(万元)	净利润(万元)
30	470	837242	建邦科技	70.89	BBB	14.18	9.65	14.33	0.85	0.96	28.05	0.00	31.93	8.16	158.06	202.24	70175.79	55842.85	50438.01
31	473	300580	贝斯特	70.86	BBB	13.31	9.30	10.54	0.38	0.74	19.24	17.81	22.42	33.73	139.00	200.82	355771.77	134324.59	27723.75
32	479	000951	中国重汽	70.80	BBB	12.18	6.50	7.59	1.18	1.45	57.60	20.21	45.96	7.76	-15.58	52.72	3708279.05	4206995.29	83951.91
33	484	300304	云意电气	70.73	BBB	13.86	12.74	11.73	0.48	0.65	23.76	0.00	42.29	8.58	56.14	94.07	370629.99	167125.49	28047.84
34	511	300547	川环科技	70.48	BBB	11.82	6.14	15.54	0.85	1.23	19.90	9.79	22.31	9.14	10.89	51.61	135857.92	110932.99	70058.48
35	543	605005	合兴股份	70.04	BBB	14.28	14.09	13.38	0.78	1.37	23.14	0.00	14.07	10.36	13.55	52.58	229978.15	166627.59	6965.66
36	554	689009	九号公司-WD	69.94	BB	9.75	9.01	11.55	1.01	1.37	49.00	27.69	0.97	11.89	-2.14	41.38	1084962.95	1022208.34	26539.87
37	570	300893	松原股份	69.68	BB	9.19	5.11	20.41	0.73	1.30	46.26	0.00	29.09	21.91	11.35	71.39	198154.99	128038.2	143113.7
38	580	600742	一汽富维	69.62	BB	10.19	10.31	6.48	0.98	1.56	56.48	0.00	3.97	3.59	14.31	63.12	2231727.77	2076550.64	15075.45
39	583	000550	江铃汽车	69.60	BB	10.46	10.58	15.06	1.17	1.78	65.74	0.00	10.19	8.05	38.13	115.90	2914118.79	3316732.51	32793.79
40	601	301133	金钟股份	69.35	BB	14.64	13.93	9.70	0.67	0.99	35.80	0.00	27.00	24.20	26.35	72.11	161723.67	92608.92	16199.01
41	621	601799	星宇股份	69.16	BB	13.10	11.98	12.48	0.73	1.08	38.16	125.35	24.25	7.21	-1.16	73.70	1477441.63	1024844.58	22533.31
42	623	603239	浙江仙通	69.15	BB	7.85	6.41	14.53	0.79	1.30	24.98	0.00	13.81	6.65	5.69	61.33	143003.56	106575.56	59620.34
43	626	605088	冠盛股份	69.12	BB	19.81	13.24	15.48	0.85	1.10	55.01	26.62	8.12	15.93	31.50	92.79	438592.35	318022.65	19778.37
44	646	603766	隆鑫通用	68.98	BB	7.08	4.28	7.26	0.99	1.50	39.55	0.00	5.29	3.70	3.89	45.85	1394160.93	1306648.13	76501.31
45	663	833533	骏创科技	68.78	BB	6.08	2.97	30.43	1.15	1.79	53.73	0.00	19.30	19.86	136.43	170.13	68591.74	69857.11	106449.47
46	664	301119	正强股份	68.78	BB	21.04	15.98	10.62	0.37	0.42	16.05	99.03	-2.43	11.77	23.12	66.12	115793.89	4741.39	11337.04
47	698	603786	科博达	68.40	BB	9.61	7.40	13.82	0.79	1.03	24.50	80.86	36.68	11.50	7.96	88.55	635565.85	462511.58	9054.43
48	712	002906	华阳集团	68.28	BB	14.14	12.86	9.14	0.87	1.27	36.46	98.15	26.59	42.47	-6.91	67.17	945263.6	713686.2	15103.66
49	726	002472	双环传动	68.08	BB	11.84	8.60	10.66	0.62	1.47	36.70	0.00	18.08	11.41	-4.12	87.32	1317116.89	807419.15	110212.97
50	729	301181	标榜股份	68.06	BB	13.72	9.89	10.94	0.38	0.42	11.40	43.05	10.26	7.22	-1.09	49.99	158839.86	57095.16	28401.6
51	738	600182	S佳通	67.96	BB	6.43	4.44	16.16	1.14	1.62	47.50	0.00	18.74	12.10	4.58	39.36	388753.82	416406.6	47421.28
52	747	300926	博俊科技	67.88	BB	28.74	16.98	20.47	0.65	1.09	64.84	80.86	86.96	36.43	133.32	189.09	494646.51	260048.56	8675.17
53	765	000800	一汽解放	67.65	BB	10.43	10.12	3.17	1.04	1.65	62.83	0.00	66.71	3.24	8.68	38.33	6587338.79	6390453.25	9682.96
54	785	301000	肇民科技	67.47	BB	14.22	13.53	9.13	0.45	0.54	15.47	0.00	10.59	2.54	45.44	49.67	135578.66	59120.92	17180.23
55	795	603730	岱美股份	67.41	BB	13.51	12.16	14.90	0.92	1.46	34.76	0.00	13.90	6.03	21.39	106.29	692518.66	586130.36	65046.88
56	810	832000	安徽凤凰	67.26	BB	8.71	6.06	9.52	0.59	1.16	22.40	77.74	5.98	9.26	110.98	172.58	71776.09	40374.92	46973.27
57	828	600480	凌云股份	67.12	BB	9.26	11.33	9.38	1.01	1.62	52.41	0.00	12.06	7.15	7.90	60.36	1904893.37	1870190.55	14879.2
58	876	002662	京威股份	66.74	BB	10.37	7.73	12.89	0.71	1.69	21.38	21.97	0.63	10.75	4.30	37.96	521966.88	360091.99	83394.64

续表

A股上市公司评价得分排序序号	股票代码	股票简称	综合得分(100)	评价等级	每股收益(元)	总资产报酬率(%)	净资产收益率(%)	总资产周转率(次)	流动资产周转率(次)	资产负债率(%)	已获利息倍数	营业收入增长率(%)	资本扩张率(%)	市场投资回报率(%)	股价波动率(%)	年末资产总额(万元)	营业收入(万元)	净利润(万元)
59	886	603109	神驰机电	66.56	BB	18.94	13.86	13.03	0.85	1.16	45.46	28.42	2.34	8.74	9.81	39.04	331440.67	266106.48	36681.32
60	887	600699	均胜电子	66.56	BB	20.23	10.13	8.39	1.00	2.17	66.38	13.15	11.92	8.04	22.73	75.26	5688684.81	5572847.57	30850.07
61	897	002870	香山股份	66.45	BB	-0.35	0.68	10.55	0.77	1.79	66.19	0.00	20.16	-5.60	35.12	59.71	764343	578814.14	76302.5
62	900	301398	星源卓镁	66.43	BB	7.80	8.77	7.80	0.31	0.43	7.87	0.00	30.16	5.39	55.83	206.29	114296.72	35221.9	10331.47
63	902	002536	飞龙股份	66.42	BB	15.49	13.79	9.47	0.87	1.53	36.67	0.00	25.69	39.63	81.76	133.63	506103.39	409487.27	49572.99
64	918	301010	密封科技	66.30	BB	15.47	13.10	8.21	0.46	0.49	22.53	31.46	26.71	5.43	25.62	45.82	116728.23	51228.31	65397.84
65	923	301229	纽泰格	66.26	BB	8.51	8.53	8.60	0.65	1.08	45.63	0.00	30.46	16.50	15.53	72.99	167547.08	90306.43	5120.61
66	928	000700	模塑科技	66.22	BB	9.19	5.87	13.95	0.93	1.66	62.87	10.60	13.81	16.76	50.75	134.00	938024.91	872154.3	86801.63
67	934	603950	长源东谷	66.18	BB	12.51	11.66	9.25	0.36	0.84	41.75	61.54	31.92	9.62	34.41	58.03	429103.93	147233.19	50346
68	940	600104	上汽集团	66.14	BB	11.27	8.84	4.99	0.73	1.21	65.94	0.00	0.72	1.96	-4.32	27.90	100665027.9	72619911.04	22614.45
69	941	000887	中鼎股份	66.10	BB	6.30	5.29	9.74	0.78	1.38	47.05	2.56	16.11	7.98	-18.53	60.45	2284419.15	1724444.83	124009.17
70	949	603319	湘油泵	66.05	BB	13.73	6.25	13.18	0.66	1.19	41.86	4.61	17.44	10.52	14.62	49.94	300448.13	190770.86	31893.73
71	954	300695	兆丰股份	65.99	BB	6.54	7.98	7.56	0.27	0.36	18.59	0.00	52.66	7.15	19.84	42.63	311329.09	80622.92	8008.21
72	963	600469	风神股份	65.93	BB	8.33	5.31	11.28	0.80	1.51	54.91	53.08	15.05	10.34	26.68	54.96	719459.42	573875.49	24113.22
73	980	603037	凯众股份	65.84	BB	8.31	6.47	10.35	0.65	1.10	20.84	12.42	15.17	4.11	71.22	171.29	116256.16	73944.36	7339.19
74	982	300652	雷迪克	65.83	BB	7.77	7.39	9.39	0.41	0.60	21.19	0.00	0.62	6.39	28.05	61.94	167732.54	65188.11	7236.08
75	985	603788	宁波高发	65.79	BB	21.48	10.10	8.17	0.52	0.71	20.07	0.00	21.79	2.59	41.77	117.72	252127.27	126347.81	50169.6
76	997	836871	派特尔	65.69	BB	8.28	6.13	9.63	0.58	0.77	9.60	0.00	8.39	5.13	84.62	154.79	27044.4	15697.87	21844.21
77	1033	000030	富奥股份	65.42	BB	14.23	6.37	7.98	0.98	2.03	48.15	5.09	26.03	3.91	20.14	62.94	1697686.25	1584262.6	45347.7
78	1039	000880	潍柴重机	65.35	BB	12.05	8.98	8.84	0.71	1.12	64.25	12.68	8.90	6.50	13.33	30.44	543264.78	376195.06	21541.51
79	1092	301233	盛帮股份	64.97	B	4.71	2.95	7.34	0.34	0.41	13.75	42.54	11.47	2.79	27.09	48.88	102568.28	34001.07	2006043.9
80	1107	002283	天润工业	64.88	B	8.23	7.29	6.71	0.49	0.89	27.76	7.94	27.74	7.03	19.73	62.83	836717.23	400639.86	111295.21
81	1114	301186	超达装备	64.82	B	10.91	10.35	7.94	0.35	0.45	38.26	0.00	22.67	9.37	37.06	93.61	205051.22	627717.25	11472.14
82	1120	002448	中原内配	64.76	B	6.83	6.69	9.65	0.53	1.27	34.32	95.00	24.45	12.39	22.24	76.49	570386.39	286427.96	16919.2
83	1136	603197	保隆科技	64.64	B	12.43	9.16	13.90	0.78	1.37	61.64	22.60	23.44	16.66	5.01	97.44	847514.08	589746.49	5495.69
84	1149	000581	威孚高科	64.57	B	10.66	6.22	9.91	0.39	0.79	28.14	0.00	-12.86	9.46	-16.44	72.74	2808108.78	1109314.2	34885.54
85	1150	601238	广汽集团	64.56	B	7.32	7.46	3.87	0.63	1.33	43.04	0.00	17.76	1.76	-20.41	45.11	21839474.74	12875730.28	16243.03
86	1219	603266	天龙股份	64.03	B	6.82	8.76	8.07	0.67	1.10	30.03	0.00	5.03	5.89	120.54	301.92	203147.06	131756.43	8693.53
87	1220	300978	东箭科技	64.03	B	8.16	8.20	8.86	0.75	1.24	40.74	0.00	15.70	4.41	19.09	54.42	275729.47	204454.15	12037.94

续表

序号	A股上市公司评价得分排序	股票代码	股票简称	综合得分(100)	评价等级	每股收益(元)	总资产报酬率(%)	净资产收益率(%)	总资产周转率(次)	流动资产周转率(次)	资产负债率(%)	已获利息倍数	营业收入增长率(%)	资本扩张率(%)	市场投资回报率(%)	股价波动率(%)	年末资产总额(万元)	营业收入(万元)	净利润(万元)
88	1224	603305	旭升集团	64.00	B	8.67	9.58	12.05	0.49	1.01	37.82	0.00	8.54	11.25	-21.82	86.34	1006388.93	483386.53	2298.02
89	1256	603926	铁流股份	63.78	B	13.89	11.99	6.04	0.81	1.40	39.78	0.00	4.94	5.09	36.11	71.51	281780.37	219957.31	14974.2
90	1265	301298	东利机械	63.73	B	8.94	8.15	9.70	0.54	0.90	17.26	15.57	10.29	7.66	10.04	48.57	110707.84	57021.9	3871.71
91	1270	002590	万安科技	63.72	B	7.73	2.92	15.11	0.79	1.27	55.79	0.00	18.38	15.39	34.06	117.66	532390.44	398252.89	16647.91
92	1297	833454	同心传动	63.59	B	7.14	4.64	6.98	0.43	0.65	14.75	0.00	-6.26	3.55	53.91	113.87	35881.84	15036.17	73399.34
93	1313	603158	腾龙股份	63.46	B	6.07	7.27	9.66	0.77	1.23	48.47	0.00	23.74	8.92	32.37	97.68	454766.25	330361.78	6403.01
94	1320	601966	玲珑轮胎	63.42	B	6.48	5.21	6.93	0.50	1.58	51.74	0.00	18.58	8.64	-9.09	45.14	4333034.43	2016527.47	38941.07
95	1321	002085	万丰奥威	63.41	B	7.76	6.44	11.38	0.90	1.70	46.85	0.00	-1.07	11.97	-19.07	70.43	1764506.33	1620686.86	9711.09
96	1322	000559	万向钱潮	63.40	B	8.25	7.19	9.36	0.72	1.24	56.68	12.10	3.37	1.46	9.23	33.94	2089047.3	1448680.89	32545.42
97	1323	002997	瑞鹄模具	63.39	B	9.81	7.76	13.35	0.41	0.57	63.52	7.19	60.73	29.20	22.88	123.86	524383.33	187702.98	38148.95
98	1325	605151	西上海	63.36	B	2.34	1.94	9.04	0.62	0.86	30.39	0.00	2.71	6.55	1.21	44.93	210409.6	127567.24	374023.77
99	1328	603358	华达科技	63.35	B	8.67	7.17	9.96	0.82	1.32	44.52	36.31	4.00	6.89	18.20	74.52	675609.66	536888.8	191314.95
100	1349	831195	三祥科技	63.24	B	11.28	8.80	12.97	0.72	1.00	43.31	92.05	14.25	12.03	137.65	190.16	121821.48	82821.14	71160.76
101	1366	001319	铭科精技	63.17	B	7.5	6.34	8.45	0.57	0.85	22.87	319.71	3.99	5.59	23.39	108.28	161947.11	88341.8	11149.65
102	1394	002328	新朋股份	62.90	B	8.31	6.49	5.92	0.99	1.67	37.06	0.00	-3.79	3.98	18.06	42.66	600986.62	581776.01	13493.35
103	1426	002664	信质集团	62.65	B	4.49	4.22	7.47	0.55	0.95	62.36	0.00	24.18	8.31	21.95	91.54	898623.51	461587.2	9664.09
104	1428	603006	联明股份	62.64	B	5.95	7.10	7.31	0.67	1.50	23.93	43.40	-7.61	-0.30	45.45	85.28	225628.89	113748.96	8566.76
105	1460	603161	科华控股	62.44	B	3.72	6.97	9.28	0.71	1.37	60.73	25.21	15.58	9.90	20.81	59.08	355362.96	261482.42	31762.47
106	1473	600609	金杯汽车	62.34	B	6.25	6.67	12.22	1.22	1.88	66.35	0.00	-8.73	6.62	11.98	58.48	402298.1	513957.36	2098.34
107	1484	605255	天普股份	62.28	B	10.01	6.98	3.63	0.38	1.20	6.71	9.18	5.76	0.13	16.18	62.65	90376	34838.47	2391.37
108	1506	603586	金麒麟	62.13	B	8.02	8.03	5.95	0.59	0.93	14.18	0.00	-12.31	1.68	21.23	42.61	263037.32	160366.92	13655.82
109	1516	301007	德迈仕	62.07	B	7.14	7.10	8.38	0.67	1.50	34.51	0.00	12.24	4.88	49.57	153.70	99545.19	64665.39	37316.95
110	1532	300643	万通智控	61.95	B	6.45	4.46	11.90	0.76	1.37	24.48	934.25	-0.16	10.85	-18.31	64.36	141451.47	106761.9	139060.71
111	1534	600081	东风科技	61.94	B	11.86	5.41	3.48	1.31	1.08	48.17	9.03	-0.51	32.76	11.15	49.37	1051694.17	681507.13	21897.21
112	1587	300428	立中集团	61.58	B	10.65	8.70	9.78	1.31	1.89	63.27	119.64	9.33	15.68	-19.13	94.07	1872034.65	2336486.48	103397.25
113	1593	603767	中马传动	61.55	B	8.68	5.56	4.98	0.59	1.14	22.79	6.46	10.95	-0.78	116.45	273.51	188505.96	110453.85	83183.83
114	1598	002965	祥鑫科技	61.51	B	9.42	9.74	13.96	0.94	1.31	53.06	18.64	32.96	14.22	-37.57	114.26	662438.99	570320.41	8349.76
115	1608	002976	瑞玛精密	61.44	B	7.58	7.42	6.56	0.78	1.25	56.15	5.89	30.75	9.08	48.69	96.75	211506.21	157707.6	10285.34
116	1610	300258	精锻科技	61.42	B	11.91	7.54	6.70	0.36	0.94	39.96	0.00	16.32	12.06	10.17	98.12	625586.76	210338.65	11356.92

续　表

序号	A股上市公司评价得分排序	股票代码	股票简称	综合得分(100)	评价等级	每股收益(元)	总资产报酬率(%)	净资产收益率(%)	总资产周转率(次)	流动资产周转率(次)	资产负债率(%)	已获利息倍数	营业收入增长率(%)	资本扩张率(%)	市场投资回报率(%)	股价波动率(%)	年末资产总额(万元)	营业收入(万元)	净利润(万元)
117	1647	002265	建设工业	61.20	B	6.5	6.64	10.68	0.57	0.94	55.93	0.00	0.00	60.43	-17.34	56.68	774596.83	425595.45	29369.59
118	1698	603306	华懋科技	60.83	B	8.53	4.65	7.11	0.46	0.83	25.06	24.63	25.54	14.20	-27.07	102.18	508353.65	205534.62	10360.21
119	1699	601500	通用股份	60.80	B	7.65	4.08	4.39	0.49	1.29	50.78	0.00	22.91	28.85	10.41	33.08	1128226.27	506444.17	23908.06
120	1706	002766	索菱股份	60.79	B	4.65	5.88	4.78	1.03	1.46	45.07	0.00	52.13	6.93	2.81	46.56	128139.95	125988.15	9931.54
121	1723	603035	常熟汽饰	60.67	B	7.66	5.66	11.29	0.49	1.26	50.24	3.03	25.45	8.69	-7.98	51.47	1012885.05	459865.73	12270.61
122	1758	300694	蠡湖股份	60.38	B	3.32	4.69	5.21	0.78	1.28	38.08	0.00	7.86	5.33	31.86	60.68	215397.23	160109.57	3060.82
123	1769	605228	神通科技	60.29	B	19.45	8.37	3.58	0.62	1.03	47.85	19.96	14.63	7.00	35.55	99.19	302959.58	163793.26	29379.64
124	1770	003033	征和工业	60.27	B	6.35	6.28	10.32	0.87	1.77	48.32	0.00	7.79	6.88	-17.96	112.30	224826.74	173217	13320.82
125	1789	603809	豪能股份	60.16	B	8.06	6.29	8.35	0.39	1.09	57.68	53.64	32.20	6.30	8.36	67.24	530505.42	194563.7	5335.02
126	1791	688533	上声电子	60.14	B	7.46	7.17	13.24	0.91	1.38	54.76	0.00	31.52	18.27	-36.89	99.62	288416.56	232646.3	9315.92
127	1803	300863	卡倍亿	60.04	B	10.9	9.85	16.61	1.33	1.93	57.03	45.95	17.08	53.65	-23.56	75.78	281635.52	345193.07	12322.63
128	1859	603949	雪龙集团	59.64	CCC	5.41	3.75	6.96	0.35	0.45	7.77	0.00	31.95	1.57	5.10	153.14	110888.9	38400.09	28920.37
129	1861	002454	松芝股份	59.64	CCC	8.58	6.87	2.63	0.66	0.94	41.06	76.42	12.62	3.73	3.53	37.90	737227.75	475821.79	8162.18
130	1883	002101	广东鸿图	59.51	CCC	12.89	8.44	6.72	0.69	1.35	38.86	41.73	14.13	50.04	-33.75	97.39	1284717.09	761450.2	16094.59
131	1906	605128	上海沿浦	59.36	CCC	5.04	4.17	7.82	0.66	1.18	50.89	0.00	35.38	6.48	2.97	111.08	245530.98	151859.71	7276.44
132	1909	605018	长华集团	59.34	CCC	8.27	5.69	4.08	0.69	1.56	24.99	3.56	31.96	3.49	4.29	39.71	362692.53	242192.25	61667.27
133	1917	605133	嵘泰股份	59.30	CCC	13.45	7.80	6.47	0.51	1.09	36.86	54.68	30.73	45.16	-7.00	73.26	435600.77	202016.5	40806.67
134	1975	301215	中汽股份	58.89	CCC	5.77	6.13	5.95	0.11	0.32	17.76	6.90	9.86	3.43	17.29	44.53	342902.92	35673.13	23611.58
135	1980	603121	华培动力	58.86	CCC	6.15	3.70	9.87	0.59	1.33	39.61	7.03	39.36	7.44	58.70	72.30	209497.13	126050.87	5938.47
136	1998	301192	泰祥股份	58.78	CCC	5.8	4.74	5.66	0.44	0.65	30.57	0.00	117.04	0.20	22.43	113.51	82276.03	31155.32	29256.61
137	2002	836247	华密新材	58.74	CCC	4.85	6.11	12.52	0.81	1.01	16.58	0.00	19.35	9.34	345.63	394.93	51945.89	40044.77	22833.6
138	2010	300994	久祺股份	58.64	CCC	3.97	3.30	9.46	1.15	1.35	33.33	2.69	-15.57	-0.48	-9.91	76.32	176050.47	200600.4	21645.44
139	2048	603048	浙江黎明	58.29	CCC	4.79	2.79	3.55	0.37	0.84	23.33	0.00	18.23	1.08	24.82	58.74	169535.5	61250.33	3171.91
140	2053	000913	钱江摩托	58.27	CCC	10.97	6.85	11.70	0.67	0.92	47.48	13.80	-9.75	26.50	-39.06	169.10	846510.62	509776.74	53575.48
141	2100	002553	南方精工	57.96	CCC	5.45	3.99	2.31	0.47	0.97	15.27	7.90	14.26	-1.42	2.92	89.96	142255.5	67134.55	6662.85
142	2103	301072	中捷精工	57.94	CCC	3.51	2.71	2.86	0.62	1.25	29.50	88.93	4.52	2.49	18.19	68.88	119453.72	72388.9	5477.42
143	2110	603089	正裕工业	57.87	CCC	9.17	6.93	5.20	0.68	1.69	52.53	10.62	3.42	4.29	35.10	99.50	275383.09	175821.48	11600.55
144	2128	601279	英利汽车	57.75	CCC	7.65	5.96	2.56	0.65	1.19	43.80	3.81	4.39	13.88	12.52	60.59	842815.63	531813.32	18099.67
145	2134	300611	美力科技	57.71	CCC	12.97	8.09	4.11	0.67	1.32	48.63	13.13	26.56	0.94	37.76	86.62	211181.02	137623.12	15899.71

续　表

序号	A股上市评价得分排序	股票代码	股票简称	综合得分(100)	评价等级	每股收益(元)	总资产报酬率(%)	净资产收益率(%)	总资产周转率(次)	流动资产周转率(次)	资产负债率(%)	已获利息倍数	营业收入增长率(%)	资本扩张率(%)	市场投资回报率(%)	股价波动率(%)	年末资产总额(万元)	营业收入(万元)	净利润(万元)
146	2176	600166	福田汽车	57.40	CCC	15.8	8.99	6.54	1.20	2.68	67.91	6.26	20.78	4.87	-9.00	52.75	4448509.47	5609676.14	16594.46
147	2183	603997	继峰股份	57.35	CCC	5.05	7.28	5.40	1.29	2.87	75.18	0.00	20.06	18.03	-14.85	46.73	1795211.06	2157149.37	7059.28
148	2217	600099	林海股份	57.13	CCC	1.85	1.87	2.63	0.86	1.15	39.85	0.00	-4.87	1.47	17.06	54.34	84740.67	69480.76	12191.18
149	2219	300507	苏奥传感	57.13	CCC	6.35	4.68	6.46	0.42	0.55	27.39	19.88	16.66	4.02	19.36	54.82	287209.16	112146.74	44608
150	2246	002516	旷达科技	56.93	CCC	7.22	4.98	5.19	0.41	0.78	17.58	9.75	1.09	-2.76	0.77	33.43	442149.32	180346.29	8773.3
151	2281	603787	新日股份	56.64	CCC	5.99	4.40	6.51	1.19	2.02	57.03	214.39	-16.27	33.73	-37.51	99.84	360334.17	410597.92	16017.13
152	2351	600523	贵航股份	56.24	CCC	3.65	3.19	5.70	0.64	1.17	21.64	38.90	8.43	4.12	-31.11	69.06	383459.37	233471.4	10921.67
153	2359	603390	通达电气	56.17	CCC	14.23	15.43	1.47	0.31	0.58	12.84	0.00	19.64	1.57	24.76	103.41	182378.42	57079.66	26308.65
154	2396	002434	万里扬	55.91	CCC	1.86	6.03	5.24	0.57	1.27	44.75	8.81	15.64	6.08	-16.10	46.09	1075464.21	591275.94	9171.67
155	2397	600218	全柴动力	55.90	CCC	5.14	5.86	3.11	0.82	1.09	47.27	0.00	-2.37	1.77	8.35	42.07	606697.87	481919.19	16496.11
156	2402	002863	今飞凯达	55.88	CCC	4.63	6.00	3.10	0.64	1.43	63.43	26.04	4.51	28.28	1.32	37.68	734713.39	440940.92	3210.92
157	2422	002406	远东传动	55.73	CCC	11.36	11.86	2.53	0.28	0.46	16.57	0.00	21.67	15.02	33.20	86.12	481118.83	130711.37	5182.18
158	2452	600386	北巴传媒	55.56	CCC	7.55	7.26	0.94	1.02	2.51	59.02	0.00	36.04	-2.18	11.23	43.85	477004.88	483271.33	10429.85
159	2471	002284	亚太股份	55.47	CCC	2.77	3.19	3.55	0.61	0.90	55.13	25.34	3.32	3.32	13.74	73.06	624319.75	387439.9	4485.58
160	2475	603166	福达股份	55.44	CCC	9.44	6.88	4.41	0.41	1.18	32.48	0.00	19.18	-2.67	9.30	46.13	343255.66	135231.91	45553.76
161	2477	300100	双林股份	55.44	CCC	4.2	8.83	3.76	0.71	1.19	62.99	0.00	-1.11	4.15	33.39	80.05	595469.56	413882.42	10482.73
162	2485	600822	上海物贸	55.38	CCC	6.15	1.05	12.90	2.38	2.94	61.90	0.00	56.65	11.55	26.74	142.61	313237.24	786690.11	1503.28
163	2496	300680	隆盛科技	55.29	CCC	4.3	4.19	8.66	0.57	1.03	49.47	4.09	59.11	4.45	-28.41	89.14	351080.71	182702.46	6137.5
164	2511	002703	浙江世宝	55.17	CCC	2.39	1.89	5.39	0.72	1.18	45.00	0.00	31.24	6.18	37.73	211.53	265067.88	181944.22	2007.75
165	2540	603211	晋拓股份	54.98	CC	2.03	2.09	4.53	0.59	1.44	32.79	5.08	2.54	2.86	48.84	98.24	173671.68	100317.27	10028.38
166	2617	300707	威唐工业	54.45	CC	17.7	12.81	2.04	0.47	0.73	40.16	0.00	-0.47	44.28	17.71	102.05	198013.62	81914.54	5130.74
167	2621	000570	苏常柴A	54.43	CC	2.15	2.83	3.25	0.42	0.75	32.74	3.41	-1.21	3.36	13.37	57.71	515939.5	215569.88	2882.59
168	2634	603178	圣龙股份	54.35	CC	6.3	6.52	4.20	0.69	1.53	40.22	10.67	-2.10	2.11	365.84	508.32	214877.31	145011.47	6420.13
169	2641	603009	北特科技	54.28	CC	5.49	4.00	3.21	0.57	1.25	49.06	1.83	10.30	5.88	141.92	219.33	339156.93	188110.96	20777.89
170	2670	603768	常青股份	54.04	CC	2.84	2.27	6.78	0.71	1.78	59.27	0.00	2.71	5.95	19.94	104.48	490365.88	324886.56	85839.67
171	2678	603655	朗博科技	53.97	CC	1.9	1.59	3.75	0.34	0.46	7.25	0.00	11.88	2.80	-24.19	97.41	58413.38	19698.86	1331.2
172	2696	002363	隆基机械	53.84	CC	5.72	7.16	1.73	0.64	0.92	36.19	23.40	-2.12	-0.78	11.38	64.05	340742.93	222606.36	16443.8
173	2697	603286	日盈电子	53.83	CC	3.81	4.93	1.21	0.53	1.06	47.96	122.60	7.10	82.45	60.00	128.93	168452.03	76192.07	17002.14
174	2751	300176	派生科技	53.32	CC	6.67	2.72	1.72	0.79	1.76	57.71	1.04	11.68	1.04	12.11	37.16	214231.09	169630.21	8776.12

续表

序号	A股上市公司评价得分序号	股票代码	股票简称	评价等级	综合得分(100)	每股收益(元)	总资产报酬率(%)	净资产收益率(%)	总资产周转率(次)	流动资产周转率(次)	资产负债率(%)	已获利息倍数	营业收入增长率(%)	资本扩张率(%)	市场投资回报率(%)	股价波动率(%)	年末资产总额(万元)	营业收入(万元)	净利润(万元)
175	2808	002239	奥特佳	CC	52.85	0.64	1.31	1.32	0.55	0.91	55.65	0.00	9.98	0.57	28.98	61.40	1278819.09	685199.85	2248.61
176	2817	002715	登云股份	CC	52.79	5.44	5.38	5.92	0.54	1.23	59.71	0.00	7.33	6.21	-13.97	77.81	102778.84	54438.99	16888.41
177	2831	600297	广汇汽车	CC	52.67	1.4	1.46	1.01	1.13	1.94	63.97	0.00	3.34	-3.80	-18.44	49.16	11768438.9	13799849.17	9115.09
178	2918	300473	德尔股份	CC	52.01	0.92	3.19	0.85	1.02	1.90	62.17	1.41	6.54	5.71	17.94	61.02	415965.61	429943.38	7447.9
179	2919	002537	海联金汇	CC	52.01	3.67	3.58	1.18	1.00	1.45	54.36	7.72	8.30	-5.04	-15.69	62.82	921431.59	849526.43	29370.89
180	2932	688737	中自科技	CC	51.93	7.5	6.65	2.26	0.65	0.89	28.49	0.00	245.07	1.18	23.48	72.25	264686.65	154408.19	4788.96
181	2986	300912	凯龙高科	CC	51.50	9.72	6.69	1.17	0.64	1.36	52.36	0.00	67.91	2.54	29.10	120.78	170387.62	104242.53	16515.9
182	3000	600006	东风汽车	CC	51.40	1.47	2.44	2.42	0.65	0.86	55.15	0.00	-0.98	1.37	2.45	35.93	1917188.61	1206998.72	9396.87
183	3072	831278	秦德股份	CC	50.61	1.52	2.52	2.21	0.55	0.78	31.01	4.29	7.66	-3.06	115.41	167.73	50941.64	27577.29	3809.58
184	3097	605333	沪光股份	CC	50.37	2.49	3.51	3.57	0.79	1.34	72.42	3.07	22.11	3.91	-10.32	116.50	559869.31	400275.46	9701.54
185	3098	600679	上海凤凰	CC	50.37	4.19	3.66	2.12	0.55	1.09	33.34	9.36	8.04	2.15	17.88	47.20	325785.86	173932.27	10353.36
186	3117	301005	超捷股份	CC	50.24	2.86	6.41	2.93	0.43	0.76	27.10	0.00	4.96	-4.13	23.30	72.27	114144.83	49299.08	13028.76
187	3118	300375	鹏翎股份	CC	50.24	3.67	2.63	1.38	0.65	1.16	33.76	3.67	14.95	13.58	52.97	148.33	331614.58	195163.02	8193.85
188	3141	688667	菱电电控	CC	50.05	6.71	5.96	3.16	0.50	0.64	23.99	9.15	41.64	4.82	-13.79	85.96	209389.27	100848.11	14863.73
189	3152	600335	国机汽车	C	49.99	5.09	3.62	0.19	1.30	1.57	68.47	16.11	9.98	-2.86	12.00	94.11	3448298.33	4351984.04	8486.56
190	3170	600148	长春一东	C	49.82	4.32	3.76	0.14	0.60	0.76	51.12	5.63	26.43	-1.24	19.75	68.04	124656.64	69618.95	5071.25
191	3173	002510	天汽模	C	49.79	0.93	2.92	4.05	0.47	0.75	65.37	2.25	9.56	4.19	21.50	74.86	611795.79	279617.43	1936.11
192	3210	002190	成飞集成	C	49.46	0.62	2.77	0.42	0.41	1.25	34.29	15.63	36.49	1.60	-27.74	77.31	534609.9	208061.65	5334.76
193	3248	301022	海泰科	C	49.07	-1.21	2.97	2.44	0.36	0.52	45.63	0.00	14.41	11.90	23.24	78.24	185034.77	57243.83	11469.84
194	3278	870436	大地电气	C	48.76	2.49	2.88	1.18	0.83	1.18	62.35	2.42	66.05	1.31	57.95	142.26	117897.23	81459.41	4936.49
195	3293	300681	英搏尔	C	48.62	5.59	4.53	4.64	0.49	0.70	55.90	3.90	-2.12	5.32	-31.66	109.59	412920.14	196314.96	13162.71
196	3321	600418	江淮汽车	C	48.30	2.87	4.00	1.13	0.96	1.67	69.01	0.00	23.14	3.03	19.72	106.67	4676385.5	4494036.04	2003.75
197	3330	000901	航天科技	C	48.22	6.06	3.48	-3.44	0.79	1.34	49.88	9.12	18.55	-1.98	12.25	36.19	877013.43	680485.24	3975.4
198	3335	600698	湖南天雁	C	48.16	1.26	1.14	0.37	0.42	0.58	38.18	2.82	47.52	0.38	18.06	58.69	123488.64	48771.09	1157.76
199	3372	603917	合力科技	C	47.84	1.12	1.36	3.93	0.45	0.71	24.72	0.00	-1.93	7.07	-33.31	128.53	152583.08	67215	3047.43
200	3373	603701	德宏股份	C	47.84	8.19	6.79	2.65	0.60	1.06	30.58	14.10	31.77	3.26	-25.18	127.80	113684.6	64810.28	15009.35
201	3413	301221	光庭信息	C	47.44	0.41	2.11	-0.77	0.28	0.37	11.43	1.36	20.46	-1.36	36.91	103.26	227874.12	63879.3	1549.64
202	3420	002921	联诚精密	C	47.34	1.07	1.75	0.40	0.49	1.03	47.83	2.76	-10.23	-6.77	24.18	59.98	227487.28	110400.21	8480.43
203	3441	600818	中路股份	C	47.09	5.23	5.01	4.04	1.08	2.76	36.16	2.83	4.94	-2.64	-61.20	207.02	88591.89	97331.69	2378.08

续表

序号	A股上市公司评价得分排序	股票代码	股票简称	综合得分(100)	评价等级	每股收益(元)	总资产报酬率(%)	净资产收益率(%)	总资产周转率(次)	流动资产周转率(次)	资产负债率(%)	已获利息倍数	营业收入增长率(%)	资本扩张率(%)	市场投资回报率(%)	股价波动率(%)	年末资产总额(万元)	营业收入(万元)	净利润(万元)
204	3452	600178	东安动力	46.91	C	0.89	2.86	0.16	0.69	1.20	56.56	1.35	-6.29	5.14	139.77	267.57	804458.8	540434.98	62940.61
205	3485	600686	金龙汽车	46.41	C	-0.14	2.17	2.24	0.72	1.04	84.49	1.15	6.36	-8.67	24.51	85.74	2635906.81	1939984.82	910.73
206	3494	300825	阿尔特	46.28	C	0.49	1.15	1.48	0.25	0.50	25.61	4.20	-9.42	0.32	19.39	106.93	339389.29	85795.43	3058.31
207	3510	300816	艾可蓝	46.02	C	0.64	1.88	1.33	0.59	0.81	53.43	24.83	28.19	2.43	-5.06	71.23	176297.9	104654.25	4410.4
208	3558	002488	金固股份	45.24	C	-0.72	1.20	0.79	0.44	1.19	47.51	1.62	11.20	4.90	14.49	48.22	793651.72	335736.44	881.36
209	3593	603922	金鸿顺	44.80	C	-3.15	1.17	0.59	0.33	0.42	34.02	0.00	-8.55	-0.57	24.08	48.48	156334.96	47213.65	20294.36
210	3603	603085	天成自控	44.65	C	2.17	1.89	1.58	0.57	1.17	66.15	25.68	0.14	-3.38	-13.05	64.69	260591.51	142683.81	788.21
211	3620	603348	文灿股份	44.40	C	2.64	2.57	1.61	0.68	1.91	58.33	2.17	-2.45	5.82	-40.27	126.23	773578.99	510148.65	5409.69
212	3625	000957	中通客车	44.36	C	1.36	1.74	2.58	0.47	0.60	67.92	0.00	-19.57	2.48	-27.23	67.62	850645.33	424385.63	4422.48
213	3648	300928	华安鑫创	44.09	C	-4.59	2.16	-3.19	0.72	0.97	6.01	7.46	7.95	-4.00	29.84	138.80	132942.13	96125.24	1483.87
214	3674	600960	渤海汽车	43.63	C	0.91	0.88	-4.40	0.62	1.30	40.62	0.00	13.85	-2.12	15.35	61.61	758881.97	467033.75	2840.56
215	3702	300998	宁波方正	43.30	C	2.15	2.02	-0.96	0.51	0.73	38.63	0.00	24.17	156.11	-13.01	86.23	244095.38	96905.02	4913.37
216	3717	605068	明新旭腾	43.06	C	-0.4	0.82	2.90	0.27	0.42	45.46	3.42	5.87	-2.14	-27.81	88.85	343972.95	90573.88	1948.54
217	3756	002105	信隆健康	42.17	C	1.39	0.79	2.32	0.53	0.86	41.98	0.00	-47.18	-8.25	-10.32	59.17	169576.05	96391.7	1346.74
218	3806	600626	申达股份	41.25	C	0.99	2.59	-11.03	1.10	2.26	67.54	2.95	3.77	6.03	15.84	38.34	1080972.85	1166772.3	7723.4
219	3808	300585	奥联电子	41.24	C	1.53	1.70	0.73	0.52	1.03	23.57	7.98	21.29	-0.23	-33.68	191.92	95432.05	48823.42	6729.34
220	3836	000816	智慧农业	40.65	C	1.76	2.52	-3.15	0.38	1.29	27.05	2.59	7.00	-1.42	-18.58	73.07	342571.97	130000.97	2328.68
221	3860	688021	奥福环保	40.09	C	-1.35	0.55	-0.86	0.23	0.48	37.41	1.86	63.06	-0.72	-16.22	77.53	147985.29	33226.08	521.92
222	3882	002708	光洋股份	39.50	C	1.77	2.61	-7.97	0.61	1.19	48.81	13.73	22.53	33.57	36.41	88.09	324613.75	182307.49	8236.15
223	3913	002725	跃岭股份	38.94	C	-13.59	0.72	-5.14	0.51	1.44	22.89	1.59	-17.30	-5.43	35.21	70.16	125133.05	63978.49	-7173.01
224	3930	838030	德众汽车	38.60	C	-1.62	0.41	-3.67	1.52	2.28	75.10	0.00	-2.42	-4.88	42.69	129.98	187825.31	259373.88	285.2
225	4025	601777	力帆科技	36.75	C	-0.82	-0.68	0.23	0.32	0.77	45.13	-1.19	-21.79	2.54	-11.37	51.72	2179908	676834.24	-15296.07
226	4053	000678	襄阳轴承	36.14	C	2.64	3.38	-6.28	0.58	1.37	61.18	0.00	23.34	-4.19	8.19	78.68	238572.36	139445.88	4367.08
227	4073	000757	浩物股份	35.53	C	3.01	2.66	-7.56	1.42	2.10	41.94	0.00	10.73	-7.32	9.09	62.66	275088.55	385417.98	2808.99
228	4093	839946	华阳变速	35.04	C	-1.12	-0.57	-11.49	0.71	1.37	55.00	0.00	66.63	-15.42	94.85	254.14	52674.47	32449.86	-1593.63
229	4094	300733	西菱动力	35.02	C	-0.22	2.39	-6.46	0.50	1.05	47.26	1.30	37.24	-8.12	-13.42	77.30	303483.79	151960.96	581.7
230	4168	000599	青岛双星	33.05	C	2.59	3.60	-7.78	0.47	1.15	78.70	154.50	19.05	-12.59	3.51	32.91	977855.88	465550.02	1980.5
231	4214	002813	路畅科技	31.76	C	-2.24	0.16	-7.25	0.54	1.06	28.87	0.00	-16.70	-6.97	32.55	57.96	51137.8	28443.72	468.85
232	4226	600733	北汽蓝谷	31.46	C	-6.68	1.37	-90.28	0.46	0.87	77.41	169.59	50.50	10.37	2.67	74.06	3080127.73	1431861.32	14405.28

续 表

序号	A股上市公司评价得分排序号	股票代码	股票简称	综合得分(100)	评价等级	每股收益(元)	总资产报酬率(%)	净资产收益率(%)	总资产周转率(次)	流动资产周转率(次)	资产负债率(%)	已获利息倍数	营业收入增长率(%)	资本扩张率(%)	市场投资回报率(%)	股价波动率(%)	年末资产总额(万元)	营业收入(万元)	净利润(万元)
233	4233	603776	永安行	31.38	C	0.04	2.09	-3.91	0.12	0.14	30.26	6.12	-19.54	-4.62	9.48	61.30	456490.1	54520.94	2873.8
234	4266	300745	欣锐科技	30.43	C	-1.84	1.69	-9.28	0.41	0.54	35.60	1.74	-6.46	103.68	-30.35	98.88	381548.08	141735.75	1402.99
235	4268	000572	海马汽车	30.42	C	0.18	1.21	-10.11	0.37	0.72	62.30	1.55	7.12	-6.74	0.40	82.16	735968.81	254630.06	3183.76
236	4272	002806	华锋股份	30.28	C	-4.36	0.24	-31.50	0.39	0.92	49.28	0.00	9.31	-26.87	28.06	52.98	171982.85	71914.93	609.7
237	4286	601127	赛力斯	30.05	C	0.94	1.30	-21.46	0.73	1.35	85.95	1.86	5.09	-26.55	84.89	287.39	5124467.11	3584195.79	1417.15
238	4325	603335	迪生力	28.86	C	1.43	2.56	-32.71	1.04	2.01	64.42	1.72	0.63	-13.53	2.29	62.96	158678.21	168796.63	5043.27
239	4437	002355	兴民智通	25.97	C	2.83	1.59	-27.00	0.33	1.06	53.80	8.30	-1.38	-24.51	25.58	120.15	225231.27	80889.3	6965.41
240	4443	000868	安凯客车	25.68	C	-3.66	-4.11	-38.56	0.64	1.02	72.86	0.00	44.25	1053.60	-23.98	68.41	329727.49	214644.61	-3922.32
241	4527	000903	云内动力	23.81	C	-4.56	-1.59	-35.10	0.41	0.78	76.85	-2.27	11.79	-29.22	11.46	57.00	1286072.08	531439.36	-19242.93
242	4549	600841	动力新科	23.22	C	-2.01	0.19	-36.53	0.43	0.58	69.50	0.03	-12.57	-30.48	-4.66	38.10	1812741.67	868057.41	-960.76
243	4554	688280	精进电动-UW	23.04	C	1.22	2.97	-44.36	0.31	0.51	60.28	2.62	-15.13	-36.01	-6.58	41.36	255560.38	86623.91	5508.26
244	4577	000981	山子高科	22.28	C	-0.27	1.73	-54.77	0.33	0.90	78.58	2.53	42.73	-43.43	-15.93	59.98	1445515.01	533583.37	1683.32
245	4594	603982	泉峰汽车	21.80	C	-11.58	-1.51	-21.87	0.33	0.86	65.98	-0.97	22.37	-18.98	-32.50	113.29	679367.08	213475.1	-39347.51
246	4602	600653	申华控股	21.45	C	0.5	-0.06	-22.33	1.45	2.85	71.36	-1.35	-13.58	-23.55	-3.65	26.13	331455.55	514086.6	500.74
247	4648	002547	春兴精工	19.45	C	-3.34	-1.52	-67.64	0.44	0.97	94.44	-43.79	-10.03	-48.55	-4.13	70.52	492634.57	232812.1	-5518.92
248	4721	300237	美晨生态	16.06	C	-2.04	-0.26	-220.50	0.19	0.25	94.09	-0.35	23.20	-54.76	-5.31	45.30	833834.13	168400.28	-1035.26
249	4789	000980	众泰汽车	5.39	C	-12.01	-3.70	-47.13	0.11	0.21	75.67	-3.89	-6.28	-38.43	-33.51	116.94	617919.63	73396.2	-13861.18
250		603023	威帝股份	33.01	C	-4.54	-4.55	-2.04	0.07	0.08	2.11	0.00	-28.55	1.33	32.02	102.32	79082	5299.51	-5110.34
251		600213	亚星客车	14.77	C	-5.24	0.15	0.00	0.46	0.50	104.33	0.30	-18.11	-144.87	-24.69	54.90	239419.72	120974.49	-1955.8
252		001380	华纬科技	73.21	BBB	-3.57	-1.11	15.81	0.73	0.93	34.23	-5.45	39.63	166.20	43.30	43.08	231845.09	124304.51	-26217.24
253		837663	明阳科技	72.79	BBB	-8.43	-0.84	24.44	0.66	1.00	23.57	-0.64	24.31	86.93	81.81	207.95	46405.65	25780.9	-6004.17
254		001282	三联锻造	71.95	BBB	-7.5	-3.85	12.02	0.78	1.48	21.76	-10.43	17.71	124.46	34.08	54.56	184580.09	123564.75	-12542.44
255		836221	易实精密	71.70	BBB	-12.99	-7.66	17.93	0.67	1.11	21.69	-34.42	18.82	68.59	92.22	145.71	48219.08	27572.03	-2972.69
256		301345	涛涛车业	71.05	BBB	-7.07	-3.38	14.40	0.78	0.93	22.33	-5.00	21.44	208.46	16.81	43.06	378748.36	214424.61	-12241.2
257		301397	溯联股份	70.67	BBB	501.12	-9.12	11.70	0.61	0.86	14.93	-5.84	19.00	215.19	12.61	26.82	229885.08	101051.97	-96695.68
258		832978	开特股份	69.50	BB	-15.15	-0.22	22.99	0.80	1.07	36.32	-0.24	26.93	46.09	214.79	315.09	92322.84	65326.86	-23477.85
259		603119	浙江荣泰	68.49	BB	-3.06	-2.63	15.66	0.54	0.82	15.01	0.00	19.89	212.08	-63.13	42.44	195486.86	80025.5	-1870.43
260		001311	多利科技	67.51	BB	0.52	1.83	16.15	0.88	1.53	20.78	2.93	16.62	130.12	-36.77	71.42	540976.2	391253.93	800.69
261		688612	威迈斯	66.17	BB	-8.27	-3.42	22.78	0.98	1.23	53.05	0.00	44.09	223.75	-57.04	51.53	723078.56	552266.3	-2744.72

续　表

序号	股票代码	综合得分(100)	评价等级	每股收益(元)	总资产报酬率(%)	净资产收益率(%)	总资产周转率(次)	流动资产周转率(次)	资产负债率(%)	已获利息倍数	营业收入增长率(%)	资本扩张率(%)	市场投资回报率(%)	股价波动率(%)	年末资产总额(万元)	营业收入(万元)	净利润(万元)
262	301225	恒勃股份 65.96	BB	-90.22	-15.54	11.91	0.62	0.86	18.62	-11.92	10.15	189.07	-38.84	39.59	175869.24	78542.66	-536549.52
263	833837	华原股份 65.87	BB	-5.19	-1.61	13.14	0.71	0.91	35.76	-2.04	-1.04	38.03	89.19	178.55	78212.97	49930.76	-13136.42
264	301550	斯莱股份 65.71	BB	-10.62	-4.53	14.17	0.50	0.60	19.10	-9.22	-1.55	209.22	-52.65	30.46	197380.15	73812.28	-17079.07
265	830896	旺成科技 65.47	BB	-11.13	-2.59	11.79	0.61	1.35	33.64	-19.10	6.88	54.68	62.40	228.37	60126.26	34366.71	-19921.07
266	301488	豪恩汽电 63.00	B	-31.7	-16.64	14.17	0.81	0.95	37.28	-12.88	11.39	258.88	-43.96	47.08	199827.48	120170.23	-32299.05
267	001278	一彬科技 62.77	B	-76.74	-7.68	10.11	0.76	1.16	58.95	-287.64	11.31	75.70	-14.47	61.19	315914.3	207205.1	-415671.65
268	301170	锡南科技 61.99	B	-32.15	-13.23	7.75	0.70	1.01	11.99	-6.11	15.56	109.25	-35.00	36.47	184788.78	101062.89	-19506.82
269	301529	福赛科技 61.92	B	-31.85	-9.43	10.05	0.69	1.03	32.66	-4.35	37.06	171.95	-91.86	32.43	183465.11	95024.31	-33837.32
270	603107	上海汽配 61.76	B	-47.1	-4.68	11.47	0.86	1.23	29.19	-17.49	16.64	144.90	-180.35	37.89	282976.5	190854.08	-17132.78
271	301322	绿通科技 59.25	CCC	-35.84	-8.57	14.61	0.55	0.68	5.37	-10.96	-26.48	317.08	-66.22	157.32	306885.66	108138.38	-125857.39
272	834058	华洋赛车 57.67	CCC	-37.66	-11.41	20.01	1.05	1.64	37.28	-64.66	12.95	131.12	-19.29	217.34	57084.19	47879.74	-246255.09
273	301499	维科精密 57.49	CCC	-46.96	-20.30	7.08	0.60	1.13	18.18	-26.75	7.33	116.07	-36.17	68.42	151548.11	75874.26	-57694.11
274	001260	坤泰股份 55.78	CCC	-54.68	-9.27	7.99	0.56	0.99	26.15	-3.77	9.13	80.29	0.00	75.09	104372.56	49047.53	-221934.68
275	301310	鑫宏业 55.70	CCC	-21.16	-7.03	11.47	0.70	0.85	33.58	-3.57	10.66	255.03	-42.10	67.93	338279.42	200104.12	-56452.59
276	831906	舜宇精工 53.82	CC	-21.09	-2.82	8.00	0.67	1.19	58.21	-1.27	-2.65	25.29	40.57	140.18	135321.35	82310.22	-18524.87
277	603190	亚通精工 53.41	CC	-68.33	-3.65	9.34	0.57	0.89	41.52	-2.32	26.13	78.42	-32.68	61.01	352052.9	172246.69	-25958.02
278	002592	ST八菱 57.99	CCC	-24.59	-11.58	13.36	0.47	1.23	27.27	-22.59	-1.77	14.60	11.64	79.24	111851.17	54268.2	-47979.82
279	600375	*ST汉马 34.61	C	-182.09	-9.37	0.00	0.44	0.79	109.54	-2.73	13.07	-475.10	-7.47	76.83	794917.32	387694.17	-140480.44
280	000996	*ST中期 32.10	C	-487.7	-11.19	1.68	0.02	0.43	29.88	-18.31	-65.17	-1.38	-31.86	173.30	67602.32	1106.92	-33623.52
281	600303	ST曙光 19.38	C	-49.41	-12.96	-24.52	0.35	1.05	54.19	-12.34	-18.42	-21.61	-32.14	86.81	380263.59	136364.45	-92698.28

第十章

电子行业上市公司业绩评价

随着人工智能和电子领域前沿不断突破创新和融合，电子行业已成为我国经济的战略性、基础性、先导性产业，具有规模总量大、产业链条长、涉及领域广等特点，是稳定工业经济增长、维护国家政治经济安全的重要领域。2023年是新冠疫情防控转段后经济恢复发展的一年，面对复杂严峻的国际环境，电子行业上市公司业绩受到不同程度影响，电子行业股票指数表现呈波浪式震荡的态势，全年总涨幅为5.20%。2024年随着数字经济、人工智能、新能源汽车等新兴电子终端产品加速发展迭代，电子行业将通过与其他行业的协同、融合、创新，不断开拓新兴赛道、布局高端、加速融合、数字转型，持续驱动我国经济发展。

一、电子行业上市公司业绩评价结果

电子行业主要包括半导体、消费电子、光学光电子、元件等领域。截至2023年末，电子行业全部上市公司共计472家，其中盈利351家，亏损121家，即有74.36%的公司实现盈利，比2022年下降了8.39个百分点；电子行业上市公司总资产共计48242.08亿元，占全部上市公司总资产的4.73%。

2023年全国5194家上市公司共计实现营业收入634627.83亿元，其中472家电子行业上市公司实现营业收入30148.51亿元，占全部上市公司的4.75%；全部上市公司共计实现净利润32068.05亿元，电子行业上市公司实现净利润983.30亿元，占全部上市公司净利润的3.07%。

2023年电子行业整体评价结果低于市场平均水平，其行业的综合评价分值为60.30分，较同年全部上市公司的综合评价分值62.90分低4.13%。472家电子行业上市公司中仅有4家业绩评价得分位于2023年上市公司前100名，为传音控股（300661）、立讯精密

（002475）、安克创新（300866）和北方华创（002371），排名分别为第 1 位、第 16 位、第 68 位和第 99 位。电子行业 419 家上市公司（剔除了其中 53 家被实施风险警示＊ST 或 ST 的公司、当年 IPO 上市或借壳上市的公司）业绩评价等级如下：1 家 AAA、1 家 AA、6 家 A、20 家 BBB、41 家 BB、63 家 B、61 家 CCC、65 家 CC、161 家 C。2023 年电子行业评价得分前十名的公司见表 10-1。

表 10-1　2023 年度电子行业评价得分前十名的公司

序号	股票代码	股票简称	在 A 股上市公司中评价得分排序
1	688036	传音控股	1
2	002475	立讯精密	16
3	300866	安克创新	68
4	002371	北方华创	99
5	300446	航天智造	139
6	300782	卓胜微	144
7	601138	工业富联	152
8	002463	沪电股份	160
9	688601	力芯微	205
10	002983	芯瑞达	214

基于对电子行业上市公司的整体评价，下面分别从财务效益、资产质量、偿债风险、发展能力、市场表现五个方面对电子行业上市公司进行具体分析。

（一）财务效益

从综合得分来看，2023 电子行业上市公司财务效益得分低于全部上市公司平均水平。

表 10-2 列示了 2023 年电子行业上市公司财务效益评价结果。从基本指标来看，电子行业上市公司财务效益指标均低于全部上市公司平均水平，平均得分为 17.68 分，比全部上市公司平均分（21.27 分）低 3.59 分。共有 143 家公司超过全国平均水平，其中得分为满分 35 分的有传音控股、安克创新、沪电股份、力芯微等 11 家公司。

从修正指标来看，电子行业得分为 21.29 分，低于上市公司平均得分（23.35 分）。除盈利现金保障倍数外，扣除非经常性损益净资产收益率、总资产报酬率、营业利润率和总股本收益率指标均低于上市公司平均水平。

表 10-2　电子行业财务效益状况比较表

分析指标		2023 年上市公司平均值	2023 年行业值	2022 年行业值	增长率（%）
基本指标	扣除非经常性损益净资产收益率（%）	6.75	2.57	3.99	−35.59
	总资产报酬率（%）	5.03	3.22	4.37	−26.32
	基本得分	21.27	17.68	18.90	−6.46

续　表

分析指标		2023 年上市公司平均值	2023 年行业值	2022 年行业值	增长率（%）
修正指标	营业利润率（%）	6.42	3.79	5.13	−26.12
	盈利现金保障倍数	2.01	3.62	2.14	69.16
	总股本收益率（%）	44.80	25.73	41.29	−37.68
综合得分		23.35	21.29	22.19	−4.06

与 2022 年的情况相比，2023 年电子行业除盈利现金保障倍数有所上升以外，扣除非经常性损益净资产收益率、总资产报酬率、营业利润率、总股本收益率与上一年相比均有所下降，其中总股本收益率降幅最高，为 37.68%。整体来看，受地缘政治因素及消费电子消化库存等影响，2023 年电子行业整体财务效益延续了上一年的下降趋势，特别是消费电子板块的上市公司更加明显。以信音电子为例，受消费电子市场需求下降影响，公司 2023 年营业收入和净利润均出现明显下滑。全年实现营业收入 7.74 亿元，较上年度下降 11.42%，实现归属于上市公司股东的净利润 0.73 亿元，较上年度下降 24.77%。

（二）资产质量

从综合得分来看，电子行业上市公司资产质量平均得分为 8.93 分，低于上市公司平均得分。

表 10-3 列示了电子行业上市公司资产质量评价结果。在电子行业上市公司资产质量指标中，百邦科技得分较高，2023 年公司总资产周转率为 3.83 次，流动资产周转率为 5.17 次，应收账款周转率为 122.23 次，存货周转率为 44.23 次。百邦科技主要为客户提供手机售后服务业务。公司持续采用数字化技术改造门店管理，显著提升供应链、营销、绩效管理等工作的效率，实现基于数据的半自动、自动化决策，推动库存周转率、预约建单率、人均产能等关键指标持续改善，使公司的资产质量在行业内处于较高的水平。

表 10-3　电子行业资产质量状况比较表

分析指标		2023 年上市公司平均值	2023 年行业值	2022 年行业值	增长率（%）
基本指标	总资产周转率（次）	0.64	0.65	0.70	−7.14
	流动资产周转率（次）	1.27	1.26	1.34	−5.97
基本得分		9.52	9.57	10.20	−6.18
修正指标	应收账款周转率（次）	7.99	5.42	5.56	−2.52
	存货周转率（次）	3.48	4.55	4.87	−6.57
综合得分		9.27	8.93	9.09	−1.76

与 2022 年相比，2023 年电子行业上市公司总体上资产质量略有下降。与上市公司平均水平相比，行业存货周转率依然明显高于上市公司平均水平，这主要与电子行业产品交付

周期短的产品特性有关。

（三）偿债风险

从综合得分来看，2023年电子行业上市公司偿债风险略优于全部上市公司平均水平。

表10-4列示了电子行业上市公司偿债风险评价结果。在电子行业上市公司偿债风险指标中，泰晶科技、天德钰、信音电子等公司排名较高。基于行业经营模式及特征，电子行业在运营中保持了较高的速动比率，其中天德钰和信音电子2023年速动比率分别为663.79%和688.99%，大幅高于行业平均水平。

表10-4　电子行业偿债风险状况比较表

分析指标		2023年上市公司平均值	2023年行业值	2022年行业值	增长率（%）
基本指标	资产负债率（%）	57.83	45.00	45.49	-1.08
	已获利息倍数	5.21	4.21	5.60	-24.82
	基本得分	8.89	9.27	9.69	-4.33
修正指标	速动比率（%）	88.92	134.02	131.62	1.82
	现金流动负债比率（%）	15.90	25.18	21.92	14.87
	带息负债比率（%）	42.82	50.72	50.63	0.18
	综合得分	8.90	9.04	8.99	0.56

与2022年相比，2023年电子行业上市公司偿债风险得分略有上升，行业的偿债风险优于全部上市公司平均水平。这说明虽然电子行业受下游消费市场需求低迷的影响，在2023年偿债风险较上一年略有上升，但与其他行业相比，电子行业整体在开展业务的过程中，对于营运资金的需求规模与公司经营业绩情况较为匹配。以天德钰为例，2023年公司资产负债率为12.99%，保持着较低的资产负债率规模，主要得益于持续加强供应链能力的建设，以完善产能的供应渠道，在供应商选择上寻求与产业链领先的厂商合作，并与上游晶圆制造商、封装测试厂商等供应商建立了高效和长期稳定的合作关系，从而保障公司全年营业收入稳定增长，经营状况稳健，具有良好的偿债能力。

（四）发展能力

从综合得分来看，2023年电子行业上市公司发展能力略低于全部上市公司的平均水平。

表10-5列示了电子行业上市公司发展能力评价结果。在电子行业上市公司发展能力指标中，北方华创得分排名第一。公司得益于应用于高端集成电路领域的刻蚀设备、薄膜沉积设备、清洗设备和炉管设备等多种核心工艺装备突破多项关键技术并实现产业化应用，产品销售量与生产量实现同比较快增长。2023年，实现营业收入220.79亿元，同比增长50.32%；归母净利润38.99亿元，同比增长65.73%。

表 10-5 电子行业发展能力状况比较表

分析指标		2023 年上市公司平均值	2023 年行业值	2022 年行业值	增长率（%）
基本指标	营业收入增长率（%）	2.21	−1.95	−1.23	58.54
	资本扩张率（%）	6.75	9.08	14.61	−37.85
	基本得分	12.14	12.07	11.98	0.75
修正指标	累计保留盈余率（%）	44.05	26.25	27.10	−3.14
	三年营业收入平均增长率（%）	10.93	4.76	9.26	−48.60
	总资产增长率（%）	5.71	7.75	11.46	−32.37
	营业利润增长率（%）	−3.95	−28.81	−35.55	−18.96
	综合得分	12.33	11.25	11.42	−1.49

与 2022 年相比，2023 年电子行业上市公司的营业收入增长率、资本扩张率、总资产增长率、营业利润增长率和累计保留盈余率情况均延续了上一年下降的态势。这说明电子行业在 2023 年受下游需求疲软的影响，行业整体增速依然延续了上一年的放缓态势。

（五）市场表现

2023 年，全球经济尽管仍受到新冠疫情、乌克兰危机等负面因素余波影响，但总体呈现稳健复苏态势。回顾过去一年，我国证券市场呈现震荡下跌的趋势，沪深 300 指数全年跌幅达到 11.75%。电子行业在经历了三年新冠疫情的冲击后，市场情况呈现逐渐向好的恢复趋势，2023 年电子行业整体呈现波浪式震荡，总涨幅为 5.20%，市场表现优于市场平均水平。同期电子行业市场走势具体情况见图 10-1。

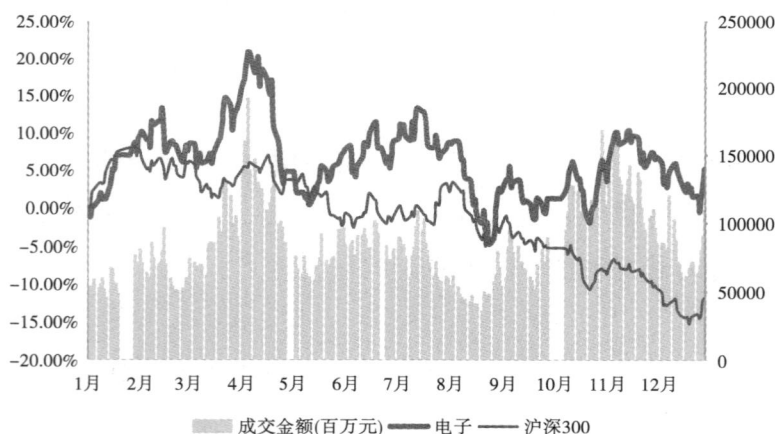

图 10-1 2023 年电子行业指数与大盘指数波动

从综合得分来看，电子行业上市公司市场表现优于全部上市公司的平均水平。

表 10-6 列示了电子行业上市公司市场表现评价结果。在电子行业上市公司市场表现指标中，京仪装备、茂硕电源、美迪凯、奥拓电子、领益智造等公司得分较高。以领益智造为例，公司积极布局 AI 终端硬件领域，由消费电子产品制造厂商转型升级为 AI 终端硬件

制造平台，提供 AI 终端硬件产业链上游核心零部件等业务。公司 2023 年度实现营业收入 341.24 亿元，其中 AI 终端及通讯相关产品实现收入约 306.87 亿元，毛利率约 21.62%，归属于上市公司股东的净利润 20.51 亿元，同比增长 28.50%，持续保持稳健经营。另外，公司高度重视对投资者的合理投资回报，2023 年公司一年内实施多次分红，已累计现金分红 10.17 亿元；通过积极开展可用于员工持股计划的股份回购，以实际行动维护广大投资者的利益，呈现了较好的市场表现。

表 10-6　电子行业市场表现状况比较表

分析指标	2023 年上市公司平均值	2023 年行业值	2022 年行业值	增长率（%）
市场投资回报率（%）	5.76	17.35	−25.04	−169.29
股价波动率（%）	82.72	90.38	105.48	−14.32
综合得分	9.07	9.77	7.66	27.55

2023 年电子行业上市公司市场投资回报率为 17.35%，明显优于全部上市公司水平，扭转了上一年度行业市场投资回报率下滑的趋势。2023 年，电子行业共有 263 家上市公司的市场投资回报率高于全部上市公司平均水平。整体来看，电子行业在 2023 年市场回报率已明显改善，股价波动率略高于市场水平，估值已较上一年有所恢复。未来，随着半导体周期调整以及消费需求的回暖，电子行业有望在 2024 年迎来反弹。

二、2023 年度电子行业上市公司业绩影响因素分析

2023 年，随着三年新冠疫情防控转段工作的平稳有序开展，我国电子行业在复杂的国际贸易局势背景下，呈现出复苏发展的运行态势。影响电子行业业绩的主要因素表现在以下几个方面。

（一）电子行业整体生产经营恢复向好，人工智能驱动财务效益水平提升

2023 年，电子行业在经历了三年新冠疫情的冲击后，生产经营情况呈现逐渐向好的恢复趋势。根据工信部数据，2023 年规模以上电子信息制造业增加值同比增长 3.4%，比高技术制造业高 0.7 个百分点，实现营业收入 15.1 万亿元，实现利润总额 6411 亿元，分别同比下降 1.5% 和 8.6%，降幅与第一季度的 6.4% 和 57.5% 相比，呈现明显收窄的趋势。

与此同时，以人工智能为主的创新技术在 2023 年获得了实质性的发展，驱动电子行业财务效益水平实现提升。以工业富联为例，公司是全球领先的高端智能制造及工业互联网解决方案服务商，通过不断优化全球布局，加大研发投入，携手全球顶尖客户共同推动 AI 技术进步，公司不断提升自身经营绩效和行业地位。2023 年，公司营业收入 4763.40 亿元，归属于上市公司股东的净利润为 210.40 亿元，同比增长 4.82%。

（二）半导体板块处于周期性调整，芯片呈现"去库存"特征

由于半导体行业属于周期性特征明显的行业，在经历了 2022 年的供需失衡后，库存过剩的半导体行业在 2023 年整体处于"去库存"的调整阶段。根据半导体产业协会（SIA）的数据，2023 年全球半导体产业销售总额为 5268 亿美元，比 2022 年的 5741 亿美元下降了8.2%；半导体市场 2023 年下半年已开始回升，降幅持续收窄。2023 年第四季度全球半导体产业的销售额为 1460 亿美元，同比增长 11.6%，环比增长 8.4%。库存水位的下降和下游需求的复苏可能预示着半导体行业已触及周期底部，未来有望开启新一轮的上行周期。

以澜起科技为例，受全球服务器及计算机行业需求下滑导致的客户去库存影响，公司DDR4 内存接口芯片出货量较上年同期明显减少，2023 年公司实现营业收入 22.86 亿元，较上年同期下降 37.76%，归属于母公司所有者的净利润为 4.51 亿元，较上年同期下降65.30%。公司积极采取相关措施优化库存管理，截至 2023 年底，公司存货账面价值为 4.82亿元，较第一季度末降低 41.10%。公司预计本轮行业去库存已接近尾声，行业整体需求将从 2024 年开始恢复增长，有助于带动公司相关产品整体需求的提升。

（三）地缘政治摩擦升级，半导体设备板块国产替代加速推进

半导体设备泛指用于制造各类半导体产品所用的生产设备，属于半导体产业链的关键支撑环节。全球半导体设备行业市场集中度高，美日欧五大巨头引领全球半导体设备市场，呈现出寡头垄断格局，特别是在光刻机、检测设备、离子注入设备等方面处于垄断地位。2023 年，随着地缘政治摩擦的进一步升级，美国商务部工业和安全局（BIS）公布新的先进计算芯片、半导体制造设备出口管制规则，日本和荷兰也跟进美国半导体新规，相继出台了针对先进半导体设备的出口管制政策，进一步加码对华半导体设备制裁。

在国内利好政策与海外管控双重刺激下，国内半导体设备厂商进一步在成熟制程产线提高覆盖率，布局更高端设备，推动本地设备、材料等环节突破，加速推进半导体设备国产化率，迎来新一轮业绩增长。

京仪装备是我国领先的半导体专用设备制造商，其半导体专用温控设备和半导体专用工艺废气处理设备打破了国外厂商对相关产品的垄断，逐步实现进口替代，并已广泛应用于长江存储、中芯国际、华虹集团、大连英特尔、广州粤芯、睿力集成等国内主流集成电路制造产线，成为半导体专用温控设备领域内主要的国内厂商。2023 年公司实现营业收入7.42 亿元，较上年同期增长 11.84%，实现归属于上市公司股东的净利润 1.19 亿元，较上年同期增长 30.75%。

三、2024 年电子行业前景分析

2024 年，随着人工智能、汽车电子等新兴电子终端产品加速发展迭代，在政策的持续

推动下，我国电子行业将引领其他各行业融合创新，成为我国驱动经济持续增长的新引擎。

（一）人工智能进入算力新时代，半导体芯片将迎来高速成长阶段

2023 年，随着 OpenAI 发布 ChatGPT 引发人工智能热潮，Meta、谷歌、百度、阿里巴巴等科技巨头随后相继推出 AI 大模型产品，全球科技巨头加速布局人工智能大模型。未来，随着人工智能的快速发展以及 AI 大模型带来的算力需求爆发，算力已经成为推动数字经济飞速发展的新引擎，人工智能进入算力新时代，全球算力规模呈现高速增长态势。

根据国际数据公司（IDC）的预测，全球 AI 计算市场规模将从 2022 年的 195.0 亿美元增长到 2026 年的 346.6 亿美元，随着 AIGC 在文本、代码、图像、语音、视频、3D 模型、游戏、音乐、音频等领域逐步应用，生成式 AI 计算市场规模预计将从 2022 年的 8.2 亿美元增长到 2026 年的 109.9 亿美元，复合增速达 91.3%，预计生成式 AI 计算占整体 AI 计算市场的比例将从 4.2% 增长到 31.7%。AI 算力芯片作为 AI 服务器的主要组成部分，未来市场潜力巨大。

（二）创新驱动消费端需求增长，消费电子有望实现复苏

创新是电子行业的核心增长动能。在经历了三年疫情期间对于电子产品的集中式采购后，随着终端产品本身硬件技术的升级，近两年将陆续进入自然换机周期。以折叠屏技术为例，随着各大厂商在轻量化复合碳纤维材料的应用方面日益成熟，折叠屏铰链设计日益精进，折叠屏手机不断朝着轻薄化方向发展，平均厚度和平均重量呈现明显下降的趋势，折叠屏手机的平均定价也不断下探，出货量不断提升。

另外，人工智能带来的创新，包括 AI 手机、AI+PC、AI Pin、机器人、自动驾驶等未来有望爆发的端侧 AI，均有望为消费电子行业回暖注入新鲜血液。

根据 2024 年 2 月 IDC 的预测数据，预计 2024 年全球智能手机出货量将达 12 亿部，同比增长 2.8%；Canalys 预计 2024 年全球 PC 出货量将达到 2.67 亿台，相比 2023 年增长 8%，手机和 PC 均将结束连续 2 年的下滑周期，预计消费电子将在创新的驱动下实现行业的复苏发展。

（三）汽车电动化和智能化趋势明确，为电子行业激发巨大市场潜力

近年来，汽车电子领域在市场规模、技术发展、产业链完善、竞争格局以及政策支持等方面均展现出积极的发展态势。国家陆续出台多项汽车智能化政策，鼓励汽车电子行业的发展与创新。如 2023 年 11 月，工业和信息化部、公安部、住房和城乡建设部、交通运输部联合发布《关于开展智能网联汽车准入和上路通行试点工作的通知》，首次针对搭载 L3 级和 L4 级自动驾驶系统的智能网联汽车开展准入试点，在限定区域内上路通行试点。

伴随着汽车行业电动化、智能化的快速发展，尤其是近两年汽车电子智能化产品的快速渗透，终端厂商不断升级电动车、智能座舱、自动驾驶等产品，汽车电子化水平进一步提高，汽车电子成本占整车成本比重不断增加，汽车电子市场规模进一步扩大。根据

Statista 数据，预计到 2028 年全球汽车电子市场规模有望达到 4000 多亿美元，到 2030 年，汽车电子在整车成本中的占比会达到 45%，显示出汽车电子市场强劲的增长势头，政策的支持和市场需求的增长也为行业的快速发展提供了坚实的基础。

（四）电子产品不断融合和创新，推动电子元件市场稳步发展

电子元件是电子行业的重要组成部分，主要分为印制电路板和被动元件两类。就印制电路板（Printed Circuit Board，PCB）而言，其作为"电子产品之母"，不仅为电子元器件提供电气连接，也承载着电子设备数字及模拟信号传输、电源供给和射频微波信号发射与接收等功能，其制造品质将直接影响电子产品的可靠性，因此广泛应用于家电、消费电子、计算机、通信设备、汽车等众多领域。

近年来，随着 5G 通信、AI 服务器、汽车电子等细分领域的迅速发展，对 PCB 产品的需求不断增长，也推动了电子元件市场的稳步发展。据 Prismark 预测，2027 年全球 PCB 产值有望达到 903 亿美元，2022—2027 年复合增速为 2.01%；而中国 PCB 产值有望达到 468 亿美元，2022—2027 年复合增速为 1.45%。从下游应用来看，受益于人工智能、汽车智能化和电动化的快速发展，全球服务器 PCB、汽车电子 PCB 复合增速领跑其他细分领域，2021—2026 年复合增速分别有望达到 9.87% 和 7.91%。

附表　2023 年度电子行业上市公司业绩评价结果排序表

序号	A股上市公司评价得分排序	股票代码	股票简称	综合得分(100)	评价等级	每股收益(元)	总资产报酬率(%)	净资产收益率(%)	总资产周转率(次)	流动资产周转率(次)	资产负债率(%)	已获利息倍数	营业收入增长率(%)	资本扩张率(%)	市场投资回报率(%)	股价波动率(%)	年末资产总额(万元)	营业收入(万元)	净利润(万元)
1	1	688036	传音控股	89.28	AAA	6.88	17.65	30.45	1.62	1.90	60.59	85.70	33.69	14.57	85.99	125.20	4612100.05	6229487.68	558706.47
2	16	002475	立讯精密	82.96	AA	1.54	9.19	17.78	1.49	2.54	56.61	10.36	8.35	19.56	19.96	48.61	1619209.96	23190545.98	1224321.31
3	68	300866	安克创新	79.01	A	3.97	16.06	18.84	1.53	2.16	36.12	68.92	22.85	17.53	47.38	98.32	1277670.12	1750720.31	169393.87
4	99	002371	北方华创	77.76	A	7.36	9.60	16.58	0.46	0.64	53.71	30.85	50.32	24.22	7.78	81.72	5362455.23	2207945.81	403272.48
5	139	300446	航天智造	76.49	A	0.62	12.02	12.06	1.11	1.61	50.57	14.40	3351.18	601.43	55.29	101.63	970035.37	586003.58	52540.05
6	144	300782	卓胜微	76.41	A	2.10	11.47	11.81	0.43	1.28	10.54	501.97	19.05	12.88	22.29	84.59	1095770.09	437823.66	111945.53
7	152	601138	工业富联	76.23	A	1.06	8.95	14.96	1.67	1.90	51.13	10.32	-6.94	8.71	65.28	191.76	28770530.1	47634010.7	2101831.3
8	160	002463	沪电股份	75.99	A	0.79	12.57	15.30	0.63	1.23	38.65	20.42	7.23	19.00	79.04	111.22	1603548.06	893830.93	148951.85
9	205	688601	力芯微	74.68	BBB	1.50	16.06	15.03	0.65	0.68	9.65	286.36	15.54	15.41	31.76	76.16	146685.64	88675.42	20880.69
10	214	002983	芯瑞达	74.55	BBB	0.90	11.14	11.74	0.70	0.85	24.98	0.00	23.25	19.39	76.02	105.54	181051.32	117610.03	16659.19
11	221	300389	艾比森	74.28	BBB	0.87	9.71	20.40	1.15	1.65	63.20	200.53	43.29	23.46	60.34	120.93	397193.05	400628.61	30945.69
12	239	002600	领益智造	73.90	BBB	0.29	7.82	9.50	0.93	1.77	50.76	8.24	-1.05	6.11	46.52	63.09	3718832.56	3412370.6	204732.38
13	245	002351	漫步者	73.79	BBB	0.47	16.60	16.72	0.88	1.07	20.12	836.03	21.64	11.04	91.59	152.72	329028.17	269363.58	45941.85
14	260	603920	世运电路	73.40	BBB	0.93	9.85	13.55	0.74	1.32	44.15	11.50	1.96	7.84	26.91	47.90	631026.58	451908.09	46681.89
15	314	300852	四会富仕	72.72	BBB	2.01	11.86	13.86	0.65	1.02	36.46	20.19	7.85	23.11	17.71	42.75	238689.48	131469.14	20432.6
16	315	002937	兴瑞科技	72.70	BBB	0.90	13.95	18.82	0.90	1.47	39.48	51.48	13.51	21.91	6.43	65.12	252898.58	200586.6	26629.15
17	333	300951	博硕科技	72.55	BBB	2.13	10.28	10.55	0.58	0.75	29.28	56.39	44.20	6.36	35.07	91.46	319705.95	168684.01	25429.92
18	360	688589	力合微	72.31	BBB	1.07	10.47	10.17	0.47	0.53	30.13	12.77	14.96	23.59	10.26	50.29	144398.8	57918.82	10688.66
19	364	688019	安集科技	72.26	BBB	4.09	19.28	17.67	0.53	0.99	18.41	56.30	14.96	39.60	15.59	70.79	260340.11	123787.11	40273.38
20	383	838402	硅烷科技	71.90	BBB	0.95	16.98	18.90	0.48	1.29	33.82	33.44	17.55	23.04	16.75	89.35	248657	112068.56	30823.5
21	409	002947	恒铭达	71.55	BBB	1.23	12.26	13.47	0.69	0.91	24.94	70.24	17.48	12.78	56.15	127.30	280245.54	181826.22	28162.93
22	413	688093	世华科技	71.52	BBB	0.77	12.75	10.14	0.29	0.67	9.29	378.56	10.64	33.70	1.54	41.18	208547.67	51149.97	19345.91
23	433	300735	光弘科技	71.31	BBB	0.52	8.39	8.24	0.81	1.29	31.21	13.99	29.25	6.97	158.37	302.82	753509.39	540244.9	43644.17
24	443	300408	三环集团	71.13	BBB	0.82	8.72	6.92	0.28	0.48	16.44	80.28	11.21	6.64	-1.54	30.55	2182696.49	572668.85	158315.06
25	446	300433	蓝思科技	71.11	BBB	0.61	4.83	4.99	0.70	1.92	39.95	7.40	16.69	4.82	26.96	47.87	7746974.41	5449073.35	304182.56
26	472	002938	鹏鼎控股	70.87	BBB	1.42	9.11	11.00	0.79	1.64	29.81	30.58	-11.45	6.22	-14.87	96.70	4227816.28	3206604.78	328679.05
27	525	002130	沃尔核材	70.31	BBB	0.56	10.84	13.73	0.66	1.29	39.32	14.19	7.16	13.82	13.50	35.49	900153.48	572322.18	75772.72
28	533	003028	振邦智能	70.20	BBB	1.87	11.61	13.26	0.61	0.73	28.22	7246.93	17.62	13.15	-10.92	84.94	220586.21	122577.1	20800.38
29	552	603228	景旺电子	69.97	BB	1.11	6.64	10.05	0.66	1.33	47.94	28.05	2.31	8.20	12.11	54.81	1723073.21	1075730.17	91102.86

续 表

序号	A股上市公司评价得分排序	股票代码	股票简称	综合得分(100)	评价等级	每股收益(元)	总资产报酬率(%)	净资产收益率(%)	总资产周转率(次)	流动资产周转率(次)	资产负债率(%)	已获利息倍数	营业收入增长率(%)	资本扩张率(%)	市场投资回报率(%)	股价波动率(%)	年末资产总额(万元)	营业收入(万元)	净利润(万元)
30	562	688106	金宏气体	69.77	BB	0.65	7.74	9.32	0.44	1.09	45.19	17.92	23.40	13.67	20.90	62.17	623965.93	242735.33	32814.51
31	573	688099	晶晨股份	69.66	BB	1.20	8.26	7.40	0.88	1.09	13.64	288.71	-3.14	11.30	-9.17	99.54	635606.08	537094.32	49869.27
32	575	002222	福晶科技	69.65	BB	0.49	13.86	13.00	0.47	0.81	10.40	258.47	1.73	10.58	83.46	132.00	176124.07	78163.56	21068.84
33	597	601231	环旭电子	69.45	BB	0.89	6.65	10.85	1.56	1.97	56.52	6.47	-11.27	8.51	-2.87	51.27	3930638.29	6079190.95	194970.91
34	600	301280	珠城科技	69.39	BB	1.50	8.50	8.85	0.56	0.63	21.80	159.49	16.56	5.42	30.61	45.70	227226.99	121644.22	16075.94
35	603	603397	永新光学	69.34	BB	2.14	12.63	9.26	0.43	0.62	13.37	220.34	3.02	8.67	15.57	51.00	209225.5	85412.54	23470.49
36	630	603328	依顿电子	69.11	BB	0.36	8.02	9.15	0.64	1.34	24.59	0.00	3.90	5.86	21.82	40.95	501936.5	317732.62	35500.13
37	667	002643	万润股份	68.70	BB	0.84	10.13	11.58	0.44	1.11	24.40	31.45	-15.26	12.94	8.23	33.31	1013472.26	430532.01	88167.01
38	675	688041	海光信息	68.59	BB	0.54	7.66	8.17	0.27	0.40	11.28	47.37	17.30	11.47	67.60	147.06	2290254.8	601199.9	170118.56
39	676	688120	华海清科	68.58	BB	4.55	9.44	11.80	0.30	0.34	39.48	79.61	52.11	15.17	21.51	91.81	911735.96	250799.11	72374.66
40	710	688252	天德钰	68.28	BB	0.28	5.41	5.36	0.56	0.63	12.99	212.28	0.88	7.54	18.18	72.81	224133.88	120888.48	11283.52
41	711	430139	华岭股份	68.28	BB	0.28	6.38	4.97	0.26	0.65	15.46	59.67	14.52	8.54	56.99	78.69	131963.18	31548.96	7486.26
42	731	001308	康冠股份	68.03	BB	1.88	10.90	19.09	1.12	1.32	50.69	36.16	16.05	17.16	6.83	47.90	1409059.01	1344665.51	128350.93
43	736	688127	蓝特光学	67.98	BB	0.45	10.07	10.34	0.36	0.79	28.46	36.16	98.35	8.61	31.29	77.00	228805.3	75446.35	18079.26
44	755	002138	顺络电子	67.74	BB	0.81	7.88	10.94	0.43	1.22	47.97	10.66	18.93	7.21	3.39	54.51	1256839.23	504042.37	74002.88
45	756	002106	莱宝高科	67.74	BB	0.53	6.55	7.23	0.86	1.15	22.16	325.81	-9.22	4.74	36.72	70.90	670635.21	558585.08	37633.55
46	779	688012	中微公司	67.55	BB	2.89	9.74	7.14	0.30	0.42	17.20	140.83	32.15	15.12	54.61	110.76	2152554.66	626351.36	178397.72
47	783	002273	水晶光电	67.49	BB	0.43	6.22	6.17	0.47	1.12	20.28	155.09	16.01	5.35	11.79	59.24	1125492.09	507624.62	61745.07
48	829	002045	国光电器	67.11	BB	0.78	6.38	5.35	0.97	1.42	43.53	9.93	-1.01	82.80	28.87	77.96	699341.42	593317.03	36096.01
49	849	688153	唯捷创芯	66.93	BB	0.27	2.86	2.63	0.66	0.73	16.28	26.61	30.32	5.29	72.69	92.31	481927.52	298152.53	11228.84
50	851	000100	TCL科技	66.92	BB	0.12	2.69	2.59	0.47	1.76	62.06	2.03	4.69	9.93	22.53	39.32	38285908.6	17436665.7	478078.4
51	857	002913	奥士康	66.87	BB	1.63	8.31	12.64	0.58	1.30	44.16	14.15	-5.20	8.47	22.95	89.80	735608.6	432986.99	51862.85
52	884	600584	长电科技	66.58	BB	0.82	4.48	5.21	0.72	1.87	38.58	5.84	-12.15	6.12	25.25	60.08	4257947.18	2966096.09	147024.47
53	888	603931	格林达	66.55	BB	0.88	12.50	11.90	0.43	0.66	12.26	0.00	-17.97	9.78	-15.05	49.09	167821.7	69532.66	17507.97
54	893	688018	乐鑫科技	66.53	BB	1.70	4.96	5.83	0.67	0.98	13.20	115.80	12.74	4.73	12.63	84.94	220380.04	143306.49	13620.46
55	899	300475	香农芯创	66.44	BB	0.84	13.96	13.11	2.56	3.99	41.24	4.24	-18.19	37.62	103.00	198.67	454545.76	1126769.07	37537.28
56	913	833346	威贸电子	66.31	BB	0.49	8.81	8.09	0.46	0.65	16.61	234.28	13.24	3.49	147.56	205.24	51923.35	22882.27	3915.83
57	935	300939	秋田微	66.18	BB	1.02	8.26	7.59	0.61	0.71	18.38	124.31	-9.86	6.13	35.98	61.98	167519.58	99488.13	12148.58
58	955	300936	中英科技	65.98	BB	1.94	16.22	2.80	0.26	0.37	6.06	157.50	12.14	16.33	62.59	114.79	110142.26	27804.44	14526.63

续表

序号	A股上市公司评价得分排序	股票代码	股票简称	综合得分(100)	评价等级	每股收益(元)	总资产报酬率(%)	净资产收益率(%)	总资产周转率(次)	流动资产周转率(次)	资产负债率(%)	已获利息倍数	营业收入增长率(%)	资本扩张率(%)	市场投资回报率(%)	股价波动率(%)	年末资产总额(万元)	营业收入(万元)	净利润(万元)
59	968	002955	鸿合科技	65.91	BB	1.38	9.83	9.60	0.83	1.19	28.06	55.11	-13.63	-4.80	28.44	111.35	479645.93	392948.88	37572.68
60	973	688138	清溢光电	65.88	BB	0.50	8.15	8.45	0.48	1.27	33.37	30.95	21.26	7.95	19.99	58.91	207668.32	92416.22	13386.72
61	975	002993	奥海科技	65.87	BB	1.59	6.46	7.57	0.67	0.87	42.17	104.07	15.84	5.13	7.23	65.89	840557.85	517427.39	44037.09
62	977	002916	深南电路	65.85	BB	2.73	6.76	7.84	0.62	1.58	41.67	22.20	-3.33	7.62	-2.49	67.11	2260686.78	1352642.6	139762.55
63	978	688396	华润微	65.84	BB	1.12	6.30	4.90	0.36	0.60	19.12	26.54	-1.59	14.18	-16.32	53.14	2921525.98	990060.39	143814.56
64	998	832491	奥迪威	65.69	BB	0.57	8.35	8.05	0.45	0.58	15.85	62.25	23.58	5.07	103.41	173.07	109903.49	46708.08	7698.05
65	1000	300285	国瓷材料	65.69	BB	0.57	9.03	9.08	0.47	1.12	22.70	23.97	21.86	7.63	-18.67	64.72	877963.69	385922.28	62087.58
66	1018	002981	朝阳科技	65.54	BB	1.22	9.03	9.05	0.92	1.82	36.75	15.75	3.25	12.29	22.55	111.24	150410.46	143048.26	11899.4
67	1046	002841	视源股份	65.31	BB	1.97	7.46	9.51	0.96	1.40	40.99	20.53	-3.90	5.72	-22.39	119.57	2180559.99	2017263.63	139973.31
68	1056	002384	东山精密	65.19	BB	1.15	6.03	9.34	0.79	1.50	59.00	6.91	6.56	10.87	-22.57	130.67	4437171.9	3365120.55	196505.02
69	1079	300476	胜宏科技	65.07	BB	0.78	5.27	9.09	0.50	1.21	56.13	9.78	0.58	9.93	39.32	115.23	1738361.65	793124.76	67134.64
70	1106	003019	宸展光电	64.88	B	1.09	12.43	8.97	0.70	0.94	18.53	40.68	-26.22	5.26	14.64	46.37	196562.51	133682.45	17819.66
71	1109	688082	盛美上海	64.85	B	2.09	10.98	14.48	0.43	0.56	33.79	49.01	35.34	16.91	28.64	77.54	975379.77	388834.27	91052.2
72	1117	002049	紫光国微	64.78	B	2.99	16.98	22.27	0.46	0.57	33.10	40.00	6.26	19.99	-46.81	126.78	1753386.35	756536.91	253364.96
73	1135	870357	雅葆轩	64.64	B	0.54	11.11	7.89	0.80	0.90	22.23	70.65	49.38	1.72	211.26	213.71	46450.6	35367.85	4305.69
74	1145	605277	新亚电子	64.57	B	0.55	6.69	11.13	1.10	1.99	56.08	7.85	88.94	12.19	28.73	76.21	305569.66	318553.43	14440.51
75	1165	300545	联得装备	64.48	B	1	7.64	10.19	0.43	0.62	45.18	14.98	23.82	10.99	102.70	128.84	303657.55	120709.98	17592.13
76	1171	300701	森霸传感	64.46	B	0.21	6.32	4.33	0.29	0.52	28.89	0.00	18.03	14.35	39.84	59.39	121681.6	29495.81	5644.41
77	1172	600563	法拉电子	64.43	B	4.55	19.87	22.54	0.65	1.02	24.59	249.16	1.14	14.80	-40.11	132.94	630573.32	387979.33	102783.09
78	1193	301319	唯特偶	64.28	B	1.74	9.37	7.54	0.77	0.83	11.59	412.56	-7.74	5.80	-11.47	61.09	128429.02	96384.52	10215.57
79	1195	002922	伊戈尔	64.25	B	0.63	5.68	8.59	0.82	1.24	41.37	10.53	28.68	76.28	-7.86	58.69	529625.48	363029.64	21746.92
80	1198	002635	安洁科技	64.23	B	0.45	4.16	4.41	0.57	1.15	27.38	23.53	7.57	0.12	26.86	39.71	815561.69	451655.88	30468.26
81	1252	300373	扬杰科技	63.79	B	1.74	9.70	9.34	0.49	0.98	31.21	35.07	0.12	37.06	-30.76	125.69	1262692.38	540983.5	92155.5
82	1277	600183	生益科技	63.69	B	0.5	5.72	6.95	0.66	1.18	37.09	8.84	-7.93	2.64	24.83	59.17	2495664.45	1658607.28	114865.61
83	1289	688072	拓荆科技	63.62	B	3.54	8.79	7.55	0.31	0.35	53.94	24.48	58.60	23.83	64.70	117.10	996934.53	270497.4	66387.45
84	1296	871857	泓禧科技	63.59	B	0.52	8.13	9.86	0.88	1.10	29.26	87.09	5.02	8.05	133.48	159.32	56677.19	44851.8	3827.93
85	1301	002815	崇达技术	63.56	B	0.39	5.13	6.16	0.54	1.17	36.70	7.84	-1.68	37.91	-3.51	61.29	1192278.15	577224.02	42165.53
86	1319	688608	恒玄科技	63.42	B	1.03	1.94	0.47	0.34	0.37	6.93	114.75	46.57	2.25	30.64	71.62	655137.64	217627.73	12362.55
87	1329	300857	协创数据	63.35	B	1.23	8.61	14.17	1.18	1.41	52.39	14.31	47.95	69.73	169.10	229.13	510600.2	465784.8	28613.74

续表

序号	A股上市公司评价得分排序	股票代码	股票简称	综合得分(100)	评价等级	每股收益(元)	总资产报酬率(%)	净资产收益率(%)	总资产周转率(次)	流动资产周转率(次)	资产负债率(%)	已获利息倍数	营业收入增长率(%)	资本扩张率(%)	市场投资回报率(%)	股价波动率(%)	年末资产总额(万元)	营业收入(万元)	净利润(万元)
88	1337	603501	韦尔股份	63.31	B	0.47	3.36	0.64	0.58	1.05	43.05	2.29	4.69	18.75	30.93	56.54	3774316.45	2102064.16	54382.28
89	1354	300136	信维通信	63.22	B	0.54	4.92	6.45	0.60	1.07	44.91	14.43	-12.13	6.62	40.41	82.99	1287240.76	754764.57	52438.88
90	1363	600363	联创光电	63.19	B	0.75	6.54	9.01	0.44	0.93	39.09	7.49	-2.24	9.63	35.24	66.56	756605.57	323964.67	40663.42
91	1370	603052	可川科技	63.14	B	0.99	6.92	6.92	0.47	0.53	27.42	136.79	-20.11	5.67	25.53	73.57	158299.52	72327.23	9406.05
92	1373	300576	容大感光	63.11	B	0.36	6.89	7.71	0.56	0.83	23.85	192.39	8.70	61.48	100.26	159.11	164277.7	79934.16	8443.49
93	1377	605218	伟时电子	63.05	B	0.56	7.59	7.03	0.95	1.36	28.68	110.83	15.38	5.69	80.66	160.33	178032	156777.1	11800.47
94	1383	300679	电连技术	62.99	B	0.84	6.69	7.98	0.52	0.91	25.68	42.14	5.37	7.33	10.23	62.14	629439.76	312906.7	36852.23
95	1392	002745	木林森	62.91	B	0.29	3.39	3.08	0.71	1.28	43.37	4.62	6.17	2.38	1.84	26.28	2436190.54	1753567.56	45050.11
96	1404	002139	拓邦股份	62.83	B	0.41	5.26	8.34	0.83	1.30	43.05	14.88	1.32	9.41	-11.20	66.71	1118411.94	899234.22	51194.86
97	1413	301132	满坤科技	62.78	B	0.74	5.78	6.16	0.55	0.80	25.08	58.05	16.81	4.29	9.62	54.80	227627.61	121699.39	10978.15
98	1422	301041	金百泽	62.67	B	0.37	4.84	4.67	0.73	1.12	26.20	38.78	-2.45	5.33	44.26	126.15	90674.18	63569.81	3895.88
99	1427	605058	澳弘电子	62.64	B	0.93	6.39	7.27	0.46	0.65	29.06	46.08	-3.88	6.01	18.72	36.12	228267.57	108244.86	13292.46
100	1446	002409	雅克科技	62.55	B	1.22	6.78	6.89	0.41	0.87	31.30	16.42	11.24	6.54	8.28	90.28	1261427.04	473777.32	60011.73
101	1448	300708	聚灿光电	62.53	B	0.21	1.91	5.41	0.59	0.92	39.17	28.14	22.30	78.68	21.38	40.83	473974.37	248092.47	12115.36
102	1452	603327	福蓉科技	62.51	B	0.41	11.53	12.65	0.66	1.37	39.83	63.76	-15.44	6.44	11.31	51.68	331385.13	190594.49	27844.14
103	1453	300793	佳禾智能	62.50	B	0.39	4.44	4.48	0.70	1.10	23.24	34.29	9.44	2.85	33.56	58.97	326339.63	237732.78	13229.62
104	1454	301297	富乐德	62.49	B	0.26	6.30	5.00	0.35	0.63	12.10	93.78	-4.75	4.89	61.46	123.69	162536.66	59414.26	8924.94
105	1457	002484	江海股份	62.48	B	0.84	12.04	12.59	0.70	1.15	23.55	74.91	7.15	13.00	-34.67	95.84	726305.03	484492.37	71045.35
106	1465	301106	骏成科技	62.39	B	0.98	5.93	5.77	0.42	0.54	14.89	325.18	-9.89	2.43	49.22	100.05	135818.57	57005.73	7094.2
107	1489	000020	深华发A	62.24	B	0.05	3.29	4.52	1.23	2.16	35.69	19.44	9.35	3.77	40.76	74.17	57054.49	72654.12	1334.23
108	1500	688401	路维光电	62.15	B	0.77	8.59	8.41	0.32	0.65	34.96	13.38	5.06	8.39	-10.16	59.19	232258.99	67239.44	14644.83
109	1524	603380	易德龙	62.00	B	0.84	7.35	8.20	0.89	1.40	40.85	15.55	-2.86	8.32	-7.72	70.90	230698.6	191692.6	13756.58
110	1528	300219	鸿利智汇	61.97	B	0.3	5.40	5.85	0.74	1.38	51.84	9.86	3.38	8.98	22.06	49.13	535565.83	375935.76	21520.2
111	1554	600707	彩虹股份	61.74	B	0.18	2.98	1.81	0.29	1.12	47.47	2.26	27.86	3.36	57.01	93.96	3894352.04	1146545.34	66449.27
112	1556	600237	铜峰电子	61.74	B	0.15	4.34	5.20	0.50	0.78	25.98	13.11	4.11	38.24	12.02	44.15	240174.1	108320.79	8430.1
113	1597	301379	天山电子	61.52	B	1.06	6.94	7.06	0.74	0.95	25.55	90.32	2.75	3.75	15.24	73.48	174274.64	126723.39	10742.65
114	1600	688403	汇成股份	61.49	B	0.23	5.76	5.57	0.36	1.35	12.91	0.00	31.78	7.86	-1.68	81.10	359629.7	123829.3	19598.5
115	1621	603290	斯达半导	61.37	B	5.33	13.40	14.65	0.47	0.77	23.44	585.00	35.39	13.13	-45.80	157.63	848352.65	366296.54	92069.91
116	1622	301359	东南电子	61.37	B	0.46	4.85	4.57	0.29	0.39	6.02	4660.27	5.15	2.13	19.04	47.04	90837.05	25981.15	3906.17

续表

序号	A股上市公司评价得分排序	股票代码	股票简称	评价等级	综合得分(100)	每股收益(元)	总资产报酬率(%)	净资产收益率(%)	总资产周转率(次)	流动资产周转率(次)	资产负债率(%)	已获利息倍数	营业收入增长率(%)	资本扩张率(%)	市场投资回报率(%)	股价波动率(%)	年末资产总额(万元)	营业收入(万元)	净利润(万元)
117	1633	300319	麦捷科技	B	61.31	0.32	5.40	5.76	0.52	1.12	28.06	134.77	-4.28	5.43	19.58	63.08	597679.27	301672.23	28092.65
118	1645	300303	聚飞光电	B	61.21	0.17	5.43	5.64	0.49	0.72	42.65	10.03	11.07	4.49	50.14	85.18	533339.19	251219.57	22933.85
119	1668	301031	中瓷电气	B	61.05	1.77	9.36	12.56	0.70	1.00	41.45	22.11	40.41	17.69	-27.22	105.00	168322.62	105955.58	11698.4
120	1672	000021	深科技	B	61.05	0.41	4.51	6.90	0.52	0.88	53.32	4.90	-11.50	6.85	45.05	121.38	2738265.48	1426464.84	82440.88
121	1673	831526	凯华材料	B	61.04	0.2	8.24	7.97	0.48	0.59	7.14	75.81	-10.81	12.30	573.56	659.21	22370.61	10462.84	1627.11
122	1680	002134	天津普林	B	60.97	0.11	2.52	5.14	0.57	1.34	51.32	35.80	11.29	65.43	28.22	39.42	150256.45	64626.68	2625.72
123	1681	603160	汇顶科技	B	60.96	0.36	1.01	1.67	0.46	0.80	17.29	4.34	30.26	3.43	33.74	107.86	972703.1	440805.23	16505.05
124	1716	300976	达瑞电子	B	60.73	0.78	2.16	1.52	0.39	0.54	12.02	77.43	-4.87	1.74	24.41	44.14	367778.73	139783.2	6845.29
125	1722	002925	盈趣科技	B	60.68	0.58	7.47	7.80	0.51	0.84	28.86	21.20	-11.16	-3.99	17.41	33.52	736754.23	386019.99	48099.16
126	1732	688981	中芯国际	B	60.57	0.61	2.13	2.31	0.14	0.43	35.45	0.00	-8.61	8.31	27.21	74.73	33846319.7	4525042.5	639615.2
127	1741	300822	贝仕达克	B	60.52	0.2	2.93	2.22	0.56	0.94	18.60	29.47	-12.77	2.62	51.42	76.44	155562.56	86683.59	3334.05
128	1748	688268	华特气体	B	60.45	1.43	8.49	9.34	0.54	1.01	40.86	8.07	-16.80	17.96	-12.13	88.93	316234.03	150026.6	17200.67
129	1752	600877	电科芯片	B	60.42	0.2	8.46	8.67	0.51	0.56	22.39	78.32	-2.62	10.83	1.17	47.23	308463.78	152415.09	23404.97
130	1766	688550	瑞联新材	B	60.31	0.98	4.45	3.96	0.36	0.64	11.53	332.97	-18.39	-0.50	16.83	57.98	332386.21	120816.27	13418.13
131	1779	300684	中石科技	B	60.23	0.26	4.11	2.83	0.55	0.81	16.24	77.16	-20.99	9.11	42.25	98.25	226218.03	125791.17	7192.82
132	1795	831167	鑫汇科	B	60.10	0.47	4.65	4.42	1.02	1.33	54.83	9.93	-3.39	1.96	113.34	141.66	61504.65	59653.63	2219.92
133	1810	002241	歌尔股份	CCC	60.00	0.32	1.77	2.56	1.31	2.30	57.25	2.45	-6.03	4.20	15.69	75.71	7374440.94	9857390.23	101941.12
134	1815	300054	鼎龙股份	CCC	59.97	0.24	5.54	4.92	0.43	0.97	27.31	14.89	-2.00	8.75	11.48	55.84	670790.19	266712.79	28775.27
135	1821	300232	洲明科技	CCC	59.93	0.13	1.90	2.95	0.73	1.13	54.51	12.15	4.73	2.00	52.68	109.90	1030898.51	741031.38	12816.13
136	1833	300346	南大光电	CCC	59.82	0.39	6.74	7.05	0.31	0.59	52.68	6.18	7.72	3.01	-8.23	62.68	5736666.99	170325.77	27403.81
137	1837	300223	北京君正	CCC	59.81	1.12	4.33	4.07	0.36	0.63	7.16	3848.60	-16.28	5.07	-8.91	90.50	1274202.69	453092.57	51572.44
138	1848	600745	闻泰科技	CCC	59.74	0.95	3.59	2.46	0.80	2.05	51.06	3.55	5.40	2.87	-22.02	78.91	7696795.93	6121280.15	96667.07
139	1865	300602	飞荣达	CCC	59.63	0.19	2.14	1.77	0.64	1.16	48.41	2.62	5.37	43.62	16.13	60.45	738256.41	434594.07	7870.6
140	1868	688279	峰岹科技	CCC	59.58	1.89	7.00	5.09	0.17	0.20	4.11	0.00	27.37	6.03	43.42	99.23	249368.86	41135.92	17484.68
141	1871	603738	泰晶科技	CCC	59.57	0.26	5.71	4.62	0.39	0.79	13.30	69.56	-13.48	-2.70	10.21	69.36	204161.78	79286.02	10224.51
142	1875	300843	胜蓝股份	CCC	59.55	0.51	3.60	6.29	0.61	0.93	47.45	6.69	6.06	7.14	23.21	45.87	216574.18	124132.36	7310.4
143	1887	002859	洁美科技	CCC	59.49	0.59	6.33	8.86	0.32	0.92	42.18	10.32	20.83	7.10	-12.15	47.24	515136.94	157226.72	25559.8
144	1890	300909	汇创达	CCC	59.47	0.57	5.14	4.29	0.59	1.12	28.27	8.38	63.85	41.67	1.88	97.14	269394.7	135607.11	8703.39
145	1925	688332	中科蓝讯	CCC	59.20	2.1	6.14	4.75	0.34	0.35	21.41	27.35	33.98	6.41	46.40	82.23	480097.14	144688.74	25166.28

续表

序号	A股上市公司评价得分排序	股票代码	股票简称	综合得分(100)	评价等级	每股收益(元)	总资产报酬率(%)	净资产收益率(%)	总资产周转率(次)	流动资产周转率(次)	资产负债率(%)	已获利息倍数	营业收入增长率(%)	资本扩张率(%)	市场投资回报率(%)	股价波动率(%)	年末资产总额(万元)	营业收入(万元)	净利润(万元)
146	1930	300613	富满微	59.19	CCC	1.1	7.89	8.28	0.51	0.71	24.29	8.26	-13.65	10.98	-17.67	113.60	367733.91	182238.25	25236.69
147	1931	301328	维峰电子	59.18	CCC	1.19	7.22	5.68	0.24	0.31	6.36	541.91	1.32	2.43	-9.60	62.08	201798.78	48663.4	13153.5
148	1932	002402	和而泰	59.18	CCC	0.36	4.34	6.10	0.81	1.30	46.98	9.24	25.85	7.46	-6.00	55.49	996468.54	750741.97	34788.6
149	1948	002782	可立克	59.07	CCC	0.23	4.71	9.87	1.20	1.61	54.17	12.63	42.86	13.13	-27.39	117.52	406182.94	466809.64	13042.9
150	1960	300088	长信科技	59.01	CCC	0.1	2.64	2.02	0.65	1.65	38.42	8.03	27.21	0.59	10.87	46.46	1429084.06	888867.04	29567.55
151	1990	688037	芯源微	58.82	CCC	1.82	7.57	8.32	0.44	0.56	44.60	23.16	23.98	13.12	29.98	103.23	430155.56	171696.99	25015.23
152	2014	603989	艾华集团	58.61	CCC	0.88	8.01	7.91	0.62	0.90	35.20	12.63	-1.91	6.56	-16.24	63.63	558478.12	337893.63	34228.06
153	2022	300709	精研科技	58.56	CCC	0.89	5.16	5.52	0.65	1.19	36.36	11.77	-12.44	8.28	10.81	106.25	321791.48	219558.1	15743.73
154	2033	300493	润欣科技	58.44	CCC	0.07	2.76	2.80	1.34	1.58	34.56	9.32	2.80	4.03	33.15	78.24	162838.1	216027.66	3358.68
155	2040	688049	炬芯科技	58.35	CCC	0.53	3.47	2.86	0.28	0.29	6.07	99.40	25.41	2.29	36.94	78.77	192659.71	52009.94	6505.86
156	2047	688210	统联精密	58.31	CCC	0.37	4.61	5.12	0.30	0.53	40.41	5.89	10.43	-0.84	61.96	112.39	202456.78	56171.88	6831.92
157	2061	301366	一博科技	58.19	CCC	0.66	4.37	3.28	0.31	0.43	17.87	61.08	0.19	6.53	26.50	101.84	271126.6	78613.54	9837
158	2074	688181	八亿时空	58.10	CCC	0.8	5.31	4.48	0.31	0.63	25.58	19.58	-14.43	4.70	-1.76	50.27	280216.67	79949.35	10643.14
159	2090	688195	腾景科技	58.00	CCC	0.32	4.25	4.02	0.32	0.63	16.05	24.71	-1.29	3.77	51.51	143.39	108673.21	33991.14	4125.03
160	2111	603002	宏昌电子	57.87	CCC	0.09	1.88	2.72	0.54	0.74	26.89	0.00	-25.87	40.44	28.33	71.02	471709.15	224042.36	8663.46
161	2126	300739	明阳电路	57.76	CCC	0.34	4.11	4.36	0.49	1.02	45.05	5.00	-17.79	2.45	17.68	37.00	348060.8	161864.99	10186.48
162	2157	002962	五方光电	57.56	CCC	0.23	3.49	3.17	0.41	0.59	13.49	335.18	-18.29	0.08	124.06	118.36	211783.98	84110.8	6817.74
163	2160	002156	通富微电	57.54	CCC	0.11	2.37	0.72	0.63	1.76	57.87	1.41	3.92	0.91	35.05	71.78	3487770.99	2226928.32	21599.47
164	2167	300046	台基股份	57.51	CCC	0.13	3.23	2.27	0.27	0.32	8.83	10038.87	-9.22	4.75	4.11	39.04	121531.84	31973.26	3048.67
165	2170	300787	海能实业	57.49	CCC	0.57	5.70	6.71	0.64	1.16	47.31	5.08	-20.24	10.15	-13.04	60.68	326464.87	190313.73	12878.09
166	2177	603893	瑞芯微	57.39	CCC	0.32	2.45	4.22	0.62	0.77	12.73	42.90	5.17	4.81	-11.10	91.14	350721.96	213452.21	13488.5
167	2198	002079	苏州固锝	57.24	CCC	0.19	5.10	4.94	1.11	1.87	25.29	14.11	25.06	6.51	-21.85	82.86	392607.97	408735.45	15558.15
168	2200	000727	冠捷科技	57.22	CCC	0.06	3.98	7.61	1.58	2.22	72.71	3.34	-11.77	7.05	36.04	88.45	3372768.57	5459694.39	62995.82
169	2205	000725	京东方A	57.19	CCC	0.06	1.41	-1.41	0.42	1.22	52.81	1.45	-2.17	-2.10	9.44	33.39	41918709.98	17454344.59	36987.13
170	2238	300666	江丰电子	56.99	CCC	0.96	5.59	2.97	0.46	0.90	34.15	11.44	11.95	3.61	-17.65	79.22	627164.71	260160.86	22043.64
171	2250	688689	银河微电	56.89	CCC	0.5	5.23	2.45	0.36	0.47	33.60	3.10	2.86	2.95	19.13	42.93	199028.29	69526.51	6381.42
172	2251	603685	晨丰科技	56.89	CCC	0.5	4.77	1.21	0.44	1.14	64.62	3.33	6.94	7.02	58.47	105.36	339292.69	124306.48	7506.61
173	2269	002655	共达电声	56.79	CCC	0.15	5.64	8.89	0.77	1.22	55.02	7.94	3.58	-12.79	19.61	43.20	137867.03	99760.01	5958.28
174	2275	688683	莱尔科技	56.68	CCC	0.19	2.44	2.56	0.38	0.72	10.48	35.81	-7.90	4.23	24.07	49.45	117583.66	43822.27	2662.49

续表

序号	A股上市公司评价得分排序	股票代码	股票简称	综合得分(100)	评价等级	每股收益(元)	总资产报酬率(%)	净资产收益率(%)	总资产周转率(次)	流动资产周转率(次)	资产负债率(%)	已获利息倍数	营业收入增长率(%)	资本扩张率(%)	市场投资回报率(%)	股价波动率(%)	年末资产总额(万元)	营业收入(万元)	净利润(万元)
175	2303	300236	上海新阳	56.51	CCC	0.54	3.64	2.96	0.22	0.59	24.35	11.67	1.40	1.75	23.37	62.82	558858.98	121242.04	16763.89
176	2315	300296	利亚德	56.42	CCC	0.11	2.75	2.23	0.51	0.70	43.26	5.21	-6.61	4.45	4.09	36.99	1503690.93	761500	28211.85
177	2321	300916	朗特智能	56.37	CCC	0.75	7.13	7.33	0.61	0.70	33.60	18.52	-20.31	7.34	-23.73	76.53	185151.63	102903.7	10690.55
178	2327	000045	深纺织A	56.36	CCC	0.16	3.09	2.71	0.55	1.07	27.22	6.36	8.52	2.01	5.53	48.91	564982.24	307967.84	12713.65
179	2330	688035	德邦科技	56.34	CCC	0.72	4.66	3.79	0.35	0.54	16.57	18.11	0.37	3.89	-1.54	66.70	274067.83	93197.52	10031.59
180	2337	300632	光莆股份	56.30	CCC	0.29	4.00	2.41	0.34	0.46	25.76	9.87	8.26	1.31	2.80	39.94	259867.67	89448.67	8830.21
181	2346	605258	协和电子	56.26	CCC	0.42	2.84	2.26	0.50	0.86	21.57	34.72	6.65	1.71	14.11	56.90	149514.21	73343.2	3733.19
182	2355	837821	则成电子	56.18	CCC	0.38	4.30	4.25	0.41	0.81	30.87	9.36	-6.93	3.26	145.87	206.10	73094.43	30570.37	2654.5
183	2356	300516	久之洋	56.18	CCC	0.46	4.94	6.20	0.47	0.57	24.62	1883.80	3.50	5.08	32.31	61.30	174642.56	76969.88	8292.46
184	2378	301086	鸿富瀚	56.01	CCC	1.18	4.87	4.77	0.28	0.46	22.22	36.94	-6.24	1.85	17.27	37.94	246954.41	67062.33	10322.35
185	2407	301135	瑞德智能	55.85	CCC	0.4	2.43	2.97	0.58	0.77	29.33	9.50	3.37	0.69	5.91	42.63	183237.86	106924.54	4080.29
186	2416	300650	太龙股份	55.78	CCC	0.21	3.73	3.56	1.26	2.21	40.97	2.93	-18.26	7.67	45.84	70.08	207127.66	264459.02	4667.36
187	2421	688372	伟测科技	55.73	CCC	1.04	3.68	3.75	0.21	0.59	31.86	3.89	0.48	3.33	-2.18	87.68	360810.5	73652.48	11799.63
188	2433	605111	新洁能	55.65	CCC	1.13	8.39	8.33	0.35	0.42	14.03	3148.50	-18.46	8.08	-36.78	148.21	433972.04	147656.14	31774.86
189	2447	603773	沃格光电	55.59	CCC	-0.03	2.08	-0.60	0.52	1.01	59.68	2.00	29.67	2.29	66.94	136.79	381574.42	181361.49	3134.45
190	2484	300661	圣邦股份	55.39	CCC	0.6	5.67	5.51	0.58	0.83	18.34	112.61	-17.94	11.39	-30.10	144.48	470685.32	261571.64	26993.75
191	2528	002449	国星光电	55.08	CCC	0.14	1.51	1.14	0.54	0.91	41.72	5.86	-1.07	1.33	7.13	31.33	652641.31	354163.72	8553.55
192	2530	835179	凯德石英	55.06	CCC	0.52	5.15	5.71	0.29	0.56	21.68	78.31	43.06	8.32	21.81	72.26	95324.07	25968.85	4275.39
193	2534	600206	有研新材	55.03	CCC	0.27	5.04	4.16	1.84	2.65	35.38	8.60	-29.05	2.50	-5.46	49.10	623719.3	1082205.93	21455.6
194	2539	002681	奋达科技	54.99	CC	0.03	2.97	0.61	0.68	1.84	50.77	2.13	0.58	0.15	31.31	67.11	445767.92	289085.04	2980.57
195	2553	000823	超声电子	54.88	CC	0.37	3.88	4.37	0.64	1.07	38.72	4.78	-18.22	2.22	1.00	48.48	844604.08	545735.56	22856.11
196	2558	301067	显盈科技	54.84	CC	0.21	2.19	2.30	0.59	1.22	29.81	7.86	-0.72	1.95	55.47	81.84	123447.18	68193.32	2267.12
197	2561	688135	利扬芯片	54.81	CC	0.11	1.50	1.29	0.27	1.28	45.26	1.54	11.19	4.46	14.95	46.89	207424.2	50308.45	2473.7
198	2584	688209	英集芯	54.63	CC	0.07	1.72	0.86	0.63	0.74	7.74	57.92	40.19	4.29	-6.49	115.07	198366.09	121577.5	2923.15
199	2592	688678	福立旺	54.61	CC	0.51	4.04	5.00	0.35	0.75	51.47	5.33	6.99	10.02	-11.30	82.67	333427.87	99163.28	9232.68
200	2640	603078	江化微	54.31	CC	0.27	3.42	3.40	0.37	0.74	30.74	7.09	9.66	1.31	-4.27	45.87	270739.23	102990.8	6715.99
201	2645	688103	国力股份	54.26	CC	0.67	4.62	5.06	0.39	0.55	45.07	7.16	-1.12	9.41	-22.25	68.77	205882.69	69225.46	6369.62
202	2659	300481	濮阳惠成	54.11	CC	0.8	9.70	8.66	0.49	0.71	13.32	33.79	-13.63	5.43	-36.90	141.71	282171.92	137920.14	23507.91
203	2671	300991	创益通	54.04	CC	0.08	2.19	1.34	0.42	1.18	52.58	1.87	25.57	1.99	21.66	76.75	136093.42	54149.53	1046.24

续 表

A股上市公司评价得分排序序号	股票代码	股票简称	综合得分(100)	评价等级	每股收益(元)	总资产报酬率(%)	净资产收益率(%)	总资产周转率(次)	流动资产周转率(次)	资产负债率(%)	已获利息倍数	营业收入增长率(%)	资本扩张率(%)	市场投资回报率(%)	股价波动率(%)	年末资产总额(万元)	营业收入(万元)	净利润(万元)
204	2681	688798	艾为电子	53.96	CC	0.22	0.74	-2.51	0.52	0.73	26.62	1.75	21.12	2.45	-5.39	82.12	493579.77	253092.15	5100.89
205	2687	300623	捷捷微电	53.92	CC	0.3	3.11	4.38	0.27	0.82	43.07	7.60	15.51	3.87	-24.27	85.48	772187.33	210636.02	20401.65
206	2704	002660	茂硕电源	53.78	CC	0.21	4.11	4.87	0.72	0.95	28.81	48.22	-13.90	3.68	53.35	53.76	180223.04	132867.04	6807.78
207	2708	603679	华体科技	53.73	CC	0.36	4.64	-0.90	0.40	0.60	41.25	6.25	40.34	6.56	15.49	51.43	155431.22	60777.33	5536.92
208	2716	688655	迅捷兴	53.67	CC	0.1	1.24	0.91	0.45	0.95	33.24	5.95	4.38	1.13	27.27	56.08	103695.99	46411.8	1346.97
209	2722	301045	天禄科技	53.61	CC	0.09	0.88	0.56	0.54	0.82	17.16	8.33	-8.67	14.68	61.23	107.60	118423.18	59641.78	883.72
210	2723	300458	全志科技	53.60	CC	0.04	0.62	0.24	0.47	0.69	16.12	5.40	10.49	0.18	8.73	96.83	353231.25	167299.3	2296.29
211	2725	301051	信濠光电	53.58	CC	0.34	0.94	-0.52	0.36	0.68	42.69	1.43	9.01	6.31	86.49	103.77	496207.32	173464.4	1933.13
212	2746	688167	炬光科技	53.38	CC	1.01	3.73	2.93	0.21	0.27	8.29	29.23	1.69	-1.81	11.65	102.59	262936.45	56117.31	9054.61
213	2755	603629	利通电子	53.27	CC	0.16	1.92	1.16	0.58	0.95	53.89	3.58	-6.53	2.47	151.30	255.24	363382.97	189311.95	3901.98
214	2759	000636	风华高科	53.26	CC	0.15	1.24	1.31	0.27	0.57	22.42	17.15	8.97	0.60	-9.63	54.50	1557394.03	422142.95	18118.6
215	2761	300279	和晶科技	53.24	CC	0.09	3.81	4.05	0.85	1.16	59.89	3.59	2.53	10.26	27.08	59.24	228805.33	200474.24	4385.25
216	2766	301285	鸿日达	53.20	CC	0.15	2.19	1.40	0.42	0.67	42.80	3.71	21.34	-3.34	17.56	55.79	186811.45	72067.49	2912.24
217	2772	002119	康强电子	53.14	CC	0.21	4.72	4.65	0.84	1.60	44.13	5.32	4.53	5.66	12.51	53.19	231844.34	177985.66	8057.56
218	2782	002185	华天科技	53.05	CC	0.07	1.48	-1.34	0.35	1.07	43.34	1.93	-5.10	-0.39	0.20	40.66	3375182.05	1129824.53	27809.72
219	2802	300115	长盈精密	52.91	CC	0.34	1.03	1.40	0.76	1.48	66.99	5.42	-9.74	3.80	19.58	76.05	1857284.76	1372245.52	15115.66
220	2803	688299	长阳科技	52.90	CC	0.34	3.97	2.67	0.42	0.99	34.64	27.02	8.70	5.23	-22.11	66.45	333696.85	125334.36	9542.03
221	2813	688230	芯导科技	52.82	CC	0.82	4.60	1.98	0.14	0.18	2.59	2540.77	-4.68	2.37	4.89	52.59	228154.47	32042.67	9648.77
222	2824	300102	乾照光电	52.73	CC	0.03	0.88	-0.67	0.35	0.77	36.95	1.20	40.63	1.96	14.49	54.98	660760.78	238742.71	3154.65
223	2837	603986	兆易创新	52.62	CC	0.24	0.80	0.18	0.35	0.50	7.63	18.53	-29.14	0.09	-9.71	69.03	1645578.36	576082.34	16114.12
224	2853	603386	骏亚科技	52.51	CC	0.21	2.27	3.57	0.69	1.96	55.89	2.39	-5.66	0.22	32.93	61.38	342476.22	242732.98	6855.47
225	2863	600601	方正科技	52.45	CC	0.03	2.80	2.86	0.55	1.12	32.29	11.81	-35.59	11.52	10.73	86.80	568526.59	314893.3	13507.72
226	2867	837212	智新电子	52.42	CC	0.14	3.31	3.64	0.84	1.30	18.93	25.47	-6.47	1.29	88.38	184.61	49622.99	40578.58	1525.32
227	2878	301180	万祥科技	52.33	CC	0.06	2.24	0.94	0.53	1.02	19.38	68.27	-26.51	0.93	4.78	55.51	164438.56	87343.56	2508.45
228	2883	603633	徕木股份	52.32	CC	0.17	3.44	4.02	0.35	0.62	43.18	3.39	17.13	2.96	-12.90	48.18	336957.22	108999.99	7199.48
229	2890	300543	朗科智能	52.28	CC	0.15	2.47	3.03	0.64	0.97	46.34	5.80	-23.37	0.42	26.02	45.92	205126.98	133380.4	3771.79
230	2902	600552	凯盛科技	52.15	CC	0.11	3.10	-0.20	0.50	0.93	56.04	2.92	8.37	0.72	38.02	60.61	1023334.71	501003.05	15046.89
231	2904	300968	格林精密	52.14	CC	0.03	0.43	0.51	0.50	0.71	14.90	19.18	-28.35	-3.61	48.53	106.77	218359.27	112354.63	1297.86
232	2910	688325	赛微电子	52.08	CC	0.73	3.27	2.97	0.14	0.21	3.98	41.10	24.76	2.34	-7.72	76.90	175418.27	24931.17	5977.37

续表

A股上市公司评价得分排序 序号	股票代码	股票简称	综合得分(100)	评价等级	每股收益(元)	总资产报酬率(%)	净资产收益率(%)	总资产周转率(次)	流动资产周转率(次)	资产负债率(%)	已获利息倍数	营业收入增长率(%)	资本扩张率(%)	市场投资回报率(%)	股价波动率(%)	年末资产总额(万元)	营业收入(万元)	净利润(万元)
233	002881	美格智能	52.08	CC	0.25	3.70	3.05	1.11	1.49	31.00	8.51	-6.88	80.41	-5.29	80.29	214472.08	214733.56	6260.94
234	300456	赛微电子	52.02	CC	0.14	0.70	-0.42	0.18	0.52	22.49	2.74	65.39	2.27	54.69	101.30	726187.87	129968.27	7204.89
235	003043	华亚智能	51.97	CC	1.1	6.86	7.29	0.30	0.40	25.59	20.92	-25.57	5.16	-19.52	80.52	153130.86	46097.64	8807.75
236	873001	纬达光电	51.75	CC	0.21	4.48	3.78	0.26	0.30	3.32	317.20	-23.96	0.11	119.17	148.18	77287.84	20257.21	3165.65
237	688008	澜起科技	51.74	CC	0.4	4.42	3.68	0.21	0.27	4.59	637.76	-37.76	2.81	-7.77	73.64	1069754.1	228573.85	45114.75
238	600130	波导股份	51.56	CC	0.02	1.95	0.52	0.35	0.44	11.30	321.38	-21.90	1.65	0.21	65.82	120122.45	41746.81	2226.63
239	688213	思特威-W	51.49	CC	0.04	0.58	0.02	0.47	0.59	39.13	0.62	15.08	0.25	35.25	71.25	614574.74	285734.33	1421.55
240	603005	晶方科技	51.49	CC	0.23	3.64	2.99	0.19	0.35	14.56	16.68	-17.43	2.51	14.65	64.08	482412.26	91328.89	15597
241	300566	激智科技	51.32	CC	0.55	5.19	3.95	0.61	0.98	52.95	5.90	16.24	7.97	-37.03	115.78	395595.14	230327.3	13617.4
242	603933	睿能科技	51.30	CC	0.28	3.17	4.03	0.85	1.12	41.87	4.43	-13.42	3.26	23.26	132.23	224488.85	184914.95	6160.52
243	002161	远望谷	51.24	CC	0.04	2.40	0.75	0.22	0.57	45.18	1.75	25.04	3.62	10.00	44.16	272506.46	60128.66	2765.98
244	002952	亚世光电	51.23	CC	0.14	2.03	1.82	0.55	0.70	22.30	140.48	-24.93	-5.07	141.46	136.75	113885.41	66412.91	2118.56
245	605588	冠石科技	51.17	CC	0.71	4.19	4.49	0.58	0.89	39.08	6.33	-19.26	4.75	75.84	165.50	172975.21	89444.06	5221.6
246	600703	三安光电	51.00	CC	0.07	1.37	-2.85	0.24	0.65	33.59	2.47	6.28	0.94	-22.15	90.91	5767513.53	1405275.2	36656
247	688200	华峰测控	50.98	CC	1.86	7.77	7.82	0.20	0.26	3.88	1276.67	-35.47	6.17	-30.08	132.68	346686.45	69086.19	25165.23
248	002888	惠威科技	50.89	CC	-0.04	-1.49	-2.14	0.48	0.75	13.99	-143.94	-1.46	-1.40	76.97	113.11	45672.03	22298.58	-550.65
249	300537	广信材料	50.81	CC	0.04	1.34	0.31	0.41	0.75	38.19	2.40	2.42	20.53	37.17	108.68	126444.1	50993.67	882.56
250	300964	本川智能	50.57	CC	0.06	0.04	-0.67	0.38	0.59	24.38	21.08	-8.64	-1.22	40.85	128.64	131696.6	51094.26	482.69
251	300808	久量股份	50.46	CC	0.26	3.70	-0.62	0.35	0.92	22.63	11.69	-5.89	0.13	18.68	44.79	504305.63	47591.51	4133.19
252	688432	有研硅	50.41	CC	0.2	6.49	4.43	0.19	0.28	9.17	1502.90	-18.29	4.11	-10.79	83.87	841135.09	96040.33	28825.72
253	688385	复旦微电	50.37	CC	0.88	10.74	10.83	0.49	0.69	29.12	27.87	-0.07	15.69	-47.83	127.89	216174.08	353625.94	74885.87
254	688391	钜泉科技	50.36	CC	1.57	5.52	4.49	0.28	0.40	5.62	302.85	-15.05	2.11	-33.09	131.47	391433.55	60304.56	13143.49
255	002724	海洋王	50.36	CC	0.06	0.60	-1.54	0.44	0.64	20.63	21.10	-1.94	0.07	-0.91	63.95	205021.23	170058.14	1077.61
256	688123	聚辰股份	50.24	CC	0.64	4.14	3.67	0.34	0.40	5.25	222.00	-28.25	2.05	-27.16	99.14	1848443.06	70347.65	8269.53
257	301321	燕东微	50.19	CC	0.38	2.65	1.79	0.12	0.20	18.81	18.57	-2.22	3.33	-3.65	79.90	466453.65	212690.37	42535.89
258	688172	翰博高新	50.05	CC	0.28	2.26	-4.38	0.51	1.15	69.49	2.34	-2.00	-1.49	45.22	85.92	252352.89	216291.31	5338.57
259	688259	创耀科技	49.98	C	0.73	2.51	2.89	0.28	0.38	40.29	31.42	-29.05	1.35	-8.80	94.06	476900.39	66110.52	5843.92
260	002584	西陇科学	49.98	C	0.06	2.13	1.29	1.58	2.19	50.64	1.71	24.42	1.63	42.71	152.71	114463.1	769324.66	3459.14
261	688419	耐科装备	49.91	C	0.64	5.17	3.90	0.17	0.19	15.19	0.00	-26.39	2.95	6.70	59.75		19795.53	5242.83

续 表

序号	A股上市公司评价得分排序	股票代码	股票简称	评价等级	综合得分(100)	每股收益(元)	总资产报酬率(%)	净资产收益率(%)	总资产周转率(次)	流动资产周转率(次)	资产负债率(%)	已获利息倍数	营业收入增长率(%)	资本扩张率(%)	市场投资回报率(%)	股价波动率(%)	年末资产总额(万元)	营业收入(万元)	净利润(万元)
262	3169	002845	同兴达	C	49.85	0.15	0.31	0.79	1.09	1.62	67.44	0.49	1.13	2.09	11.01	71.45	833036.19	851402.86	4782.75
263	3171	300814	中富电路	C	49.81	0.15	1.35	2.04	0.60	0.95	48.64	5.20	-19.24	3.01	70.13	172.60	226237.47	124112.76	2614.67
264	3172	300655	晶瑞电材	C	49.79	0.01	0.97	1.44	0.31	0.71	32.46	1.08	-25.57	67.60	13.56	93.16	503911.88	129941.51	1013.43
265	3178	688711	宏微科技	C	49.75	0.77	6.52	9.37	0.72	1.24	54.09	6.43	62.48	18.34	-48.33	148.23	248899.09	150473.94	11420.92
266	3183	603690	至纯科技	C	49.70	1.06	5.17	1.08	0.29	0.48	57.49	3.71	3.33	7.58	-16.48	78.68	1191948.56	315102.61	32797.36
267	3185	000062	深圳华强	C	49.70	0.45	5.53	6.67	1.21	1.70	54.80	3.82	-13.98	2.52	-4.33	41.82	1774459.17	2059372.2	55337.96
268	3192	688007	光峰科技	C	49.62	0.23	1.32	-1.59	0.52	0.75	33.74	3.02	-12.90	2.01	-6.84	87.16	422057.09	221335.7	1761.63
269	3198	300398	飞凯材料	C	49.57	0.21	3.39	1.89	0.43	0.82	39.10	3.31	-6.13	3.43	-10.76	65.62	648552.22	272868.35	13581.08
270	3200	600353	旭光电子	C	49.54	0.13	4.89	5.10	0.46	0.69	38.14	14.62	15.38	5.57	-14.38	74.64	299771.08	131679.37	11250.17
271	3227	300752	隆利科技	C	49.30	0.21	3.22	0.52	0.59	0.93	38.77	11.48	-18.03	41.80	2.35	58.67	179142.88	102625.47	4566.96
272	3245	300975	商络电子	C	49.09	0.05	2.18	1.56	1.22	1.39	57.61	2.30	-9.53	1.57	30.63	82.14	411815.1	510288.41	3340.51
273	3322	688409	富创精密	C	48.29	0.81	3.11	1.80	0.29	0.49	37.29	8.87	33.75	-0.19	-26.09	105.64	758986.39	206575.59	16796.58
274	3337	832876	慧为智能	C	48.15	0.07	0.35	0.44	1.35	1.47	26.58	5.17	12.05	-2.47	152.66	197.49	34130.08	46937.43	477.08
275	3370	002436	兴森科技	C	47.85	0.13	1.07	-0.59	0.40	1.01	57.77	1.30	0.11	-10.28	41.95	86.64	1493539.87	535992.39	12406.94
276	3376	688150	莱特光电	C	47.82	0.19	4.54	3.33	0.16	0.25	12.66	17.76	7.27	0.68	1.02	102.63	194265.76	30067.71	7704.58
277	3379	300131	英唐智控	C	47.80	0.05	2.58	0.94	1.38	1.89	53.61	1.84	-4.07	-7.37	22.15	54.55	368672.44	495821.38	4624.69
278	3385	600460	士兰微	C	47.72	-0.02	1.15	0.28	0.46	0.86	43.87	0.80	12.77	66.29	-30.36	116.11	2390758.57	933953.8	-6455.76
279	3391	301282	金禄电子	C	47.67	0.28	1.73	1.53	0.51	0.79	39.20	8.03	-11.05	-1.82	-8.03	59.87	272615.83	133109.97	4240.95
280	3394	301123	奕东电子	C	47.61	0.01	-0.38	-0.42	0.39	0.62	20.75	-9.36	-5.99	-3.15	7.83	45.81	376927.17	146984.55	163.05
281	3399	300706	阿石创	C	47.58	0.08	2.23	1.03	0.62	1.16	53.78	1.91	37.86	2.32	4.19	47.34	168635.55	95792.73	1571.63
282	3408	301389	隆扬电子	C	47.49	0.34	4.85	3.98	0.11	0.12	3.21	176.45	-29.51	-4.09	3.18	34.50	230706.88	26535.6	9676.27
283	3409	688800	瑞可达	C	47.48	0.86	4.81	6.38	0.49	0.65	42.18	16.38	-4.32	4.41	-49.51	162.85	341450.6	155498.3	13655.25
284	3418	688270	臻镭科技	C	47.37	0.47	3.29	3.03	0.13	0.13	4.94	2089.77	15.75	2.19	-17.48	104.23	224522.8	28079.75	7248.04
285	3422	688261	东微半导	C	47.30	1.48	5.07	4.19	0.33	0.35	4.97	461.44	-12.86	0.98	-51.02	176.27	301176.35	97285.03	14002.5
286	3427	603890	春秋电子	C	47.25	0.06	1.79	-0.31	0.60	1.10	50.50	1.80	-15.28	2.13	21.63	91.78	574932.94	325731.4	-184.57
287	3446	002137	实益达	C	47.04	0.02	-0.18	1.95	0.31	0.69	17.37	0.00	-6.88	0.70	-7.58	65.50	189169.3	59433.01	1860.18
288	3460	688728	格科微	C	46.80	0.02	1.66	0.78	0.24	0.52	61.00	1.04	-20.97	-0.20	14.07	73.19	2020322.81	469717.77	4824.5
289	3472	002729	好利科技	C	46.62	0.1	3.28	1.09	0.46	0.86	16.20	10.57	6.45	3.70	-9.72	117.65	58284.35	26931.61	1808.65
290	3481	300889	爱克股份	C	46.45	0.22	1.85	-0.55	0.40	0.58	40.38	4.30	17.88	1.41	25.59	41.91	275049.69	106719.71	3343.28

续 表

序号	A股上市公司评价得分排序	股票代码	股票简称	综合得分(100)	评价等级	每股收益(元)	总资产报酬率(%)	净资产收益率(%)	总资产周转率(次)	流动资产周转率(次)	资产负债率(%)	已获利息倍数	营业收入增长率(%)	资本扩张率(%)	市场投资回报率(%)	股价波动率(%)	年末资产总额(万元)	营业收入(万元)	净利润(万元)
291	3483	300672	国科微	46.44	C	0.44	1.04	0.75	0.53	0.91	44.09	2.61	17.38	2.70	-32.78	119.23	734027.09	423126.29	8543.97
292	3491	600288	大恒科技	46.29	C	0.11	1.46	-1.87	0.68	0.96	32.34	4.65	0.42	0.58	-6.93	76.37	328806.23	233184.21	1841.58
293	3499	688508	芯朋微	46.21	C	0.5	1.92	1.53	0.35	0.43	10.56	0.00	8.45	69.02	-30.72	107.79	277872.89	78037.78	5623.9
294	3506	001298	好上好	46.09	C	0.4	4.27	3.35	2.22	2.28	42.06	2.34	-9.69	2.51	19.02	98.46	265930.67	577568.8	5587.54
295	3514	002885	京泉华	45.94	C	0.13	1.31	2.54	0.96	1.28	51.81	2.68	0.36	49.07	-25.79	118.26	291216.96	259360.65	3284.83
296	3554	002636	金安国纪	45.28	C	-0.11	-1.12	-2.97	0.58	1.03	42.25	-21.57	-5.03	-3.86	12.93	44.07	615258.02	357121.92	-7639.82
297	3571	300956	英力股份	45.09	C	-0.27	-0.44	-2.75	0.65	1.22	54.83	-0.32	8.14	-3.19	20.47	60.19	248877.01	148406.58	-3719.03
298	3575	003015	日久光电	45.02	C	-0.06	-0.78	-1.87	0.38	0.99	18.49	-2.41	1.87	-6.74	33.62	82.65	120315.42	47793.09	-1658.26
299	3585	301099	雅创电子	44.92	C	0.67	4.41	4.77	1.03	1.34	52.87	3.55	12.14	9.46	-27.37	120.10	268064.13	247022.33	6042.82
300	3598	871981	晶赛科技	44.72	C	-0.07	-0.76	-3.20	0.46	0.99	34.25	-2.77	-6.70	-3.71	48.87	89.78	76718.2	36131.33	-566.52
301	3599	688234	天岳先进	44.72	C	-0.11	-0.88	-2.15	0.20	0.41	24.38	0.00	199.90	-0.47	-15.83	105.25	691135.27	125069.57	-4572.05
302	3612	688183	生益电子	44.52	C	-0.03	-0.06	-1.09	0.49	1.25	37.51	-0.08	-7.40	-3.85	18.09	52.69	628405.66	327301.28	-2499.36
303	3645	600171	上海贝岭	44.13	C	-0.09	-2.03	4.11	0.43	0.79	16.63	-42.42	4.54	-3.98	-20.29	85.39	486883.16	213711.08	-6021.98
304	3653	300184	力源信息	44.04	C	0.06	2.12	1.51	1.09	1.34	34.94	2.79	-26.07	1.74	33.71	82.04	555271.41	594385.39	6635.27
305	3685	300327	中颖电子	43.50	C	0.55	6.46	3.09	0.63	0.93	18.66	67.63	-18.83	19.62	-39.87	145.34	218302.74	130023.17	13296.75
306	3695	300831	派瑞股份	43.35	C	0.07	2.58	1.76	0.12	0.15	7.39	382.72	-33.53	1.43	-16.33	67.34	93397.15	11685.31	2208.98
307	3697	603703	盛洋科技	43.34	C	0.01	1.61	-0.86	0.35	0.67	51.73	1.00	-20.15	0.93	12.38	52.04	179097.3	65370.26	511.79
308	3705	002876	三利谱	43.27	C	0.25	1.23	1.42	0.52	1.03	42.67	1.86	-4.87	0.36	-8.31	105.67	408751.44	206763.82	4294.07
309	3716	002654	万润科技	43.12	C	0.05	1.98	-8.89	1.03	1.50	62.00	1.80	13.01	-5.99	168.24	260.82	401015.66	423506.59	2418.03
310	3719	002587	奥拓电子	43.00	C	0.02	0.21	0.51	0.31	0.36	30.12	2.91	-28.77	1.71	63.32	63.75	201439.47	65798.8	1111
311	3733	002869	金溢科技	42.78	C	0.29	1.70	0.75	0.19	0.26	21.42	15.68	4.32	2.77	-23.00	101.74	269835.17	51240.93	4931.76
312	3738	002456	欧菲光	42.70	C	0.02	1.41	-7.27	0.88	1.50	79.01	1.02	13.73	5.43	77.39	220.95	1993772.22	1686294.02	7404.29
313	3745	600751	海航科技	42.53	C	0.08	3.03	0.30	0.07	0.12	16.80	5.55	342.85	3.18	12.97	50.54	883479.64	65068.92	24164.74
314	3755	688362	甬矽电子	42.23	C	-0.23	-0.05	-5.87	0.23	1.00	67.58	-0.03	9.82	35.76	16.60	112.79	1233090.62	239084.11	-13517.78
315	3762	002077	大港股份	42.09	C	0.15	2.63	0.40	0.11	0.61	21.80	4.69	-17.20	-2.85	-21.20	68.15	428008.13	47138.41	9168.35
316	3768	300241	瑞丰光电	41.95	C	-0.07	-1.58	-3.17	0.38	0.85	41.64	-6.76	3.09	-2.35	15.12	41.36	358248.57	137711.8	-4295
317	3771	688126	沪硅产业	41.93	C	0.07	0.93	-0.96	0.12	0.30	29.37	3.35	-11.39	4.91	-3.62	69.91	2903175.58	319030.13	16071.45
318	3788	301176	逸豪新材	41.63	C	-0.19	-1.51	-2.19	0.60	1.01	22.11	-2.39	-4.34	-3.09	-5.17	37.70	207446.07	127673.78	-3295.59
319	3791	300812	易天股份	41.60	C	0.15	0.18	0.54	0.36	0.45	36.83	2.12	-17.50	2.20	116.38	130.61	139941.44	54066.86	1229.17

续 表

序号	A股上市公司评价得分排序	股票代码	股票简称	综合得分(100)	评价等级	每股收益(元)	总资产报酬率(%)	净资产收益率(%)	总资产周转率(次)	流动资产周转率(次)	资产负债率(%)	已获利息倍数	营业收入增长率(%)	资本扩张率(%)	市场投资回报率(%)	股价波动率(%)	年末资产总额(万元)	营业收入(万元)	净利润(万元)
320	3814	300331	苏大维格	41.05	C	-0.18	-0.78	-4.46	0.54	0.92	43.90	-0.98	0.40	-3.57	25.84	70.21	311797.18	172267.22	-5883.27
321	3840	000509	华塑控股	40.57	C	0.01	4.86	-11.67	1.09	1.57	69.84	3.07	-16.18	2.95	5.51	56.13	75251.16	74074.63	2014.71
322	3853	300656	民德电子	40.20	C	0.07	1.81	-1.32	0.24	0.75	32.98	2.59	-22.90	1.91	-17.51	86.49	176225.17	39950.93	1463.42
323	3857	600651	飞乐音响	40.13	C	0.02	1.76	-0.39	0.44	0.73	42.19	1.87	-40.82	0.72	9.42	73.00	431795.71	197319.36	3206.01
324	3898	688766	普冉股份	39.23	C	-0.64	-3.05	-3.32	0.50	0.54	8.79	-82.92	21.87	-2.79	-11.04	63.27	211465.08	112705	-4827.43
325	3907	300604	长川科技	39.05	C	0.07	1.27	-1.93	0.34	0.46	41.20	3.18	-31.11	21.65	-9.20	99.37	590158.44	177505.49	6065.91
326	3908	300429	强力新材	39.04	C	-0.09	-0.16	-3.48	0.21	0.66	50.16	-0.14	-10.54	-2.76	71.70	144.48	378158.07	79713.88	-4546.32
327	3911	688286	敏芯股份	38.97	C	-1.9	-8.27	-10.57	0.31	0.55	12.67	-102.13	27.34	3.95	41.41	72.72	122552.39	37266.26	-10280.06
328	3940	000050	深天马A	38.40	C	-0.85	-0.92	-12.97	0.40	1.47	64.63	-0.64	2.62	-4.19	19.66	49.10	8197631.73	3227130.59	-210992.89
329	3946	688380	中微半号	38.28	C	-0.05	-1.01	-2.32	0.22	0.24	5.69	-48.94	12.06	-6.79	-13.63	83.93	315108	71356.97	-2194.85
330	3948	300120	经纬辉开	38.22	C	-0.54	-4.75	-8.15	0.75	1.30	37.07	-3.71	27.18	12.01	16.93	43.50	469723.62	343374.97	-29061.59
331	3960	688359	三孚新科	37.99	C	-0.4	-3.84	-8.60	0.51	1.04	49.78	-4.68	36.42	27.84	2.73	58.77	121098.99	49740.74	-3481.15
332	3968	002866	传艺科技	37.88	C	0.14	1.02	0.82	0.45	0.87	51.12	1.14	-11.27	1.06	-54.72	191.71	424711.96	177352.36	2527.82
333	3970	301182	凯旺科技	37.84	C	-0.59	-5.89	-6.90	0.44	0.73	30.84	-39.70	8.27	-5.14	22.51	50.35	133744.74	54625.91	-5843.9
334	3980	300162	雷曼光电	37.61	C	-0.22	-3.86	-8.98	0.68	0.96	42.36	-8.93	2.77	52.19	22.74	38.19	183810.87	111323.07	-7435.8
335	3982	688055	龙腾光电	37.59	C	-0.08	-4.33	-6.44	0.53	1.10	39.03	-6.94	-10.08	-6.48	19.08	47.39	736797.61	378270.04	-27841.65
336	3990	301369	联动科技	37.49	C	0.35	0.85	1.53	0.14	0.15	8.11	148.32	-32.45	-7.93	-7.26	98.53	159103.06	23651.31	2458.33
337	3992	300736	百邦科技	37.48	C	-0.23	-17.51	-24.15	3.83	5.17	35.37	-81.95	132.89	-16.19	-18.15	98.22	16176.98	68153.92	-2856.97
338	3997	301189	奥尼电子	37.28	C	-0.2	-1.38	-1.61	0.20	0.31	12.06	-10.53	-21.51	-1.88	-0.20	44.09	257250.97	52436.39	-2323.86
339	4002	688662	富信科技	37.17	C	-0.15	-2.10	-1.97	0.43	0.60	23.09	-8.21	-20.29	-4.06	31.75	150.20	91080.47	39959.14	-1304.95
340	4012	688498	源杰科技	36.99	C	0.27	0.80	-0.01	0.06	0.09	5.36	233.14	-48.96	0.68	59.25	211.29	223668.23	14440.36	1947.98
341	4020	603068	博通集成	36.86	C	-0.63	-4.83	-7.34	0.36	0.45	11.52	-87.02	-1.21	-5.46	0.24	60.83	192061.07	70458.98	-9838.17
342	4032	688130	晶华微	36.63	C	-0.31	-1.42	-2.72	0.10	0.10	1.77	-183.27	14.19	-3.03	-5.23	42.64	129351.79	12680.55	-2035.1
343	4043	300269	联建光电	36.28	C	0.02	3.90	-37.39	0.86	1.31	94.00	2.47	-21.41	5.77	35.01	89.09	105075.55	98064.42	650.99
344	4048	300128	锦富技术	36.21	C	-0.2	-2.89	-24.58	0.51	1.03	58.47	-1.61	24.32	56.73	22.95	79.66	393106.13	174294.6	-21931.97
345	4066	688368	晶丰明源	35.70	C	-1.45	-2.01	-8.96	0.53	1.07	37.99	-2.00	20.74	-3.61	-10.79	114.68	237307.8	130323.51	-7917.21
346	4079	301308	江波龙	35.45	C	-2.01	-8.62	-13.62	0.89	1.23	52.85	-11.88	21.55	-2.85	44.72	113.66	1367984.58	1012511.19	-83725.58
347	4082	301183	东田微	35.38	C	-0.41	-4.19	-4.47	0.33	0.47	26.95	-36.00	15.36	-5.05	85.52	227.45	109330.49	35283.5	-3263.96
348	4084	603186	华正新材	35.29	C	-0.85	-1.35	-7.97	0.59	1.23	72.96	-0.96	2.31	-7.69	50.10	88.63	579232.78	336151.71	-12038.85

续 表

序号	A股上市公司评价得分排序	股票代码	股票简称	综合得分(100)	评价等级	每股收益(元)	总资产报酬率(%)	净资产收益率(%)	总资产周转率(次)	流动资产周转率(次)	资产负债率(%)	已获利息倍数	营业收入增长率(%)	资本扩张率(%)	市场投资回报率(%)	股价波动率(%)	年末资产总额(万元)	营业收入(万元)	净利润(万元)
349	4086	002579	中京电子	35.24	C	-0.22	-0.87	-4.79	0.40	1.23	58.67	-0.65	-14.10	0.29	-20.22	85.70	651671	262376.7	-13529.07
350	4095	002861	瀛通通讯	35.02	C	-0.51	-3.55	-10.27	0.47	1.07	48.64	-3.52	4.05	-8.02	42.05	67.26	164323.52	75421.86	-7903.48
351	4101	300323	华灿光电	34.79	C	-0.6	-8.25	-13.49	0.26	0.68	33.77	-8.81	23.28	19.89	9.59	48.15	1137166.74	290330.79	-84569.2
352	4107	301326	捷邦科技	34.62	C	-0.77	-3.93	-5.42	0.41	0.67	17.17	-28.36	-34.44	-5.22	1.25	62.76	161227.01	67819.36	-5949.06
353	4119	688519	南亚新材	34.31	C	-0.57	-3.15	-5.88	0.64	1.00	45.55	-10.66	-21.05	-8.58	18.88	61.67	449474.91	298283.05	-12949
354	4125	688045	必易微	33.92	C	-0.28	-2.49	-5.69	0.40	0.45	9.28	-25.43	10.01	-3.48	-24.06	130.34	144173.71	57847.11	-3622.29
355	4128	003026	中晶科技	33.82	C	-0.34	-1.70	-2.40	0.25	0.52	40.36	-2.16	3.06	-4.20	-26.67	90.86	138412.34	34849.53	-1727.01
356	4130	300076	GQY视讯	33.73	C	-0.05	-2.07	-3.35	0.12	0.17	8.40	-128.10	-17.30	-2.33	1.29	35.67	107849.41	13502.45	-2027.74
357	4136	002213	大为股份	33.60	C	-0.28	-8.29	-10.46	0.95	1.34	15.89	-58.17	-12.55	-9.83	-7.37	53.33	73050.47	73268.12	-6680.09
358	4143	002388	新亚制程	33.42	C	-0.48	-8.35	-18.30	0.78	1.07	48.58	-7.04	23.21	7.12	-4.86	60.13	301237.13	214641.49	-27000.96
359	4148	688699	明微电子	33.34	C	-0.79	-6.20	-7.68	0.39	0.54	15.62	-138.76	-5.71	-12.86	-14.49	111.60	157678.32	64550.56	-8656.25
360	4155	300940	南极光	33.27	C	-1.58	-20.63	-31.87	0.33	0.57	29.99	-38.27	-26.98	29.89	1.77	50.27	151225.31	46898.97	-30524.76
361	4156	000670	盈方微	33.24	C	-0.07	1.37	-9.22	1.74	2.29	83.20	0.57	10.97	-3.31	-8.51	97.28	200107.23	346694.99	-3104.98
362	4161	688220	翱捷科技-U	33.09	C	-1.22	-6.20	-9.52	0.33	0.37	12.92	-203.49	21.48	-14.94	12.08	64.95	729855.16	259991.61	-50582.13
363	4185	605358	立昂微	32.53	C	0.1	0.65	-2.04	0.15	0.42	47.77	0.55	-7.71	-2.81	-36.48	140.02	1827599.25	268966.99	-2662.44
364	4202	688079	美迪凯	32.08	C	-0.21	-4.77	-5.03	0.15	0.84	33.99	-14.47	-22.48	-5.62	50.17	58.22	227722.52	32072.46	-8714.14
365	4208	300868	杰美特	31.99	C	-0.73	-4.06	-8.38	0.32	0.41	26.81	-18.37	-5.93	-5.53	39.06	84.23	210167.25	67648.15	-9091.2
366	4252	300582	英飞特	30.90	C	-0.58	-3.86	-10.43	0.80	1.47	61.52	-3.41	74.09	-11.71	-8.93	77.95	381998.12	263118.3	-17335.55
367	4261	688256	寒武纪-U	30.54	C	-2.07	-14.30	-20.10	0.12	0.14	10.73	-255.33	-2.70	15.99	138.23	236.86	641803.61	70938.66	-87807.74
368	4275	688536	思瑞浦	30.25	C	-0.28	-1.58	-2.40	0.22	0.25	5.57	-28.18	-38.68	47.37	-43.89	142.70	590779.71	109351.91	-3471.31
369	4277	300256	星星科技	30.22	C	-0.22	-21.57	-30.43	0.29	0.55	32.46	-209.15	11.37	-25.13	3.88	39.93	215499.38	69683.59	-50524.99
370	4284	688010	福光股份	30.10	C	-0.43	-2.64	-3.88	0.22	0.48	34.13	-4.04	-24.81	-4.40	22.01	63.90	260823.54	58718.78	-6885.58
371	4285	603936	博敏电子	30.05	C	-0.95	-7.28	-14.55	0.39	1.05	42.74	-11.46	0.52	23.82	-24.71	89.41	797207.6	291330.83	-56576.25
372	4290	688020	方邦股份	29.90	C	-0.86	-3.25	-5.35	0.18	0.34	22.75	-13.73	10.40	-3.68	-10.85	115.75	194532.9	34514.93	-6468.41
373	4295	688371	菲沃泰	29.69	C	-0.12	-2.32	-3.83	0.15	0.23	6.43	-148.86	-21.91	0.93	-10.61	64.53	214115.08	30890.6	-4155.24
374	4306	002992	宝明科技	29.38	C	-0.69	-4.65	-14.47	0.58	1.21	67.11	-4.66	40.52	-11.98	25.82	152.30	251118.88	132063.68	-12571.3
375	4311	000701	厦门信达	29.33	C	-1.19	-1.98	-34.69	4.46	6.34	77.47	-0.81	-23.89	-0.93	2.61	49.35	1604219.4	7154017.21	-63454.13
376	4329	688233	神工股份	28.73	C	-0.43	-4.91	-4.24	0.07	0.13	6.28	-376.07	-74.96	12.29	-18.36	134.04	193342.24	13503.32	-7017.28
377	4331	603626	科森科技	28.68	C	-0.51	-4.31	-9.69	0.47	1.24	46.53	-4.98	-24.16	-9.00	34.03	64.11	528291.77	259657.04	-28141.31

续表

序号	A股上市公司评价得分排序	股票代码	股票简称	评价等级	综合得分(100)	每股收益(元)	总资产报酬率(%)	净资产收益率(%)	总资产周转率(次)	流动资产周转率(次)	资产负债率(%)	已获利息倍数	营业收入增长率(%)	资本扩张率(%)	市场投资回报率(%)	股价波动率(%)	年末资产总额(万元)	营业收入(万元)	净利润(万元)
378	4334	300322	硕贝德	C	28.58	-0.42	-6.49	-17.23	0.56	0.98	62.07	-5.30	6.92	-15.73	45.70	142.73	288353.99	165276.93	-21839.19
379	4344	002199	东晶电子	C	28.44	-0.27	-11.69	-21.77	0.32	0.84	41.67	-15.02	-4.19	-17.80	40.20	78.50	51722.83	17324.25	-6665.42
380	4347	002765	蓝黛科技	C	28.41	-0.57	-7.32	-18.39	0.57	1.19	52.80	-15.05	-2.29	4.52	-28.56	86.23	507880.99	280774.38	-37104.56
381	4363	688216	气派科技	C	27.96	-1.24	-8.01	-18.79	0.30	1.40	60.03	-10.52	2.58	-16.21	3.15	66.46	186543.01	55429.63	-13099.99
382	4372	688525	佰维存储	C	27.72	-1.45	-11.70	-29.86	0.67	0.85	69.66	-5.55	20.27	-20.67	270.77	259.65	633240.07	359075.22	-63086.75
383	4402	688322	奥比中光-UW	C	27.03	-0.69	-7.77	-10.38	0.11	0.16	11.04	-60.23	2.84	-6.56	51.84	127.72	338421.84	36000.59	-27554.4
384	4411	300657	弘信电子	C	26.85	-0.89	-7.76	-28.14	0.65	1.21	72.81	-8.58	24.56	-24.80	76.30	157.84	568316.31	347829.67	-49292.96
385	4414	688661	和林微纳	C	26.79	-0.23	-2.52	-2.86	0.21	0.28	11.16	-191.80	-0.93	-2.63	-27.25	181.66	137837.92	28574.83	-2090.73
386	4424	300903	科翔股份	C	26.52	-0.38	-2.76	-9.10	0.46	0.88	66.48	-6.06	12.36	-6.23	-20.38	99.95	666463.87	296248.69	-17215.33
387	4433	688521	芯原股份	C	26.17	-0.59	-5.57	-11.34	0.53	0.85	38.72	-10.62	-12.73	-7.12	9.54	149.92	440638.1	233799.64	-29646.67
388	4467	002055	得润电子	C	25.15	-0.34	-1.62	-11.93	0.70	1.22	68.12	-0.95	-22.79	-21.64	7.59	43.62	786397.78	598699.3	-31186.98
389	4482	688061	灿瑞科技	C	24.83	0.08	-0.06	-1.36	0.17	0.18	7.94	-12.76	-23.37	-0.78	-38.99	125.06	277206.25	45457.42	959.33
390	4488	688260	昀冢科技	C	24.75	-1.05	-8.33	-39.82	0.36	1.12	81.50	-4.22	13.35	-28.62	99.02	218.52	161453.02	52489.55	-13803.85
391	4492	688048	长光华芯	C	24.66	-0.52	-3.40	-3.53	0.08	0.12	8.97	-112.51	-24.74	-3.92	-19.83	117.33	341586.69	29021.01	-9194.69
392	4503	300032	金龙机电	C	24.34	-0.47	-14.07	-35.32	1.01	2.05	61.38	-16.82	-30.87	-31.74	24.94	54.23	207037.27	266710.58	-36340.51
393	4508	300686	智动力	C	24.20	-0.98	-9.44	-19.81	0.56	0.99	49.91	-12.79	-20.53	-17.58	-12.41	61.90	239807.86	138651.36	-25522.52
394	4518	002855	捷荣技术	C	23.99	-0.48	-4.18	-13.47	0.74	1.65	57.94	-5.09	-34.49	-11.87	347.84	484.58	215845.83	176741.67	-12563.63
395	4538	300460	惠伦晶体	C	23.49	-0.58	-8.68	-18.89	0.21	0.56	50.05	-5.16	0.34	-15.21	5.50	67.27	178221.04	39619.83	-16278.53
396	4546	600071	凤凰光学	C	23.34	-0.3	-3.56	-20.99	0.89	1.49	73.34	-2.61	-3.94	-15.52	4.67	65.41	194614.05	179117.16	-9232.76
397	4548	002741	光华科技	C	23.30	-1.08	-13.57	-27.73	0.77	1.44	58.42	-10.97	-18.26	-23.86	-20.68	102.98	324206.15	269946.19	-43092.68
398	4552	600203	福日电子	C	23.11	-0.48	-1.73	-13.14	1.27	1.83	72.56	-1.41	-35.70	-12.04	20.91	86.53	779447.27	1064122.34	-27791.28
399	4557	002426	胜利精密	C	22.97	-0.27	-10.22	-19.87	0.43	0.97	55.04	-7.96	-16.28	-20.98	-12.38	63.94	750773.47	345161.79	-92759.98
400	4561	688381	帝奥微	C	22.85	0.06	-0.14	-1.83	0.12	0.14	2.94	-15.97	-23.96	-2.43	-40.86	151.99	313895.68	38140.33	1539.38
401	4574	002369	卓翼科技	C	22.39	-0.72	-14.35	-52.24	0.59	1.70	73.27	-97.68	-19.60	-37.34	12.60	72.31	255861.89	154801.19	-41054.45
402	4599	688496	清越科技	C	21.53	-0.26	-6.18	-11.73	0.30	0.49	37.54	-10.09	-36.69	-12.03	139.45	153.20	202195.81	66107.55	-14309.21
403	4613	688173	希荻微	C	21.16	-0.13	-4.39	-10.32	0.20	0.23	9.00	-157.54	-29.64	2.29	-27.10	111.27	201637.37	39363.23	-5418.46
404	4627	688416	恒烁股份	C	20.50	-2.09	-9.83	-11.90	0.18	0.22	7.74	-966.95	-29.41	-9.64	50.35	131.36	165700.82	30583.86	-17263.93
405	4653	688110	东芯股份	C	19.32	-0.69	-8.53	-8.22	0.13	0.17	4.00	-109.99	-53.70	-10.29	28.45	79.39	384716.55	53058.82	-30054.29
406	4654	688595	芯海科技	C	19.27	-1.01	-9.31	-15.56	0.27	0.38	36.92	-16.73	-29.91	-16.51	3.94	119.03	145210.95	43294.61	-14291.51

续表

A股上市公司评价得分排序 序号	股票代码	股票简称	综合得分(100)	评价等级	每股收益(元)	总资产报酬率(%)	净资产收益率(%)	总资产周转率(次)	流动资产周转率(次)	资产负债率(%)	已获利息倍数	营业收入增长率(%)	资本扩张率(%)	市场投资回报率(%)	股价波动率(%)	年末资产总额(万元)	营业收入(万元)	净利润(万元)
407	002036	联创电子	19.21	C	-0.93	-4.98	-26.54	0.65	1.32	76.72	-2.35	-9.95	-22.71	-21.69	98.12	1527809.9	984773.85	-105998.73
408	688262	国芯科技	18.72	C	-0.5	-7.81	-8.51	0.15	0.18	18.11	-121.63	-9.65	-13.47	-9.47	130.12	297861.15	44937.55	-16875.03
409	688047	龙芯中科	18.70	C	-0.82	-9.02	-11.88	0.12	0.15	13.70	-438.81	-31.54	-8.78	29.23	147.74	411208.9	50569.44	-32943.98
410	300671	富满微	18.60	C	-1.6	-11.51	-17.49	0.23	0.38	37.52	-18.43	-9.03	-16.09	-23.96	118.23	291371.16	70168.49	-34134.35
411	300077	国民技术	18.23	C	-1	-14.22	-35.00	0.28	0.50	67.25	-7.63	-13.27	-28.58	-21.97	102.84	380258.14	103675.28	-59399.02
412	688538	和辉光电-U	18.19	C	-0.23	-9.17	-23.49	0.10	0.69	55.84	-5.19	-27.50	-20.53	-9.67	14.63	2844062.56	303844.99	-324439.12
413	002387	维信诺	17.89	C	-2.71	-10.36	-35.48	0.15	0.56	72.33	-4.32	-20.74	-28.83	89.63	141.51	3909358.6	592573.32	-453914.49
414	688052	纳芯微	17.49	C	-2.15	-4.16	-6.19	0.19	0.24	13.26	-54.18	-21.52	-4.48	-30.27	158.63	715631.4	131092.72	-30533.48
415	000536	华映科技	17.47	C	-0.58	-16.93	-49.69	0.18	0.69	66.67	-7.01	-38.06	-39.64	105.73	252.26	735184.83	145544.48	-160699.86
416	300647	超频三	17.09	C	-0.52	-14.02	-31.28	0.27	0.50	56.13	-7.22	-44.77	-25.36	-22.09	68.12	223870.7	63533.99	-35325.9
417	603595	东尼电子	15.17	C	-2.61	-17.89	-45.34	0.38	1.08	66.24	-6.96	-2.76	-9.74	-39.21	185.70	530149.63	183639.1	-83189.08
418	688141	杰华特	14.67	C	-1.19	-11.85	-19.15	0.30	0.37	36.89	-20.66	-10.43	-15.12	-45.66	155.11	422506.51	129674.87	-53340.74
419	688107	安路科技	13.88	C	-0.49	-11.04	-14.86	0.40	0.43	11.33	-52.39	-32.75	-9.96	-43.03	156.03	162992.37	70078.59	-19718.77
420	603296	华勤技术	77.22	A	3.97	6.51	12.70	1.79	2.54	59.54	11.48	-7.89	67.94	21.73	25.31	5150963.77	8533848.42	265543.41
421	688486	龙迅股份	75.64	A	1.55	11.40	7.65	0.35	0.40	3.84	1684.47	34.12	352.13	36.60	57.28	148653.69	32314.74	10269.54
422	301383	天键股份	69.88	BB	1.34	7.80	10.64	0.96	1.29	26.80	213.12	55.98	269.10	68.65	79.01	255529.56	175591.86	13668.27
423	301387	光大同创	68.36	BB	1.65	7.93	9.70	0.61	1.01	19.78	20.51	1.09	187.47	77.71	90.50	205102.25	100651.86	11502.65
424	688548	广钢气体	68.35	BB	0.29	6.84	7.61	0.33	0.99	20.50	12.19	19.20	144.94	6.40	28.58	725346.3	183541.47	31967.73
425	688352	顺中科技	67.69	BB	0.33	7.35	7.50	0.27	0.77	18.50	20.54	23.71	80.88	3.23	42.08	715333.36	162934	37166.25
426	301421	波长光电	67.16	BB	0.56	6.27	6.45	0.38	0.54	13.38	43.90	6.40	218.00	43.84	40.95	136727.14	36380	5207.61
427	001314	亿道信息	67.06	BB	0.96	5.21	6.75	1.13	1.42	27.28	131.04	-5.82	126.89	36.23	108.16	284757.64	259354.55	12868.88
428	301329	信音电子	66.49	BB	0.5	6.19	7.29	0.58	0.69	12.20	226.11	-11.42	135.59	-5.96	24.28	177510.7	77395.75	7255.07
429	688652	京仪装备	66.48	BB	0.92	6.57	6.99	0.36	0.37	32.41	33.74	11.84	252.64	191.89	12.53	286077.15	74228.31	11913.55
430	838701	豪声电子	65.48	BB	2.01	18.91	2.20	0.63	1.13	39.12	28458.85	-4.24	112.14	343.84	352.93	112111.69	64082.24	16808.29
431	688502	茂莱光学	64.44	B	0.94	5.72	4.21	0.47	0.84	12.17	34.42	4.40	227.18	12.15	69.86	135603.38	45802.8	4672.38
432	688484	南芯科技	64.23	B	0.64	7.96	10.52	0.53	0.56	17.10	93.68	36.87	244.34	-42.79	54.52	446185.99	178040.23	26135.75
433	301566	达利凯普	64.06	B	0.37	12.09	11.55	0.28	0.38	15.75	27.23	-27.52	83.51	0.00	0.00	149408.04	34571.81	12483.14
434	301489	思泉新材	64.05	B	1.2	7.33	7.62	0.47	0.74	16.29	11.15	2.74	141.90	-106.33	32.25	119823.94	43424.77	5485.9
435	688539	高华科技	61.07	B	0.79	7.94	6.94	0.26	0.30	8.55	690.91	23.77	224.07	19.18	32.41	193559.52	34117.19	9634.21

续 表

A股上市公司评价得分排序 序号	股票代码	股票简称	综合得分(100)	评价等级	每股收益(元)	总资产报酬率(%)	净资产收益率(%)	总资产周转率(次)	流动资产周转率(次)	资产负债率(%)	已获利息倍数	营业收入增长率(%)	资本扩张率(%)	市场投资回报率(%)	股价波动率(%)	年末资产总额(万元)	营业收入(万元)	净利润(万元)
436	688146	中船特气	60.72	B	0.67	8.13	6.43	0.37	0.59	9.02	936.14	-17.39	131.97	-42.16	70.48	583892.34	161627.94	33485.92
437	688603	天承科技	59.92	CCC	1.15	8.80	7.71	0.43	0.50	6.29	60.53	-9.47	236.04	-48.81	47.99	117073.13	33892.89	5857.23
438	688602	康鹏科技	59.50	CCC	0.25	4.62	3.57	0.34	0.61	15.54	14.86	-20.89	50.79	5.36	47.29	329598.03	97959.16	11512.7
439	688591	泰凌微	58.72	CCC	0.25	2.96	1.40	0.37	0.39	3.64	118.33	4.40	152.26	-30.84	34.22	242990.18	63609.19	4977.18
440	688361	中科飞测	58.66	CCC	0.49	5.76	2.13	0.35	0.43	29.67	27.06	74.95	323.78	13.90	31.63	342801.75	89090.01	14034.46
441	301251	威尔高	58.41	CCC	0.82	7.29	7.08	0.57	0.85	26.68	27.01	-1.69	206.33	-133.28	60.05	196133.84	82269.05	9016.44
442	688478	晶升股份	58.17	CCC	0.56	5.73	4.03	0.30	0.36	24.97	244.42	82.70	204.06	-8.74	44.80	210985.7	40557.08	7101.75
443	688582	芯动联科	57.46	CCC	0.44	11.69	10.47	0.22	0.24	2.81	355.48	39.77	243.74	-33.33	34.96	217472.92	31708.68	16539.88
444	688347	华虹公司	57.45	CCC	1.31	3.07	1.26	0.26	0.48	27.20	2.62	-3.30	101.49	-39.52	24.87	7622635.11	1623187.4	84736.19
445	688535	华海诚科	57.43	CCC	0.42	3.98	3.90	0.33	0.85	16.51	47.58	-6.70	171.17	36.81	123.66	123046.12	28290.22	3163.86
446	688720	艾森股份	56.63	CCC	0.49	3.83	3.73	0.39	0.63	20.60	15.47	11.20	130.34	3.54	4.18	127988.91	36003.93	3265.73
447	301348	蓝箭电子	56.02	CCC	0.35	4.37	3.70	0.48	0.70	18.24	37.69	-2.00	116.15	-51.34	44.10	191726.66	73658.09	5836.88
448	301486	致尚科技	54.40	CC	0.65	4.83	4.05	0.26	0.39	4.87	11.12	-12.81	239.83	-48.32	49.48	269799.67	50195.48	7552.51
449	603061	金海通	53.90	CC	1.47	7.77	7.01	0.29	0.34	11.74	169.47	-18.49	140.05	14.94	118.18	158498.32	34723.45	8479.41
450	688620	安凯微	52.95	CC	0.08	1.74	0.70	0.47	0.90	8.25	8.21	12.50	164.20	-22.93	41.87	166920.38	57252.82	2684.34
451	688593	新相微	52.23	CC	0.07	1.89	1.83	0.38	0.48	10.91	16.75	12.52	144.48	-52.61	61.94	179832.22	48044.73	2694.68
452	688549	中巨芯-U	51.59	CC	0.01	0.94	-0.40	0.29	0.58	21.44	3.06	11.89	144.00	-133.26	59.63	396105.12	89401.59	1454.32
453	688458	美芯晟	51.24	C	0.42	1.37	0.45	0.33	0.34	3.42	54.22	7.06	208.28	-3.95	45.65	215570.78	47230.6	3015.35
454	001373	翔腾新材	50.87	C	0.57	5.78	6.03	0.83	0.96	14.46	51.36	-11.18	102.71	-45.99	55.21	110612.42	71396.19	4433.52
455	600360	华微电子	48.69	C	0.04	1.96	1.12	0.26	0.68	51.11	1.29	-10.82	0.64	7.43	38.42	668048.53	174175.6	3852.67
456	688702	盛科通信-U	46.65	C	-0.05	0.52	-4.87	0.47	0.53	24.67	0.37	35.17	553.60	-39.50	32.09	314490.32	103741.6	-1953.08
457	688653	康希通信	44.35	C	0.03	0.30	0.14	0.29	0.31	5.40	6.89	-1.14	60.57	-172.41	31.26	170290.55	41496.05	992.14
458	688249	晶合集成	43.81	C	0.12	0.67	-0.23	0.17	0.64	54.03	1.69	-27.93	22.65	-19.39	51.91	4815627.96	724354.14	11916.48
459	688693	锘崴特	43.32	C	0.29	2.36	1.19	0.28	0.34	4.13	20.50	-9.19	200.93	-126.41	73.88	106631.48	21374.33	1779.5
460	001287	中电港	39.90	C	0.33	3.68	4.63	1.63	1.66	77.73	1.46	-20.32	82.67	-43.59	80.61	2270441.99	3450370.5	23662.58
461	002289	ST宇顺	37.80	C	0	0.93	-7.47	0.51	0.93	21.60	2.45	14.88	0.47	-28.89	161.98	31622.94	15519.17	96.44
462	688512	慧智微-U	37.01	C	-0.95	-20.42	-25.04	0.28	0.39	9.24	-708.70	54.77	52.35	-22.27	54.31	239290.29	55202.44	-40850.65
463	688469	芯联集成-U	34.74	C	-0.32	-8.80	-28.27	0.19	0.79	49.80	-6.08	15.59	123.02	-25.59	34.09	3157036.64	532448.28	-294142.88
464	688515	裕太微-U	20.85	C	-1.96	-12.18	-18.46	0.22	0.23	6.09	-197.29	-32.13	531.14	-62.50	180.49	194563.72	27353.01	-15010.33

续　表

A股上市公司评价得分排序序号	股票代码	股票简称	综合得分(100)	评价等级	每股收益(元)	总资产报酬率(%)	净资产收益率(%)	总资产周转率(次)	流动资产周转率(次)	资产负债率(%)	已获利息倍数	营业收入增长率(%)	资本扩张率(%)	市场投资回报率(%)	股价波动率(%)	年末资产总额(万元)	营业收入(万元)	净利润(万元)
465	603133	*ST碳元	18.72	C	-0.32	-15.93	-28.32	0.32	1.06	51.35	-18.13	34.88	-25.14	-37.97	165.36	42583.49	14450	-7039.87
466	002808	ST恒久	18.62	C	-0.12	-6.67	-10.78	0.33	0.49	22.53	-29.93	-6.89	-6.69	-34.08	334.13	43967.55	15441.96	-3494.27
467	300301	*ST长方	17.47	C	-0.18	-12.69	-122.85	0.60	1.66	93.63	-4.73	-25.33	-72.91	-11.17	52.79	81938.28	54389.78	-14228.66
468	002288	超华科技	16.36	C	-0.58	-15.71	-41.14	0.24	0.56	68.78	-5.44	-60.82	-41.18	-10.12	56.58	250882.97	67668.7	-54960.9
469	600666	ST瑞德	15.72	C	-0.24	-21.56	-41.71	0.12	0.21	50.59	-237.82	-38.28	-38.86	28.89	130.69	217392.29	32790.85	-68248.89
470	002217	合力泰	15.44	C	-3.85	-67.23	-5882.19	0.30	0.58	179.69	-14.44	-61.12	-193.45	5.06	72.72	764505.01	463041.86	-1257163.17
471	002141	*ST贤丰	14.10	C	-0.11	-10.58	-12.53	0.07	0.12	8.46	-46.37	-90.06	-10.44	-27.19	109.17	119259.35	8804.06	-13233.84
472	600898	*ST美讯	1.92	C	-0.39	-34.47	-266.36	0.12	0.33	106.94	-15.70	-66.83	-116.29	-55.00	211.11	25226.79	3907.26	-12156.71

第十一章

电力行业上市公司业绩评价

电力行业作为传统公共事业产业，是国民经济发展的支柱之一。宏观经济运行状态、国家政策、气候环境等自然因素很大程度影响着电力行业的产业结构及供需。2023 年我国新增电力装机约 3.3 亿千瓦，总装机达到 29.20 亿千瓦，同比增长 13.9%；2023 年，全社会用电量 9.22 万亿千瓦时，同比增长 6.7%，其中工业发电量为 8.91 万亿千瓦时。2023 年，我国电力行业绿色低碳转型取得显著成效，彰显出我国可再生能源和新能源发展的强大动能与坚实足迹。电力行业上市公司业绩得到改善，新型储能产业高速发展。从上市公司角度观察，电力行业 A 股形势受多方面影响有所下降，2023 年申万电力行业股指为 2969，同比下降 3.11%。预计 2024 年宏观经济运行总体回升将促进电力消费需求增长。

一、电力行业上市公司业绩评价结果

截至 2023 年末，电力行业 A 股上市公司共计 97 家，较 2022 年参与业绩评价的电力公司增加 4 家，其中 2 家为新增上市公司。电力行业盈利公司 85 家，亏损 12 家，有近九成的公司实现盈利，较 2022 年有明显改善，火电板块仅 4 家企业亏损，多数企业扭亏为盈。电力行业上市公司总资产共计 68748.95 亿元，比 2023 年初上升 13.78%，占全部上市公司总资产的 6.73%。

2023 年，全部上市公司共计实现营业收入 634627.83 亿元，电力行业 97 家上市公司实现营业收入 19881.21 亿元，较上年同期上升 9.51%，占全部上市公司营业收入的 3.13%，占比较上年略有上升；全部上市公司共计实现营业利润 40756.54 亿元，电力行业上市公司实现营业利润 2486.34 亿元，较上年同期增长 69.06%，占全部上市公司营业利润的 6.10%，相比 2022 年提升 2.63 个百分点。2023 年电力行业整体评价结果为中，行业业绩综合得分 64.23 分，比上年提高 2.1 分，超过全市场综合得分 62.92 分。97 家电力行业上市公司中长江电力、浙能电力、国投电力三家公司的业绩评价综合得分名列 2023 年度"中联价值 100"。电力行业 97 家上市公司业绩评价等级如下：2 家 AA、4 家 A、8 家 BBB、18 家 BB、17 家 B、20 家 CCC、7 家 CC、21 家 C。表 11-1 列示了 2023 年度电力行业评价得分前十名的上市公司。

表 11-1　2023 年度电力行业评价得分前十名的公司

序号	股票代码	股票简称	在 A 股上市公司中评价得分排序排名
1	600900	长江电力	17
2	600023	浙能电力	31
3	600886	国投电力	60
4	600483	福能股份	163
5	600025	华能水电	167
6	000543	皖能电力	226
7	600642	申能股份	237
8	600863	内蒙华电	240
9	600780	通宝能源	294
10	601985	中国核电	397

基于对电力行业上市公司的整体评价，下面分别从财务效益状况、资产质量状况、偿债风险状况、发展能力状况、市场表现状况五个方面对电力行业上市公司进行具体分析。

（一）财务效益

表 11-2 列示了电力行业上市公司财务效益状况评价结果。电煤供应充足，上游煤炭行业大幅扩产，叠加电力市场化改革大范围推广，电价稳定，因此电力行业上市公司财务效益状况较上年明显改善。根据财务效益状况指标具体分析，与全部上市公司平均值比较，除总股本收益率外，2023 年电力行业上市公司财务效益指标均高于全部上市公司平均水平，财务效益状况略好于全部上市公司平均水平；与 2022 年行业情况相比，除盈利现金保障倍数外，各指标均有明显的改善。2023 年，长江电力财务效益指标得分最高，扣除非经常性损益净资产收益率为 13.83%，营业利润率为 42.53%，2023 年财务效益方面综合得分 35 分，高于全部上市公司的平均水平。

表 11-2　电力行业财务效益状况比较表

分析指标		2023 年上市公司平均值	2023 年行业值	2022 年行业值	增长率（%）
基本指标	扣除非经常性损益净资产收益率（%）	6.75	8.27	4.67	77.09
	总资产报酬率（%）	5.03	5.54	4.30	28.84
	基本得分	21.27	23.3	19.16	21.61

续 表

分析指标		2023 年上市公司平均值	2023 年行业值	2022 年行业值	增长率（%）
修正指标	营业利润率（%）	6.42	12.51	7.81	60.18
	盈利现金保障倍数	2.01	2.38	4.00	−40.50
	总股本收益率（%）	44.8	38.81	21.91	77.13
综合得分		23.35	25.56	22.82	12.01

（二）资产质量

表 11-3 列示了电力行业上市公司资产质量状况评价结果。从综合得分来看，2023 年电力行业上市公司资产质量状况与上市公司平均水平差异不大。水风光电力企业存货主要为备品备件，规模较小，因此电力企业流动资产周转率、存货周转率高于全部上市公司平均值。总资产周转率、应收账款周转率指标低于全部上市公司平均水平。除总资产周转率指标外，其他资产周转性指标较上年略有波动，应收账款周转率较上年下降了 8.76%。电力行业中有 57 家上市公司的综合得分超过全部上市公司平均水平。长江电力的主营业务为水电运营电力业务，2023 年其总资产周转率、流动资产周转率、存货周转率、应收账款周转率分别为 0.17 次、4.73 次、63.35 次、12.1 次，除总资产周转率外，其他资产质量指标均高于行业其他上市公司。

表 11-3 电力行业资产质量状况比较表

分析指标		2023 年上市公司平均值	2023 年行业值	2022 年行业值	增长率（%）
基本指标	总资产周转率（次）	0.64	0.31	0.31	0.00
	流动资产周转率（次）	1.27	1.75	1.71	2.34
基本得分		9.52	8.99	9.11	−1.32
修正指标	存货周转率（次）	3.48	13.53	13.02	3.92
	应收账款周转率（次）	7.99	4.79	5.25	−8.76
综合得分		9.27	10.14	10.18	−0.39

（三）偿债风险

表 11-4 列示了电力行业上市公司偿债风险状况评价结果。电力行业一直是资产负债率较高的行业，从综合得分来看，电力行业得分值低于全部上市公司平均值，因而偿债风险状况仍然高于上市公司平均水平。与 2022 年的情况相比，由于电力行业整体盈利能力提升，偿债类指标得到明显改善，资产负债率、已获利息倍数和带息负债比率分别较上年提升 1.31%、42.54% 和 0.29%。从行业内具体公司来看，电力行业上市公司中有 22 家企业在偿债能力方面的综合得分高于上市公司平均水平，比上年多 6 家。其中该指标得分较高的公司有世茂能源、湖南发展、涪陵电力等。涪陵电力不仅从事电力供应业务，还从事配电

网节能业务，负债规模相对有限，2023 年电力销售收入占总收入的 54%，其现金流动负债比率为 68.87%，明显高于行业平均水平。

表 11-4　电力行业偿债风险状况比较表

	分析指标	2023 年上市公司平均值	2023 年行业值	2022 年行业值	增长率（%）
基本指标	资产负债率（%）	57.83	64.99	64.15	1.31
	已获利息倍数	5.21	3.25	2.28	42.54
	基本得分	8.89	6.29	6.29	0.00
修正指标	速动比率（%）	88.92	62.42	64.96	-3.91
	现金流动负债比率（%）	15.9	28.29	29.6	-4.43
	带息负债比率（%）	42.82	78.77	78.54	0.29
	综合得分	8.9	5.13	5.74	-10.63

（四）发展能力

表 11-5 列示了电力行业上市公司发展能力状况评价结果。从综合得分来看，由于煤炭供给充足，电力系统市场化改革取得成效，结算电价稳定，2023 年电力行业上市公司发展能力高于全部上市公司平均水平；与 2022 年电力行业上市公司发展能力状况相比，资本扩张率、累计保留盈余率、三年营业收入平均增长率、总资产增长率较上年有明显回升。营业收入增长率及营业利润增长率有所放缓。63 家电力上市公司的营业利润总额比上一年同期有所增长。2023 年，银星能源通过现金收购将 20 万千瓦巴兴图风电场、宁东 25 万千瓦光伏项目的优质资产注入上市公司平台，使得上市公司的盈利能力大幅提升，其 2023 年业绩排名 2666 位（原 3337 位），资本扩张率达到 43.62%。

表 11-5　电力行业发展能力状况比较表

	分析指标	2023 年上市公司平均值	2023 年行业值	2022 年行业值	增长率（%）
基本指标	营业收入增长率（%）	2.21	8.06	14.09	-42.80
	资本扩张率（%）	6.75	11.07	7.75	42.84
	基本得分	12.14	14.36	12.68	13.25
修正指标	累计保留盈余率（%）	44.05	30.87	29.19	5.76
	三年营业收入平均增长率（%）	10.93	14.42	11.55	24.85
	总资产增长率（%）	5.71	13.78	6.5	112.00
	营业利润增长率（%）	-3.95	69.07	111.66	-38.14
	综合得分	12.33	14.78	13.28	11.30

（五）市场表现

2023 年我国电力行业指数的变动趋势与沪深 300 指数基本相同，下半年电力行业市场表现好于沪深 300 指数。2023 年末电力（申万）行业股票指数（2871.13）较 2022 年末下降 1.58%，跌幅低于沪深 300 指数 11.75% 的负增长率，具体如图 11-1 所示。表 11-6 列示了电力行业上市公司市场表现状况评价结果。从综合得分来看，电力行业上市公司市场投资回报率为 -7.05%，远低于全部上市公司 5.76% 的水平，较 2022 年电力行业 -7.26% 的回报率小幅升高。从公司来看，电力行业有 51 家上市公司在市场表现方面优于全部上市公司平均得分。除了当年上市的公司，华能水电、长江电力、川投能源几家水电板块公司在市场表现方面得分较高。根据华能水电 2023 年度报告，2023 年公司全年发电量同比减少 4.04%，营业收入同比减少 0.51%，实现归属于母公司净利润 76.38 亿元，同比增加 5.58%。主要原因为 2023 年华能水电推进澜沧江风光水储一体化开发，新增风电光伏装机，形成风光水储多能互补局面。华能水电 2023 年每股收益同比增加 14.28%，市场投资回报率为 30.61%。

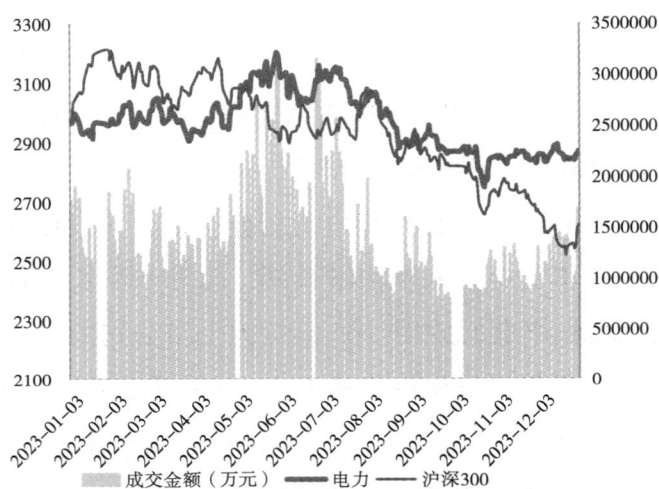

图 11-1　电力行业与沪深 300 指数走势图

表 11-6　电力行业市场表现状况比较表

分析指标	2023 年上市公司平均值	2023 年行业值	2022 年行业值	增长率（%）
市场投资回报率（%）	5.76	-7.05	-7.26	-2.89
股价波动率（%）	82.72	63.16	81.56	-22.56
综合得分	9.07	8.62	10.19	-15.41

二、2023 年度电力行业上市公司业绩影响因素分析

2023 年，电力行业全年总装机达到 29.20 亿千瓦，其中，可再生能源装机 14.5 亿千瓦，可再生能源装机实现了历史性突破；全社会用电量 9.22 万亿千瓦时，同比增长 6.7%。在新能源领域，2023 年太阳能电池、新能源汽车、发电机组（发电设备）的产品产量分别

实现了 54.0%、30.3%、28.5% 的增长，显示出新能源行业的强劲势头和巨大潜力。截至 2024 年 4 月 30 日，A 股上市的全部电力公司发布了 2023 年的年度报告。其中，29 家公司的净利润实现了同比增长，占比近七成，显示出行业整体业绩的稳健增长。2023 年影响电力行业业绩的因素主要如下。

（一）煤炭供应总量创新高，改善火电发电盈利状况

2023 年，煤炭行业的国内产量、进口量均创下历史新高，其中，全国原煤产量 47.1 亿吨，同比增长 3.4%；全国煤炭净进口量 4.7 亿吨，同比增长 62.5%，市场供应维持增长，导致电煤现货价格下降。同时，《关于加快建设全国统一电力市场体系的指导意见》明确全国燃煤发电机组市场平均交易价格为 0.449 元/千瓦时保持不变。低价的煤炭供给使得火电板块的大部分上市公司扭亏为盈，装机容量较大的上市公司如华能国际、国电电力盈利增速显著。此外，众多电力上市公司把握政策红利，落实国家针对能源保供出台的信贷政策，优化自身债务融资结构、降低贷款利率及财务费用，也在一定程度上改善了盈利状况。

（二）水电龙头并购整合，提升了综合实力

2023 年水电总装机规模达 4.22 亿千瓦，在年中先后被光伏和风电装机规模超越，排在第 4 位。2023 年度受汛期降水下降影响，来水较弱，水电总发电量达 11408 万千瓦，占我国总发电量的 12.81%，同比下降了 1.79%。水电板块得益于长江电力并购扩张，上市公司层面业绩好于行业整体。长江电力作为全球水电行业的龙头，原拥有长江干流三峡、葛洲坝、溪洛渡、向家坝等 4 座梯级水电站，控股总装机容量 4559.5 万千瓦。2023 年完成对云川公司股权的收购，将乌东德水电站（全部投运）和白鹤滩水电站（部分投运）并入体内，控股总装机容量增加至 7179.50 万千瓦，增长 57.46%。收购完成后，仅 2023 年净利润水平同比增长 29.13%。该并购不仅提升了公司的梯级联合调度能力，也为电能消纳、"西电东送"提供了保障。

（三）光伏、风电新增装机高速发展，累计装机分别赶超水电

2023 年光伏累计装机容量达到 6.09 亿千瓦，装机容量超过水电，占我国电力总装机容量的 21%；新增光伏（新增装机包括分布式、集中式、海上光伏）装机规模达到 2.17 亿千瓦，同比增长 55.2%，占我国当年新增电力装机的 60%。光伏组件产业链持续降价，正式迈入 N 型时代，TOPCon（基于选择性载流子原理的太阳能电池，也被称为隧穿氧化钝化电池）因具有较高性价比成为主流产品，以钙钛矿为代表的新电池转换效率屡破纪录。光伏板块上市公司如太阳能、晶科科技、金开新能盈利涨幅明显。

截至 2023 年底，风电装机规模达到 4.41 亿千瓦，占我国电力总装机容量的 15%，略高于水电装机规模，排名第 3 位。2023 年风电新增装机容量达到 7590 万千瓦，占当年新增装机的 21%，同比增长近一倍，其中陆上风电 6941 万千瓦，同比增长 112%；海上风电 649 万千瓦，同比增长 25.85%。大部分风电上市公司业绩同比下降，只有小部分上市公司如嘉泽新能、龙源电力等盈利涨幅明显。

（四）抽水蓄能借助资本市场高速发展

要实现"双碳"目标，发展以水光风为代表的清洁能源是必然趋势，但清洁能源的波动性、间歇性为电力系统带来不稳定因素。抽水蓄能可以调节电源，以保障系统安全稳定运行，行业发展空间巨大。国家能源局《抽水蓄能中长期发展规划（2021—2035年）》明确了"十四五"和"十五五"时期的目标和任务，到2025年，抽水蓄能投产总规模达到6200万千瓦以上；到2030年，达到1.2亿千瓦左右；到2035年，形成满足新能源高比例大规模发展需求的抽水蓄能现代化产业。

南方储能作为南方电网体系内的储能主力军，其抽水蓄能装机容量约占全国抽水蓄能总装机容量的四分之一。公司公告披露预计"十四五"至"十六五"时期分别新增投产抽水蓄能600万千瓦、1500万千瓦和1500万千瓦，方向符合国家大力发展储能促进能源绿色低碳转型的战略方针。此外，桂东电力、浙江性能、新天绿能等十几家上市公司已开展抽水储能电站建设。

（五）电力系统市场化改革有序推进，促进电力市场规范高效运转

2023年我国加快建设全国统一电力市场体系，实现多层次电力市场体系有效运行。2023年国家发展改革委、国家能源局印发《电力现货市场基本规则（试行）》，明确加快推进电力市场建设，规范电力现货市场的运营，市场化交易电量稳步增长。河南、浙江、福建、贵州、天津、广东、江苏等地均出台《电力现货市场建设实施方案（试行）》，正式推行电力市场改革，市场化交易占全社会用电量比重进一步提升，占比超过60%。国家能源局发布《关于建立煤电容量电价机制的通知》，煤电容量电价机制正式建立。深化绿色电力市场建设，绿证核发实现全覆盖，绿电交易规模迎来新突破，绿电交易试点实现电网全覆盖；分时电价机制进一步优化落实，推动具备条件的电力现货市场转入正式运行，电力现货市场提档加速，增量配电项目取证率进一步提高。

三、2024年电力行业前景分析

电力行业整体呈现出积极态势，但不同领域面临着不同的机遇和挑战。能源转型、技术创新、市场竞争和政策环境等多重因素共同影响着电力行业的发展。在电力体制改革方面，国家持续推进市场化改革，完善电价形成机制，提高电力市场的竞争性和透明度。通过深化输配电价改革、推动电力现货市场建设等措施，进一步激发市场活力，促进电力行业的健康发展。电力行业依靠技术创新和产业升级，推动清洁能源的发展和应用，提高电力生产效率和供电可靠性。随着电力市场的逐步开放和竞争加剧，电力储能的需求也在持续增长。2024年宏观经济运行总体回升将促进电力消费需求增长，预计全年全社会用电量

达 9.8 万亿千瓦时，比 2023 年增长 6% 左右。

（一）电力系统市场化改革有序推进，推动形成新型电力系统

2023 年国家发展改革委办公厅、国家能源局综合司印发《关于进一步加快电力现货市场建设工作的通知》和《电力现货市场基本规则（试行）》，对电力市场的多层次协作运行方式、市场体系的功能等多方面提供指导意见。该通知意在加快全国统一电力市场体系建设，推动构建清洁低碳、安全充裕、经济高效、供需协同、灵活智能的新型电力系统，有效助力构建新型能源体系。

2023 年全国市场化交易电量占比达到六成。2024 年电力市场化改革的重点是：理顺完善跨省跨区电力交易机制，健全市场化电价形成机制，加快建设全国统一电力市场体系，实现电力资源在更大范围内共享互济和优化配置，提升电力系统稳定性和灵活调节能力，推动形成适合中国国情、有更强新能源消纳能力的新型电力系统。

（二）煤电容量电价机制确立，建立多元价值价格体系

2023 年 11 月，国家发展改革委《关于建立煤电容量电价机制的通知》正式出台，自 2024 年 1 月 1 日起建立煤电容量电价机制，对煤电实行两部制电价政策。两部制电价，即容量电价主要回收机组固定成本、电量电价主要回收变动成本。我国建立煤电容量电价机制、对煤电实行两部制电价政策，既是近年来我国新能源快速发展的现实需要，也是下一步推动新能源进一步加快发展和能源绿色低碳转型的必然要求。

建立煤电容量电价机制，首次实现对煤电这一主力电源品种能量价值和容量价值的区分，可有力推动构建多层次电力市场体系，引导煤电、新能源等市场参与者各展所长、各尽所能、充分竞争，全面优化电力资源配置，提升整个电力系统的经济性，从而降低终端用户的用电成本。

（三）光伏、风电行业持续发力，机遇与挑战并存

随着新能源发电规模的发展，新能源行业竞争加剧，产业链持续降价。电力设备上市公司晶科能源、天合光能等推出 N 型 TOPCon 先进光伏组件。随着光伏技术的不断创新和进步，光伏产品的效率和质量得到显著提升，公司得以降低成本，提高竞争力。风电机组持续保持大型化趋势，产品更新迭代加快，大功率风电机组主轴轴承实现国产化，陆上 15MW 风电机组发布，海上 20MW 风电机组下线，风电技术的大型化、轻量化、低成本成为主要方向。

但随着装机容量快速增加，新能源电力消纳压力剧增。分布式光伏呈井喷式增长，以福建为例，预计 2025 年分布式光伏将超过 1500 万千瓦，远超"十四五"规划 800 万千瓦上限。新能源项目建设周期短于其他电源和电网项目，电网和电源难以同步规划、同步投产，无法利用市场机制同步消纳，容易出现弃风弃光情况。

（四）新型储能高速发展，未来前景广阔

随着电力市场的逐步开放和竞争加剧，电力储能的需求持续增长。在新能源并网、峰谷调峰、应急备电等领域，电力储能发挥着越来越重要的作用。市场需求的扩大为我国新型储能行业突飞猛进奠定了基石。从发展方向来看，发电侧和电网侧储能的新能源配建是新型储能发展的主要方向，累计装机占比超过90%。从储能类别来看，磷酸铁锂电池的主导优势持续扩大，在新型储能装机中的占比高达97%以上。

电力储能作为电力系统的重要组成部分，受到多方面的关注。在高速发展的背后，我国新型储能发展也面临不少隐忧，如市场机制和盈利机制还不完善不健全，成本疏导存在困难；市场竞争日趋白热化，产能过剩日益突出，产品同质化严重，赛道越来越拥挤等，刚刚兴起的储能产业便已进入了残酷竞争的红海。

附表　2023 年度电力行业上市公司业绩评价结果排序表

序号	A股上市公司评价得分排序号	股票代码	股票简称	评价等级	综合得分(100)	每股收益(元)	净资产收益率(%)	总资产报酬率(%)	总资产周转率(次)	流动资产周转率(次)	资产负债率(%)	已获利息倍数	营业收入增长率(%)	资本扩张率(%)	市场投资回报率(%)	股价波动率(%)	年末资产总额(万元)	营业收入(万元)	净利润(万元)
1	17	600900	长江电力	AA	82.92	1.11	13.83	10.04	0.17	4.73	62.88	3.54	50.04	8.45	15.98	31.91	57194254.49	7811157.33	2795640.49
2	31	600023	浙能电力	AA	81.31	0.49	10.23	7.95	0.72	2.66	45.69	6.87	19.68	18.49	28.73	77.31	14724077.52	9597519.62	790292.73
3	60	600886	国投电力	A	79.38	0.88	12.31	7.03	0.21	2.18	63.18	4.08	12.32	9.07	24.59	52.44	27736302.11	5671186.25	1216025.91
4	163	600483	福能股份	A	75.92	1.03	12.02	8.64	0.3	1.36	44.86	6.53	2.63	13.98	-0.33	41.63	5068962.65	1469491.88	319696.73
5	167	600025	华能水电	A	75.72	0.4	10.99	6.81	0.13	5.89	63.78	4.39	10.97	1.33	30.61	54.58	19523926.53	2346133.16	824315.7
6	226	000543	皖能电力	BBB	74.14	0.63	8.58	5.04	0.53	4.07	66.36	3.19	14.79	20.07	38.71	97.79	6058636.45	2786676.71	174887.69
7	237	600642	申能股份	BBB	73.9	0.71	9.55	6.59	0.32	1.26	56.16	4.63	3.36	8.23	19.2	59.29	9420934.87	2914161.22	416908.78
8	240	600863	内蒙华电	BBB	73.88	0.29	8.86	7.34	0.57	3.3	40.97	7.34	-2.34	12.99	13.92	47.76	3947926.96	2252531.19	201088.54
9	294	600780	通宝能源	BBB	73.02	0.59	9.57	8.6	1.08	3.22	28.18	36.26	-2.08	11.03	20.76	82.81	1018356.74	1088673.2	67850.85
10	397	601985	中国核电	BBB	71.7	0.55	12.35	5.96	0.15	1.12	69.81	4.31	5.15	10.1	26.68	51.86	53926725.05	7495718.03	1941062.07
11	437	002060	广东建工	BBB	71.18	0.43	17.85	3.23	0.93	1.4	89.39	3.27	378.37	241.45	-28.48	79.03	13338833.07	8086311	161067.19
12	464	600795	国电电力	BBB	70.94	0.31	9.78	5.16	0.42	3.09	73.92	3.31	-6.06	8.3	-0.19	34.45	45789934.69	18099887.82	1197224.15
13	512	605028	世茂能源	BBB	70.45	1.18	14.57	14.96	0.25	0.48	14.22	2694.16	-18.28	12.09	12.43	51.83	151498.53	36149.11	18817.17
14	547	000899	赣能股份	BB	70	0.5	10.37	5.49	0.56	3.51	61.51	3.37	71.12	10.91	-23.08	48.19	1364892.01	708892.36	49067.11
15	558	600101	明星电力	BB	69.83	0.43	5.53	5.68	0.69	2.39	27.62	65.58	12.16	5.73	-6.29	32.29	389461.14	266627.19	17933.86
16	579	605580	恒盛能源	BB	69.62	0.49	13.11	14.47	0.64	1.53	30.5	38.82	-11.08	7.42	38.85	92.88	136827.64	78883.54	13529.88
17	611	003816	中国广核	BB	69.24	0.21	10.48	6.71	0.2	1.15	60.19	3.89	-0.33	4.67	19.18	41.85	41525035.68	8254864.32	1704577.16
18	615	002608	江苏国信	BB	69.22	0.5	7.29	5.31	0.39	1.2	55.62	4.17	6.77	3.38	10.37	45.31	8887235.16	3369358.67	290229.55
19	616	600011	华能国际	BB	69.21	0.35	4.19	4.34	0.49	2.87	68.33	2.35	3.11	35.42	-1.66	64.23	54115928.11	25439669.45	908246.62
20	666	600452	涪陵电力	BB	68.71	0.48	10.79	9.15	0.5	1.1	25.1	126.72	-3.36	8.19	-12.32	89.09	665231.16	344233.18	52535.2
21	685	600098	广州发展	BB	68.53	0.47	6.56	4.62	0.69	3.12	61.96	3.81	-2.29	6.02	-1.51	34.7	7401405.06	4675469.93	186515.47
22	692	605162	新中港	BB	68.45	0.37	10.49	13.01	0.62	1.38	28.04	22.2	-0.96	12.46	7.06	50.29	175085.06	95573.01	14714.07
23	707	605011	杭州热电	BB	68.32	0.53	10.36	9.34	0.85	2.37	29.74	13.22	-9.36	7.47	61.86	224.98	379225.52	328958.74	27671.4
24	724	600027	华电国际	BB	68.14	0.35	5.32	4.23	0.53	4.05	62.62	2.6	9.45	18.35	-16.76	62.01	22303629.9	11717612.5	480800.7
25	758	000027	深圳能源	BB	67.69	0.27	5.27	4.13	0.27	1.2	63.62	2.17	7.94	2.77	8.44	29.14	15345946.83	4050449.54	278387.34
26	774	600509	天富能源	BB	67.59	0.34	6.69	4.06	0.42	1.83	67.98	2.07	16.77	21.63	21.25	55.73	2348589.3	950782.69	47996.57
27	826	000531	穗恒运A	BB	67.15	0.35	6.82	3.59	0.28	1.62	63.5	2.06	22.64	29.88	6.42	33.76	1970840.67	482224.78	34695.17
28	838	600956	新天绿能	BB	67.02	0.51	10.39	6.11	0.26	1.45	66.16	3.39	9.27	6.18	-16.97	48.29	7901659.31	2028178.89	273428.21
29	1035	600674	川投能源	BB	65.41	0.99	11.99	9.02	0.03	0.38	36.06	8.28	4.36	9.64	27.05	49.34	6035334.54	148235.86	450740.84

续表

A股上市公司评价得分排序 序号	股票代码	股票简称	评价等级	综合得分(100)	每股收益(元)	净资产收益率(%)	总资产报酬率(%)	总资产周转率(次)	流动资产周转率(次)	资产负债率(%)	已获利息倍数	营业收入增长率(%)	资本扩张率(%)	市场投资回报率(%)	股价波动率(%)	年末资产总额(万元)	营业收入(万元)	净利润(万元)
30	600021	上海电力	BB	65.22	0.5	7.34	4.82	0.26	1.42	70.01	2.24	8.28	14.75	-19.89	60.7	16857233.53	4240175.7	356804.97
31	000539	粤电力A	B	64.86	0.19	5.57	3.29	0.41	2.07	78.96	2.01	13.38	18.06	-19.04	81.88	16120728.31	5970839.77	162594.37
32	001289	龙源电力	B	64.48	0.73	8.29	5.15	0.17	0.76	64.09	3.42	-5.57	2.81	1.67	38.91	22925609.06	3764191.37	673826.65
33	601619	嘉泽新能	B	63.93	0.33	13.34	5.35	0.12	0.63	67.53	6.09	30.53	12.62	-7.28	67.02	1985701.16	240304.35	80555.88
34	002893	京能热力	B	63.67	0.25	5.9	3.77	0.48	0.95	52.83	5.4	5.49	69.55	26.47	107.92	240650.03	108506.56	5336.98
35	600979	广安爱众	B	63.19	0.18	4.18	3.93	0.27	1.78	57.47	3.19	9.52	3.55	5.95	29.63	1083137.58	282784.51	22228.97
36	000690	宝新能源	B	63.02	0.41	7.22	6.56	0.5	1.36	41.71	5.81	9.13	7.44	-32.8	100.16	2080705.87	1027480.21	88853.9
37	600578	京能电力	B	62.95	0.11	3.11	2.99	0.38	2.7	63.55	1.93	7.85	11.49	-6.33	54.74	8996337.6	3287783.64	108534.87
38	000993	闽东电力	B	62.68	0.51	9.39	8.47	0.38	1.07	25.93	19.94	105.37	10.45	-2.98	47.55	338149.62	150358.58	23003.88
39	000791	甘肃能源	B	62.15	0.33	6.1	5.02	0.12	0.78	52.35	2.76	29.05	4.87	4.72	30.13	2063578.3	264092.8	58657.23
40	002015	协鑫能科	B	62.14	0.56	1.23	6.33	0.33	1.14	59.66	2.8	-5.05	5.59	-4.46	62.4	3189310.19	1014369.36	96247.86
41	600726	华电能源	B	61.8	-0.01	9.84	8.97	0.61	2.55	78.6	3.8	-0.17	-7.56	-21.05	61.85	2911426.04	1884434.69	104507.71
42	601991	大唐发电	B	61.3	-0.02	2.68	3.84	0.4	2.94	70.9	1.91	4.77	15.93	-14.81	72.52	30399891.8	12240446.6	300492.6
43	600116	三峡水利	B	61.04	0.27	2.44	3.9	0.49	2.36	51.47	3.39	0.76	1.12	-10.97	54.41	2353717.95	1117683.03	49622.21
44	600905	三峡能源	B	61.03	0.25	8.83	4.55	0.09	0.59	69.37	3.24	11.23	8.56	-25.58	52.79	31170756.09	2648547.24	826995.29
45	600167	联美控股	B	60.9	0.38	7.6	6.94	0.2	0.35	32.6	11.4	-1.12	2.85	-9.66	40.66	1764578.23	341155.63	90916.76
46	000883	湖北能源	B	60.72	0.27	4.86	3.7	0.22	1.58	57.83	3.56	-9.28	4.82	0.66	23.31	9129033.83	1866867.29	187923.72
47	002039	黔源电力	B	60.59	0.62	6.93	5.28	0.12	2.9	58.56	2.55	-23.83	3.35	-7.11	22.42	1599949.87	199038.29	44977.23
48	002479	富春环保	CCC	59.7	0.23	5.88	5.39	0.5	1.61	49.73	4.42	-7.32	-2.2	11.82	23.95	858680.85	444059.7	30328.45
49	000507	珠海港	CCC	59.52	0.24	4.66	4.58	0.26	0.87	53.98	2.61	3.92	3.92	-9.53	20.58	2067077.92	545605.42	46541.41
50	601016	节能风电	CCC	59.36	0.23	9.11	6.14	0.12	0.49	58.23	3.2	-2.37	6.03	-21.58	57.97	4208651.05	511590.6	158650.27
51	000966	长源电力	CCC	59.31	0.13	3.6	2.71	0.42	3.38	72.62	2.24	-1.4	4.48	-9.6	57.22	3760183.04	1445713.34	36899.53
52	600163	中闽能源	CCC	58.94	0.36	11.25	8.43	0.15	0.45	44.21	8.5	-3.3	8.38	-18.54	57.22	1152404.91	173181.15	72257.93
53	001210	金房能源	CCC	58.93	0.11	7.79	0.96	0.49	0.72	34.71	22.07	11.1	-2.59	-8.73	43.25	197080.01	96772.46	1757.35
54	000591	太阳能	CCC	58.44	0.4	6.67	5.49	0.2	0.56	51.28	3.92	3.29	5.31	-27.81	65.96	4720376.73	954040.42	157944.09
55	600052	东望时代	CCC	58.28	0.14	4.14	3.69	0.12	0.3	14.47	34.26	85.74	0.33	-6.36	37.24	347029.14	40820.59	11512.62
56	000155	川能动力	CCC	58.14	0.54	13.34	8.35	0.16	0.49	53.82	5.96	-12.85	14.53	-29.25	105.63	2177058.69	331296.97	129142.82
57	601222	林洋能源	CCC	58.08	0.51	5.81	6.26	0.31	0.51	32.79	12.65	39	4.82	-30.4	66.61	2318587.25	687210.17	104904.37
58	600821	金开新能	CCC	57.9	0.4	8.68	5.48	0.1	0.42	70.58	2.22	7.96	6.4	-21.97	37.95	3193266.02	332774.83	86039.61

续　表

序号	A股上市公司评价得分排序	股票代码	股票简称	评价等级	综合得分(100)	每股收益(元)	净资产收益率(%)	总资产报酬率(%)	总资产周转率(次)	流动资产周转率(次)	资产负债率(%)	已获利息倍数	营业收入增长率(%)	资本扩张率(%)	市场投资回报率(%)	股价波动率(%)	年末资产总额(万元)	营业收入(万元)	净利润(万元)
59	2150	300335	迪森股份	CCC	57.59	0.13	3.88	4.25	0.46	1.05	29.1	19.21	19.49	-0.07	24.2	51.74	287424.65	136579.27	8722.91
60	2166	603693	江苏新能	CCC	57.51	0.53	7.3	5.74	0.12	0.46	55.16	3.53	-1.28	5.34	-13.37	41.38	1644413.85	194583.53	54626.14
61	2224	000600	建投能源	CCC	57.1	0.09	0.09	2.51	0.51	2.81	67.48	1.42	3.5	0.98	-6.71	93.71	3848663.12	1894608.07	17120.62
62	2362	600236	桂冠电力	CCC	56.15	0.14	6.39	4.66	0.17	2.55	55.36	3.74	-23.85	-3.98	1.18	14	4727984.63	809100.54	140043.8
63	2476	600644	乐山电力	CCC	55.44	0.05	0.71	1.83	0.73	5.25	50.42	2.42	3.94	1.31	-14.07	42.02	413891.32	298558.91	2590.36
64	2481	002616	长青集团	CCC	55.41	0.21	6.07	5.32	0.4	1.19	74	1.8	15.83	6.17	7.59	40.03	1025020.2	396639.83	16177.08
65	2503	603105	芯能科技	CCC	55.23	0.44	11.11	8.19	0.17	1.01	52.39	4.15	5.59	17.34	-36.95	93.72	435057.19	68621.37	22015.69
66	2607	600032	浙江新能	CC	54.54	0.27	5.84	4.46	0.09	0.44	65.46	2	-1.62	27.9	-32.42	94.87	5293140.91	452341.71	97781.2
67	2632	600982	宁波能源	CC	54.36	0.37	5.41	4.9	0.42	1.51	63.81	3.9	-35.48	6.25	-1.94	32.61	1378208.79	538591.54	44945.26
68	2666	000862	银星能源	CC	54.05	0.2	3.1	4.25	0.15	0.61	55.61	1.98	12.53	43.62	-7.18	57.05	953608.88	130906.41	16897.45
69	2779	000875	吉电股份	CC	53.07	0.33	7.75	4.58	0.19	1.27	74.29	2.27	-3.42	-1.02	-26.82	61.65	7675138.56	1444259.97	156316.1
70	2948	600310	广西能源	CC	51.79	0	-1.49	2.75	0.84	3.56	75.38	1.02	-4.12	0.41	18.73	114.13	1841284.85	1671580.77	2784.94
71	2950	003035	南网能源	CC	51.78	0.08	4.93	4.24	0.18	0.77	59.62	2.72	3.46	5.26	-9.74	94.95	1838291.21	298802.55	36164.73
72	3066	600226	瀚叶股份	CC	50.75	0.06	4.41	4.64	0.17	0.52	19.15	26.91	7.62	12.96	9.66	42.26	431461.6	64793.74	15324.78
73	3160	000537	中绿电	C	49.96	0.49	5.32	3.13	0.07	0.28	70.79	3.24	7.6	16.25	-30.64	61.57	7037217.27	369058.68	101870.66
74	3188	600995	南网储能	C	49.66	0.32	5.29	4.73	0.13	0.97	45.41	3.86	-31.85	4.01	-33.39	127.61	4448602.72	562965.79	124635.25
75	3451	300317	珈伟新能	C	46.93	0.02	0.08	2.83	0.32	0.81	36.7	5.02	68.94	2.77	-2.9	88.51	293294.54	85364.68	3505.36
76	3461	600505	西昌电力	C	46.77	-0.12	-5.67	-1.15	0.31	2.45	68.55	0	9.47	-5.47	6.99	41.89	439155.81	140463.77	-6818.15
77	3505	001258	立新能源	C	46.15	0.14	4.49	3.65	0.11	0.37	69.39	1.84	12.25	2.77	-26.95	84.2	963224.44	98976.86	13555.53
78	3597	000722	湖南发展	C	44.75	0.11	0.5	1.97	0.08	0.21	4.19	106.52	-29.01	9.1	-29.8	77.76	362276.17	29247.73	4320.58
79	3602	601908	京运通	C	44.69	0.1	-0.05	2.11	0.45	1.05	52.7	1.17	-13.92	1.77	-33.58	111.91	2417175.04	1050151.69	19745.7
80	3651	000767	晋控电力	C	44.07	-0.25	-6.39	1.93	0.32	0.99	82.14	0.71	-2.99	0.61	-12.25	32.25	6051443.33	1961567.36	-67215.21
81	3734	600969	郴电国际	C	42.77	-0.17	-3.48	1.21	0.26	1.25	74.43	1.11	-2.34	-1.55	-13.6	44.43	1494705.17	392023.57	-3606.91
82	3758	600719	大连热电	C	42.11	0.26	-48.01	7.33	0.23	0.92	80.52	2.38	-21.61	24.25	56.25	144.18	281346.99	63257.91	10556.65
83	3774	601778	晶科科技	C	41.87	0.11	1.85	3.1	0.11	0.27	61.78	1.63	36.72	25.42	-42.06	112.96	4104461.4	437036.08	39232.9
84	3821	002617	露笑科技	C	40.92	0.07	0.85	2.37	0.28	0.62	37.17	2.8	-17.04	-0.89	-34.95	95.05	963481.36	277231.49	7419.04
85	3842	000601	韶能股份	C	40.49	-0.25	-6.19	-0.24	0.31	1.25	64.72	-0.11	6.71	-5.58	-11.93	37.84	1307438.56	410680.61	-28182.86
86	3904	000803	山高环能	C	39.12	0.02	-2.64	3.49	0.38	1.97	73.29	1.15	17.34	-2.55	-35.36	124.73	539724.75	210141.31	-219.84
87	3929	600744	华银电力	C	38.64	-0.09	-12.11	1.6	0.44	1.91	92.41	0.73	2.44	21.14	-25.03	76.66	2405974.31	993884.5	-17493.56

续 表

A股上市公司评价得分排序	序号	股票代码	股票简称	评价等级	综合得分(100)	每股收益(元)	净资产收益率(%)	总资产报酬率(%)	总资产周转率(次)	流动资产周转率(次)	资产负债率(%)	已获利息倍数	营业收入增长率(%)	资本扩张率(%)	市场投资回报率(%)	股价波动率(%)	年末资产总额(万元)	营业收入(万元)	净利润(万元)
3994	88	000037	深南电A	C	37.42	0.01	-5.53	0.7	0.25	0.45	32.13	0.89	-15.05	-0.14	-0.62	101.73	204936.54	58978.02	-200.57
4008	89	002256	兆新股份	C	37.05	-0.04	-10.97	-1.7	0.18	0.47	21.94	-0.73	9.88	15.14	10.49	56.79	181955.73	33107.98	-8731.26
4151	90	001896	豫能控股	C	33.31	-0.36	-18.75	1.01	0.38	1.7	88.72	0.35	-8.5	-11.55	-17.77	38.63	3165072.76	1198448.82	-60044.87
4241	91	002480	新筑股份	C	31.22	-0.45	-9.61	0.97	0.2	0.53	80.84	0.38	52.14	-9.45	-4.15	42.98	1344612.24	250942.14	-25533.14
4365	92	600149	廊坊发展	C	27.92	-0.04	-9.64	-3.17	0.31	1.11	62.94	-3.82	-8.66	-10.26	-10.31	53.91	59903.04	19501.13	-2162.53
	93	001286	陕西能源	A	78.91	0.73	15.83	9.72	0.33	2.52	53.07	6.4	-4.1	38.81	-25.54	48.2	6304037.2	1945282.66	405865.7
	94	001376	百通能源	BB	66.08	0.31	14.19	13.84	0.76	3.04	31.47	16.82	-0.01	35.91	-236.22	56.08	145223.87	108218.42	13111.45
	95	600396	*ST金山	CCC	56.83	1.45	137.33	16.36	0.38	2.67	94.03	4.35	-11.98	0	-7.83	42.91	1387834.99	627492.35	205307.11
	96	000692	*ST惠天	CCC	55.44	1.83	102.69	21.37	0.36	1.03	96.14	6.26	-1.57	0	-1.5	82.74	540295.39	196487.41	97511.71
	97	300125	ST聆达	C	11.84	-0.99	-51.51	-9.73	0.41	1.51	78.87	-4.14	-47.49	-37.53	-43.17	119.37	194955.13	83890.02	-26199.25

第十二章

建筑装饰行业上市公司业绩评价

2023 年，全年全社会建筑装饰行业实现增加值 85691.1 亿元，比上年增长 7.1%（按不变价格计算），增速高于国内生产总值 1.9 个百分点。全国建筑装饰行业企业实现利润 8326 亿元，按可比口径计算比上年增长 0.2%，建筑装饰行业产值利润率（利润总额与总产值之比）为 2.64%，比上年降低了 0.17 个百分点，连续五年下降，连续三年低于 3%。2023 年建筑装饰行业申万股票指数累计下跌 100.27，累计跌幅为 3.09%，主要系受到房地产拖累的影响。在房地产触底企稳的背景下，2024 年建筑装饰行业景气度有望提升，进一步支撑股指走强。

一、建筑装饰行业上市公司业绩评价结果

截至 2023 年末，建筑装饰行业 A 股上市公司共 169 家，其中 119 家盈利，占比 70.41%。建筑装饰行业的综合评价分值为 56.39 分，低于全部上市公司的综合评价分值 62.92 分。有一家建筑装饰行业上市公司——中材国际进入 2023 年上市公司业绩评价综合得分的前一百名。在 169 家建筑装饰行业上市公司中，业绩为 AA 的 1 家，业绩为 A 的 1 家，业绩为 BBB 的 11 家，业绩为 BB 的 19 家，业绩为 B 的 17 家，业绩为 CCC 的 21 家，业绩为 CC 的 14 家，业绩为 C 的 85 家。

2023 年建筑装饰行业上市公司资产总额合计 14.17 万亿元，占全部上市公司资产总额的 13.89%，行业同比增长 10.24%；全部上市公司实现营业收入 63.46 万亿元，建筑装饰行业 169 家上市公司实现营业收入 9.09 万亿元，占全部上市公司营业收入的 14.33%，行业同比增加 7.02%；全部上市公司共计实现净利润 3.21 万亿元，建筑装饰行业上市公司实现净利润 0.25 万亿元，占全部上市公司净利润的 7.80%。2023 年度，建筑装饰行业按评价体系综合得分排名前十的公司见表 12-1。

表 12-1　2023 年度建筑装饰行业评价得分前十名的公司

名次	股票代码	股票简称	业绩得分	在 A 股上市公司中评价得分排序
1	600970	中材国际	81.95	26
2	603929	亚翔集成	77.44	108
3	605598	上海港湾	74.05	230
4	600301	华锡有色	73.47	255
5	000065	北方国际	73.29	268
6	605167	利柏特	73.05	288
7	603163	圣晖集成	72.87	303
8	002469	三维化学	71.70	398
9	601117	中国化学	71.02	458
10	300384	三联虹普	70.49	510

基于对建筑装饰行业上市公司的整体评价，下面分别从财务效益状况、资产质量状况、偿债风险状况、发展能力状况和市场表现状况五个方面对建筑行业上市公司进行具体分析。

（一）财务效益

从综合得分来看，2023 年建筑装饰行业上市公司财务效益状况平均得分为 21.00 分，低于全部上市公司 23.35 分的平均得分。

表 12-2 列示了 2023 年建筑装饰行业上市公司财务效益状况评价结果（满分 35 分）。在建筑装饰行业上市公司财务效益状况指标中，有 32 家得分高于全国上市公司平均水平；有 18 家得分超过 25 分。

从结果上看，建筑装饰行业上市公司财务效益状况平均得分低于全部上市公司的平均水平。该行业总股本收益率高于全部上市公司平均值，扣除非经常性损益净资产收益率、总资产报酬率、营业利润率及盈利现金保障倍数等财务指标低于全部上市公司平均水平。

行业里财务效益状况指标得分前五的分别是中材国际、*ST 天沃、四川路桥、华锡有色、中国建筑。如 2023 年中材国际工程主业高质量发展，新业务增速显著，2023 年营业收入为 457.99 亿元，同比增长 31.79%，归母净利润为 29.16 亿元，同比增长 17.98%，主要源于公司积极响应基建政策导向，施工任务增多。

表 12-2　建筑装饰行业财务效益状况比较表

分析指标		2023 年上市公司平均值	2023 年行业值	2022 年行业值	增长率（%）
基本指标	扣除非经常性损益净资产收益率（%）	6.75	6.54	6.52	0.31
	总资产报酬率（%）	5.03	3.42	3.51	-2.56
基本得分		21.27	19.68	19.29	2.02

续 表

分析指标		2023 年上市 公司平均值	2023 年 行业值	2022 年 行业值	增长率 （%）
修正指标	营业利润率（%）	6.42	3.47	3.40	2.06
	盈利现金保障倍数	2.01	0.65	0.89	-26.97
	总股本收益率（%）	44.80	63.19	59.70	5.85
综合得分		23.35	21.00	21.05	-0.24

（二）资产质量

从表 12-3 中可以看出，建筑装饰行业上市公司资产质量状况指标略高于 2022 年，低于全部上市公司平均值。

从综合得分来看，2023 年建筑装饰行业上市公司资产质量状况（满分 15 分）平均得分为 8.96 分，低于全部上市公司 9.27 分的平均水平。其中有 65 家企业超过全部上市公司的平均水平，中国海诚和东易日盛两家企业的资产质量状况评分获得满分。

上市公司资产质量排名前五的公司为中国海诚、东易日盛、太极实业、维业股份和名雕股份，这五家公司在资产质量上得分优良。如排名第一的中国海诚得益于高市占率的设计业务，且业务范围覆盖大部分轻工行业，在轻工工程建设领域具备竞争优势，2023 年，总资产周转率为 1.13 次，流动资产周转率为 1.26 次，存货周转率为 3603.02 次，应收账款周转率为 11.80 次。

表 12-3 建筑装饰行业资产质量状况比较表

分析指标		2023 年上市 公司平均值	2023 年 行业值	2022 年 行业值	增长率 （%）
基本指标	总资产周转率（次）	0.64	0.67	0.70	-4.29
	流动资产周转率（次）	1.27	1.09	1.12	-2.68
基本得分		9.52	9.34	9.59	-2.61
修正指标	应收账款周转率（次）	7.99	5.63	5.92	-4.90
	存货周转率（次）	3.48	4.64	4.43	4.74
综合得分		9.27	8.96	8.93	0.34

（三）偿债风险

从表 12-4 中可以看出，建筑装饰行业上市公司偿债风险状况指标较 2022 年略有下降，低于全部上市公司平均水平。资产负债率和带息负债比率略有上升，其他指标均有不同程度的下降，说明建筑装饰行业上市公司偿债能力较 2022 年略有下降。

从综合得分来看，2023 年建筑装饰行业上市公司偿债风险状况平均得分为 4.25 分，低于全部上市公司 8.90 分的平均水平。其中有 52 家企业超过全部上市公司的平均水平，深圳瑞捷、中公高科、三维化学和矩阵股份四家企业的偿债风险状况评分高于 14 分。

上市公司偿债风险状况综合得分排名前五的为深圳瑞捷、中公高科、三维化学、矩阵股份和尤安设计，这五家公司在偿债风险上得分优良。如排名第一的深圳瑞捷 2023 年实现营业总收入 4.91 亿元，资产负债率为 8.87%，已获利息倍数为 74.74，速动比率为876.75%，带息负债比率为 7.40%。

表 12-4 建筑装饰行业偿债风险状况比较表

	分析指标	2023 年上市公司平均值	2023 年行业值	2022 年行业值	增长率（%）
基本指标	资产负债率（%）	57.83	75.54	74.76	1.04
	已获利息倍数	5.21	3.11	3.15	-1.27
基本得分		8.89	3.26	3.36	-2.98
修正指标	速动比率（%）	88.92	86.25	87.39	-1.30
	现金流动负债比率（%）	15.90	2.03	2.88	-29.51
	带息负债比率（%）	42.82	33.38	32.81	1.74
综合得分		8.90	4.25	4.51	-5.76

（四）发展能力

从表 12-5 中可以看出，建筑装饰行业上市公司发展能力状况较 2022 年略有上升，且高于全部上市公司平均水平。

从综合得分来看，2023 年建筑装饰行业上市公司发展能力状况平均得分为 13.18 分，高于全部上市公司 12.33 分的平均水平。其中有 57 家公司超过全部上市公司的平均水平。

上市公司发展能力状况综合得分排名前五的为中材国际、山东路桥、华锡有色、中钢国际和中国化学，这五家公司在发展能力上得分优良。如排名第一的中材国际，2023 年营业收入增长率为 17.98%，资本扩张率为 33.18%，累计保留盈余率为 89.65%，三年营业收入平均增长率为 26.75%，总资产增长率为 24.29%，营业利润增长率为 36.04%。

表 12-5 建筑装饰行业发展能力状况比较表

	分析指标	2023 年上市公司平均值	2023 年行业值	2022 年行业值	增长率（%）
基本指标	营业收入增长率（%）	2.21	7.02	9.47	-25.87
	资本扩张率（%）	6.75	7.60	8.65	-12.14
基本得分		12.14	13.19	12.04	9.55
修正指标	累计保留盈余率（%）	44.05	41.50	40.13	3.41
	三年营业收入平均增长率（%）	10.93	10.74	13.13	-18.20
	总资产增长率（%）	5.71	10.24	12.24	-16.34
	营业利润增长率（%）	-3.95	8.82	3.45	155.65
综合得分		12.33	13.18	12.49	5.52

（五）　市场表现

从表 12-6 中可以看出，建筑装饰行业上市公司市场表现状况较 2022 年略有下降，且低于全部上市公司平均水平。

从综合得分来看，2023 年建筑装饰行业上市公司市场表现状况平均得分为 9.00 分，低于全部上市公司 9.07 分的平均水平，其中有 100 家企业超过全部上市公司的平均水平。上市公司市场表现状况综合得分排名前五的为时空科技、维业股份、美芝股份、华图山鼎和华维设计，这五家公司在市场表现上得分优良。

表 12-6　建筑行业市场表现状况比较表

分析指标	2023 年上市公司平均值	2023 年行业值	2022 年行业值	增长率（%）
市场投资回报率（%）	5.76	3.02	−13.14	122.98
股价波动率（%）	82.72	77.51	92.14	−15.88
综合得分	9.07	9.00	9.26	−2.81

2023 年，建筑业上市公司发展缓慢，建筑装饰行业的市场表现与整体经济周期相关度较高，建筑装饰指数随市场行情同步变化。2023 年建筑装饰行业上市公司市场投资回报率为 3.02%，低于全部上市公司 5.76% 的平均水平，比 2022 年 22.7% 的水平大幅下降。从趋势上看，2023 年建筑装饰指数变动情况整体与沪深 300 指数较为一致，并且建筑装饰指数始终低于沪深 300 指数。详见图 12-1。

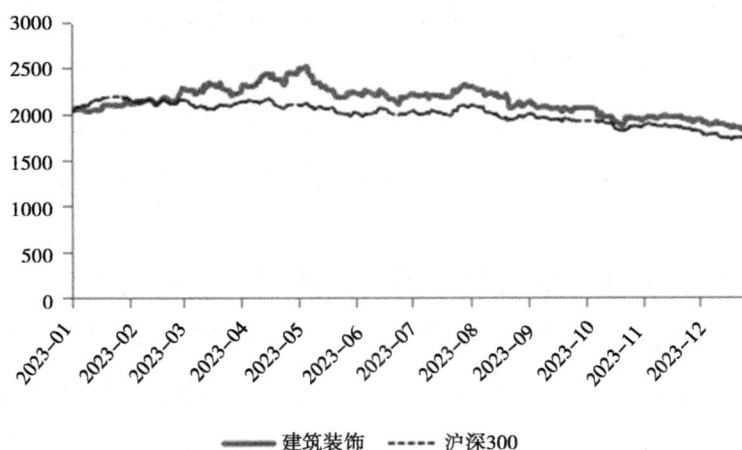

图 12-1　建筑装饰行业指数与沪深 300 指数

数据来源：同花顺 iFinD。

二、2023 年度建筑装饰行业上市公司业绩影响因素分析

2023 年全年全社会建筑装饰行业实现增加值 8.57 万亿元，比上年增长 7.1%（按不变

价格计算），增速高于国内生产总值 1.9 个百分点。全国建筑装饰行业企业实现利润 8326
亿元，按可比口径计算比上年增长 0.2%，建筑装饰行业产值利润率（利润总额与总产值之
比）为 2.64%，比上年降低了 0.17 个百分点，连续五年下降，连续三年低于 3%。详见图
12-2。

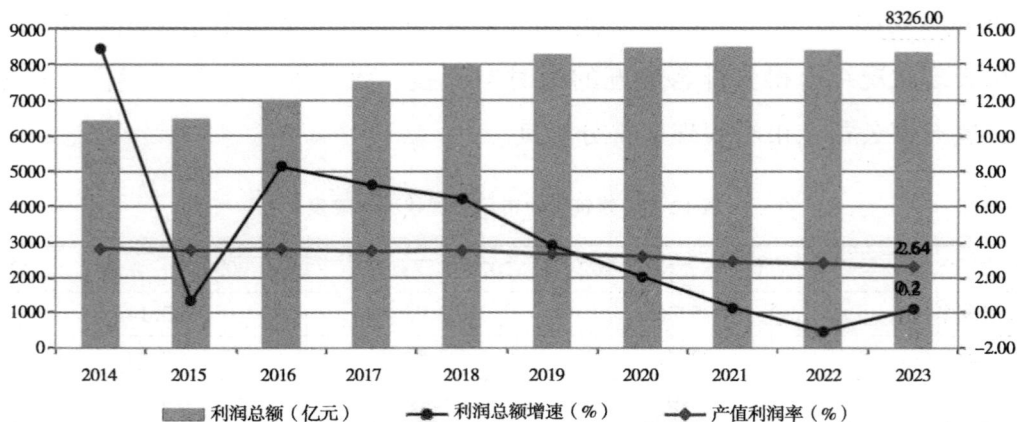

图 12-2   2014—2023 年全国建筑装饰业企业利润总额及产值利润率

数据来源：中国建筑业协会《2023 年建筑业发展统计分析》。

2023 年建筑装饰行业上市公司业绩的主要影响因素如下。

（一）受房地产市场波动的影响，建筑业企业签订合同总额及新签合同额不及预期

建筑装饰行业为订单驱动型行业，下游投资需求及资金状况是决定行业景气度的关键。
房地产作为建筑业重要下游产业，二者有着较强的行业联动关系，建筑业会受到房地产行
业波动的影响。2021 年以来，受房地产市场景气度变化及房企资金情况影响，国内房地产
投资增速持续下滑，并于 2022 年 4 月进入负增长区间；2023 年房地产调控政策不断升级，
导致消费者短期购房需求下降，部分房地产项目停建缓建导致开工率下降，建筑装饰业业
绩持续承压。

从建筑业企业签订合同总额情况来看，2023 年，全国建筑业企业签订合同总额
724731.07 亿元，比上年增长 2.78%，增速比上年降低 4.56 个百分点。其中，2023 年新签
合同额 356040.19 亿元，比上年降低 0.91%，增速比上年降低 5.19 个百分点（见图 12-3）。
2023 年新签合同额占签订合同总额比例为 49.13%（见图 12-4），比上年下降了 1.83 个百
分点，连续三年下降，或受近年来部分房建项目停建缓建等因素影响所致。房地产市场波
动影响是建筑业企业签订合同总额增速继续放缓、新签合同额出现负增长的主要原因。

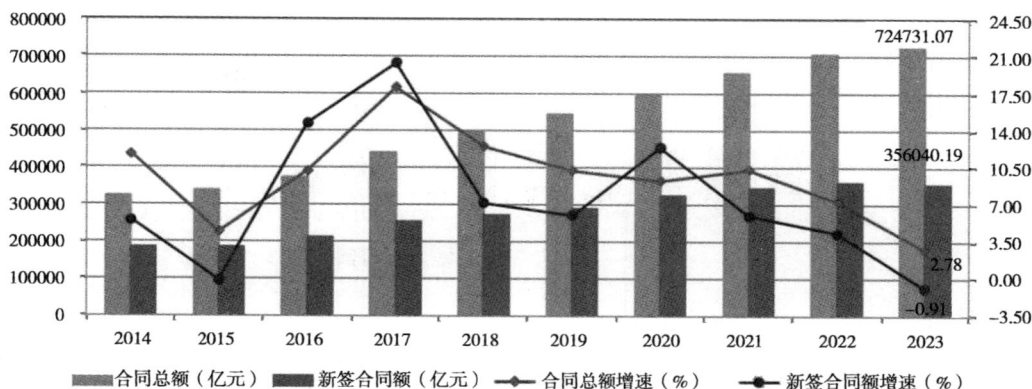

图 12-3　2014—2023 年全国建筑装饰业企业签订合同总额、新签合同额及增速

数据来源：中国建筑业协会《2023 年建筑业发展统计分析》。

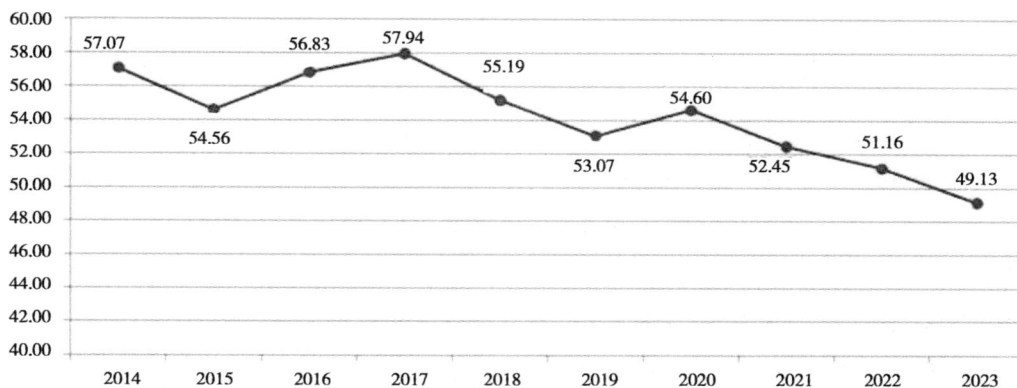

图 12-4　2014—2023 年全国建筑装饰业企业新签合同额占合同总额比例

数据来源：中国建筑业协会《2023 年建筑业发展统计分析》。

（二）地方政府化债压力较大，建筑行业发展增速放缓

基础设施建设是影响建筑业下游投资需求的重要因素之一。对于建筑企业而言，其承揽的基建类项目业主通常也为地方政府、地方政府平台及地方国企等政府类业主。在此背景下，地方政府债务压力使部分政府类业主通过停工、延长政府审计流程或延期支付等形式拉长对建筑企业的付款账期现象更加严重。财政部 2024 年 1 月 30 日发布的"2023 年 12 月地方政府债券发行和债务余额情况"显示，截至 2023 年 12 月末，全国地方政府债务余额 407373 亿元（见图 12-5），控制在全国人大批准的限额之内。其中，一般债务 158688 亿元，专项债务 248685 亿元；政府债券 405711 亿元，非政府债券形式的存量政府债务 1662 亿元。

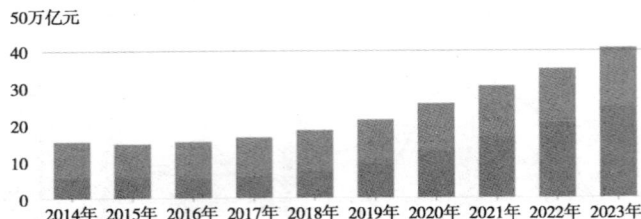

图 12-5　2014—2023 年末中国地方政府债务余额

数据来源：财新数据。

从行业竞争的角度来看，2023 年以来，八大央企凭借其很强的综合能力和外部支持，在业务拓展和融资等方面更具优势。2023 年中国能建新签合同金额增速最快，为 22.37%；中国交建、中国电建、中国建筑、中国化学新签合同金额增速次之，分别为 13.68%、13.24%、10.80% 和 10.05%；中国中冶、中国中铁、中国铁建增速较低。随着八大央企下沉拓展市场，地方建筑国企在其所属区域市场份额面临一定冲击；同时，部分地方建筑国企具有一定平台属性，在地方债务压力加大的背景下，亦承担一定的公益性项目建设职责，部分项目收益率偏低或亏损使其盈利能力相对较弱，进一步拉低整个行业利润率。

相对于建筑国企、央企，建筑民企可获得的外部支持力度有限且资金实力相对较小，同时为了避免房企流动性风险蔓延至自身，建筑民企对新拓展业务趋于谨慎，市场份额持续下降，导致建筑行业发展增速放缓。

（三）建筑业从业人数和企业数量双增加，促进了行业的发展

2023 年建筑业从业人数和企业数量增长状况良好，对建筑业增加值及增速产生影响。2023 年全年国内生产总值 1260582.1 亿元，比上年增长 5.2%（按不变价格计算）。全年全社会建筑业实现增加值 85691.1 亿元，比上年增长 7.1%（按不变价格计算），增速高于国内生产总值 1.9 个百分点。详见图 12-6。

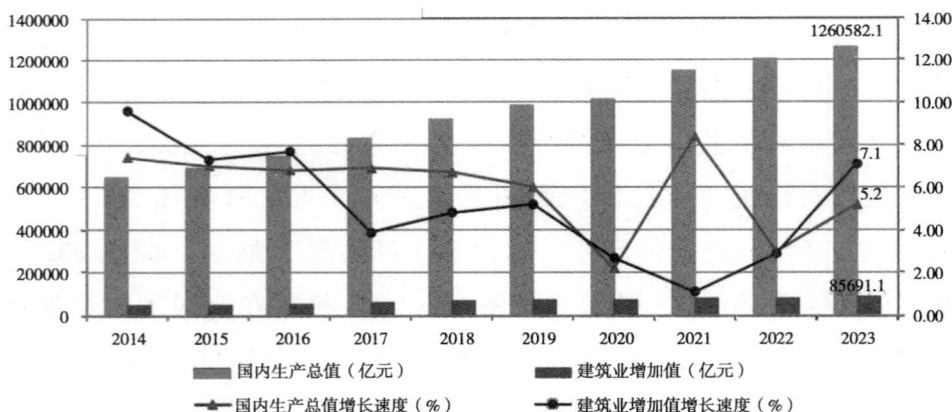

图 12-6　2014—2023 年国内生产总值、建筑业增加值及增速

数据来源：中国建筑业协会《2023 年建筑业发展统计分析》。

2023 年，建筑业从业人数 5253.75 万人，比上年末增加 112.15 万人，增长 2.18%，结束了连续三年减少的态势（见图 12-7）。截至 2023 年底，全国共有建筑业企业 157929 个，比上年增加 15023 个, 增长 10.51% (见图 12-8); 国有及国有控股建筑业企业 10060 个, 占建筑业企业总数的 6.37%。总体来看建筑业从业人数和企业数量增长状况良好, 对建筑行业业绩产生一定支撑作用。

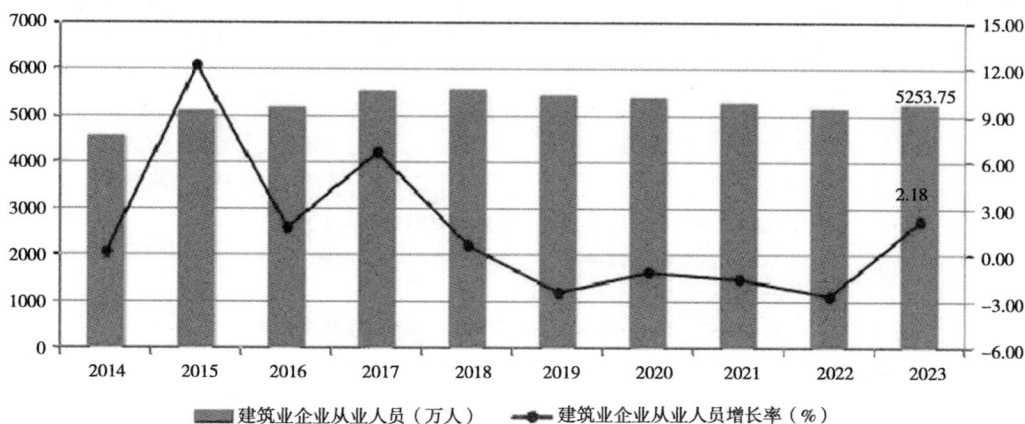

图 12-7 2014—2023 年建筑业企业从业人数及增长率

数据来源: 中国建筑业协会《2023 年建筑业发展统计分析》。

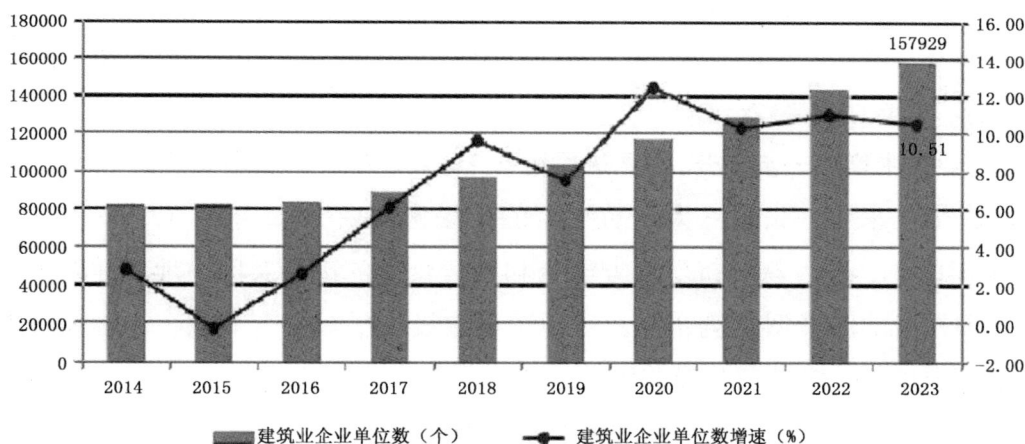

图 12-8 2014—2023 年建筑业企业单位数及增速

数据来源: 中国建筑业协会《2023 年建筑业发展统计分析》。

(四) 境外工程完成营业额、新签合同额双双增长

我国对外承包工程业务开展主体以大型建筑央企和地方国企为主, 超八成集中在亚洲和非洲地区, 半数聚焦在 "一带一路" 沿线。2023 年, 我国对外承包工程业务完成营业额 1609.1 亿美元, 比上年增长 3.83%, 新签合同额 2645.1 亿美元, 比上年增长 4.52%。我国内地共有 81 家企业入选 2023 年度国际承包商 250 强榜单, 入选数量比上一年度增加了 2 家。入选企业共实现海外市场营业收入 1179.3 亿美元, 收入合计占国际承包商 250 强海外市场营收总额的 27.5%。详见图 12-9。

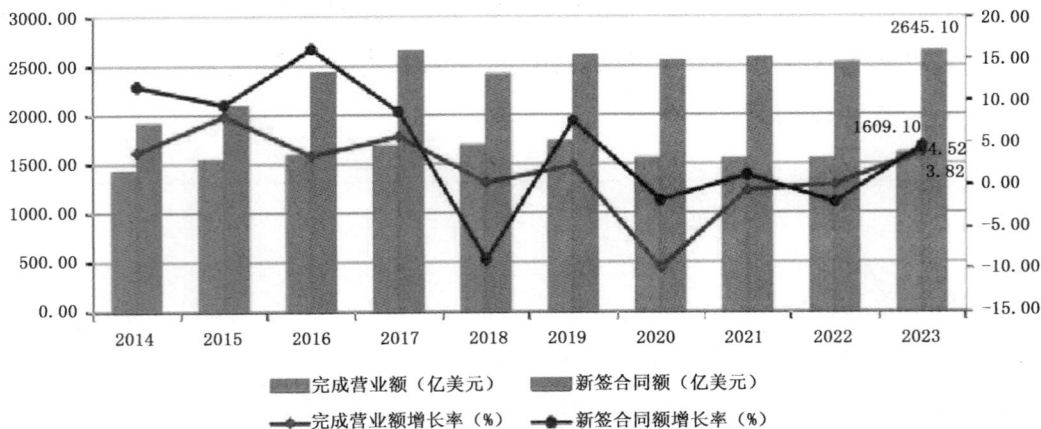

图 12-9 2014—2023 年我国对外承包工程业务情况

数据来源：中国建筑业协会《2023 年建筑业发展统计分析》。

在 2023 年度国际承包商 10 强中，中国内地仍保持 4 家企业的纪录，分别是保持季军的中国交通建设集团有限公司、排名前进到第 6 位的中国建筑股份有限公司、排名第 8 位的中国电力建设集团有限公司，以及排名前进 1 位来到第 9 位的中国铁建股份有限公司。进入 2023 年度国际承包商百强榜中的内地企业有 27 家，数量较上一年度增加 1 家；新入榜内地企业有 7 家，排名上升的有 35 家，其中升幅最大的是中钢设备有限公司，排名前进 74 位，排在了第 78 位。

（五）行业集中度进一步提升，"国进民退""马太效应"态势愈发明显

从市场集中度来看，头部八大建筑央企的市场份额由 2022 年的 42.1%进一步增长至 2023 年上半年的 51.4%，持续挤压地方国企和民营企业的市场空间。地方建筑国企作为地方政府国资委控股的区域型建筑企业，受制于地方投资平台资金紧张，本地发展和跨区域发展均面临一定压力。随着部分民营地产企业出清，部分民营建筑企业业务规模明显收缩，同时计提大额坏账损失，已经失去了规模扩张的弹性。

三、2024 年建筑装饰行业前景分析

展望 2024 年，中央经济工作会议强调 2024 年经济"坚持稳中求进工作总基调"，强调"巩固和增强经济回升向好态势，持续推动经济实现质的有效提升和量的合理增长"。在经济增速放缓的背景下，房地产仍处于底部修复期，专项债发行平衡投资放缓，预计建筑业总产值增速仍明显降档。利好的是，一方面，随着"一揽子化债方案"的实施，建筑企业的回款情况有望改善，短期流动性问题得以解决；另一方面，为探索房地产新发展模式，规划建设保障性住房、城中村改造和"平急两用"公共基础设施建设（"三大工程"建设）将为建筑企业带来结构性投资机会。2024 年，建筑央企有望抓住"一带一路"的市场机遇

拓展海外建筑市场。

（一）"一揽子化债方案"的实施，有望改善建筑企业的回款情况

为了统筹地方债务风险化解和稳定发展，2023 年中央推出了"一揽子化债方案"。同时，2023 年 12 月，中央政治局会议较上年新增"先立后破"表述，在防风险作为底线的大背景下，后续或许出台新的增量政策帮助"一揽子化债方案"平稳落地。财政部发布的数据显示，截至 2023 年 12 月末，全国地方政府债务余额约 40.57 万亿元，控制在全国人大批准的限额（42.16 万亿元）之内。在地方政府隐性债务方面，财政部 2023 年公开表示，隐性债务增长势头初步得到遏制，存量隐性债务也已经化解三分之一以上，隐性债务风险稳步缓释，总体可控。

从未来发展趋势来看，2024 年 2 月 23 日国务院常务会议提出"进一步推动一揽子化债方案落地见效"，2024 年《政府工作报告》也明确要求"进一步落实一揽子化债方案"。在此背景下，预计 2024 年城投债供给仍将维持紧平衡，利率持续下行空间或有限；一揽子化债方案持续落实背景下地方债务风险整体可控，但城投债技术性违约、城投企业非标违约和票据逾期风险或有所上升；金融化债仍有空间，具体落地措施有待观察；城投企业转型、推动建立统一的长效监管制度框架或是未来几年地方化债重心；严控新增投资项目是把"双刃剑"，应关注高风险地区投资项目落地及财政收入变化情况；在各地债务负担、化债资源禀赋情况等存在差异的背景下应关注区域实际债务负担和政府债务管控能力，及"一地一策"化债进度，长期关注财税制度改革和区域经济发展。若相关政策推进及实施效果符合预期，地方政府的偿债和财政支出压力有望得到进一步缓解，建筑企业工程回款情况将得到一定改善，但大部分化债手段主要解决短期流动性问题，长期债务化解仍需要在财政和货币政策的实施中着眼提高投入产出效率，因此在当前地方政府仍处于资金紧平衡状态和房地产仍处于底部修复期的背景下，2024 年建筑业总产值增速大幅提升概率仍较低。

（二）"三大工程"或将为建筑企业带来结构性投资机会

为稳地产预期，探索房地产新发展模式，2024 年以来"三大工程"在重要会议中被多次提及。"三大工程"建设是指规划建设保障性住房、城中村改造和"平急两用"公共基础设施建设。"三大工程"将为 2024 年固定资产投资提供新的增量，并且很难跟基建投资分开。除了支撑房地产建安投资以外，城中村改造等项目也会带来配套基建需求。在 2023 年 3 月国务院发布的《政府工作报告》中，提到"实施城市更新行动，改造城镇老旧小区 16.7 万个"。随后，国务院、住房和城乡建设部、地方政府均出台了相关的政策和通知（见表 12-7）。

表 12-7 2023 年"三大工程"相关政策文件

时间	政策文件	部门	相关内容
2023 年 7 月	《关于积极稳步推进超大特大城市"平急两用"公共基础设施建设的指导意见》	国务院	在超大特大城市积极稳步推进"平急两用"公共基础设施建设,是统筹发展和安全、推动城市高质量发展的重要举措。要充分发挥市场机制作用,加强标准引导和政策支持,充分调动民间投资积极性,鼓励和吸引更多民间资本参与"平急两用"设施的建设改造和运营维护。
2023 年 7 月	《关于扎实推进 2023 年城镇老旧小区改造工作的通知》	住房和城乡建设部	扎实抓好"楼道革命""环境革命""管理革命"3 个重点……按照"实施一批、谋划一批、储备一批"原则,尽快自下而上研究确定 2024 年改造计划,于 2023 年启动居民意愿征询、项目立项审批、改造资金筹措等前期工作,鼓励具备条件的项目提前至 2023 年开工实施。
2023 年 7 月	《进一步优化审批服务机制惠企利民促进经济社会发展若干措施(第三批)》	广州	探索城中村改造复建物业性质留白、支持城中村改造分期分片实施、缩短城中村改造用地报批时间、简化建设工程规划许可申办材料。
2023 年 8 月	石家庄市委专题会议	石家庄	做好城中村改造复盘工……年内完成二环内城中村改造,扎实推进二环至三环之间具备条件的城中村改造。

数据来源:住房和城乡建设部、中国政府网、各地方政府官网。

2023 年以来中央政治局和国务院多次强调超大特大城市城中村改造,坚持多渠道筹措资金和将城中村改造与保障房建设相结合,或成为未来稳投资的重点,潜在投资规模或超 5 万亿元,建筑企业在该领域存在较大的发展机会。

(三)专项债发行平衡投资放缓,但建筑业总产值增速仍明显降档

2023 年第四季度,中央财政增发了国债 1 万亿元,支持灾后恢复重建和提升防灾减灾救灾能力,并将国务院提前下达部分新增地方政府债务限额的授权延长至 2027 年底,显示出中央对于 2024 年基建投资的支持力度,将拉动 5 万亿~6.7 万亿元的基建投资总额。预计 2024 年建筑业总产值增速在 5.5%~6.5% 之间。

(四)海外建筑市场迎来发展新机遇

2024 年,对建筑央企而言,"一带一路"的主要市场有望从非洲转向中亚、东南亚等经济实力更好的国家。展望 2024 年,预计我国对外承包工程业务增速将高于国内业务增速,"一带一路"沿线国家业务发展空间广阔。

附表　2023 年度建筑装饰行业上市公司业绩评价结果排序表

序号	A股上市公司评价得分排序	股票代码	股票简称	评价等级	综合得分(100)	每股收益(元)	总资产报酬率(%)	净资产收益率(%)	总资产周转率(次)	流动资产周转率(次)	资产负债率(%)	已获利息倍数	营业收入增长率(%)	资本扩张率(%)	市场投资回报率(%)	股价波动率(%)	年末资产总额(万元)	营业收入(万元)	净利润(万元)
1	26	600970	中材国际	AA	81.95	1.12	8.13	17.33	0.93	1.29	62.13	13.53	17.98	33.18	9.36	102.17	5441954.41	4579884.42	318611.96
2	108	603929	亚翔集成	A	77.44	1.34	11.33	22.10	1.05	1.14	59.10	572.36	5.33	21.83	84.16	145.32	354249.22	320109.19	29289.97
3	230	605598	上海港湾	BBB	74.05	0.73	10.81	10.49	0.63	0.75	19.28	119.52	44.33	12.16	37.34	134.14	217361.64	127744.82	17374.54
4	255	600301	华锡有色	BBB	73.47	0.51	21.15	16.33	0.82	3.00	34.94	8.71	396.33	1175.39	-9.20	94.99	662188.08	292356.21	56194.03
5	268	000065	北方国际	BBB	73.29	0.92	5.85	11.32	0.94	1.54	60.88	5.89	59.96	8.61	33.28	141.52	2375954.20	2148789.96	95369.32
6	288	605167	利柏特	BBB	73.05	0.43	8.28	12.29	1.14	2.00	44.42	98.41	88.39	11.44	10.70	39.94	293467.67	324234.35	19018.41
7	303	603163	圣晖集成	BBB	72.87	1.39	9.89	13.25	1.09	1.15	42.76	133.84	23.41	7.56	38.88	122.75	190436.25	200892.50	14006.38
8	398	002469	三维化学	BBB	71.7	0.43	10.00	10.62	0.78	1.14	17.84	6149.39	1.82	5.34	3.13	28.74	348183.16	265744.94	28933.88
9	458	601117	中国化学	BBB	71.02	0.89	3.51	9.83	0.86	1.11	70.76	19.97	13.09	9.85	-21.18	94.28	21911531.97	17835751.04	597140.85
10	510	300384	三联虹普	BBB	70.49	0.91	9.53	11.98	0.33	0.48	33.33	537.13	17.94	10.15	3.35	29.05	391298.06	125011.29	31173.49
11	513	603357	设计总院	BBB	70.43	0.90	9.28	14.91	0.56	0.70	46.66	105.09	21.08	8.82	20.47	78.86	651462.21	338801.33	49388.57
12	515	600667	太极实业	BBB	70.42	0.35	3.82	9.69	1.28	1.77	73.21	5.26	11.88	11.14	33.64	73.36	3267359.43	3937675.41	82929.48
13	651	603909	建发合诚	BB	68.92	0.25	4.11	6.84	1.64	1.98	62.63	55.55	212.92	7.10	35.88	79.35	299839.67	394594.80	8024.54
14	653	836892	广咨国际	BB	68.89	0.68	12.76	22.38	0.68	0.75	50.67	71.21	8.03	4.89	124.25	151.79	81929.65	54407.52	8832.66
15	680	601668	中国建筑	BB	68.56	1.31	4.50	13.37	0.82	1.15	74.82	3.89	10.24	7.45	-9.11	54.97	290332251.90	226552924.40	7353971.30
16	730	600820	隧道股份	BB	68.03	0.93	3.73	10.45	0.48	0.91	77.98	3.15	13.66	5.31	15.63	38.65	16191565.02	7419325.46	317452.61
17	763	000928	中钢国际	BB	67.66	0.58	4.05	10.57	0.93	1.28	72.77	9.38	40.92	20.16	-0.43	127.58	2999822.04	2637705.55	80365.24
18	781	601390	中国中铁	BB	67.5	1.29	3.66	10.57	0.73	1.32	74.86	3.72	9.50	8.71	3.74	101.73	182943918.90	126084108.30	3763644.80
19	782	002116	中国海诚	BB	67.5	0.72	6.15	15.71	1.13	1.26	59.76	115.88	16.30	39.62	-0.31	58.48	571960.73	665218.91	31033.96
20	793	600039	四川路桥	BB	67.42	1.04	6.15	20.72	0.51	0.83	78.93	4.86	-14.88	10.32	3.53	77.14	24091476.26	11504151.39	903737.90
21	852	003013	地铁设计	BB	66.9	1.08	9.53	18.89	0.48	0.68	57.44	66.82	3.92	12.06	8.02	45.68	576652.29	257333.52	43942.08
22	853	603860	中公高科	BB	66.89	0.77	6.56	6.89	0.29	0.60	14.82	793.59	15.92	6.02	30.26	81.12	90904.57	26054.19	5186.84
23	938	000498	山东路桥	BB	66.16	1.33	4.09	11.92	0.60	0.84	76.58	4.00	12.31	42.35	-17.02	73.32	13953878.18	7302415.60	307202.73
24	946	002061	浙江交科	BB	66.07	0.52	3.46	9.84	0.72	0.94	78.32	5.74	-0.91	8.22	-2.84	44.38	6935615.60	4604569.57	146624.08
25	983	002140	东华科技	BB	65.82	0.49	3.46	8.92	0.58	0.87	69.40	10.75	21.24	11.32	-8.58	48.38	1433657.39	755821.59	36232.35
26	1015	002830	名雕股份	BB	65.58	0.29	4.23	5.84	0.54	0.82	51.91	0.00	-5.33	2.96	25.64	51.63	145327.15	78415.29	4336.48
27	1042	603637	镇海股份	BB	65.32	0.42	7.99	10.93	0.41	0.44	32.07	0.00	1.91	7.88	15.22	25.58	141499.11	58543.93	10125.26
28	1093	603018	华设集团	B	64.96	1.01	6.74	14.92	0.43	0.49	61.68	39.39	-8.32	12.94	1.90	56.91	1321281.94	535330.14	71371.02
29	1213	601186	中国铁建	B	64.1	1.73	3.30	8.69	0.71	1.10	74.92	3.81	3.80	8.06	-0.10	93.33	166301957.80	113799348.60	3232872.90

续表

A股上市公司评价得分排序 序号	股票代码	股票简称	评价等级	综合得分(100)	每股收益(元)	总资产报酬率(%)	净资产收益率(%)	总资产周转率(次)	流动资产周转率(次)	资产负债率(%)	已获利息倍数	营业收入增长率(%)	资本扩张率(%)	市场投资回报率(%)	股价波动率(%)	年末资产总额(万元)	营业收入(万元)	净利润(万元)
30	600502	安徽建工	B	62.42	0.91	2.92	12.17	0.57	0.85	85.95	2.28	13.88	4.57	-1.14	61.34	17108359.57	9124381.65	205767.43
31	601868	中国能建	B	62.33	0.18	3.29	7.52	0.56	1.01	75.96	2.43	10.82	12.40	-7.73	42.12	78315619.30	40603184.80	1125550.70
32	601800	中国交建	B	62.32	1.39	3.76	8.16	0.47	1.17	72.74	2.54	5.33	7.73	-5.03	105.23	168426278.62	75867642.65	3022411.48
33	601618	中国中冶	B	62.14	0.33	2.81	6.50	1.02	1.37	74.61	4.68	6.95	3.76	-2.81	74.62	66160223.60	63387042.20	1140610.90
34	605289	罗曼股份	B	62.01	0.74	5.08	6.28	0.31	0.41	34.84	17.72	95.39	6.49	154.41	151.17	202135.25	61019.66	7719.44
35	601886	江河集团	B	61.98	0.59	3.87	10.01	0.75	0.92	70.96	6.26	16.05	9.58	-18.27	76.69	2870596.89	2095428.49	74283.99
36	600284	浦东建设	B	61.74	0.59	2.45	7.85	0.62	0.88	74.36	8.31	25.85	4.76	-6.42	36.61	2969884.37	1772569.58	58777.73
37	000628	高新发展	B	61.68	1.04	4.72	18.97	0.59	0.66	83.99	7.25	21.88	10.28	320.56	492.98	1361243.23	800811.84	33135.80
38	301091	深城交	B	61.66	0.52	6.06	7.53	0.45	0.58	27.43	58.67	15.77	7.13	37.30	99.63	322920.57	141917.14	17461.07
39	300668	杰恩设计	B	61.65	0.48	6.91	7.67	0.72	0.85	33.39	79.69	71.37	9.34	21.91	72.18	117878.04	74868.94	5846.14
40	000779	甘咨询	B	61.43	0.66	5.93	8.12	0.49	0.74	31.83	125.87	-5.20	38.07	-3.23	52.90	535116.49	238910.50	25499.82
41	002541	鸿路钢构	B	60.97	1.71	7.66	13.51	1.07	1.78	60.51	5.74	18.60	11.31	-35.26	95.02	2328428.91	2353912.05	117930.90
42	601669	中国电建	B	60.78	0.68	3.24	8.31	0.55	1.39	77.50	2.43	6.44	8.03	-30.20	108.66	115377473.50	60843921.86	1718541.99
43	600248	陕建股份	B	60.32	1.01	2.33	16.28	0.55	0.63	89.19	3.65	-4.65	8.07	-3.18	83.94	34669552.43	18055499.14	474639.17
44	600133	东湖高新	B	60.02	1.21	8.05	13.21	0.54	0.83	48.48	5.24	4.91	-1.22	96.97	161.57	1909676.25	1467343.79	133362.53
45	000032	深桑达A	CCC	59.92	0.29	3.34	5.47	1.03	1.29	78.99	3.77	10.25	17.27	-13.38	142.97	5651838.79	5628371.86	87443.21
46	301167	建研设计	CCC	59.66	0.53	5.88	6.46	0.38	0.47	28.43	122.61	1.00	5.55	4.02	31.40	137783.05	51423.38	6739.40
47	002949	华阳国际	CCC	59.45	0.82	6.88	10.53	0.46	0.76	48.94	26.65	-17.46	5.49	-2.25	44.51	326349.64	150674.76	18931.13
48	600170	上海建工	CCC	59.2	0.12	1.78	3.82	0.81	1.07	86.60	1.80	6.50	0.25	-8.41	32.28	38207765.89	30462764.59	165801.70
49	002051	中工国际	CCC	59.05	0.29	2.68	3.25	0.56	0.69	49.87	9.01	27.25	2.19	2.25	119.61	2262114.70	1236538.41	34404.78
50	601611	中国核建	CCC	58.79	0.59	2.82	7.67	0.53	0.80	82.13	2.13	10.34	9.67	-9.28	57.22	21533556.11	10938501.93	278259.36
51	605287	德才股份	CCC	58.46	1.12	2.78	8.74	0.56	0.63	83.14	3.29	8.25	9.53	4.51	31.43	1171254.73	610283.63	16707.50
52	601789	宁波建工	CCC	58.44	0.28	2.17	6.68	0.85	1.10	81.54	2.90	3.69	-4.30	-5.77	51.58	2851555.53	2267267.55	34585.17
53	603017	中衡设计	CCC	58.27	0.39	4.24	7.43	0.51	0.84	56.25	14.87	-1.73	3.24	10.56	35.84	339226.01	172950.84	11074.39
54	300989	蕾奥规划	CCC	58.15	0.27	3.92	4.28	0.39	0.47	19.84	36.03	9.22	4.30	55.29	130.84	130928.21	48282.38	4220.90
55	002883	中设股份	CCC	58.06	0.27	4.53	6.49	0.58	0.68	41.23	20.44	-0.77	6.09	8.73	28.03	131882.27	74075.31	5098.68
56	301058	中粮科工	CCC	57.89	0.42	6.43	11.31	0.60	0.72	49.13	63.20	-10.51	6.00	-27.34	75.15	420304.06	241447.44	22430.10
57	600846	同济科技	CCC	57.64	0.61	4.85	10.33	0.57	0.67	57.91	11.60	43.88	7.79	2.06	53.56	921823.72	567281.49	40162.10

续　表

序号	A股上市公司评价得分排序	股票代码	股票简称	综合得分(100)	评价等级	每股收益(元)	总资产报酬率(%)	净资产收益率(%)	总资产周转率(次)	流动资产周转率(次)	资产负债率(%)	已获利息倍数	营业收入增长率(%)	资本扩张率(%)	市场投资回报率(%)	股价波动率(%)	年末资产总额(万元)	营业收入(万元)	净利润(万元)
58	2152	600853	龙建股份	57.57	CCC	0.33	3.22	12.43	0.51	0.89	83.94	1.82	2.77	30.89	15.60	87.15	3652011.76	1742832.68	41135.30
59	2212	002375	亚夏股份	57.15	CCC	0.19	1.47	3.22	0.56	0.68	64.38	4.79	6.21	3.04	0.43	34.14	2301554.87	1286878.87	25384.32
60	2273	600496	精工钢构	56.74	CCC	0.28	3.51	6.65	0.73	0.92	63.37	4.00	5.69	6.72	-25.74	65.71	2332723.11	1650636.39	57141.26
61	2293	300977	深圳瑞捷	56.58	CCC	0.27	2.75	2.92	0.31	0.39	8.87	74.74	-14.08	2.52	45.12	100.19	155711.39	49130.82	4226.42
62	2326	002593	日上集团	56.36	CCC	0.08	2.16	2.54	0.78	1.15	52.24	2.47	16.96	2.32	6.60	37.39	504817.96	395086.77	5970.87
63	2354	600629	华建集团	56.19	CCC	0.45	3.81	8.96	0.58	0.76	66.33	11.49	12.68	9.19	15.18	161.75	1584436.95	905918.58	46326.02
64	2523	002941	新疆交建	55.09	CCC	0.52	3.47	10.45	0.43	0.78	75.46	2.75	2.37	6.48	6.54	83.46	1935589.78	809203.25	33468.98
65	2554	300746	汉嘉设计	54.87	CC	0.05	1.01	0.87	0.90	1.41	52.03	24.80	-9.03	-5.41	13.70	48.67	266331.44	227384.93	1646.52
66	2599	002081	金螳螂	54.58	CC	0.39	3.41	7.94	0.54	0.62	63.27	12.99	-7.46	6.31	-26.71	75.75	3708177.64	2018661.68	103977.99
67	2680	002963	豪尔赛	53.97	CC	0.12	1.01	1.17	0.26	0.33	25.41	0.00	32.21	1.33	8.17	38.53	205042.87	53811.49	1770.37
68	2743	300284	苏文科	53.42	CC	0.26	2.82	3.99	0.34	0.42	45.18	5.04	0.98	1.60	-3.48	37.06	1591799.27	527780.62	30658.66
69	2774	300826	测绘股份	53.13	CC	0.31	3.13	3.79	0.32	0.40	47.53	3.88	-7.92	19.55	55.51	105.86	255812.92	76597.05	5162.54
70	2893	603176	汇通集团	52.24	CC	0.13	3.41	5.50	0.51	0.71	78.57	2.52	4.30	4.18	-13.01	43.99	545040.15	277647.36	5487.47
71	2935	002135	东南网架	51.88	CC	0.28	2.90	5.18	0.72	0.89	64.97	3.85	7.72	3.33	-10.39	47.90	1839139.29	1299566.50	32900.64
72	2941	300621	维业股份	51.84	CC	0.04	2.20	0.99	1.23	1.28	93.74	1.31	5.07	-10.58	37.13	52.58	1312649.31	1552896.46	2037.35
73	2984	300635	中达安	51.51	CC	0.03	1.70	0.91	0.63	0.95	63.70	1.40	19.50	-11.31	-3.37	34.03	124343.65	70535.40	933.17
74	2995	601226	华电重工	51.44	CC	0.08	1.14	2.32	0.63	0.89	62.09	6.83	-12.57	-0.26	11.82	88.78	1152231.07	717449.54	9871.39
75	3039	300564	筑博设计	51.02	CC	0.51	4.59	6.09	0.35	0.43	27.93	0.00	-22.28	-0.54	18.45	48.64	188617.37	68106.85	8299.97
76	3068	836149	旭杰科技	50.69	C	0.15	3.55	6.06	0.99	1.34	77.52	2.17	127.05	6.79	105.72	171.11	94148.12	78210.19	1241.76
77	3167	301098	金埔园林	49.89	C	0.13	3.52	1.88	0.33	0.36	64.79	3.77	2.35	5.39	9.29	38.93	334648.01	99900.50	2787.88
78	3187	002062	宏润建设	49.68	C	0.31	3.60	8.02	0.40	0.52	70.86	5.16	-26.13	4.07	-17.33	57.83	1560093.31	642566.43	37990.88
79	3189	600477	杭萧钢构	49.65	C	0.13	3.30	5.73	0.71	1.04	66.14	3.09	8.90	2.06	-25.36	112.46	1641817.89	1082011.65	32297.10
80	3195	301136	招标股份	49.6	C	0.08	2.18	1.55	0.31	0.35	30.12	11.36	-7.22	-2.62	-1.01	45.15	217578.28	68621.29	2754.94
81	3212	000159	国际实业	49.45	C	0.17	3.57	3.25	1.33	2.56	34.26	5.17	180.15	-6.54	-13.69	60.96	371302.12	451445.04	8070.36
82	3216	003001	中岩大地	49.4	C	0.15	1.10	1.60	0.44	0.49	39.59	12.39	2.20	-1.32	20.49	40.33	197260.33	91639.19	1376.72
83	3300	833427	华维设计	48.55	C	0.28	6.86	8.20	0.25	0.34	28.42	18.93	-13.89	-1.37	73.86	105.31	49364.48	12490.83	2949.70
84	3315	002761	浙江建投	48.36	C	0.27	1.56	4.86	0.80	1.06	91.64	1.91	-6.02	-0.58	-52.21	154.81	12165045.27	9260574.98	60282.04
85	3328	603815	交建股份	48.22	C	0.28	2.88	7.79	0.47	0.64	77.82	6.22	-25.94	6.01	8.50	46.27	1085927.28	481347.12	17799.19
86	3357	600939	重庆建工	47.98	C	0.00	0.95	0.43	0.53	0.66	89.93	1.21	-9.36	-5.32	-7.12	36.44	8698964.70	4469830.87	4502.34

续表

序号	A股上市公司评价得分排序	股票代码	股票简称	综合得分(100)	评价等级	每股收益(元)	总资产报酬率(%)	净资产收益率(%)	总资产周转率(次)	流动资产周转率(次)	资产负债率(%)	已获利息倍数	营业业入增长率(%)	资本扩张率(%)	市场投资回报率(%)	股价波动率(%)	年末资产总额(万元)	营业收入(万元)	净利润(万元)
87	3363	300355	蒙草生态	47.91	C	0.12	3.95	4.90	0.12	0.26	62.88	1.99	-14.77	2.99	19.34	56.64	1597733.55	189414.91	26271.07
88	3395	002743	富煌钢构	47.6	C	0.22	2.45	3.04	0.43	0.53	69.10	1.63	-2.58	2.36	9.11	21.12	1051814.98	463525.05	9671.09
89	3398	301365	矩阵股份	47.59	C	0.19	2.12	1.93	0.26	0.29	13.52	69.10	-33.38	-0.86	-10.33	45.76	202224.58	52927.70	3392.66
90	3421	300732	设研院	47.31	C	0.42	3.09	4.71	0.35	0.45	56.08	3.71	-7.34	1.31	-1.28	39.61	681179.93	232698.93	12939.62
91	3429	002163	海南发展	47.25	C	0.11	1.86	6.56	0.66	1.16	75.12	4.47	15.67	5.40	-22.06	78.62	641004.27	418268.01	8466.80
92	3450	603458	勘设股份	46.96	C	0.18	1.63	1.69	0.28	0.37	49.89	1.98	-6.25	-0.05	-8.65	30.77	682810.74	202092.95	5462.33
93	3455	301046	能辉科技	46.84	C	0.39	5.12	7.25	0.41	0.49	51.77	6.71	54.79	10.04	-43.10	131.90	174199.52	59078.38	5736.36
94	3488	002811	郑中设计	46.34	C	-0.18	-0.20	-4.08	0.42	0.54	55.17	-0.14	-0.18	-3.66	32.59	60.02	260021.23	109419.79	-4846.33
95	3580	300675	建科院	44.94	C	0.16	3.19	3.91	0.30	0.61	55.80	2.91	-12.23	1.09	1.23	38.81	143349.16	41614.41	2667.67
96	3581	600512	腾达建设	44.93	C	0.03	0.80	0.77	0.36	0.50	44.98	1.69	-30.42	1.77	-4.60	29.27	1114242.08	406423.90	3539.87
97	3588	300948	冠中生态	44.88	C	0.24	3.19	3.91	0.24	0.28	49.45	4.06	-16.84	7.61	12.95	54.41	179104.93	37702.40	3417.21
98	3639	001267	汇绿生态	44.21	C	0.07	3.47	3.81	0.27	0.30	38.99	5.94	12.07	1.34	-34.71	92.74	249099.30	68483.60	5761.38
99	3661	301027	华蓝集团	43.83	C	0.13	1.55	2.07	0.37	0.44	50.08	5.20	-17.08	2.15	-10.18	56.72	196853.26	70072.78	1904.63
100	3671	300982	苏文电能	43.65	C	0.38	1.95	2.54	0.56	0.67	35.78	18.27	14.30	2.66	-39.11	148.33	486994.73	269435.54	7959.63
101	3704	300983	尤安设计	43.27	C	0.06	0.13	0.25	0.12	0.17	4.75	0.00	-25.33	-0.46	8.56	30.61	323537.03	37944.65	435.75
102	3735	002628	成都路桥	42.73	C	0.01	1.53	0.15	0.16	0.33	58.17	1.17	-12.86	-0.45	-7.53	37.58	732565.68	116658.73	536.25
103	3765	002663	普邦股份	42.02	C	0.01	-0.89	0.46	0.33	0.47	44.12	-3.53	-25.91	0.62	-6.69	34.26	552642.62	183058.18	2302.84
104	3871	833873	中设咨询	39.75	C	-0.06	-1.73	-2.12	0.31	0.41	21.04	-8.87	-1.54	-0.85	32.37	82.40	54268.71	16414.19	-1045.60
105	3875	002307	北新路桥	39.65	C	0.03	1.89	0.94	0.16	0.60	89.65	1.16	-27.20	1.18	-18.14	64.05	5423520.66	848655.44	7497.25
106	3881	300712	永福股份	39.5	C	0.29	2.23	3.98	0.53	0.73	66.79	2.88	-7.20	3.78	-49.07	148.50	431928.85	203420.13	5354.75
107	3902	301038	深水规院	39.15	C	-0.17	-2.44	-3.47	0.42	0.52	54.16	-99.71	-17.46	-3.06	25.81	75.73	184101.55	76904.27	-2962.73
108	3933	300649	杭州园林	38.59	C	0.07	0.74	1.73	0.27	0.36	50.40	93.42	-52.90	0.57	-16.68	76.73	109169.95	30930.33	878.92
109	3947	603778	国晟科技	38.26	C	-0.11	-2.23	-7.01	0.35	0.97	57.64	-3.08	399.35	10.06	-26.15	88.44	323283.32	98796.88	-6234.53
110	3967	603098	森特股份	37.88	C	0.11	1.44	2.15	0.51	0.58	57.59	2.51	-16.98	0.98	-51.76	154.59	642743.07	351494.98	5729.71
111	3989	002323	雅博股份	37.5	C	-0.02	-2.31	-5.34	0.64	0.78	50.90	-6.81	10.36	-6.92	-25.66	85.02	126309.21	77278.82	-3450.40
112	4035	300492	华图山鼎	36.59	C	-0.65	-16.04	-35.77	0.36	0.65	79.47	0.00	131.27	-31.19	134.19	95.30	102092.61	24711.74	-9196.87
113	4055	300517	海波重科	36.07	C	0.03	0.87	0.58	0.24	0.30	35.20	1.68	-34.78	3.22	-19.55	59.03	164190.33	41517.24	604.76
114	4072	002989	中天精装	35.53	C	0.05	-0.34	0.49	0.25	0.31	43.83	-0.30	-58.71	-5.46	-0.69	48.47	296852.50	82286.29	833.53
115	4169	300986	志特新材	33	C	-0.18	0.81	-3.12	0.50	1.05	67.68	0.50	15.99	7.85	-54.24	176.68	506789.01	223804.88	-3634.61

续 表

序号	A股上市公司评价得分排序	股票代码	股票简称	综合得分(100)	评价等级	每股收益(元)	总资产报酬率(%)	净资产收益率(%)	总资产周转率(次)	流动资产周转率(次)	资产负债率(%)	已获利息倍数	营业收入增长率(%)	资本扩张率(%)	市场投资回报率(%)	股价波动率(%)	年末资产总额(万元)	营业收入(万元)	净利润(万元)
116	4198	300778	新城市	32.17	C	-0.28	-2.97	-3.97	0.16	0.18	14.39	-4.66	-37.16	23.40	20.67	125.12	170046.95	29229.94	-5245.93
117	4236	002713	东易日盛	31.31	C	-0.50	-6.50	-154.50	0.95	2.44	92.89	-5.49	16.26	-27.73	9.23	67.32	293074.73	293441.31	-18062.04
118	4244	600868	梅雁吉祥	31.08	C	-0.05	-3.54	-4.27	0.11	0.36	14.69	-13.44	-35.31	-5.11	-5.22	23.11	276581.70	31367.47	-11338.05
119	4296	002789	建艺集团	29.66	C	-3.53	-3.89	-560.10	0.65	0.94	97.45	-2.67	186.32	-18.30	-8.26	30.42	1010852.87	620047.77	-52771.15
120	4301	002775	文科股份	29.6	C	-0.25	-0.82	-61.27	0.19	0.37	93.92	-0.34	11.73	54.55	-2.49	40.95	589605.95	102537.55	-16460.70
121	4321	300844	山水比德	29.01	C	-1.68	-9.90	-13.66	0.35	0.41	15.93	-45.87	0.78	-12.68	50.18	158.27	87954.16	33318.85	-10844.37
122	4327	300949	奥雅股份	28.82	C	-2.94	-12.98	-16.66	0.32	0.41	36.97	-62.38	-0.34	-14.62	83.22	118.38	155770.65	47850.11	-17777.64
123	4358	605303	固林股份	28.07	C	-0.97	-6.21	-12.05	0.23	0.26	53.61	-15.10	22.17	-11.14	11.35	27.85	265581.32	62837.03	-15789.95
124	4468	603955	大千生态	25.14	C	-0.61	-0.36	-5.29	0.04	0.08	40.86	-0.35	-49.30	-4.21	-26.61	61.84	295159.22	12775.52	-7401.99
125	4507	301024	霍普股份	24.21	C	-1.65	-13.60	-18.11	0.18	0.25	27.29	-36.06	8.03	-15.62	34.46	79.25	77107.55	14469.87	-10509.82
126	4521	300500	启迪设计	23.95	C	-1.90	-8.92	-23.83	0.45	0.62	63.38	-15.79	-13.94	-22.04	-0.66	66.84	343811.53	159660.97	-33578.43
127	4551	605178	时空科技	23.13	C	-2.09	-9.54	-12.19	0.09	0.11	23.33	-103.40	-38.52	-9.02	49.27	63.62	214437.26	20281.11	-20428.48
128	4563	600193	创兴资源	22.81	C	-0.05	-2.20	-6.87	0.18	0.24	58.85	-5.16	-50.58	-6.80	-11.93	59.84	72126.71	13030.94	-2113.52
129	4571	002542	中化岩土	22.57	C	-0.41	-9.18	-28.46	0.30	0.41	73.00	-7.08	16.07	-24.69	-14.01	45.98	834069.61	252660.78	-75150.74
130	4584	002047	宝鹰股份	22.02	C	-0.64	-8.94	-169.36	0.44	0.58	98.82	-3.50	10.29	-89.71	-25.55	97.87	945762.37	411078.61	-97806.86
131	4592	600321	正源股份	21.84	C	-0.08	-2.37	-8.28	0.16	0.21	72.63	-16.04	17.85	-9.93	-2.25	31.83	527688.24	80168.40	-12632.07
132	4616	002856	美芝股份	20.94	C	-1.28	-7.82	-39.00	0.40	0.53	82.68	-5.90	-47.34	-33.29	48.44	94.67	216874.65	87802.16	-18811.62
133	4620	601068	中铝国际	20.86	C	-0.90	-5.67	-36.54	0.51	0.64	82.28	-5.69	-5.74	-30.61	-5.11	74.23	4094380.30	2233717.10	-283402.60
134	4655	002431	棕榈股份	19.24	C	-0.52	-3.04	-25.11	0.22	0.36	81.52	-1.47	-4.56	-20.96	-17.27	56.64	1888902.81	405115.37	-95837.87
135	4687	002620	瑞和股份	17.91	C	-0.99	-4.97	-87.43	0.35	0.46	87.46	-3.73	-27.80	-42.43	-2.89	42.17	406772.52	155194.32	-35112.20
136	4716	603843	正平股份	16.45	C	-0.76	-5.12	-41.79	0.22	0.37	84.27	-2.95	-14.25	-31.95	-20.82	51.34	822789.31	190569.74	-55252.29
137	4725	603316	诚邦股份	15.77	C	-0.41	-2.10	-13.47	0.15	0.31	73.04	-1.04	-43.94	-12.29	13.30	51.26	286834.78	44835.94	-10836.35
138	4750	603717	天域生态	13.86	C	-1.70	-17.42	-55.37	0.20	0.38	74.51	-19.20	-29.05	-41.81	8.58	86.25	327263.59	67045.44	-59867.63
139	4752	002717	岭南股份	13.3	C	-0.67	-4.90	-40.33	0.13	0.20	85.47	-3.01	-17.08	-36.19	14.54	53.39	1584159.24	213001.61	-112891.32
140	4762	603359	东珠生态	12.11	C	-0.73	-3.83	-9.07	0.09	0.11	59.44	-9.44	-33.28	-8.97	-31.92	91.39	832624.11	82869.18	-32567.12
141	4771	600491	龙元建设	10.78	C	-0.86	0.11	-11.36	0.14	0.22	79.37	0.05	-36.79	-11.18	-39.20	71.78	5784384.18	900417.30	-133144.11
142	4776	300197	节能铁汉	9.08	C	-0.54	-2.89	-25.31	0.05	0.12	80.79	-1.30	-49.17	-16.71	-8.40	47.09	3038295.42	141785.51	-152055.32
143	4786	000010	美丽生态	5.91	C	-0.47	-16.71	-106.07	0.09	0.12	92.06	-5.19	-50.59	-72.19	-18.06	121.34	313780.71	30291.56	-67733.79
144	4459	603828	柯利达	33.8	C	-0.22	-1.20	-16.07	0.48	0.74	85.21	-0.82	21.72	-14.33	13.38	79.95	524115.78	253959.52	-12960.51

续表

A股上市公司评价得分排序序号	股票代码	股票简称	综合得分(100)	评价等级	每股收益(元)	总资产报酬率(%)	净资产收益率(%)	总资产周转率(次)	流动资产周转率(次)	资产负债率(%)	已获利息倍数	营业收入增长率(%)	资本扩张率(%)	市场投资回报率(%)	股价波动率(%)	年末资产总额(万元)	营业收入(万元)	净利润(万元)
145	4459	603959	百利科技	18.98	C	-0.24	-2.03	-19.67	0.49	0.62	85.19	-2.48	-35.74	-16.48	-15.28	78.20	404510.16	206910.20	-11671.77
146	4482	002325	洪涛股份	6.99	C	-0.80	-13.36	-60.48	0.10	0.13	77.10	-4.49	-44.34	-49.43	-20.18	81.41	681043.74	74067.49	-153670.67
147	4490	836208	青矩技术	74.79	BBB	3.09	20.11	27.64	0.75	0.89	35.73	135.74	13.36	63.36	31.75	85.16	142369.16	93836.36	20040.65
148	4494	603153	上海建科	68.4	BB	0.80	8.59	10.38	0.88	1.27	26.46	130.64	12.70	29.50	-8.98	79.82	501319.47	400949.99	34691.89
149	4496	603137	恒尚节能	67.74	BB	1.06	5.10	14.98	0.72	0.77	66.90	7.52	13.70	105.79	4.08	31.48	345296.66	220983.40	12719.65
150	4519	301390	经纬股份	66.83	BB	1.02	7.17	8.31	0.56	0.65	20.80	101.60	18.75	135.59	16.44	37.98	119941.85	51450.48	5619.54
151	4521	601133	柏诚股份	66.02	BB	0.45	7.03	10.53	1.00	1.08	45.42	407.93	44.64	114.34	-34.33	45.63	507841.03	397960.95	21397.35
152	4523	301505	苏州规划	57.91	CCC	1.04	8.61	10.68	0.37	0.51	25.31	122.15	-3.35	117.15	-29.33	82.31	134669.31	39081.91	7870.02
153	4526	601096	宏盛华源	53.07	CC	0.06	1.97	3.40	1.08	1.26	53.19	8.27	5.98	37.85	-630.84	20.42	903388.05	929523.42	12404.13
154	4538	835857	百甲科技	51.42	CC	0.23	3.80	6.24	0.66	0.87	54.63	3.93	2.03	28.43	32.08	90.26	159300.70	100435.85	4012.14
155	4540	002564	*ST天沃	42.88	C	1.40	4.20	0.00	0.25	0.31	95.08	1.26	5.01	0.00	-34.41	166.43	695728.49	377068.57	10985.64
156	4540	002482	*ST广田	40.14	C	0.57	49.60	0.00	0.15	0.22	67.66	6.01	-71.87	0.00	7.53	75.60	239929.24	100249.30	200267.14
157	4569	002200	ST交投	33.91	C	0.05	0.51	20.85	0.20	0.49	90.92	0.80	3.21	-8.90	9.47	65.07	323153.73	60294.83	-376.32
158	4570	002586	*ST围海	29.55	C	-0.12	-0.75	-3.98	0.26	0.51	59.44	-0.94	-17.13	-20.36	-22.48	142.27	768175.03	213258.36	-15030.26
159	4570	603030	*ST全筑	28.53	C	0.16	2.41	22.83	0.23	0.30	61.29	1.75	-48.25	0.00	22.15	106.40	283824.76	103951.69	6110.41
160		300029	ST天龙	26.15	C	-0.04	-3.40	-33.41	1.18	1.27	94.44	-11.85	47.57	-28.67	-15.00	73.95	38274.78	36840.20	-862.85
161		300536	ST农尚	25.75	C	-0.10	-3.68	-4.83	0.07	0.08	39.74	-19.94	-81.59	-5.61	46.27	116.54	100063.12	7142.74	-3587.12
162		300117	*ST嘉寓	24.82	C	-2.10	-38.14	0.00	0.34	0.52	159.23	-33.67	-38.38	-5897.41	-26.40	90.28	250627.03	120376.61	-150225.46
163		002822	ST中装	21.19	C	-0.98	-6.85	-22.09	0.44	0.54	64.89	-5.22	-25.99	-22.42	-5.80	42.35	810719.81	385737.35	-72310.19
164		603388	ST元成	19.76	C	-0.50	-4.45	-12.91	0.08	0.18	56.29	-4.36	-6.77	-9.19	0.42	75.36	336771.67	27408.63	-17300.26
165		603007	ST花王	18.59	C	-0.53	-6.17	-60.39	0.07	0.13	86.54	-2.68	-18.64	10.78	35.42	81.29	230960.97	15926.43	-19525.77
166		600234	*ST科新	18.05	C	-0.65	-22.98	-33.18	0.09	0.22	33.00	-1219.55	-41.32	-27.66	24.12	70.65	66638.96	7010.24	-17072.65
167		300506	*ST名家	7.69	C	-0.54	-22.33	-113.28	0.07	0.09	85.09	-10.40	-34.06	-72.17	-19.87	59.48	97248.99	8112.64	-37651.42
168		002310	*ST东园	7.67	C	-1.89	-10.38	-215.92	0.01	0.03	97.07	-4.24	-83.30	-82.49	-7.21	93.81	3618922.36	56915.90	-518440.30
169		300495	*ST美尚	1.14	C	-0.81	-6.66	-130.24	0.02	0.05	96.17	-0.96	-34.17	-78.65	-52.97	139.25	395448.83	8750.13	-55743.98

第十三章

银行业上市公司业绩评价

2023 年，全球经济增长势头略显疲弱，发达经济体继续推行紧缩货币政策，地缘政治格局错综复杂。面对如此国际环境，我国加强宏观调控，国民经济稳步回升，银行业经营状况稳健，服务实体经济能力逐步提升。2023 年申万银行业股票指数从年初的 3173.73 点波动下降至年末的 2908.90 点，下跌 8.34%。展望 2024 年，全球经济增速放缓，随着资金成本的提高，净息差持续收窄，银行盈利或将承压。银行业将持续丰富金融产品供给，加大对实体经济支持力度，重视风险管理，夯实资本基础。

一、银行业上市公司业绩评价结果

截至 2023 年末，我国 A 股市场上市银行共 42 家，见表 13-1。42 家银行 A 股上市公司中，沪市 33 家，占比 78.57%，深市 9 家，占比 21.43%。42 家银行上市公司资产总额 2810648.26 亿元，所有者权益合计 224607.67 亿元，2023 年实现营业收入 56467.22 亿元，实现净利润 21203.65 亿元。

表 13-1　2023 年纳入业绩评价的 A 股上市银行汇总表

股票简称	上市日期	股票简称	上市日期
平安银行	1991-04-03	中信银行	2007-04-27
浦发银行	1999-11-10	交通银行	2007-05-15
民生银行	2000-12-19	南京银行	2007-07-19
招商银行	2002-04-09	宁波银行	2007-07-19
华夏银行	2003-09-12	北京银行	2007-09-19
中国银行	2006-07-05	建设银行	2007-09-25
工商银行	2006-10-27	农业银行	2010-07-15
兴业银行	2007-02-05	光大银行	2010-08-18

股票简称	上市日期	股票简称	上市日期
江苏银行	2016-08-02	青岛银行	2019-01-16
贵阳银行	2016-08-16	西安银行	2019-03-01
江阴银行	2016-09-02	青农商行	2019-03-26
无锡银行	2016-09-23	苏州银行	2019-08-02
常熟银行	2016-09-30	渝农商行	2019-10-29
杭州银行	2016-10-27	浙商银行	2019-11-26
上海银行	2016-11-16	邮储银行	2019-12-10
苏农银行	2016-11-29	厦门银行	2020-10-27
张家港行	2017-01-24	重庆银行	2021-02-05
成都银行	2018-01-31	齐鲁银行	2021-06-18
郑州银行	2018-09-19	瑞丰银行	2021-06-25
长沙银行	2018-09-26	沪农商行	2021-08-19
紫金银行	2019-01-03	兰州银行	2022-01-17

在 42 家银行上市公司中，评价等级为 A 级的有 7 家，BBB 级的有 19 家，BB 级的有 14 家，B 级的有 2 家。

2023 年银行业整体评价结果显示，业绩评价综合得分进入"中联价值 100"榜单的有一家，为建设银行，位列全部上市公司第 81 位。2023 年度银行业评价得分排名前十的公司如表 13-2 所示。

表 13-2　2023 年度银行业评价得分前十名的公司

名次	股票代码	股票简称	在 A 股上市公司中评价得分排序
1	601939	建设银行	81
2	600036	招商银行	105
3	601988	中国银行	109
4	601288	农业银行	122
5	601398	工商银行	137
6	601128	常熟银行	185
7	600919	江苏银行	191
8	601838	成都银行	208
9	601665	齐鲁银行	217
10	601825	沪农商行	277

基于对银行业上市公司的整体评价，下面分别从安全性、流动性、盈利能力、发展能力以及市场表现五个方面对上市银行公司进行具体分析。

（一）安全性

1. 资本充足率

2023 年，42 家上市银行的平均资本充足率为 14.13%，较 2022 年下降了 0.01 个百分点。上市银行资本充足率较高的三家分别是工商银行（19.10%）、建设银行（17.95%）、招商银行（17.88%）；资本充足率较低的三家分别为浙商银行（12.19%）、苏农银行（11.88%）、兰州银行（11.12%）。42 家上市银行的资本充足率均满足银监会《商业银行资本管理办法（试行）》规定的资本充足率最低要求，其中 22 家银行的资本充足率较年初下降。

2023 年上市银行资本充足率整体保持平稳，全年信贷投放规模上升，风险加权资产规模增加，对资本消耗加快。上市银行在内外源渠道的资本补充下，资本充足率整体维持平稳水平。

2. 不良贷款率

2023 年随着实体经济逐渐恢复，企业的经营情况得到改善，上市银行资产质量持续提升，不良贷款规模增速减缓，不良贷款率下行。42 家上市银行 2023 年末不良贷款率的平均值为 1.17%，较 2022 年下降了 0.04 个百分点，整体稳中向好。其中，不良贷款率较低的三家分别为成都银行（0.68%）、常熟银行（0.75%）、厦门银行（0.76%）；不良贷款率较高的三家分别为兰州银行（1.73%）、青农商行（1.81%）、郑州银行（1.87%）。郑州银行、兰州银行不良贷款率整体保持稳定，青农商行 2023 年不良贷款率有明显改善，较 2022 年下降 0.28 个百分点。银行业上市公司安全性状况如表 13-3 所示。

表 13-3　银行业安全性状况表

分析指标	2022 年行业平均值	2023 年行业平均值	增长率（%）
资本充足率（%）	14.14	14.13	-0.05
不良贷款率（%）	1.21	1.17	-2.94

（二）流动性

1. 流动性覆盖率

2023 年，42 家上市银行的流动性覆盖率平均为 189.35%，较上年同期上升了 16.09 个百分点，高于《商业银行流动性风险管理办法》中要求的 100% 监管指标。流动性覆盖率较高的三家分别为西安银行（880.15%）、渝农商行（414.05%）、贵阳银行（409.92%）。流动性覆盖率较低的三家分别为工商银行（122.03%）、兰州银行（119.89%）、平安银行（112.34%）。

2. 存贷款比例

2023 年，42 家上市银行的存贷款比例平均为 84.53%，同比上升了 0.74 个百分点。在鼓励银行回归信贷主业、支持实体经济发展的大背景下，2023 年上市银行的信贷增量超过

2022 年。上市银行存贷款比例较高的三家分别为兴业银行（106.30%）、民生银行（102.38%）、中信银行（101.86%）。存贷款比例较低的三家分别为西安银行（68.65%）、长沙银行（67.79%）、邮储银行（58.39%）。邮储银行的前身是仅办理存款业务而无放贷功能的邮政储蓄，2007 年成立后放贷业务才刚刚起步，凸显了目前依然没有摆脱存贷比较低的局面。银行业上市公司流动性状况如表 13-4 所示。

表 13-4　银行业流动性状况表

分析指标	2022 年行业平均值	2023 年行业平均值	增长率（%）
流动性覆盖率（%）	173.26	189.35	9.29
存贷款比例（%）	83.79	84.53	0.89

（三）盈利能力

1. 净资产收益率

2023 年，42 家上市银行的净资产收益率平均为 10.06%，较 2022 年下降 0.37 个百分点，上市银行净资产收益率较高的三家分别是成都银行（17.59%）、招商银行（14.51%）、宁波银行（13.82%）；较低的三家分别是民生银行（5.75%）、浦发银行（5.20%）、郑州银行（3.48%）。

2023 年上市银行盈利水平整体平稳，但各家上市银行净资产收益率的增速分化较大，利润增幅明显的上市银行，净资产收益率增幅也同样较大，盈利能力分化加剧。

2. 总资产收益率

2023 年，42 家上市银行的总资产收益率平均为 0.79%，较上年同期下降了 0.04 个百分点。上市银行总资产收益率较高的三家分别为招商银行（1.40%）、成都银行（1.16%）、江阴银行（1.14%）；较低的三家分别为兰州银行（0.43%）、浦发银行（0.42%）、郑州银行（0.30%）。银行业上市公司盈利能力状况如表 13-5 所示。

表 13-5　银行业盈利能力状况表

分析指标	2022 年行业平均值	2023 年行业平均值	增长率（%）
净资产收益率（%）	10.43	10.06	-3.54
总资产收益率（%）	0.83	0.79	-4.84

（四）发展能力

1. 资本扩张率

2023 年，42 家上市银行的资本扩张率平均为 10.11%，较上年同期增加了 1.44 个百分点，42 家上市银行资本扩张率较低的三家分别为浦发银行（3.69%）、郑州银行（3.21%）、华夏银行（-0.48%）。

2. 营业收入增长率

2023 年，42 家上市银行的营业收入增长率平均为 0.35%，较上年同期下降了 2.82 个百分点。主原因是净息差不断收窄，净利息收入降幅进一步扩大呈负增长，并在保险报行合一、公募管理费调降等因素冲击下，净手续费收入增速明显下降。

营业收入增长率较高的三家分别为常熟银行（12.05%）、西安银行（9.70%）、长沙银行（8.46%），较低的三家分别为工商银行（-8.16%）、平安银行（-8.45%）、郑州银行（-9.50%）。常熟银行 2023 年存贷款规模增速稳步上升；在行业息差整体收窄的情况下，通过优化资产结构，同时强化负债端成本管控，息差小幅收窄；在非息方面，通过交易银行等业务拓宽非息收入，增加轻资本业务贡献促进营业收入小幅增长。而郑州银行 2023 年受外币资产规模变化及汇率波动影响，叠加息差收窄等因素，营业收入不及同期。工商银行和平安银行受 LPR（贷款市场报价利率）下调导致贷款利率降低、加大重点领域信贷支持力度、让利实体经济等因素影响，息差下行减缓了营业收入增速。

银行业上市公司发展能力状况如表 13-6 所示。

表 13-6　银行业发展能力状况表

分析指标	2022 年行业平均值	2023 年行业平均值	增长率（%）
资本扩张率（%）	8.67	10.11	16.61
营业收入增长率（%）	3.17	0.35	-88.93

（五）市场表现

2023 年银行业指数和沪深 300 指数保持较大相关性，详见图 13-1。

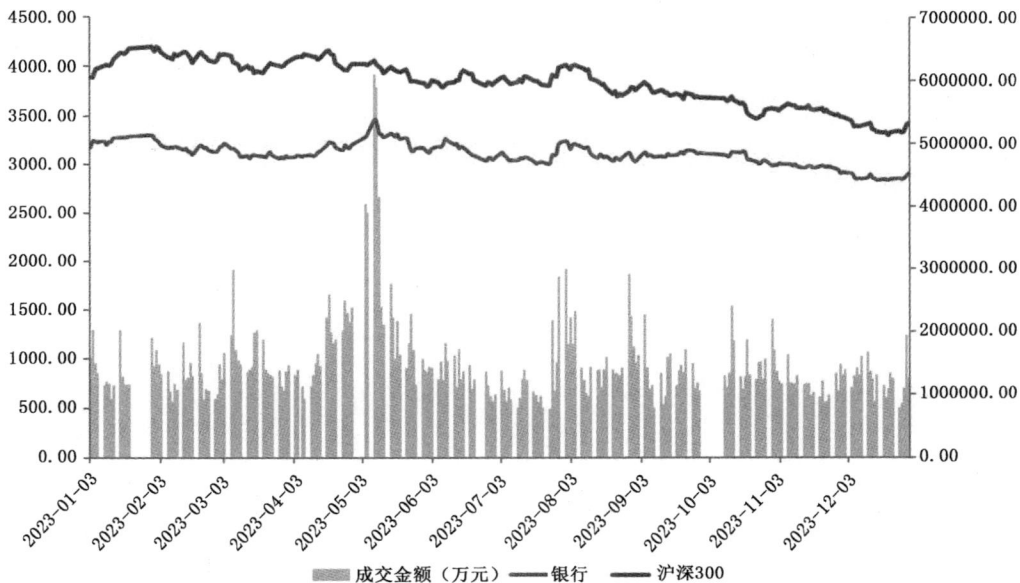

图 13-1　银行业指数和沪深 300 指数

数据来源：同花顺 iFinD。

1. 市场投资回报率

根据统计数据，2023 年上市银行市场投资回报率均值为 0.96%，股价波动率继续呈现平缓趋势。在 42 家上市银行中，市场投资回报率较高的三家分别为中国银行（38.14%）、农业银行（36.30%）、交通银行（32.26%），较低的三家分别为平安银行（−26.06%）、兰州银行（−27.13%）、宁波银行（−35.42%）。兰州银行为 2022 年上市的小型商业银行，2023 年是其登陆 A 股主板市场后的第一个完整年度，目前处于价值回归阶段当中。

2. 股价波动率

从波动性指标看，股价波动最大的三家分别为瑞丰银行（30.54%）、宁波银行（28.17%）、邮储银行（26.75%）；股价波动相对较小的三家分别为北京银行（12.26%）、沪农商行（11.21%）、上海银行（9.38%）。银行业上市公司市场表现状况如表 13-7 所示。

表 13-7　银行业市场表现状况表

分析指标	2022 年行业平均值	2023 年行业平均值	增长率（%）
市场投资回报率（%）	0.66	0.96	46.21
股价波动率（%）	23.21	17.11	−26.27

二、2023 年度银行业上市公司业绩影响因素分析

截至 2023 年末，我国 A 股纳入业绩评价的上市银行一共有 42 家，包括 6 家大型国有商业银行、9 家全国性股份制商业银行、17 家城市商业银行和 10 家农村商业银行。42 家上市银行实现营业收入 56467.22 亿元，同比下降 −3.52%；净利润为 21203.65 亿元，同比增长 1.79%。总体来看，2023 年我国银行业经营稳健，影响上市银行业绩的因素主要有以下几方面。

（一）支持实体经济，规模稳健提升

资产规模方面，截至 2023 年末，42 家上市银行的总资产为 2810648.26 亿元，同比增长 11.33%，详见图 13-2。

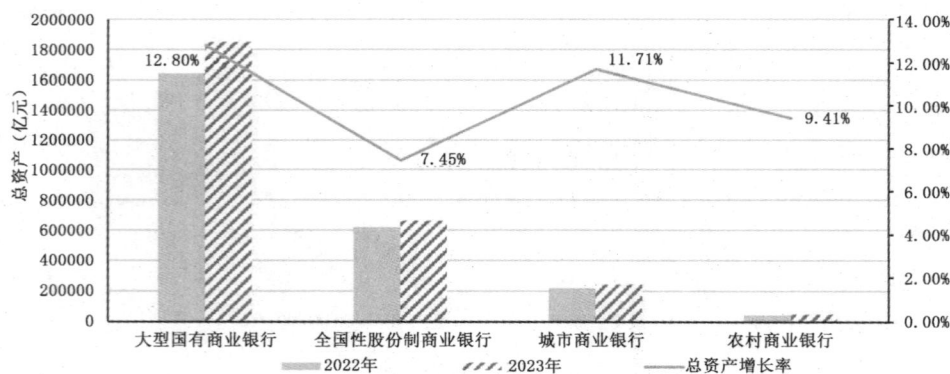

图 13-2　上市银行总资产增长情况

数据来源：同花顺 iFinD。

2023 年上市银行规模增速保持两位数水平，在鼓励银行回归信贷主业、支持实体经济发展的大背景下，2023 年上市银行的信贷增量超过 2022 年，且大型国有商业银行贷款增速远超全国性股份制商业银行，信贷仍是支撑全年资产增长的重要因素。经济复苏过程中全国性股份制商业银行的资产规模扩张放缓，扩表主要依靠非信贷资产，而大型国有商业银行的"头雁效应"仍在，信贷增长保持较好态势。

同时，2023 年银行业深刻实施金融的政治性、人民性，在经济复苏向好的周期中积极增加信贷投放量，信贷规模持续扩张；响应国家扩大内需战略，在居民不同消费场景下深耕业务空间，力促消费恢复；实现了具有小微金融业务优势的区域型银行信贷投放较高幅度增长，城市商业银行资产扩张速度最快。

在资产结构方面，截至 2023 年末，42 家上市银行发放贷款及垫款增速为 11.19%，除大型国有商业银行发放贷款及垫款增速与资产增速持平外，全国性股份制商业银行及农村商业银行发放贷款及垫款增速低于资产增速，城市商业银行发放贷款及垫款增速高于资产增速，整体资产结构稳定，详见图 13-3。

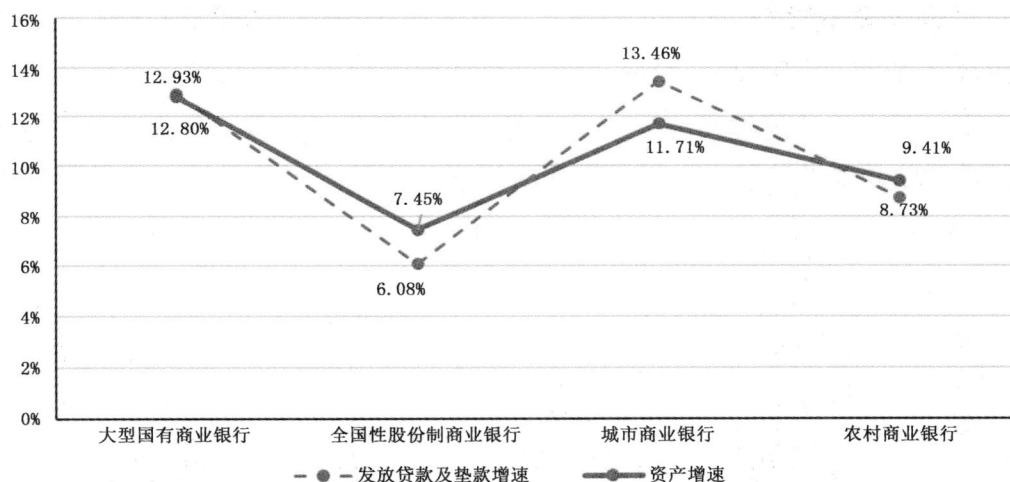

图 13-3　2023 年上市银行总资产增速和发放贷款及垫款增速

数据来源：同花顺 iFinD。

负债规模方面，2023 年得益于信贷投放和存款吸收的大幅增加，除全国性股份制商业银行负债规模增速与资产规模增速持平外，其余类型的上市银行负债增速均超过资产增速，存款规模增速上升。截至 2023 年末，42 家上市银行的总负债合计为 2586040.59 亿元，同比增长 11.57%，较上年同期增速放缓。在 2022 年较高的基期效应以及存款利率下调改变居民配置偏好等影响下，存款增速略下降，详见图 13-4。

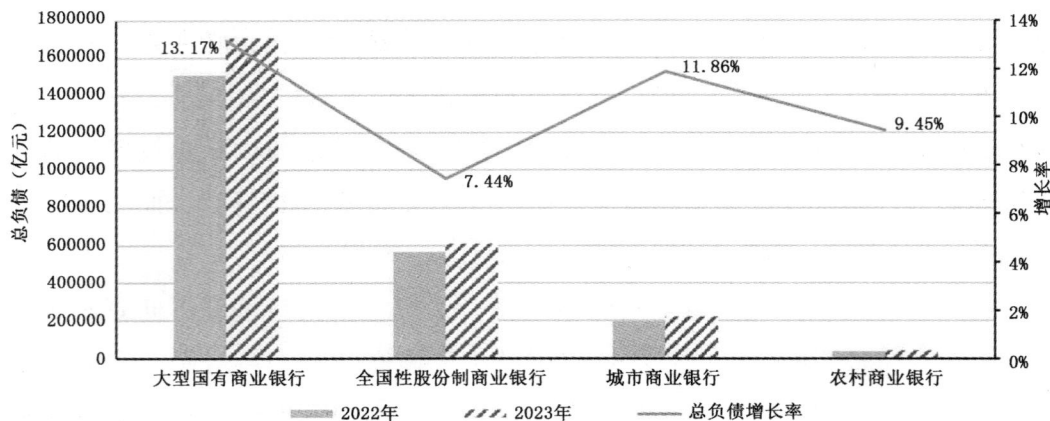

图 13-4　上市银行总负债增长情况

数据来源：同花顺 iFinD。

（二）营收持续承压，非息收入改善

1. 营收承压，规模扩张支撑净利润正增长

在营业收入方面，四类上市银行的发放贷款及垫款的增长率均高于营业收入增长率，因此规模仍是驱动营业收入增长的主要因素。2023 年 42 家上市银行营业收入增速较 2022 年同期增速下降 4.24 个百分点，至 -3.52%。整体盈利能力表现仍处于承压状态，增速较 2022 年度大幅下滑。其中除农村商业银行增速降幅减缓外，其他三类上市银行增速下降幅度较大。随着净息差继续收窄，净利息收入降幅进一步扩大呈负增长，利息净收入增长率由 2022 年的 3.01% 下降至 -2.89%。详见图 13-5。

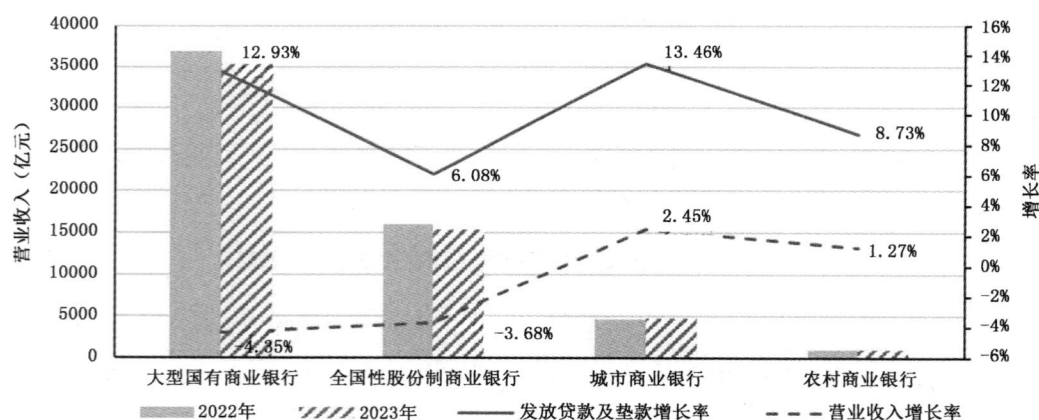

图 13-5　上市银行营业收入及发放贷款与垫款增长情况

数据来源：同花顺 iFinD。

在净利润方面，截至 2023 年末，42 家上市银行的净利润增速为 1.79%，比 2022 年末 41 家上市银行净利润增速下降 5.41 个百分点，详见图 13-6。2023 年上市银行净利润增速收窄，相对营收仍维持高位。主要得益于规模较快扩张和拨备反哺，缓解了净息差和业务费用等方面的负面拖累，此外，其他非息收入和所得税等也具有正面贡献。

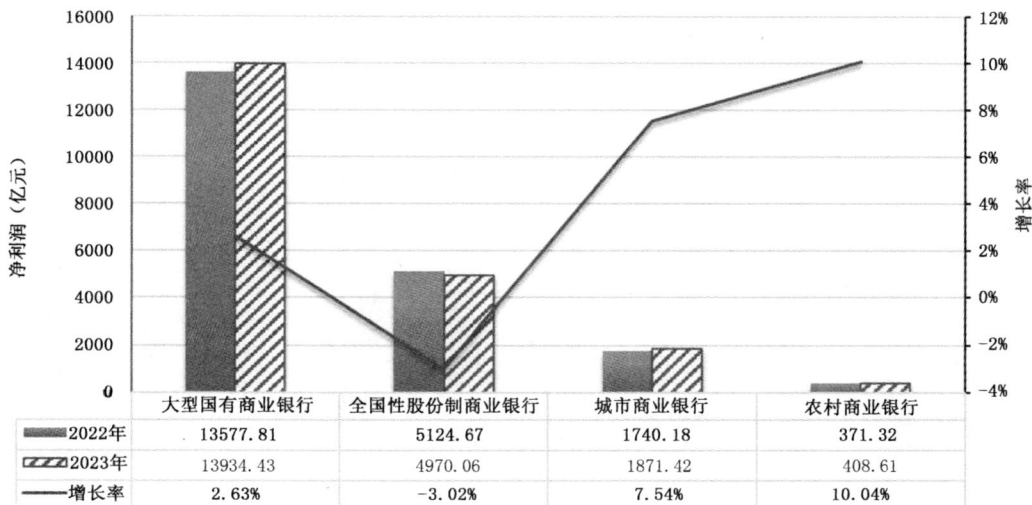

	大型国有商业银行	全国性股份制商业银行	城市商业银行	农村商业银行
2022年	13577.81	5124.67	1740.18	371.32
2023年	13934.43	4970.06	1871.42	408.61
增长率	2.63%	-3.02%	7.54%	10.04%

图 13-6　上市银行净利润增长情况

数据来源：同花顺 iFinD。

2. 净息差仍受息差压力制约，个体间略有分化

2023 年，42 家上市银行净息差平均为 1.78%，相较 2022 年的 2% 下降了 0.22 个百分点，详见图 13-7 至图 13-10。息差收窄压力主要来自贷款收益率下降，而存款成本整体有稳定趋势。

在资产端，受 LPR（贷款市场报价利率）下行、存量按揭重定价以及化债等因素影响，贷款收益率下行，对银行生息资产收益率形成拖累，2023 年生息资产收益率较 2022 年下降了 0.12 个百分点。在负债端，上市银行整体信贷业务拓展良好，存款占比整体平稳，成本管控效果显现，除大型国有商业银行外，其他类型上市银行计息负债成本率波动较小。

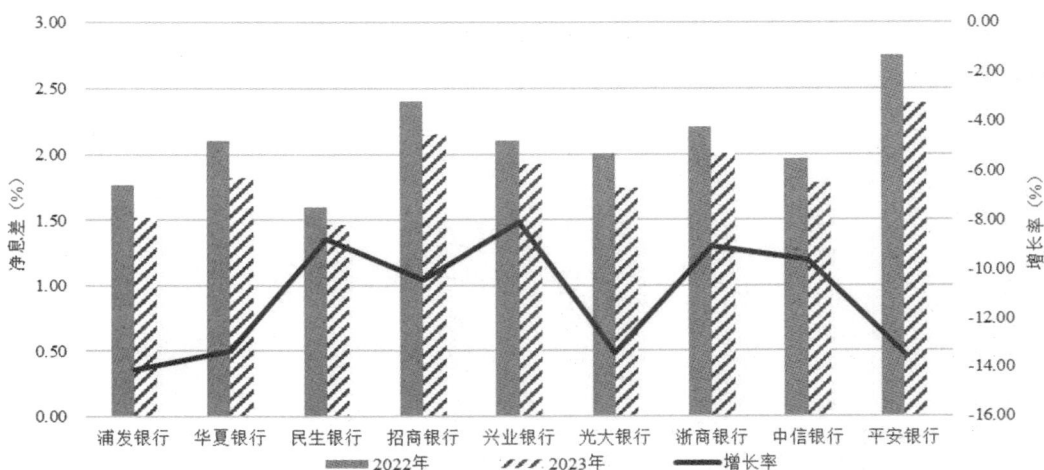

图 13-7　全国性股份制商业银行净息差

数据来源：同花顺 iFinD。

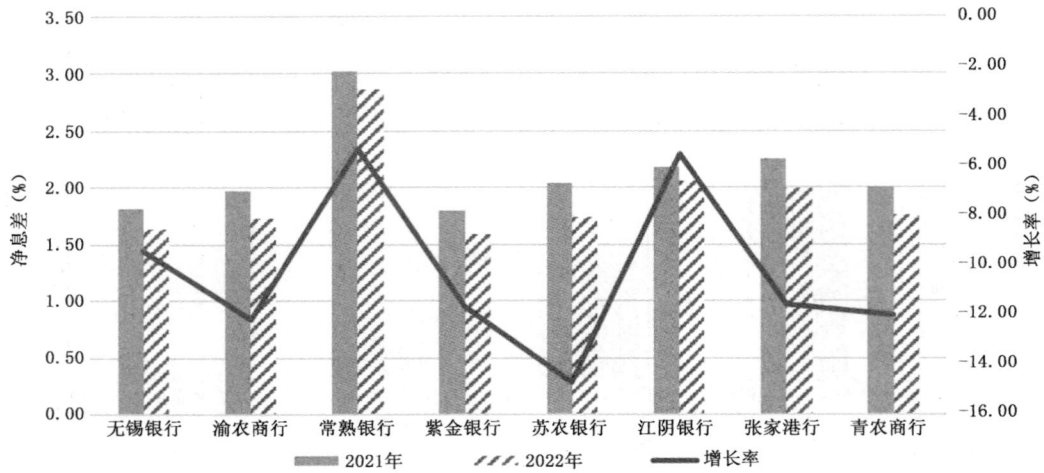

图 13-8　农村商业银行净息差

数据来源：同花顺 iFinD。

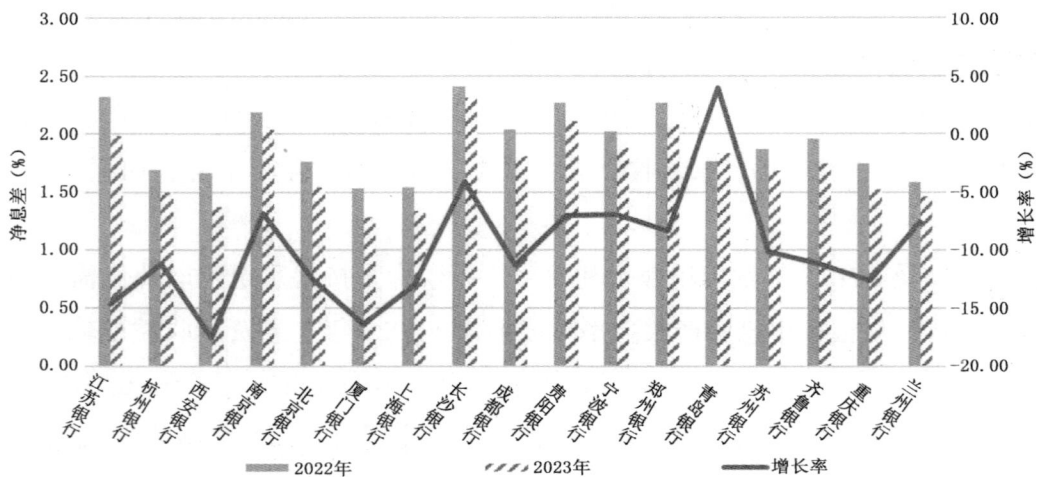

图 13-9　城市商业银行净息差

数据来源：同花顺 iFinD。

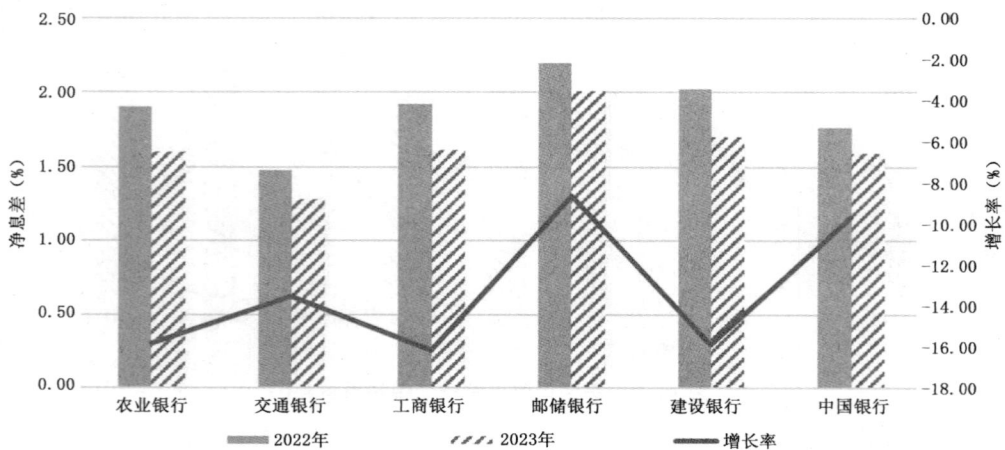

图 13-10　大型国有银行净息差

数据来源：同花顺 iFinD。

3. 利息净收入占比稳定，非息业务拖累业绩

2023 年，随着息差的持续收窄，42 家上市银行的利息净收入增速呈负增长，利息净收入占营业收入比重保持稳定。2023 年利息净收入实现总额 42494.27 亿元，较 2022 年下降 2.89%。

受资本市场波动以及保险报行合一、公募管理费调降等因素冲击影响，手续费及佣金净收入下降。2023 年上市银行共实现手续费及佣金净收入 7576.90 亿元，同比减少了 7.72%。其中，城市商业银行降幅尤为明显，手续费及佣金净收入为 344.82 亿元，同比减少了 25.19%，详见图 13-11。

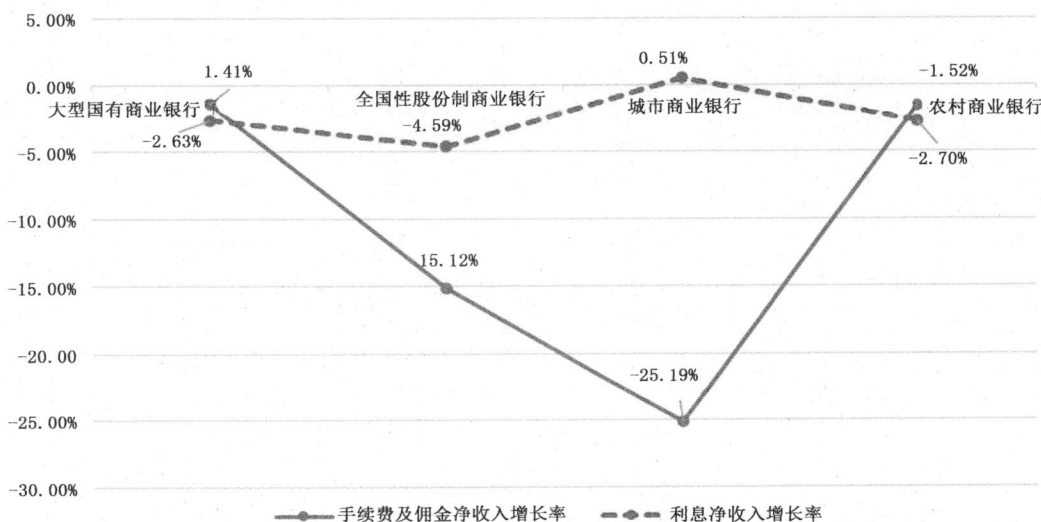

图 13-11 2023 年上市银行利息净收入和手续费及佣金净收入增长情况

数据来源：同花顺 iFinD。

2023 年 42 家上市银行营业收入规模达 56467.22 亿元，较 2022 年下降 3.52%。同时，营业支出为 32065.76 亿元，较 2022 年减少 6.44%，成本控制能力有所增强。从营业收入结构来看，利息净收入小幅下降，在营业收入中占比增加，城市商业银行和农村商业银行非利息收入 2023 年增速分别为 7.73% 和 21.83%，同时上述两类银行营收表现良好，呈正向增长态势。另外，手续费及佣金净收入压缩，在营业收入中的占比小幅度下降。因此，2023 年上市银行业绩主要靠规模驱动，受非息业务拖累，拨备计提支撑上市银行盈利能力稳步提升。

（三）资产质量稳健，风险抵补能力稳定

1. 不良贷款额总体微增，但不良贷款率下降

2023 年，42 家上市银行的不良贷款金额为 20360.75 亿元，不良贷款余额同比提升了 7.90%，上市银行仍在持续清出风险。2023 年上市银行不良贷款率平均为 1.17%，同比下降 0.04 个百分点，详见图 13-12、图 13-13。随着实体经济逐渐恢复，企业的经营情况得到改善，不良资产处置力度加大，上市银行不良贷款率持续降低，资产质量保持良好发展。

此外，中央金融工作会议高度重视国内金融风险的化解，2024 年上市银行不良贷款增速预计将进一步放缓。

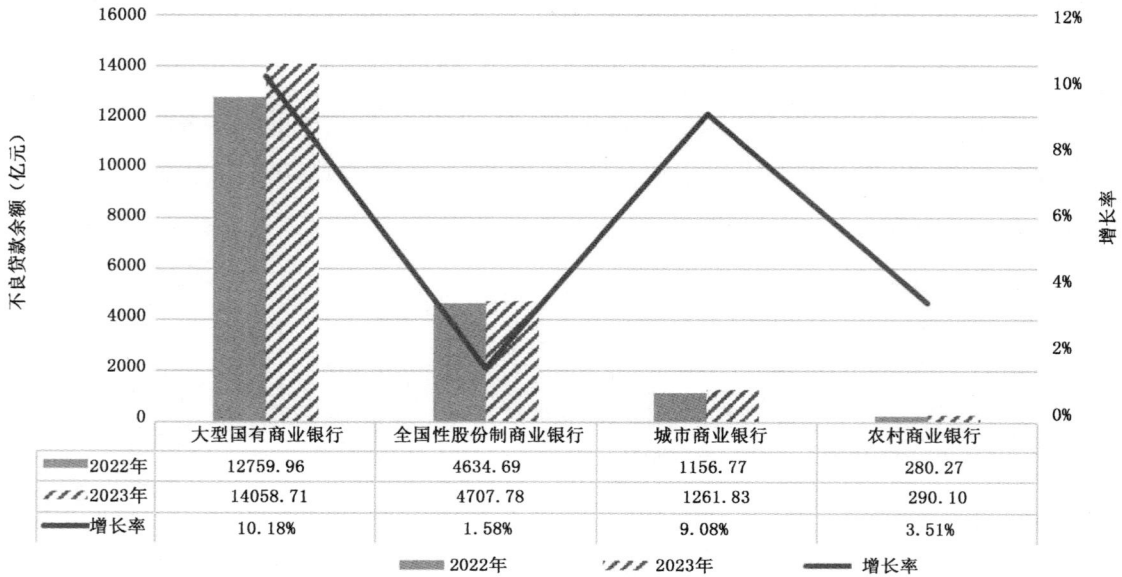

	大型国有商业银行	全国性股份制商业银行	城市商业银行	农村商业银行
2022年	12759.96	4634.69	1156.77	280.27
2023年	14058.71	4707.78	1261.83	290.10
增长率	10.18%	1.58%	9.08%	3.51%

图 13-12　2023 年上市银行不良贷款余额

数据来源：同花顺 iFinD。

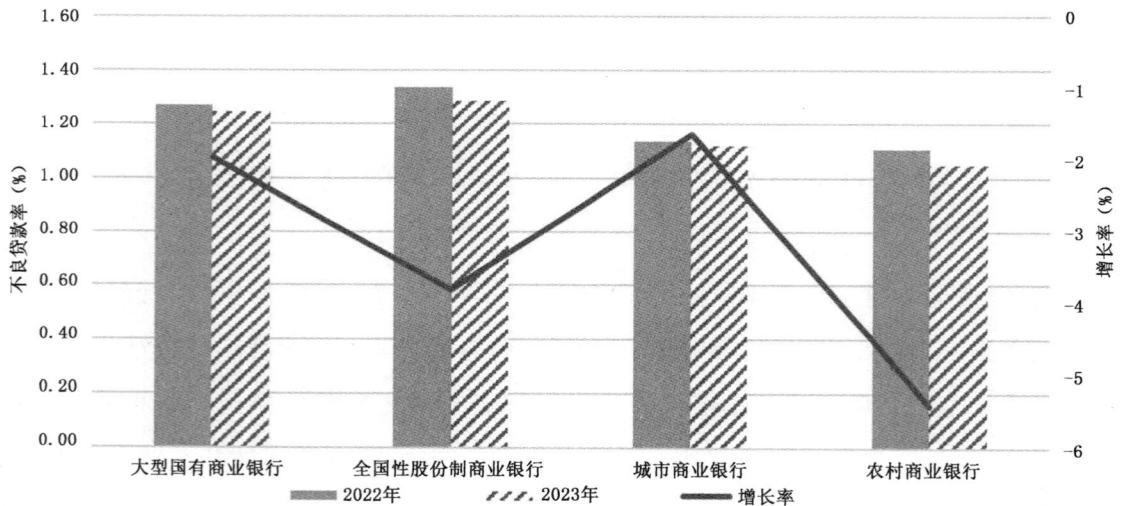

图 13-13　2023 年上市银行不良贷款率

数据来源：同花顺 iFinD。

2. 拨备覆盖率下降，反哺利润空间充足

2023 年上市银行不良净生成率小幅下降，拨备计提力度呈放缓趋势，反哺利润，对盈利能力提供有效支撑。整体而言距监管底线安全边际较大，反哺利润空间充足。2023 年，42 家上市银行拨备覆盖率均值为 309.47%，同比下降 4.27 个百分点，拨贷比为 3.32%，同比下降 0.12 个百分点，详见图 13-14。

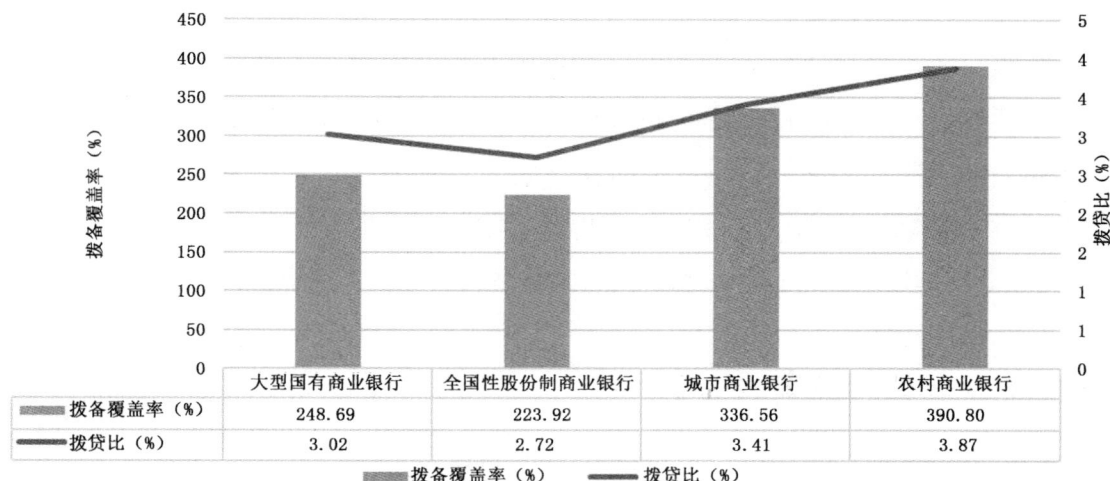

	大型国有商业银行	全国性股份制商业银行	城市商业银行	农村商业银行
▬ 拨备覆盖率（%）	248.69	223.92	336.56	390.80
── 拨贷比（%）	3.02	2.72	3.41	3.87

▬ 拨备覆盖率（%）　── 拨贷比（%）

图 13-14　2023 年上市银行拨备覆盖率和拨贷比

数据来源：同花顺 iFinD。

3. 资本充足率提升，中小银行加快补充进程

2023 年，42 家上市银行核心一级资本充足率均值为 10.25%，一级资本充足率均值为 11.61%，资本充足率均值为 14.13%，详见图 13-15。与 2022 年相比，核心一级资本充足率和一级资本充足率均普遍上升，主要由于信贷投放规模增加，风险加权资产规模有所上升，商业银行整体资本充足率保持稳定。经济复苏支撑上市银行的盈利能力提升，内源性资本补充具有一定保障；外源性资本补充方面，2023 年第四季度，随着二级资本债、永续债的发行，资本补充速度加快，带动资本充足率改善。

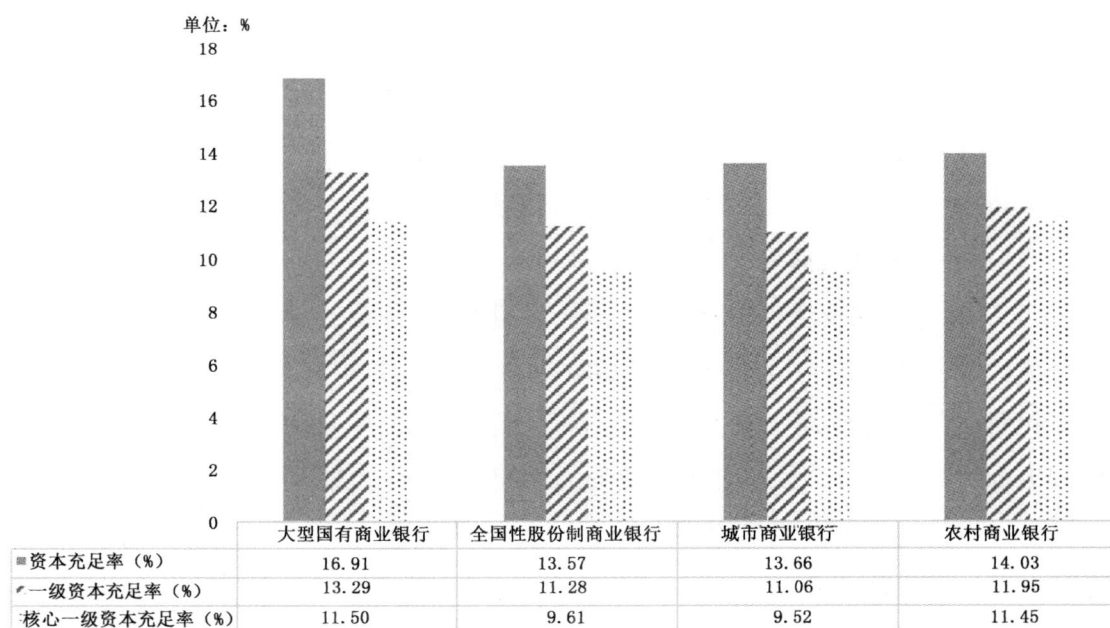

单位：%

	大型国有商业银行	全国性股份制商业银行	城市商业银行	农村商业银行
▪ 资本充足率（%）	16.91	13.57	13.66	14.03
◢ 一级资本充足率（%）	13.29	11.28	11.06	11.95
⋮ 核心一级资本充足率（%）	11.50	9.61	9.52	11.45

图 13-15　2023 年上市银行资本充足率

数据来源：同花顺 iFinD。

随着实体经济逐渐恢复，企业的经营情况得到改善，上市银行资产质量将持续提升，保持良好发展，资产质量整体较为稳定。往年供给侧结构性改革降低了传统产业的负债水平，以及近年银行业加大存量不良的处置核销，大部分借款人杠杆水平降低，银行的信贷投放风险偏好也下降，因而资产质量整体保持稳定。受不良处置影响，拨备覆盖率维持稳定。拨备计提力度继续降低，各类型银行均在下降，其中股份银行、农商银行拨备计提冗余不足、贷款减值损失少于不良生成额，未来拨备计提压力相对较大。

三、2024 年银行业前景分析

中国宏观经济持续回升向好，为中国金融体系的稳健运转提供更加坚实的基础和支持。银行业经营环境不断优化，加大对实体经济高质量发展的支持力度，资产质量持续向好，自身规模稳健增长，盈利能力稳定上升，积极助力金融强国建设。

（一）资产质量整体稳定

2024 年，随着金融领域重点风险的化解，银行业对信用风险管理的关注和力度持续提升，运用多种处置手段，化解风险促使资产持续向好，预计不良贷款将延续"一升一降"特征，即不良贷款余额同比增长继续放缓，不良贷款率小幅下降。同时，也存在部分问题需关注。

个人贷款不良风险提升，当前受居民消费需求恢复不及预期以及预防性储蓄意愿增加的影响，部分信用卡持卡人的收入水平和还款能力都有所下降，信用卡交易额下滑，信用卡不良贷款规模和不良率指标有所增高。

房地产、住宿餐饮、公共设施管理业、制造业等行业面临一定风险。房地产开发贷款余额上升，金融机构房地产贷款余额下降，同时居民购房意愿收紧，凸显了以高负债、高杠杆、高周转为主要发展模式的房企的资金链紧张问题。

（二）行业净息差降幅收窄

2023 年 LPR（贷款市场报价利率）下调，推动个人按揭、对公贷款等存量贷款在 2024 年初进行重定价，且 2024 年 2 月 5 年期 LPR 下调，进一步对新发放的贷款定价施压；存量按揭贷款利率下调，2023 年 9 月商业银行下调二套住房利率政策下限，调整幅度不低于相应期限 LPR 加 20 个基点，预计对净息差的影响将延续至 2024 年第三季度；存款定期化趋势，在居民风险偏好下行、全球资本市场表现走低的情况下，居民存款定期化现象仍将持续，提升了银行的负债成本。

此外，商业银行挂牌存款利率下调，有望在一定程度上缓解净息差压力；按揭贷款提前还款的现象逐步减少，对稳定银行贷款结构和净息差水平有正面影响。

综合来看 2024 年商业银行净息差仍将走低，但降幅逐步收窄。

（三）规模增长是盈利提升的基础

2023 年，银行业规模平稳增长，2024 年，银行业保持以往对实体经济支持力度不减，存贷款规模持续增长，驱动资产和负债规模增长，预计商业银行资产负债规模增速全年保持在 10% 左右的较高水平，进一步夯实盈利基础。

银行信贷投放将保持稳健，继续加大对实体经济的支持力度，在科技金融、绿色金融、普惠金融、养老金融、国内消费、乡村振兴以及高水平对外开放等经济发展重点领域的信贷投放保持较快增长。存放增速将从前期快速上升趋势回落至正常水平，延续存款定期化和居民存款主导的情况。伴随着宏观经济持续向好和金融市场企稳，投资者预期上升，优质资产将恢复吸引力，进而更为合理地吸收存款资金，稳健增长。

（四）金融监管防范风险力度加大，保障银行业发展

2023 年，国家金融监督管理总局成立，推动金融监管全覆盖。2024 年以来，金融强监管严监管态势明显。在防风险方面，部署城市房地产融资协调机制相关工作，更加精准支持房地产项目合理融资需求，促进了房地产市场平稳健康发展。在补短板方面，《金融租赁公司管理办法（征求意见稿）》的发布，推动了金融租赁行业实施有效监管；对《固定资产贷款管理办法》、《流动资金贷款管理办法》、《个人贷款管理办法》和《消费金融公司管理办法》进行了修订，促进了银行业金融机构提升信贷管理能力和金融服务质效，保障了行业高质量发展。在促发展方面，《关于加强科技型企业全生命周期金融服务的通知》《关于银行间债券市场柜台业务有关事项的通知》的发布，为支持科技创新营造良好金融环境，也促进了债券市场高质量发展；《汽车金融公司监管评级办法》的实施，完善了汽车金融公司风险监管体系，引导汽车金融公司专注主业，大力促进汽车消费。未来，金融监管将进一步在提升前瞻性、精准性、有效性和协同性上狠下功夫，全力推动防范化解金融风险。

附表 2023 年度银行业上市公司业绩评价结果排序表

序号	A 股上市公司评价得分排序号	股票代码	股票简称	综合得分(100)	评价等级	资本充足率(%)	不良贷款率(%)	存贷款比率(%)	流动性覆盖率(%)	净资产收益率(%)	总资产收益率(%)	资本扩张率(%)	营业收入增长率(%)	收益率(%)	波动性(%)	年末资产总额(亿元)	营业收入(亿元)	净利润(亿元)
1	81	601939	建设银行	78.44	A	17.95	1.37	87.47	133.17	10.99	0.91	10.19	-6.41	25.79	16.24	383248.26	7697.36	3324.60
2	105	600036	招商银行	77.51	A	17.88	0.95	79.81	159.82	14.51	1.40	13.78	-1.64	-20.14	21.69	110284.83	3391.23	1480.06
3	109	601988	中国银行	77.36	A	17.74	1.27	82.70	135.30	9.25	0.80	7.37	0.79	38.14	19.50	324321.66	6228.89	2463.71
4	122	601288	农业银行	76.83	A	17.14	1.33	79.34	123.93	9.69	0.73	8.32	-4.14	36.30	14.95	398729.89	6948.28	2698.20
5	137	601398	工商银行	76.60	A	19.10	1.36	76.70	122.03	10.02	0.87	7.48	-8.16	19.31	14.30	446970.79	8430.70	3651.16
6	185	601128	常熟银行	75.25	A	13.86	0.75	89.72	228.62	13.69	1.13	12.50	12.05	-11.48	16.85	3344.56	98.70	35.07
7	191	600919	江苏银行	75.08	A	13.31	0.91	89.79	208.96	12.65	0.94	20.28	5.28	-0.96	13.31	34033.62	742.93	300.13
8	208	601838	成都银行	74.64	BBB	12.89	0.68	83.20	203.19	17.59	1.16	16.11	7.22	-20.77	22.66	10912.43	217.02	116.72
9	217	601665	齐鲁银行	74.42	BBB	15.38	1.26	75.41	264.32	11.03	0.77	17.52	8.03	-0.79	12.81	6048.16	119.52	42.69
10	277	601825	沪农商行	73.17	BBB	15.74	0.97	70.00	189.20	11.25	0.93	10.07	3.07	4.48	11.21	13922.14	264.14	124.87
11	280	601328	交通银行	73.14	BBB	15.27	1.33	94.69	128.50	8.73	0.69	6.15	-5.64	32.26	15.22	140604.72	2575.95	932.52
12	287	002807	江阴银行	73.06	BBB	14.24	0.98	82.86	—	13.25	1.14	11.52	2.25	-5.69	14.22	1860.30	38.65	20.20
13	344	601077	渝农商行	72.48	BBB	15.99	1.19	75.51	414.05	9.33	0.80	7.38	-3.57	26.70	13.95	14410.82	279.56	111.25
14	363	601187	厦门银行	72.27	BBB	15.40	0.76	101.02	315.54	9.96	0.72	23.32	-4.96	-5.94	14.69	3906.64	56.03	27.52
15	366	601166	兴业银行	72.26	BBB	14.13	1.07	106.30	156.47	9.92	0.80	6.66	-5.19	0.44	16.73	101583.26	2108.31	776.54
16	371	601997	贵阳银行	72.16	BBB	15.03	1.59	80.97	409.92	9.22	0.84	8.32	-3.50	-0.20	14.24	6880.68	150.96	56.34
17	389	601963	重庆银行	71.81	BBB	13.37	1.34	94.73	277.49	9.44	0.72	15.15	-1.89	9.55	16.57	7598.84	132.11	52.29
18	423	601998	中信银行	71.36	BBB	12.93	1.18	101.86	167.48	9.58	0.77	7.12	-2.60	16.05	23.95	90524.84	2058.96	680.62
19	439	601577	长沙银行	71.16	BBB	13.04	1.15	67.79	221.68	12.03	0.82	9.89	8.46	8.11	21.22	10200.33	248.03	78.52
20	452	002142	宁波银行	71.06	BBB	15.01	0.76	78.98	244.48	13.82	1.01	19.99	6.40	-35.42	28.17	27116.62	615.85	256.09
21	467	600928	西安银行	70.92	BBB	13.14	1.35	68.65	880.15	8.19	0.59	5.74	9.70	0.56	18.09	4322.01	72.05	24.65
22	475	601169	北京银行	70.83	BBB	13.37	1.32	97.38	145.38	8.06	0.72	5.67	0.66	13.98	12.26	37486.79	667.11	257.32
23	493	601229	上海银行	70.62	BBB	13.38	1.21	81.17	142.01	9.80	0.76	7.85	-4.80	8.93	9.38	30855.16	505.64	225.72
24	497	002966	苏州银行	70.58	BBB	14.03	0.84	80.64	186.26	10.89	0.85	17.80	0.88	-12.04	17.64	6018.41	118.66	47.97
25	518	600926	杭州银行	70.38	BBB	12.51	0.76	75.67	153.03	13.71	0.83	12.90	6.33	-20.20	18.44	18413.31	350.16	143.83
26	520	601818	光大银行	70.36	BBB	13.50	1.25	94.09	149.17	7.72	0.63	8.78	-3.92	1.87	15.79	67727.96	1456.85	410.76
27	556	601916	浙商银行	69.88	BB	12.19	1.44	87.74	166.61	8.72	0.54	14.25	4.29	-1.49	14.63	31438.79	637.04	154.93
28	578	601009	南京银行	69.62	BB	13.53	0.90	80.30	221.61	11.28	0.86	9.45	1.24	-24.43	15.49	22882.76	451.60	186.30
29	589	002948	青岛银行	69.53	BB	12.79	1.18	77.73	158.11	9.59	0.65	9.14	7.11	-3.67	14.92	6079.85	124.72	36.71

续表

序号	A股上市公司评价得分排序	股票代码	股票简称	综合得分(100)	评价等级	资本充足率(%)	不良贷款率(%)	存贷款比率(%)	流动性覆盖率(%)	净资产收益率(%)	总资产收益率(%)	资本扩张率(%)	营业收入增长率(%)	收益率(%)	波动性(%)	年末资产总额(亿元)	营业收入(亿元)	净利润(亿元)
30	590	002958	青农商行	69.51	BB	13.21	1.81	85.75	305.02	6.89	0.58	7.03	3.84	-8.83	13.91	4679.37	103.25	26.03
31	594	600908	无锡银行	69.48	BB	14.41	0.79	73.68	—	10.84	0.99	8.60	1.28	0.75	15.59	2349.56	45.38	22.08
32	598	600016	民生银行	69.45	BB	13.14	1.48	102.38	146.06	5.75	0.48	4.08	-1.16	16.99	17.70	76749.65	1408.17	359.86
33	614	600015	华夏银行	69.22	BB	12.23	1.67	89.24	129.43	8.32	0.66	-0.48	-0.64	17.85	14.29	42547.66	932.07	268.45
34	625	601658	邮储银行	69.14	BB	14.23	0.83	58.39	303.61	9.70	0.58	15.84	2.25	2.85	26.75	157266.31	3425.07	864.24
35	634	000001	平安银行	69.08	BB	13.43	1.06	100.01	112.34	10.24	0.85	8.66	-8.45	-26.06	21.83	55871.16	1646.99	464.55
36	636	603323	苏农银行	69.07	BB	11.88	0.91	77.60	—	11.59	0.91	10.25	0.21	-7.14	13.45	2025.65	40.46	17.45
37	687	601860	紫金银行	68.52	BB	14.03	1.16	90.06	130.13	9.10	0.69	8.04	-1.93	3.47	19.15	2476.64	44.20	16.19
38	701	601528	瑞丰银行	68.38	BB	13.88	0.97	75.22	—	10.91	0.98	11.16	7.90	8.96	30.54	1968.88	38.04	17.49
39	746	002839	张家港行	67.89	BB	13.04	0.94	81.19	—	10.92	0.91	9.44	-5.93	-11.39	14.79	2071.27	45.41	17.98
40	858	600000	浦发银行	66.86	BB	12.67	1.48	100.66	134.01	5.20	0.42	3.69	-8.05	-4.30	13.53	90072.47	1734.34	374.29
41	1227	002936	郑州银行	63.97	B	12.38	1.87	99.90	265.83	3.48	0.30	3.21	-9.50	-5.01	15.32	6307.09	136.67	18.59
42	1389	001227	兰州银行	62.95	B	11.12	1.73	74.15	119.89	5.87	0.43	4.27	7.59	-27.13	22.84	4534.11	80.16	19.13

第十四章

证券行业上市公司业绩评价

2023 年，证券行业业绩彰显韧性，经营情况整体稳定，资本实力稳步增强。证券行业申万股票指数 2023 年报收于 5221.28 点，较年初 5092.15 点上升 2.54%。展望 2024 年，伴随着资本市场改革的持续深化和行业监管制度的逐步完善，行业整体经营业绩有望实现进一步改善，助力证券行业加速推进高质量转型发展。

一、证券行业上市公司业绩评价结果

截至 2023 年 12 月 31 日，证券行业 42 家上市公司业绩评价等级如下：3 家 A、6 家 BBB、6 家 BB、15 家 B、1 家 CC、11 家 CCC。截至 2023 年 12 月 31 日，42 家证券公司资产总额 119054.74 亿元，较上年增长 6.46%；2023 年实现营业收入 4946.82 亿元，同比上涨 1.38%；实现净利润 1304.29 亿元，同比上涨 1.59%。A 股上市证券公司汇总如表 14-1 所示。

表 14-1　2023 年 A 股上市证券公司汇总表

股票简称	上市日期	股票简称	上市日期
中信证券	2003-01-06	兴业证券	2010-10-13
中金公司	2020-11-02	财达证券	2021-05-07
国泰君安	2015-06-26	东北证券	1997-02-27
华泰证券	2010-02-26	太平洋	2007-12-28
中国银河	2017-01-23	南京证券	2018-06-13
招商证券	2009-11-17	中银证券	2020-02-26
申万宏源	2015-01-26	国金证券	1997-08-07
中信建投	2018-06-20	国海证券	1997-07-09

股票简称	上市日期	股票简称	上市日期
国信证券	2014-12-29	华林证券	2019-01-17
东方证券	2015-03-23	第一创业	2016-05-11
山西证券	2010-11-15	天风证券	2018-10-19
广发证券	1997-06-11	财通证券	2017-10-24
国联证券	2020-07-31	红塔证券	2019-07-05
方正证券	2011-08-10	西南证券	2001-01-09
光大证券	2009-08-18	华西证券	2018-02-05
西部证券	2012-05-03	国元证券	1997-06-16
华创阳安	1998-09-18	长城证券	2018-10-26
浙商证券	2017-06-26	中泰证券	2020-06-03
东吴证券	2011-12-12	东兴证券	2015-02-26
华安证券	2016-12-06	长江证券	1997-07-31
中原证券	2017-01-03	海通证券	1994-02-24

说明：2023年新上市的证券公司未纳入本次评价范围。

2023 年度证券行业评价等级前十名公司见表 14-2。

表 14-2　2023 年度证券行业评价得分前十名的公司

名次	股票代码	股票简称	在 A 股上市公司中评级得分排序
1	601881	中国银河	148
2	601688	华泰证券	153
3	600030	中信证券	180
4	600999	招商证券	227
5	601211	国泰君安	290
6	002736	国信证券	376
7	000776	广发证券	387
8	601066	中信建投	426
9	000166	申万宏源	514
10	601995	中金公司	716

基于对证券行业上市公司的总体评估，下面将分别从盈利能力、稳健性、发展能力、市场表现四个方面对证券行业上市公司进行具体分析。

（一）盈利能力

表 14-3 为 2023 年证券行业全部上市公司盈利能力评价结果。从基本指标来看，净资产收益率和总资产收益率均较 2022 年有所上升。2023 年证券行业上市公司净资产收益率排名位居前三的分别是中信证券（7.71%）、招商证券（7.39%）、华泰证券（7.45%）；排名后三位的分别是海通证券（-0.18%）、华林证券（0.50%）、红塔证券（1.23%）。

表 14-3　证券行业盈利状况比较表

分析指标	2023 年行业平均值	2022 年行业平均值	增长率（%）
净资产收益率（%）	4.43	4.06	9.18
总资产收益率（%）	1.06	0.89	19.22

（二）稳健性

从证券行业上市公司稳健性指标分析来看，2023 年证券行业全部上市公司资本杠杆率均高于监管标准值，行业平均值为 21.14%。其中，资本杠杆率位居前三名的分别是太平洋（64.86%）、红塔证券（46.31%）、中银证券（36.52%）；2023 年证券行业全部上市公司流动性覆盖率均高于监管标准值，行业平均值为 302.05%，较 2022 年略有下降。其中，流动性覆盖率排名位居前三的分别是红塔证券（915.10%）、天风证券（661.91%）、华创阳安（641.92%）。此外，2023 年证券行业全部上市公司的风险覆盖率、净稳定资金率均高于监管标准值，行业均值分别为 265.15% 和 160.75%，说明我国证券业上市公司风险控制水平均符合监管规定。表 14-4 为 2023 年证券行业稳健性状况。

表 14-4　证券行业稳健性状况比较表

分析指标	行业标准	2023 年行业平均值（%）
资本杠杆率	≥8%	21.14
流动性覆盖率	≥100%	302.05
风险覆盖率	≥100%	265.15
净稳定资金率	≥100%	160.75

（三）发展能力

2023 年，证券行业全部上市公司平均资本扩张率为 5.17%，较 2022 年略有下降。42 家上市证券公司中，共有 39 家证券公司资本呈扩张态势，2023 年资本扩张位居前三名的分别是中国银河（27.16%）、国海证券（17.49%）、广发证券（12.73%），位居后三名的分别是海通证券（-1.59%）、中原证券（-0.40%）、华林证券（-0.36%），资本扩张率均小于 0。

2023 年以来，受国际关系、疫情冲击等内外部环境不确定性影响，资本市场活跃度下降，上市证券公司业绩承压，营业收入下滑明显，营业收入平均增长率为 11.25%。营业收入增长率位居前三的分别是天风证券（99.10%）、红塔证券（43.63%）、财达证券（40.96%）；排名后三位的分别是华林证券（-27.38%）、山西证券（-16.58%）和中信建投（-15.68%）。表 14-5 列示了 2023 年证券行业发展能力状况。

表 14-5　证券行业发展能力状况比较表

分析指标	2023 年行业平均值	2022 年行业平均值
资本扩张率（%）	5.17	7.45
营业收入增长率（%）	11.25	−25.99

（四）市场表现

2023 年沪深 300 指数收盘为 3431.11 点，全年下跌 11.38%，申万证券行业指数全年上涨 2.54%，与上年几乎持平。其中，证券板块第三季度呈现小幅度上升趋势，在 9 月至 12 月末呈现下跌趋势。具体情况见图 14-1。

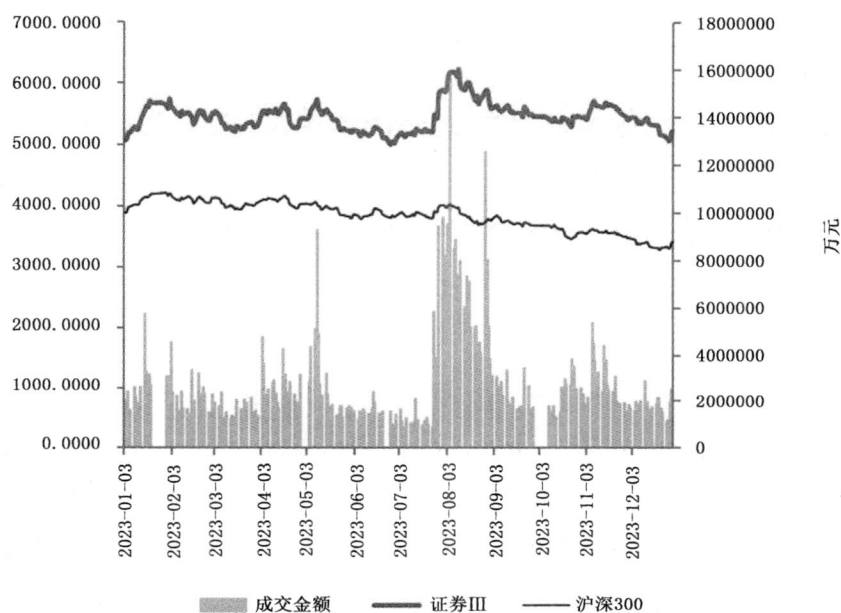

图 14-1　申万证券行业指数与沪深 300 指数

如上所述，伴随着 2023 年 A 股指数的下降及证券指数的震荡，2023 年证券行业全部上市公司平均市场投资回报率为 12.16%，同时，股价波动率继续呈现平缓趋势，下降至 25.12 %。表 14-6 列示了 2023 年证券行业市场表现状况评价结果。

在 42 家上市证券公司中，市场投资回报率前三名分别是太平洋（64.73%）、华创阳安（43.25%）、中国银河（42.67%）；投资回报率前三名对应的股价波动率也较高，分别是 47.81%、44.86%和 35.94%。投资回报率最小的后三名分别为广发证券（−3.98%）、中银证券（−0.29%）、长城证券（−0.49%）；对应股价亦呈现较低的波动水平，分别为 20.80%、21.36%和 19.16%。

表 14-6　证券行业市场表现状况比较表

分析指标	2023 年行业平均值	2022 年行业平均值
市场投资回报率（%）	12.16	−21.24
股价波动率（%）	25.12	28.27

二、2023 年度证券行业上市公司业绩影响因素分析

2023 年证券行业业绩彰显韧性，经营情况整体稳定，资本实力稳步增强。截至 2023 年 12 月 31 日，证券行业 42 家上市公司营业收入总额 4966.08 亿元，较 2022 年增长 1.44%。影响行业业绩具体因素如下。

（一）证券交易费率下调，代销金融产品业务成为财富管理转型关键

证券公司的经营情况与资本市场波动趋势高度相关。2023 年 A 股市场行情整体呈震荡下行趋势，交投活跃度下降。上证指数报收于 2974.93 点，跌幅为 3.70%。深证成指报收于 9524.69 点，跌幅为 13.54%。创业板指数报收于 1891.37 点，跌幅为 19.41%。科创 50 指数报收于 852 点，跌幅为 11.24%。北证 50 指数报收于 1082.68 点，涨幅为 14.92%。市场活跃度仍然低迷，叠加佣金率持续下降的影响，经纪业务收入持续承压。

证券经纪业务收入可以拆分为三部分，即代理买卖证券业务净收入、交易单元席位租赁收入和代销金融产品收入，分别反映了通道交易、机构经纪以及代销财富管理业务的发展情况。根据中国证券业协会统计数据，截至 2023 年末，证券行业代理买卖证券业务净收入（含交易单元席位租赁）984.37 亿元。证券行业 42 家上市公司 2023 年实现经纪业务手续费净收入 1007.54 亿元，同比下降 11.44%（见图 14-2）。中国证监会指导上海证券交易所、深圳证券交易所、北京证券交易所自 2023 年 8 月 28 日起进一步降低证券交易经手费，通过持续减费降负、普遍下调经纪业务佣金费率的方式，进一步活跃资本市场，提振投资者信心。2023 年证券行业平均代理买卖证券业务净佣金率较 2022 年下降 20%，进一步促进投资者提高参与市场的积极性。

此外，证券公司持续促进技术与业务深度融合，全力打造智能化综合金融服务平台，发挥金融产品研究及配置业务优势，为客户提供高质量的金融产品和财富管理服务。在代理销售金融产品业务方面，截至 2023 年末，证券公司代理销售金融产品保有规模 2.39 万亿元，同比增加 5.27%，其中代理销售"股票+混合公募基金保有规模"和"非货币市场公募基金保有规模"分别为 14256 亿元和 17394 亿元，同比增长 13.41%、20.98%。2023 年证券行业全年实现代理销售金融产品净收入 142.11 亿元，经纪业务净收入比例提升至 12.60%。代理销售金融产品业务成为行业财富管理转型初级阶段的关键环节和发力领域。

证券行业 42 家上市公司中，2023 年经纪业务手续费净收入排名前三的证券公司分别是

中信证券、国泰君安和华泰证券，对应经纪业务手续费净收入分别为 102.23 亿元、67.90 亿元和 59.59 亿元，受市场影响，收入均出现下滑，较上年分别下降 8.47%、11.16% 和 15.75%。

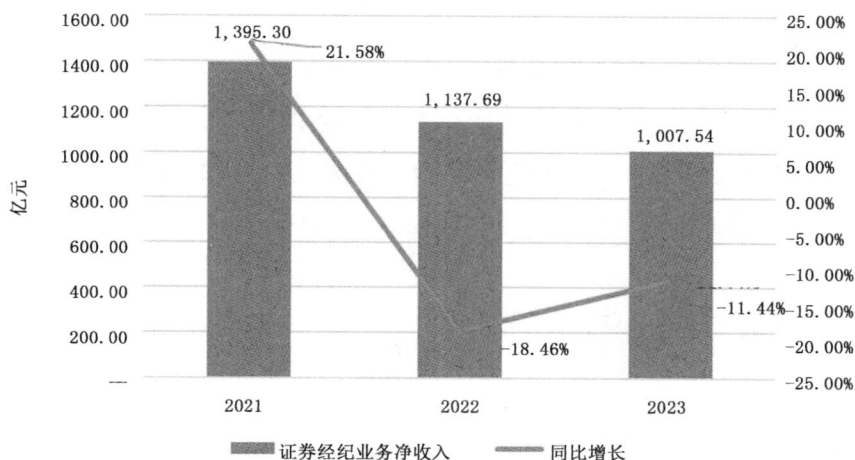

图 14-2 2021—2023 年上市证券公司经纪业务净收入

数据来源：iFind。

（二）IPO[1] 数量与募资金额双降，投行业务表现承压

2023 年 8 月 27 日中国证监会发布统筹一二级市场平衡的相关监管安排，强调根据近期市场情况，阶段性收紧 IPO 节奏，促进投融资两端的动态平衡。在严监管及市场因素的共同作用下，证券公司投行业务在 2023 年度整体表现欠佳。IPO 市场上市企业数量、募资金额也出现不同程度下降。2023 年 A 股 IPO 市场共新增 313 家企业发行上市，同比减少 26.87%；实际募资累计达 3565.39 亿元，同比下降 39.25%。从板块来看，沪主板发行上市企业家数 36 家，募资总额达 497.65 亿元；深主板发行上市企业家数 23 家，募资总额达 258.47 亿元；科创板发行上市企业家数 67 家，募资总额达 1438.84 亿元；创业板发行上市企业家数 110 家，募资总额达 1223.11 亿元；北交所发行上市企业家数 77 家，募资总额达 147.33 亿元。首发上市的 313 家企业中，中信证券承销数量达到 34 家，全年首发承销 497.06 亿元，占市场份额的 13.98%，承销数量及金额均排名第一；中信建投证券承销企业 33 家，首发承销金额为 404.65 亿元，占市场份额的 11.38%，排名第二。其他证券上市公司中，海通证券、国泰君安、华泰证券、中金公司、申万宏源等承销企业家数均在 10 家以上。

此外，债券承销方面，2023 年中国内地债券发行规模稳步上涨，全年各类债券发行合计 71.0 万亿元，同比增长 15%。利率债发行达到 26.3 万亿元，较 2022 年增长 14%。其中国债同比增长 14%，地方政府债同比增长 26%，政策性银行债发行与上年持平。信用债发

---

[1] IPO，即首次公开募股（Initial Public Offering），是指一家企业第一次将它的股份向公众出售。

行 19.0 万亿元，较 2022 年增长 5%。同业存单累计发行 25.7 万亿元，同比增长 25%。证券行业 42 家上市公司中，中信证券、中信建投、华泰证券位列券商总承销金额前三甲，承销金额分别为 19089.9 亿元、14839.4 亿元、12269.0 亿元，承销数量分别为 4200 只、3602 只和 3123 只。

证券行业 42 家上市公司 2023 年实现投资银行业务手续费净收入 456.83 亿元，同比下降 21.58%（见图 14-3）。其中，中信证券、中信建投、中金公司继续保持投资银行业务净收入前三名，2023 年投行业务收入分别为 62.93 亿元、47.96 亿元和 37.02 亿元，受市场影响，收入均出现下滑，较上年分别下降 27.28%、19.07% 和 47.16%。

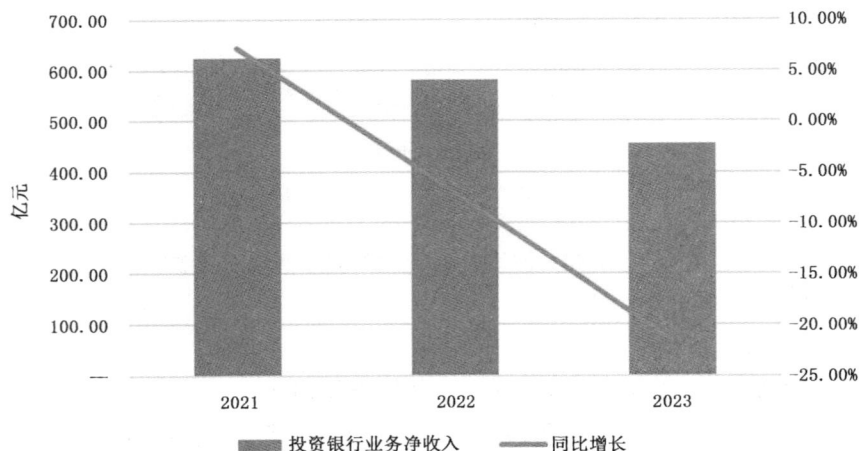

图 14-3 2021—2023 上市证券公司投资银行业务净收入

数据来源：iFind。

（三）券商资管公募化进程加快，私募主动管理业务稳定发展

2022 年为资管新规正式落地元年，证券公司资产管理业务在 2022 年逐步回归本源，2023 年已进入规范有序发展的新阶段，券商资管业务加速转型，回归主动管理本源，基于"含基量"的高低，各券商之间收入差异也较为明显。

根据中国基金业协会统计数据，2023 年券商资管业务资产规模合计 12.41 万亿元，其中以主动管理为代表的集合资管资产规模为 5.82 万亿元，在资管业务规模中的占比进一步提升至 46.92%，体现了券商根据监管要求去通道化的良好成果。从产品类型看，存续单一资产管理计划数量与规模均高于集合资产管理计划；从投资类型看，固定收益类产品数量和规模均占据四类产品最大比例，混合类产品数量位居第二，权益类产品规模位居第二，期货和衍生品类产品数量和规模均较小。

近年来，伴随着中国经济和居民财富的持续增长，同时在资管新规落地及养老金体系逐步完善的背景下，以公募基金为代表的标准化、净值型资产管理行业发展速度加快，公募基金管理业务成为券商业务转型的重要发力点之一。2022 年 4 月，中国证监会推出《关于加快推进公募基金行业高质量发展的意见》，提出推进证券公司等优质金融机构依法设立基金管理公司，支持证券资管子公司等专业资产管理机构依法申请公募基金牌照；2022 年 5 月，《公开募集证券投资基金管理人监督管理办法》出台，标志着券商资管实现公募化的"一参一控一牌"制度正式落地。政策的出台放松了对券商资管申请公募牌照的限制，明确了券商资管参与公募化途径。受公募牌照放开和资管机构规范化发展的影响，券商优先通过申请设立资管子公司的形式获取公募业务开展资格。随着"一参一控一牌"政策落地，证券行业积极布局公募业务、谋求公募业务牌照，通过业务协同联动提升资管业务竞争力。2023 年，券商持续聚焦公募化转型，行业新设 5 家资管子公司，即新增的长城证券、国联证券、华安证券、国信证券、华福证券等 5 家券商资管子公司。

2023 年上市证券公司资产管理业务净收入情况见图 14-4。证券行业 42 家上市公司中，2023 年资管业务净收入排名前三的证券公司分别为中信证券、广发证券和华泰证券，收入分别为 98.49 亿元、77.28 亿元和 42.56 亿元，收入水平均较上年有一定幅度波动，同比分别下降了 13.55%、9.98% 以及上涨 12.92%。

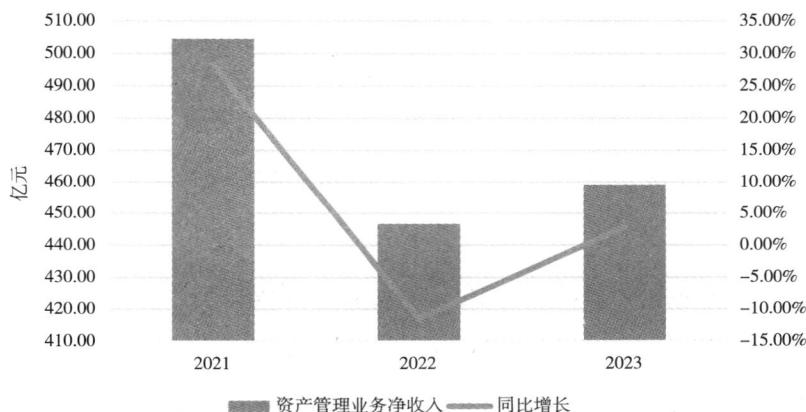

图 14-4　2021—2023 年上市证券公司资产管理业务净收入

数据来源：iFind。

(四) 股票质押业务风险持续收敛，政策利好支撑两融业务长期稳步发展

随着证券公司发展互联网模式的意愿逐渐旺盛，证券行业逐渐从以中介赚取佣金为主的模式转向以资本体量优势、品牌优势以及专业服务优势为主要竞争力的资本中介模式，证券公司以满足客户多元化的金融需求为前提，转向重资本型业务与轻资本型业务深度融合的发展阶段，以便更好地服务实体经济。

受权益市场行情震荡下行影响，2023 年融资融券与股票质押规模均出现一定程度的收缩。根据中国证券金融股份有限公司统计，截至 2023 年末，融资融券余额为 1.65 万亿元，同比上涨 7%；IPO 阶段性收紧，融资规模下滑。2023 年共发行 313 家 IPO，同比下滑 27%，募资规模达 3565 亿元，同比下滑 39%，平均每家募资规模 11.4 亿元，较 2022 年的 11.7 亿元下降 17%。在监管指引下，再融资规模下滑。2023 年增发募集资金 5790 亿元，同比下滑 20%；配股 150 亿元，同比减少 76%；可转债 1406 亿元，同比下降 49%；可交换债 333 亿元，同比下降 23%。

两融业务规模的下滑使得证券行业利息净收入有所下降，证券行业 42 家上市公司 2023 年实现利息净收入合计 431.40 亿元，同比下降 25.18%（见图 14-5）。证券行业 42 家上市公司利息净收入排名前三的分别为中国银河、海通证券和中信证券，利息净收入分别为 41.63 亿元、40.89 亿元和 40.29 亿元，同比分别下降 19.38%、34.16% 和 30.60%。近年来两融业务的机构客户资金占比持续提高，融券业务保持较高集中度。

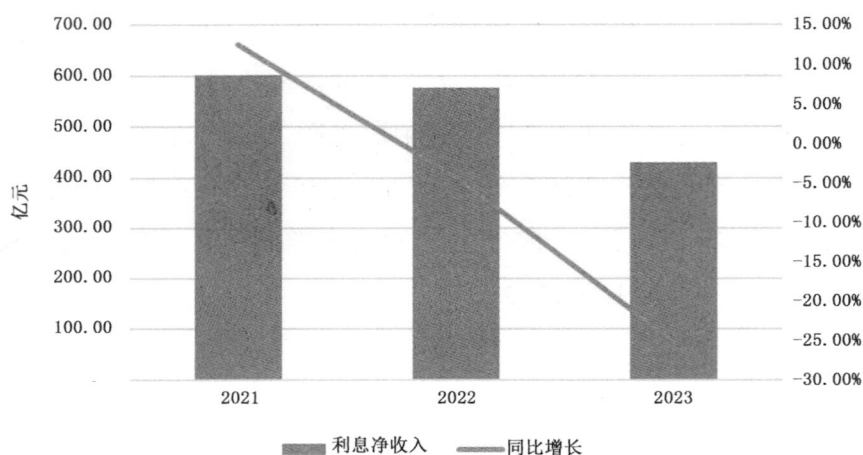

图 14-5　2021—2023 年上市证券公司利息净收入

数据来源：iFind。

（五）自营投资业务收入业绩回暖，呈现多元化发展趋势

在权益市场低迷叠加阶段性收紧 IPO 等影响下，2023 年券商经纪、投行、信用等业务均呈现一定"颓势"，自营业务收入成为影响上市券商营收表现的"胜负手"，业绩高增长的券商多数为自营业务收入增厚所驱动。自营投资受益于债市行情和衍生品业务对利润的增厚，支撑大部分券商业绩同比回暖。2023 年证券行业 42 家上市公司实现自营业务收入合计 1326.76 亿元，同比上升 71.30%（见图 14-6），虽相较 2022 年有显著回升，但仍未恢复至 2021 年的水平。

自营业务收入是部分上市券商的业绩"顶梁柱"，如中金公司、国联证券、申万宏源、中原证券和西南证券的自营业务收入占营业收入的比重均超过 40%。而对部分中小券商来说，自营业务收入大幅增长更是成为其业绩反弹的重要驱动力。其中，西南证券自营收入同比增长达 1806.84%；红塔证券、国海证券同比分别增长 423.42%、218.61%；国元证券和中泰证券同比则由负转正。

具体来看，受投资品种、配置策略和业务发展模式的不同影响，证券公司自营投资业绩分化加大，以非方向化的中性策略为主的券商表现较为稳健，固收类资产比例高的券商下滑幅度相对较小，且头部券商下滑幅度低于整体。证券行业 42 家上市公司 2023 年自营业务收入排名前三的分别为中信证券、华泰证券、中金公司，自营业务收入分别为 218.46 亿元、116.70 亿元、105.56 亿元，同比分别上升 23.87%、93.65% 及下降 0.49%。

近年来自营业务呈现多元化的发展趋势。伴随着资管新规落地、理财保本收益打破，境内资管机构对主动管理、风险管理的需求提升；金融对外开放加速，外资基金、券商、资管等机构涌入，对冲交易的需求较强。此外，居民财富积累，个性化组合投资、跨境投资等定制化产品需求迅速增长。上述需求驱动场外衍生品业务快速发展，期权、互换规模持续增高。同时，场外衍生品业务对证券公司的主要作用在于提供风险对冲工具，有利于券商平滑业绩波动，丰富收入来源。

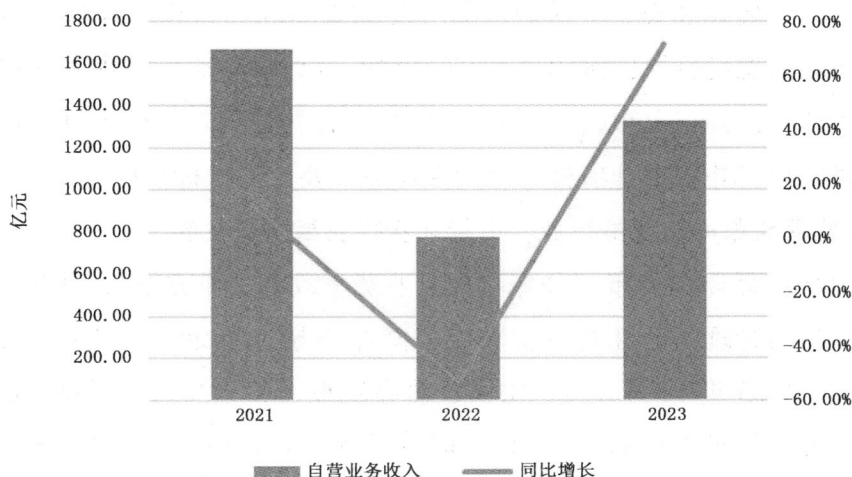

图 14-6　2021—2023 上市证券公司自营业务收入

数据来源：iFind。

三、2024 年证券行业前景分析

自 2023 年 7 月中央政治局会议提出"活跃资本市场，提振投资者信心"后，央行、金融监管总局、证监会、国资委等监管机构向市场传递诸多积极信号，持续改善市场预期，从长远看有利于持续活跃资本市场。2024 年证券行业将继续在政策扶持和市场需求的推动下，迈向更加开放、规范、创新的发展阶段。

（一）全面注册制时代注重可投性

2023 年 2 月 17 日，中国证监会发布全面实行股票发行注册制相关制度规则，证券交易所、全国股转公司、中国结算、中证金融、证券业协会配套制度规则同步发布实施。全面注册制正式落地，标志着多层次资本市场进一步完善，A 股发行迈入新阶段。全面注册制不意味着放松质量要求，更加要求券商投行深刻理解注册制"以信息披露为核心"的内涵，沿着行业逻辑"以投资的眼光选项目"。

为督促保荐机构执业改变"重数量、轻质量""穿新鞋走老路"的传统执业方式，从源头提高上市公司质量，跟上注册制改革步伐，2023 年 7 月沪深交易所发布《以上市公司质量为导向的保荐机构执业质量评价实施办法（试行）》（以下简称《评价办法》），旨在适应全面实行注册制改革需要，改变"重可批、轻可投"的传统执业观念，从源头提高上市公司质量。

具体来看，《评价办法》中的评价体系分为上市公司质量评价、保荐业务质量评价及评价得分调整三个部分，其中赋予上市公司质量 70% 的权重，赋予保荐业务质量 30% 的权重。此外，《评价办法》明确将保荐业务执业质量得分排名前 20% 的保荐机构划为 A 类，后20% 的划为 C 类，其余为 B 类。交易所根据分类结果对保荐机构在审首发保荐项目采取提高或降低非问题导向现场督导比例的分类监管措施。《评价办法》将保荐机构的执业质量评价与投资者视角挂钩，并将上市公司质量作为评价重中之重，有利于引导投行切实将广大投资者作为最终客户，并将提升项目的可投性作为首要工作目标。

（二）公募费率改革冲击证券行业，引导证券行业高质量发展

2023 年 7 月中国证监会公布《公募基金行业费率改革工作方案》，明确主动股票型、偏股混合型基金产品的管理费、托管费费率统一降至不超过 1.2%、0.2%。目前第一阶段的降费已基本完成。2023 年 12 月 8 日，中国证监会发布《关于加强公开募集证券投资基金证券交易管理的规定（征求意见稿）》（以下简称《征求意见稿》），并公开征求意见，标志着公募基金行业第二阶段费率改革工作正式启动。具体来看，第二阶段费率改革举措主要包括：合理调降公募基金的证券交易佣金费率，持续完善证券交易佣金分配制度，强化公募基金证券交易佣金分配行为监管，进一步优化公募基金行业费率披露机制等。

从短期来看，券商收入或受到"三连冲击"：一是基金子公司收入下降，合并到券商股东的净利润减少；二是权益类产品管理费率下调，券商收取的基金保有规模管理费分成缩水；三是交易佣金费率下降，单一基金贡献比例下调，分仓佣金的规模将缩减三分之一。

从长远看，《征求意见稿》严禁以任何形式向证券公司承诺基金证券交易量及佣金或利用交易佣金与证券公司进行利益交换，严禁使用交易佣金向第三方转移支付费用，包括但不限于使用外部专家咨询、金融终端、研报平台、数据库等产生的费用。该项规定意味着券商财富管理业务需要进一步加大向买方投顾的转型，实现盈利模式从基于单次销售规模的卖方销售模式转向更具持续性的基于保有规模的买方投顾模式。这将有助于证券公司专注提升机构投资者服务能力，提供更加优质的证券交易、研究服务等，促进形成良好的行业发展生态。

预计以基金销售环节降费为核心的第三阶段降费将于 2024 年底前落地，第三阶段机构降费改革将从多渠道降低投资者成本，助力市场投融资平衡。

（三）印花税与交易经手费下调，助力活跃资本市场

根据财政部、税务总局 2023 年 8 月 27 日发布的《关于减半征收证券交易印花税的公告》以及上交所、深交所 2023 年 8 月 18 日发布的《关于调整股票交易经手费收费标准的通知》和《关于下调股票交易经手费收费标准的通知》，自 2023 年 8 月 28 日起，证券交易印花税实施减半征收；上交所、深交所 A 股和 B 股等交易经手费由按成交金额的 0.0487‰ 双边收取下调至按成交金额的 0.0341‰双边收取。

该政策的实施有效降低了投资者的交易成本。2024 年 2 月 1 日，财政部公布 2023 年财政收支情况。其中，印花税 3784 亿元，同比下降 13.8%；证券交易印花税 1801 亿元，同比下降 34.7%。证券交易印花税的下降金额和下降幅度从另一方面反映了投资者获得的相应让利。上述政策将吸引更多投资者参与股市交易，提升市场活力，体现了国家提振资本市场的决心。

（四）并购政策实施，券商竞争格局有望重塑

中国证监会于 2024 年 3 月 15 日发布了《关于加强证券公司和公募基金监管加快推进建设一流投资银行和投资机构的意见（试行）》，明确支持证券行业并购整合，行业优胜劣汰有望加速。该意见明确了建设目标的"时间表"——力争通过 5 年左右的时间，推动形成 10 家左右优质头部机构引领行业高质量发展的态势；到 2035 年，形成 2 至 3 家具备国际竞争力与市场引领力的投资银行和投资机构。在自上而下的积极信号下，券商行业并购重组呈现迭起之势。"平安+方正""太平洋+华创""国联+民生""浙商+国都"四大券业并购案引起市场高度关注。

并购重组对于证券行业和券商都意义重大。一方面，券商整合可以改善服务同质化严重的现状，提高券商行业整体综合实力。另一方面，并购整合有助于监管部门更高效地监督管理，同时减少恶性竞争，让金融市场更为有序。此外，头部券商并购整合可以加强区域金融市场的国际竞争力，合并后的大型券商更有可能在国际舞台上脱颖而出，与国际金融巨头展开竞争，提升中国金融市场的全球影响力。

附表 2023 年度证券行业上市公司业绩评价结果排序表

序号	A股上市公司评价得分排序	股票代码	股票简称	综合得分(100)	评价等级	净资产收益率(%)	总资产收益率(%)	资本杠杆率(%)	流动性覆盖率(%)	风险覆盖率(%)	净稳定资金率(%)	资本扩张率(%)	营业收入增长率(%)	投资回报率(%)	波动性(%)	年末资产总额(亿元)	营业收入(亿元)	净利润(亿元)
1	148	601881	中国银河	76.31	A	6.76	1.22	12.03	289.15	243.53	129.20	27.16	0.01	42.67	35.94	6632.05	336.44	78.84
2	153	601688	华泰证券	76.21	A	7.45	1.49	13.98	152.51	247.80	130.84	8.56	14.19	16.87	26.57	9055.08	365.78	130.36
3	180	600030	中信证券	75.40	A	7.71	1.49	16.32	148.28	187.21	124.86	6.13	-7.74	7.48	23.06	14533.59	600.68	205.39
4	227	600999	招商证券	74.13	BBB	7.39	1.34	13.12	169.06	177.28	138.25	5.88	3.13	5.62	17.20	6958.53	198.21	87.69
5	290	601211	国泰君安	73.05	BBB	5.86	1.11	16.14	269.72	201.54	128.83	5.82	1.89	15.73	15.94	9254.02	361.41	98.85
6	376	002736	国信证券	72.07	BBB	5.91	1.50	13.55	267.92	290.71	133.51	3.34	9.08	1.32	21.41	4629.60	173.17	64.27
7	387	000776	广发证券	71.83	BBB	5.92	1.21	12.03	222.43	233.36	129.57	12.73	-7.29	-3.98	20.80	6821.82	233.00	78.63
8	426	601066	中信建投	71.35	BBB	7.39	1.36	14.02	208.63	162.21	151.21	4.53	-15.68	3.46	23.50	5227.52	232.43	70.47
9	514	000166	申万宏源	70.42	BBB	4.46	0.88	11.28	169.61	300.77	130.47	10.38	4.32	14.62	18.34	6354.37	215.01	54.75
10	716	601995	中金公司	68.26	BB	6.03	0.97	11.44	201.13	192.32	132.42	5.45	-11.87	4.88	30.23	6243.07	229.90	61.64
11	723	601099	太平洋	68.16	BB	2.68	1.61	64.86	612.98	463.59	235.25	2.60	16.93	64.73	47.81	159.24	13.71	2.51
12	808	601788	光大证券	67.28	BB	6.48	1.66	20.08	232.90	319.38	145.75	4.80	-6.94	7.96	22.90	2596.04	100.31	43.01
13	905	601696	中银证券	66.38	BB	5.36	1.35	36.52	347.11	366.10	279.75	4.94	-0.64	-0.29	21.36	694.46	29.40	9.02
14	996	601990	南京证券	65.70	BB	3.98	1.24	28.39	307.40	492.41	234.56	3.97	23.30	3.57	18.01	585.08	24.76	6.83
15	1062	600909	华安证券	65.16	BB	6.25	1.68	20.94	449.04	235.56	174.76	4.64	15.60	12.00	23.43	795.58	36.52	12.92
16	1115	601108	财通证券	64.81	B	6.66	1.74	15.10	235.94	211.93	142.94	5.01	35.03	14.30	21.89	1337.54	65.17	22.51
17	1129	600918	中泰证券	64.70	B	5.03	1.04	15.56	321.51	219.83	146.11	6.70	36.86	9.89	20.36	1956.59	127.62	20.61
18	1189	600958	东方证券	64.31	B	3.53	0.73	12.72	203.97	365.27	131.89	1.76	-8.75	3.31	29.90	3836.90	170.90	27.57
19	1210	600109	国金证券	64.12	B	5.44	1.59	25.60	254.58	371.99	139.10	4.67	17.39	8.59	25.91	1170.32	67.30	17.46
20	1218	000728	国元证券	64.04	B	5.53	1.42	21.51	389.81	250.74	157.65	4.98	18.99	13.11	20.67	1328.56	63.55	18.69
21	1236	600906	财达证券	63.90	B	5.33	1.34	29.20	629.60	253.42	219.76	3.98	40.96	5.95	35.04	467.02	23.17	6.06
22	1245	601236	红塔证券	63.81	B	1.23	0.61	46.31	915.10	401.92	284.54	0.86	43.63	6.57	24.96	470.00	12.01	2.86
23	1279	000783	长江证券	63.69	B	4.70	0.93	14.38	164.77	252.41	159.25	12.69	8.23	5.26	20.23	1707.29	68.96	15.41
24	1286	601878	浙商证券	63.65	B	6.56	1.29	18.98	342.81	240.27	165.47	3.52	4.90	8.35	18.79	1455.28	176.38	18.24
25	1344	002673	西部证券	63.26	B	4.33	1.25	26.46	251.95	292.03	178.17	3.53	29.87	7.52	18.91	962.21	68.94	11.98
26	1365	601901	方正证券	63.18	B	5.00	1.11	14.94	222.99	248.53	162.26	5.05	-8.46	35.50	34.21	2224.42	71.19	22.48
27	1395	601377	兴业证券	62.90	B	4.53	1.03	13.24	294.56	320.95	133.21	7.27	-0.30	7.57	24.37	2736.11	106.27	26.68
28	1480	002939	长城证券	62.30	B	5.00	1.32	22.13	318.06	230.62	149.28	3.52	27.66	-0.49	19.16	1156.42	39.91	14.28
29	1520	601555	东吴证券	62.05	B	5.10	1.37	21.04	214.25	241.82	164.48	4.44	7.58	19.70	28.15	1574.95	112.81	20.12

续 表

A股上市公司评价得分排序	序号	股票代码	股票简称	综合得分（100）	评价等级	净资产收益率（%）	总资产收益率（%）	资本杠杆率（%）	流动性覆盖率（%）	风险覆盖率（%）	净稳定资金率（%）	资本扩张率（%）	营业收入增长率（%）	投资回报率（%）	波动性（%）	年末资产总额（亿元）	营业收入（亿元）	净利润（亿元）
1750	30	601198	东兴证券	60.45	B	3.09	0.82	25.83	247.07	256.99	166.75	3.91	38.08	9.74	20.49	992.80	47.35	8.22
1904	31	000750	国海证券	59.38	CCC	2.00	0.59	26.18	166.45	298.61	168.80	17.49	15.81	11.19	25.25	697.37	41.88	4.20
1922	32	600369	西南证券	59.25	CCC	2.38	0.72	19.58	345.24	353.63	174.86	1.87	30.33	14.25	26.97	846.75	23.29	5.99
1942	33	000686	东北证券	59.10	CCC	3.70	0.86	17.40	378.24	185.54	143.53	1.30	27.53	14.22	23.19	833.34	64.75	6.96
1946	34	600155	华创阳安	59.09	CCC	2.36	0.89	31.74	641.92	275.60	145.79	1.21	18.63	43.25	44.86	517.50	30.04	4.66
2132	35	600837	海通证券	57.75	CCC	-0.18	-0.04	17.68	223.69	197.71	141.88	-1.59	-11.54	12.76	19.81	7545.87	229.53	-3.11
2142	36	002797	第一创业	57.68	CCC	2.54	0.83	23.11	191.29	215.28	171.58	0.21	-4.70	6.33	20.88	452.81	24.89	3.88
2229	37	601162	天风证券	57.07	CCC	1.73	0.42	15.81	661.91	120.06	121.91	3.07	99.10	12.12	27.40	995.48	34.27	4.19
2258	38	002926	华西证券	56.85	CCC	1.86	0.45	25.53	299.29	235.34	201.37	1.61	-5.77	6.33	23.13	888.90	31.81	4.20
2358	39	002500	山西证券	56.18	CCC	3.29	0.74	14.58	157.08	216.38	143.76	1.74	-16.58	6.35	24.24	775.90	34.71	5.92
2460	40	601456	国联证券	55.52	CCC	3.87	0.84	13.76	167.36	173.98	133.48	8.13	12.68	4.10	39.73	871.29	29.55	6.75
2529	41	601375	中原证券	55.08	CCC	1.43	0.40	19.06	198.96	248.71	150.69	-0.40	4.62	8.40	22.45	517.02	19.68	2.02
2560	42	002945	华林证券	54.81	CC	0.50	0.16	35.62	199.83	342.97	153.84	-0.36	-27.38	20.02	27.47	196.02	10.15	0.32

第十五章

医药生物行业上市公司业绩评价

2023 年，中国医药生物行业整体延续了 2022 年增速放缓的发展趋势，尤其是医药制造业。根据国家统计局数据，2023 年规模以上医药工业增加值约 1.3 万亿元，按照不变价格计算同比下降 5.2%；规模以上医药工业企业实现营业收入 29552.5 亿元，同比下降 4%；实现利润 4127.2 亿元，同比下降 16.2%；三项指标多年来首次均为负增长，且分别低于全国工业整体增速 9.8、5.1 和 13.9 个百分点。2023 年末医药生物（申万）行业股票指数报收于 8430.69，较 2022 年末下降 7.05%。2023 年基于庞大人口的医疗医药服务的刚性需求，在人口老龄化带来持续需求变化的大背景和国家持续推进医药改革的政策指引下，叠加国际科技发展及国内技术进步的推进，医药生物行业将会持续发展并存在结构性机遇。

一、医药生物行业上市公司业绩评价结果

2023 年医药生物行业的上市公司共有 491 家，其中盈利 391 家，亏损 100 家。医药生物行业综合评价分值为 62.1 分，低于同年全部上市公司的综合评价分值 62.92 分。491 家医药生物行业上市公司中共有迈瑞医疗、智飞生物、华润三九、恒瑞医药、科伦药业、药明康德、新产业、济川药业、天坛生物、东阿阿胶、鱼跃医疗和惠泰医疗 12 家公司业绩评价综合得分名列 2023 年度"中联价值 100"，排名最高的迈瑞医疗位列 2023 年全部上市公司业绩评价综合得分的第 12 位。医药生物行业 491 家上市公司业绩评价等级如下：3 家 AA、19 家 A、47 家 BBB、55 家 BB、63 家 B、73 家 CCC、58 家 CC、173 家 C。

2023 年全部上市公司为 5194 家，其资产总额总计为 102.07 万亿元。其中，医药生物行业 491 家上市公司资产总额合计为 3.93 万亿元，占全部上市公司资产总额的 3.85%；全部上市公司实现营业收入 63.46 万亿元，医药生物行业上市公司实现营业收入 2.50 万亿元，占全部上市公司营业收入的 3.94%；全部上市公司共计实现利润总额 4.04 万亿元，医药生

物行业上市公司实现利润总额达到 0.21 万亿元，占全部上市公司利润总额的 5.18%；全部上市公司共计实现净利润 3.21 万亿元，医药生物行业上市公司实现净利润 0.17 万亿元，占全部上市公司净利润的 5.28%；医药生物行业上市公司 2023 年度市场投资回报率为 1.39%，低于全部上市公司 5.76% 的市场投资回报率；医药生物行业上市公司股价波动率为 81.28%，低于全部上市公司 82.72% 的股价波动率；医药生物行业扣除非经常性损益净资产收益率的平均值为 6.1%，低于全部上市公司 6.75% 的扣除非经常性损益净资产收益率。2023 年度医药生物行业评价得分前十名的公司见表 15-1。

表 15-1　2023 年度医药生物行业评价得分前十名的公司

名次	股票代码	股票简称	在 A 股上市公司中评价得分排序
1	300760	迈瑞医疗	23
2	300122	智飞生物	41
3	000999	华润三九	48
4	600276	恒瑞医药	51
5	002422	科伦药业	54
6	603259	药明康德	55
7	300832	新产业	67
8	600566	济川药业	76
9	600161	天坛生物	78
10	000423	东阿阿胶	91

基于对医药生物行业上市公司的整体评价，下面分别从财务效益、资产质量、偿债风险、发展能力、市场表现五个方面对医药生物行业上市公司进行具体分析。

（一）财务效益

从表 15-2 可以看出，医药生物行业上市公司整体财务效益接近全部上市公司平均水平。其中，总资产报酬率、营业利润率和总股本收益率指标高于全部上市公司平均水平，扣除非经常性损益净资产收益率和盈利现金保障倍数指标低于全部上市公司平均水平。

表 15-2　医药生物行业财务效益状况比较表

评价指标		2023 年上市公司平均值	2023 年行业值	2022 年行业值	增长率（%）
基本指标	扣除非经常性损益净资产收益率（%）	6.75	6.1	8.65	-29.48
	总资产报酬率（%）	5.03	6.1	7.7	-20.78
基本得分		21.27	21.95	23.64	-7.15

续　表

评价指标		2023 年上市公司平均值	2023 年行业值	2022 年行业值	增长率（%）
修正指标	营业利润率（%）	6.42	8.42	10.22	−17.61
	盈利现金保障倍数	2.01	1.49	1.39	7.19
	总股本收益率（%）	44.8	49.77	62.47	−20.33
综合得分		23.35	23.27	25.13	−7.4

医药生物行业经历多年高速发展，上市公司整体财务效益表现一致显著优于全部上市公司平均水平，但是，受到医药改革持续推进、医保监管趋严以及社会经济增速整体放缓的影响，2023年医药生物行业上市公司财务效益各项指标均低于 2022 年行业值，延续了 2022 年行业增速放缓的趋势，2023 年医药生物行业上市公司财务效益相关指标已接近全部上市公司平均水平。其财务效益综合得分排名前五的上市公司为药明康德、迈瑞医疗、科伦药业、智飞生物和恒瑞医药。上述公司盈利较好与创新渠道、持续的新药研发和产出以及政策支持等因素息息相关。

（二）资产质量

从表 15-3 可以看出，2023 年医药生物行业上市公司资产质量指标中应收账款周转率明显低于全部上市公司平均水平，流动资产周转率略低于全部上市公司平均水平，这与医药生物行业特殊的营销模式具有一定的关系，即医药生物行业上市公司对客户应收账款期限过长导致应收账款周转率及流动资产周转率偏低。医药生物行业上市公司资产质量指标中总资产周转率、存货周转率高于全部上市公司平均水平，这与药品及耗材带量采购的推进等因素存在一定的关联性。资产质量综合得分排名前五的上市公司为普瑞眼科、通策医疗、爱尔眼科、光正眼科和能特科技，上述公司集中于医疗服务领域，资产配置相对较轻，资产管理能力较强，资产质量表现优异。

表 15-3　医药生物行业资产质量状况比较表

评价指标		2023 年上市公司平均值	2023 年行业值	2022 年行业值	增长率（%）
基本指标	总资产周转率（次）	0.64	0.65	0.69	−5.8
	流动资产周转率（次）	1.27	1.11	1.16	−4.31
基本得分		9.52	9.22	9.65	−4.46
修正指标	应收账款周转率（次）	7.99	4.24	4.49	−5.57
	存货周转率（次）	3.48	3.88	3.98	−2.51
综合得分		9.27	8.53	8.66	−1.5

（三）偿债风险

从表 15-4 可以看出，2023 年医药生物行业上市公司偿债分析指标显著优于全部上市公司平均水平。资产负债率低于全部上市公司平均水平，已获利息倍数、速动比率、现金流动负债比率显著好于全部上市公司的平均水平，带息负债比率略低于全部上市公司平均水平，显示出医药生物行业上市公司较强的短期偿债能力。

表 15-4 医药生物行业偿债风险状况比较表

	评价指标	2023 年上市公司平均值	2023 年行业值	2022 年行业值	增长率（%）
基本指标	资产负债率（%）	57.83	38.67	39.83	-2.91
	已获利息倍数	5.21	9.28	10.43	-11.03
	基本得分	8.89	10.4	10.4	0
修正指标	速动比率（%）	88.92	151.98	149.81	1.45
	现金流动负债比率（%）	15.9	20.9	23.45	-10.87
	带息负债比率（%）	42.82	40.11	38.48	4.24
	综合得分	8.9	9.95	10.07	-1.19

2023 年医药生物行业上市公司偿债风险指标整体保持稳定，已获利息倍数指标有一定下降，资产负债率、速动比率有所好转，现金流动负债比率指标略有恶化，带息负债比率略有上升。偿债风险综合得分排名前五的上市公司为仁和药业、华特达因、新赣江、五洲医疗和民生健康，上述公司财务政策相对稳健。

（四）发展能力

从表 15-5 可知，医药生物行业上市公司 2023 年度发展能力指标全部低于全部上市公司平均水平，同时全部低于 2022 年水平。医药行业是典型的刚性消费行业，但进入后疫情时代，国家医药发展改革的持续推进及集采政策转入常态化等因素对医药生物行业的发展造成了不利影响，导致行业整体增速放缓。

2023 年医药生物行业上市公司发展能力综合得分排名前五的上市公司为智飞生物、华润三九、特宝生物、长春高新和康龙化成，其中，特宝生物规模较小。上述公司在年报中均将创新和新药品管线研发作为业绩主要驱动因素，普遍列举了在研药品管线的研发进展。

表 15-5 医药生物行业发展能力状况比较表

	评价指标	2023 年上市公司平均值	2023 年行业值	2022 年行业值	增长率（%）
基本指标	营业收入增长率（%）	2.21	0.91	9.64	-90.56
	资本扩张率（%）	6.75	5.79	12.79	-54.73
	基本得分	12.14	11.67	12.83	-9.04
修正指标	累计保留盈余率（%）	44.05	42.4	42.31	0.21
	三年营业收入平均增长率（%）	10.93	7.9	9.91	-20.28
	总资产增长率（%）	5.71	4.38	12.24	-64.22
	营业利润增长率（%）	-3.95	-19	-5.91	221.49
	综合得分	12.33	11.59	12.53	-7.5

（五）市场表现

2023 年医药生物行业上市公司市场投资回报率为 1.39%，低于全部上市公司平均水平，行业股价波动率与全部上市公司平均水平接近。主要是由于医药生物行业股价整体处于较高水平。具体情况见表 15-6。

表 15-6　医药生物行业公司市场表现状况比较表

评价指标	2023 年上市公司平均值	2023 年行业值	2022 年行业值	增长率（%）
市场投资回报率（%）	5.76	1.39	-13.28	110.47
股价波动率（%）	82.72	81.28	103.23	-21.26
综合得分	9.07	8.75	8.9	-1.69

与 2022 年相比，2023 年医药生物行业上市公司的市场表现情况有所好转，股价波动率有所下降，市场投资回报率由负转正。市场表现综合得分排名前五的上市公司为天士力、华纳药厂、康辰药业、浙江震元和新产业，上述公司综合得分较高，主要得益于公司经营业绩较好和资本管理能力较强，除天力士、新产业市场认可度较高、规模较大外，其他三家为细分市场具有一定竞争力的小盘绩优股。2023 年沪深 300 与医药生物行业指数走势情况见图 15-1。

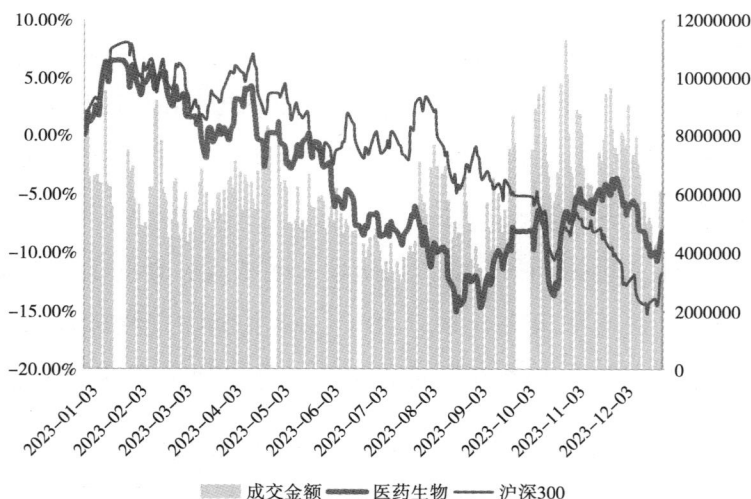

图 15-1　沪深 300 与医药生物行业指数走势图

二、2023 年度医药生物行业上市公司业绩影响因素分析

2023 年医药生物行业上市公司实现营业收入 25021.49 亿元，同比增长 0.91%，实现营业利润 2107.11 亿元，同比下降 19%，行业收入增速放缓，行业利润率显著下降。2023 年新冠疫情基本结束带来的疫情防控产品销售显著下降，药品及医药耗材集采带来的产品降

价等是行业主要变化原因。同时，受政策支持引导的影响，子行业中药 2023 年收入及利润实现了显著增长。2023 年影响行业上市公司业绩的主要因素如下。

（一）后疫情时代，新冠疫情防控产品销售显著下降

2023 年随着新冠疫情基本结束，新冠疫情防控相关产品销售锐减。随着疫情防控形势变化，2023 年新冠病毒检测试剂、疫苗以及防护用品等相关产品销售额显著下滑，生物制品、卫生材料及医药用品等两个子行业营业收入和利润下降。多家以疫情防控产品享受业绩红利的上市公司业绩显著下滑，如振德医疗 2023 年度年报中披露其隔离防护用品销售收入 5.83 亿元，较上年同期下降 21.90 亿元，其收入及利润大幅下降的原因系报告期公共卫生事件得到控制，隔离防护用品市场需求和销售大幅度下降。

（二）药品集采转向常态化制度化运行，药品价格下行，企业利润继续收窄

2023 年药品集采持续推进，从国家集采到地方联盟集采，药品和高值医用耗材集采范围持续扩大、种类增多，新进品种和续约品种都出现不同程度价格下降；激烈的市场竞争和产能过剩致使很多化学原料药价格下降明显，特别是维生素、抗生素以及肝素等大宗出口产品；受项目减少和市场竞争影响，CRO/CDMO 服务价格也普遍走低。

于 2023 年组织完成的第八批、第九批国家药品集采药品价格持续下降，其中第八批集采的 39 种药品价格平均降幅为 56%，第九批集采的 44 个品种价格平均降幅为 58%。至此，累计纳入国家集采的品种已达 374 个，涉及 1135 家企业的 1645 个产品，占据了公立医疗机构常用药品的 30%。地方集采数量和品类增加，2023 年新开展 25 个带量采购项目，品种进一步拓展，并延伸到中药、生物制品等领域。第四批国家组织高值医用耗材集采完成，覆盖了人工晶体、运动医学等产品，中选产品平均降价 70% 左右。

资料链接：

恒瑞医药集采药品收入下降

报告期内仿制药收入略有下滑。随着医疗机构诊疗复苏，处方药需求逐步释放，公司镇痛麻醉等产品以及新上市的仿制药销售同比增长较为明显，但仿制药集采对销售仍然造成一定程度的压力，第二批集采涉及产品注射用紫杉醇（白蛋白结合型）、醋酸阿比特龙片因多数省份集采续约未中标及降价等因素影响，报告期内销售额同比减少 7.02 亿元，2022 年 11 月开始执行的第七批集采涉及产品报告期内销售额同比减少 9.11 亿元。

资料来源：恒瑞医药 2023 年年报。

（三）医保基金监管趋严，医药领域纠风和反腐全面展开，促使竞争回归临床价值

2023 年，医保基金监管趋严，医保目录优化调整以及医保为主的支付格局成为行业发展的重要影响因素。2023 年，医药领域的纠风和反腐全面展开，从医疗和医保端到医药产业端，从医疗健康服务到医药销售，医药反腐层层深入。2023 年 5 月，国家卫健委等 14 部门联合发布《2023 年纠正医药购销领域和医疗服务不正之风工作要点》，2023 年 7 月，国家卫健委会同 9 部门发布《关于开展全国医药领域腐败问题集中整治工作的指导意见》，明确深化整治医药腐败的要求，整治违规违纪违法行为，促使竞争回归临床价值，为医疗行业高质量发展提供保障，为坚持产品创新和合规经营的企业创造更加良好的发展环境。

（四）政策支持引导下，中医药振兴发展

2023 年党和政府进一步加大"十四五"期间对中医药发展的支持力度，着力推动中医药振兴发展。2023 年 2 月，国务院办公厅印发《中医药振兴发展重大工程实施方案》，明确推进中医药振兴发展的基本原则，统筹部署中医药健康服务高质量发展工程等八项重点工程。2023 年 4 月，国家中医药管理局、中宣部等 8 部门联合制定的《"十四五"中医药文化弘扬工程实施方案》正式公布，提出"加大中医药文化活动和产品供给"等 12 项重点任务，推动部署"十四五"期间中医药文化建设工作，旨在大力弘扬中医药文化，更好满足人民群众对中医药的健康需求和精神需求。

从上市公司经营数据上看，截至 2023 年底，上市公司中医药生物行业二级行业分类——中药分类中共有上市公司 73 家，这 73 家上市公司 2023 年实现营业收入 0.37 亿元，同比增长 6.13%，实现营业利润 0.04 亿元，同比增长 26.97%，增幅显著高于全部上市公司平均水平及医药生物行业上市公司平均水平。

三、2024 年医药生物行业前景分析

2024 年医药生物行业在依托行业产业政策引导支持、医疗新技术新领域持续发展的基础上，具有研发实力并且具备良好研发转化能力的企业将获得业绩上的突破和市场的认可，而布局供应链拓展的医药企业将面临更多的机会。

（一）人口老龄化叠加经济复苏，医药行业需求继续增长

进入 2024 年，人口负增长已成为社会共识，伴随而来的老龄人口数量和占比持续上升成为需要关注的社会问题。从需求端看，人口老龄化和消费的复苏升级奠定了行业需求增长的确定性，国民健康管理观念的提升和消费需求结构的变化决定了需求产品的结构性变化。

随着年龄的增长，老年人的健康状况也逐渐变差。老年人普遍存在的慢性病、多发病和复杂病的比例远高于年轻人。同时，老年人的免疫力和抵抗力也随之降低，容易受到疾病的侵袭。银发经济将会在相当长一段时间内成为行业发展的重要方向。

（二）行业创新发展持续深入，创新成果推动企业业绩增长

近年来，随着政策引导的持续加强以及竞争环境的持续变化，国内新药研发层次和规模不断进步。从早期 Me-too 为主向开发 First-in-class 和 Best-in-class 类药物升级，新靶点、偶联技术、RNA 疗法、细胞和基因疗法、放射性药物、新型递送技术、人工智能、大数据、前沿生物科学等技术被广泛应用于新药研发。在国际知名学术会议上，越来越多的中国新药研究入选报告，这些管线有望在未来几年申请上市，或者通过各种模式走向国际市场。创新成果方面，国内企业创新药销售总体保持了良好增长，大型医药企业新药管线日益丰富，创新药销售占比提高，年销售额超 10 亿元的新药单品增多。已有多个国内企业开发的创新药通过自主注册或产品合作等方式在美国或欧盟获批上市，比如美国食品药品管理局（FDA）批准的君实生物的特瑞普利单抗、亿帆医药的艾贝格司亭 α 注射液，欧盟批准的百济神州的替雷利珠单抗等类型，侧面证明国产创新原研药物初具规模和实力。

未来，创新药物已经开始成为行业企业的重要业务增长点，并且其业绩驱动作用将会越来越明显。

（三）抗衰延寿产品市场需求持续扩大

近年来，在生物医学领域，关于人类寿命及衰老的相关研究异常火热。相关研究成果及产品持续引发关注，"抗衰延寿"对普通人不再是那么遥不可及。最新进展中，一项引人注目的研究揭示了与人类寿命密切相关的遗传因素。科学家通过对多个人群进行细致的基因组比对，识别出了特定的遗传标记，这些标记在长寿族群中异常突出。这一发现不仅推进了我们对生命本质的理解，也为延缓衰老开辟了新的途径。

随着相关研究的不断推进，以及相关产品的不断面世，抗衰老产品所面临的市场需求将会出现指数级的增长，正如目前火爆的哈佛"时光酶"、国产"抗衰丸"等，将持续引爆市场热度。可以预期的是，未来在抗衰延寿领域有所建树的企业经营业绩将会十分可观。

附表　2023 年度医药生物行业上市公司业绩评价结果排序表

序号	A股上市公司评价得分排序	股票代码	股票简称	评价等级	综合得分(100)	每股收益(元)	净资产收益率(%)	总资产报酬率(%)	总资产周转率(次)	流动资产周转率(次)	资产负债率(%)	已获利息倍数	营业收入增长率(%)	资本扩张率(%)	市场投资回报率(%)	股价波动率(%)	年末资产总额(万元)	营业收入(万元)	净利润(万元)
1	23	300760	迈瑞医疗	AA	82.16	9.56	34.98	27.51	0.74	1.22	30.44	1002.08	15.04	4.21	-5.92	41.91	4794000.31	3493190.09	1157841.34
2	41	300122	智飞生物	AA	80.48	3.36	28.4	21.36	1.2	1.43	37.28	116.34	38.3	30	-5.78	102.78	5023219.03	5291776.7	806986.82
3	48	000999	华润三九	AA	80.1	2.9	14.51	11.42	0.74	1.43	39.57	44.72	36.83	38.38	7.19	83.98	4014845.59	2473896.33	317347.87
4	51	600276	恒瑞医药	A	79.79	0.68	10.36	10.85	0.53	0.73	6.28	791.53	7.26	6.82	15.47	44.68	4378450.66	2281978.47	427782.07
5	54	002422	科伦药业	A	79.64	1.69	12.81	11.17	0.61	1.23	36.87	10.9	13.44	36.28	5.41	37.72	3645490.11	2145392.92	264663.94
6	55	603259	药明康德	A	79.62	3.27	19.21	17.38	0.58	1.48	24.64	62.12	2.51	18.31	-15.82	79.53	7366934.93	4034080.69	970026
7	67	300832	新产业	A	79.02	2.11	22.19	24.85	0.52	0.79	8.25	4360.89	28.97	17.89	42.71	67.09	822248.88	392965.57	165365.32
8	76	600566	济川药业	A	78.73	3.08	21.82	20.01	0.58	0.76	26.32	188.51	7.32	17.76	17.05	47.46	1814369.46	965453.72	282706.3
9	78	600161	天坛生物	A	78.67	0.67	12.47	13.29	0.38	0.7	10.1	493.15	21.57	12.31	29.98	64.5	1418805.69	518044.18	150945.88
10	91	000423	东阿阿胶	A	78	1.79	10.28	10.54	0.36	0.46	19.28	344.06	16.66	3.77	27.08	42.26	1330630.65	471526.57	115184.87
11	93	002223	鱼跃医疗	A	77.96	2.41	16.52	18.72	0.51	0.83	25.38	49.66	12.25	18.37	8.35	36.5	1596745.81	797173.45	237647.22
12	94	688617	惠泰医疗	A	77.88	8.04	24.33	25.01	0.69	1	23.75	162.67	35.71	9.54	21.3	45.03	257298.23	165021.18	52213.03
13	110	002773	康弘药业	A	77.34	1.14	13.6	15.19	0.49	0.83	8.41	0	16.77	13.1	16.92	58.36	852968.09	395745.96	103112.39
14	124	600085	同仁堂	A	76.8	1.22	13.28	11.14	0.63	0.81	32.68	31.14	16.19	9.77	27.74	53.39	3008945.02	1786089.15	258322.52
15	138	002737	葵花药业	A	76.54	1.92	22.22	19.56	0.82	1.18	27.28	228.11	11.89	12.75	4.77	47	688191.26	570028.67	116493.86
16	147	600750	江中药业	A	76.32	1.12	17	14.62	0.71	1.37	26.98	129.53	15.18	-0.45	49.45	99.81	612854.34	439010.2	76666.36
17	149	688278	特宝生物	A	76.31	1.37	35.29	31.09	1.02	1.83	20.36	1266.62	37.55	33.3	34.14	83.51	235608.71	210032.29	55544.94
18	164	002262	恩华药业	A	75.86	1.03	16.85	16.98	0.73	1.02	12.53	281.67	17.28	14.78	17.22	52.38	732819.54	504150.45	103424.73
19	168	688578	艾力斯	A	75.71	1.43	16.91	16.79	0.52	0.78	9.01	4081.98	155.14	24.95	91.98	156.39	437649.54	201818.26	64417.48
20	169	600436	片仔癀	A	75.7	4.64	22.59	21.5	0.63	0.72	18.5	91.3	15.69	17.73	-15.61	54.03	1708041.34	1005849.73	285113.9
21	186	300765	新诺威	A	75.19	0.65	16.46	17.47	0.49	0.68	9.68	2508.84	-4.75	28.98	310.74	393.9	563212.39	250169.99	75531.76
22	196	600285	羚锐制药	A	75.02	1.01	19.94	14.32	0.73	1.3	41.35	0	10.31	9.39	31.7	52.83	471191.74	331147.26	56811.57
23	198	600211	西藏药业	BBB	74.96	3.23	24.79	20.95	0.72	1.03	26.46	78.47	22.69	11.31	38.29	74.8	458735.71	313432.84	81024.48
24	203	688029	南微医学	BBB	74.72	2.59	13.59	13.68	0.58	0.77	16.45	277.78	21.78	12.08	18.16	57.2	439267.3	241146.84	49470.06
25	213	301239	普瑞眼科	BBB	74.55	1.79	9.48	10.29	0.64	2.26	51.85	5.85	57.5	12.13	21.38	96.73	481500.04	271787.34	27800.56
26	224	000661	长春高新	BBB	74.2	11.21	20.76	19.54	0.51	0.87	18.58	151.18	15.35	20.31	-23.05	93.95	3074365.09	1456603.96	477581.75
27	247	688016	心脉医疗	BBB	73.73	6.81	16.3	18.4	0.38	0.51	9.01	315.1	32.43	121.71	-2.31	60.6	424620.94	118720.45	48721.7
28	248	688566	吉贝尔	BBB	73.72	1.17	11.59	11.86	0.41	0.72	13.54	2346.77	31.49	12.75	44.35	94.56	220966.82	86093.32	21876.76
29	249	300015	爱尔眼科	BBB	73.7	0.36	20.25	16.72	0.72	2.05	33.66	24.36	26.43	13.68	-32.94	103.3	3018661.99	2036715.67	365599.55

续　表

序号	A股上市公司评价得分排序	股票代码	股票简称	评价等级	综合得分(100)	每股收益(元)	净资产收益率(%)	总资产报酬率(%)	总资产周转率(次)	流动资产周转率(次)	资产负债率(%)	已获利息倍数	营业收入增长率(%)	资本扩张率(%)	市场投资回报率(%)	股价波动率(%)	年末资产总额(万元)	营业收入(万元)	净利润(万元)
30	269	300705	九典制药	BBB	73.28	1.07	19.28	15.98	1.04	2.04	31.27	37.36	15.75	27.09	42.16	96.71	287119.98	269251.15	36826.08
31	271	300573	兴齐眼药	BBB	73.24	1.93	14.83	14	0.77	1.66	16.5	185.29	17.42	8.86	94.08	138.53	202384.47	146756.99	24003.6
32	272	301257	普蕊斯	BBB	73.23	2.24	11.23	12.77	0.6	0.62	20.94	498.78	29.65	13.51	21.76	73.53	136681.9	76004.26	13472.98
33	278	300009	安科生物	BBB	73.16	0.51	22.38	20.03	0.62	1.35	20.57	491.94	22.94	15.6	1.31	38.52	495076.05	286575.21	85858.9
34	282	000538	云南白药	BBB	73.13	2.29	9.67	9.09	0.73	1.09	25.8	98.13	7.19	3.58	-8.28	28.15	5378429.32	3911129.22	412256.11
35	286	600380	健康元	BBB	73.07	0.76	12.46	10.02	0.46	0.71	37.73	24.62	-2.9	2.81	9.42	33.88	3635812.63	1664635.03	285101.9
36	289	603939	益丰药房	BBB	73.05	1.4	15.64	9.73	1	1.99	56.72	13.69	13.59	14.53	-11.47	52.12	2413653.92	2258822.74	158093.09
37	292	600062	华润双鹤	BBB	73.03	1.3	10.89	10.57	0.68	1.38	23.6	112.34	8.21	9.88	-1.19	45.7	1543095.99	1022213.21	132590.83
38	301	832735	德源药业	BBB	72.89	1.8	14.2	13.41	0.66	0.94	17.83	0	11.68	15.96	113.43	110.23	115415.65	70920.78	13798.29
39	305	688799	华纳药厂	BBB	72.85	2.25	10.28	10.98	0.68	1.1	18.77	0	10.84	6.61	54.31	75.68	217694.29	143278.89	19303.66
40	307	688626	翔宇医疗	BBB	72.83	1.44	10.14	9.95	0.3	0.52	18.7	88.85	52.46	8.64	60.45	96.15	259212.05	74481.02	22831.39
41	308	600529	山东药玻	BBB	72.83	1.17	10.23	10.03	0.55	0.92	19.15	0	18.98	8.23	-4.13	38.01	931872.16	498219.82	77580.2
42	334	600332	白云山	BBB	72.54	2.5	10.92	7.25	0.99	1.34	53.33	12.45	6.68	9.04	-1.2	35.78	7858687.78	7551540.4	425932.8
43	341	603439	贵州三力	BBB	72.48	0.71	16.82	14.28	0.69	1.23	41.47	81.83	36.1	38.05	23.88	63.37	292045.11	163497.79	29486.96
44	349	600511	国药股份	BBB	72.4	2.84	13.66	9.55	1.6	1.84	45.97	93.84	9.23	10.55	2.18	78.63	3245309.26	4969604.55	233447.07
45	362	605116	奥锐特	BBB	72.3	0.71	14.3	14.4	0.55	1.03	23.58	120.91	25.24	16.83	5.44	53.05	257461.06	126253.09	28906.95
46	373	002007	华兰生物	BBB	72.11	0.81	12.07	13.56	0.35	0.61	16.67	158.73	18.26	9.91	-0.12	24.64	1610578.33	534187.26	176168.49
47	377	688389	普门科技	BBB	72.05	0.77	19.28	16.73	0.55	0.8	22.89	126.88	16.55	24.53	17.34	76.07	233137.88	114571.88	32749.8
48	385	601089	福元医药	BBB	71.85	1.02	14.44	12.5	0.75	1	23.56	103.76	3.07	9.38	11.24	42.66	454779.03	333963.64	49233.67
49	393	300453	三鑫医疗	BBB	71.76	0.4	15.87	13.48	0.68	1.88	34.31	56.93	-2.69	15.45	14.86	37.78	203080.78	130006.1	22323.44
50	395	000513	丽珠集团	BBB	71.75	2.1	12.29	9.96	0.5	0.73	41.04	24.34	-1.58	-1.14	9.65	31.99	2504482.71	1243003.83	189760.1
51	396	300633	开立医疗	BBB	71.71	1.06	15.04	13.09	0.58	0.83	16.58	94.76	20.29	14.82	-10.79	62.19	377141.71	212025.16	45443.75
52	403	002252	上海莱士	BBB	71.64	0.27	6.2	7.07	0.26	0.93	7.14	18399.03	21.27	2.9	26.92	60.47	3192845.4	796395.86	177743.32
53	416	300314	戴维医疗	BBB	71.46	0.51	11.56	12.7	0.47	0.65	15.33	278.6	22.18	9.83	14.87	105.71	137408.29	61829.82	14761.09
54	417	600079	人福医药	BBB	71.44	1.32	13.16	10.35	0.68	1.26	44.49	10.56	9.79	12.02	4.32	44.05	3620429.76	2452474.06	281526.58
55	421	300452	山河药辅	BBB	71.37	0.69	16.32	13.96	0.62	1.07	39.38	44.23	19.12	18.59	-11.17	63.88	154271.06	83925.95	16462.25
56	425	000963	华东医药	BBB	71.35	1.62	13.47	11.08	1.26	2.25	35.59	30.32	7.71	12.55	-11.71	52.49	3350936.18	4062378.25	284639.69
57	468	301277	新天地	BBB	70.92	0.79	10.14	11.54	0.41	0.56	9.94	1365.19	3.84	6.64	9.35	54.25	160950.57	65143.68	15720.2
58	480	688410	山外山	BBB	70.79	0.9	10.83	11.41	0.36	0.4	12.41	1356.22	80.65	11.91	46.28	108.06	193576.93	69011.24	19220.77

续 表

序号	A股上市公司评价得分排序	股票代码	股票简称	评价等级	综合得分(100)	每股收益(元)	净资产收益率(%)	总资产报酬率(%)	总资产周转率(次)	流动资产周转率(次)	资产负债率(%)	已获利息倍数	营业收入增长率(%)	资本扩张率(%)	市场投资回报率(%)	股价波动率(%)	年末资产总额(万元)	营业收入(万元)	净利润(万元)
59	489	000650	仁和药业	BBB	70.68	0.41	7.75	11.93	0.67	1.1	10.61	2605.64	-2.35	3.62	8.77	35.17	744468.14	503214.61	62941.03
60	491	002001	新和成	BBB	70.66	0.87	10.85	9.23	0.39	1.14	36.36	11.17	-5.13	5.31	-9.07	45.07	3915624.69	1511653.7	272540.89
61	492	688013	天臣医疗	BBB	70.63	0.6	6.95	8.21	0.43	0.57	8.79	558.53	9.31	12.41	4.68	32.9	62660.86	25364.58	4731.12
62	506	600535	天士力	BBB	70.52	0.72	8.89	7.87	0.52	0.97	24.08	15.8	0.94	0.16	54.66	66.76	1671428.51	867401.42	101664
63	509	600867	通化东宝	BBB	70.49	0.59	16.96	18.87	0.42	1.26	7.14	302.18	10.69	10.18	14.62	48.7	777136.65	307541.6	116792.25
64	523	000915	华特达因	BBB	70.34	2.5	26	26.81	0.5	0.72	13.5	5551.21	6.11	10.71	-32.2	71.49	519829.45	248416.57	112708.65
65	585	832566	梓宫	BB	69.57	0.71	12.06	13.74	0.47	0.72	14.53	624.73	-7.71	5.44	42.51	90.59	87820.16	40804.97	10224.43
66	591	002880	卫光生物	BB	69.5	0.96	10.64	9.53	0.38	0.94	28.89	18.12	56.98	9.54	15.47	65.57	287677.88	104850.26	21754.46
67	602	002821	凯莱英	BB	69.35	6.26	12.57	13.49	0.41	0.65	11.42	433.55	-23.7	11.56	-20.57	66.96	1976715.87	782519.03	225081.94
68	604	002275	桂林三金	BB	69.33	0.72	13.58	13.53	0.55	0.97	28.43	32.69	10.81	0.13	12.44	77.66	393604.43	217160.34	42129.88
69	628	600976	健民集团	BB	69.12	3.41	21.35	15.11	1.11	1.66	45.86	155.41	15.72	20.81	25.46	59.04	416795.12	421315.46	52323.4
70	638	300685	艾德生物	BB	69.06	0.66	14.92	16.51	0.58	0.72	11.97	247.72	23.91	13.58	-17.55	74.66	193488.16	104350.67	26148.44
71	654	002287	奇正藏药	BB	68.89	1.1	10.28	11.61	0.34	0.64	40.14	11.22	0.02	11.29	-1.43	27.94	629847.86	204515.24	57917.77
72	657	301207	华兰疫苗	BB	68.88	1.43	12.89	13.44	0.32	0.51	21.67	166.52	32.03	13.95	-7.91	45.66	799531.83	241042.85	85996.86
73	665	688580	伟思医疗	BB	68.76	2	7.72	8.67	0.26	0.36	9.93	114.77	43.72	6.42	21.8	57.98	180602.4	46222.31	13625.86
74	671	600993	马应龙	BB	68.63	1.03	9.64	10.95	0.63	0.78	19.87	32.13	-11.2	6.94	7.03	54.25	482952.36	313674.64	45183.92
75	689	688314	康拓医疗	BB	68.48	0.93	11.94	14.25	0.42	0.66	13.36	49.46	14.62	8.09	-9.06	61.85	67578.74	27502.59	7447.29
76	696	603367	辰欣药业	BB	68.41	1.15	8.19	8.51	0.63	0.92	21.41	91.48	9.75	7.67	-3.9	38.18	733783.82	446234.86	52542.63
77	697	600479	千金药业	BB	68.41	0.76	12.95	9.94	0.82	1.08	35.28	277	-5.66	7.47	13.37	63.82	467688.25	379848.53	39501.69
78	702	603658	安图生物	BB	68.36	2.1	14.38	12.59	0.4	0.69	24.99	56.52	0.05	9.53	-10.99	90.22	1155405.83	444365.57	122413.07
79	709	301333	诺思格	BB	68.32	2.08	7.72	9.26	0.36	0.38	15.39	304.77	13.15	10.08	6.65	89.45	207381.61	72137.31	16286.07
80	720	301301	川宁生物	BB	68.19	0.42	14.2	11.74	0.47	1.14	31.22	13.73	26.24	12.28	-2.97	28.13	1013864.91	482333.5	94056.5
81	734	603233	大参林	BB	67.99	1.03	16.29	7.53	1.09	2.29	67.11	25.58	15.45	15.57	-29.46	67.16	2412330.08	2453139.02	123066.12
82	739	300406	九强生物	BB	67.96	0.9	14.56	13.09	0.36	0.79	28.1	13.63	15.27	13.85	13.24	68.2	517574.88	174162.67	52206.97
83	742	600557	康缘药业	BB	67.92	0.93	9.89	7.92	0.7	1.25	24.4	0	11.88	9.05	4.49	144.91	711732.17	486780.67	54705.03
84	743	301267	华夏眼科	BB	67.92	0.79	12.43	12.78	0.57	0.84	22.51	23.46	24.12	11.5	-34.53	109.64	737870.58	401316.44	67742.02
85	754	688366	昊海生科	BB	67.75	2.44	6.37	7.37	0.38	0.73	15.31	70.67	24.59	1.95	9.68	62.3	710549.7	265403.91	41226.93
86	775	688198	佰仁医疗	BB	67.57	0.85	8.52	9.61	0.3	0.53	10.43	290.41	25.57	8.1	-7.79	60.5	132701.49	37063.83	10940.88
87	791	002020	京新药业	BB	67.43	0.72	10.04	9.32	0.52	1.21	30.63	97.8	5.79	7.12	0.42	61.79	798655.69	399883.52	62341.76

续　表

序号	A股上市公司评价得分排序	股票代码	股票简称	评价等级	综合得分(100)	每股收益(元)	净资产收益率(%)	总资产报酬率(%)	总资产周转率(次)	流动资产周转率(次)	资产负债率(%)	已获利息倍数	营业收入增长率(%)	资本扩张率(%)	市场投资回报率(%)	股价波动率(%)	年末资产总额(万元)	营业收入(万元)	净利润(万元)
88	802	002728	特一药业	BB	67.33	0.77	14.59	12.23	0.42	0.96	19.98	18.9	20.38	43.3	12.19	68.78	251263.67	106721.21	25317.58
89	805	301033	迈普医学	BB	67.3	0.62	6.01	6.56	0.3	0.91	19.2	22.75	18.24	5.52	13.66	59.93	78696.9	23086.97	4087.74
90	822	300049	福瑞股份	BB	67.18	0.39	9.48	9.14	0.45	0.93	30.22	263.75	14.37	1.18	75.39	145.5	264747.29	115373.39	17711.4
91	842	600587	新华医疗	BB	66.99	1.43	9.5	5.51	0.7	1.19	50.48	16.69	7.87	33.35	13.6	93.67	1559032.98	1001186.84	67650.14
92	854	300039	上海凯宝	BB	66.89	0.31	7.45	8.68	0.36	1.05	11.94	0	42.47	7.23	-16.76	52.13	457967.29	159405.15	32689.85
93	870	301234	五洲医疗	BB	66.76	0.89	7.47	8.38	0.63	1.03	11.61	5815.61	-2.46	3.64	15.02	74.05	84817.84	53367.99	6026.51
94	877	688621	阳光诺和	BB	66.72	1.65	18.13	12.36	0.56	0.78	43.25	16.88	37.76	16.41	-5.9	80.37	186301.85	93212.04	18289.5
95	880	688687	凯因科技	BB	66.69	0.7	8.27	6.32	0.61	0.78	27.08	150.6	21.73	6.15	52.36	104.17	244820.78	141200.62	13728.49
96	896	688076	诺泰生物	BB	66.5	0.76	8.29	6.23	0.34	0.81	38.28	11.76	58.69	13.74	91.25	123.7	354724.6	103354.81	16545.27
97	910	603456	九洲药业	BB	66.32	1.16	14.71	12.81	0.59	1.07	21.37	55.32	1.44	58.86	-43.51	130.38	1085198.74	552341.82	103137.18
98	911	301015	百洋医药	BB	66.32	1.25	25.12	18.09	1.46	1.74	50.13	15.39	0.72	15.89	44.77	115.5	529859.68	756390.26	63988.33
99	916	000739	普洛药业	BB	66.31	0.9	17.47	10.07	0.93	1.42	51.2	28.52	8.81	12.89	-29.49	96.99	1276766.41	1147416.24	105530.69
100	926	600329	达仁堂	BB	66.25	1.28	14.16	11.1	0.81	1.19	35.04	31.55	-0.33	1.42	19.09	114.77	1023010.09	822231.18	96870.55
101	932	301096	百诚医药	BB	66.19	2.51	10.02	9.17	0.31	0.63	26.84	43.22	67.51	8.13	-7.7	39.33	366910.61	101744.81	27201.47
102	936	600420	国药现代	BB	66.17	0.54	7.22	5.92	0.62	1.08	25.91	19.94	-6.86	17.98	6	66.21	1935228.25	1206993.02	96461.07
103	942	688236	春立医疗	BB	66.09	0.72	9.08	8.67	0.34	0.42	21.11	3562.19	0.58	5.87	17.39	106.55	364956.09	120852.38	27781.81
104	964	300759	康龙化成	BB	65.93	0.9	12.41	8.74	0.49	1.33	50	9.61	12.39	22.12	-39.12	144.9	2647671.28	1153799.63	158178.07
105	987	002332	仙琚制药	BB	65.79	0.57	9.47	9.4	0.6	1.21	16.63	191.61	-5.85	5.86	16.36	62.01	699283.51	412341.86	56211.85
106	1002	002393	力生制药	BB	65.68	1.97	3.23	7.6	0.21	0.42	15.17	564.44	0.56	12.74	21.42	41.13	578060.42	115303.28	36182.8
107	1007	300396	迪瑞医疗	BB	65.63	1.01	13.26	9.77	0.44	0.71	38.59	34.68	12.95	6.22	21.42	103.62	332076.44	137805.95	27557.2
108	1011	002044	美年健康	BB	65.61	0.13	7.54	6.1	0.58	1.82	56.78	3.79	27.67	2.6	-1.8	42.75	1945666.02	1089353.5	66882.35
109	1034	688050	爱博医疗	BB	65.41	2.89	12.67	12.72	0.36	0.91	23.05	34.4	64.14	22.7	-26.56	76.96	306178.66	95117.71	28605.22
110	1040	688276	百克生物	BB	65.34	1.21	13.02	12.1	0.39	0.85	20.33	800.65	70.3	12.95	-18.51	58.67	504623.77	182468.88	50100.92
111	1051	830946	森萱医药	BB	65.23	0.32	11.39	12.7	0.45	0.68	8.87	175.44	-5.46	4.57	12.2	83.65	132731.33	58956	14120.27
112	1057	000403	派林生物	BB	65.19	0.84	7.9	8.46	0.28	0.72	14	47.86	-3.18	8.17	20.82	89.15	863047.41	232872.33	61147.25
113	1071	600129	太极集团	BB	65.12	1.48	24.15	8	1.07	1.98	74.01	8.47	11.19	27.96	50.55	139.52	1441177.41	1562264.84	85349.75
114	1072	603811	诚意药业	BB	65.11	0.5	13.46	10.48	0.37	1.41	36.78	12.41	2.54	9.69	2.94	61.56	189276.59	67162.69	16205
115	1073	000028	国药一致	BB	65.1	2.87	9.36	6.04	-1.67	2.22	55.9	10.96	2.77	7.88	11.54	127.01	4757109.48	7547748.46	195848.71
116	1078	002412	汉森制药	BB	65.08	0.41	10.64	9.93	0.41	1.08	15.98	62.42	4.31	3.64	16.63	35.89	233648.86	95553.08	20501.49

续表

A股上市公司评价得分序号	股票代码	股票简称	评价等级	综合得分(100)	每股收益(元)	净资产收益率(%)	总资产报酬率(%)	总资产周转率(次)	流动资产周转率(次)	资产负债率(%)	已获利息倍数	营业收入增长率(%)	资本扩张率(%)	市场投资回报率(%)	股价波动率(%)	年末资产总额(万元)	营业收入(万元)	净利润(万元)
117	1124	301363	美好医疗	B	64.73	0.77	9.38	10.18	0.39	0.56	9.68	1058.85	-5.49	5.33	-12.17	78.57	352327.02	133758.67	31330.06
118	1131	688358	祥生医疗	B	64.68	1.33	10.23	9.46	0.32	0.36	10.08	0	27.04	4.23	1.01	111.96	152248.81	48384.11	14648.07
119	1144	688271	联影医疗	B	64.58	2.4	9.18	8.68	0.46	0.57	25.48	306.07	23.52	8.06	-22.21	113.75	2533614.03	1141076.56	197775.48
120	1159	600763	通策医疗	B	64.51	1.56	14.45	13.69	0.51	2.74	31.36	13.89	4.7	13.94	-48.78	167	600581.71	284650.77	57842.34
121	1162	002940	昂利康	B	64.5	0.69	8.71	7.88	0.58	1.08	39.33	15.63	3.66	11.31	10.62	63.1	301999.07	162586.67	18306.5
122	1176	002817	黄山胶囊	B	64.4	0.22	7.11	6.73	0.43	0.82	18.31	2987.06	8.04	5.49	0.45	21.55	110308.51	46277.12	6513.21
123	1182	688301	奕瑞科技	B	64.35	5.97	14.26	10.65	0.28	0.45	42.05	28.39	20.31	11.51	-1.91	90.44	751134.82	186378.86	60477.23
124	1199	301331	恩威医药	B	64.22	1.23	6.52	7.39	0.57	0.9	17.52	8514.84	13.54	-4.32	4.92	41.25	133749.77	78519.13	8631.23
125	1211	688656	浩欧博	B	64.12	0.75	5.45	6.25	0.42	1.05	14.59	23.42	23.1	4	-0.45	44.63	94925.68	39440.58	4733.14
126	1229	603590	康辰药业	B	63.95	0.96	5.01	3.48	0.26	0.82	11.07	45.13	6.15	5.4	49.74	79.39	378081.81	92001.18	18757.17
127	1238	300298	三诺生物	B	63.87	0.51	6.17	5.97	0.77	2.12	41.44	4.75	44.26	10.41	-14.64	94.66	592697.18	405878.6	19584.5
128	1241	002864	盘龙药业	B	63.84	1.15	8.84	6.67	0.48	0.62	27	22.15	0.67	63.7	4.3	68.4	212501.97	98082.81	11154.51
129	1250	301065	本立科技	B	63.79	0.56	4.43	4.64	0.48	0.84	13.08	77.56	-8.02	3.97	8.06	34.5	149148.7	69789.31	5961.59
130	1251	300534	陇神戎发	B	63.79	0.2	10.02	8.98	0.96	2.06	46.77	25.58	161.36	-6.76	9.18	47	133665.15	108005	8385.16
131	1258	600664	哈药股份	B	63.77	0.16	7.79	5.13	1.12	1.55	61.57	12.52	11.93	9.53	8.44	39.74	1411214.89	1545657.81	47421.82
132	1259	002294	信立泰	B	63.76	0.52	6.57	6.88	0.35	0.84	14.27	37.94	-3.35	0.99	-2.9	64.74	939667.28	336534.33	58082.87
133	1266	300181	佐力药业	B	63.73	0.55	13.79	12.5	0.53	0.97	23.52	59.59	7.61	0.51	2.39	80.71	362703.9	194244.04	39076.29
134	1272	301093	华兰股份	B	63.71	0.88	2.67	5.2	0.24	0.31	8.31	313.48	6.64	2.91	19.65	39.4	271157.34	62292.31	11792.79
135	1285	688336	三生国健	B	63.65	0.48	4.12	6	0.19	0.39	8.04	222.53	22.84	6.07	73.69	114.03	530502.96	101403.43	28336
136	1291	603087	甘李药业	B	63.61	0.6	2.93	2.75	0.23	0.44	8.3	555.91	52.31	12.07	53.18	95.91	1171502.35	260803.7	34023.15
137	1306	300841	康华生物	B	63.53	3.81	16.48	14.62	0.4	0.66	16.52	120.44	9.03	14.25	-11.08	126	420926.83	157739.54	50921.6
138	1312	300206	理邦仪器	B	63.48	0.38	10.21	9.98	0.87	1.24	11.28	343.87	11.22	6.08	-15.86	98.5	221367.09	193798.89	22155.57
139	1334	300143	盈康生命	B	63.33	0.16	7.45	6.28	0.66	1.71	40.47	18.35	27.2	8.46	-7.87	43.51	240022.95	147079.79	9919.85
140	1338	603368	柳药集团	B	63.31	2.35	13.32	6.63	1.07	1.24	64.96	5.33	9.23	10.97	-4.24	49.53	2015945.38	2081190.29	90660.4
141	1352	300439	美康生物	B	63.23	0.67	7.6	8.66	0.53	0.95	22.43	28.73	-24.23	7.43	-1.91	26.92	348918.59	188586.92	25950
142	1408	603229	奥翔药业	B	62.82	0.43	13.5	11.34	0.31	0.58	27.44	37.37	6.83	46.57	-24.04	82.6	295157.12	81676.51	25390.2
143	1414	300653	正海生物	B	62.76	1.06	18.52	21.4	0.41	0.56	10.04	42823.76	-4.52	9.59	-32.35	137.89	105382.46	41365.27	19095.76
144	1415	688253	英诺特	B	62.73	1.28	8.33	9.91	0.24	0.26	10.83	994.8	7.03	9.04	10.93	87.83	206565.52	47801.81	17394.81
145	1424	600572	康恩贝	B	62.65	0.23	8.68	7.25	0.61	1.21	34.6	22.09	12.2	0.35	11.95	86.29	1123824.15	673279.7	67472.36

续表

序号	A股上市公司评价得分排序	股票代码	股票简称	评价等级	综合得分(100)	每股收益(元)	净资产收益率(%)	总资产报酬率(%)	总资产周转率(次)	流动资产周转率(次)	资产负债率(%)	已获利息倍数	营业收入增长率(%)	资本扩张率(%)	市场投资回报率(%)	股价波动率(%)	年末资产总额(万元)	营业收入(万元)	净利润(万元)
146	1425	600351	亚宝药业	B	62.65	0.26	5.35	5.79	0.73	1.57	22.33	18.81	7.05	-0.44	16.23	64.96	385363.67	290976.53	17991.37
147	1436	301211	亨迪药业	B	62.61	0.61	7.35	8.05	0.26	0.31	7.46	660.78	28.76	3.52	-16.78	64.88	254657.1	66302.59	17611.62
148	1441	600998	九州通	B	62.6	0.55	7.14	4.66	1.62	1.98	68.23	3.27	6.92	2.76	12	41.93	9278910.25	15013984.67	228966.11
149	1458	688513	苑东生物	B	62.47	1.89	6.24	7.7	0.35	0.62	22.21	74.53	-4.56	6.5	6.28	48.11	334675.43	1117112.07	22657.44
150	1477	000411	英特集团	B	62.32	1.09	11.67	7.16	2.37	2.69	65.62	5.79	4.68	23.13	-2.59	35.12	1390885.69	3205212.16	58870.24
151	1485	688117	圣诺生物	B	62.27	0.63	7.05	7.36	0.36	0.68	33.11	9.83	9.93	6.45	69.71	112.14	131572.5	43502.1	7032.44
152	1491	002349	精华制药	B	62.22	0.3	9.8	10.67	0.49	0.81	11.95	129.09	-3.9	6.88	-26.51	78.2	318501.14	151175.13	27646.66
153	1512	605266	健之佳	B	62.09	3.23	14.78	6.66	0.94	2.31	71.41	5.31	20.84	11.15	-10.25	61.18	994893.45	908069.71	41448.55
154	1518	688067	爱威科技	B	62.05	0.32	2.59	4.04	0.36	0.64	12.01	0	1.79	3.1	25.35	44.21	55669.13	20030.59	2153.38
155	1521	603676	卫信康	B	62.04	0.5	12.8	12.56	0.77	1.13	24.57	631.55	-5.43	9.81	-35.91	106.87	177689.33	132264.93	21401.69
156	1547	300723	一品红	B	61.83	0.42	3.66	6.63	0.59	1.81	41.03	7.49	9.79	19.95	17.52	96.87	440529.56	250344.7	15179.54
157	1553	835670	数字人	B	61.75	0.11	3.19	4.22	0.35	0.48	8.99	102.93	35.21	4.84	86.37	155.39	27682.88	9657.87	1163.83
158	1557	301089	拓新药业	B	61.74	1.93	15.57	17.21	0.45	0.91	12.82	939.99	6.47	16.49	-27.33	109.64	183899.46	83551	24307.27
159	1559	300341	麦克奥迪	B	61.74	0.33	9.13	8.7	0.6	0.82	21.15	141.78	-23.89	6.89	31.81	86.62	229327.78	136540.25	16664.76
160	1563	688091	上海谊众	B	61.7	1.02	11.57	12.79	0.25	0.28	6.9	693.22	52.68	11.04	-8.57	115.53	157335.95	36025.39	16155.39
161	1570	003020	立方制药	B	61.66	1.42	11.61	11.23	0.83	1.46	24.57	201.9	-26.31	26.57	7.79	104.53	248367.96	190078.92	23388.26
162	1590	300595	欧普康视	B	61.57	0.75	13.64	16.12	0.33	0.47	14.64	84.66	13.89	2.51	-36.21	103.14	551891.06	173716.85	72898.4
163	1607	603883	老百姓	B	61.44	1.59	14.43	7.48	1.05	2.41	65.67	8.59	11.21	2.7	-28.53	110.59	2123100	2243748.9	112355.94
164	1615	002038	双鹭药业	B	61.41	0.41	4.11	7.65	0.17	0.44	7.45	0	-3.03	6.04	22.7	87.68	627776.18	101835.87	41495.75
165	1641	601607	上海医药	B	61.24	1.02	6.31	4.36	1.27	1.67	62.11	4.74	12.21	2.98	-5.56	61.04	21197253.38	26029508.89	516657.03
166	1644	600513	联环药业	B	61.21	0.47	9.01	7.24	0.78	1.6	46.87	7.56	11.2	7.33	21.33	56.71	285570.23	217410.03	15134.03
167	1650	688338	赛科希德	B	61.18	1.1	7.41	8.13	0.17	0.2	6.21	8873.29	20.4	6.36	32.54	84.02	170623.59	27548.69	11689.39
168	1654	600829	人民同泰	B	61.17	0.5	11.03	5.81	1.43	1.54	62.95	15.45	7.77	11.72	21.62	60.51	742646.47	1038998.01	29224.82
169	1715	603351	威尔药业	B	60.73	0.83	6.96	6.19	0.52	2.16	30.11	8.96	4.03	7.44	14.37	33.64	227890.27	115583.98	10911.46
170	1724	002462	嘉事堂	B	60.62	0.86	6.09	4.29	1.78	1.96	64.42	4.34	14.4	2.87	0.24	30.15	1712085.16	2999624.04	37653.37
171	1742	832278	鹿得医疗	B	60.5	0.18	7.7	7.16	0.68	0.92	20.59	284.09	-2.87	0.07	56.65	131.68	49067.86	32926.38	3168.99
172	1743	600422	昆药集团	B	60.5	0.59	6.49	6.16	0.81	1.12	42.75	27.11	-6.99	6.5	28.52	85.91	956538.33	770312.13	45414.27
173	1771	002788	鹭燕医药	B	60.26	0.94	12.03	5.87	1.68	2.08	74.76	3.11	1.97	6.68	9.79	33.82	1179359.45	1984553.46	36449.44
174	1793	000623	吉林敖东	B	60.14	1.3	4.82	5.18	0.11	0.59	14.77	11.39	20.25	4.4	4.13	33.63	3226614.06	344912.33	14434.33

续 表

序号	A股上市公司评价得分排序	股票代码	股票简称	评价等级	综合得分(100)	每股收益(元)	净资产收益率(%)	总资产报酬率(%)	总资产周转率(次)	流动资产周转率(次)	资产负债率(%)	已获利息倍数	营业收入增长率(%)	资本扩张率(%)	市场投资回报率(%)	股价波动率(%)	年末资产总额(万元)	营业收入(万元)	净利润(万元)
175	1811	002603	以岭药业	CCC	59.99	0.81	11.24	10.34	0.62	1.5	32.64	44.3	-17.67	4.65	-19.6	79.62	1699032.65	1031831.29	134430.27
176	1832	603309	维力医疗	CCC	59.83	0.66	10.72	9.88	0.56	1.53	29.49	27.01	1.79	5.58	-31.04	126.08	260528.14	138773.54	20460.31
177	1835	688315	诺禾致源	CCC	59.81	0.44	6.52	6.47	0.6	0.88	31.18	100.92	3.97	25.21	-22.78	127.44	359442.1	200210.77	18322.5
178	1840	000534	万泽股份	CCC	59.79	0.36	9.14	9.65	0.35	1.24	58.19	11.21	23.63	5.2	-10.57	97.86	312027.97	98143.94	18881.84
179	1850	300601	康泰生物	CCC	59.74	0.77	7.79	7.3	0.24	0.66	36.75	9.27	10.14	6.19	-19.04	80.14	1508535.85	347743.87	86130.39
180	1855	000756	新华制药	CCC	59.67	0.74	10.33	6.93	0.98	2.39	42.36	13.95	7.97	9.79	-29.86	95.08	828616.63	810084.47	50610.7
181	1858	301103	何氏眼科	CCC	59.65	0.4	2.33	4.68	0.47	0.63	16.56	8.75	24.07	-4.77	-9.83	85.31	248369.54	118523.15	5779
182	1862	002107	沃华医药	CCC	59.64	0.1	5.51	4.87	0.81	1.43	27.19	1544.45	-10.38	5.53	-1.13	35.75	114470.64	90950.68	4662.76
183	1877	300294	博雅生物	CCC	59.54	0.47	2.11	4.47	0.33	0.42	6.49	777.36	-3.87	0.49	-6.17	54.94	782890.03	265197.95	24814.84
184	1878	688468	科美诊断	CCC	59.53	0.37	8.76	9.77	0.26	0.39	23.72	352.95	-4.28	0.6	9.51	82.39	182056.26	44534.08	14737.35
185	1886	300239	东宝生物	CCC	59.49	0.2	6.45	5.93	0.39	0.82	30.96	29.11	3.3	7.82	-16.66	44.49	274201.12	97451.22	12737.11
186	1914	600789	鲁抗医药	CCC	59.31	0.28	5.12	4.02	0.7	1.72	57.5	4.45	9.34	6.68	5.33	38.32	880243.15	614672.14	25678.73
187	1916	000919	金陵药业	CCC	59.31	0.2	2.55	2.61	0.61	1.13	19.02	513.65	4.3	1.6	1.44	29.12	455052.28	278573.84	10718.72
188	1924	300558	贝达药业	CCC	59.21	0.83	4.82	4.42	0.29	1.51	41.49	6.86	3.35	7.94	-3.38	83.32	914690.84	245619.65	33361.57
189	1933	002198	嘉应制药	CCC	59.18	0.07	4.14	4.65	0.63	0.94	9.98	98435.25	-19.11	4.75	10.98	47.89	84756.31	53323.32	3432.02
190	1956	688212	澳华内镜	CCC	59.02	0.43	3.54	3.57	0.44	0.67	12.53	78.56	52.29	8.84	-12.63	61.66	159504.38	67808.07	6077.41
191	1976	002653	海思科	CCC	58.89	0.27	6.64	5.43	0.53	1.43	37.31	8.16	11.27	33.1	3.58	51.32	665288.61	335507.01	29556.28
192	1978	603896	寿仙谷	CCC	58.86	1.3	11.12	9.27	0.26	0.43	31.6	11.32	-5.39	13.95	-22.04	82.95	317435.44	78434.73	25448.01
193	1992	002727	一心堂	CCC	58.81	0.92	9.65	4.63	1.06	1.8	52.68	13.16	-0.29	4.64	-28.55	105.54	1664737.53	1738031.09	56041.28
194	1994	688677	海泰新光	CCC	58.79	1.2	10.56	11.53	0.34	0.52	7.32	341.42	-1.31	5.75	-37.64	123.8	139484.35	47059.73	14216.62
195	2008	301130	西点药业	CCC	58.67	0.63	2.94	5.6	0.22	0.34	7.9	1244.34	-11.73	3.97	-4.58	39.55	106719.6	22549.12	5050.24
196	2016	300519	新光药业	CCC	58.61	0.4	7.06	7.75	0.29	0.34	9.27	0	-23.07	-1.72	7.31	34.93	93040.58	27039.98	6435.65
197	2025	300194	福安药业	CCC	58.54	0.19	0.47	5.4	0.45	1.31	30.58	10.82	9.33	5.12	22.12	54.53	597593.11	264775.3	23440.87
198	2042	000153	丰原药业	CCC	58.35	0.48	6.86	5.62	0.97	2.15	56.3	7.34	6.78	9.35	-11.68	30.51	439132.01	427543.67	15729.67
199	2064	002390	信邦制药	CCC	58.18	0.15	4.71	4.58	0.68	1.15	22.75	10.98	1.75	1.09	-6.49	28.67	924497.12	646084.13	35377.25
200	2065	833230	欧康医药	CCC	58.17	0.22	3.47	3.85	0.54	0.72	13.18	39.39	-9.88	0.8	41.1	90.43	45309.31	24281.02	1647.97
201	2066	600713	南京医药	CCC	58.16	0.45	10.19	4.52	1.78	1.94	74.46	3.58	6.71	8.37	-4.39	34.73	2841023.17	5358966.47	71280.89
202	2070	300482	万孚生物	CCC	58.14	1.1	9.06	9.45	0.46	0.84	20.05	19.06	-51.33	1.7	-3.3	66.55	577171.72	276491.42	48742.84
203	2083	300238	冠昊生物	CCC	58.06	0.12	4.65	5.02	0.6	1.43	32.76	19	7.13	5.89	31.4	85.37	67859.49	40417.87	2107.25

续　表

序号	A股上市公司评价得分排序	股票代码	股票简称	评价等级	综合得分(100)	每股收益(元)	净资产收益率(%)	总资产报酬率(%)	总资产周转率(次)	流动资产周转率(次)	资产负债率(%)	已获利息倍数	营业收入增长率(%)	资本扩张率(%)	市场投资回报率(%)	股价波动率(%)	年末资产总额(万元)	营业收入(万元)	净利润(万元)
204	2091	605199	葫芦娃	CCC	58	0.27	8.09	5.72	0.71	1.42	62.12	8.43	25.75	14.19	-5.75	44.94	306054.87	190518.22	11262.09
205	2094	605177	东亚药业	CCC	57.98	1.07	5.61	4.99	0.47	0.92	39.72	13.92	15	9.54	27.76	69.07	334334.53	135644.81	12124.94
206	2113	300357	我武生物	CCC	57.86	0.59	13.09	14.62	0.36	0.56	10.09	174.74	-5.34	13.64	-46.48	174.96	256216.67	84819.04	29552.21
207	2114	872925	锦好医疗	CCC	57.85	0.16	2.99	2.7	0.42	1.03	13.12	76.22	-10.38	-0.12	72.29	123.92	41934.99	17487.64	1151.09
208	2115	300347	泰格医药	CCC	57.85	2.34	6.8	9.13	0.26	0.66	17.61	21.76	4.21	7.82	-49.39	183.37	2968074.23	738403.95	214992.68
209	2130	600521	华海药业	CCC	57.75	0.57	10.94	7.25	0.45	1.07	55.64	5.75	0.52	6.53	-35.32	81.19	1859996.96	830871.98	81724.93
210	2133	688739	成大生物	CCC	57.72	1.12	4.29	5.74	0.17	0.23	4.78	407.45	-3.58	-0.52	5.92	20.31	1008135.91	175010.31	46592.36
211	2225	600721	百花医药	CCC	57.09	0.03	1.56	1.6	0.36	0.69	33.46	0	5.54	5.94	22.31	92.45	106201.02	36927.74	1297.23
212	2227	688273	麦澜德	CCC	57.08	0.9	5.41	6.69	0.22	0.27	10.34	267.42	-9.57	0.36	3.89	83.67	153392.39	34082.47	9248.43
213	2232	600488	津药药业	CCC	57.01	0.11	4.07	3.2	0.59	1.69	38.9	5.59	2.55	-0.01	9.33	63.91	614248.22	378282.66	16267.31
214	2239	600216	浙江医药	CCC	56.98	0.45	0	3.11	0.62	1.38	21.86	13.82	-3.96	2.85	-9.95	43.72	1277953.98	779414.6	27679.41
215	2243	603976	正川股份	CCC	56.95	0.27	2.49	3.26	0.44	0.88	40.5	3.11	13.12	2.64	-5.41	33.6	204288.21	90064.86	4026.77
216	2244	600645	中源协和	CCC	56.95	0.23	3.19	2.5	0.3	0.66	29.8	145.54	2.24	3.97	15.04	46.53	5441135.52	158972.33	9855.17
217	2254	837344	三元基因	CCC	56.86	0.26	4.91	3.52	0.23	0.77	50.54	15.11	43.12	6.28	26.77	70.98	123517.39	24473.3	3168.17
218	2259	002550	千红制药	CCC	56.83	0.14	5.72	7.52	0.65	1.1	10.56	35.34	-21.24	1.66	-9.4	56.09	276608.14	181426.89	17867.2
219	2313	301263	泰恩康	CCC	56.43	0.38	7.86	9.09	0.36	0.56	17.93	114.04	-2.9	-1.33	-10.64	49.28	222911.22	76078.71	15350.03
220	2318	600594	益佰制药	CCC	56.4	0.13	1.73	3.19	0.58	1.37	33.03	7.11	3.12	0.36	1.97	34.67	478035.39	282056.1	9135.71
221	2325	301087	可孚医疗	CCC	56.36	1.24	4.02	4.73	0.45	0.71	21.4	22.16	-4.14	-2.48	5.4	74.93	624419.17	285369.49	25287.06
222	2334	301122	采纳股份	CCC	56.33	0.92	4.79	6.9	0.22	0.3	6.35	11322.83	-11.82	4.05	-20.6	68.49	192909.6	41047.06	11256.41
223	2342	600196	复星医药	CCC	56.28	0.89	4.55	4.2	0.38	1.2	50.1	3.38	-5.81	4.63	-29.68	60.25	11346960.48	4139953.96	289506.34
224	2347	300434	金石亚药	CCC	56.26	0.31	4.6	5.77	0.39	0.92	21.84	264.54	-2.69	5.24	-13.18	76.39	310143.87	120919.94	12071.16
225	2353	301258	富士莱	CCC	56.21	1.22	4.68	6.11	0.23	0.3	8.06	1104.39	-13.89	3.13	-19.69	56.44	211607.99	48929.26	11218.18
226	2366	600056	中国医药	CCC	56.12	0.7	5.97	5.03	1.06	1.4	62.88	9.03	3.28	5.42	-30.97	67.38	3740991.22	3882443.05	124212.05
227	2369	603168	莎普爱思	CCC	56.1	0.07	-0.25	1.73	0.31	1.01	20.32	13.71	17.37	0.74	62.54	107.04	217029.72	64497.02	2510.42
228	2379	605507	国邦医药	CCC	56	1.1	8.08	7.42	0.55	1.01	28.22	31.89	-6.49	3.95	-32.72	76.68	1036163.53	534944.79	60997.87
229	2393	603998	方盛制药	CCC	55.92	0.43	8.16	7.47	0.54	1.54	48.43	10.77	-9.12	5.36	36.36	102.83	308098.57	162854.23	17962.39
230	2401	688046	药康生物	CCC	55.89	0.39	5.23	6.79	0.26	0.4	17.57	59.4	20.45	7.43	-26.04	130.4	257758.99	62218.7	15891.41
231	2403	300233	金城药业	CCC	55.87	0.45	4.75	4.26	0.6	1.51	36.09	10.04	0.93	3.33	-28.09	78.81	591607.93	353831.25	19331.1
232	2409	000705	浙江震元	CCC	55.85	0.24	4.13	3.57	1.33	2.06	31.99	0	-0.94	2.72	38.37	47.87	293907.92	410637.16	8497.64

续 表

A股上市公司评价得分排序 序号	股票代码	股票简称	评价等级	综合得分(100)	每股收益(元)	净资产收益率(%)	总资产报酬率(%)	总资产周转率(次)	流动资产周转率(次)	资产负债率(%)	已获利息倍数	营业收入增长率(%)	资本扩张率(%)	市场投资回报率(%)	股价波动率(%)	年末资产总额(万元)	营业收入(万元)	净利润(万元)
233	2420	300677	英科医疗	CCC	55.74	0.58	0.57	2.35	0.28	0.54	39.83	4.47	4.61	1.53	7.29	57.81	2707944.15	691872.45	38806.48
234	2427	688166	博瑞医药	CCC	55.7	0.48	6.75	4.81	0.24	0.62	51.95	5.25	15.94	7.85	57.92	173.18	503183.14	117951.75	17342.36
235	2441	600613	神奇制药	CCC	55.61	0.11	2.11	2.95	0.7	1.32	27.1	6.65	-2	0.73	-7.21	58.21	327933.57	234094.55	5825.92
236	2445	000788	北大医药	CCC	55.6	0.07	2.83	3.2	0.86	1.02	41.7	11.64	5.61	3.25	-10.08	39.97	243828.61	219379.67	4435.36
237	2451	002826	易明医药	CCC	55.57	0.08	0.19	2.55	0.69	1.25	19.15	21.03	-22.14	0.01	15.64	40.58	92774.36	66703.9	1572.56
238	2461	603392	万泰生物	CCC	55.52	0.99	8.46	8.77	0.35	0.49	18.02	204.11	-50.73	2.54	-21.37	170.87	1571499.79	551078.25	124650.44
239	2494	002102	能特科技	CCC	55.32	0.1	0.16	4.03	1.22	2.34	53.17	5.35	-9.23	6.71	-11.17	65.77	915000.2	1112906.82	26947.92
240	2495	002004	华邦健康	CCC	55.31	0.15	3.73	4.07	0.38	1.01	46.03	3.6	-12.38	0.21	-5.65	27.07	3072739.66	1159459.04	67693.19
241	2498	000597	东北制药	CCC	55.27	0.25	5.66	3.9	0.57	0.93	66.22	7.23	-6.42	9.45	-13.82	43.92	1527365.36	824317.5	37597.84
242	2516	300110	华仁药业	CCC	55.13	0.16	6.41	5.65	0.32	0.59	46.46	4.75	1.04	6.39	0	26.23	516569.71	163625.64	19342.47
243	2526	300244	迪安诊断	CCC	55.08	0.49	5.86	5.38	0.69	0.88	44.79	4.19	-33.89	4.24	-5.04	50.01	1793931.13	1340831.98	58159.06
244	2531	002923	润都股份	CCC	55.06	0.2	3.64	4.53	0.57	1.43	47.07	6.34	-5.86	-1.41	0.13	29.47	222777.36	129188.71	6689.86
245	2533	300937	药易购	CCC	55.04	0.62	6.12	4.66	2.7	3.36	49.26	11.62	11.62	4.4	12.23	51.44	168706.52	443041.25	5677.36
246	2552	000950	重药控股	CCC	54.89	0.38	4.96	3.89	1.33	1.55	75.59	1.75	18.12	22.01	-2.74	88.76	6352367.96	8011910.73	77249.91
247	2556	300404	博济医药	CC	54.85	0.07	1.38	1.42	0.41	0.73	31.41	12.49	31.19	10.28	13.85	64.66	142892.71	55583.24	2719.27
248	2559	002644	佛慈制药	CC	54.84	0.13	2.96	3.24	0.45	0.92	30.05	66.8	14.12	1.99	5.4	73.81	252810.22	116313.43	6812.2
249	2587	000931	中关村	CC	54.63	0.06	3.06	3.98	0.62	1.43	54.03	2.48	10.5	3.88	-6.51	30.84	377850.35	227660.33	6533.38
250	2594	000790	华神科技	CC	54.61	0.04	3.59	2.06	0.53	1.16	49.55	3.94	14.92	7.05	11.2	43.27	213347.89	100337.66	2960.26
251	2605	300326	凯利泰	CC	54.55	0.16	2.63	4.14	0.28	0.54	12.09	21.35	-17.99	4.76	-13.52	40.37	335400.41	95625.95	12659.5
252	2625	603387	基蛋生物	CC	54.39	0.55	9.09	8.64	0.37	0.6	27.32	19	-24.85	2.88	-9.7	48.84	377162.61	136916.23	28408.04
253	2644	002566	益盛药业	CC	54.27	0.29	3.37	4.17	0.28	0.36	23.44	9.18	2.85	3.69	10.95	30.57	304672.24	85366.49	9611.03
254	2649	301367	怡和嘉业	CC	54.2	4.65	9.05	11.47	0.38	0.4	4.51	247.23	-20.7	6.49	-45.87	216.52	291854.46	112242.01	29983.14
255	2658	002900	哈三联	CC	54.14	0,24	1.29	3.1	0.35	0.78	37.61	4.55	15.4	4.69	3.03	33.07	344298.41	118678.6	7007.91
256	2661	301080	百普赛斯	CC	54.09	1.28	5.21	5.89	0.2	0.24	8.01	60.62	14.59	0.76	-24.7	73.93	281349.79	54365.33	14755.2
257	2682	002898	赛隆药业	CC	53.96	0.05	-0.46	3.52	0.37	1.22	34.15	4.24	17.58	1.81	15.12	83.3	81384.36	31062.7	953.37
258	2691	300642	透景生命	CC	53.89	0.55	3.91	5.28	0.32	0.55	8.58	121.47	-24.19	3.72	-16.59	65.98	167975.05	54280.93	8469.73
259	2700	688505	复旦张江	CC	53.82	0.11	3.02	3.33	0.29	0.43	18.01	0	-17.5	4.68	8.05	46.82	287668.75	85073.32	10844.99
260	2707	603882	金域医学	CC	53.76	1.38	4.11	5.93	0.67	0.9	27.37	37.31	-44.82	-3.69	-16.83	85.52	1176767.24	853962.79	63690.85
261	2718	688222	成都先导	CC	53.65	0.1	0.27	2.85	0.22	0.32	20.04	3.72	12.64	4.2	6.11	74.74	172955.89	37132.49	4086.28

续 表

序号	A股上市公司评价得分排序	股票代码	股票简称	评价等级	综合得分(100)	每股收益(元)	净资产收益率(%)	总资产报酬率(%)	总资产周转率(次)	流动资产周转率(次)	资产负债率(%)	已获利息倍数	营业收入增长率(%)	资本扩张率(%)	市场投资回报率(%)	股价波动率(%)	年末资产总额(万元)	营业收入(万元)	净利润(万元)
262	2720	300463	迈克生物	CC	53.62	0.51	4.68	4.16	0.36	0.65	18.57	10.11	-19.75	1.25	-13.83	61.91	811924.93	289576.95	30467.91
263	2744	600055	万东医疗	CC	53.39	0.27	2.9	4.03	0.23	0.29	10.67	171	10.3	2.34	-12.64	75.05	539632.55	123666.96	19080.88
264	2762	300026	红日药业	CC	53.24	0.17	4.28	5.46	0.5	0.87	25.07	10.86	-8.14	4.78	-27.14	103.73	1183503.15	610885.46	50156.83
265	2769	688607	康众医疗	CC	53.17	0.17	0.11	1.71	0.3	0.34	9.42	31.22	33.81	1.65	-2.26	59.41	94730.25	27374.31	1540.76
266	2776	300003	乐普医疗	CC	53.08	0.68	6.83	6.97	0.32	0.8	30.07	10.11	-24.78	6.88	-27.91	103.69	2502233.15	797989.93	129235.1
267	2786	688139	海尔生物	CC	53.03	1.28	7.85	7.95	0.41	0.76	19.65	124.73	-20.36	7.03	-37.39	185.21	552568.26	228089.6	41205.87
268	2789	002675	东诚药业	CC	53.01	0.25	4.81	4.69	0.4	1.16	33.24	8.61	-8.58	2.14	4.37	76.1	808235.44	327564.79	25421.64
269	2815	688393	安必平	CC	52.79	0.43	1.32	1.26	0.36	0.86	11.55	21.85	-1.99	1.31	12.08	58.17	139993.1	49729.05	2101.89
270	2830	002437	誉衡药业	CC	52.69	0.05	3.62	6.07	0.73	1.77	45.75	5.14	-15.51	0.39	-0.77	58.49	315245.01	262603.93	12870.06
271	2842	603108	润达医疗	CC	52.58	0.47	6.1	6.87	0.63	0.95	61.93	2.96	-12.84	8.73	99.18	183.12	1430999.33	914737.27	44263.56
272	2847	600771	广誉远	CC	52.55	0.18	6.32	4.4	0.48	0.75	42.63	6.93	13.56	5.94	-4.56	85.87	262841.35	128401.58	9285.12
273	2854	300636	同和药业	CC	52.5	0.28	5.54	4.47	0.26	0.74	30.89	12.37	0.31	68.71	-26.34	86.18	322143.97	72213.87	10598.33
274	2859	688085	三友医疗	CC	52.47	0.38	3.91	6.07	0.21	0.47	9.67	504.05	-29.08	6.78	-23.64	94.02	226149.61	46039.21	11363.94
275	2862	600252	中恒集团	CC	52.46	0.02	-0.38	1.26	0.26	0.46	29.05	2.27	14.1	-0.15	-4.9	27.62	1166596.01	309654.21	3045.43
276	2877	301201	诚达药业	CC	52.33	0.59	2.4	4.36	0.17	0.25	7.18	0	0.69	2.84	-22.2	70.28	245532.5	41430.18	9110.2
277	2909	688658	悦康药业	CC	52.1	0.41	3.56	3.97	0.7	1.15	39.14	17.9	-7.61	-9.99	2.9	87.59	591127.64	419630.07	18749.41
278	2927	300289	利德曼	CC	51.96	0.03	0.9	1.28	0.23	0.42	6.9	38.54	-34.62	1.36	5.65	31.2	193839.86	46155.46	2266.2
279	2939	300562	乐心医疗	CC	51.86	0.16	1.91	2.41	0.57	0.89	34.2	8.74	-16.98	2.54	9.31	53.87	155649.81	88425.67	3119.72
280	2942	600851	海欣股份	CC	51.83	0.14	4.54	4.26	0.24	1.14	15.79	83.59	-17.88	2.9	15.6	47.94	491062.52	118257.02	19210.71
281	2944	002907	华森制药	CC	51.83	0.08	1.28	2.35	0.37	0.75	12.61	46.27	-11.93	0.47	-25.69	70.29	185145.39	69154.28	3269.92
282	2946	600272	开开实业	CC	51.81	0.16	1.88	4.44	0.73	1.4	54.23	43.92	3.46	5.01	21.73	119.23	132671.26	92507.04	4100.11
283	2958	301017	漱玉平民	CC	51.74	0.33	5.78	3.44	1.07	1.75	74.65	2.5	17.49	4.37	15.6	42.11	933367.64	919101.44	14004.97
284	2973	301230	泓博医药	CC	51.59	0.35	2.58	3.03	0.35	0.59	24.85	7.73	2.26	0.42	-9.31	64.5	148716.39	48971.71	3761.92
285	2974	300171	东富龙	CC	51.59	0.79	7.66	5.4	0.43	0.56	37.13	2914.22	3.15	6.09	-30.11	105.24	1289833.1	564169.64	64646.68
286	2978	300358	楚天科技	CC	51.54	0.55	6.7	3	0.6	1	59.19	9.58	6.33	10.78	-28.27	107.92	1166206.68	685335.95	31113.77
287	2982	002317	众生药业	CC	51.52	0.32	6.99	5.4	0.43	0.73	29.93	7.05	-2.45	18.58	-37.81	112.44	645852.24	261055.01	24990.09
288	3030	301290	东星医疗	CC	51.14	0.97	3.18	4.9	0.18	0.29	6.16	1856.21	-1.89	1.93	-26.34	73.98	239358.19	43373.5	9988.25
289	3038	002901	大博医疗	CC	51.06	0.14	1.21	2.49	0.36	0.52	31.88	14.93	6.9	1.73	16.11	67.01	463974.09	153312.13	8633.6
290	3063	688073	毕得医药	CC	50.77	1.21	5.83	5.38	0.46	0.48	13.48	50.79	30.94	0.64	-18.99	135.43	241502.8	109185.86	10844.63

续表

A股上市公司评价得分排序序号	股票代码	股票简称	评价等级	综合得分(100)	每股收益(元)	净资产收益率(%)	总资产报酬率(%)	总资产周转率(次)	流动资产周转率(次)	资产负债率(%)	已获利息倍数	营业收入增长率(%)	资本扩张率(%)	市场投资回报率(%)	股价波动率(%)	年末资产总额(万元)	营业收入(万元)	净利润(万元)
291	3071	301047	义翘神州	CC	50.62	2.01	2.64	4.43	0.1	0.12	3.54	78.22	12.49	-0.04	-20.53	68.84	660067.84	64638.85	26013.17
292	3082	301111	粤万年青	CC	50.51	0.21	2.95	4.4	0.34	0.53	9.04	102.14	3.2	2.57	20.94	78.43	85553.55	29239.71	3253.24
293	3086	300086	康芝药业	CC	50.45	0.03	0.53	2.19	0.33	1.16	36.37	1.93	38.05	1.66	-15.52	40.24	216562.62	73956.98	516.87
294	3103	002524	光正眼科	CC	50.35	0.02	-1.88	3	0.69	3.67	81.55	1.2	40.06	4.05	-12.25	39.8	154936.51	107490.36	974.62
295	3105	603127	昭衍新药	CC	50.32	0.53	4.03	5	0.23	0.36	17.41	162.34	4.78	1.1	-46.26	159.66	1002715.96	237648.68	39155.26
296	3123	688575	亚辉龙	CC	50.21	0.63	5.78	8.49	0.51	0.94	33.43	54.43	-48.42	3.64	21.37	83.62	380608.34	205310.14	27920.02
297	3124	000590	启迪药业	CC	50.21	0.11	-0.7	2.95	0.35	0.76	36.74	7.65	15.44	3.66	-0.56	29.38	115112.09	40464.79	2489.02
298	3139	301097	天益医疗	CC	50.07	1.08	2.38	4.83	0.22	0.34	27.5	8.29	-4.61	3.98	-10.59	81.34	177142.54	38092.2	6014.99
299	3140	300318	博晖创新	CC	50.06	-0.03	0.56	1.94	0.27	0.92	40.38	1.8	31.35	0.72	2.47	46.46	392601.53	104542.91	1568.15
300	3157	300111	向日葵	C	49.97	0.02	-2.21	3.17	0.36	0.44	34.82	6.46	0.76	95.14	-11.43	95.66	124204.66	33841.93	2390.62
301	3191	600222	太龙药业	C	49.63	0.08	2.22	2.67	0.58	1.03	54.61	1.82	5.57	0.58	-2.56	50.77	357685.49	206990.87	4482.93
302	3193	300869	康泰医学	C	49.61	0.41	7.54	6.66	0.22	0.3	36.34	5.13	4.89	6.04	-31.64	63.51	321194.67	74690.21	16576.6
303	3207	600833	第一医药	C	49.46	0.4	1.11	6.41	0.93	1.45	45.87	16.49	-31.49	5.19	10.22	54.82	186316.88	181951.62	8927.52
304	3218	605369	拱东医疗	C	49.37	0.97	6.66	6.44	0.52	0.99	12.74	83.35	-33.61	2.91	-48.7	200.56	187768.52	97508.44	10912.58
305	3219	603987	康德莱	C	49.37	0.53	10.09	7.83	0.59	1.25	34.12	12.35	-21.36	9.02	-33.98	115.19	421866.69	245259.75	27642.06
306	3222	002172	澳洋健康	C	49.35	0.06	54.82	4.94	0.88	1.39	96.66	2.34	7.54	178.16	-14.65	56.25	224137.18	217376.76	5026.34
307	3223	002432	九安医疗	C	49.34	2.81	5.53	7.18	0.15	0.26	12.36	128.15	-87.72	-1	-21.71	82.1	2261911.68	323112.49	134923.22
308	3224	300529	健帆生物	C	49.32	0.55	11.81	10.64	0.35	0.58	43.12	9.44	-22.84	-12.19	-28.64	112.82	554330.16	192234.82	42572.32
309	3225	002873	新天药业	C	49.32	0.35	6.71	5.56	0.51	1.53	41.77	8.83	-12.29	-0.77	-12.3	62.45	191179.88	95398.19	8087.11
310	3228	833266	生物谷	C	49.29	-0.1	-2.28	-0.84	0.5	0.95	19.12	-5.63	5.96	-1.18	33.99	79.43	123570.22	62233.87	-1220.03
311	3244	301235	华康医疗	C	49.09	1.02	5.33	5	0.61	0.75	39.32	12.67	34.71	6.12	-31.67	108.22	289046.96	160156.54	10733.03
312	3257	688163	赛伦生物	C	49.03	0.36	2.17	4.02	0.17	0.2	3.78	71.05	9.14	-3.16	-7.15	53.07	112847.25	19014.42	3877.43
313	3268	688356	键凯科技	C	48.93	1.92	8.96	9.56	0.22	0.39	4.86	384.98	-28.26	4.52	-34.21	146.45	134554.9	29211.84	11574.46
314	3271	300254	仟源医药	C	48.9	0.1	0.6	5.86	0.53	1.75	45.68	2.67	-3.58	6.68	31.39	124.57	143307.54	79930.51	4872.63
315	3275	300583	赛托生物	C	48.83	0.25	1.43	2.92	0.41	1.01	36.26	2.42	-2.46	16.63	37.99	82.64	324024.24	127978.31	4854.72
316	3306	600774	汉商集团	C	48.46	0.21	1.62	3.32	0.39	1.95	50.5	2.62	0.19	2.41	-12.25	78.27	369482.15	138960.13	5273
317	3308	600812	华北制药	C	48.41	0	-0.01	3.13	0.48	1.19	70.08	1.32	-3.62	0.67	-11.34	36.52	2095670.01	1012020.14	4938.79
318	3310	688613	奥精医疗	C	48.4	0.41	1.8	3.5	0.15	0.19	8.03	16.69	-7.68	5.88	-5.88	52.48	152625.69	22647.59	5296.65
319	3313	002173	创新医疗	C	48.4	-0.08	-1.48	-1.36	0.35	1.07	17.99	-8.59	13.51	-1.79	31.03	111.27	228147.28	80558.55	-3428.83

续　表

序号	A股上市公司评价得分排序	股票代码	股票简称	评价等级	综合得分(100)	每股收益(元)	净资产收益率(%)	总资产报酬率(%)	总资产周转率(次)	流动资产周转率(次)	资产负债率(%)	已获利息倍数	营业收入增长率(%)	资本扩张率(%)	市场投资回报率(%)	股价波动率(%)	年末资产总额(万元)	营业收入(万元)	净利润(万元)
320	3319	000766	通化金马	C	48.32	0.05	1.23	3	0.32	1.25	48.71	1.66	0.18	-2.13	271.28	430.38	451924.44	147334.53	4322.59
321	3326	300401	花园生物	C	48.27	0.35	5.4	5.31	0.23	0.57	45	6.49	-22.78	12.48	-17.23	79.02	526059.21	109465.16	19234.89
322	3329	002950	奥美医疗	C	48.22	0.17	4.68	3.71	0.51	1.32	36.85	6.3	-34.53	2.55	-21.12	71.53	508431.8	275666.53	10421.68
323	3392	300753	爱朋医疗	C	47.67	0.07	0.72	1.95	0.49	0.95	18.89	5.49	30.38	1.58	-3.7	55.03	85957.3	42217.05	845.01
324	3432	300725	药石科技	C	47.21	0.99	6.41	5.77	0.35	0.63	44.51	4.35	8.18	6.57	-51.94	185.89	510403.22	172520.4	19736.09
325	3433	300584	海辰药业	C	47.2	0.3	3.81	3.4	0.38	1.37	29.91	5.56	-1.64	3.89	-24.56	73.19	140886.44	51783.22	3631.56
326	3445	002219	新里程	C	47.04	0.01	1.88	2.23	0.61	1.91	63.25	1.09	13.88	26.57	-25.37	121.62	608020.5	359048.21	3891.21
327	3459	301075	多瑞医药	C	46.81	0.24	0.44	2.57	0.34	0.52	23.37	8.15	-16.64	9.06	-17.88	61.08	107226.56	33429.94	1709.17
328	3467	688247	宣泰医药	C	46.68	0.13	3.98	4.9	0.22	0.31	11.12	1746.79	21.13	2.8	-33.27	104.9	136162.03	29987.13	6107.41
329	3503	300981	中红医疗	C	46.15	-0.34	-3.53	-1.76	0.3	0.5	16.18	-7.97	33.87	-3.55	14.18	45.97	705697.4	210524.96	-12766.7
330	3509	000813	德展健康	C	46.05	0.04	-1.82	1.49	0.09	0.13	2.55	224.67	-12.75	-0.81	-9.89	65.2	537861.26	49808.82	5424.17
331	3520	300485	赛升药业	C	45.88	0.21	-1.41	3.4	0.13	0.36	4.27	0	-35.12	1.63	-11.67	53.46	362220.17	47656.96	9640.77
332	3526	300676	华大基因	C	45.76	0.23	0.92	1.48	0.31	0.49	26.51	2.26	-38.27	-2.15	-7.98	72.87	1361300.79	434963.73	9368.18
333	3528	002365	永安药业	C	45.74	-0.04	-4.44	0.27	0.41	0.81	12.73	17.16	-33.48	-2.6	-8.17	52.9	234713.81	97289.01	-2841.46
334	3536	836433	大唐药业	C	45.53	0.03	0.19	1.87	0.27	0.66	34.03	5.61	19.39	1.18	69.47	183.41	74025.76	18825.27	792.76
335	3537	300966	共同药业	C	45.53	0.2	1.92	1.43	0.25	0.54	58.17	2.45	-6.31	4.35	-12.44	71.08	244774.07	56639.92	2128.99
336	3540	301126	达嘉维康	C	45.45	0.17	2.11	2.42	0.85	1.23	66.24	1.77	18.56	-2.02	-14.79	64.89	527765.53	390350.38	3800.82
337	3552	603301	振德医疗	C	45.28	0.74	3.6	3.27	0.54	1.2	22.88	8.57	-32.76	-2.65	-32.69	102.13	726671.97	412704.41	21339.98
338	3572	688189	南新制药	C	45.08	0.01	1.02	1.24	0.4	0.53	25.05	1.5	6.55	0.46	-16.46	53.03	173753.65	74460.2	595.48
339	3576	603567	珍宝岛	C	44.99	0.5	-0.49	5.08	0.26	0.46	35.5	4.53	-25.53	13.14	-8.38	76.4	1246587.46	313818.66	46758.61
340	3595	300142	沃森生物	C	44.77	0.26	5.95	3.87	0.27	0.47	26.9	0	-19.12	3.69	-41.18	147.92	1558886.93	411377.23	51132.51
341	3600	603858	步长制药	C	44.7	0.29	1.05	2.35	0.62	1.53	45.55	4.59	-11.41	-7.32	-17	43.39	2089229.75	1324513.33	15186.52
342	3608	688553	汇宇制药-W	C	44.59	0.33	1.75	3.1	0.21	0.32	19.45	20.72	-37.92	1.52	-3.67	60.37	468564.53	92707.51	13933.47
343	3618	688319	欧林生物	C	44.41	0.04	-0.3	1.47	0.32	0.53	42.28	3.18	-9.38	4.36	7.26	87	161260.58	49611.87	1144.11
344	3619	600267	海正药业	C	44.41	-0.08	-1.25	0.73	0.57	1.62	52.6	0.62	-13.82	0.23	-13.56	47.36	1761328.17	1037307.2	-9701.5
345	3637	300381	溢多利	C	44.23	-0.02	-0.28	0.13	0.25	0.43	11.63	1.45	-32.2	-2.87	-4.15	53.06	309493.53	79602.2	115.47
346	3642	301166	优宁维	C	44.17	0.47	0.58	1.54	0.5	0.56	11.47	18.24	2.57	-1.87	-17.55	67.56	239137.26	122582.62	4031.88
347	3643	300006	莱美药业	C	44.14	-0.01	-2.83	0.54	0.3	0.53	26.59	1.29	1.24	-2.87	-4.61	48.18	289087.96	89559.27	-1001.78
348	3647	688026	洁特生物	C	44.11	0.25	2.79	3.91	0.29	0.57	28.81	2.55	-24.06	1.53	-29.98	121.48	162605.22	46309.76	3509.87

续 表

序号	A股上市公司评价得分排序	股票代码	股票简称	评价等级	综合得分(100)	每股收益(元)	净资产收益率(%)	总资产报酬率(%)	总资产周转率(次)	流动资产周转率(次)	资产负债率(%)	已获利息倍数	营业收入增长率(%)	资本扩张率(%)	市场投资回报率(%)	股价波动率(%)	年末资产总额(万元)	营业收入(万元)	净利润(万元)
349	3668	835892	中科美菱	C	43.69	0.17	0.58	2.32	0.39	0.49	17.92	0	-25.51	0.06	9.1	134.75	73282.39	30278.57	1612.65
350	3708	600080	金花股份	C	43.22	-0.11	0.18	-1.79	0.28	0.53	22.3	-8.24	-2.41	-2.69	-9.47	33.09	210855.11	56540.34	-4289.06
351	3714	688690	纳微科技	C	43.13	0.17	1.29	3.32	0.29	0.56	18.64	28.12	-16.86	9.5	-48.14	167.19	212656.83	58686.51	5840.71
352	3718	688131	皓元医药	C	43.05	0.85	4.49	3.9	0.48	0.94	39.74	6.41	38.44	8.33	-40.3	146.2	419220.79	188004.68	12630.76
353	3721	300158	振东制药	C	42.97	-0.04	-2.31	-0.57	0.57	0.78	16.77	-30.22	-2.75	-1.52	-5.99	72.47	618049.7	362601.61	-4786.92
354	3723	688289	圣湘生物	C	42.9	0.62	0.75	4.68	0.11	0.15	12.17	171.42	-84.39	-1.17	-9.43	95.19	845420.5	100711.89	34816.74
355	3726	600200	江苏吴中	C	42.89	-0.1	-5.66	0.13	0.54	0.78	59.29	0.07	10.55	-3.41	7.04	54.7	432687.81	223996.25	-7445.48
356	3730	300016	北陆药业	C	42.81	-0.15	-4.37	-1.7	0.32	0.75	36.64	-0.9	16.3	-7.12	10.19	40.85	281942.4	89071.81	-8320.06
357	3731	603122	合富中国	C	42.79	0.12	4	4.74	0.72	0.82	20.01	12.18	-14.62	-0.82	-29.13	86.47	146140.62	109260.2	4716.17
358	3759	688606	奥泰生物	C	42.1	2.28	3.66	4.51	0.17	0.21	6.91	136.32	-77.73	-8.14	5.22	95.82	411605.78	75469.69	18028.06
359	3772	300878	维康药业	C	41.9	-0.06	-1.66	0.19	0.26	0.54	31.23	0.39	-2.2	-0.29	2.94	60.7	204663.65	51962.11	-618.45
360	3773	688108	赛诺医疗	C	41.88	-0.1	-6.12	-5.69	0.3	0.98	27.34	-17.1	77.99	-2.91	115.21	194.45	118582.14	34325.77	-4339.98
361	3777	688767	博拓生物	C	41.84	1	3.14	4.35	0.17	0.2	6.16	849.3	-76.75	-5.52	-31.39	130.68	257957.03	44211.04	10529.98
362	3783	600739	辽宁成大	C	41.72	0.15	-0.08	1.65	0.23	0.87	32.57	1.16	-25.97	-1.88	-6.1	28.82	4690069.91	1078282.68	-1216.48
363	3787	300639	凯普生物	C	41.64	0.25	0.8	0.67	0.18	0.29	10.95	8.45	-80.27	-2.45	-17.62	67.6	572579.1	110445.38	6851.44
364	3800	300702	天宇股份	C	41.42	0.08	1.81	1.91	0.4	0.85	44.97	2.44	-5.23	-0.21	-9.7	48.91	633812.38	252727.01	2735.93
365	3816	603139	康惠制药	C	41	-0.26	-5.6	-1.78	0.35	1.04	50.29	-1.47	36.92	-0.59	3.32	54.96	205172.42	67296.02	-5077.52
366	3819	603520	司太立	C	40.94	0.13	2.04	2.74	0.41	0.99	68.12	1.44	3.04	-0.7	-30.67	99.09	551642.04	219598.62	4455.34
367	3825	600624	复旦复华	C	40.83	0.01	-2.44	2.38	0.37	0.63	52.96	2.17	-13.86	-7.56	-1.04	25.31	179728.92	67967.89	679.69
368	3846	688351	微电生理-U	C	40.35	0.01	-2.11	0.38	0.18	0.21	7.58	5.42	26.46	0.57	-3.93	98.91	182326.84	32919.49	568.85
369	3852	300363	博腾股份	C	40.21	0.49	2.49	2.98	0.38	0.8	35	6.58	-47.87	-5.75	-39.26	146.33	938402.88	366741.71	17551.55
370	3878	688193	仁度生物	C	39.58	0.21	-1.07	0.48	0.15	0.18	8.72	12.04	-45.89	0.14	-4.7	66.83	105471.57	16441.23	825.93
371	3896	300246	宝莱特	C	39.26	-0.25	-5.35	-1.26	0.48	0.88	45.2	-2.1	0.87	-7.55	2.94	46.49	253439.8	119400.11	-6095.72
372	3899	688293	奥浦迈	C	39.23	0.47	1.56	2.79	0.1	0.14	6.26	20.12	-17.41	-1.23	-31.93	162.75	230204.45	24312.4	5325.99
373	3914	688321	微芯生物	C	38.92	0.22	-15.65	5.19	0.17	0.45	46.62	2.58	-1.18	8.52	-2.01	84.59	320324.94	52371.02	4918.75
374	3918	603079	圣达生物	C	38.86	-0.32	-4.77	-2.59	0.43	0.99	26.13	-28.47	-1.44	-5.47	13.94	32.57	171918.56	72740.57	-5420.17
375	3920	300267	尔康制药	C	38.82	-0.09	-5.24	-3.39	0.31	0.93	12.21	-28.85	-4.67	-4.77	-6.63	27.67	547906.89	178311.88	-22185.38
376	3927	688217	睿昂基因	C	38.66	0.14	-0.93	-0.81	0.24	0.46	7.32	-10.35	-39.14	-0.39	-4.34	71.56	104415.99	25821.13	-480.48
377	3957	688151	华强科技	C	38.02	0.02	-1.82	0.08	0.11	0.14	17.45	34.9	-2.21	-0.41	-3.62	28.9	505164.53	57275.31	792.51

续表

序号	A股上市公司评价得分排序	股票代码	股票简称	评价等级	综合得分(100)	每股收益(元)	净资产收益率(%)	总资产报酬率(%)	总资产周转率(次)	流动资产周转率(次)	资产负债率(%)	已获利息倍数	营业收入增长率(%)	资本扩张率(%)	市场投资回报率(%)	股价波动率(%)	年末资产总额(万元)	营业收入(万元)	净利润(万元)
378	3978	603538	美诺华	C	37.7	0.05	0.6	0.84	0.28	0.67	50.59	1.27	-16.51	0.57	-25.57	117.2	442351.59	121649.93	1618.21
379	3983	002622	皓宸医疗	C	37.59	-0.11	-9.48	-0.6	0.48	2.48	69.72	-0.21	51.15	-18.22	-13.24	48.57	153589.06	75670.98	-5825.95
380	3987	002370	亚太药业	C	37.52	-0.02	-15.63	2.43	0.28	0.43	59.36	0.76	12.64	92.84	-13.88	46.1	142937.34	42064.36	-1187.7
381	3999	603222	济民医疗	C	37.24	-0.12	-3	-1.11	0.34	1	33.07	-1.41	6.84	-6.46	-22.7	91.54	247997.94	89450.87	-4919.91
382	4010	300683	海特生物	C	37.04	-0.93	-6.37	-5.27	0.21	0.41	16.01	-62.59	-12.54	6.87	-2.6	53.93	297125.12	60228.43	-12824.34
383	4023	688265	南模生物	C	36.76	-0.26	-2.26	-1.23	0.18	0.3	13.06	-4.93	20.99	-1.65	-23.51	90.65	199776.84	36654.88	-2058.26
384	4042	002082	万邦德	C	36.32	0.08	0.37	1.8	0.36	0.75	35.78	1.64	-13.69	-2.13	-28.24	83.46	429635.8	154193.86	2632.7
385	4054	603707	健友股份	C	36.13	-0.12	-2.81	-2.19	0.4	0.51	39.12	-2.64	5.89	-5.98	-16.31	106.6	952426.4	393138.73	-18944.66
386	4063	688520	神州细胞-U	C	35.79	-0.89	15.21	-10.46	0.69	1.46	122.28	-2.56	84.46	0	-16.82	98.36	271853.62	188734.93	-39683.11
387	4085	002589	瑞康医药	C	35.26	0.01	-3.48	0.96	0.46	0.66	66.26	0.55	-34.74	-2	-21.77	57.48	1670930.6	803436.8	3197.12
388	4087	688161	威高骨科	C	35.22	0.28	2.49	2.44	0.24	0.28	23.99	140.17	-30.55	-20.46	-26.22	142.07	509657.4	128354.92	11309.26
389	4106	002932	明德生物	C	34.63	0.33	-1.99	1.81	0.09	0.14	14.82	14.32	-92.88	-7.08	-36.58	132.92	738659.99	74953.68	6921.64
390	4108	688202	美迪西	C	34.61	-0.26	-2.8	-1.77	0.49	0.93	23.12	-5.12	-17.68	56.65	-57.91	199.34	326584.75	136563.09	-3321.06
391	4120	688488	艾迪药业	C	34.24	-0.18	-7.58	-4.72	0.24	0.49	35.56	-6.83	68.44	-6.12	8.76	73.87	174656.54	41136.38	-7606.95
392	4123	688075	安旭生物	C	34.1	1.11	0.98	2.28	0.08	0.09	11.81	107.63	-91.84	-5.78	-29.83	102.22	578953.92	50335.71	14096.48
393	4160	688068	热景生物	C	33.19	0.31	-2.14	0.39	0.15	0.41	5.69	14.39	-84.78	0.13	-32.19	110.1	356059.3	54125.12	1505.39
394	4167	002551	尚荣医疗	C	33.05	-0.18	-5.79	-3.07	0.29	0.62	30.11	-62.76	-6.49	-8.39	-13.42	46.27	393171.93	119288.7	-16082.38
395	4175	300030	阳普医疗	C	32.86	-0.2	-9.04	-1.78	0.43	0.93	46.54	-1.6	-9.31	-7.1	14.14	45.99	142595.63	64462.12	-6022.03
396	4177	688177	百奥泰	C	32.77	-0.95	-33.46	-17.2	0.32	0.65	46.98	-37.01	54.86	-24.55	67.51	122.88	228709.79	70479.47	-39453.14
397	4188	002382	蓝帆医疗	C	32.5	-0.56	-6.36	-2.8	0.31	1.2	38.92	-2.42	0.54	-9.51	-11.77	36.69	1563324.89	492707.49	-56836.05
398	4191	688235	百济神州-U	C	32.38	-4.95	-34.93	-14.15	0.41	0.53	38.95	-35.94	82.13	-17.24	-2.54	70.58	4112167.5	1742334.4	-671585.9
399	4211	002030	达安基因	C	31.97	0.07	-3.82	0.96	0.09	0.17	16.89	12.31	-90.2	-21.17	-29.29	110.75	1101791.69	118089.71	7173.16
400	4213	002755	奥赛康	C	31.92	-0.16	-9.51	-5.71	0.42	0.67	14.56	-70.49	-22.92	-0.09	33.91	87.58	352388.18	144345.96	-20747.98
401	4218	430300	辰光医疗	C	31.67	-0.14	-6.64	-2.82	0.36	0.59	40.26	-3.53	-11.8	-1.05	133.11	171.05	48375.25	16564.44	-1250.44
402	4224	002019	亿帆医药	C	31.52	-0.45	-9.97	-6.6	0.34	1.17	28.22	-10.5	6.03	-9.75	21.05	51.4	1149958.58	406810.73	-88564.93
403	4227	688277	天智航-U	C	31.43	-0.35	-18.59	-9.53	0.14	0.49	23.58	-22.44	34.48	10.73	7.86	78.63	161947.49	21003.59	-16129.72
404	4232	002099	海翔药业	C	31.39	-0.26	-5.85	-5.38	0.27	0.74	25.51	-11.35	-19.68	-8.24	-1.58	61.06	752009.3	217188.69	-42158.11
405	4242	688137	近岸蛋白	C	31.21	0.18	-0.33	0.42	0.07	0.07	4.8	2.74	-42.09	-0.5	-33.48	136.79	229891.52	15319.14	1284.36
406	4255	000516	国际医学	C	30.86	-0.16	-14.94	-2.02	0.38	1.64	66.29	-1.13	70.34	-10.23	-31.1	106.44	1132113.58	461787.35	-47194.88

续 表

序号	A股上市公司评价得分排序	股票代码	股票简称	评价等级	综合得分(100)	每股收益(元)	净资产收益率(%)	总资产报酬率(%)	总资产周转率(次)	流动资产周转率(次)	资产负债率(%)	已获利息倍数	营业收入增长率(%)	资本扩张率(%)	市场投资回报率(%)	股价波动率(%)	年末资产总额(万元)	营业收入(万元)	净利润(万元)
407	4283	688266	泽璟制药-U	C	30.12	-1.09	-30.04	-12.14	0.17	0.2	43.03	-12.26	27.83	108.87	14.02	65.34	288720.68	38643.88	-29513.5
408	4293	000566	海南海药	C	29.73	-0.08	-19.35	0.82	0.2	0.59	70.13	0.34	-16.89	-5.85	6.86	41.4	736653.49	147858.07	-13535.42
409	4312	000952	广济药业	C	29.32	-0.4	-10.99	-3.33	0.27	0.71	54.04	-1.86	-7.5	-6.66	6.27	29.34	302951.71	73781.95	-15241.42
410	4345	000953	河化股份	C	28.44	-0.03	-13.93	-2.81	0.66	1.66	70.52	-2.04	16.74	-12.22	-17.9	51	28123.38	18749.53	-1188.59
411	4361	002581	未名医药	C	28.02	-0.5	-13.2	-11.7	0.17	0.85	6.99	-35.15	20.36	-12.36	-4.94	68.89	233713.79	42979.01	-32213.51
412	4369	002022	科华生物	C	27.8	-0.46	-4.12	-1.82	0.31	0.45	26.79	-3.24	-65.16	-14.83	-3.4	93.36	680773.99	242807.52	-17698.51
413	4385	002399	海普瑞	C	27.41	-0.53	-6.55	-3.52	0.27	0.47	37.57	-3.16	-23.94	-3.38	-10.16	49.18	1920341.51	544557.21	-80215.92
414	4397	300147	香雪制药	C	27.11	-0.59	-14.2	-1.8	0.27	1.31	72.06	-0.64	5.13	-14.94	-13.6	42.93	828063	229928.77	-40174.62
415	4399	688197	首药控股-U	C	27.08	-1.25	-17.9	-15.38	0	0	8.2	-1173.5	186.19	-15.38	95.78	116.82	111211.1	522.92	-18557.17
416	4417	600538	国发股份	C	26.69	-0.16	-9.61	-7.02	0.34	0.69	16.69	-207.12	-19.69	-8.4	0.42	32.27	105552.07	36915.46	-8115.88
417	4425	000504	南华生物	C	26.5	-0.09	-31.74	-5.21	0.21	0.26	60.5	-3.39	-31.72	281.39	-5.87	33.59	77138.25	13679.09	-4678
418	4427	000078	海王生物	C	26.38	-0.64	-34.26	-1.5	1.06	1.21	86.94	-0.54	-3.74	-30.98	-4.85	33.74	3230468.65	3641877.03	-171903.29
419	4432	688114	华大智造	C	26.2	-1.46	-7.53	-5.3	0.27	0.37	17.83	-43.05	-31.19	-8.23	-17.6	93.12	1055708.72	291122.23	-60721.32
420	4445	688122	迈威生物-U	C	25.62	-2.64	-35.02	-22.47	0.03	0.05	42.24	-28.56	361.03	-26.7	113.1	121.3	445504.84	12783.55	-105881.14
421	4470	688136	科兴制药	C	25.1	-0.96	-12.01	-7.14	0.41	0.99	46.2	-5.65	-4.32	-9.69	-8.99	58.09	303109.31	125903.56	-19548.65
422	4483	002693	双成药业	C	24.83	-0.12	-8.26	-7.4	0.28	1.22	35.56	-6.62	-14.13	-10.9	0.27	69.88	80324.81	23592.99	-7197.63
423	4487	300497	富祥药业	C	24.77	-0.37	-8.53	-3.87	0.33	0.78	48.73	-4.55	-2.28	-8.14	-29.2	73.05	481903.89	160967	-22325.61
424	4506	000518	四环生物	C	24.23	-0.07	-14.4	-11.22	0.34	0.44	22.42	-86.39	-12.86	-13.6	5.74	72.27	66097.5	23541.9	-8041.49
425	4510	688428	诺诚健华-U	C	24.15	-0.37	-8.64	-6.02	0.07	0.08	27.61	-17.3	18.09	-6.06	-21.5	102.26	991999.59	73853.7	-64563.16
426	4514	688670	金迪克	C	24.08	-0.58	-5.13	-4.9	0.08	0.16	15.97	-44.61	-57.74	-6.07	-9.66	117.82	163160.13	13459.14	-7099.03
427	4520	000668	荣丰控股	C	23.97	-0.34	-5.33	-1.07	0.06	0.09	40.5	-0.77	-81.65	-16.11	-2.75	35.06	185147.7	11720.67	-5344.76
428	4523	300149	睿智医药	C	23.93	-1.82	-47.04	-28.62	0.36	1.13	39.59	-28.23	-14.19	-37.73	-27.63	92.5	245909.29	113836.58	-90812.9
429	4524	000710	贝瑞基因	C	23.88	-1.21	-19.65	-14.71	0.39	0.72	30.88	-26.73	-15.83	-18.66	-1.95	90.35	274116.51	115141.68	-42526.6
430	4542	688426	康为世纪	C	23.44	-0.75	-6.85	-4.84	0.09	0.13	7.83	-53.85	-67.15	-6.26	-0.32	82.66	182221.91	17134.13	-8374.37
431	4550	430047	诺思兰德	C	23.22	-0.19	-24.67	-12.6	0.18	0.41	40.08	-181.02	-7.7	-17.75	15.19	105.42	32812.07	5967.51	-4534.52
432	4573	688331	荣昌生物	C	22.44	-2.8	-36.67	-25.75	0.19	0.4	37.82	-61.23	40.26	-30.98	-22.91	88.73	552824.07	108295.34	-151122.92
433	4596	688176	亚虹医药-U	C	21.65	-0.7	-16.77	-14.48	0	0.01	9.21	-134.39	52594.64	-13.75	-6.34	121.46	263227.05	1375.33	-40083.5
434	4604	603716	塞力医疗	C	21.37	-0.82	-11.29	-3.19	0.55	0.75	60.66	-1.53	-13.1	-12.18	1.09	66.41	334178.39	200613.43	-15677.52
435	4606	301060	兰卫医学	C	21.32	-0.35	-8.09	-4.31	0.5	0.59	33.7	-17.76	-60.13	-12.87	-32.37	124.97	298686.06	167436.85	-16170.94

续表

序号	A股上市公司评价得分排序	股票代码	股票简称	评价等级	综合得分(100)	每股收益(元)	净资产收益率(%)	总资产报酬率(%)	总资产周转率(次)	流动资产周转率(次)	资产负债率(%)	已获利息倍数	营业收入增长率(%)	资本扩张率(%)	市场投资回报率(%)	股价波动率(%)	年末资产总额(万元)	营业收入(万元)	净利润(万元)
436	4619	300204	舒泰神	C	20.88	-0.84	-34.22	-24.34	0.24	0.95	23.39	-312.9	-33.66	-24.61	-23.32	66.58	133222.03	36417.54	-39889.28
437	4666	688302	海创药业-U	C	18.57	-2.97	-22.02	-18.14	0	0	8.35	-196.71	-100	-13.77	28.06	122.12	149156.51	0	-29415.84
438	4670	688317	之江生物	C	18.51	-0.71	-3.87	-3.54	0.06	0.08	6.12	-444.49	-88.21	-8.94	-35	106.97	407419.11	27433.33	-13685.71
439	4672	300436	广生堂	C	18.37	-2.19	-49.91	-16.92	0.27	1	64.74	-7.51	9.58	-40.43	-34.47	118.86	161448.18	42271.49	-37490.35
440	4682	300255	常山药业	C	18.12	-1.35	-52.17	-21.36	0.27	0.46	60.85	-11.78	-39.63	-41.07	133.14	347.79	459645.4	141043.96	-124815.41
441	4689	688373	盟科药业-U	C	17.88	-0.64	-44.33	-30.38	0.07	0.07	28.63	-39.96	88.31	-31.32	-26.71	119.88	116856.5	9077.64	-42112.45
442	4705	688105	诺唯赞	C	17.05	-0.18	-4.5	-1.37	0.22	0.29	29.88	-2.3	-63.97	-12.64	-40.74	177.55	574617.25	128598.82	-7286.2
443	4709	688382	益方生物-U	C	16.93	-0.49	-13.94	-12.6	0.08	0.08	7.62	-1551.63	0	-9.81	2.92	113.5	216227.2	18552.69	-28397.53
444	4720	688221	前沿生物-U	C	16.16	-0.88	-23.53	-14.08	0.05	0.09	37.26	-37.85	34.82	-19.67	-41.34	113.88	214012.65	11424.96	-32896.43
445	4723	688298	东方生物	C	15.89	-1.97	-5.69	-3.92	0.08	0.11	16.08	-21.31	-90.65	-9.29	-42.1	138.64	899595.12	82015.73	-41826.88
446	4736	300391	长药控股	C	14.92	-1.73	-54.74	-17.64	0.34	0.62	70.48	-10.11	-25.86	-38.89	-20.85	107.73	344575.71	119756.24	-70733.45
447	4740	688238	和元生物	C	14.64	-0.2	-6.31	-5.84	0.08	0.17	20.94	-21.78	-29.69	-5.2	-47.93	162.07	260349.22	20480.5	-12781.37
448	4741	002793	罗欣药业	C	14.63	-0.61	-25.4	-7.99	0.36	0.7	49.73	-6.95	-34.11	-22.2	-34.62	118.14	511740.73	236386.72	-76891.82
449	4743	688192	迪哲医药-U	C	14.5	-2.72	-89.04	-61.48	0.05	0.08	43.29	-145.24	0	-51.74	21.32	121.65	149637.86	9128.86	-110771.33
450	4748	603669	灵康药业	C	13.92	-0.21	-17.6	-8.46	0.11	0.2	42.69	-39.69	-31.95	-17.98	-7.38	58.69	162456.01	19683.14	-15149.55
451	4751	688180	君实生物-U	C	13.42	-2.32	-29.83	-20.61	0.13	0.24	35.46	-84.9	3.38	-25.12	-34.45	117.92	1134286.69	150254.99	-253568.93
452	4758	300942	易瑞生物	C	12.76	-0.46	-21.39	-12.67	0.19	0.36	37.43	-15.73	-63.01	-12.02	-31.21	94.11	135633.93	25410.65	-18498.34
453	4780	688399	硕世生物	C	8.21	-6.38	-11.95	-8.38	0.09	0.13	12.83	-53.14	-92.72	-9.87	-38.15	178.29	390641.34	40317.93	-37381.14
454	4788	300199	翰宇药业	C	5.7	-0.58	-56.97	-11.34	0.13	0.58	76.1	-3.24	-38.75	-39.61	-30.28	144.27	327719.37	43138.41	-51544.28
455	4790	688185	康希诺	C	5.29	-6.01	-33.44	-18.33	0.03	0.06	43.26	-25.91	-65.49	-27.03	-50.22	172.93	931876.94	35708.33	-196743.29
456		002424	贵州百灵	C	32.1	-0.3	-11.68	-5.7	0.6	1.09	52	-4.68	20.42	-11.75	0.49	24.8	734908.13	426297.14	-41246.4
457		002435	长江健康	C	27.5	-0.62	-20.5	-8.6	0.4	0.72	56.76	-7.5	-6.67	-18.95	-11.08	50.01	871687.9	323810.57	-80796.78
458		002750	龙津药业	C	18.43	-0.18	-16.48	-12.12	0.13	0.2	14.33	0	-29.56	-10.52	-10.47	59.75	63163.43	8662.25	-8426.13
459		000908	景峰医药	C	17.65	-0.24	-1043.54	-10.48	0.52	1.67	114.49	-3.15	-21.86	-176.28	3.15	63.82	106034.64	65689.38	-20650.03
460		688581	安杰思	BBB	74.97	4.19	16.37	17.95	0.36	0.41	5.27	0	37.09	478.71	1.66	44.48	233107.41	50874.85	21723.86
461		836547	无锡晶海	BBB	74.31	1.14	12.56	10.93	0.67	0.97	21.75	1851.23	0.66	70.37	102.82	141.6	75021.96	38906.24	5340.56
462		873167	新赣江	BBB	72.57	0.68	9.65	12.09	0.49	0.82	9.24	767.05	2.53	67.58	65.1	149.25	52193.26	21648.39	4451.6
463		301509	金凯生科	BBB	71.04	2.42	11.01	11.68	0.44	0.59	6.04	93.33	7	147.05	-2.83	58.19	231063.56	76682.43	17357.42
464		301293	三博脑科	BBB	70.85	0.54	5.22	5.15	0.53	1.07	19.97	13.21	22.93	89.79	27.79	98.43	313408.66	131334.53	8452.94

续 表

A股上市公司评价得分排序 序号	股票代码	股票简称	评价等级	综合得分(100)	每股收益(元)	净资产收益率(%)	总资产报酬率(%)	总资产周转率(次)	流动资产周转率(次)	资产负债率(%)	已获利息倍数	营业收入增长率(%)	资本扩张率(%)	市场投资回报率(%)	股价波动率(%)	年末资产总额(万元)	营业收入(万元)	净利润(万元)
465	836504	博迅生物	BB	69.53	0.72	14	13.21	0.62	0.86	27.76	40.46	-0.29	54.51	94.79	175.81	26717.53	14227.24	2667.14
466	301520	万邦医药	BB	68.23	2	10.88	12.28	0.35	0.41	5.22	119450	31.07	341.48	-101.1	33.44	154458.94	34180.65	10809.18
467	430017	星昊医药	BB	67.12	0.84	5.51	6.45	0.45	0.96	17.64	809.32	18.87	34.83	11.05	128.59	179978.81	72199.59	9005.13
468	430478	一药业	B	64.87	1.27	7.31	11.29	0.5	0.79	12.41	659.04	-12.54	43.81	1.93	155.18	53339.54	22625.32	4405.45
469	001367	海森药业	B	64.51	1.68	11.81	12.66	0.42	0.49	6.83	3550.28	-5.99	166.36	-41.88	54.81	134095.08	39745.33	10466.75
470	301281	科源制药	B	64.35	0.76	7.07	7.52	0.42	0.77	9.45	0	1.07	156.1	26.74	151.82	146996.8	44758.36	7703.94
471	301507	民生健康	B	62.59	0.29	7.66	8.03	0.48	0.8	10.6	907.35	6.33	147.95	-110.53	50.46	164780.98	58173.32	8563.38
472	688576	西山科技	B	61.46	2.53	7.2	8.96	0.25	0.34	6.79	629.07	37.52	431.69	-59.8	90.27	231806.56	36068.92	11734.41
473	301393	昊帆生物	CCC	58.37	1.07	6.94	7.8	0.27	0.34	3.28	2484.13	-13.11	358.63	-78.64	68.12	228694.19	38879.49	9897.38
474	301370	国科恒泰	CC	52.31	0.36	8.07	4.52	1.04	1.16	63.75	3.68	17.66	63.44	-41.3	42.93	703621.61	748292.61	17071.24
475	301408	华人健康	CC	50.91	0.29	7.45	4.56	1.06	1.68	57.14	13.38	16.39	108.71	-35.5	55.83	461169.79	379716.03	11768.23
476	301515	港通医疗	CC	50.28	0.97	6.44	6.27	0.53	0.6	33.45	23.58	9.62	139.65	-77.05	71.62	199671.44	84243.79	8309.72
477	301246	宏源药业	CC	50.31	0.22	1.5	2.35	0.43	0.84	22.85	8.36	-0.43	106.25	-40.63	66.43	565077.08	205488.2	8716.86
478	688443	智翔金泰-U	C	30.45	-2.5	-57.79	-33.64	0	0	22.54	-21.9	154.95	9473.8	30.19	61.77	359459.67	121.15	-80131.93
479	688506	百利天恒-U	C	18.16	-1.95	-149.7	-43.57	0.33	0.51	89.34	-30.16	-20.11	-83.74	336.51	155.64	142509.93	56187.07	-78049.89
480	833575	康乐卫士	C	18.08	-1.1	-34.08	-20.72	0	0	37.64	-44.1	-6.36	-2.92	-6.4	194.81	145429.25	177.97	-30090.86
481	000989	ST九芝	CCC	56.47	0.35	6.81	6.67	0.56	1.03	25.94	98.07	-2.38	-0.81	17.66	93.87	532979.9	296101.77	29580.56
482	600518	ST康美	C	38.62	0.01	-10.69	1.13	0.33	0.69	50.42	2.97	16.6	1.4	-13.89	54.59	1428037.9	487401.61	10356.69
483	002086	*ST东洋	C	37.24	0.89	-270.98	79.18	0.19	0.42	39.92	15.66	-30.52	0	5.23	48.2	270757.88	43723.34	174482.82
484	002872	ST天圣	C	32.2	-0.29	-4.84	-2.76	0.2	0.77	25.45	-5.32	-4.56	-4.2	-1.89	26.12	281090.62	57933.47	-9371.25
485	600671	*ST目药	C	28.65	-0.31	-132.46	-9.02	0.38	0.8	83.84	-4.05	11.82	1148.93	30.29	94.57	34628.86	12177.85	-3929.55
486	600568	ST中珠	C	28.52	-0.17	-13.28	-9.83	0.19	0.36	14.19	-44.41	26.21	-11.79	-9.47	28.3	301881.32	63856.28	-33841.15
487	300108	*ST吉药	C	25.69	-0.52	65.85	-13.78	0.17	0.72	142.17	-1.81	-29.21	0	54.01	183.78	191380.15	34610.65	-44590.52
488	603963	*ST大药	C	23.78	-0.09	-6.45	-3.2	0.18	0.29	19.57	-9.16	-34.06	-4.99	-9.52	56.72	47383.38	8727	-2003.14
489	603880	ST南卫	C	22.79	-0.51	-26.8	-9.17	0.44	0.96	62.87	-5.41	10.03	-23.7	-17.52	104.04	127732.63	60009.53	-14728.9
490	002742	ST三圣	C	18.37	-1.05	-49.59	-4.23	0.52	1.17	85.48	-1.03	-2.25	-43.75	-24.69	85.48	384115.84	203023.35	-40931.47
491	002433	*ST太安	C	0	-2.88	-164.65	-45.82	0.09	0.2	88.17	-10.67	-36.43	-85.44	-48.37	208.93	334370.43	41036.13	-229475.1

第十六章

农林牧渔行业上市公司业绩评价

2023 年，全国各地区各部门持续加大农业生产支持力度，有力有效应对黄淮罕见"烂场雨"、华北东北局地严重洪涝、西北局部干旱等不利天气影响，全力保障农业生产，全年粮食产量再创历史新高，畜牧业生产平稳发展，主要农产品价格基本稳定，农业经济总体保持良好发展态势。2023 年全国粮食总产量 13908.2 亿斤，同比增长 1.3%；猪牛羊禽肉产量 9641 万吨，同比增长 4.5%；蛋奶产量均实现不同程度增长。2023 年全国农产品生产者价格总水平比上年下降 2.3%。2023 年农林牧渔行业（申万）股票指数累计下跌 403.06，累计跌幅为 12.34%。预计 2024 年随着转基因商业化的有序推进，在猪鸡价格企稳回升及宠物食品国产品牌崛起等因素加持下，农林牧渔行业将有一定的增长。

一、农林牧渔行业上市公司业绩评价结果

参与本次等级评价的中国 A 股上市农林牧渔行业公司共有 111 家，其中，盈利企业 74 家，亏损企业 37 家，盈利企业占比达 66.67%。

2023 年，农林牧渔行业 111 家上市公司总资产共计 13617.10 亿元，占全部上市公司总资产的 1.33%。2023 年全国 5194 家全部上市公司共计实现营业收入 620911.62 亿元，农林牧渔行业上市公司实现营业收入 12975.55 亿元，占全部上市公司营业收入的 2.04%；全部上市公司共计实现净利润 32068.05 亿元，农林牧渔行业上市公司实现净利润-67.27 亿元。

2023 年上市公司业绩综合评价结果显示，有一家农林牧渔行业上市公司进入 2023 年上市公司业绩评价综合得分的前一百名，为北大荒，业绩评价得分为 79.50 分。从整体行业看，农林牧渔行业整体业绩表现综合评分为 48.31 分，低于全部上市公司的 62.92 分。农林牧渔行业 111 家上市公司业绩评价等级如下：3 家 A、4 家 BBB、10 家 BB、10 家 B、16 家 CCC、18 家 CC 以及 50 家 C。2023 年度农林牧渔行业评价得分前十名的公司见表 16-1。

表 16-1 2023 年度农林牧渔行业评价得分前十名的公司

名次	股票代码	股票简称	在 A 股上市公司中评价得分排序
1	600598	北大荒	57
2	002311	海大集团	154
3	832419	路斯股份	159
4	600737	中粮糖业	241
5	831087	秋乐种业	306
6	002458	益生股份	365
7	600251	冠农股份	595
8	002891	中宠股份	599
9	601952	苏垦农发	846
10	603182	嘉华股份	984

下面分别从财务效益状况、资产质量状况、偿债风险状况、发展能力状况与市场表现状况五个方面，对 2023 年农林牧渔行业上市公司的具体业绩表现进行分析。

（一）财务效益

从财务效益上看，2023 年农林牧渔行业上市公司财务效益状况平均得分为 12.06 分，低于全部上市公司 23.35 分的平均得分，表 16-2 列示了农林牧渔行业上市公司财务状况。

从具体指标上看，2023 年农林牧渔行业上市公司的所有财务指标都有较大程度的下降，尤其是扣除非经常性损益净资产收益率和总股本收益率这两大指标，下降幅度分别为 274.56% 和 124.92%，下降的主要原因是受经济复苏缓慢影响，消费环境疲弱，猪肉鸡肉等价格持续低迷。

表 16-2 农林牧渔行业财务效益状况比较表

分析指标		2023 年上市公司平均值	2023 年行业值	2022 年行业值	增长率（%）
基本指标	扣除非经常性损益净资产收益率（%）	6.75	−5.01	2.87	−274.56
	总资产报酬率（%）	5.03	1.19	3.03	−60.73
	基本得分	21.27	11.85	17.17	−30.98
修正指标	营业利润率（%）	6.42	−0.11	1.97	−105.58
	盈利现金保障倍数	2.01	0	4.18	−100.00
	总股本收益率（%）	44.8	−4.02	16.13	−124.92
	综合得分	23.35	12.06	20.16	−40.18

在 2023 年财务效益状况指标中，海大集团、北大荒等 14 家公司的财务效益状况超过了行业的平均水平。以海大集团为例，公司主营业务为研发、生产和销售水产饲料、畜禽饲

料和水产饲料预混料以及健康养殖，2023 年公司实现营业收入 1161.17 亿元，同比增加 114.02 亿元，同比增长 10.89%。

（二）资产质量

从综合得分上看，2023 年农林牧渔行业上市公司的资产质量得分为 12.65 分，与上年度相比，资产状况得分有所上升；相较于全行业得分 9.27 分而言，农林牧渔行业上市公司整体资产质量较好。表 16-3 列示了农林牧渔行业的资产质量状况比较情况，从总体上看，大部分指标和上年基本持平，主要原因为受经济环境影响，农林牧渔行业复苏低迷。

表 16-3　农林牧渔行业资产质量状况比较表

分析指标		2023 年上市公司平均值	2023 年行业值	2022 年行业值	增长率（%）
基本指标	总资产周转率（次）	0.64	0.97	0.97	0.00
	流动资产周转率（次）	1.27	2.21	2.26	-2.21
	基本得分	9.52	14.31	13.96	2.51
修正指标	应收账款周转率（次）	7.99	25.17	27.88	-9.72
	存货周转率（次）	3.48	4.70	4.56	3.07
	综合得分	9.27	12.65	12.61	0.32

在 2023 年农林牧渔行业上市公司的资产状况指标中，北大荒、牧原股份等 76 家公司的资产状况指标高于全部上市公司的平均值，占农林牧渔行业上市公司比率为 68.47%。其中牧原股份、温氏股份、立华股份等公司的资产状况排名靠前。从农林牧渔行业的特性上分析，该行业各指标均高于我国全部上市公司平均值。其原因在于人们对农产品的流通效率与效益的要求越来越高，因此流通环节相对较少，各周转率相对较高。同时，受消费复苏和产能去化影响，存货周转率较 2022 年有一定幅度上升。

（三）偿债风险

从综合得分上看，2023 年农林牧渔行业上市公司的偿债风险得分为 5.7 分，低于全部上市公司得分 8.9 分。

表 16-4 列示了 2023 年农林牧渔行业的偿债风险状况比较情况，从总体上看，资产负债率有一定幅度的上升，说明行业负债在一定程度上有所增加；修正指标中，速动比率和带息负债比率有所下降，现金流动负债比率有所上升，总体而言，说明行业偿还流动负债的能力有所下降。

表 16-4 农林牧渔行业偿债风险状况比较表

分析指标		2023 年上市公司平均值	2023 年行业值	2022 年行业值	增长率（%）
基本指标	资产负债率（%）	57.83	58.17	56.8	2.41
	已获利息倍数	5.21	0.83	2.18	−61.93
基本得分		8.89	6.77	7.84	−13.65
修正指标	速动比率（%）	88.92	58.37	59.3	−1.57
	现金流动负债比率（%）	15.90	16.24	14.08	15.34
	带息负债比率（%）	42.82	63.46	64.28	−1.28
综合得分		8.9	5.7	5.97	−4.52

在 2023 年农林牧渔行业上市公司的偿债风险状况指标中，北大荒、农发种业等 36 家公司的偿债风险评分高于全部上市公司的平均值，占农林牧渔行业上市公司的 32.43%。

（四）发展能力

从综合得分上看，2023 年农林牧渔行业上市公司的发展能力得分为 9.39 分，相较于 2022 年而言有较大幅度下降，低于全部上市公司发展能力状况得分 12.33 分。

表 16-5 列示了农林牧渔行业的发展能力状况比较情况，与 2022 年相比，农林牧渔行业上市公司的基本指标和修正指标均有所下降，说明 2023 年农林牧渔行业的收入和行业利润均有大幅下降，主要原因是受经济复苏缓慢影响，消费环境疲弱，猪肉鸡肉等价格持续低迷。

表 16-5 农林牧渔行业发展能力状况比较表

分析指标		2023 年上市公司平均值	2023 年行业值	2022 年行业值	增长率（%）
基本指标	营业收入增长率（%）	2.21	4.29	12.88	−66.69
	资本扩张率（%）	6.75	−0.66	6.52	−110.12
基本得分		12.14	10.72	12.27	−12.63
修正指标	累计保留盈余率（%）	44.05	30.82	35.02	−11.99
	三年营业收入平均增长率（%）	10.93	10.95	16.77	−34.70
	总资产增长率（%）	5.71	2.78	6.77	−58.94
	营业利润增长率（%）	−3.95	−105.58	0	—
综合得分		12.33	9.39	12.61	−25.54

在 2023 年农林牧渔行业中，北大荒、海大集团等 26 家公司的发展能力高于全部上市公司的平均值，占农林牧渔行业上市公司的 23.42%。

（五）市场表现

2023 年，受地缘政治、消费环境疲弱等影响，农林牧渔板块发展整体呈震荡下降趋势。2023 年农林牧渔行业指数总体呈下降趋势，年初行业股票指数为 3062.08 点，年末报收于

2631.52 点，年下跌 14.06%，高于行业整体跌幅。从趋势上看，2023 年农林牧渔指数变动情况整体与沪深 300 指数较为一致，并且农林牧渔指数始终低于沪深 300 指数。详见图16-1。

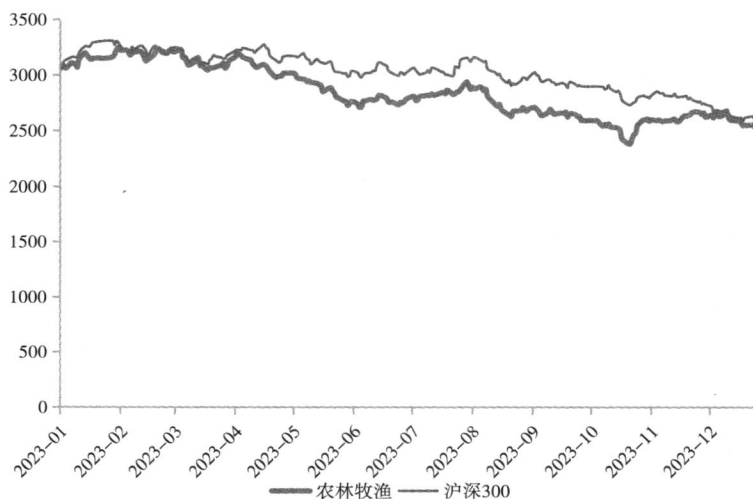

图 16-1　农林牧渔行业与沪深 300 指数波动情况

从综合得分上看，2023 年农林牧渔行业上市公司的市场表现状况得分为 8.51 分，相较于 2022 年在一定程度上有所下降。农林牧渔行业上市公司在市场表现上低于全部上市公司平均水平。

表 16-6 列示了农林牧渔行业的市场表现状况比较情况。市场投资回报率较 2022 年大幅度下降，原因在于市场整体调整，供需变化，导致投资回报率大幅降低。股价波动率较2022 年同样有所下降，原因在于行业整体需求低迷，还处于去产能阶段。

表 16-6　农林牧渔行业市场表现状况比较表

分析指标	2023 年上市公司平均值	2023 年行业值	2022 年行业值	增长率（%）
市场投资回报率（%）	5.76	-4.63	0.34	-1461.76
股价波动率（%）	82.72	73.34	86.53	-15.24
综合得分	9.07	8.51	10.78	-21.06

二、2023 年度农林牧渔行业上市公司业绩影响因素分析

2023 年农林牧渔行业上市公司实现营业收入 12975.55 亿元，同比增长 2.04%，实现营业利润 -13.95 亿元，同比下降 105.58%。整体来看，2023 年行业盈利能力同比有所下降。2023 年农林牧渔行业上市公司业绩影响因素主要如下。

（一）种子板块：头部种企业绩改善，转基因应用开启

2023 年农产品价格涨跌分化。2023 年末同年初相比，玉米、大豆、小麦现货价格出现

一定下跌，其中玉米现货价格跌幅达 13%，大豆跌幅达 10%，小麦跌幅达 10%；粳稻价格较为坚挺，白糖价格出现明显上涨，年内涨幅达 16%。2023 年白糖价格强势推动白糖相关产业业绩增长，推动中粮糖业、广农糖业等公司业绩上涨较多。相比之下，种植小麦等主粮作物为主的公司（如苏垦农发）业绩总体较为持平。

2023 年我国转基因玉米和大豆试点范围扩大，增产效果显著。2023 年我国将转基因玉米、大豆试点范围扩展到河北、内蒙古、吉林、四川、云南 5 个省区 20 个县并在甘肃安排制种。从试点看，转基因玉米、大豆抗虫、耐除草剂性状表现突出，对草地贪夜蛾等鳞翅目害虫的防治效果在 90% 以上，除草效果在 95% 以上，我国转基因玉米、大豆种植增产降本优势明显，转基因品种可增产 5.6%~11.6%。此外，转基因技术的相关科普逐渐铺开，专家提出"安全性是转基因品种产业化的基础和前提，转基因产品上市前都要经过科学的、全面的、严格的食用安全评价和环境安全评价"，转基因食品进入人体后跟其他食物一样被正常消化吸收。CCTV 节目也做出转基因玉米相关科普。

（二）禽板块：2023 年业绩已有明显改善，2024 年有望猪鸡共振

从白鸡产业来看，价格方面，2023 年上半年各环节涨价明显，下半年较低迷。2023 年 1—4 月，产业链各环节鸡苗、毛鸡、鸡肉综合品价格呈大幅上涨趋势，最大涨幅分别达 289%、30%、10%，主要系 2022 年底行业换羽量大，2023 年 1—4 月供给减少加补栏情绪高涨，价格持续上涨。2023 年 4 月至年底，受整体供给偏高和下游消费低迷影响，各环节价格呈下行趋势。产业利润方面，2023 年利润主要集中在上游种禽端（主要是祖代场），养殖端、屠宰端整体亏损较多。

从黄鸡产业来看，产业价格方面，2023 年处于近 5 年中上水平。在供给端，产业磨底时间长，去化显著，在产父母代存栏已处于近 5 年新低。2019 年"超级鸡周期"之后，行业急速扩产；2020—2022 年上半年，产业陷入低谷期，去化明显，且养殖主体受数年亏损带来的资金压力限制停止扩产，市场供给减少。在需求端，2023 年受消费环境疲弱、猪价低迷影响，黄鸡需求端表现较弱。

（三）猪板块：猪价持续低迷，猪企 2023 年业绩承压

猪价低迷导致养猪企业 2023 年全年业绩承压。整体来看，2023 年养猪企业业绩亏损幅度较大，原因可分为主要和次要两个因素。从主要因素来看，受到 2023 年猪价同比大幅下降影响，养猪板块经营性亏损幅度同比增大。从次要因素来看，低迷的猪价使得养猪企业均在年底做了相应的计提减值准备，进一步放大了养猪企业全年的亏损幅度。此外，还有部分公司年底的资产盘整带来的资产减值、债务损失也影响了公司全年的业绩情况。猪价走势具体分析如下：

2023 年上半年，前期压栏及二育导致的大猪供应在 2022 年 11 月后开始逐步释放，集中抛压带动生猪均价持续下行，而 2023 年 3 月后标猪供应压力环比增长（对应 2022 年 5 月能繁母猪开始环比增长）叠加季节性消费淡季，猪价仍未有起色，生猪均价在 14~16 元/kg 之间震荡，上半年行业处于亏损状态。2022 年 7 月下旬开始，行业看涨情绪严重。行业压栏叠加二育带动供应压力阶段性缓解，猪价短期出现快速上行，生猪均价由 14 元/kg 上涨至 17.5 元/kg 左右，行业盈利呈现短期改善。2023 年第四季度，前期压栏大猪释放导致供给过剩，而需求未有支撑，导致猪价自 8 月冲高后持续下跌，行业再度亏损。

根据农业农村部数据，能繁母猪分别去化 12 个月，累计去化 5.6%。在行业亏损持续、资金紧张和疫病干扰情况下，第四季度能繁去化速率相较第三季度呈边际加快趋势。

因此，2023 年对于养猪企业是极具挑战的一年。除了少数成本控制能力较强的企业，例如牧原股份、温氏股份、巨星农牧、神农集团等，抓住了第三季度仅有的猪价上涨窗口期实现单季度盈利，大部分企业均出现了全年连续亏损的情况。另外，受到第四季度同比增加的出栏量以及年底计提减值准备的影响，第四季度的归母净利润亏损相比第三季度可能有所放大。

（四）宠物板块：宠物食品出口好转，国内宠物市场保持较快增长

去库存周期影响基本结束，我国宠物食品出口恢复增长。2022 年 9 月至 2023 年 3 月，我国宠物食品出口承压。2022 年 9 月后，海外市场下游宠物食品客户因囤货需求下降进入去库存周期，受此影响我国宠物零食出口 2022 年 9 月至 2023 年 3 月始连续 7 个月同比下滑。一直到 2023 年 6 月开始，我国零售包装的狗食或猫食饲料出口呈现连续正增长，海外市场下游食品客户去货结束。海关数据显示，2023 年 12 月我国人民币口径下零售包装的狗食或猫食饲料实现出口 8.1 亿元，同比增长 21%。其中 12 月对美国实现人民币出口 1.46 亿元，同比增长 96%。

2023 年我国宠物行业保持较快增长。根据《2023—2024 年中国宠物行业白皮书（消费报告）》，2023 年宠物犬数量为 5175 万只，较 2022 年增长 1.1%，宠物猫数量为 6980 万只，较 2022 年增长 6.8%。2023 年，城镇宠物（犬猫）消费市场规模为 2793 亿元，持续增长。其中，猫市场规模增长更为快速，较 2022 年增长 6%。

三、2024 年农林牧渔行业前景分析

展望 2024 年，在种子板块，随着转基因技术商业化的有序推进，种子行业的研发及推广壁垒将得到提升，同时，在国家政策支持与战略重视下，种业的执法及监管力度不断加强，行业秩序有望逐步肃清，竞争格局有望改善；在禽板块，随着鸡苗供应或持续收缩，2024 年白羽鸡肉供需或现明显缺口，有望带动肉鸡养殖产业链盈利好转；在猪板块，由于产能调减传导至供给端，生猪出栏开始趋势性下滑，同时，玉米、豆粕等饲料原料价格高位回落，成本端对猪价的支撑减弱；在宠物板块，中国宠物行业仍然处于快速发展期，相

较于国外市场，国内的宠物食品、医疗、玩具等相关行业市场规模存在较大的发展空间，并带动行业集中度的提升。

（一）种子板块：第二批转基因品过审落地，种业技术壁垒有望提升

第二批转基因玉米、大豆过审，合格品种扩容，商业化进程加速。继 2023 年 10 月农业农村部公示我国首批过审的 37 个转基因玉米、14 个转基因大豆品种后，2024 年 3 月 19 日农业农村部公示第二批合格品种。当前正处春玉米播种及制种前夕，政策驱动转基因品种供给端规模扩张，转基因商业化进程有望提速。此次名单具有以下看点：

（1）27 个转基因玉米品种中，种子端涉及上市及拟上市种企共 7 家，包括登海种业、北大荒、荃银高科、隆平高科、先正达、丰乐种业、万向德农，分别获批 4 个、3 个、3 个、2 个、1 个、1 个、1 个品种，其余 12 个归属其他种企，性状端仍以龙头公司为主，大北农、粮元生物、杭州瑞丰、先正达分别获批 15 个、8 个、3 个、1 个品种。

（2）3 个转基因大豆品种中，种子端中国农科院、大北农分别获批 2 个、1 个，性状端格局相同。

（3）按适宜种植区域来看，东华北、黄淮海、西南地区分别有 17 个、10 个、1 个玉米品种，按转基因目标性状来看，抗虫玉米品种有 12 个，抗虫及耐除草剂玉米品种有 15 个。

针对转基因玉米品种，第二批名单中仅有 1 款"京科 968"属于 2022 年全国推广面积前十大品种，而第一批中包含 6 个品种、13 款转基因版本。因此"大品种+强性状"系种企下一阶段竞争的关键所在。目前我国种子行业竞争格局分散，考虑到龙头种企的头部品种本身具有渠道分布广、农民信任度高的先发优势，在此基础上转基因版本进一步叠加了增产、降本的能力，相关企业有望凭借较强的产品力进一步提高市占率、获取技术溢价，同时头部性状公司有望分享产品溢价。

2023 年 10 月 7 日，农业农村部公示首批通过初审的 37 个转基因玉米品种和 14 个转基因大豆品种，并于 12 月 7 日正式下发审定证书，12 月 25 日，26 家企业获转基因玉米、大豆种子生产经营许可证，标志着其销售生产正式合法化。向后展望，转基因技术有助于提升种子行业的研发及推广壁垒，考虑到当前该技术及品种储备仍掌握在少数头部企业手中，先发种企有望受益；同时，在国家政策支持与战略重视下，种业的执法及监管力度不断加强，行业秩序有望逐步肃清，竞争格局有望改善。

（二）禽板块：产能收缩或逐步兑现，关注食品化布局

白鸡价格上涨，供给收缩或现。鸡苗价格上涨或主要因为鸡苗供应有所收缩，叠加养殖端补栏积极性有所提升。展望后市，预计 2024 年上半年鸡苗供应或持续收缩，2024 年白羽鸡肉供需或现明显缺口，有望带动肉鸡养殖产业链盈利好转。

从美国白羽肉鸡产业发展历史来看，食品化转型或是白羽肉鸡产业未来发展方向。在国内餐饮企业人工及店面租金上涨压力大、餐饮连锁化持续推进、外卖市场迅速发展背景下，餐饮企业对于降本增效、食材标准化等方面的需求日趋强烈。同时，我国家庭结构日渐小型化、宅家文化和懒人经济的不断发展，也催生了居民对于预制菜的需求。B端、C端共同催化下，食品深加工乃大势所趋。顺应大势，白鸡行业近几年出现了明显的产业链延伸趋势，由屠宰加工生肉向深加工调理品/熟食延伸。

（三）猪板块：产能去化趋势加深，积极布局养殖板块

目前，自繁自养生猪养殖仍处亏损区间，据博亚和讯，截至2024年3月22日，自繁自养生猪养殖利润为–105元/头，外购仔猪养殖利润为89元/头。根据农业农村部和国家统计局（官方）监测，2024年1月末能繁母猪存栏4067万头，环比下降1.8%。根据农业农村部监测，能繁母猪存栏已连续3个月加速去化，2023年1月至2024年1月累计去化幅度约为10.3%。较早发布的涌益咨询等第三方监测数据显示，2024年1月能繁母猪去化速度有所放缓，导致市场担忧1月下旬的猪价上涨会减缓能繁母猪去化进程。因此，周期底部的现金流压力加剧才是母猪产能去化背后的核心，短期猪价反弹不改长期亏损背景下养殖端现金流压力加剧的现状，亦难改能繁母猪产能去化进程。

短期猪价或继续承压，产能去化有望带动2024年猪价反转。（1）短期：考虑到2023年上半年母猪存栏数量降幅偏窄、前三季度新生仔猪数整体呈现逐月增加的趋势，目前冻肉库存偏高，预计2024年第一季度猪肉供给压力仍然偏大。同时，玉米、豆粕等饲料原料价格高位回落，成本端对猪价的支撑减弱，预计2024年第一季度猪价或持续偏弱运行。（2）中长期：根据国家统计局和农业农村部数据，2023年以来能繁母猪持续去化，且下半年以来去化有加速趋势。因此，养殖行业尤其部分成本劣势的规模场现金流压力加剧，或驱动母猪产能去化趋势加深，母猪存栏降幅扩大之外，母猪去化主体或由散户进一步扩散至成本劣势的规模猪场。

（四）宠物板块：外销改善，内销龙头崛起

一方面，宠物食品外销同比大幅改善，内销维持较快增长。根据海关总署统计，2024年3月我国宠物食品出口量为2.38万吨，同比增加8.48%，环比增加37.13%，2024年第一季度累计同比增加24.36%；2024年3月宠物食品出口额为7.78亿元，同比增加7.11%，环比增加37.26%，2024年第一季度累计同比增加23%；均价3.27万元/吨，同比下降1.27%，环比增加0.09%，价格保持相对稳定。分区域来看，3月美国、欧洲的非罐头类宠物食品出口金额分别同比增加86.08%、下降8.97%，其中欧洲出口金额为近一年来首次同比转负。考虑宠物食品海外销量整体向好及国内集中度提升趋势，宠物板块头部公司2024年第一季度业绩有所改善。

中国宠物食品线上销售额维持较快增长。2023年宠物食品天猫、京东、抖音渠道累计销售额为232亿元，同比增长16.9%；2024年1—2月宠物食品天猫、京东、抖音累计销售额为34.4亿元，同比增长23.0%。分渠道看，天猫、京东、抖音渠道1—2月累计销售额增速分别为 10.6%、13.0%、139.7%。

另一方面，国产头部品牌市场份额尚存较大提升空间。中国宠物食品市场行业集中度仍较低。参考海外成熟市场，单一宠物食品品牌市占率天花板在 10% 左右，国内龙头品牌仍有 1 倍左右空间，企业后续成长或仍需依靠品牌收/并购，国产品牌才能崛起。

附表　2023 年度农林牧渔行业上市公司业绩评价结果排序表

序号	A股上市公司评价得分排序	股票代码	股票简称	综合得分(100)	评价等级	每股收益(元)	总资产报酬率(%)	净资产收益率(%)	总资产周转率(次)	流动资产周转率(次)	资产负债率(%)	已获利息倍数	营业收入增长率(%)	资本扩张率(%)	市场投资回报率(%)	股价波动率(%)	年末资产总额(万元)	营业收入(万元)	净利润(万元)
1	57	600598	北大荒	79.5	A	0.60	10.99	14.48	0.60	1.41	16.08	0.00	18.37	5.03	-10.73	31.91	869947.11	504444.34	108433.58
2	154	002311	海大集团	76.1	A	1.66	8.74	14.63	2.61	5.51	53.27	10.50	10.89	8.07	-26.69	91.38	4474673.58	11611716.87	287151.56
3	159	832419	路斯股份	76	A	0.66	12.44	15.20	1.15	2.07	24.94	0.00	26.82	14.35	98.16	142.79	66117.35	69631.32	6883.02
4	241	600737	中粮糖业	73.9	BBB	0.97	12.57	18.67	1.60	2.18	44.90	76.74	25.25	9.47	25.87	50.54	2147874.76	3311389.46	212366.34
5	306	831087	秋乐种业	72.8	BBB	0.48	10.17	15.38	0.72	0.88	28.89	0.00	22.10	11.16	114.11	138.13	76434.84	53423.69	7942.00
6	365	002458	益生股份	72.3	BBB	0.54	9.74	15.10	0.52	2.70	30.98	12.37	52.71	59.15	-17.48	88.34	657499.47	322467.69	54768.94
7	595	600251	冠农股份	69.5	BB	0.93	12.57	20.72	0.59	0.96	48.37	67.99	79.97	20.64	4.81	33.96	773880.40	434274.53	85188.59
8	599	002891	中宠股份	69.4	BB	0.80	9.76	10.85	0.91	1.99	44.89	12.78	15.37	8.95	19.48	38.63	439021.60	374720.21	29199.39
9	846	601952	苏垦农发	67	BB	0.59	7.55	12.70	0.84	1.55	50.83	4.57	-4.39	5.70	-12.09	41.31	1442643.54	1216805.86	81716.64
10	984	603182	嘉华股份	65.8	BB	0.67	11.57	11.04	1.37	2.17	19.91	0.00	5.05	6.56	-19.89	61.27	128497.68	169451.71	11013.52
11	1010	600313	农发种业	65.6	BB	0.12	5.34	7.06	1.53	2.22	40.47	22.23	28.82	11.39	-26.76	81.99	483221.32	676077.28	21664.76
12	1020	000663	永安林业	65.5	BB	0.56	13.50	18.89	0.50	0.82	32.18	0.00	-8.39	20.67	-10.11	68.33	167079.18	69316.20	19050.40
13	1083	002299	圣农发展	65	BB	0.54	4.13	6.56	0.89	2.89	54.14	5.53	9.93	3.84	-23.80	77.20	2251273.17	1848673.87	62273.48
14	1128	000998	隆平高科	64.7	B	0.15	3.75	3.76	0.44	1.02	63.50	1.83	150.03	76.02	-12.64	42.10	2774797.93	922321.67	37354.87
15	1276	688526	科前生物	63.7	B	0.85	8.63	10.80	0.23	0.42	17.85	0.00	6.27	9.68	-5.22	102.19	467124.95	106407.46	39558.06
16	1401	600097	开创国际	62.9	B	0.62	5.32	6.85	0.59	1.32	32.58	12.42	3.79	7.87	5.60	40.02	340294.18	201455.38	16298.50
17	1490	300119	瑞普生物	62.2	B	0.98	9.22	10.39	0.35	0.71	27.15	31.28	7.90	6.75	-11.26	58.06	659594.15	224896.21	51101.67
18	1504	300087	荃银高科	62.1	B	0.29	6.58	14.95	0.70	0.94	61.51	15.10	17.54	17.76	-29.35	73.40	670979.69	410289.52	36374.55
19	1567	600354	敦煌种业	61.7	B	0.08	7.15	6.59	0.60	0.86	59.69	14.81	15.24	5.92	-24.34	66.65	191825.03	115776.24	9762.47
20	1584	300970	华绿生物	61.6	B	0.26	1.29	1.98	0.49	1.49	26.00	3.55	32.55	2.98	-0.31	77.21	211897.04	99622.14	2636.84
21	1631	600201	生物股份	61.3	B	0.26	3.91	5.43	0.24	0.56	17.72	0.00	4.55	5.71	12.90	58.90	687258.18	159822.55	27709.74
22	1739	002746	仙坛股份	60.5	B	0.26	2.57	5.00	0.90	1.32	31.41	0.00	13.31	2.41	-21.57	55.44	684606.63	578123.26	24678.94
23	1827	600371	万向德农	59.9	CCC	0.22	7.07	11.33	0.35	0.45	32.36	0.00	35.89	0.94	-22.73	57.36	93787.52	31929.90	7248.53
24	1831	000713	丰乐种业	59.8	CCC	0.07	1.45	2.08	1.06	2.01	30.64	11.02	3.61	1.19	-13.52	39.77	295303.56	311367.92	3867.41
25	1893	300999	金龙鱼	59.5	CCC	0.53	1.43	3.16	1.08	1.76	59.76	0.00	-2.32	2.87	-23.78	77.48	23849999.00	25152373.60	278502.80
26	1970	605198	安德利	58.9	CCC	0.71	9.81	10.43	0.34	0.49	3.09	0.00	-17.77	6.76	24.44	43.33	261034.23	87610.50	25552.01
27	2011	002041	登海种业	58.6	CCC	0.29	5.68	7.43	0.33	0.39	19.11	0.00	17.06	8.30	-33.42	92.40	480216.83	155197.50	29920.21
28	2021	838275	驱动力	58.6	CCC	0.04	2.53	2.56	0.38	1.74	3.72	0.00	-3.71	-1.61	56.68	106.15	23815.28	9347.46	569.75
29	2161	600191	华资实业	57.5	CCC	0.04	2.26	1.25	0.33	2.17	20.60	2.84	72.97	3.88	17.63	49.81	193773.11	63735.41	1887.50

续表

序号	A股上市公司评价得分排序	股票代码	股票简称	评价等级	综合得分(100)	每股收益(元)	总资产报酬率(%)	净资产收益率(%)	总资产周转率(次)	流动资产周转率(次)	资产负债率(%)	已获利息倍数	营业收入增长率(%)	资本扩张率(%)	市场投资回报率(%)	股价波动率(%)	年末资产总额(万元)	营业收入(万元)	净利润(万元)
30	2179	300138	晨光生物	CCC	57.4	0.90	7.81	14.46	0.89	1.22	58.64	12.61	9.14	9.90	-27.49	82.02	853958.05	687151.50	49417.33
31	2180	601118	海南橡胶	CCC	57.4	0.07	3.42	3.09	1.34	3.43	65.73	1.50	145.18	20.04	-3.72	22.27	3395032.67	3768725.06	11118.78
32	2197	603566	普莱柯	CCC	57.3	0.50	5.76	6.32	0.38	0.81	16.50	0.00	2.01	-2.67	-18.31	97.92	326220.88	125269.36	17451.74
33	2316	003030	祖名股份	CCC	56.4	0.32	3.58	3.87	0.78	2.74	47.27	3.85	-0.61	3.00	-23.61	57.18	202544.01	147838.17	3458.84
34	2336	002772	众兴菌业	CCC	56.3	0.39	3.35	4.68	0.31	0.68	43.44	4.07	-1.99	1.50	-2.90	73.93	607376.53	193107.77	15955.57
35	2370	600195	中牧股份	CCC	56.1	0.39	4.97	7.45	0.64	1.52	26.89	31.45	-8.24	3.14	-0.21	72.94	894637.79	540631.26	34693.59
36	2373	839729	永顺生物	CCC	56.1	0.21	7.43	8.51	0.38	0.53	15.14	0.00	-9.87	-3.96	13.21	62.95	78786.00	31428.29	5805.87
37	2426	002286	保龄宝	CCC	55.7	0.15	2.91	2.71	0.89	2.83	25.40	4.78	-6.96	-1.04	-6.29	35.08	265889.23	252391.40	5396.90
38	2483	600883	博闻科技	CCC	55.4	0.41	10.24	11.17	0.02	0.09	5.58	0.00	80.47	10.20	16.61	38.47	96392.43	2120.38	9508.10
39	2591	001338	永顺泰	CC	54.6	0.35	4.57	5.26	1.08	1.51	25.32	7.90	15.46	4.45	-40.45	103.13	451720.74	484021.59	17356.57
40	2601	002852	道道全	CC	54.6	0.22	3.17	3.81	1.45	2.97	57.19	1.98	-0.39	0.66	-13.09	67.46	478145.70	700085.68	8406.63
41	2622	002321	华英农业	CC	54.4	-0.01	4.11	-3.17	1.03	2.06	62.06	1.86	27.83	2.56	2.62	40.23	367900.34	370494.95	5798.37
42	2702	600467	好当家	CC	53.8	0.03	2.78	1.47	0.24	0.81	49.13	1.47	31.08	0.62	-9.50	27.19	665597.56	156380.45	5065.93
43	2765	600108	亚盛集团	CC	53.2	0.05	2.54	2.53	0.45	0.97	53.53	1.89	10.05	2.55	-10.05	26.11	899293.43	400511.54	10074.29
44	2767	000972	中基健康	CC	53.2	0.14	12.64	72.43	0.56	0.87	82.89	6.44	-2.29	108.58	7.51	47.12	122407.19	57577.94	10914.74
45	2785	000505	京粮控股	CC	53	0.14	2.92	3.29	1.89	2.77	44.97	4.20	-7.44	3.25	-14.40	41.89	649678.30	1190100.92	10345.28
46	2814	600257	大湖股份	CC	52.8	-0.02	3.21	-0.93	0.56	1.25	51.01	1.70	9.02	1.64	10.39	112.85	207759.79	119345.46	1219.81
47	2820	002481	双塔食品	CC	52.8	0.08	2.20	3.80	0.64	1.63	32.46	10.36	3.13	8.30	-23.44	93.06	380458.00	245594.13	9170.87
48	2849	001313	粤海饲料	CC	52.6	0.06	1.12	1.49	1.50	2.13	41.17	1.42	-3.10	-2.27	-7.34	36.25	463527.02	687236.62	4100.49
49	2970	830964	润农节水	CC	51.6	0.13	3.56	3.75	0.67	0.77	21.86	38.33	13.59	2.30	30.42	65.34	114785.17	74957.41	3328.74
50	2983	603151	邦基科技	CC	51.5	0.50	6.45	6.83	1.15	1.82	15.89	0.00	-0.71	0.61	-25.78	72.33	147102.48	164662.09	8370.93
51	3049	002688	金河生物	CC	50.9	0.11	3.10	3.87	0.44	1.15	53.85	2.59	2.42	3.77	-6.31	32.76	545380.74	217413.10	9443.45
52	3067	000019	深粮控股	CC	50.7	0.30	6.20	7.26	0.83	1.51	34.07	11.80	-25.54	0.93	5.15	22.71	739852.82	619000.54	34663.25
53	3076	600965	福成股份	CC	50.6	0.12	4.76	4.63	0.41	0.82	15.41	0.00	-2.57	0.54	-25.05	49.04	256267.00	104627.85	9715.03
54	3108	600127	金健米业	C	50.3	0.04	3.05	4.22	2.72	4.44	54.78	4.59	-24.08	3.15	-4.73	33.64	164799.90	486780.88	2825.79
55	3259	000639	西王食品	C	49	-0.02	0.48	-0.51	0.77	1.77	45.31	0.31	-9.56	-0.12	-3.48	54.49	715534.25	549027.89	-4306.41
56	3264	002069	獐子岛	C	49	0.01	3.71	11.98	0.69	1.05	94.71	1.35	-16.98	0.81	24.41	59.97	239459.57	167747.36	1347.77
57	3431	000798	中水渔业	C	47.2	-0.32	1.91	-17.17	1.11	2.21	72.45	1.42	577.34	71.07	-16.89	72.37	595000.95	404178.33	1068.74
58	3456	600359	新农开发	C	46.8	0.18	5.17	11.31	0.35	0.74	47.00	6.40	-15.29	12.46	-12.00	39.52	124806.35	54847.05	6860.02

续　表

序号	A股上市公司评价得分排序	股票代码	股票简称	综合得分(100)	评价等级	每股收益(元)	总资产报酬率(%)	净资产收益率(%)	总资产周转率(次)	流动资产周转率(次)	资产负债率(%)	已获利息倍数	营业收入增长率(%)	资本扩张率(%)	市场投资回报率(%)	股价波动率(%)	年末资产总额(万元)	营业收入(万元)	净利润(万元)
59	3482	688098	申联生物	46.4	C	0.08	2.21	2.11	0.19	0.46	5.45	0.00	-8.25	0.68	-7.09	35.68	159399.43	30148.71	2985.04
60	3498	002696	百洋股份	46.2	C	-0.08	-0.56	-1.95	0.93	1.74	49.81	-0.71	-15.36	-1.54	-10.80	44.70	297396.28	272021.57	-2331.81
61	3583	300761	立华股份	44.9	C	-0.53	-2.55	-5.43	1.12	3.51	43.02	-3.86	6.28	-8.55	10.54	59.20	1366462.65	1535409.69	-43889.02
62	3622	603336	宏辉果蔬	44.4	C	0.04	2.49	2.09	0.60	0.99	37.60	1.70	-4.15	0.24	1.29	26.91	184350.16	108579.33	1968.55
63	3657	603718	海利生物	43.9	C	0.10	3.70	5.33	0.15	0.39	29.13	21.66	-19.76	5.74	8.64	50.84	165774.98	24072.30	5001.38
64	3666	600962	国投中鲁	43.7	C	0.22	4.66	7.15	0.63	0.95	59.50	2.97	-13.89	8.77	-8.50	68.26	241472.33	148677.21	6726.92
65	3683	300021	大禹节水	43.5	C	0.06	2.18	2.48	0.46	0.69	71.25	1.85	1.52	-3.05	6.48	24.88	795405.19	345257.60	6714.79
66	3691	002714	牧原股份	43.4	C	-0.79	-0.61	-6.33	0.57	1.76	62.11	-0.39	-11.19	-15.93	-11.76	68.83	19540455.39	11086072.77	-416786.90
67	3715	300871	回盛生物	43.1	C	0.10	1.22	1.10	0.34	0.78	49.28	1.52	-0.31	-2.09	-29.22	90.07	297546.05	101975.88	1678.08
68	3766	603609	禾丰股份	42	C	-0.50	-2.08	-6.58	2.37	5.32	49.02	-1.90	9.63	-8.87	-26.67	97.47	1493711.48	3597026.19	-58803.30
69	3803	603668	天马科技	41.3	C	-0.43	-0.20	-8.83	0.84	1.75	70.80	-0.13	-0.14	9.16	-6.07	69.58	907519.09	699772.49	-15235.05
70	3812	871970	大禹生物	41.1	C	-0.02	-0.09	-0.62	0.37	1.73	25.11	-0.20	2.29	-11.41	88.75	144.99	42371.27	16057.67	-208.98
71	3820	300673	佩蒂股份	40.9	C	-0.04	0.45	-0.59	0.48	0.86	35.91	0.38	-18.51	-2.05	-25.33	104.12	293645.39	141128.41	-1596.83
72	3823	002679	福建金森	40.9	C	0.03	3.09	1.05	0.07	0.08	62.85	1.17	-15.18	-0.28	4.58	46.99	204994.65	14765.01	799.03
73	3849	600975	新五丰	40.2	C	-1.03	-10.38	-42.42	0.50	1.85	74.99	-16.65	14.19	8.91	49.72	109.16	1265651.58	563194.46	-125530.77
74	3879	605296	神农集团	39.6	C	-0.77	-7.21	-9.04	0.70	1.72	26.41	-1063.52	17.76	-10.27	24.27	74.66	570470.14	389127.86	-40124.24
75	3883	300972	万辰集团	39.5	C	-0.54	-2.25	-12.63	3.63	7.07	82.27	-2.12	1592.03	3.48	220.59	201.42	392535.44	929373.95	-14602.31
76	3897	000911	广农糖业	39.2	C	0.07	3.41	40.19	0.68	1.17	95.90	1.08	18.60	0.76	2.94	67.67	469115.51	336543.07	1611.16
77	3905	002556	辉隆股份	39.1	C	0.08	1.73	1.97	1.53	2.80	66.19	2.47	-2.28	-8.39	-31.81	79.03	1164991.26	1783265.67	8135.32
78	3917	000702	正虹科技	38.9	C	-0.47	-14.20	-42.66	1.64	3.60	53.91	-6.41	6.90	182.26	10.41	42.87	71815.45	124116.90	-12454.95
79	3931	000930	中粮科技	38.6	C	-0.33	-2.57	-5.34	1.18	2.97	34.45	-4.62	2.31	-13.25	-14.95	48.36	1655786.14	2037895.01	-61629.19
80	3995	603477	巨星农牧	37.3	C	-1.28	-7.11	-19.15	0.54	1.74	59.85	-6.40	1.83	-16.46	60.28	86.11	772096.53	404071.34	-64587.51
81	4007	300498	温氏股份	37.1	C	-0.97	-5.45	-17.56	0.94	2.57	61.41	-4.78	7.40	-16.47	7.35	45.64	9289514.01	8990232.24	-638885.77
82	4016	000592	平潭发展	36.9	C	-0.16	-3.46	-13.91	0.30	0.37	48.04	0.00	4.95	-6.15	-2.71	36.75	412542.22	123316.19	-14014.90
83	4034	301116	益客食品	36.6	C	-0.38	-2.09	-9.21	4.56	10.15	61.26	-1.46	16.96	-9.93	-22.26	56.79	469241.49	2188822.67	-16846.90
84	4039	600540	新赛股份	36.5	C	0.03	1.21	1.94	0.34	0.52	75.13	1.22	-26.63	1.19	9.70	80.19	306498.33	97163.52	625.54
85	4047	000735	罗牛山	36.2	C	-0.43	-3.22	-11.86	0.33	0.87	63.69	-3.49	42.26	-8.31	-14.15	78.09	1217803.17	410030.21	-54779.53
86	4060	000876	新希望	35.9	C	0.04	0.92	0.92	1.06	4.25	72.28	0.64	0.14	-17.81	-26.38	78.50	12961060.55	14170324.89	-95542.44
87	4068	300967	晓鸣股份	35.6	C	-0.83	-8.20	-20.16	0.54	4.53	54.40	-4.34	5.77	-7.65	-15.15	56.28	161684.76	83081.58	-15477.10

续 表

序号	A股上市公司评价得分排序	股票代码	股票简称	综合得分(100)	评价等级	每股收益(元)	总资产报酬率(%)	净资产收益率(%)	总资产周转率(次)	流动资产周转率(次)	资产负债率(%)	已获利息倍数	营业收入增长率(%)	资本扩张率(%)	市场投资回报率(%)	股价波动率(%)	年末资产总额(万元)	营业收入(万元)	净利润(万元)
88	4105	300189	神农科技	34.7	C	-0.04	-3.28	-4.56	0.16	0.53	14.50	0.00	-12.51	-3.68	-17.94	63.10	100143.41	16672.54	-3269.78
89	4126	002100	天康生物	33.9	C	-1.01	-7.23	-19.03	1.05	1.78	52.75	-6.94	13.74	-17.81	9.94	58.47	1675165.96	1902580.63	-151642.73
90	4187	002982	湘佳股份	32.5	C	-1.03	-2.65	-8.43	1.02	2.73	55.02	-2.58	1.76	-9.26	-29.14	104.66	385531.84	389012.27	-14773.20
91	4193	002567	唐人神	32.3	C	-1.09	-7.56	-24.83	1.52	4.28	64.84	-4.65	1.55	-19.51	7.14	57.11	1700942.37	2694904.29	-166187.94
92	4204	300511	雪榕生物	32.1	C	-0.38	-2.55	-11.41	0.59	2.62	68.88	-1.32	10.55	-11.90	-15.75	83.09	460216.68	256514.42	-19233.42
93	4320	300175	朗源股份	29	C	-0.11	-9.32	-10.19	0.32	0.64	29.57	-29.68	2.14	-12.81	56.27	114.47	66248.83	22024.00	-6897.98
94	4348	002234	民和股份	28.4	C	-1.11	-9.99	-15.57	0.54	1.39	39.41	-45.00	28.96	-14.75	-33.03	131.56	375571.71	207446.63	-39382.50
95	4371	001201	东瑞股份	27.8	C	-2.43	-8.41	-15.63	0.19	0.80	42.47	-6.80	-14.77	12.89	-16.36	83.83	609479.77	103706.79	-51610.26
96	4389	002385	大北农	27.3	C	-0.53	-6.91	-23.08	1.10	2.84	66.29	-4.62	3.07	-22.81	-32.04	82.66	2978436.25	3339012.99	-257318.89
97	4442	002548	金新农	25.8	C	-0.84	-7.76	-36.55	0.62	2.00	74.06	-3.70	1.67	-28.85	-0.69	80.62	598340.85	404038.78	-64656.10
98	4491	300094	国联水产	24.7	C	-0.47	-8.50	-18.68	0.89	1.19	47.64	-5.24	-4.02	-16.81	-18.66	70.59	506818.48	490886.45	-54074.25
99	4597	002868	绿康生化	21.7	C	-1.44	-12.73	-44.06	0.32	1.03	78.93	-5.30	53.71	-30.90	-62.48	212.18	196500.94	50700.49	-22261.71
100	4641	002505	鹏都农牧	19.7	C	-0.15	-3.80	-18.94	1.09	1.87	65.87	-1.49	-10.15	-12.16	-35.99	152.05	1548434.41	1744925.72	-100007.59
101		002124	天邦食品	22.2	C	-1.57	-13.15	-94.05	0.56	2.58	86.73	-5.12	6.91	-42.76	-40.19	121.91	1719401.89	1023192.80	-288911.43
102		603363	傲农生物	18.6	C	-4.21	-19.43	-473.87	1.21	4.92	103.69	-5.56	-9.97	-114.66	-52.02	142.03	1362521.35	1945764.11	-376868.44
103		301498	乖宝宠物	73.8	BBB	1.15	16.11	15.82	1.35	2.66	11.43	0.00	27.36	108.63	31.80	32.70	414324.72	432696.31	43033.88
104		839371	欧福蛋业	68.3	BB	0.22	9.07	9.44	1.67	2.77	19.58	0.00	8.94	35.27	-289.29	148.57	65343.04	97220.10	4316.14
105		603231	索宝蛋白	65.8	BB	1.05	10.87	11.17	1.06	1.74	11.73	93.20	-5.37	135.40	-8.00	13.53	214046.64	174759.79	15034.39
106		001366	播恩集团	63.5	B	0.32	5.60	7.05	1.61	3.07	17.76	0.00	-16.02	64.98	4.52	46.28	104609.00	143554.99	4870.64
107		832023	田野股份	54.1	CC	0.11	2.61	3.07	0.34	0.94	19.05	0.00	-2.33	21.57	21.91	95.80	147477.92	45980.45	3337.81
108		600265	ST景谷	68.3	BB	0.05	6.61	3.98	0.82	1.78	63.43	2.33	420.98	133.80	-34.63	33.65	97928.27	58973.54	2855.77
109		002157	*ST正邦	50.4	CC	2.57	41.87	1345.84	0.34	1.64	53.97	11.05	-51.50	0.00	-34.63	107.19	1749412.98	699167.77	777636.24
110		300313	*ST天山	31.3	C	-0.07	-2.67	-30.05	0.42	1.20	77.16	-0.81	80.09	-23.55	60.24	260.68	31522.99	13749.99	-2208.36
111		300268	*ST佳沃	12.4	C	-6.61	-11.05	0.00	0.43	1.43	95.58	-2.48	-18.50	0.00	-48.62	143.31	976461.89	450524.77	-136699.61

第十七章

房地产行业上市公司业绩评价

房地产业与经济发展有着紧密的联系，是国民经济的"晴雨表"，房地产市场的周期与宏观经济的周期相互影响、相互交织。2023 年，全国房地产开发投资约 11.09 万亿元，同比下降 9.6%，房地产行业投资信心仍未改善；商品房销售面积 111735 万平方米，比上年下降 8.5%；商品房销售额 116622 亿元，比上年下降 6.5%，其中住宅销售额创 2016 年以来新低。2023 年，受整体行业景气度仍偏弱影响，房地产行业指数（申万）全年震荡下行，年末收盘，房地产行业申万指数 2204.67 点，全年跌幅为 37.37%。2024 年，随着国家进一步优化房地产政策，促进房地产市场平稳健康发展，房地产行业将呈现恢复的发展态势。

一、房地产行业上市公司业绩评价结果

截至 2023 年末，房地产行业 A 股上市公司共 108 家，其中 64 家盈利，占比 59.26%。房地产行业综合评价分值为 42.4 分，低于全部上市公司的综合评价分值 62.92 分。房地产行业 108 家上市公司业绩评价等级如下：1 家 AA 级、1 家 A 级、3 家 BBB、2 家 BB、7 家 B、9 家 CCC、11 家 CC 和 74 家 C。

2023 年房地产行业 108 家上市公司资产总额合计为 11.14 万亿元，占全部上市公司比例为 10.92%；实现主营业务收入 2.62 万亿元，占全部上市公司的比例为 4.12%；实现利润总额 0.07 万亿元，占全部上市公司的比例为 1.64%；实现净利润 24.56 万元，占全部上市公司的比例为 0.08%。房地产行业扣除非经常性损益净资产收益率的平均值为 -0.52%，远低于全部上市公司 6.75% 的平均值；2023 年度房地产行业市场投资回报率为 -13.29%，远低于于全部上市公司 5.76% 的市场投资回报率；房地产行业上市公司股价波动率为 75.30%，略低于全部上市公司 82.72% 的股价波动率。房地产行业评价得分前十名的公司（详见表 17-1）中，排名较为靠前的多为物业租赁及物业服务业公司。

表 17-1　房地产行业评价得分前十名的公司

名次	股票代码	股票简称	业绩得分	在 A 股上市公司中评价得分排序
1	600007	中国国贸	80.7	39
2	000014	沙河股份	75.6	178
3	300917	特发服务	73.8	249
4	603506	南都物业	71.5	429
5	001914	招商积余	70.9	491
6	002188	中天服务	67.5	821
7	000048	京基智农	67.3	850
8	002968	新大正	64.6	1213
9	600094	大名城	63.8	1321
10	000631	顺发恒业	63.4	1410

　　基于对房地产行业上市公司的整体评价，下面分别从财务效益、资产质量、偿债风险、发展能力和市场表现五个方面对房地产行业上市公司进行具体分析。

（一）财务效益

　　2023 年受大环境影响及房地产行业环境下行等因素的影响，房地产整体行业财务效益状况下降，无论是扣除非经常性损益净资产收益率还是总股本收益率相较于 2022 年均出现不同程度的下降。这主要是由于疫情时代余波冲击，整体宏观经济受到一定程度的影响，另一方面近年来房地产行业受到部分房企违约事件的影响，行业整体经营环境受到打击，进而导致市场需求处于观望情绪中。虽然各家上市公司采取了多种多样的营销方式，提升销售能力，以期提升财务效益，但是相对于 2022 年房地产行业在财务效益上仍然受到了较大的冲击。具体财务效益状况如表 17-2 所示。

　　财务效益评价得分排名前三的分别是沙河股份、中天服务、京基智农，包含房地产开发及物业管理公司。其中房地产开发类企业中，财务效益评价得分最高的沙河股份是一家典型的以住宅开发为主的房地产开发企业，公司以深圳为依托，依靠国企背景，在国家"一带一路"倡议的推动下，积极拓展海外市场，2023 年实现营业收入 13.89 亿元，比上年增长 81.93%；实现营业利润 6.92 亿元，盈利现金保障倍数为 0.92。

表 17-2　房地产行业财务效益状况比较表

分析指标		2023 年全部上市公司平均值	2023 年行业值	2022 年行业值	增长率（%）
基本指标	扣除非经常性损益净资产收益率（%）	6.75	-0.52	-2.25	-76.89
	总资产报酬率（%）	5.03	1.58	1.3	21.54
	基本得分	21.27	14.79	13	13.77

	分析指标	2023 年全部上市公司平均值	2023 年行业值	2022 年行业值	增长率（%）
修正指标	营业利润率（%）	6.42	2.87	1.59	80.50
	盈利现金保障倍数	2.01	88.13	0	
	总股本收益率（%）	44.8	-5.51	-26.19	-78.96
综合得分		23.35	17.66	11.31	56.15

（二）资产质量

资产质量方面，房地产行业整体资产质量状况相较于 2022 年有所上升。由于自 2021 年相继出台的调控政策及 2022 年行业整体"保交楼"的总体基调，2023 年房地产行业整体销售去库存情况明显改观，从而使得行业整体应收账款周转率和存货周转率同比均有所提升，具体见表 17-3。

在房地产行业上市公司资产质量状况评价中，其中 1 家公司得分 15 分，5 家公司得分在 10 分以上，主要以房地产物业管理为主，另有 52 家得分为 0，绝大部分为房地产开发企业。这说明房地产物业服务类公司资产质量整体表现明显较开发类上市公司突出；另一方面行业整体资产质量相对于全国平均水平而言也有一定的差异，资产质量较低的上市公司中地产开发类占比较大，仍然需要通过转型升级提升资产质量。以新大正为例，2023 年其总资产周转率为 1.68 次，处于行业中上等水平，存货周转率为 391.59 次，远高于行业其他公司，主要受益于公司专注高周转经营的模式加速了现金回流能力，结合推进全国化市场拓展的战略布局，多措并举提升市场拓展能力，促进公建业态的拓宽拓广，最终实现资产质量和企业运营能力的总体提高。

表 17-3　房地产行业资产质量状况表

	分析指标	2023 年全部上市公司平均值	2023 年行业值	2022 年行业值	增长率（%）
基本指标	总资产周转率（次）	0.64	0.22	0.2	10.00
	流动资产周转率（次）	1.27	0.29	0.26	11.54
基本得分		9.52	1.92	1.6	20.00
修正指标	应收账款周转率（次）	7.99	11.56	11.03	4.81
	存货周转率（次）	3.48	0.37	0.32	15.63
综合得分		9.27	4.92	4.05	21.48

（三）偿债风险

2021 年出台的"三条红线"政策持续发力影响，2023 年行业整体融资环境仍然较为严峻，部分企业实质性违约事件的持续发酵，进一步使得整体行业发展环境恶化，叠加宏观经济形势影响，需求端销售回款现金回流大幅下降，进而使得房地产行业的偿债风险加大。与

2022 年相比，2023 年房地产行业上市公司偿债风险状况平均得分下降了-3.58%。

表 17-4 列示了房地产行业偿债风险状况评价结果。在房地产行业上市公司偿债风险状况指标中，排名前五的为中国国贸、沙河股份、特发服务、新大正及顺发恒业。其中较为典型的是顺发恒业，该企业全年经营稳健，同时对房地产业务进行战略性收缩，加快产品销售和资金回笼，提升现金流量和盈利能力，进而降低偿债风险。

表 17-4　房地产行业偿债风险状况比较表

分析指标		2023 年全部上市公司平均值	2023 年行业值	2022 年行业值	增长率（%）
基本指标	资产负债率（%）	57.83	75.97	79.17	-4.04
	已获利息倍数	5.21	1.56	1.23	26.83
基本得分		8.89	2.51	2.59	-3.09
修正指标	速动比率（%）	88.92	52.7	46.33	13.75
	现金流动负债比率（%）	15.9	3.58	2.79	28.32
	带息负债比率（%）	42.82	36.44	33.7	8.13
综合得分		8.9	2.96	3.07	-3.58

（四）发展能力

从综合得分来看，2023 年房地产行业上市公司发展能力明显低于全部上市公司平均水平，但相较于 2022 年从盈利能力到资本扩张均为同比大幅下降的情况，降幅呈现收窄趋势。

表 17-5 列示了房地产行业发展能力状况评价结果。在房地产行业上市公司发展能力状况指标中，排名前五位的公司分别是沙河股份、京基智农、津滨发展、广汇物流及莱茵体育。以沙河股份为例，其资本扩张率为 40.3%，累计保留盈余率为 96.06%，各项指标均比较靠前，主要得益于公司提升管理水平，能准确把握精准投入、控制成本、保证品质，推动企业更好地发展。

表 17-5　房地产行业发展能力状况比较表

分析指标		2023 年全部上市公司平均值	2023 年行业值	2022 年行业值	增长率（%）
基本指标	营业收入增长率（%）	2.21	-1.11	-8.1	86.30
	资本扩张率（%）	6.75	-1.48	-4.39	66.29
基本得分		12.14	9.57	7.88	21.45
修正指标	累计保留盈余率（%）	44.05	38.61	38	1.61
	总资产增长率（%）	5.71	-8.47	-5.44	-55.70
	三年营业收入平均增长率（%）	10.93	0.44	3.68	-88.04
	营业利润增长率（%）	-3.95	-28.27	-75.73	62.67
综合得分		12.33	9.07	8.03	12.95

2023 年房地产行业上市公司资本扩张率由 2022 年的 -4.39% 收窄至 -1.48%，累计保留盈余率由 38.00% 升至 38.61%，营业利润增长率由 -75.73% 收窄至 -28.27%。这说明房地产行业上市公司首先受到宏观调控政策的影响销售情况有所缓解，且扩张速度较上年有所恢复，其次由于宏观经济形势及行业环境受创，上市公司整体趋于保守发展，企业主要集中于增加销售力度回笼资金以应对未来新的行业环境。

（五）市场表现

从综合得分来看，房地产行业上市公司市场表现全年整体表现为继续震荡下行。

表 17-6 列示了房地产行业市场表现状况评价结果（满分 15 分）。在房地产行业上市公司市场表现状况指标中，有 37 家得分高于全部上市公司平均水平。其中市场表现 10 分以上的有 21 家，主要为房地产开发类公司。

表 17-6　房地产行业市场表现状况比较表

分析指标	2023 年全部上市公司平均值	2023 年行业值	2022 年行业值	增长率（%）
市场投资回报率（%）	5.76	-13.29	-2.31	-475.32
股价波动率（%）	82.72	75.3	94.43	-20.26
综合得分	9.07	7.74	10.27	-24.63

2023 年，宏观调控虽有明显松动，但"三条红线"政策余波持续，部分房企的暴雷也对整体行业产生了巨大的冲击。房地产行业指数与沪深 300 指数波动情况如图 17-1 所示。

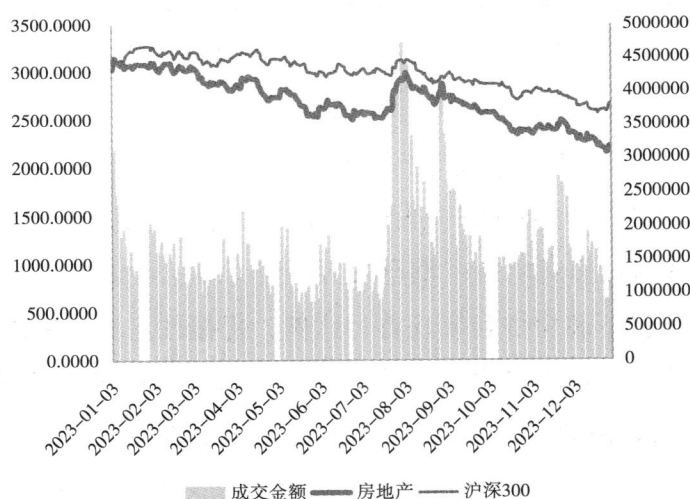

图 17-1　房地产行业指数（申万）与沪深 300 指数波动

数据来源：同花顺资讯。

二、2023 年度房地产行业上市公司业绩影响因素分析

回顾 2023 年上半年，在国际、国内宏观经济市场下行，经济增长速度明显放缓，疫情

后世界经济形势变化及国内相关政策调控导致的超预期原因叠加之下，2023年全年房地产市场延续2022年下行态势且进一步扩大，行业风险继续集中暴露及释放；下半年随着限制性政策相继退出，全年房地产市场整体表现也呈现先扬后抑态势。2023年房地产行业108家上市公司实现主营业务收入2.62万亿元，同比下降1.11%，实现净利润24.56万元，同比上涨106.14%。2023年对房地产行业上市公司业绩产生重要影响因素有以下几个方面。

（一）市场供求关系巨变，限制性政策退出

一方面，为更好地促进房地产行业健康发展，推动和完善房地产行业长效机制的建立，各地自2020年8月试行"三条红线"政策及"两集中"政策，外部融资环境收紧导致企业的资金链愈发脆弱。至2022年房企现金流断裂、债务违约以及楼盘停工的现象频发。进入2023年，第一季度虽得益于2022年末一系列融资强监管松绑政策落地有一定回暖，但连续两年行业政策收紧及风险集中暴露余波仍使得市场供应收缩。另一方面，叠加当前中国经济社会发展所面临三大背景：人口见顶，需求萎缩；存量住房过剩，增量市场见顶，进入存量主导市场；城镇需求退潮。2023年房企信用危机继续弥漫，市场信心严重不足，房地产行业全年表现相对平庸，在此大背景下，中央首次定调"房地产市场供求关系发生重大变化"的新形势。之后从中央到地方，从供给端到需求端，一系列重磅宽松政策落地，全年出台政策超660次。房地产过热时期的限制性政策基本退出或优化，政策环境接近2014年"最宽松阶段"。

1. 住房供给侧方面：竣工住宅面积有稳步提升趋势，实际住房稳步提升

"保交楼"推动强竣工，连续11个月正增长且2023年全年增速创十年新高。在行业整体处在低迷和调整的过程中，2023年竣工指标的表现相当优秀，竣工面积增速17%左右，由于2022年基数较低，2023年增速也创下近十年新高。从绝对量来看，2023年竣工面积高出过去十年均值2%。竣工突出表现源自当前房地产开发企业新项目开发意愿不强，在"保交楼"政策带动下，各地加强对房地产重点项目调度，竣工快速恢复。

2. 住房需求侧方面：下调房贷利率及首付比例，提振住房消费需求

在"房住不炒""支持刚性和改善性需求"的背景下，因城施策的楼市调控策略更加清晰。2023年以来，各地结合实际情况从不同层面进行政策松绑，出台调控政策，加大财税金融支持，加快恢复和提振消费。政策内容围绕放松限购、降低首付比例和房贷利率、提高公积金贷款额度、开展房贷"商转公"、发放购房补贴、支持人才和多孩家庭等群体购房、降低限售年限、降低交易税费等展开。

随着住房供给需求侧双向利好政策相继落地及相互配合，限制性政策逐步退出，在防风险、支持刚性和改善性住房、因城施策促进下，持续提振消费者信心，房地产市场在年末相对好转。

（二）行业调控风向转变，稳定基础上结构化调整成为主要风向

2023 年政策在实现行业改革稳定基础上的结构性调整方向上继续保持，实质性支持从国企、央企至民营企业整个行业的稳定转型。调控政策和金融政策经历了"三条红线"阵痛的房地产行业，逐渐由高杠杆、高周转的模式走向重质量发展；在两会"防风险"及金融机构座谈会"三个不低于"的基调下，持续在优质房地产企业金融的角度提升消费者信心，市场平稳健康发展。

2023 年 11 月 17 日，中国人民银行、金融监管总局、中国证监会联合召开金融机构座谈会，会上提出了"三个不低于"，即各家银行自身房地产贷款增速不低于银行行业平均房地产贷款增速，对非国有房企对公贷款增速不低于本行房地产增速，对非国有房企个人按揭增速不低于本行按揭增速。该会议首次提出针对非国有房企的贷款支持，有助于针对性增强对非国有房企的信用支持；结合 2022 年下半年提出的房地产企业金融支持政策"三支箭"陆续落地，更多非国有房企受益，持续提振供给端信心。

2023 年《政府工作报告》定调，房地产是国民经济支柱产业，坚持"房住不炒""保交楼"等仍是调控关键词，要有效防范化解优质头部房企风险，改善资产负债状况，防止无序扩张，稳定企业发展，促进房地产业平稳发展。

（三）政策持续发力，促进多渠道融资并行，精准支持恢复市场信心

2023 年初，监管部门明确了金融支持房地产的四大政策方向，即"需求端差别化信贷支持、完善保交楼政策工具、改善优质房企资产负债表、完善住房租赁金融支持政策"，旨在大力支持刚性和改善性住房需求，增加保障性租赁住房供给和长租房建设；防范化解房地产"灰犀牛"风险，以促进房地产市场平稳健康发展．

2022 年底，中央加大对房地产企业融资支持力度，"金融 16 条""三支箭"先后落地，企业融资环境逐步改善。2023 年 1 月，人民银行、银保监会联合召开主要银行信贷工作座谈会，明确"要落实好 16 条金融支持房地产市场平稳健康发展的政策措施，用好民营企业债券融资支持工具（第二支箭）"，同时强调"要有效防范化解优质头部房企风险，实施改善优质房企资产负债表计划"，"开展资产激活，负债接续，权益补充，预期提升"四项行动。

2023 年 2 月，中国证监会启动不动产私募投资基金试点工作，进一步为企业改善资产负债表结构、降低杠杆率释放政策空间。3 月，中国证监会发布《关于进一步推进基础设施领域不动产投资信托基金（REITs）常态化发行相关工作的通知》，拓宽试点资产类型，以恢复和扩大消费为出发点，提出"研究支持增强消费能力、改善消费条件、创新消费场景的消费基础设施发行基础设施 REITs。优先支持百货商场、购物中心、农贸市场等城乡商业网点项目，保障基本民生的社区商业项目发行基础设施 REITs"。REITs 申报项目首次覆盖至商业不动产领域，为打通商业地产"投融建管退"全流程提供了方向，REITs 的引入也

有助于盘活商业地产存量资产，增强资金流动性。

保租房金融支持力度进一步增强，2023 年人民银行、银保监会发文支持住房租赁市场的发展，保租房公募 REITs 也实现落地。保交楼相关资金继续投放，前期政策进一步跟进落实。2023 年初人民银行、银保监会在银行信贷工作座谈会上强调，"要配合有关部门和地方政府扎实做好保交楼、保民生、保稳定各项工作"，同时指出"运用好保交楼专项借款、保交楼贷款支持计划等政策工具"。3 月，在国新办举行的"权威部门话开局"新闻发布会上，人民银行相关负责人指出已经推出了 3500 亿元保交楼专项借款，设立了 2000 亿元保交楼贷款支持计划。

供给端风险是影响市场信心修复的一个因素，持续精准的融资支持有望改善市场情绪。据克而瑞研究中心统计，2023 年境内债权融资占比提高至 79%，股权融资全年同比增长 56%。

（四）优化运营模式，调整销售策略成为主基调

加速回笼资金和提高偿债能力。自 2021 下半年部分房企触发信用违约风险，整个行业的销售继续处于持续低迷状态，融资环境的收紧也使得房地产行业整体的"现金流环境"受到一定程度的打击。事实上各大房企为了应付疲软的销售状态以及不断到期的债务情况，一方面通过裁员优化降低企业运营成本，同时谨慎拿地，以提高企业运营质量、资产质量和所拿项目的盈利能力质量，从拿地和企业运营端提升企业的现金流保有和现金流的运营效率。另一方面，从销售需求端来看，随着不同城市市场分化加剧，各大企业采用更具针对性的销售策略，在一线和热点二线城市积极供货推盘、提升周转效率。在需求不足、竞争激烈的低能级城市深化销售渠道，加强营销和折扣力度，及时调整价格优惠抢占市场份额、加速现金回流，但仍受到行业和疫情的双重打击，回报反馈尚需一定时间。

总而言之，随着房地产开发行业环境的变化以及各个企业运营和发展模式的变化，房地产行业企业质量及运营模式在行业洗牌过程中得到进一步优化，年末市场相对回暖也是市场优化的正向反馈，但行业深度优化反馈尚需时间。

三、2024 年房地产行业前景分析

从整体来看，市场端信心重铸、行业深度优化仍将是主要方向。一方面，在坚持"房住不炒"的前提下，为了有效促进房地产行业健康发展和良性循环，预计 2024 年中央将有针对性地对房地产行业进行深度调控，对优质开发商的流动性支持、对刚性住房需求的金融支持、对房价过快下跌城市的政策支持力度将会持续加大，允许居民杠杆率阶段性合理上升，力求房地产市场乃至全国经济的平稳发展。另一方面，通过政策引导投资方向，通过盘活存量资产、扩大有效投资，促进存量资产和新增投资的良性循环。实施提升基础设

施运营管理水平、拓宽社会投资渠道、合理扩大有效投资以降低政府债务风险、降低企业负债水平政策引导。

（一）加速构建新发展模式

首先，针对个人住房需求，2024 年住房金融政策将进一步保持宽松态势。房贷政策利率仍有下降的空间，商业银行个人按揭贷款和地方公积金住房抵押贷款投放保持通畅，房贷市场利率有望进一步走低，一线城市可能调降商业银行房贷加点幅度。部分城市可能会降低首套和二套房首付比例，并扩大住房公积金贷款额度。预计更多城市将取消限购、限售政策，减少或压缩核心城区对购房的限制性措施。

其次，完善住房制度和供应体系，推进构建房地产发展新模式。2024 年将加快推进保障性住房建设、平急两用公共基础设施建设、城中村改造等"三大工程"建设项目落地。各地将推动保障性住房建设，满足工薪收入群体刚性住房需求。

（二）推动市场逐步在底部区域平稳

从短期来看，除了一系列相关支持政策之外，2024 年可能推动市场逐步在底部区域平稳。为了加快现房交付的进程，除了已有的"金融 16 条""保交楼"借款政策将延长期限继续发挥作用以外，2024 年初以来，中央最新提出了城市房地产融资协调机制，压实地方监管职责，保障已经开工的项目完工，更好地满足已经购房者的消费权益，缓解新购房者对房产交付的担忧。在供需两端共同改善的背景下，国内房地产市场有望在底部逐步平稳。

（三）市场投资先抑后扬

第一，政策主导的支持项目将发挥托底的作用。"三大工程"建设可能带动万亿元投资资金，约合全年房地产投资额的 9% 左右。"保交楼"专项贷款、地方房地产融资协调机制将部分缓解房企现金流压力。一些大城市土拍规则的修改可能会推动部分央企、国企房企适度加大土地储备的投资规模，进而对房地产投资增速带来帮助。第二，工程类建设主要以控制新增、推进存量项目完工为主。鉴于新开工面积当前已基本回落至 2006—2009 年水平，销售边际改善将有助于新开工面积跌势放缓。

（四）房地产投资对宏观经济拖累减弱

房地产开发投资连续第三年拖累经济增长。2024 年假设名义 GDP 增速可以达到 6% 左右，预计全年房地产投资对 GDP 的贡献率下降 10%~15%，拖累 GDP 增速 1 个百分点左右，贡献率和拖累程度较 2023 年略有收窄。其中，房地产投资拖累固定资产投资增速 1.5 个百分点，拖累社会消费品零售总额增速 2.5 个百分点。

展望 2024 年，一方面，中央仍坚持"房住不炒"总基调不变，结合 2022 年陆续提出的"保交楼"及"三支箭"等政策，各项有力举措预计将逐步落实并协同发力，政策环境到达临界点后，供需两端政策共发力，预计 2024 年全国房地产市场将处于内部筑底恢复阶段。

另一方面，在告别"高负债、高杠杆、高周转"旧模式之时，房地产行业也在加速"构建房地产发展新模式"。随着人工智能、机器人技术、绿色低碳技术等在房地产行业的加速应用，未来科技将在提高企业运营效率、提升人性化体验以及推动可持续发展方面发挥更加积极的作用。2024年房地产行业信心有望逐渐修复。

附表　2023 年度房地产行业上市公司业绩评价结果排序表

序号	A股上市公司评价得分排序	股票代码	股票简称	综合得分(100)	评价等级	每股收益(元)	净资产收益率(%)	总资产报酬率(%)	总资产周转率(次)	流动资产周转率(次)	资产负债率(%)	已获利息倍数	营业收入增长率(%)	资本扩张率(%)	市场投资回报率(%)	股价波动率(%)	年末资产总额(万元)	营业收入(万元)	净利润(万元)
1	39	600007	中国国贸	80.65	AA	1.25	13.37	13.63	0.31	0.95	24.67	24.61	14.86	6.07	24.44	54.04	1288113.5	395376.19	126010.34
2	173	000014	沙河股份	75.63	A	2.16	35.79	25.51	0.5	0.57	31.91	73.82	81.93	40.3	9.68	89.62	251235.94	138921.29	52438.83
3	246	300917	特发服务	73.78	BBB	0.71	12.38	10.39	1.47	1.61	37.08	139.09	22.04	16.64	-11.08	78.15	179317.97	244760.12	12968.71
4	415	603506	南都物业	71.48	BBB	0.99	17.54	10.36	0.75	1.03	55.54	113.11	0.23	12.61	-13.16	34.34	266295.23	185088.66	19604.3
5	469	001914	招商积余	70.92	BBB	0.69	7.69	5.62	0.86	1.89	46.73	10.79	19.99	6.44	-26.12	52.28	1860405.76	1562667.9	73865.5
6	780	002188	中天服务	67.53	BB	0.07	16.37	11.12	1.19	1.34	58.91	310.36	10.95	17.82	-12.44	55.77	32220.98	33984.33	2002.91
7	803	000048	京基智农	67.33	BB	3.34	53.51	17.48	0.84	1.82	67.78	24.24	107.1	46.75	5.79	48.39	1212794.91	1241700.62	175756.54
8	1143	002968	新大正	64.6	B	0.71	14.37	10.61	1.68	2.3	40.54	107.14	20.35	7.91	-48.01	170.65	205221.59	312691.02	16893.98
9	1246	600094	大名城	63.81	B	0.09	1.77	2.88	0.39	0.51	48.94	8.13	58.88	1.74	-4.72	34.17	2532610.11	1169548.44	22651.95
10	1327	000631	顺发恒业	63.36	B	0.15	5.55	5.65	0.28	0.31	12.44	238.49	628.07	-4.21	2.42	73.21	679010.33	223662.58	33731.88
11	1400	002133	广宇集团	62.87	B	0.05	3.04	1.96	0.54	0.62	66.99	3.9	53.29	2.38	-0.18	40.22	1405720.85	922850.58	13963.25
12	1486	600639	浦东金桥	62.26	B	1.62	11.16	7.64	0.18	0.33	57.32	6.59	30.31	11.28	-5.91	49.38	3978097.81	658531.09	179828.62
13	1488	000090	天健集团	62.24	B	0.74	10.31	3.34	0.39	0.45	78.26	7.19	2.02	7.22	-11.08	72.49	6947639.63	2699929.92	150540.67
14	1561	000897	津滨发展	61.73	B	0.32	22.23	9.97	0.42	0.47	55.26	279.87	115.73	25.02	-7.69	64.65	623694.35	306373.22	55832
15	1843	600603	广汇物流	59.77	CCC	0.49	9.73	5.47	0.21	0.74	69.53	3.14	132.05	20.59	-7.49	77.57	2350880.17	493197.67	63751.24
16	1891	002244	滨江集团	59.47	CCC	0.81	5.13	2.04	0.25	0.28	79.85	7.72	69.73	10.88	-27.83	70.65	29003173.56	7044258.75	285172.88
17	1903	000797	中国武夷	59.38	CCC	0.02	7.69	4.53	0.41	0.45	74.95	6.4	29.69	0.97	-20.63	51.81	2297023.99	948680.28	44026.35
18	2209	600173	卧龙地产	57.17	CCC	0.23	4.42	3.84	0.75	0.94	38.64	56.64	0.44	2.81	-3.67	32.58	620009.16	475557.24	16588.49
19	2260	000558	莱茵体育	56.83	CCC	0.04	5.33	4.96	0.13	0.8	36.34	3.63	114.04	18.07	4.62	39.77	199818.56	25518.32	6263.47
20	2270	000517	荣安地产	56.79	CC	0.11	3.39	1.74	0.37	0.39	80.01	7.08	57.75	-10.46	-12.17	51.58	4831730.65	2233339.1	34664.98
21	2282	002208	合肥城建	56.64	CC	0.27	3.96	1.9	0.22	0.23	71.38	12.78	96.17	13.77	-9.19	31.44	3738866.68	789741.9	39808.4
22	2411	002016	世荣兆业	55.84	CC	0.25	4.73	4.87	0.23	0.31	26.54	1936.83	86.23	4.9	1.79	36.53	660897.48	154812.64	22425.15
23	2448	600748	上实发展	55.59	CC	0.07	4.52	4.18	0.26	0.37	63.21	4.14	87.79	2.65	3.69	71.12	3072028.43	985531.92	50441.63
24	2827	600675	中华企业	52.72	CC	0.09	2.71	3.47	0.22	0.3	71.47	2.02	406.95	4.47	5.71	85.35	6023499.37	1318744.83	45493.98
25	2914	601512	中新集团	52.02	CC	0.91	8.24	7	0.11	0.2	45.47	6.76	-22.89	5.97	-1.82	54.49	3503573.13	365660.22	152997.8
26	2915	600848	上海临港	52.02	CC	0.42	5.4	3.96	0.1	0.16	60.53	4.34	17.55	16.64	-15.23	43.35	8102315.59	705213.46	160236.1
27	2943	600064	南京高科	51.83	CC	0.9	8.19	4.28	0.13	0.26	50.24	7.02	5.45	5.08	-4.38	24.35	3728318.17	472651.16	148254.86
28	2968	600048	保利发展	51.61	CC	1.01	5.43	2.15	0.24	0.27	76.55	4.75	23.42	4.6	-36.59	83.4	143691179	34682813.29	1789922.06
29	2980	600663	陆家嘴	51.53	CC	0.23	3.89	2.88	0.07	0.15	71.14	2.61	-9.31	24.42	-11.27	42.36	16236806.39	1066700.92	164470.06

续 表

序号	A股上市公司评价得分排序	股票代码	股票简称	综合得分(100)	评价等级	每股收益(元)	净资产收益率(%)	总资产报酬率(%)	总资产周转率(次)	流动资产周转率(次)	资产负债率(%)	已获利息倍数	营业收入增长率(%)	资本扩张率(%)	市场投资回报率(%)	股价波动率(%)	年末资产总额(万元)	营业收入(万元)	净利润(万元)
30	3037	600895	张江高科	51.08	CC	0.61	6.01	4.41	0.04	0.11	68.6	2.74	6.24	4.74	66.24	174.03	5100463.23	202573.76	94064.57
31	3070	600325	华发股份	50.66	CC	0.79	2.87	1.68	0.17	0.2	70.84	5.51	21.89	20.33	-25.71	84.81	45169941.37	7214490.99	346494.04
32	3121	601588	北辰实业	50.22	CC	0.02	-0.4	2.94	0.26	0.32	72.38	1.28	21.27	-2.69	-5.84	46.32	5622514.46	1575147.81	-6343.26
33	3127	600692	亚通股份	50.19	CC	0.01	-0.26	1.5	0.44	0.57	52.07	1.21	6.52	43.97	1.3	37.52	296968.52	130527.54	-314.46
34	3180	000002	万科A	49.73	C	1.03	5.06	2.76	0.29	0.36	73.22	2.97	-7.56	-0.51	-42.78	96.48	150485017.2	46573907.67	2045555.84
35	3258	601155	新城控股	49.03	C	0.33	0.64	1.74	0.29	0.46	76.9	2.71	3.22	-3.42	-49.28	130.98	37410879	11917427.79	55960.28
36	3316	600208	新湖中宝	48.35	C	0.19	5.18	4.5	0.15	0.28	60.6	2.76	33.42	4.09	-15.92	52.12	11087064.65	1721036.51	221981.87
37	3332	600515	海南机场	48.19	C	0.08	4.1	3.71	0.12	0.29	55.59	3.52	43.84	4.07	-23.4	55.28	5579460.81	676164.22	99515.45
38	3365	001979	招商蛇口	47.89	C	0.65	3.13	2.61	0.19	0.27	67.34	2.48	-4.37	4.31	-28.29	80.76	90850849.97	17500755.81	910623.1
39	3438	002146	荣盛发展	47.14	C	0.09	5.98	2.1	0.26	0.29	87.19	2.34	85.45	5.27	-22.28	126.78	20585740.06	5896007.85	153648
40	3480	600648	外高桥	46.45	C	0.82	7.48	4.28	0.18	0.34	71.22	3.1	-16.44	4.48	-15.98	37.42	4464340.5	756881.01	94081.71
41	3538	002314	南山控股	45.51	C	0.05	3.28	2.83	0.17	0.32	75.65	1.52	-0.77	-2.74	-22.63	49.8	7280810.04	1205738.92	58959.5
42	3607	600854	春兰股份	44.6	C	0.29	7.25	7.11	0.07	0.14	8.07	1902.61	-38.62	5.39	15.92	48.81	239541.54	17298.97	15546.38
43	3634	000718	苏宁环球	44.26	C	0.06	1.83	2.47	0.14	0.19	35.29	3.54	-5.61	-1.24	-15.98	43.82	1492486.24	211347.97	17745
44	3684	000560	我爱我家	43.52	C	-0.36	-8.52	0.01	0.37	0.99	70.48	0	3.58	-8.08	-16.05	82.77	3237659.01	1209173.28	-84996.42
45	3737	600665	天地源	42.71	C	-0.45	-6.21	0.19	0.3	0.32	86.68	0.5	9.23	-8.31	5.82	51.4	3529919.05	1152597.7	-30503.28
46	3739	000514	渝开发	42.7	C	0.13	2.22	2.42	0.17	0.23	46.2	3.42	48.47	4.25	-3.2	69.9	805526.38	1329965.93	9436.52
47	3750	600383	金地集团	42.42	C	0.2	2.74	2.89	0.25	0.33	68.73	2.13	-18.35	0.55	-58.16	146	37384680	9800772.38	319518.73
48	3754	600082	海泰发展	42.26	C	0.02	0.72	2.63	0.16	0.19	39.67	1.29	-6.47	0.72	3.29	36.65	293437.44	46146.33	1269.03
49	3775	600716	凤凰股份	41.86	C	0.01	0.15	1.06	0.08	0.11	35.03	1.62	6.42	0.28	-7.51	36.84	790085.9	64658.65	767.15
50	3790	600510	黑牡丹	41.6	C	0.35	3.93	3.33	0.24	0.29	63.23	4.24	-36.38	1	-13.16	53.76	2994650.4	734498.45	43013.6
51	3792	000926	福星股份	41.59	C	0.07	0.81	2.49	0.15	0.19	64.61	1.45	-63.62	5.67	-2.45	44.37	3691401.89	550805.69	10329.24
52	3818	600067	冠城大通	40.95	C	-0.32	-4.84	-0.03	0.43	0.57	63.66	-0.03	-12.74	-4.97	-20.56	67.4	2182460.11	972088.61	-39391.77
53	3833	600641	万业企业	40.66	C	0.16	0.98	1.8	0.09	0.18	16.81	13.07	-16.67	5.04	-4.6	63.67	1058622.56	96460.93	8389.38
54	3864	000965	天保基建	39.91	C	0.02	0.47	1.41	0.23	0.29	51.28	1.3	24.26	20.49	-35.94	88.08	1349804.83	306282.13	2849.93
55	3939	600649	城投控股	38.43	C	0.17	1.61	1.62	0.03	0.04	72.3	1.87	-69.78	0.05	-3.76	44.49	7794755.92	255896.4	34777.49
56	3944	000011	深物业A	38.38	C	0.78	9.81	4.65	0.18	0.21	72.31	13.64	-20.05	5.26	-19.44	49.22	1698806.21	296511.7	44985.89
57	3959	600266	城建发展	38	C	0.16	0.34	0.97	0.15	0.17	80.8	1.73	-17.09	-3.28	8.49	125.17	13843053.4	2036303.32	9104.73
58	3969	000608	阳光股份	37.86	C	-0.31	-7.59	-4.38	0.07	3.12	32.69	-4.11	-15.72	-8.38	-15.55	44.36	433499.64	32127.05	-23163.39

续 表

序号	A股上市公司评价得分排序	股票代码	股票简称	综合得分(100)	评价等级	每股收益(元)	净资产收益率(%)	总资产报酬率(%)	总资产周转率(次)	流动资产周转率(次)	资产负债率(%)	已获利息倍数	营业收入增长率(%)	资本扩张率(%)	市现投资回报率(%)	股价波动率(%)	年末资产总额(万元)	营业收入(万元)	净利润(万元)
59	4005	600503	华丽家族	37.08	C	0.04	1.52	2.15	0.04	0.05	14.04	50.11	-23.64	-1.46	-6.66	44.41	422303.74	16147.74	5553.27
60	4009	000036	华联控股	37.05	C	0.06	1.6	1.59	0.06	0.08	26.12	4.05	-75.89	-0.88	-3.66	27.95	839811.31	56520.34	9964.95
61	4026	000886	海南高速	36.73	C	0.09	2.96	3.2	0.04	0.06	11.6	193.88	-26.6	0.92	-13.7	78.76	345923.27	12416.23	9005.22
62	4051	000031	大悦城	36.17	C	-0.34	0.26	2.9	0.18	0.24	76.73	2.08	-7.06	-2.97	-22.05	59.64	19806118.23	3678324.81	12135.13
63	4065	600736	苏州高新	35.74	C	0.09	1.03	1.2	0.11	0.16	75.14	1.5	-27.13	6.62	1	29.99	7161743.8	781437.66	17824.76
64	4069	600657	信达地产	35.58	C	0.18	2.39	3.79	0.13	0.19	69.43	1.37	-37.42	0.7	-31.37	78.95	8265505.28	1142007.33	60170.99
65	4090	600223	福瑞达	35.14	C	0.3	7.15	1.53	0.14	0.15	40.14	5.36	-64.65	-15.93	-15.53	56.97	781782.71	457874.63	36613.99
66	4104	600239	云南城投	34.74	C	-0.05	-3.01	1.92	0.15	0.43	81.11	1.02	-24.03	-8.82	39.47	129.84	1229884.7	195112.9	-7344.2
67	4121	600743	华远地产	34.16	C	-0.78	-29.22	-1.82	0.43	0.5	88.55	-3.59	46.34	-44.31	-17.72	68.49	3055780.28	1598645.39	-142921.23
68	4153	600638	新黄浦	33.29	C	0.09	2.4	1.46	0.14	0.19	77.17	2.16	-29.21	1.26	-8.47	53.8	2033973.23	305639.9	11088.34
69	4183	000573	粤宏远A	32.57	C	0.1	3.7	3.21	0.14	0.27	28.88	4.49	-62.82	1.99	-15.98	51.28	235873.58	35224.95	6151.6
70	4195	600162	香江控股	32.21	C	0.02	-0.74	2.68	0.15	0.2	68.63	1.56	-45.5	-6.53	-0.45	60.26	2014772.37	329961.27	-4833.63
71	4199	002285	世联行	32.17	C	-0.15	-9.66	-4.03	0.56	0.84	42.52	-7.46	-15.23	-9.92	-25.85	59.82	538864.07	337330.28	-31554.44
72	4203	600604	市北高新	32.07	C	-0.09	-1.91	0.67	0.05	0.09	62.43	0.54	-19.1	-2.45	-7.77	37.14	2209187.85	102175.8	-16080
73	4225	600658	电子城	31.47	C	-0.16	-2.02	0.91	0.14	0.23	59.87	0.62	-45.22	-1.61	14.23	70.29	1929484.18	282099.5	-15743.69
74	4248	000863	三湘印象	30.99	C	0	-1.03	-0.04	0.16	0.2	41.92	-0.12	-18.06	-1.03	-21.02	73.51	701872.18	110495.84	-4225.52
75	4258	600533	栖霞建设	30.63	C	-0.13	-2.07	1.82	0.2	0.23	82.11	0.81	-31.03	-5.95	-21.94	57.96	2438870.08	476813.94	-9317.5
76	4299	600708	光明地产	29.63	C	0.02	0.99	1.67	0.13	0.14	81.92	1.34	-47.98	-2	-10	52.73	6369788.37	860497.73	11527.64
77	4315	600246	万通发展	29.19	C	-0.21	-6.24	-2.96	0.05	0.14	32.03	-2.81	15.4	-6.04	-1.22	90.78	883141.63	48717.79	-38676.54
78	4370	600606	绿地控股	27.75	C	-0.68	-7.19	0.17	0.28	0.33	87.84	0.26	-17.28	-11.64	-25.08	60.92	119392208.5	36024501.57	-1112404.95
79	4409	600773	西藏城投	26.89	C	0.08	-0.11	1.49	0.17	0.24	72.81	1.4	-2.49	-0.57	-42.38	129.56	1350685.89	239527.54	-412.25
80	4430	002377	国创高新	26.3	C	-0.16	-25.53	-9.82	0.59	0.88	46.79	-8.19	-62.54	-12.32	-6.32	58.79	101792.43	82442.47	-14802.77
81	4449	000736	中交地产	25.54	C	-2.41	-8.02	-0.62	0.25	0.27	85.59	0	-15.59	-7.17	-47.95	108.15	12264386.7	3246813.11	-147221.35
82	4452	600684	珠江股份	25.46	C	-0.07	-1.34	1.24	0.19	0.21	84.12	1.19	-15.45	-73.72	-13.04	59.23	298381.61	327237.06	-1521.83
83	4454	600322	津投城开	25.44	C	0.03	-2.05	3.67	0.19	0.21	95.31	1.02	-9.14	-2.03	-4.51	118.13	1560811.24	305309.91	-1514.81
84	4461	600463	空港股份	25.24	C	-0.33	-10.99	-3.35	0.21	0.32	54.14	-2.07	-20.89	-5.75	14.76	48.05	244238.44	51652.05	-12684.35
85	4498	000838	财信发展	24.5	C	-0.23	-26.87	-1.71	0.54	0.59	79.14	-4.41	-4.21	-37.29	-29.02	155.24	424171.32	401896.72	-30849.48
86	4575	000402	金融街	22.33	C	-0.65	-5.22	0.57	0.08	0.13	72.15	0.25	-38.7	-5.21	-31.49	71.61	14437185.26	1257063.28	-215660.12
87	4576	000056	皇庭国际	22.31	C	-0.98	-74.84	-5.06	0.12	1.15	88.95	-0.72	76.68	-53.79	-16.09	99.69	877713.15	117170.43	-114850.99

续　表

A股上市公司评价得分排序	序号	股票代码	股票简称	综合得分(100)	评价等级	每股收益(元)	净资产收益率(%)	总资产报酬率(%)	总资产周转率(次)	流动资产周转率(次)	资产负债率(%)	已获利息倍数	营业收入增长率(%)	资本扩张率(%)	市场投资回报率(%)	股价波动率(%)	年末资产总额(万元)	营业收入(万元)	净利润(万元)
4580	88	000042	中洲控股	22.26	C	-2.77	-30.68	-2.1	0.23	0.27	81.98	-0.77	7.59	-32.13	-29.99	75.74	3094516.4	762057.17	-211592.32
4618	89	600683	京投发展	20.88	C	-1.33	-10.34	-1.55	0.19	0.23	84.12	-3.42	91.65	-13.03	1.91	122.77	5954845.16	1064112.84	-105079.66
4626	90	600791	京能置业	20.51	C	-0.9	-13.96	-1.08	0.22	0.23	84.21	-0.68	-26.6	-41.74	0.42	51.98	2116517.89	453510.42	-63359.07
4629	91	000029	深深房A	20.29	C	-0.25	-11.1	-7.05	0.09	0.1	41.77	-341.14	-16.31	-11.91	-10.91	38.79	648531.25	53088.77	-44766.42
4649	92	600340	华夏幸福	19.44	C	-1.55	-31.24	0.04	0.09	0.11	93.78	0.02	12.41	-10.2	-29.56	86.7	35149685.59	3590657.14	-721518.12
4650	93	600185	格力地产	19.42	C	-0.39	-12.35	0.58	0.17	0.21	78.89	0.18	16.95	-12.23	-30.15	114.82	2663232	473237.99	-73455.59
4676	94	600159	大龙地产	18.24	C	-0.4	-15.16	-7.77	0.19	0.21	42.28	-44.47	-18.26	-14.09	30.49	116.9	347080.35	70927.2	-32860.68
4719	95	600376	首开股份	16.31	C	-2.52	-9.36	0.22	0.18	0.22	76.36	0.1	-0.33	-10.71	-45.09	102.58	25322710.01	4776293.04	-593838.97
4735	96	600622	光大嘉宝	14.95	C	-1.33	-27.58	-4.35	0.16	0.61	72.98	-1.74	-21.18	-26.65	-20.86	60.75	2472480.69	439011.49	-217740.39
4767	97	000006	深振业A	11.5	C	-0.59	-11.33	-1.11	0.11	0.13	71.29	-1.19	-24.03	-12.13	-18.39	63.4	2591916.96	281060.34	-90171.84
4775	98	000069	华侨城A	9.3	C	-0.79	-9.04	-0.27	0.15	0.2	76.81	-0.22	-27.39	-14.5	-42.83	103.1	37102927.21	5574415.12	-843501.82
4787	99	002305	南国置业	5.84	C	-0.98	-55.15	-4.47	0.04	0.06	91.98	-2.58	-89.22	-44.67	-28.98	72.59	2828871.94	105884.82	-175734.11

第十八章

环保行业上市公司业绩评价

环保行业是为社会生产和生活提供环境产品和服务活动，为防治污染、改善生态环境、保护资源提供物质基础和技术保障的产业。2023 年，受宏观经济增速放缓、环保设备市场需求缩减等因素影响，环保行业上市公司营业利润同比下跌-4.32%。2023 年环保（申万）指数从年初的 1769.44 点下跌到 1644.91 点，跌幅达 7.04%。虽较上年 23.24% 的跌幅有所收窄，但仍劣于上证综指全年 3.70% 的涨幅。

根据《加快推进生态环保产业高质量发展深入打好污染防治攻坚战全力支撑碳达峰碳中和行动纲要（2021—2030 年）》提出的环保产业发展目标，初步预测自 2024 年起，到 2029 年的五年间，中国环保产业营业收入年复合增长率将达到 10%。环保行业将结合新一代信息技术，从以末端治理为主向全过程减污降碳延伸。

一、环保行业上市公司业绩评价结果

截至 2023 年末，全国共 5194 家上市公司，申万行业（新）分类中，到 2023 年末环保行业 A 股上市公司共 134 家，占全部上市公司的 2.67%，其中盈利 100 家。环保行业的综合评价得分为 56.34 分，劣于全部上市公司的平均得分 62.92 分。伟明环保在全部环保行业上市公司中排名第一，得分 77.56 分，在 2023 年上市公司业绩评价综合得分的"中联价值"名单中排名 103 名。在环保行业上市公司中，综合评价结果 A 级的共有 2 家，BBB 级的共有 4 家，BB 级的共有 11 家，B 级的共有 16 家，CCC 级的共有 26 家，CC 级的共有 17 家，C 级的共有 58 家。环保行业上市公司的评级整体上略低于行业平均水平。2023 年度环保行业评价得分前十名的公司见表 18-1。

表 18-1 环保行业评价得分前十名的公司

序号	股票代码	股票简称	在 A 股全部上市公司中评价得分排序
1	603568	伟明环保	103
2	000598	兴蓉环境	179
3	600461	洪城环境	244
4	600323	瀚蓝环境	429
5	300815	玉禾田	503
6	300864	南大环境	507
7	300779	惠城环保	551
8	601827	三峰环境	563
9	603686	福龙马	693
10	688480	赛恩斯	745

截至 2023 年末，A 股全部上市公司资产总额达 102.07 万亿元，实现营业收入 63.46 万亿元，合计归属母公司股东净利润 3.21 万亿元。环保行业同期上市公司资产总额为 1.19 万亿元，实现营业收入 0.34 万亿元，实现归属母公司股东净利润 0.03 万亿元，分别占全部上市公司资产总额的 1.16%，占全部上市公司营业收入的 0.53%，占全部上市公司归属母公司股东净利润的 0.81%。环保行业上市公司的各项主要财务指标低于全部上市公司平均值。

基于对环保行业上市公司的整体评价，下面分别从财务效益状况、资产质量状况、偿债风险状况、发展能力状况、市场表现状况五个方面对环保行业上市公司进行具体分析。

（一）财务效益

综合来看，与 2022 年的情况相比，2023 年环保行业上市公司财务效益持续低迷。从表 18-2 可以看出，在财务效益指标中，2023 年环保行业上市公司财务效益低于全部上市公司平均水平，略高于同行业上年水平。

表 18-2 环保行业财务效益比较表

分析指标		2023 年上市公司平均值	2023 年行业值	2022 年行业值	增长率（%）
基本指标	净资产收益率（%）	7.69	5.26	5.67	−7.23
	总资产报酬率（%）	5.03	4.12	4.40	−6.36
	基本得分	21.27	19.00	18.94	0.32
修正指标	营业利润率（%）	6.42	9.54	9.77	−2.35
	盈利现金保障倍数	2.01	1.63	1.39	17.27
	总股本收益率（%）	44.8	27.04	26.80	0.90
	综合得分	23.35	20.88	20.63	1.21

在 2023 年环保行业上市公司财务效益评分中，伟明环保排名第一，评分为 31.12 分，

远超其他同行业上市公司平均水平。伟明环保是国内领先的生活垃圾焚烧处理企业，已相继投资、建设、运营近百座垃圾处理项目。伟明环保净资产收益率为 18.08%，总资产报酬率为 11.11%，营业利润率为 37.96%，均大幅高于同行业平均水平。

（二）资产质量

从资产质量看，环保行业上市公司资产质量低于全部上市公司平均水平。

表 18-3 列示了环保行业上市公司资产质量状况评价结果。在环保行业上市公司资产质量状况指标中，总资产周转率、流动资产周转率及应收账款周转率均低于全部上市公司平均水平，存货周转率高于全部上市公司平均水平。与 2022 年相比，2023 年环保行业存货周转率、总资产周转率、流动资产周转率、应收账款周转率指标均有所降低。

表 18-3　环保行业资产质量状况比较表

	分析指标	2023 年上市公司平均值	2023 年行业值	2022 年行业值	增长率（%）
基本指标	总资产周转率（次）	0.64	0.29	0.30	-3.33
	流动资产周转率（次）	1.27	0.80	0.83	-3.61
	基本得分	9.52	6.44	6.86	-6.12
修正指标	应收账款周转率（次）	7.99	2.29	2.62	-12.60
	存货周转率（次）	3.48	4.72	4.80	-1.67
	综合得分	9.27	6.81	7.19	-5.29

在 2023 年资产质量评分中第一名为洪城环境，评分为 12.57 分，高于全部上市公司平均值。洪城环境 2023 年应收账款周转率为 5.06 次，总资产周转率 0.37 次，存货周转率为 17.76 次，流动资产周转率为 1.56 次，均高于行业值。受益于《关于加快推进生态文明建设的意见》《生态文明体制改革总体方案》等重要文件的落实，自 2001 年成立以来，洪城环境在城镇供水、污水处理、固废处理、清洁能源、环境治理等领域广泛发展，已成为江西省重要的环境产业综合运营商。

（三）偿债风险

从综合得分来看，2023 年环保行业上市公司偿债风险低于全部上市公司平均水平，略高于同行业上年水平。

表 18-4 列示了环保行业上市公司偿债风险状况评价结果。在环保行业上市公司偿债风险状况指标中，资产负债率、已获利息倍数、现金流动负债比率指标均略低于全部上市公司平均水平，带息负债比例高于全部上市公司平均水平。这与环保行业上市公司的产品优势、经营状况有很大关系。

表 18-4   环保行业偿债风险状况比较表

分析指标		2023年上市公司平均值	2023年行业值	2022年行业值	增长率（%）
基本指标	资产负债率（%）	57.83	57.33	57.29	0.07
	已获利息倍数	5.21	2.93	2.90	1.03
基本得分		8.89	7.96	8.10	-1.73
修正指标	速动比率（%）	88.92	103.86	103.60	0.25
	现金流动负债比率（%）	15.90	11.88	10.57	12.39
	带息负债比率（%）	42.82	57.76	56.04	3.07
综合得分		8.90	7.73	7.78	-0.64

在 2023 年环保行业上市公司偿债状况指标中，金达莱得分 14.78 分，位列环保行业第一名。作为拥有独创核心技术和 64 项国内外发明专利的创新型水环境综合服务商，金达莱形成了水污染治理装备、水环境整体解决方案和水污染治理项目运营三位一体的业务体系。得益于研发创新，公司经营持续高质量发展，使偿债风险得分较高。

（四）发展能力

从综合得分来看，2023 年环保行业上市公司发展能力低于全部上市公司的平均水平，同时略高于同行业上年水平。

表 18-5 列示了环保行业上市公司发展能力状况评价结果。在环保行业上市公司发展能力状况指标中，各项指标均低于全部上市公司平均值。

表 18-5   环保行业发展能力状况比较表

分析指标		2023年上市公司平均值	2023年行业值	2022年行业值	增长率（%）
基本指标	营业收入增长率（%）	2.21	1.71	-0.60	385.00
	资本扩张率（%）	6.75	4.91	7.15	-31.33
基本得分		12.14	11.60	10.71	8.31
修正指标	累计保留盈余率（%）	44.05	36.78	35.74	2.91
	三年营业收入平均增长率（%）	10.93	6.10	9.15	-33.33
	总资产增长率（%）	5.71	5.06	7.38	-31.44
	营业利润增长率（%）	-3.95	-4.32	-8.19	-47.25
综合得分		12.33	11.59	11.11	4.32

在 2023 年环保行业上市公司发展能力状况指标中，伟明环保排名第一，得分 15.71 分。2023 年伟明环保实现营业收入 60.25 亿元、净利润 20.86 亿元，资本扩张率为 18.88%，三年营业收入平均增长率达到 24.48%，总资产增长率为 19.17%，营业利润增长率为 29.69%，均高于环保行业平均水平。伟明环保是我国目前规模领先的城市生活垃圾焚烧处

理企业之一，已投资建设并运营近百座垃圾处理项目。

（五）市场表现

2023 年环保行业整体呈现下降趋势，整体上与沪深 300 指数走势呈同方向，其中前三季度与沪深 300 指数基本保持趋同，第四季度优于沪深 300 指数。详见图 18-1。

图 18-1　环保行业与沪深 300 指数波动情况

从综合得分来看，环保行业上市公司市场表现优于全部上市公司的平均水平。表 18-6 列示了环保行业上市公司市场表现状况评价结果。

表 18-6　环保行业市场表现状况比较表

分析指标	2023 年上市公司平均值	2023 年行业值	2022 年行业值	增长率（%）
市场投资回报率（%）	5.76	0.65	-26.40	102.46
股价波动率（%）	82.72	60.55	88.83	-31.84
综合得分	9.07	9.33	8.06	15.76

在 2023 年环保行业上市公司市场表现状况指标中，中航泰达名列第一，得分 12.24 分，其市场投资回报率为 60.43%，股价波动率比较高，为 105.31%，市场表现比较活跃。中航泰达是国内工业烟气治理领域的综合服务商，其"强制旋流式烟气深度净化装置"等超净排放产品在国内具有较为先进的优势，为国内多个钢铁企业完成脱硫脱硝工程。

二、2023 年度环保行业上市公司业绩影响因素分析

2023 年全国环保产业营业收入约 3351.04 亿元，较 2022 年的 3294.85 亿元增长约 1.71%。环保行业评价得分大部分劣于全部上市公司平均得分。影响 2023 年环保行业上市公司业绩的因素主要有以下几个方面。

（一）宏观经济环境影响

环保行业作为基础行业，其业绩会受到宏观经济环境的影响。2023 年，我国经济仍面临着一些不利因素，如经济结构调整、贸易摩擦等，这些因素都对环保行业公司的盈利能力产生了不利影响。此外，虽然环保投资占基建投资的比重在提高，但是 2023 年基础设施投资增长仅有 5.9%，明显低于 2022 年基建投资 9.4% 的增速，基建投资增速的降低对环保行业产生一定负面影响。

2023 年我国 GDP 增速为 5.2%，相比 2022 年增速有所上升，而环保行业业绩增速并未随之增加。2023 年，全部上市公司实现营业收入 6346.28 亿元，比 2022 年的 6209.12 亿元增长 2.21%。而中国环保行业上市公司的营业收入增长率为 1.71%，虽逆转了上年同期的下降趋势，但距离全国上市公司平均水平还有所差距。以垃圾焚烧行业为例，由于新冠疫情的结束，新增项目蓄势待发，2023 年上半年，我国大陆地区共开标 35 个新建生活垃圾焚烧发电项目，迎来了一波"小阳春"，新增生活垃圾焚烧发电处理规模合计约 2.56 万吨/日，明显高于 2021 年和 2022 年。但是到第三季度反弹结束，数据变差。到 2023 年末，行业内开始流传降薪、裁员、倒闭，2023 年整体呈现"倒 V 字"，经过一年的发展，整个垃圾焚烧产业依旧在谷底徘徊。

（二）政策环境变化

随着《中央生态环境保护督察工作规划（2023—2027 年）》的推出和《生态环境促进稳增长服务高质量发展若干措施》的实施，环评服务保障、扩大有效投资、惠企纾困帮扶、环境政策支持、改革提质增效等 5 大行动 30 项具体举措全面落实。标志着新时代和新政策要求环保企业进行技术升级、设备更新或改造。

政策的调整导致环保行业上市公司面临新的监管要求、限制或者不确定的补贴政策。企业成本和投入增加，如果没有研发出适应新时代、新政策的环保产品，将会对其盈利能力产生负面影响，这对传统的固废填埋等行业产生了重要的影响。政策调整和不确定性也会影响投资者对环保行业的信心和投资意愿。2023 年新冠疫情结束，旧政策调整频繁，不确定的政策环境使投资者对环保行业的长期前景持谨慎态度，导致资本流出和投资项目的推迟。这种不确定性给环保行业上市公司的融资和项目开展带来困难，进而影响企业的业绩表现。

（三）技术进步和市场竞争

我国环保行业目前已经逐步从劳动密集型行业发展为技术密集型行业，技术进步对环保企业的竞争力至关重要。一些环保行业公司如果没有跟上技术进步的步伐，可能会面临市场竞争力下降的问题。此外，市场竞争也可能导致价格竞争激烈。这可能导致环保企业产品或服务的性能、效率和质量无法满足市场需求，从而失去竞争优势，对企业的盈利能力造成压力。

在环保行业中，技术创新是应对环境挑战的关键。上市公司在环保技术研发和应用方面，如能够将创新技术有效地融入产品和服务，将极大提升其市场竞争力和盈利能力。清洁能源和节能技术的引进与应用，例如太阳能、风能以及高效节能设备，对产品的环保性能和市场竞争力有着直接影响。此外，环保监测和治理技术的先进性、能否提供有效的解决方案和在治理过程中采用高端技术，也是公司在环保市场中树立地位和声誉的关键。循环经济和资源利用技术的开发，以及在产品设计和生产中实现资源有效利用，对公司在环保行业中的竞争力和市场地位同样至关重要。最后，环保技术创新往往依赖于跨学科、跨行业的合作和开放式创新。公司是否能够积极参与合作机制，如行业协会、科研院所和企业联盟，共享资源和技术，进行开放式创新，将直接关系到能否推动其技术创新能力和市场竞争力的提升。

环保行业的竞争格局是多方面的，涉及公司规模、技术实力以及市场策略等多个维度。在这个行业中，产品差异化是关键，能够提供独特且满足不同需求的环保产品和服务的公司，往往能在市场上获得更好的地位。价格竞争也是不可忽视的因素，通过降低成本和提高性价比来吸引客户，对于市场份额的扩大至关重要。此外，渠道建设同样重要，能够建立稳定且广泛的销售网络，并与渠道伙伴建立合作共赢的关系，将极大增强公司的市场渗透力。品牌形象的建立和维护也是公司竞争力的重要组成部分，一个良好的品牌形象能够提升消费者的信任度和忠诚度，从而带来更大的市场份额和盈利能力。总之，环保行业的竞争是全方位的，需要公司在多个方面进行精准的定位和策略部署。

三、2024 年环保行业前景分析

环保行业过去几年经历了剧烈的震荡和调整，行业面临新的转型问题。在碳中和大背景下，环保行业承担了"绿色""低碳"使命，减污降碳将是全社会持续发展的目标。纵观 2023 年，在政策的引导下，环保行业的需求在慢慢释放出来，一方面国家能源结构在转型，另一方面碳市场进一步建立。随着政策预期逐步兑现，在未来我国实现碳达峰碳中和的长期目标之下，2024 年环保行业有望稳步上行。

（一）国内国际深入合作

环保问题是全球性问题，需要各国共同应对。在国际环保合作中，中国积极参与全球环保事务，与其他国家分享环保经验和技术。例如，在《巴黎协定》框架下，中国承诺到 2030 年将二氧化碳排放强度降低 60%~65%，并将非化石能源消费比重提高到 20%。

中国环保企业与国际环保领域深入合作，通过技术交流与共享、项目合作与投资、标准与认证对接，以及合作研究与创新，共同推动了环保技术的进步和环保产业的发展。这种合作不仅促进了资源的整合和市场的拓展，还提高了中国环保产品在国际市场上的竞争力和信誉度。双方在环保领域的科研项目中共同努力，加速了科技进步，为全球环境治理贡献了力量。同时，政策与经验的分享也加强了全球环境保护事业的发展，使中国与国际环保行业能够在环境保护政策、法规的制定和实施上互相借鉴，共同前进。这些合作方式展现了中国在全球环保治理中的积极角色和对国际合作的高度重视。

虽然 2023 年国际贸易环境面临不确定性和贸易摩擦的风险，但从长期来看，国际贸易环境仍是长期向好的，进口关税和贸易壁垒的逐步降低也将会降低环保设备和原材料的成本，对企业盈利能力的提升有着重要的促进作用。

（二）政策支持继续加码

近年来，我国政府在环境保护方面的决心和投入不断加大。多项政策法规的出台，为环保行业的发展提供了法律基础和政策保障。例如，国家发展改革委等部门印发了《绿色低碳转型产业指导目录（2024 年版）》，旨在培育壮大绿色发展新动能，加快发展方式绿色转型。这一目录为相关产业发展创造了良好的政策环境。更严格的政策有力地扩容了环保行业的市场容量。中共中央国务院发布了《关于全面推进美丽中国建设的意见》，该意见将推动环保行业持续发展，特别是在节能减排需求的持续增长方面。生态环境部在 2024 年 1 月例行新闻发布会上提到，2024 年将突出精准治污、科学治污、依法治污，以美丽中国建设为统领，协同推进降碳、减污、扩绿、增长，持续攻坚克难、深化改革创新。这些政策的加持，将为环保行业提供强有力的支持，推动行业的健康发展。企业和投资者更应密切关注政策动向，把握行业发展的新机遇。

为了支持环保产业的发展，近年来，我国政府在金融方面施行了一系列创新举措。例如，发展绿色信贷、绿色债券、绿色基金等金融工具，为环保产业提供资金支持。同时，鼓励保险公司开发环境污染责任保险等环保类保险产品，降低企业污染治理的风险。在金融支持政策的推动下，越来越多的资本将流向环保产业。绿色投资将成为投资者关注的热点领域，为环保产业的发展提供强大的资金支持。

在政策支持的推动下，环保行业将迎来更多的投资和发展机遇，成为国家经济发展的新引擎。

（三）科技创新赋能发展

环保科技的创新与发展是推动环保产业发展的关键因素。在面临严峻的环境挑战的同时，中国环保行业在技术创新方面取得了显著成果，如大气污染治理、水污染治理、土壤修复等领域的技术水平不断提高。环保企业平均研发支出不断增长，显示出企业对技术创新的重视。这种投入有助于推动环保技术的进步和产业升级。

随着数字化、智能化技术的融合，环保技术将进一步发展，智慧环保方面的平台化、信息化创新正在成为趋势。利用大语言模型、云服务等技术可提升环保检测和应用的智能化水平。神经网络、物联网、人工智能、大数据等技术在环保行业的应用，将提升环保设备的自动化水平，降低运维成本，优化资源配置。此外，环保产业与清洁能源、节能技术的紧密结合，也将为环保行业的发展注入新的活力。

（四）市场需求不断提升

伴随着经济社会的快速发展，工业化和城市化的时代不断进步，居民环保意识越来越强，对环保产品和服务的需求也日益旺盛。环保产业从"三废治理"向包括环保产品、环境服务、洁净产品、废物循环利用等多元化方向发展。

此外，随着工业企业对环保法规的遵从要求加强，以及我国产业结构的优化升级，高污染、高能耗的产业逐渐受到限制，清洁生产和循环经济成为发展趋势，这为环保行业带来了新的发展机遇，环保产业的市场规模将不断扩大。各类企业对污染治理技术和设备的需求，也为环保产业的发展提供了广阔的市场空间。

随着基础设施建设的推进，市政污水和垃圾处理需求将进一步释放。根据工信部《"十四五"工业绿色发展规划》预测，到"十四五"末期，我国环保产业应收将达到 3 万亿元，产值将达到 11 万亿元。虽然环保行业整体发展速度呈现放缓趋势，但是我国环保行业仍然具有广阔市场的前景是不变的。

（五）细分行业重点发展

随着全球碳中和目标的提出和气候变化问题的加剧，清洁能源将迎来爆发式增长。未来几年，中国将加大对清洁能源的研发和应用，推动清洁能源的普及和推广。同时，政府将鼓励企业发展清洁能源产业，加快清洁能源的产业化进程。清洁能源的发展将成为中国经济发展的新动能，为实现可持续发展做出积极贡献。

水环境治理是中国环保事业的重点之一。未来几年，水环境治理将继续成为政府的重点工作之一，政府将加大对水环境治理的资金投入，加强监管力度，推动水环境治理技术的研发和应用。同时，企业也将积极参与水环境治理，加快水环境治理技术的推广和应用。水环境治理的不断深入将为中国的生态文明建设和可持续发展做出重要贡献。

废弃物处理一直是中国环保事业的难点之一。未来几年，废弃物处理将得到更多的关注和重视，政府将加大对废弃物处理的资金投入和监管力度，推动废弃物处理技术的研发和应用。同时，企业也将积极探索废弃物处理的新技术和新模式，加快废弃物处理的产业化进程。废弃物处理的不断完善将为中国的环境保护事业做出重要贡献。

附表 2023 年度环保行业上市公司业绩评价结果排序表

序号	A股上市公司评价得分排序	股票代码	股票简称	综合得分(100)	评价等级	每股收益(元)	总资产报酬率(%)	净资产收益率(%)	总资产周转率(次)	流动资产周转率(次)	资产负债率(%)	已获利息倍数	营业收入增长率(%)	资本扩张率(%)	市场投资回报率(%)	股价波动率(%)	年末资产总额(万元)	营业收入(万元)	净利润(万元)
1	103	603568	伟明环保	77.56	A	1.21	11.11	18.08	0.27	1.06	47.99	13.93	35.50	18.88	-16.11	32.27	2410058.31	602458.09	208622.63
2	179	000598	兴蓉环境	75.43	A	0.62	6.35	11.27	0.20	1.07	59.15	6.22	5.99	13.07	18.06	34.25	4355502.51	808653.57	188949.73
3	244	600461	洪城环境	73.84	BBB	0.99	7.89	14.54	0.37	1.56	60.86	6.86	3.50	10.80	39.06	75.59	2290612.87	804826.83	123957.22
4	429	600323	瀚蓝环境	71.34	BBB	1.75	6.79	12.03	0.36	1.76	64.13	4.56	-2.59	10.70	-5.02	28.79	3579769.95	1254128.90	146964.89
5	503	300815	玉禾田	70.53	BBB	1.31	11.77	15.15	0.92	1.37	44.73	16.75	12.62	6.11	16.58	50.50	176722.36	74865.81	16054.34
6	507	300864	南大环境	70.52	BBB	1.00	10.68	12.92	0.45	0.48	27.63	0.00	14.22	11.46	16.89	45.05	734124.78	616057.36	58298.56
7	551	300779	惠城环保	69.98	BB	1.17	6.59	14.39	0.37	1.42	58.33	4.05	194.76	79.15	62.24	105.69	328564.01	107065.49	15351.78
8	563	601827	三峰环境	69.76	BB	0.69	6.71	11.34	0.25	0.99	55.82	5.88	0.06	8.76	18.05	35.20	2528265.29	602666.20	121615.92
9	693	603686	福龙马	68.45	BB	0.56	7.22	8.70	0.85	1.18	39.85	23.65	0.53	5.06	19.53	39.83	612085.39	510634.63	31245.56
10	745	688480	赛恩斯	67.90	BB	0.95	7.24	10.07	0.56	0.74	35.00	91.04	-2.52	23.71	30.21	66.70	363514.33	112780.88	16445.56
11	750	600769	祥龙电业	67.85	BB	0.03	6.47	14.46	0.25	0.40	68.53	130.33	47.47	5.76	62.69	105.23	149301.84	80840.50	9506.50
12	807	836263	中航泰达	67.29	BB	0.64	10.13	17.65	0.50	1.40	47.48	15.79	30.15	15.59	29.38	56.79	28647.32	6659.71	1215.93
13	879	003039	顺控发展	66.71	BB	0.39	8.99	10.62	0.29	1.12	36.56	17.26	-15.52	153.37	3.61	79.58	150743.60	30947.97	14245.43
14	979	603279	景津装备	65.84	BB	1.78	15.68	23.56	0.75	1.08	47.36	282.43	15.39	13.14	60.43	105.31	103251.59	47548.06	9013.24
15	1021	301127	天源环保	65.53	BB	0.69	8.19	11.95	0.44	0.82	53.72	11.85	10.30	9.81	-11.50	47.53	532336.65	145560.23	34264.35
16	1102	301109	军信股份	64.90	B	1.25	8.62	11.59	0.19	0.59	40.66	6.20	9.98	13.14	-25.90	72.96	862878.80	624931.91	100808.95
17	1160	000544	中原环保	64.51	B	0.88	5.60	11.34	0.25	1.27	77.18	2.31	53.05	25.17	15.06	34.71	570664.14	194712.01	28382.27
18	1223	000685	中山公用	64.01	B	0.66	4.77	6.09	0.19	1.19	42.58	5.81	18.26	3.42	3.64	19.53	965444.12	185744.91	65279.65
19	1274	688376	美埃科技	63.70	B	1.29	7.34	11.08	0.55	0.66	45.13	20.35	25.68	11.24	10.80	50.48	3682753.39	781294.07	90465.81
20	1367	600874	创业环保	63.16	B	0.55	6.33	9.16	0.20	0.74	58.24	3.80	43.65	4.36	7.31	26.15	2900698.06	519899.05	99276.13
21	1397	601158	重庆水务	62.89	B	0.23	4.78	6.39	0.22	1.22	48.40	6.08	22.68	10.86	14.76	51.31	299045.88	150530.91	17285.38
22	1445	688101	三达膜	62.56	B	0.76	5.50	6.94	0.27	0.47	30.28	66.14	3.16	7.51	-7.12	24.68	2446065.40	466508.30	90344.30
23	1525	600283	钱江水利	62.00	B	0.58	5.64	9.58	0.31	1.36	60.39	8.13	-6.74	-0.52	15.28	33.12	3310399.99	725440.50	109479.78
24	1542	002034	旺能环境	61.88	B	1.40	6.15	8.78	0.22	1.42	54.95	3.42	15.20	7.31	1.82	31.47	553825.33	145052.92	25894.61
25	1571	002973	侨银股份	61.66	B	0.78	6.96	14.35	0.55	1.05	67.56	3.42	21.61	6.13	1.73	46.20	765461.93	222219.52	28201.92
26	1578	603759	海天股份	61.64	B	0.52	6.38	9.15	0.21	0.87	55.79	3.92	-5.14	3.51	-13.40	47.10	1441848.84	317760.64	56091.44
27	1630	001230	劲旅环境	61.33	B	1.16	5.74	7.85	0.51	0.82	38.33	9.03	-0.29	13.83	0.63	37.18	752108.73	394346.47	32887.02
28	1634	002658	雪迪龙	61.31	B	0.32	7.40	7.60	0.46	0.53	15.40	12.75	7.53	14.22	-9.05	35.55	624418.93	127669.50	23676.77
29	1686	601199	江南水务	60.92	B	0.35	7.75	8.96	0.23	0.73	38.87	16.67	0.37	0.25	-1.57	38.95	315609.28	151032.24	20272.49

续表

序号	A股上市公司评价得分排序	股票代码	股票简称	综合得分(100)	评价等级	每股收益(元)	总资产报酬率(%)	净资产收益率(%)	总资产周转率(次)	流动资产周转率(次)	资产负债率(%)	已获利息倍数	营业收入增长率(%)	资本扩张率(%)	市场投资回报率(%)	股价波动率(%)	年末资产总额(万元)	营业收入(万元)	净利润(万元)
30	1710	601200	上海环境	60.78	B	0.49	3.92	5.32	0.22	1.06	57.55	3.23	15.27	10.26	-10.92	32.74	297140.59	145465.64	13711.78
31	1754	002266	浙富控股	60.42	B	0.19	5.02	9.35	0.81	1.30	49.81	5.94	7.57	6.75	-24.45	107.65	609631.42	136401.41	32338.69
32	1863	000551	创元科技	59.64	CCC	0.38	5.11	8.22	0.69	1.05	45.99	14.33	1.51	5.22	1.33	20.86	2983079.07	638072.47	65646.22
33	1880	000967	盈峰环境	59.52	CCC	0.16	2.63	2.88	0.43	0.97	38.39	4.89	12.94	2.97	-14.34	38.02	2223168.86	1895080.06	102792.62
34	1898	603903	中持股份	59.42	CCC	0.64	6.16	9.45	0.34	0.64	61.05	3.37	6.43	111.14	-20.30	79.32	273344.92	97506.62	16099.79
35	1918	603324	盛剑环境	59.29	CCC	1.35	6.20	10.94	0.60	0.75	53.76	22.79	3.42	2.73	19.23	33.36	616489.84	432316.33	27020.34
36	1957	301068	大地海洋	59.02	CCC	0.66	5.27	6.96	0.73	1.30	38.04	8.57	3.06	0.91	3.03	28.34	2904820.16	1263105.10	51254.42
37	2054	300854	中兰环保	58.26	CCC	0.21	1.19	1.75	0.50	0.64	42.58	81.53	11.39	6.59	10.54	44.60	490011.05	159895.44	17481.73
38	2067	600526	菲达环保	58.15	CCC	0.26	4.01	5.89	0.43	0.71	58.66	4.13	37.45	12.27	-16.43	47.27	345942.96	182599.81	16542.13
39	2077	688466	金科环境	58.08	CCC	0.58	4.66	6.38	0.29	0.45	43.82	10.68	17.18	5.20	10.11	84.80	133445.29	93750.48	5612.21
40	2093	600796	钱江生化	57.99	CCC	0.24	4.69	5.30	0.30	0.92	49.11	3.57	15.65	1.63	11.23	39.94	174720.34	83594.84	1738.97
41	2199	601330	绿色动力	57.22	CCC	0.45	5.67	8.25	0.17	0.99	63.29	2.54	-6.30	23.23	-5.93	197.88	47445.35	17058.40	1964.66
42	2237	301081	严牌股份	57.00	CCC	0.32	5.29	6.83	0.48	0.85	34.08	29.68	1.62	8.12	-9.70	46.68	1054011.63	435303.28	24706.56
43	2242	688501	青达环保	56.95	CCC	0.70	6.22	10.64	0.57	0.68	52.74	2.38	-14.63	7.96	35.16	66.50	212062.48	57275.50	7319.96
44	2287	600008	首创环保	56.60	CCC	0.22	4.30	5.43	0.20	0.85	64.91	2.38	1.27	2.78	10.04	28.43	687132.31	203433.73	18289.52
45	2319	300664	鹏鹞环保	56.40	CCC	0.34	5.31	5.62	0.26	0.65	44.57	6.55	-13.39	5.90	-0.97	29.93	2253726.56	395554.85	66347.16
46	2425	300388	节能国祯	55.71	CCC	0.58	5.10	9.79	0.27	0.81	71.59	2.77	35.04	10.27	-22.25	66.82	192648.79	102923.23	9239.69
47	2429	301175	中科环保	55.68	CCC	0.18	6.41	8.69	0.21	0.65	48.29	5.22	-4.31	2.38	16.63	36.69	150205.40	72147.65	6679.74
48	2442	300800	力合科技	55.61	CCC	0.20	1.78	2.28	0.28	0.34	15.17	153.60	-3.79	-0.32	-2.02	23.55	10935923.72	2131856.82	208649.22
49	2443	600292	远达环保	55.60	CCC	0.07	1.78	0.82	0.42	1.00	42.98	2.14	10.36	-0.49	6.32	30.58	792062.54	207671.37	24740.13
50	2444	301030	仕净科技	55.60	CCC	1.55	5.01	14.16	0.59	0.69	75.70	4.51	-12.07	7.21	-17.81	54.01	715194.26	140400.54	31067.45
51	2502	300425	中建环能	55.24	CCC	0.25	5.29	7.48	0.39	0.71	44.18	7.43	0.71	6.49	5.35	26.66	1575728.30	412803.54	42495.07
52	2505	603126	中材节能	55.18	CCC	0.23	4.12	7.47	0.59	0.82	53.28	18.00	2.78	0.81	6.14	29.71	977376.75	425161.35	4549.66
53	2525	603797	联泰环保	55.08	CCC	0.39	5.45	7.48	0.13	0.79	68.85	1.95	140.19	63.58	-6.08	120.61	776474.83	344272.22	21525.67
54	2537	301265	华新环保	55.02	CCC	0.29	4.49	4.29	0.32	0.42	8.81	19.52	29.77	1.57	16.13	36.86	244920.32	67289.51	4707.13
55	2598	300867	圣元环保	54.58	CC	0.54	4.64	4.23	0.21	1.11	58.86	2.01	-4.74	4.02	-3.93	51.77	543283.02	306677.46	18587.86
56	2699	688600	皖仪科技	53.82	CC	0.33	3.60	5.03	0.62	0.76	34.97	131.58	-2.80	6.14	10.13	36.99	442801.65	167136.06	17948.18
57	2724	600388	龙净环保	53.58	CC	0.47	3.29	6.51	0.42	0.64	68.58	4.27	39.83	8.88	-1.90	23.54	1027441.46	137260.66	22973.37
58	2737	002573	清新环境	53.47	CC	0.09	2.86	3.08	0.36	0.85	68.10	1.61	-3.61	80.56	-35.47	41.35	595641.87	175288.31	18636.23

续表

A股上市公司评价得分排序 序号	股票代码	股票简称	综合得分(100)	评价等级	每股收益(元)	总资产报酬率(%)	净资产收益率(%)	总资产周转率(次)	流动资产周转率(次)	资产负债率(%)	已获利息倍数	营业收入增长率(%)	资本扩张率(%)	市场投资回报率(%)	股价波动率(%)	年末资产总额(万元)	营业收入(万元)	净利润(万元)
59	600817	宇通重工	52.96	CC	0.40	5.59	8.59	0.63	0.89	41.25	175.32	-2.95	2.18	-14.16	37.44	227309.07	73002.84	8789.12
60	300172	中电环保	52.43	CC	0.13	3.65	4.33	0.35	0.54	35.09	10.82	-0.23	3.89	-12.33	46.72	850364.23	174759.31	14519.08
61	001336	楚环科技	52.17	CC	0.47	3.98	4.99	0.41	0.53	32.86	278.69	16.50	-3.08	-23.47	113.11	131971.50	78686.84	4381.10
62	300631	久吾高科	51.67	CC	0.37	2.40	3.74	0.41	0.58	35.54	20.00	-7.64	4.91	-17.48	74.50	2529748.90	1097251.72	50543.12
63	688057	金达莱	51.60	CC	0.66	5.34	5.58	0.14	0.16	9.18	78.79	7.25	2.77	-9.98	31.77	2455713.32	861446.55	23764.37
64	603817	海峡环保	51.52	CC	0.27	4.01	4.74	0.18	0.48	54.53	2.85	-18.92	0.62	8.08	77.70	449169.33	290699.23	22604.90
65	300958	建工修复	51.41	CC	0.46	2.23	5.43	0.40	0.46	55.46	15.43	-1.70	2.53	19.86	113.71	289202.41	100598.73	8022.04
66	300070	碧水源	51.25	CC	0.21	2.82	2.74	0.12	0.38	60.53	1.92	-19.76	3.79	12.97	43.31	115302.65	45770.09	3793.48
67	000035	中国天楹	51.24	CC	0.14	3.14	3.61	0.20	0.94	61.45	1.96	2.12	1.28	-3.44	57.65	189303.19	75699.95	4534.63
68	688679	通源环境	51.14	CC	0.24	1.54	2.38	0.59	0.87	58.83	4.33	-36.13	-2.73	6.55	32.53	350487.00	50521.93	18010.83
69	600217	中再资环	50.52	CC	0.05	2.71	2.56	0.50	0.59	65.37	1.35	0.90	0.76	7.52	23.78	618606.77	105409.99	13275.71
70	688335	复洁环保	50.51	CC	0.68	7.00	7.76	0.37	0.48	17.93	205.25	-1.82	22.67	0.11	46.28	322991.25	124661.03	7092.64
71	000605	渤海股份	50.24	CC	0.06	2.17	1.51	0.23	0.74	66.84	1.33	3.03	2.58	5.20	36.06	7653128.39	895295.49	81573.53
72	688309	恒誉环保	49.92	C	0.23	2.38	2.53	0.19	0.32	14.87	0.00	-20.62	3.82	-6.12	56.65	2811215.42	532363.08	38434.30
73	603200	上海洗霸	49.49	C	0.22	3.67	4.09	0.38	0.56	32.12	6.41	16.77	1.62	15.59	65.81	275674.83	149083.31	2684.75
74	688370	丛麟科技	49.02	C	0.64	2.93	1.87	0.18	0.32	19.02	4.68	-27.03	2.38	-12.89	65.78	153338.20	57608.23	9656.89
75	601368	绿城水务	48.93	C	0.08	3.04	1.58	0.12	0.89	77.86	1.17	18.49	2.60	-11.51	29.81	755670.24	370054.58	6626.58
76	600168	武汉控股	48.66	C	0.20	3.07	2.70	0.14	0.43	75.71	1.42	5.21	0.88	3.70	29.07	798605.73	184476.01	3983.67
77	300774	倍杰特	48.02	C	0.25	4.06	6.23	0.25	0.38	44.08	125.37	-0.84	1.93	0.75	39.69	85212.27	16391.56	1814.68
78	000068	华控赛格	47.55	C	0.65	19.30	85.74	0.22	0.56	75.05	6.66	-10.50	4.99	13.17	90.18	147057.14	54143.93	3984.29
79	603588	高能环境	46.34	C	0.33	3.97	5.13	0.43	0.91	62.06	2.33	-13.42	-8.00	-3.62	21.92	329286.45	63479.76	5207.15
80	301148	嘉戎技术	46.21	C	0.50	2.73	3.31	0.25	0.30	20.11	32.71	3.42	0.52	3.96	17.22	2112452.00	233170.96	7351.59
81	603315	福赛股份	45.62	C	0.23	4.02	4.85	0.36	0.48	46.08	3.08	7.24	2.91	11.18	22.20	2251312.49	310346.47	14530.66
82	301288	清研环境	45.39	C	0.19	2.77	2.52	0.15	0.18	11.79	37.50	-22.16	2.84	-12.95	45.86	280015.36	65307.98	9624.95
83	300187	永清环保	43.52	C	0.12	4.45	7.95	0.19	0.60	69.27	2.16	-16.91	150.07	-10.13	58.95	424580.15	92117.17	63585.92
84	688156	路德环境	43.37	C	0.28	2.92	3.33	0.25	0.46	40.48	5.98	20.58	4.51	-33.53	86.85	2668290.80	1058036.64	50816.40
85	002210	飞马国际	42.53	C	0.01	3.86	5.97	0.27	0.87	79.37	1.74	-26.63	1.15	3.43	63.43	219340.02	55478.71	5772.27
86	002887	绿茵生态	42.43	C	0.36	4.60	4.76	0.09	0.15	45.58	3.04	-3.26	5.91	-20.47	132.87	281488.77	101953.43	7148.21
87	300929	华骐环保	42.03	C	0.05	1.59	0.76	0.19	0.46	52.20	1.30	27.23	4.06	10.87	85.31	96132.28	14160.86	2095.87

续表

序号	A股上市公司评价得分排序	股票代码	股票简称	评价等级	综合得分(100)	每股收益(元)	总资产报酬率(%)	净资产收益率(%)	总资产周转率(次)	流动资产周转率(次)	资产负债率(%)	已获利息倍数	营业收入增长率(%)	资本扩张率(%)	市场投资回报率(%)	股价波动率(%)	年末资产总额(万元)	营业收入(万元)	净利润(万元)
88	3767	300899	上海凯鑫	C	41.95	0.24	2.16	2.36	0.17	0.19	8.74	0.00	-6.27	104.80	-93.25	82.66	291801.03	70445.69	6760.22
89	3780	300692	中环环保	C	41.78	0.25	3.91	4.78	0.12	0.53	62.85	1.87	-9.47	6.45	-9.58	27.06	339252.76	64580.49	8040.68
90	3869	600187	国中水务	C	39.78	0.02	1.24	0.87	0.06	0.17	12.41	4.99	2.63	13.85	-29.96	88.71	158942.55	35107.62	2962.76
91	3901	300055	万邦达	C	39.19	-0.23	-2.47	-3.46	0.38	1.15	24.03	-9.37	0.47	6.18	-22.18	65.27	137078.36	35563.45	1638.58
92	3903	831370	新安洁	C	39.12	-0.18	-6.09	-7.33	0.63	0.89	21.41	-23.49	-31.76	0.32	3.37	29.74	445271.08	40034.04	11517.67
93	3909	300786	国林科技	C	39.01	-0.16	-1.64	-2.45	0.23	0.44	28.21	-4.16	-18.42	0.07	5.45	25.06	177948.35	35056.75	644.85
94	3934	832145	恒合股份	C	38.56	-0.12	-4.47	-4.22	0.20	0.30	7.29	-135.70	-19.11	0.09	35.19	68.57	72396.08	12462.78	1559.67
95	3971	300961	深水海纳	C	37.82	-0.20	0.99	-3.06	0.18	0.66	62.84	0.51	-42.07	0.18	-4.77	44.49	663362.81	81413.87	11760.08
96	3984	003027	同兴环保	C	37.57	0.19	1.28	1.61	0.29	0.36	34.84	4.92	-24.62	0.05	-10.82	32.46	363283.59	21678.35	2753.09
97	4070	300137	先河环保	C	35.57	-0.23	-4.85	-6.32	0.42	0.53	20.25	-141.82	3.82	3.73	-26.90	81.84	720539.73	282149.61	-18594.45
98	4117	300190	维尔利	C	34.39	-0.25	-1.36	-5.53	0.23	0.46	59.31	-0.93	-3.03	-5.69	20.42	81.58	92595.58	58258.95	-5497.99
99	4122	300334	津膜科技	C	34.13	-0.04	0.67	-1.73	0.16	0.46	36.18	0.51	36.61	0.94	12.17	58.38	176449.69	39977.05	-3087.09
100	4127	688069	德林海	C	33.87	-0.12	-1.03	-0.93	0.18	0.21	15.01	-30.29	-25.90	130.28	-59.60	80.27	145827.00	35004.37	2406.29
101	4158	688178	万德斯	C	33.20	-1.02	-4.64	-7.54	0.37	0.53	47.79	-13.15	9.11	-4.13	68.17	122.90	29539.27	5835.70	-1179.73
102	4166	002672	东江环保	C	33.05	-0.74	-5.88	-18.12	0.34	1.20	58.54	-3.79	-5.05	-2.92	6.52	40.77	275982.73	47241.96	-3184.01
103	4212	300437	清水源	C	31.92	-0.22	-1.03	-3.45	0.38	0.87	43.89	-1.38	-17.38	-0.71	-41.95	128.71	273047.64	77519.20	2877.36
104	4217	002645	华宏科技	C	31.68	-0.28	-2.00	-4.93	1.09	1.78	38.55	-1.87	-4.13	-7.09	-3.14	37.71	225769.59	96644.76	-11806.09
105	4245	688096	京源环保	C	31.07	-0.19	-0.34	-3.49	0.22	0.31	57.22	-0.20	-31.30	237.91	-133.49	107.09	156834.96	30177.98	1906.73
106	4260	688701	卓锦股份	C	30.58	-0.90	-16.33	-35.39	0.47	0.51	60.18	-12.81	6.11	-6.83	0.31	23.12	908077.74	221221.16	-21164.78
107	4269	301049	超越科技	C	30.38	-1.27	-8.98	-14.70	0.22	0.74	38.31	-24.06	-17.68	-6.31	22.25	56.07	96495.49	20151.89	-1102.13
108	4298	000820	神雾节能	C	29.66	-0.03	-3.92	-12.31	0.47	0.84	60.01	-96.49	-30.92	-3.32	2.09	30.61	168264.77	31004.23	-1357.02
109	4307	301259	艾布鲁	C	29.37	-0.20	-1.94	-3.09	0.12	0.24	39.27	-6.16	-5.83	-7.91	3.12	25.76	218831.00	80974.51	-8987.53
110	4332	688565	力源科技	C	28.67	-0.56	-10.26	-16.38	0.26	0.38	50.92	-16.70	3.71	5.56	-10.16	36.04	1216149.76	402246.81	-88947.16
111	4378	300614	百川畅银	C	27.60	-0.57	-2.73	-6.18	0.19	0.46	29.86	-1.76	-37.31	-2.19	-29.62	100.96	281229.92	113143.71	-5501.54
112	4420	603177	德创环保	C	26.64	-0.24	-1.43	-14.71	0.48	0.79	77.97	-0.77	-18.81	-7.99	-28.50	164.24	612667.51	688087.50	-19351.03
113	4431	300385	雪浪环境	C	26.21	-0.14	-0.43	-5.39	0.39	0.62	76.03	-0.35	-22.97	-5.66	8.09	23.64	189736.04	39615.75	-2920.77
114	4516	300422	博世科	C	24.04	-0.43	0.23	-9.38	0.17	0.44	79.61	0.10	41.09	-30.09	9.47	30.38	70598.61	34683.21	-12088.64
115	4541	002778	中晟高科	C	23.46	-1.24	-9.36	-26.88	0.43	0.62	64.29	-7.50	24.86	-11.62	4.60	55.20	124803.69	26356.05	-12060.02
116	4572	300152	新动力	C	22.49	-0.10	-8.18	-19.46	0.25	0.55	59.52	-16.75	0.25	9.87	-18.95	75.83	32288.01	15712.61	-1518.50

续 表

序号	A股上市公司评价得分排序	股票代码	股票简称	综合得分(100)	评价等级	每股收益(元)	总资产报酬率(%)	净资产收益率(%)	总资产周转率(次)	流动资产周转率(次)	资产负债率(%)	已获利息倍数	营业收入增长率(%)	资本扩张率(%)	市场投资回报率(%)	股价波动率(%)	年末资产总额(万元)	营业收入(万元)	净利润(万元)
117	4617	300210	森远股份	20.89	C	-0.24	-8.39	-22.39	0.18	0.37	57.65	-4.74	-62.61	-3.52	10.60	51.65	144431.66	17789.93	-2759.53
118	4634	605081	太和水	20.05	C	-2.54	-13.49	-19.79	0.10	0.14	22.04	0.00	25.53	-15.36	1.44	35.00	100186.99	25501.22	-8784.25
119	4635	300056	中创环保	19.87	C	-0.42	-14.59	-48.63	0.43	0.92	69.91	-7.67	-23.69	0.00	-25.81	143.11	131545.46	14894.08	84621.91
120	4660	000890	法尔胜	18.85	C	0.03	-2.63	-34.85	0.26	0.54	90.74	-0.69	-9.34	6.86	-32.51	79.88	228636.55	40339.66	-9595.09
121	4712	300203	聚光科技	16.79	C	-0.72	-1.94	-11.47	0.32	0.73	67.47	-1.08	-0.16	6.27	-27.54	97.30	181572.49	79584.54	-5709.57
122	4714	000826	启迪环境	16.66	C	-1.19	-3.80	-17.08	0.21	0.72	64.54	-1.72	1.62	-113.23	21.16	49.48	315936.59	26790.31	-11102.74
123	4756	605069	正和生态	12.83	C	-2.04	-9.15	-30.84	0.04	0.08	66.88	-4.66	-29.72	-6.36	11.99	27.61	326910.86	126504.27	-4366.68
124	4781	300266	兴源环境	8.15	C	-0.64	-6.43	-80.90	0.07	0.21	90.21	-2.11	-9.91	-12.43	5.08	33.29	1094418.98	200338.32	-22409.24
125		300262	巴安水务	26.56	C	-0.16	0.99	-271.70	0.08	0.56	100.39	0.23	-14.50	-23.69	4.95	35.69	142738.90	61702.99	-15825.91
126		603291	联合水务	68.51	BB	0.39	7.44	10.36	0.32	1.60	51.72	5.61	8.83	-18.67	-14.39	58.48	79711.71	20329.63	-6999.89
127		301203	国泰环保	67.73	BB	1.85	15.17	14.11	0.29	0.37	3.94	878.84	-2.75	-20.09	229.00	438.26	107526.91	19834.66	-11476.75
128		603282	亚光股份	59.77	CCC	1.29	7.58	17.96	0.40	0.48	55.49	1068.16	-10.89	-17.98	-13.56	76.23	168063.52	18302.95	-28766.13
129		832802	保丽洁	58.20	CCC	0.32	5.04	5.24	0.39	0.61	12.68	0.00	-48.85	-33.99	26.77	76.22	110392.72	51513.02	-20308.03
130		301305	朗坤环境	55.10	CCC	0.82	5.36	6.85	0.34	1.01	41.21	2.93	-34.19	-32.50	36.40	70.13	154506.86	44593.05	-6187.03
131		301519	舜禹股份	44.62	C	0.48	4.52	5.77	0.29	0.61	46.08	3.16	-7.80	-10.93	-55.47	199.09	971537.66	318160.51	-38475.27
132		688671	碧兴物联	38.81	C	0.36	2.34	2.92	0.32	0.33	21.27	23.87	-23.91	-18.54	-17.59	81.37	2380521.42	540243.14	-160652.62
133		301372	科净源	35.38	C	0.34	2.08	3.20	0.25	0.36	41.31	2.57	-53.23	-26.72	5.03	68.18	357783.67	16345.20	-43203.03

第三部分

中国上市公司
各板业绩评价

第十九章

创业板上市公司业绩评价

2023 年，在经济增长放缓、货币政策调整等全球经济环境波动挑战的大背景下，创业板经历了较大的波动和回撤，整体行情走势偏弱。但纵观全年表现，创业板市场依然取得了亮眼成绩，彰显了创业板支持创业企业发展、促进科技创新和战略新兴产业发展的战略地位，为新经济领域中小企业提供融资渠道和成长空间，在推动我国经济转型升级和建设创新型国家等方面发挥了关键作用。

从市场规模来看，创业板市场进一步扩容，2023 年全年创业板首发上市 110 家企业，创业板上市公司数量达到 1333 家；首发募集资金 1223.11 亿元，虽然新增上市企业家数和募集资金规模较 2022 年均有所下降，但与 A 股 2023 年全年发行情况相比，创业板首发上市企业数占 A 股的 35.14%，排名第一；首发募集资金规模占 A 股的 34.30%，仅次于科创板首发募集资金规模。从经营能力来看，创业板上市公司 2023 年面临内外部复杂多变的发展环境，整体业绩持续修复，回报能力稳步提升，展现了强大的发展韧性。除 3 家公司未在法定期限内披露年报外，1330 家创业板上市公司营业收入规模由 2022 年的 3.62 万亿元增至 2023 年的 3.86 万亿元；622 家创业板上市公司在 2023 年实现了归母净利润增长，其中 87 家实现扭亏为盈。从行业分布来看，2023 年首发上市的 110 家创业板公司中，高端机械设备、电力设备、汽车、医药生物、高端电子分别位列行业家数前五，总计上市家数 66 家，占全部首发上市的创业板上市公司家数的 60%，凸显了创业板服务国家重点支持的高科技产业的功能定位。

一、创业板上市公司业绩评价结果

截至 2023 年末，创业板上市公司共 1333 家，剔除 6 家涉及金融科技行业和未按期公布年报的企业后，纳入本次评价范围内的创业板上市公司共 1327 家；2023 年新上市的 110

创业板上市公司和被实施风险警示＊ST 或 ST 的公司未参与评价排名。创业板上市公司 2023 年度业绩评价综合得分为 62.50 分，较 2022 年度 62.23 分的综合得分有所提高；米奥会展以 83.76 分的综合得分摘得创业板 2023 年度业绩评价综合得分榜第一名，并携手迈瑞医疗、智飞生物、嘉益股份、汇川技术、神州泰岳、新产业、安克创新、新国都、宁德时代、友讯达、万胜智能 11 家创业板上市公司共同进入"中联价值 100"榜单，较 2022 年 8 家创业板上市公司进入"中联价值 100"数量有所增加。

1327 家创业板上市公司中，业绩评价为 AA 级的有 4 家，A 级的有 20 家，BBB 级的有 68 家，BB 级的有 125 家，B 级的有 199 家，CCC 级的有 228 家，CC 级的有 189 家，C 级的有 494 家。

2023 年度，纳入排名范围内的创业板上市公司按评价体系评分前十名的公司见表 19-1。

表 19-1　创业板上市公司评价得分前十名的公司

序号	股票代码	股票简称	在 A 股上市公司中评价得分排序
1	300795	米奥会展	12
2	300760	迈瑞医疗	23
3	300122	智飞生物	41
4	301004	嘉益股份	45
5	300124	汇川技术	50
6	300002	神州泰岳	65
7	300832	新产业	67
8	300866	安克创新	68
9	300130	新国都	74
10	300750	宁德时代	84

下面分别从财务效益、资产质量、偿债风险、发展能力及市场表现等五个方面对创业板上市公司进行具体分析。

（一）财务效益

从综合得分来看，创业板上市公司财务效益综合得分 22.07 分，略低于全部上市公司财务效益综合得分 23.35 分，较 2022 年度创业板上市公司财务效益综合得分 22.22 分相差较小，在面临国内外复杂的经济形势下依然保持了较好的财务效益水平。从具体指标来看，2023 年度创业板上市公司在盈利现金保障倍数方面显著好于 2022 年度，而净资产收益率、总资产报酬率、营业利润率、总股本收益率略逊于 2022 年度水平。2023 年财务效益综合得分超过 30 分的创业板上市公司共 10 家，较 2022 年度 8 家数量有所提高，其中宁德时代以 35 分排名第一，迈瑞医疗、智飞生物等医药公司仍保持了较好的财务效益表现，继 2022 年后再次位列前五名。此外，电力设备行业受行业景气度回暖、国内外需求旺盛等因素影响整体表现良好，10 家财务效益评分超过 30 分的创业板上市公司中，电力设备行业独占 5 席。

2023 年创业板上市公司财务效益各指标及得分情况如表 19-2 所示。

表 19-2　创业板上市公司财务效益状况比较表

分析指标		2023 年度全部上市公司平均值	2023 年度创业板上市公司平均值	2022 年度创业板上市公司平均值
基本指标	净资产收益率（%）	6.75	5.07	6.65
	总资产报酬率（%）	5.03	4.70	5.65
修正指标	营业利润率（%）	6.42	6.83	7.93
	盈利现金保障倍数	2.01	1.88	1.29
	总股本收益率（%）	44.80	37.06	41.51
综合得分		23.35	22.07	22.22

（二）资产质量

从综合得分来看，2023 年创业板上市公司资产质量综合得分 8.22 分，略低于 2022 年度资产质量综合得分 8.45 分，低于全部上市公司平均水平。从具体指标来看，2023 年度创业板上市公司资产质量各项分析指标普遍较 2022 年度水平有所下滑，有待于进一步优化库存管理、加强销售策略、改善资产配置。而与全部上市公司平均水平相比，创业板上市公司因主要以电子、设备、医疗等账期较长行业为主，因此应收账款周转次数明显较低。2023 年度共 14 家创业板上市公司资产质量综合得分 15 分，其中由于市场需求稳定、产品流通较快、存货管理要求高等行业特性，温氏股份、雪榕生物、万辰集团、晓鸣股份等食品加工及畜牧、养殖等行业，在资产质量方面评价得分依旧延续较高水平。

2023 年创业板上市公司资产质量各指标及得分情况如表 19-3 所示。

表 19-3　创业板上市公司资产质量状况比较表

分析指标		2023 年度全部上市公司平均值	2023 年度创业板上市公司平均值	2022 年度创业板上市公司平均值
基本指标	总资产周转次数（次）	0.64	0.59	0.63
	流动资产周转次数（次）	1.27	0.99	1.04
修正指标	应收账款周转次数（次）	7.99	4.30	4.57
	存货周转次数（次）	3.48	3.74	3.78
综合得分		9.27	8.22	8.45

（三）偿债风险

从综合得分来看，2023 年创业板上市公司偿债风险综合得分 9.64 分，略高于 2022 年度综合得分 9.60 分，且显著好于全部上市公司平均水平。从具体指标来看，2023 年创业板上市公司资产负债率、带息负债比率与 2022 年度水平相比略有增加；速动比率、现金流动负债比率显著提高，而已获利息倍数有所下降，创业板上市公司整体抗短期流动风险能力进一步提升。相对于全部上市公司平均水平而言，创业板上市公司资产负债率相对较低，且速动比率远高于全部上市公司平均水平，短期偿还能力保障性强，偿债风险更低。新媒股份、数码视讯以综合得分 15 分领跑创业板上市公司，共 155 家创业板上市公司偿债风险评价得分高于 14 分（含），较 2022 年度 125 家数量明显增多。

2023 年创业板上市公司偿债风险各指标及得分情况如表 19-4 所示。

表 19-4　创业板上市公司偿债风险状况比较表

分析指标		2023 年度全部上市公司平均值	2023 年度创业板上市公司平均值	2022 年度创业板上市公司平均值
基本指标	资产负债率（%）	57.83	46.12	46.06
	已获利息倍数	5.21	6.72	7.59
修正指标	速动比率（%）	88.92	142.17	137.11
	现金流动负债比率（%）	15.90	18.15	14.26
	带息负债比率（%）	42.82	39.16	38.39
综合得分		8.90	9.64	9.60

（四）发展能力

从综合得分来看，2023 年创业板上市公司发展能力平均得分 13.47 分，高于全部上市公司平均得分 12.33 分，但较 2022 年的 14.19 分有所下降。从具体指标来看，创业板上市公司 2023 年度营业收入增长率虽然保持为正，但较 2022 年度的 19.40% 有明显下降，且低于全部上市公司平均水平；与 2022 年度相比，除累计保留盈余率有微幅增涨外其余各指标均出现了不同程度的下滑，特别是营业利润增长率指标出现负值，在复杂多变的国内外环境中，创业板上市公司利润受到一定挤压。宁德时代与晶盛机电依旧展现了强劲的发展能力，以 20 分得分蝉联领跑创业板上市公司，此外携手智飞生物、汇川技术、阳光电源并列创业板上市公司发展能力评价得分第一；与 2022 年度相比，评价得分 20 分的企业家数增加 3 家。

2023 年创业板上市公司发展能力各指标及得分情况如表 19-5 所示。

表 19-5　创业板上市公司发展能力状况比较表

分析指标		2023 年度全部上市公司平均值	2023 年度创业板上市公司平均值	2022 年度创业板上市公司平均值
基本指标	营业收入增长率（%）	2.21	6.54	19.40
	资本扩张率（%）	6.75	11.34	19.75
修正指标	累计保留盈余率（%）	44.05	34.16	33.94
	三年营业收入平均增长率（%）	10.93	16.84	17.09
	总资产增长率（%）	5.71	11.26	22.30
	营业利润增长率（%）	-3.95	-11.73	9.60
综合得分		12.33	13.47	14.19

（五）市场表现

从综合得分来看，2023 年创业板上市公司市场表现综合得分 9.10 分，略高于全部上市公司市场表现综合得分 9.07 分，与 2022 年度平均水平 7.77 分相比有显著提高。从具体指标来看，创业板上市公司 2023 年股价波动率较 2022 年度明显下降，稳定性更强，市场投资回报率由负转正，且高于全部上市公司平均水平，创业板市场整体呈现一定程度的复苏和改善。

2023 年创业板上市公司市场表现各指标及得分情况如表 19-6 所示。

表 19-6　创业板上市公司市场表现状况比较表

分析指标	2023 年度全部上市公司平均值	2023 年度创业板上市公司平均值	2022 年度创业板上市公司平均值
市场投资回报率（%）	5.76	6.32	−24.83
股价波动率（%）	82.72	82.86	102.75
综合得分	9.07	9.10	7.77

二、2023 年创业板上市公司筑稳向新，提质增效彰显市场活力与生机

（一）造血能力持续改善，头部效应显著

截至 2024 年 4 月 30 日，除 ＊ST 三盛、普利制药、＊ST 越博三家创业板上市公司未能按期披露年报外，1330 家创业板上市公司 2023 年度实现总营收 3.86 万亿元，较 2022 年度总营收 3.62 万亿元增长 6.63%；以 2021 年营业总收入 3.02 万亿元为基数，至 2023 年复合增长率近 13.03%，其中 781 家创业板上市公司实现营收增长，占比近 6 成。2023 年度，虽然创业板上市公司净利润有所下滑，但经营活动现金流稳步增长，造血能力持续改善。1330 家创业板上市公司 2023 年度实现经营活动现金流 4.23 万亿元，较 2022 年度 3.93 万亿元增长 7.49%；以 2021 年 3.35 万亿元为基数，复合增长率高达 12.28%，其中 827 家创业板上市公司经营活动现金流实现增长，占比逾 6 成。在回报投资者方面，876 家创业板上市公司在 2023 年内实施现金分红，累计派现逾 950 亿元，较 2022 年度增长近 5 成。

值得一提的是，市值排名前 100 的头部创业板上市公司 2023 年度总营收实现 1.78 万亿元，占 1330 家创业板上市公司总营收的 46.10%，较同口径下 2022 年度总营收增长 12.07%；净利润实现 1652.27 亿元，占 1330 家创业板上市公司总净利润的 72.81%，较同口径下 2022 年度净利润增长 4.85%。此外，市值排名前 100 的创业板上市公司中，共 94 家实现盈利，近 6 成实现净利润增长，整体表现好于全部创业板上市公司平均水平，彰显了头部公司带动引领的示范效应。

（二）研发投入持续提升，"专精特新"底色更加鲜明

研发蓄能助推高质量发展，创业板上市公司近年研发投入持续提升。2023 年度，1330 家创业板上市公司研发投入资金为 1806.27 亿元，较 2022 年度研发投入资金 1648.07 亿元增长近 10%，高于营业收入增长，彰显了创业板上市公司加强创新力度、重视科技成果转化、追求高质量发展的长期战略规划。宁德时代、迈瑞医疗、亿纬锂能等行业龙头持续加码研发投入，分别以 183.56 亿元、34.33 亿元、10.81 亿元研发投入位列创业板上市公司研发投入金额前三甲。

值得注意的是，创业板实施注册制以来，在促进"专精特新"中小企业发展上升到国家层面的大背景下，助力"专精特新"企业做优做强效应凸显，仅 2023 年便有 80 家"专精特新"企业在创业板首发上市，占当年全部首发上市的创业板公司逾 7 成。截至 2023 年末，创业板上市公司中"专精特新"企业数量达到 700 家，已超过半数。

（三）政策指引持续完善，深化改革以促发展

创业板作为注册制改革的一部分，已经平稳运行三年，期间不断优化审核标准和程序，提高审核的透明度和效率。特别是 2023 年以来，证监会、交易所等监管部门密集出台了一系列政策指引，旨在进一步提升创业板市场的透明度、效率和质量，支持创新型企业的发展，并引导资本流向国家战略产业。2023 年 2 月 17 日，中国证监会发布全面实行股票发行注册制相关制度规则，再次强调了创业板主要服务成长型创新创业企业，支持传统产业与新技术、新产业、新业态、新模式深度融合的功能定位。深交所于 2023 年 12 月发布《深圳证券交易所上市公司自律监管指引第 2 号——创业板上市公司规范运作》，进一步健全创业板上市公司的分红机制，同时推动形成更加科学的独立董事制度体系，促进独立董事发挥应有作用。此外，近期深交所针对创业板企业发行上市申报及推荐暂行规定进行了进一步修订，并对创业板股票上市规则新规进行意见征求，其中对研发投入和营业收入增长率、研发投入金额、营业收入金额、行业负面清单等上市指标进行更新，同时对退市的具体标准进行了调整，包括对财务指标的重新定义和对退市流程的优化，确保更加精准实现"应退尽退"，推动形成进退有序、及时出清的格局。总体来说，近期新规的密集出台旨在进一步提升创业板市场的质量和效率，支持更多优质创新创业企业通过创业板发展壮大，同时确保市场的健康发展。

三、创业板"中联价值 100"业绩评价结果

按照中国上市公司业绩评价体系，我们以统一测算的评价标准为基准，运用功效系数法，对截至 2024 年 5 月 5 日公布年报的 1327 家创业板非金融上市公司业绩进行了评价，剔除 2023 年新上市的 110 家创业板上市公司后，根据评价结果得出了 2023 年度"创

业板中联价值 100"，其中，米奥会展以综合得分 83.76 分获得第一，得分第 2~10 名的企业分别是迈瑞医疗、智飞生物、汇川技术、神州泰岳、新产业、安克创新、新国都、宁德时代和友讯达。具体信息见本书附录二中的 2023 年度创业板"中联价值 100"业绩评价得分情况。

从经营业绩来看，创业板"中联价值 100"2023 年共实现主营业务收入 9475.85 亿元、归母净利润 1312.42 亿元，分别占纳入评价范围的 1327 家创业板上市公司的 24.62% 和 60.41%，户均收入及归母净利润分别是 1327 家创业板上市公司户均收入及归母净利润的 3.27 倍和 8.02 倍，显著高于评价范围内的创业板上市公司平均盈利能力。

从资产规模来看，截至 2023 年 12 月 31 日，创业板"中联价值 100"资产总量合计 1.56 万亿元，占评价范围内创业板上市公司资产总量 6.84 万亿元的 22.77%，户均资产总量是纳入评价范围的创业板上市公司的 3.02 倍，创业板"中联价值 100"具有显著的规模优势。

从行业分布来看，创业板"中联价值 100"主要集中在高精尖制造业，其中医药生物蝉联行业家数最多，占据 15 席，电力设备、电子、计算机和机械设备位列第 2~5 名，创业板着力助力"专精特新"发展作用凸显。创业板"中联价值 100"行业分布如图 19-1 所示。

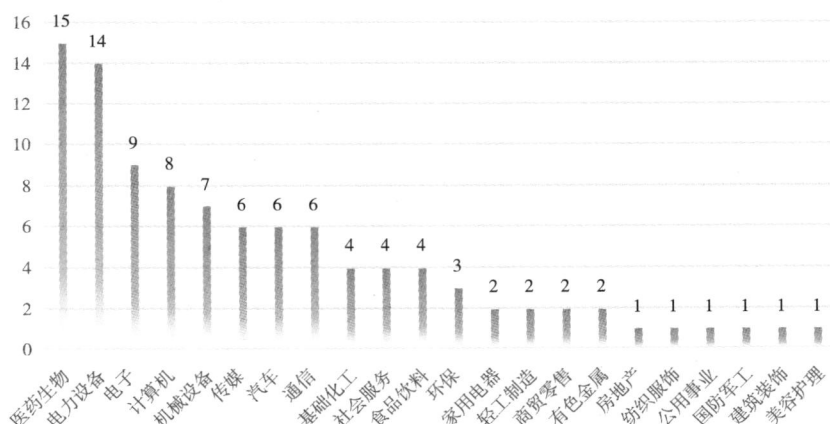

图 19-1　创业板"中联价值 100"行业分布

从地域分布来看，创业板"中联价值 100"仍集中于我国东南沿海地区，特别是以珠三角、长三角一带为主要分布。广东省以 31 家蝉联第一且遥遥领先，第 2~5 名的省市分别是浙江、江苏、四川和北京。西南部及东北部省市相对较少。创业板"中联价值 100"地域分布如图 19-2 所示。

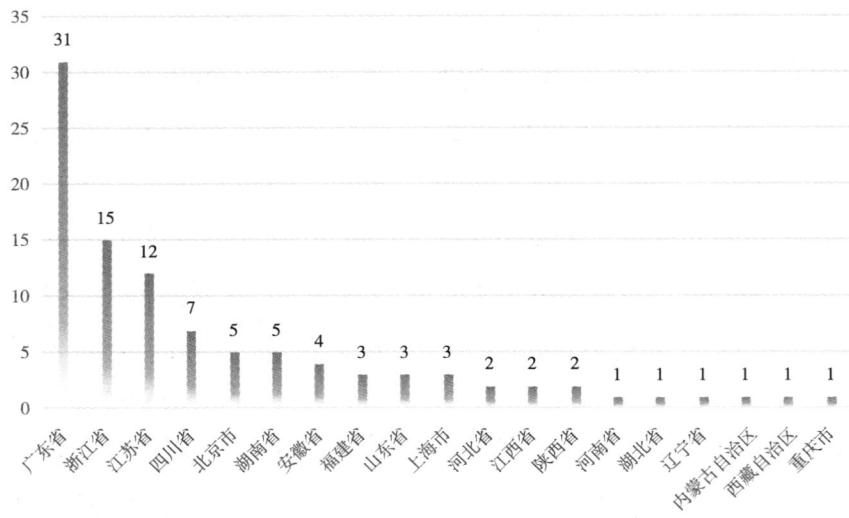

图 19-2　创业板"中联价值100"地域分布

第二十章

科创板上市公司业绩评价

科创板上市公司是科技创新和产业发展的生力军。2023 年，尽管面对国内外多重因素的影响，科创板上市公司仍能够迎难而上，在科技攻关、业绩发展、创新成果方面都有新突破，为我国加快发展新质生产力贡献科创板力量。

2023 年科创板迎来新突破，上市公司数量突破 550 家，总市值达 6.46 万亿元，整体营业收入达 1.40 万亿元，同比增长 4.7%。科创板制度体系逐步完善，将充分发挥服务高水平科技自立自强战略性平台的作用，不断壮大战略性新兴产业集群，加快未来产业布局，持续打造培育新质生产力的"主阵地"。

一、科创板上市公司业绩评价结果

截至 2023 年末，科创板已上市公司 566 家，纳入本次评价范围的 566 家科创板上市公司（以下简称"评价范围内的科创板上市公司"）综合评价平均分值为 48.55 分，较 2022 年度 52.44 分有所下降。企业规模越大，综合评价平均得分越高。企业规模在 100 亿元以上的平均得分最高，平均分值 52.89 分，企业规模 50 亿~100 亿元的平均得分 49.54 分，企业规模 10 亿~50 亿元的得分 47.77 分，而企业规模 1 亿~10 亿元的平均得分 49.04 分。个股方面，传音控股以 89.28 分位列科创板上市公司业绩评价第一名，位列"中联价值 100"榜单第一名。

图 20-1 列示了 2023 年度科创板上市公司规模平均得分情况。

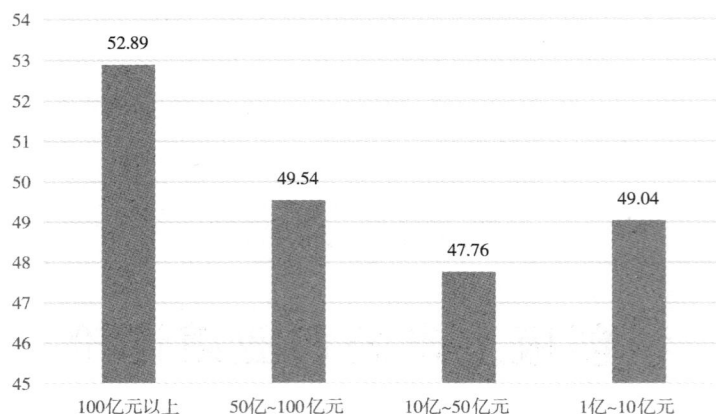

图 20-1　2023 年度科创板上市公司规模平均得分情况（单位：分）

从行业来看，得分较高的为黑色金属冶炼和压延加工业、化学原料和化学制品制造业、有色金属冶炼和压延加工业。而互联网、科技推广和应用服务、研究和试验发展得分较低。其他行业分布在均值上下。

566 家科创板上市公司中，业绩评价 AAA 级的有 2 家，A 级的有 7 家，BBB 级的有 30 家，BB 级的有 47 家，B 级的有 64 家，CCC 级的有 73 家，CC 级的有 82 家，C 级的有 261 家。

下面分别从财务效益、资产质量、偿债风险、发展能力及市场表现等五个方面对科创板上市公司进行具体分析。

（一）财务效益

2023 年科创板上市公司的财务效益状况平均得分为 20.30 分，较 2022 年有所下降（见表 20-1）。评价财务效益状况的指标包括两个基本指标（扣除非经常性损益净资产收益率和总资产报酬率）和三个修正指标（营业利润率、盈利现金保障倍数、总股本收益率）。从具体指标来看，评价范围内的科创板上市公司净资产收益率、总资产报酬率、营业利润率和总股本收益率表现方面较 2022 年大幅下降，盈利现金保障倍数高于 2022 年，从整个收益得分情况来看，科创板上市公司低于 2023 年度全部上市公司平均水平。新能源、半导体、生物医药行业保持着较高的财务效益水平。其中，晶科能源、天合光能、大全能源受益于光伏市场需求旺盛，光伏产业其他环节扩产提速，硅料价格持续上涨，财务效益迅速增长，财务效益得分水平位居前列。

表 20-1　科创板上市公司财务效益状况比较表

分析指标		2023 年度全部上市公司平均值	2023 年度科创板上市公司平均值	2022 年度科创板上市公司平均值
基本指标	净资产收益率（%）	6.75	2.49	6.21
	总资产报酬率（%）	5.03	3.12	5.82

	分析指标	2023 年度全部上市公司平均值	2023 年度科创板上市公司平均值	2022 年度科创板上市公司平均值
修正指标	营业利润率（%）	6.42	6.10	10.68
	盈利现金保障倍数	2.01	1.88	0.85
	总股本收益率（%）	44.8	44.8	68.24
综合得分		23.35	20.30	24.68

（二）资产质量

从综合得分来看，2023 年科创板上市公司资产质量平均得分 7.26 分，略低于 2022 年得分，与整体 A 股市场资产质量 9.27 分相比，还有一定的差距（见表 20-2）。由于科创企业目前大多仍处于研发阶段或初期发展阶段，资产运营效率略低。

评价资产质量状况的指标包括两个基本指标（总资产周转率和流动资产周转率）和两个修正指标（存货周转率和应收账款周转率）。从具体指标来看，2023 年评价范围内的科创板上市公司总资产周转率、流动资产周转率、应收账款周转率指标的平均水平均较 2022 年有所下降。有研粉材资产质量在科创板上市公司中得分最高，为 13.35 分，相较于全部上市公司最高 15 分仍有一定差距。

表 20-2　科创板上市公司资产质量状况比较表

	分析指标	2023 年度全部上市公司平均值	2023 年度科创板上市公司平均值	2022 年度科创板上市公司平均值
基本指标	总资产周转率（次）	0.64	0.44	0.50
	流动资产周转率（次）	1.27	0.69	0.75
修正指标	存货周转率（次）	3.48	2.80	3.08
	应收账款周转率（次）	7.99	4.23	4.82
综合得分		9.27	7.26	7.75

（三）偿债风险

从综合得分来看，2023 年科创板上市公司偿债风险平均得分 9.92 分，较 2022 年得分有所下降（见表 20-3）。评价偿债风险状况的指标包括两个基本指标（资产负债率、已获利息倍数）和三个修正指标（现金流动负债比率、速动比率和带息负债比率）。

从具体指标来看，评价范围内的科创板上市公司 2023 年资产负债率有所增加，已获利息倍数大幅降低，速动比率有所下降，现金流动负债比率及带息负债比率都有所增长，但与全部上市公司相比，具有一定优势，体现出科创板上市公司具有一定的短期偿还能力保障性，偿债风险相对较低。共 66 家科创板上市公司偿债风险评价得分高于 14 分，其中 24 家获得 14.99 分。

表 20-3 科创板上市公司偿债风险状况比较表

分析指标		2023 年度全部上市公司平均值	2023 年度科创板上市公司平均值	2022 年度科创板上市公司平均值
基本指标	资产负债率（%）	57.83	38.99	36.87
	已获利息倍数	5.21	7.50	15.93
修正指标	速动比率（%）	88.92	177.88	196.59
	现金流动负债比率（%）	15.90	14.51	12.88
	带息负债比率（%）	42.82	35.52	30.27
综合得分		8.90	9.92	10.82

（四）发展能力

从综合得分来看，2023 年科创板上市公司发展能力平均得分 13.06 分，较 2022 年有所下降（见表 20-4）。评价发展能力状况的指标包括两个基本指标（营业收入增长率和资本扩张率）和四个修正指标（累计保留盈余率、三年营业收入平均增长率、总资产增长率和营业利润增长率）。

2023 年科创板企业业绩增长相对稳定，但营业收入增长率、资本扩张率、营业利润增长率较 2022 年大幅减少，特别是营业利润增长率与 2022 年相比下降明显，呈负增长。相比全部上市公司发展能力 12.33 分来说，仍体现出科创板上市公司处在高速发展阶段，发展潜力较大。特别是电气机械和器材制造业，在发展能力得分前五的公司中占得三席，包括晶科能源、天合光能、阿特斯。

表 20-4 科创板上市公司发展能力状况比较表

分析指标		2023 年度全部上市公司平均值	2023 年度科创板上市公司平均值	2022 年度科创板上市公司平均值
基本指标	营业收入增长率（%）	2.21	4.70	29.22
	资本扩张率（%）	6.75	12.44	33.07
修正指标	累计保留盈余率（%）	44.05	17.04	19.01
	三年营业收入平均增长率（%）	10.93	23.81	29.48
	总资产增长率（%）	5.71	13.60	32.27
	营业利润增长率（%）	-3.95	-39.98	4.99
综合得分		12.33	13.06	14.94

（五）市场表现

从综合得分来看，2023 年科创板上市公司市场表现平均得分 8.09 分，略低于全部上市公司平均得分 9.07 分（见表 20-5）。评价市场表现状况的指标包括市场投资回报率和股价波动率。

从具体指标来看，受整体经济环境影响，2023 年市场投资回报率表现平平，但是 2023 年科创板上市公司市场投资回报率较上一年有大幅提升，与全部上市公司差距进一步缩小。

当前科创企业仍处于高速发展的阶段，股价波动率较上一年有所下降，但仍高于全部上市公司平均水平。

表 20-5　科创板上市公司市场表现状况比较表

分析指标	2023 年度全部上市公司平均值	2023 年度科创板上市公司平均值	2022 年度科创板上市公司平均值
市场投资回报率（%）	5.76	−1.83	−19.92
股价波动率（%）	82.72	94.46	111.13
综合得分	9.07	8.09	7.89

二、2023 年科创板上市公司稳中求进

（一）夯实基础，加大创新蓄能

科创板从 2019 年开板仅 70 家，已发展到 2023 年的 566 家。2023 年科创板上市公司合计实现营业收入约 1.4 万亿元，同比增长 4.7%，总市值达 6.46 万亿元，全年实现净利润 759.6 亿元。科创板上市公司经营质量持续向好，其中 351 家科创企业营业收入实现上涨，如益方生物实现零的突破，营业收入达 1.85 亿元。其核心产品贝福替尼二线治疗药在 2023 年 5 月获得 NMPA 批准上市，二线治疗适应症于 2023 年 12 月进入《国家医保目录》，2023 年销售收入大幅增长，增长率超 5000%。2023 年全年 67 家科创板企业成功登陆科创板，平均资产规模 59 亿元，营业收入合计 1310 亿元。2023 年新上市科创公司主要为计算机、通信和其他电子设备制造、信息传输、软件和信息技术服务业及专用设备制造业领域。同时，科创板公司主动融入全球产业链供应链，依托持续科技创新，增强产业话语权和影响力，积极迈向国际价值链中高端，锻造出一张张中国"硬"名片。

（二）研发持续不断发力，促进科技企业长远发展

科创板上市公司创立之初定位于高新技术产业和战略性新兴产业，当前科创板公司不断践行创新驱动发展战略。2023 年科创板公司在研发方面持续发力。根据上海证券交易所公开数据，2023 年，科创板公司研发投入金额合计达到 1561.2 亿元，同比增长 14.3%，研发投入占营业收入比例的中位数为 12.2%，83 家公司研发强度连续三年超 20%。

生物医药、半导体等行业研发投入强度居前，其中 75 家公司研发投入占营业收入比例超过 30%，百济神州等 59 家公司研发投入超 5 亿元。科研人才是科创企业的核心优势资源，根据上海证券交易所公开数据，科创板上市公司目前已汇聚研发人员数量超过 23 万人，2023 年累计形成发明专利超 10 万项，科创板上市公司在科技创新方面不断取得新进展、新突破。

（三）战略性新兴产业发展迅速，打造新质生产力动力源

科创板落实创新驱动发展战略，充分发挥服务高水平科技自立自强战略性平台的作用，持续打造培育新质生产力的"主阵地"，行业结构布局与新质生产力发展方向高度契合，其中新一代信息技术、生物医药、高端装备制造行业公司合计占比超过80%，战略性新兴产业集群逐步发展壮大，未来产业加快布局，奋力以科技创新开辟高质量发展的新领域新赛道。

高端装备制造产业集群不断发展壮大，助力筑牢"制造强国"根基。科创板高端装备制造公司超过120家，涵盖航空航天、工业机器人、工业母机、激光加工等多个重要产业链及生产环节。2023年业绩持续稳健增长，有力推动中国制造迈向价值链中高端。一批科创板公司积极面向人工智能、基因技术、量子信息等未来产业，加快谋篇布局。人工智能领域，金山办公、海光信息等10余家公司积极响应国家"新型基础设施建设"的号召，全面助力AI在智慧城市、生物医药、工业制造、科学计算等领域的规模应用。

三、科创板"中联价值100"业绩评价结果

按照中国上市公司业绩评价体系，我们以统一测算的评价标准为基准，运用功效系数法，对截至2023年4月30日公布年报的科创板566家上市公司业绩进行了评价，剔除2023年新上市的科创板上市公司后，根据评价结果得出了2023年度科创板"中联价值100"上市公司，其中，传音控股以综合得分89.28分获得第一，得分第2~10名的企业分别是石头科技、惠泰医疗、金山办公、特宝生物、艾力斯、柏楚电子、南微医学、力芯微及爱科科技。具体信息见本书附录二中的2023年度科创板"中联价值100"业绩评价得分情况。

附　录

附录一

2023 年度中国上市公司业绩评价体系说明

为准确、科学评价上市公司的经营业绩，提高上市公司监管效率，更好地服务于广大投资者和促进提高上市公司经营管理水平，2001 年中联财务顾问有限公司和中联资产评估有限公司组织评价领域有关专家成立"中国上市公司业绩评价课题组"，借鉴国内外企业绩效评价的体系与方法，结合上市公司的特点，研究制定了中国上市公司业绩评价指标体系。该评价体系从多角度反映上市公司的业绩，在衡量公司盈利能力的同时，兼顾公司的成长、风险、资产质量和市场表现，做到财务效益和债务风险、资产质量与公司成长的平衡。该评价体系旨在为广大投资者、政府监管机构、债权人、公司职工以及其他利益相关者提供上市公司真实业绩的相关资料及信息，并提供一个有效的分析工具。现对该评价体系的基本内容说明如下。

一、中国上市公司评价体系的主要特点

在研究上市公司业绩评价体系过程中，我们充分借鉴了财政部、国家经贸委、中央企业工委、劳动保障部和国家计委联合颁布的《企业绩效评价实施细则》和国务院国资委颁布的《中央企业绩效评价管理暂行办法》（国资委令第 14 号）的有关规定，根据公开披露的上市公司数据，紧密结合中国上市公司的特点，突出反映上市公司的市场表现，研究建立了中国上市公司业绩评价指标体系。归纳起来，主要有以下特点。

（一）充分体现了投入回报特性

企业的根本属性是以盈利为目的，不仅是短期盈利，更重要的是可持续的长期盈利。本评价体系体现以投入产出为核心，充分反映企业的盈利能力。在评价的五个方面中，有两个方面主要反映盈利能力，一个是从企业的角度反映企业的盈利水平，即盈利能力，占35%的权重；另一个是从市场角度反映股票的增值水平，即市场表现，占 15% 的权重。盈

363

利能力主要从投资人和社会两个角度来反映，体现在净资产收益率和总资产报酬率上，增值水平主要体现在市场投资回报率上。因此，本评价体系的核心是体现投入产出特性。

（二）构建了多层次的立体评价体系

本评价体系的评价指标包括基本评价指标和修正评价指标两个层次，两个层次之间不是简单的并列关系，而是递进的修正和验证关系。首先，通过 10 项基本评价指标计算出上市公司的业绩评价的得分，然后，通过 13 项修正评价指标对基本指标评价分数进行验证和修正，从而得出更加客观的评价结果。评价指标之间相互牵制，即使通过财务数据作假，一些指标得分高了，另一些指标得分可能就低了，不会获得高分的，要想获得评价高分只有通过提高上市公司的竞争力和发展质量。

（三）首创了线性评价标准

对某一个评价指标而言，传统的评价标准只是一个数值，最多也只有满意值和不允许值等两个评价标准。而在本评价体系中，创立了线性评价标准。具体而言，每一评价指标分为优秀、良好、平均、较低、较差五档标准，这五档标准反映在坐标轴上就是一条曲线，即评价标准线。线性标准不仅能为评价计分提供准确的计算依据，而且能描述不同评价指标的经济特性。不同的评价指标有不同类型的评价标准曲线，只有线性标准才能实现更加科学的计分。

（四）具有较强的可操作性

在设计本评价体系时，我们将可操作性作为一项重要的目标。首先，要求所有的评价指标能够从公开的市场上获取；其次，评价标准要做到符合实际，既考虑到中国企业的普遍情况，又考虑到上市公司的实际特点；最后，还要设计一套上市公司业绩评价软件，通过软件自动计算中国上市公司的评价得分。

二、中国上市公司业绩评价指标体系

由于我国上市公司法人治理不完善、股权割裂、法制不健全等原因，上市公司出于市场融资、配合二级市场炒作、避免亏损、管理层骗取激励基金及政治追求等特别目的，人为进行盈余操纵，甚至财务欺诈的行为时有发生。因此，不能仅仅从实现利润情况评价上市公司的业绩。我们认为，上市公司的业绩应包括财务效益、资产质量、偿债风险、发展能力及市场表现等五个方面，对于每一方面，我们设置了若干财务指标反映其真实状况，具体分为基本指标和修正指标两个层次。只有五个方面的有机结合，才能客观反映企业的真实业绩。

（一）中国上市公司业绩评价指标体系的设置原则

上市公司业绩评价指标体系的设置遵循以下几项原则：一是选定的指标应具有较强的

横向、纵向可比性，尽可能排除偶然或异常事项的影响，如果不能完全剔除这些因素的干扰，则通过调整相关指标的权数以降低其对评价结果的影响程度；二是各项指标的设立在整体均衡的基础上应突出相互的制衡性，整个指标体系要具备"此消彼长"的内在机制，提高操控整个指标体系的困难程度；三是指标体系的确定要充分考虑上市公司特点，而且所有财务指标的计算、取值只局限在上市公司公告的数据资料内，不尝试获得每家上市公司进一步的内部信息资料，即在现行法规框架下，通过对部分必要信息的分析判断取得尽可能公平合理的评价结果。

（二）中国上市公司业绩评价指标体系的主要特点

第一，突出股东回报。企业的根本属性就是实现股东价值最大化，本评价体系以投入产出为核心，从股东价值和企业价值两个角度来反映企业的盈利能力，主要采用扣除非经常性损益后的净资产收益率和总资产报酬率两个财务指标来体现，占 35% 的权重，核心是突出股东回报，体现股东价值最大化。扣除非经常性损益后的净资产收益率剔除了企业盈利的偶然因素，反映企业持续盈利能力，总资产报酬率反映企业占用总资产创造的总价值，包括对股东的回报和对债权人的回报。当然，反映企业盈利能力的财务指标还有很多，我们重点从经营活动创造的利润、盈利是否有现金保障、投入资本获得的收益等多角度对企业的盈利能力进行修正，目的是更加全面、完整、真实地反映企业的盈利能力。

第二，关注公司成长。上市公司的发展不仅需要短期盈利，更需要长期持久的健康发展。本评价体系从规模增长的角度反映企业的成长性，采用的主要指标是销售增长率和资本扩张率，权重占 20%。销售增长反映企业的市场占有和业务发展状况，资本扩张反映企业的盈利中用于扩大再生产的状况。同时，还采用三年营业收入增长、总资产增长、营业利润增长和盈余保留等指标对成长性进行修正。

第三，体现资产质量。企业资产是创造财富的源泉，资产质量的高低间接反映企业盈利能力。本评价体系从资产效率的角度反映资产运营水平，采用的主要指标是总资产周转率和流动资产周转率，权重占 15%。总资产周转率反映总资产创造产品和服务的能力，体现总资产的运营效率；流动资产周转率反映企业流动资产的运营效率。同时，还采用应收账款周转速度和存货周转速度进行修正。

第四，反映债务风险。企业在发展的同时要防范债务风险，防止出现债务危机，要做到收益和风险的平衡。本评价体系从负债和流动性角度反映企业的偿债能力，采用的主要指标是资产负债率和已获利息倍数，权重占 15%。资产负债率是国际通行反映企业债务水平的指标，已获利息倍数反映企业的盈利中偿还债务利息的能力。同时，还采用带息负债、现金流和速动资产比率进行修正。

第五，重视市场表现。尽管目前我国资本市场的股价与上市公司业绩的相关性不强，股价不能完全反映上市公司的真实业绩，但从我们多年的研究结果看，上市公司的市场表现与业绩的相关性逐年提高，本课题很重视企业在资本市场上的表现，将市场表现作为企业业绩的重要内容，采用的主要指标是市场投资回报率和股价波动率，占 15% 的权重。市场投资回报率反映股票投资人在资本市场上获得的收益，包括股价上涨、分红、送股等；股价波动率反映股价的稳定性，对股价大起大落的公司适当减分。

（三）中国上市公司业绩评价指标体系的基本框架

中国上市公司业绩评价指标体系由财务效益状况、资产质量状况、偿债风险状况、发展能力状况以及市场表现状况五部分指标构成，包括基本指标和修正指标两个层次，共 23 项评价指标。指标体系见表 1。

表 1　中国上市公司业绩评价指标体系与指标权数表

评价指标		基本指标		修正指标	
评价内容	权数（%）	指标	权数（%）	指标	权数（%）
一、财务效益状况	35	净资产收益率（%） 总资产报酬率（%）	20 15	营业利润率（%） 盈利现金保障倍数 股本收益率（%） 资产规模系数	7 8 8 12
二、资产质量状况	15	总资产周转率（次） 流动资产周转率（次）	8 7	应收账款周转率（次） 存货周转率（次）	9 6
三、偿债风险状况	15	资产负债率（%） 已获利息倍数	8 7	速动比率（%） 现金流动负债比率（%） 带息负债比率（%）	5 5 5
四、发展能力状况	20	营业收入增长率（%） 资本扩张率（%）	10 10	累计保留盈余率（%） 三年营业收入平均增长率（%） 总资产增长率（%） 营业利润增长率（%） 资产规模系数	3 3 4 4 6
五、市场表现状况	15	市场投资回报率（%） 股价波动率（%）	10 5		

（四）基本指标的内涵

基本指标是评价上市公司业绩的主要计量指标，是整个指标评价体系的核心。基本指标由净资产收益率、总资产报酬率、总资产周转率、流动资产周转率、资产负债率、已获利息倍数、营业收入增长率、资本扩张率、市场投资回报率以及股价波动率共 10 项计量指标构成。

1. 净资产收益率

（1）基本概念。

净资产收益率是指企业一定时期内的净利润同平均净资产的比率。净资产收益率充分体现了投资者投入企业的自有资本获取净收益的能力，突出反映了投资与报酬的关系，是评价企业资本经营效益的核心指标。

（2）计算公式。

$$净资产收益率=\frac{净利润－非经常性损益}{平均净资产}×100\%$$

（3）内容解释。

①净利润是指企业未作任何分配前的税后利润。为更好地评价企业业绩，反映上市公司的可持续盈利能力，本指标的净利润是指扣除非经常性损益后的净利润。

②平均净资产是企业年初所有者权益同本年所有者权益变动的平均数。净资产包括实收资本、资本公积、盈余公积和未分配利润等。

2. 总资产报酬率

（1）基本概念。

总资产报酬率是企业在报告期内获得的可供投资者和债权人分配的经营收益占总资产的百分比，反映资产利用的综合效果。本指标剔除了财务杠杆对收益率的影响。

（2）计算公式。

$$总资产报酬率=\frac{息税前利润}{年度平均资产总额}×100\%$$

（3）内容解释。

①息税前利润是指"企业利润总额与利息支出"之和。数据取值于"利润及利润分配表"和"会计报表附注"。

②年度平均资产总额指企业年平均占用的资产额。数据取值于"资产负债表"。

$$年度平均资产总额=\frac{资产总额年初数+资产总额年末数}{2}$$

3. 总资产周转率

（1）基本概念。

总资产周转率是指企业一定时期主营业务收入净额同平均资产总额的比值。总资产周转率是综合评价企业全部资产经营质量和利用效率的重要指标。

（2）计算公式。

$$总资产周转率（次）=\frac{主营业务收入净额}{平均资产总额}$$

$$平均资产总额=\frac{资产总额期初数+资产总额期末数}{2}$$

（3）内容解释。

①主营业务收入净额是指企业当期主要经营活动所取得的收入减去折扣与折让后的

数额。

②平均资产总额是指企业资产总额年初数与年末数的平均值。数据取值于"资产负债表"。

4. 流动资产周转率

（1）基本概念。

流动资产周转率是指企业一定时期主营业务收入净额同平均流动资产总额的比值。流动资产周转率是评价企业资产利用效率的另一主要指标。

（2）计算公式。

$$流动资产周转率（次）=\frac{主营业务收入净额}{平均流动资产总额}$$

$$平均流动资产总额=\frac{流动资产期初数+流动资产期末数}{2}$$

（3）内容解释。

①主营业务收入净额解释同上。

②平均流动资产总额是指企业流动资产总额的年初数与年末数的平均值。数据取值于"资产负债表"。

5. 资产负债率

（1）基本概念。

资产负债率是指企业一定时期负债总额同资产总额的比率。资产负债率表示企业总资产中有多少是通过负债筹集的，该指标是评价企业负债水平和偿债能力的综合指标。该指标为逆向指标，实际值越低，得分越高。

（2）计算公式。

$$资产负债率=\frac{负债总额}{资产总额}\times100\%$$

（3）内容解释。

①负债总额是指企业流动负债、长期负债和递延税款贷项的总和。少数股东权益不在负债总额中体现。数据取值于"资产负债表"。

②资产总额是指企业拥有各项资产价值的总和。数据取值于"资产负债表"。

6. 已获利息倍数

（1）基本概念。

已获利息倍数是指企业一定时期的盈利偿还利息的能力。它是从偿还利息的角度反映企业当期偿付债务的能力，也叫利息保障倍数。

（2）计算公式。

$$已获利息倍数 = \frac{利润总额 + 利息费用}{利息支出}$$

（3）内容解释。

由于 Wind 系统数据不断丰富，利息支出取自 Wind 衍生报表中财务费用项下的"利息支出"。

7. 营业收入增长率

（1）基本概念。

营业收入增长率是指企业本年营业收入增长额同上年营业收入的比率。营业收入增长率表示与上年相比，企业营业收入的增减变动情况，是评价企业成长状况和发展能力的重要指标。

（2）计算公式。

$$营业收入增长率 = \frac{本年营业收入增长额}{上年营业收入} \times 100\%$$

$$本年营业收入增长额 = 本年营业收入 - 上年营业收入$$

（3）内容解释。

①本年营业收入增长额是企业本年营业收入与上年营业收入的差额。如本年营业收入低于上年，本年营业收入增长额用"−"表示。有关数据取值于"利润及利润分配表"。

②上年营业收入指企业上年全年的主要经营活动所取得的收入减去折扣与折让后的数额。数据取值于"利润及利润分配表"。

8. 资本扩张率

（1）基本概念。

资本扩张率是指上市公司本年股东权益增长额同年初股东权益的比率。资本扩张率表示企业当年资本的积累能力，是评价企业发展潜力的重要指标。

（2）计算公式。

$$资本扩张率 = \frac{本年股东权益增长额}{年初股东权益} \times 100\%$$

$$本年股东权益增长额 = 股东权益年末数 - 股东权益年初数$$

（3）内容解释。

①本年股东权益增长额是指企业本年股东权益与上年股东权益的差额。数据取值于"资产负债表"。

②年初股东权益指股东权益的年初数。数据取值于"资产负债表"。

9. 市场投资回报率

（1）基本概念。

市场投资回报率是指上市公司本年在资本市场上投资股票所获的收益同年初股票投资成本的比率，反映上市公司股权在一年内的增值幅度。市场投资回报包括股票价格变动、企业分红派息、送配股等因素。市场投资回报率表示上市公司资本市场的增值能力，是评价上市公司市场表现的重要指标。

（2）计算公式。

$$市场投资回报率 = \frac{本年股票投资收益}{股票投资成本} \times 100\%$$

$$本年股票投资收益 = 股票年末复权价格 - 股票年初复权价格$$

（3）内容解释。

①本年股票投资收益是指在资本市场投资股票所获得的收益。

②股票投资成本是指年初投资股票时的复权价格。

10. 股价波动率

（1）基本概念。

股价波动率是指上市公司每周股价同平均股价的标准平均方差，反映上市公司本年股票价格在股票市场上的波动情况。股价波动率主要体现上市公司的经营风险以及稳定持续发展情况。该指标为逆向指标，实际值越低，得分越高。

（2）计算公式。

$$股价波动率 = \sqrt{\sum_{i=1}^{n}\left(\frac{xi}{\bar{x}}-1\right)^2} \times 100\%$$

其中：xi 表示每周股票的复权收盘价；

　　　$\bar{x}$ 表示一年股票的平均复权价；

　　　n 表示一年的股票开盘周数。

（3）有关说明。

①为避免送配股、分红等对股价的影响，股价波动率采用股票的复权价格计算。

②考虑到股价对波动率的影响，在计算股价波动率时，对每周复权价和平均股价都除以平均股价。

（五）修正指标的内涵

修正指标是从多方面调整完善基本指标评价结果的计量因素，是整个指标评价体系的重要辅助部分。通过修正指标的分析评价，实现对基本指标评价结果的全面调整和修正，形成定量指标评价结果。修正指标由营业利润率、盈利现金保障倍数、总股本收益率、资产规模系数、应收账款周转率、存货周转率、速动比率、现金流动负债比率、带息负债比率、累计保留盈余率、三年营业收入平均增长率、总资产增长率以及营业利润增长率共 13 项计量指标构成。

1. 营业利润率

（1）基本概念。

营业利润率是指企业一定时期营业利润同营业收入的比率。它表明企业每单位营业收入能带来多少营业利润，反映了企业日常经营性业务的获利能力。

（2）计算公式。

$$营业利润率 = \frac{本年营业利润}{本年营业收入} \times 100\%$$

（3）内容解释。

①营业利润是指日常经营业务获得的利润，不包括投资收益、营业外收支等因素。数据取值于"利润及利润分配表"。

②营业收入额是指企业当期销售商品、提供劳务等主要经营活动所取得的收入减去折扣与折让后的数额。数据取值于"利润及利润分配表"。

2. 盈利现金保障倍数

（1）基本概念。

盈利现金保障倍数是企业一定时期经营现金净流量同净利润的比值。盈利现金保障倍数指标反映了企业当期净利润中现金收益的保障程度，真实地反映了企业盈余的质量。

（2）计算公式。

$$盈利现金保障倍数 = \frac{经营现金净流量}{净利润}$$

（3）内容解释。

①经营现金净流量指一定时期内，由企业经营活动所产生的现金及其等价物的流入量与流出量的差额。数据取值于"现金流量表"。

②净利润解释同上。数据取值于"利润及利润分配表"。

3. 总股本收益率

（1）基本概念。

总股本收益率是指企业一定时期内获得的净利润与平均股本净额的比率。股本收益揭示了上市公司净资产中的股本获取净收益的能力，突出反映了股本与报酬的关系。

（2）计算公式。

$$总股本收益率 = \frac{净利润}{平均股本净额} \times 100\%$$

$$平均股本净额 = \frac{股本净额年初数 + 股本净额年末数}{2} \times 100\%$$

（3）内容解释。

①净利润采用归属母公司的净利润。

②平均股本净额是指企业股本净额年初数与年末数的平均值。数据取值于"资产负债表"。

4. 资产规模系数

为准确反映不同规模企业的业绩增长难度，合理评价公司业绩，我们设置了资产规模系数。对于资产总额较大的企业，其盈利增长和发展能力增长空间较小，获得高速增长的难度较大；对于资产总额较小的企业，其盈利增长和发展能力增长空间较大，获得高速增长相对容易。因此，我们用资产规模系数来修正盈利能力和发展能力状况的评价得分，以上市公司的平均资产总额为基准，依据上市公司的实际资产规模适当修正评价得分。原则上，上市公司的总资产规模越大，则其对基本得分的正方向修正力度就越大。

5. 应收账款周转率

（1）基本概念。

应收账款周转率是企业一定时期内主营业务收入净额同应收账款平均余额的比率。应收账款周转率是对流动资产周转率的补充说明。

（2）计算公式。

$$应收账款周转率（次）=\frac{主营业务收入净额}{应收账款平均余额}$$

$$应收账款平均余额=\frac{应收账款余额年初数+应收账款余额年末数}{2}\times100\%$$

（3）内容解释。

①主营业务收入净额解释同上。

②应收账款是指企业因赊销产品、材料、物资和提供劳务而应向购买方收取的各种款项。应收账款是应收账款账面价值减坏账准备之后的净值。数据取值于"资产负债表"。

6. 存货周转率

（1）基本概念。

存货周转率是企业一定时期主营业务成本与存货平均余额的比率。存货周转率是对流动资产周转率的补充说明。

（2）计算公式。

$$存货周转率（次）=\frac{主营业务成本}{存货平均余额}$$

$$存货平均余额=\frac{存货余额年初数+存货余额年末数}{2}\times100\%$$

（3）内容解释。

①营业成本是指企业销售商品或提供劳务等经营业务的实际成本。数据取值于"利润及利润分配表"。

②存货余额是指企业存货账面价值与存货跌价准备之和，是存货账面价值减去存货跌价准备之后的净值。存货账面价值指企业期末各种存货的历史成本。存货跌价准备指存货可变现净值低于存货成本的部分。存货平均余额是存货余额年初数与年末数的平均值。数据取值于"资产负债表"。

7. 速动比率

（1）基本概念。

速动比率是企业一定时期的速动资产同流动负债的比率。速动比率衡量企业的短期偿债能力，评价企业流动资产变现能力的强弱。

（2）计算公式。

$$速动比率 = \frac{速动资产}{流动负债} \times 100\%$$

$$速动资产 = 流动资产 - 存货$$

（3）内容解释。

①速动资产是指扣除存货后流动资产的数额。数据取值于"资产负债表"。

②流动负债解释同上。

8. 现金流动负债比率

（1）基本概念。

现金流动负债比率是企业一定时期的经营现金净流量同流动负债的比率。现金流动负债比率是从现金流动角度来反映企业当期偿付短期负债的能力。

（2）计算公式。

$$现金流动负债比率 = \frac{年经营现金净流量}{年末流动负债} \times 100\%$$

（3）内容解释。

①年经营现金净流量指一定时期内，由企业经营活动所产生的现金及其等价物的流入量与流出量的差额。数据取值于"现金流量表"。

②流动负债指企业所有偿还期在一年或一个经营周期以内的债务。数据取值于"资产负债表"。

9. 带息负债比率

（1）基本概念。

带息负债比率是指带息负债与企业负债总额之比。该指标反映企业负债中承担利息负债的比率。该指标为逆向指标，实际值越低，得分越高。

（2）计算公式。

$$带息负债比率 = \frac{带息负债}{负债总额} \times 100\%$$

带息负债 = 短期借款 + 一年内到期的非流动负债 + 长期借款 + 应付债券 + 应付利息

（3）内容解释。

①带息负债表示企业负债中需要承担利息的负债额度。数据取值于"资产负债表"。

②负债总额同上。数据取值于"资产负债表"。

10. 累计保留盈余率

（1）基本概念。

累计保留盈余率是指企业盈余公积与未分配利润之和同平均股东权益的比率。累计保留盈余率反映了企业靠自身经营积累的发展能力大小。

（2）计算公式。

$$累计保留盈余率 = \frac{盈余公积 + 未分配利润}{平均股东权益} \times 100\%$$

$$平均股东权益 = \frac{股东权益年初数 + 股东权益年末数}{2} \times 100\%$$

（3）内容解释。

①盈余公积是企业按照有关规定及程序从净利润中提取的。数据取值于"资产负债表"。

②未分配利润是企业净利润经过一系列利润分配程序之后的剩余额。数据取值于"资产负债表"。

③平均股东权益是指企业股东权益年初数与年末数的平均值。数据取值于"资产负债表"。

11. 三年营业收入平均增长率

（1）基本概念。

三年营业收入平均增长率表明企业营业收入连续三年的增长情况，体现企业的持续发展态势和市场扩张能力。

（2）计算公式。

$$三年营业收入平均增长率 = \left(\sqrt[3]{\frac{当年营业收入净额}{三年前营业收入净额}} - 1 \right) \times 100\%$$

（3）内容解释。

①当年营业收入解释同上。

②三年前营业收入指企业三年前的营业收入数。数据取值于三年前"利润及利润分配表"。

12. 总资产增长率

（1）基本概念。

总资产增长率是指企业资产规模的增长，反映企业的成长性。

（2）计算公式。

$$总资产增长率 = \frac{本年资产总额增长额}{上年资产总额} \times 100\%$$

$$本年资产总额增长额 = 本年资产总额 - 上年资产总额$$

（3）内容解释。

如本年资产总额低于上年，本年资产总额增长额用"－"表示。数据取值于"资产负债表"。

13. 营业利润增长率

（1）基本概念。

营业利润增长率是指企业本年营业利润增加额同上年营业利润的比率。

（2）计算公式。

$$营业利润增长率 = \frac{本年营业利润 - 上年营业利润}{上年营业利润} \times 100\%$$

$$营业利润增长额 = 本年营业利润 - 上年营业利润$$

（3）内容解释。

①如本年营业利润低于上年，营业利润增长额用"－"表示。数据取值于"利润及利润分配表"。

②上年营业利润数据取值于上年的"利润及利润分配表"。

（六）评价指标权数的确定方法

在一个指标集合中，指标权数是其中每项指标占有的比重。每项指标对上市公司业绩的影响程度不同，其占有的权重应有所差别。不同的评价目的，评价指标权数的设置也有所区别。上市公司的财务效益状况是整个业绩评价指标体系的重点，该部分的指标权重就应相应加大。在权数设置上进行了分层处理，根据不同层次指标评价的需要，同时采用了德尔菲法（专家意见法）和相关性权重法来确定每个指标的权数。

1. 总权数与分层次权数的设置

按照权重设计的习惯做法，将评价指标体系的总权数设定为100，即所有指标都是最好的企业可得满分100分。同时，为便于不同层次指标的评价计分，先将基本指标和修正指标的权重均设定为100，修正指标是对基本指标的评价结果的修正，再将不同层次的计分结果返回百分制。

2. 具体指标的权数设置

对具体指标的权数设置综合运用了相关性权重法与德尔菲法。首先，根据测算的各评价指标之间的相关系数，确定指标之间的关联度，根据关联度赋予每个指标相应的权数。然后，运用德尔菲法将测算初定的权数分配表分别发送给有关部门、专家，征求他们的意见，在此基础上进行意见综合，形成具体指标的权数分配。

三、中国上市公司业绩评价标准

评价标准是评价三要素之一，是上市公司业绩评价体系的重要组成部分，如果没有合适的评价对比标准，就无法进行具体评价。为取得客观、公正、准确的业绩评价结果，需要根据评价目的和上市公司的特点制定评价标准。为了客观、准确地评价上市公司经营业绩，我们利用全部上市公司的数据，结合全社会平均水平测算制定出一个统一的标准值，以适应所有上市公司跨行业评价的需要，其中上市公司的行业特性和规模大小分别通过所属行业的行业系数和企业规模系数进行修正。

本次业绩评价在考虑行业、规模影响因素的基础上，进一步将评价标准分类细化，分为优秀、良好、平均、较低、较差五个档次。表 2 是根据上述原则制定的 2023 年度上市公司评价标准值。

表 2　2023 年度中国上市公司业绩评价标准值

项　　目	优秀值	良好值	平均值	较低值	较差值
一、财务效益状况					
扣除非经常性损益净资产收益率（%）	13.9	10.6	6.7	2.1	-8.2
总资产报酬率（%）	11.0	8.0	4.8	1.5	-2.3
营业利润率（%）	23.2	14.2	5.2	1.8	-3.3
盈余现金保障倍数	3.4	2.3	1.5	0.6	-0.1
总股本收益率（%）	59.4	47.6	23.2	-4.1	-21.3
资产规模系数	1.8	1.0	0.5	0.1	0.1
二、资产质量状况					
总资产周转率（次）	1.1	0.8	0.6	0.3	0.2
流动资产周转率（次）	2.2	1.7	1.2	0.5	0.3
存货周转率（次）	12.2	8.5	3.6	1.2	0.7
应收账款周转率（次）	20.2	12.2	7.6	2.5	1.7
行业系数	1.1	1.1	1.0	1.0	1.0
三、偿债风险状况					
资产负债率（%）［逆向指标］	16.1	27.3	57.3	64.0	70.6
已获利息倍数	82.7	19.6	5.0	2.2	-0.9
速动比率（%）	430.8	241.3	89.4	76.1	62.8
现金流动负债比率（%）	61.3	38.5	15.8	3.4	-1.4
带息负债比率［逆向指标］	5.5	20.3	41.6	53.4	69.3

项 目	优秀值	良好值	平均值	较低值	较差值
四、发展能力状况					
营业收入增长率（%）	31.4	13.8	1.8	−9.2	−21.1
资本扩张率（%）	23.8	13.4	6.5	−1.9	−9.4
累计保留盈余率（%）	62.4	56.1	40.6	10.6	−12.4
三年营业收入平均增长率（%）	32.7	18.7	11.1	1.1	−9.3
总资产增长率（%）	26.2	15.2	5.7	−2.6	−9.4
营业利润增长率（%）	61.0	19.4	−13.3	−46.2	−90.0
资产规模系数	1.8	1.0	0.5	0.1	0.1
五、市场表现状况					
市场投资回报率（%）	48.6	28.7.0	4.2	−20.3	−32.6
股价波动率（%）［逆向指标］	37.7	48.2	80.7	113.1	143.6
净资产收益率（测算标准值用）	14.7	11.5	7.4	−1.5	−8.9

需要特别说明的是，有人建议不同行业采用不同的行业标准，我们考虑：一是上市公司具有行业选择的自主权；二是上市公司评价更侧重于投资人角度的评价，投资人关注的是上市公司的质量，而不是行业；三是对国有企业的评价侧重于企业经营者的业绩，国有企业的主业范围被限定，经营者只能在限定的范围经营，对企业经营者的评价更要考虑行业因素，在实践中通常不同行业采用不同的行业评价标准考核，以更加准确地衡量企业经营者的业绩。综合考虑上述因素，在本评价体系中，所有上市公司采用相同的一套评价标准。

四、中国上市公司的行业分类

本次业绩评价参照中国证监会颁布的《上市公司行业分类指引》，对被评价的上市公司进行行业分类，并针对不同行业确定了不同的行业系数。上市公司业绩评价的行业分类情况见表3。

表3 上市公司业绩评价的行业分类情况表

序 号	行业名称	行业代码
1	全国所有企业	
2	农林牧渔业	A
3	采掘业	B
4	其中：煤炭	B01
5	制造业	C
6	食品、饮料	C0
7	纺织、服装、毛皮	C1
8	造纸、印刷	C3
9	石油、化学、塑胶、塑料	C4

序　号	行业名称	行业代码
10	电子	C5
11	金属、非金属	C6
12	机械、设备、仪表	C7
13	医药、生物制品	C8
14	其他制造业	C9
15	电力煤气及水的生产和供应业	D
16	建筑业	E
17	交通运输、仓储业	F
18	信息技术业	G
19	批发和零售贸易业	H
20	房地产业	J
21	社会服务业	K
22	传播与文化产业	L
23	综合类	M

在实践中，一些上市公司的上述行业分类填写不太准确，我们同时运用申银万国的行业分类标准进行行业分类。在一些行业分析中，我们使用申银万国的行业分类标准进行统计汇总，并撰写分析报告。

此外，我们根据上市公司的特点，分别依据上市地点、上市时间以及上市公司规模进行了分组。在本评价体系中，将各项分组汇总数据视同一户上市公司进行了业绩评价，目的是使广大投资者在分析各上市公司业绩的同时，也能分辨不同行业的发展状况，从而更好地评判上市公司业绩状况。

五、中国上市公司业绩评价计分方法

上市公司业绩评价计分方法主要为功效系数法，具体分为基本指标计分方法、修正指标计分方法两种。

（一）基本指标计分方法

基本指标计分方法是指运用业绩评价的基本指标，将指标实际值对照相应的评价标准值，计算各项指标实际得分的方法。计算公式为：

$$基本指标总得分 = \sum 单项基本指标得分$$

$$单项基本指标得分 = 本档基础分 + 调整分$$

$$本档基础分 = 指标权数 \times 本档标准系数$$

$$调整分 = \frac{实际值 - 本档标准值}{上档标准值 - 本档标准值} \times (上档基础分 - 本档基础分)$$

$$上档基础分 = 指标权数 \times 上档标准系数$$

对有关指标的分母为零或为负数的情况，作了相应的具体处理。

在每一部分指标评价分数计算出来后，计算该部分指标的分析系数。分析系数是指企业财务效益、资产营运、偿债能力、发展能力四部分评价内容各自的评价分数与该部分权数的比率。基本指标分析系数的计算公式为：

某部分基本指标分析系数＝该部分指标得分÷该部分权数

（二）修正指标计分方法

修正指标计分方法是在基本指标计分结果的基础上，运用修正指标对企业绩效基本指标计分结果作进一步调整。修正指标的计分方法仍运用功效系数法原理，以各部分基本指标的评价得分为基础，计算各部分的综合修正系数，再据此计算出修正指标分数。计算公式为：

修正后总得分＝Σ四部分修正后得分

各部分修正后得分＝该部分基本指标分数×该部分综合修正系数

综合修正系数＝Σ该部分各指标加权修正系数

某指标加权修正系数＝（修正指标权数÷该部分权数）×该指标单项修正系数

某指标单项修正系数＝1.0+（本档标准系数+功效系数×0.2－该部分基本指标分析系数）÷2

功效系数＝（指标实际值－本档标准值）÷（上档标准值－本档标准值）

该部分基本指标分析系数＝该部分基本指标得分÷该部分权数

在计算修正指标的修正系数时，对有关指标的单项修正系数要作特殊规定。

（三）特殊修正指标计分方法

1. 资产规模系数

由于上市公司的总资产规模差异较大，不同规模公司的盈利增长难度是不同的，大企业可以获得规模效益，但利润或资产的增长速度很难与小企业相比，为了客观、公正地评价上市公司业绩，在评价体系的财务效益状况部分设置资产规模系数修正指标，并制定相应的评价标准值。上市公司的总资产规模越大，其修正系数也越大，具体方法如下：

（1）当平均资产总额除以户均资产小于0.1，该指标修正系数为0.6；

（2）当平均资产总额除以户均资产在0.1（含）~0.5之间，该指标的基本修正系数为0.6~0.8；

（3）当平均资产总额除以户均资产在0.5（含）~1.0之间，该指标的基本修正系数为0.8~1.0；

（4）当平均资产总额除以户均资产在1（含）~5之间，该指标的基本修正系数为1.0~1.2；

（5）当平均资产总额除以户均资产在5（含）~10之间，该指标的基本修正系数为1.2~1.4；

（6）当平均资产总额除以户均资产在10（含）~100之间，该指标的基本修正系数为

1.4～1.6；

（7）当平均资产总额除以户均资产大于 100，该指标修正系数为 1.6。

2. 行业系数

本次评价采用了所有企业统一的标准值，由于上市公司有本行业的资产营运特点，为了客观、公正地评价上市公司业绩，就需要通过设置行业系数来修正上市公司的行业差异。

取得行业系数的具体办法是：首先，根据企业绩效评价方法，采用统一的评价标准计算出全国所有企业资产营运状况得分；然后，分行业对资产营运状况得分进行汇总统计，计算出各行业的资产营运状况的平均得分；最后，根据各行业的平均得分测算出各行业相应的行业修正系数。

六、金融行业上市公司业绩评价方法

金融行业上市公司是中国证券市场的重要组成部分，当前资本市场金融行业上市公司越来越多，比重较大，金融行业上市公司的表现直接影响 A 股上市公司的总体表现，如何对金融行业上市公司业绩进行评价是一个重要课题。与其他行业企业不同，金融行业企业是经营特殊业务的企业，这种特殊性决定了不能采用一般行业企业的评价方法对其进行评价，主要表现在某些衡量指标差异较大，如金融行业企业资产负债率一般远高于其他企业，总资产收益率则较低，无法与其他企业相比较，金融企业的安全性和资产质量方面有其独特的衡量指标。因此，不能将金融企业与其他企业合并起来一起进行评价，而必须单独对其进行评价。我们参考前面上市公司的评价方法，同时考虑到金融企业的特殊性，建立了一套上市银行、证券公司、保险公司的评价体系。

（一）金融行业上市公司绩效评价体系

结合目前金融行业上市公司的特点和我国上市公司的现状，我们对银行业、证券行业、保险行业公司评价方法进行了逐步完善，以反映行业的整体财务状况。但是由于其他金融企业（如期货、信托、租赁以及个别金融信息服务行业公司）经营特点与银行、保险、证券行业有差距，不能简单套用这些评价体系，同时由于这类上市公司数量较少，我们准备在后期进行深入研究的基础上加以探讨。

参考上市公司的评价方法，考虑到上市银行、保险、证券公司经营绩效在盈利能力、资产质量、偿债风险、发展能力及股票市场表现上的要求，其评价体系的设计仍然围绕这五个方面来选择指标（考虑到金融行业的资产质量和偿债风险的相应指标均涉及公司的稳健性，部分指标难以准确划分其性质，因此设置了稳健性指标）。在比较了各个指标，同时参考了相应行业监管指标后，我们分别选取了相应指标用以衡量上述几个方面，同时考虑到指标的影响力，决定了其权重大小。表4、表5、表6分别是上市银行、证券公司、保险公司简易的评价体系。

表 4　上市银行简易评价体系

评价内容	基本指标	指标权重（%）
安全性	资本充足率	8
	不良资产比率	7
流动性	存贷款比率	8
	净稳定资金比例	7
盈利能力	净资产收益率	20
	总资产收益率	15
发展能力	资本扩张率	8
	营业收入增长率	12
市场表现	投资回报率	10
	股价波动率	5

表 5　上市证券公司简易评价体系

评价内容	基本指标	指标权重（%）
稳健性指标	资本杠杆率	8
	流动性覆盖率	7
	风险覆盖率	8
	净稳定资金率	7
盈利能力	净资产收益率	20
	总资产收益率	15
发展能力	资本扩张率	8
	营业收入增长率	12
市场表现	投资回报率	10
	股价波动率	5

表 6　上市保险公司简易评价体系

评价内容	基本指标	指标权重（%）
稳健性指标	偿付能力充足率	15
	资产负债率	15
盈利能力	净资产收益率	20
	总投资收益率	15
发展能力	内含价值增长率	8
	一年新业务价值增长率	12
市场表现	投资回报率	10
	股价波动率	5

　　说明：银行业资本充足率、不良资产比率、流动性覆盖率、净稳定资金比例等指标，证券行业资本杠杆率、流动性覆盖率、风险覆盖率、净稳定资金率等指标，保险业偿付能力充足率、总投资收益率、内含价值增长率、一年新业务价值增长率等指标均为行业监管指标，其计算方法均按照监管部门有关规定计算，公司年报也会按照规定披露。

此外，考虑到金融类上市公司规模差异较大，不同规模公司的盈利能力和发展能力指标不能用统一标准衡量，因此，参考一般企业的评价方法，设置了规模系数对盈利能力和发展能力指标进行调整，使行业内不同规模的企业标准能够相符。考虑到金融行业公司的资产规模普遍较大，不能简单地运用一般上市企业的规模系数，因此，分别针对银行、证券公司具体情况单独设置了规模系数。

（二）金融行业上市公司业绩评价标准

本次业绩评价考虑到行业特殊性、行业监管要求及上市公司整体情况三个因素，将评价标准分为优秀值和平均值两个档次，但是对应不同的指标，标准值的选取有所不同。

对于类似银行业的资本充足率、证券行业净资本指标、保险行业偿付能力充足率等监管指标，其评价标准值综合考虑监管标准及各公司实际指标情况，选取标准值，这些标准值既考虑到监管要求，同时也具有一定的区分度，能够衡量各公司间的相对水平。

对于净资产收益率、主营业务收入增长率、投资回报率、股价波动率等指标，由于在这些指标上金融行业公司与其他企业具有可比性，因此，选择所有上市公司对应指标的优秀值、平均值为标准计算。

其他指标则选取相应金融类上市公司对应指标的优秀值和平均值为标准计算。

（三）金融行业上市公司业绩评价计分方法

业绩评价计分方法仍然采用功效系数法。

指标计分方法是指运用业绩评价的指标，将指标实际值对照相应的评价标准值，计算各项指标实际得分的方法。计算公式为：

$$指标总得分 = \sum 单项基本指标得分$$

$$单项指标得分 = [0.6 + （实际值 - 平均值） \div （优秀值 - 平均值） \times 0.4] \times 权重$$

说明：对于部分行业，监管部门规定了相应监管值的指标，由于各上市公司相关指标均较好地满足了监管标准，反映了金融类上市公司的稳健性较好，为了体现这种情况同时也考虑到增加公司区分度的需要，我们在计算单项指标得分过程中对计算系数进行了微调，即：单项指标得分 = [0.8 + （实际值 - 平均值） \div （优秀值 - 平均值） \times 0.2] \times 权重。

对有关指标的分母为零或为负数的情况，作了相应的具体处理。

附录二

2023 年度各板"中联价值100"业绩评价得分情况

2023 年度 A 股上市公司"中联价值100"业绩评价得分情况

排序	股票代码	股票简称	评价得分	评价等级	排序	股票代码	股票简称	评价得分	评价等级
1	688036	传音控股	89.28	AAA	31	600023	浙能电力	81.31	AA
2	600941	中国移动	87.34	AAA	32	601021	春秋航空	81.26	AA
3	600938	中国海油	86.88	AAA	33	601958	金钼股份	81.21	AA
4	688169	石头科技	85.57	AAA	34	601225	陕西煤业	81.02	AA
5	002128	电投能源	84.92	AA	35	002050	三花智控	80.99	AA
6	601088	中国神华	84.89	AA	36	600398	海澜之家	80.93	AA
7	601857	中国石油	84.72	AA	37	000651	格力电器	80.74	AA
8	605499	东鹏饮料	84.16	AA	38	600803	新奥股份	80.65	AA
9	600989	宝丰能源	84.16	AA	39	600007	中国国贸	80.65	AA
10	600519	贵州茅台	84.12	AA	40	600309	万华化学	80.61	AA
11	600026	中远海能	83.79	AA	41	300122	智飞生物	80.48	AA
12	300795	米奥会展	83.76	AA	42	000983	山西焦煤	80.48	AA
13	000333	美的集团	83.57	AA	43	601298	青岛港	80.42	AA
14	603195	公牛集团	83.27	AA	44	600012	皖通高速	80.37	AA
15	000921	海信家电	83.03	AA	45	301004	嘉益股份	80.36	AA
16	002475	立讯精密	82.96	AA	46	600660	福耀玻璃	80.23	AA
17	600900	长江电力	82.92	AA	47	605090	九丰能源	80.11	AA
18	600985	淮北矿业	82.51	AA	48	000999	华润三九	80.1	AA
19	601006	大秦铁路	82.42	AA	49	600612	老凤祥	80.01	AA
20	000858	五粮液	82.39	AA	50	300124	汇川技术	79.89	A
21	000625	长安汽车	82.38	AA	51	600276	恒瑞医药	79.79	A
22	603871	嘉友国际	82.19	AA	52	601058	赛轮轮胎	79.71	A
23	300760	迈瑞医疗	82.16	AA	53	002594	比亚迪	79.64	A
24	601898	中煤能源	82.02	AA	54	002422	科伦药业	79.64	A
25	600809	山西汾酒	81.97	AA	55	603259	药明康德	79.62	A
26	600970	中材国际	81.95	AA	56	000596	古井贡酒	79.51	A
27	601899	紫金矿业	81.86	AA	57	600598	北大荒	79.5	A
28	002648	卫星化学	81.6	AA	58	002236	大华股份	79.49	A
29	600060	海信视像	81.44	AA	59	000807	云铝股份	79.4	A
30	600406	国电南瑞	81.41	AA	60	600886	国投电力	79.38	A

排序	股票代码	股票简称	评价得分	评价等级	排序	股票代码	股票简称	评价得分	评价等级
61	000997	新大陆	79.36	A	81	601939	建设银行	78.44	A
62	000568	泸州老窖	79.34	A	82	002028	思源电气	78.36	A
63	002415	海康威视	79.28	A	83	002179	中航光电	78.34	A
64	603298	杭叉集团	79.13	A	84	300750	宁德时代	78.31	A
65	300002	神州泰岳	79.11	A	85	300514	友讯达	78.3	A
66	600690	海尔智家	79.04	A	86	600582	天地科技	78.29	A
67	300832	新产业	79.02	A	87	600089	特变电工	78.22	A
68	300866	安克创新	79.01	A	88	601717	郑煤机	78.11	A
69	603993	洛阳钼业	78.93	A	89	000426	兴业银锡	78.07	A
70	601918	新集能源	78.88	A	90	000521	长虹美菱	78.02	A
71	600426	华鲁恒升	78.86	A	91	000423	东阿阿胶	78	A
72	601567	三星医疗	78.82	A	92	000878	云南铜业	77.99	A
73	603099	长白山	78.78	A	93	002223	鱼跃医疗	77.96	A
74	300130	新国都	78.76	A	94	688617	惠泰医疗	77.88	A
75	603199	九华旅游	78.75	A	95	603053	成都燃气	77.87	A
76	600566	济川药业	78.73	A	96	600887	伊利股份	77.86	A
77	000933	神火股份	78.72	A	97	300882	万胜智能	77.83	A
78	600161	天坛生物	78.67	A	98	002318	久立特材	77.79	A
79	002984	森麒麟	78.57	A	99	002371	北方华创	77.76	A
80	002517	恺英网络	78.46	A	100	601156	东航物流	77.71	A

说明：被实施风险警示＊ST 或 ST 的公司、当年 IPO 上市或借壳上市的公司未参与排序；查阅全部 A 股上市公司（含金融）业绩评价得分情况，请登录中联企业管理集团网页（https：//www.china-united.cn/）新闻动态之业绩评价。

2023 年度创业板"中联价值 100"业绩评价得分情况

排序	股票代码	股票简称	评价得分	评价等级	排序	股票代码	股票简称	评价得分	评价等级
1	300795	米奥会展	83.76	AA	21	300979	华利集团	75.05	A
2	300760	迈瑞医疗	82.16	AA	22	300856	科思股份	74.78	BBB
3	300122	智飞生物	80.48	AA	23	300729	乐歌股份	74.69	BBB
4	300124	汇川技术	79.89	A	24	300997	欢乐家	74.47	BBB
5	300002	神州泰岳	79.11	A	25	300389	艾比森	74.28	BBB
6	300832	新产业	79.02	A	26	300113	顺网科技	73.9	BBB
7	300866	安克创新	79.01	A	27	300917	特发服务	73.78	BBB
8	300130	新国都	78.76	A	28	300015	爱尔眼科	73.7	BBB
9	300750	宁德时代	78.31	A	29	300993	玉马遮阳	73.43	BBB
10	300514	友讯达	78.3	A	30	300705	九典制药	73.28	BBB
11	300882	万胜智能	77.83	A	31	300573	兴齐眼药	73.24	BBB
12	300394	天孚通信	77.18	A	32	300009	安科生物	73.16	BBB
13	300624	万兴科技	76.6	A	33	300487	蓝晓科技	73.04	BBB
14	300446	航天智造	76.49	A	34	300880	迦南智能	73.02	BBB
15	300782	卓胜微	76.41	A	35	300852	四会富仕	72.72	BBB
16	300308	中际旭创	76.4	A	36	300502	新易盛	72.57	BBB
17	300969	恒帅股份	75.78	A	37	300951	博硕科技	72.55	BBB
18	300274	阳光电源	75.67	A	38	300559	佳发教育	72.46	BBB
19	300765	新诺威	75.19	A	39	300418	昆仑万维	72.25	BBB
20	300146	汤臣倍健	75.18	A	40	300770	新媒股份	72.19	BBB

排序	股票代码	股票简称	评价得分	评价等级	排序	股票代码	股票简称	评价得分	评价等级
41	300360	炬华科技	71.89	BBB	71	300833	浩洋股份	70	BB
42	300453	三鑫医疗	71.76	BBB	72	300779	惠城环保	69.98	BB
43	300633	开立医疗	71.71	BBB	73	300622	博士眼镜	69.86	BB
44	300445	康斯特	71.64	BBB	74	300470	中密控股	69.83	BB
45	300908	仲景食品	71.58	BBB	75	300722	新余国科	69.82	BB
46	300314	戴维医疗	71.46	BBB	76	300893	松原股份	69.68	BB
47	300533	冰川网络	71.37	BBB	77	300938	信测标准	69.62	BB
48	300452	山河药辅	71.37	BBB	78	300488	恒锋工具	69.18	BB
49	300735	光弘科技	71.31	BBB	79	300403	汉宇集团	69.17	BB
50	300627	华测导航	71.24	BBB	80	300685	艾德生物	69.06	BB
51	300408	三环集团	71.13	BBB	81	300349	金卡智能	68.85	BB
52	300638	广和通	71.11	BBB	82	300286	安科瑞	68.65	BB
53	300433	蓝思科技	71.11	BBB	83	300435	中泰股份	68.61	BB
54	300855	图南股份	70.95	BBB	84	300660	江苏雷利	68.57	BB
55	300580	贝斯特	70.86	BBB	85	300811	铂科新材	68.4	BB
56	300316	晶盛机电	70.86	BBB	86	300592	华凯易佰	68.18	BB
57	300304	云意电气	70.73	BBB	87	300406	九强生物	67.96	BB
58	300898	熊猫乳品	70.69	BBB	88	300017	网宿科技	67.94	BB
59	300962	中金辐照	70.54	BBB	89	300926	博俊科技	67.88	BB
60	300815	玉禾田	70.53	BBB	90	300615	欣天科技	67.84	BB
61	300864	南大环境	70.52	BBB	91	300718	长盛轴承	67.77	BB
62	300634	彩讯股份	70.51	BBB	92	300037	新宙邦	67.77	BB
63	300384	三联虹普	70.49	BBB	93	300457	赢合科技	67.68	BB
64	300547	川环科技	70.48	BBB	94	300820	英杰电气	67.64	BB
65	300532	今天国际	70.27	BBB	95	300693	盛弘股份	67.6	BB
66	300905	宝丽迪	70.24	BBB	96	300525	博思软件	67.42	BB
67	300192	科德教育	70.21	BBB	97	300625	三雄极光	67.36	BB
68	300789	唐源电气	70.14	BBB	98	300140	节能环境	67.3	BB
69	300019	硅宝科技	70.1	BBB	99	300049	福瑞股份	67.18	BB
70	300927	江天化学	70.05	BBB	100	300494	盛天网络	67.17	BB

说明：被实施风险警示的＊ST、ST 的公司、当年 IPO 上市或借壳上市的公司未参与排序。

2023 年度科创板"中联价值100"业绩评价得分情况

排序	股票代码	股票简称	评价得分	评价等级	排序	股票代码	股票简称	评价得分	评价等级
1	688036	传音控股	89.28	AAA	12	688016	心脉医疗	73.73	BBB
2	688169	石头科技	85.57	AAA	13	688566	吉贝尔	73.72	BBB
3	688617	惠泰医疗	77.88	A	14	688819	天能股份	73.64	BBB
4	688111	金山办公	76.94	A	15	688628	优利德	73.24	BBB
5	688278	特宝生物	76.31	A	16	688349	三一重能	72.95	BBB
6	688578	艾力斯	75.71	A	17	688799	华纳药厂	72.85	BBB
7	688188	柏楚电子	75.02	A	18	688626	翔宇医疗	72.83	BBB
8	688029	南微医学	74.72	BBB	19	688300	联瑞新材	72.53	BBB
9	688601	力芯微	74.68	BBB	20	688310	迈得医疗	72.45	BBB
10	688092	爱科科技	74.6	BBB	21	688475	萤石网络	72.41	BBB
11	688080	映翰通	74.07	BBB	22	688589	力合微	72.31	BBB

排序	股票代码	股票简称	评价得分	评价等级	排序	股票代码	股票简称	评价得分	评价等级
23	688223	晶科能源	72.3	BBB	62	688128	中国电研	65.93	BB
24	688019	安集科技	72.26	BBB	63	688618	三旺通信	65.92	BB
25	688389	普门科技	72.05	BBB	64	688138	清溢光电	65.88	BB
26	688093	世华科技	71.52	BBB	65	688396	华润微	65.84	BB
27	688599	天合光能	71.33	BBB	66	688777	中控技术	65.72	BB
28	688190	云路股份	71.27	BBB	67	688596	正帆科技	65.7	BB
29	688569	铁科轨道	71.13	BBB	68	688050	爱博医疗	65.41	BB
30	688410	山外山	70.79	BBB	69	688276	百克生物	65.34	BB
31	688100	威胜信息	70.7	BBB	70	688697	纽威数控	65.31	BB
32	688639	华恒生物	70.68	BBB	71	688318	财富趋势	65.12	BB
33	688013	天臣医疗	70.63	BBB	72	688390	固德威	65.03	BB
34	688556	高测股份	70.36	BBB	73	688006	杭可科技	64.99	B
35	688106	金宏气体	69.77	BB	74	688082	盛美上海	64.85	B
36	688616	西力科技	69.68	BB	75	688676	金盘科技	64.82	B
37	688099	晶晨股份	69.66	BB	76	688358	祥生医疗	64.68	B
38	688568	中科星图	68.87	BB	77	688271	联影医疗	64.58	B
39	688580	伟思医疗	68.76	BB	78	688301	奕瑞科技	64.35	B
40	688398	赛特新材	68.68	BB	79	688375	国博电子	64.28	B
41	688041	海光信息	68.59	BB	80	688656	浩欧博	64.12	B
42	688120	华海清科	68.58	BB	81	688722	同益中	64.11	B
43	688698	伟创电气	68.48	BB	82	688395	正弦电气	64.05	B
44	688314	康拓医疗	68.48	BB	83	688078	龙软科技	63.9	B
45	688252	天德钰	68.28	BB	84	688028	沃尔德	63.74	B
46	688127	蓝特光学	67.98	BB	85	688003	天准科技	63.73	B
47	688480	赛恩斯	67.9	BB	86	688292	浩瀚深度	63.72	B
48	688366	昊海生科	67.75	BB	87	688376	美埃科技	63.7	B
49	688551	科威尔	67.66	BB	88	688526	科前生物	63.69	B
50	688198	佰仁医疗	67.57	BB	89	688187	时代电气	63.66	B
51	688012	中微公司	67.55	BB	90	688336	三生国健	63.65	B
52	688789	宏华数科	67.35	BB	91	688072	拓荆科技	63.62	B
53	688002	睿创微纳	67.27	BB	92	688608	恒玄科技	63.42	B
54	688571	杭华股份	66.97	BB	93	688510	航亚科技	63.25	B
55	688153	唯捷创芯	66.93	BB	94	688303	大全能源	63.15	B
56	688113	联测科技	66.8	BB	95	688253	英诺特	62.73	B
57	688621	阳光诺和	66.72	BB	96	688101	三达膜	62.56	B
58	688687	凯因科技	66.69	BB	97	688408	中信博	62.51	B
59	688018	乐鑫科技	66.53	BB	98	688513	苑东生物	62.47	B
60	688076	诺泰生物	66.5	BB	99	688786	悦安新材	62.37	B
61	688236	春立医疗	66.09	BB	100	688191	智洋创新	62.36	B

说明：被实施风险警示的＊ST、ST 的公司、当年 IPO 上市或借壳上市的公司未参与排序。

附录三

2023 年度中国 A 股上市公司分类财务指标

2023 年度中国 A 股上市公司分类财务指标

序号	单位名称	带息负债比率（%）	累计保留盈余率（%）	三年营业收入平均增长率（%）	总资产增长率（%）	营业利润增长率（%）	扣除非经常性损益净资产收益率（%）
1	全国 A 股上市公司	42.82	44.05	10.93	5.71	-3.95	6.75
2	一、按证监会行业划分（根据行业代码）						
3	农林牧渔业 A01-05	60.05	23.17	11.11	6.26	-132.65	-9.07
4	采矿业 B06-12	40.55	64.51	14.86	4.67	-10.05	13.8
5	煤炭 B06	37.07	57.84	8.81	2.79	-22.46	17.51
6	制造业 C13-43	40.73	42.73	12.33	8.33	-11.53	6.58
7	食品制造业 C14	51.1	51.37	9.56	7.52	-4.37	10.84
8	酒、饮料喝精制茶制造业 C15	17.54	86.41	14.67	7.65	18.49	25.75
9	烟草制造业 C16	0	0	0	0	0	0
10	纺织业 C17	59.12	38.51	3.66	2.79	2.57	3.42
11	纺织服装、服饰业 C18	41.65	54.19	2.71	3.13	17.83	6.18
12	皮革、毛皮羽毛和制鞋业 C19	46.95	38.19	8.56	3.22	40.15	8.11
13	造纸和纸制品业 C22	63.54	49.05	8.01	3.78	-6.01	3.22
14	石油加工、炼焦和核燃料加工 C25	44.43	39.47	10.88	2.76	-143.7	-1.88
15	化学原料和化学制品 C26	55.21	44.16	12.5	9.26	-48.9	5.97
16	医药制造业 C27	41.92	40.71	6.56	3.62	-20.71	4.91
17	化学纤维制造业 C28	74.92	39.25	27.29	7.12	5.88	3.68
18	橡胶和塑料制品业 C29	51.6	45.51	9.92	11.78	-3.61	5.51
19	非金属矿制品业 C30	53.06	53.56	8.89	4.34	-24.05	4.22
20	黑色金属冶炼和压延加工业 C31	42.75	38.83	8.16	1.21	-25.25	1.75
21	有色金属冶炼和压延加工业 C32	62.27	38.37	17.79	7.02	-21.71	11.16

序号	单位名称	带息负债比率（%）	累计保留盈余率（%）	三年营业收入平均增长率（%）	总资产增长率（%）	营业利润增长率（%）	扣除非经常性损益净资产收益率（%）
22	金属制品业 C33	41.76	44.6	10.6	8.17	−11.34	5.58
23	通用设备制造业 C34	26.54	30.09	5.56	6.21	18.63	3.85
24	专用设备制造业 C35	32.04	41.42	9.36	10.12	−9.4	7.21
25	汽车制造业 C36	24.7	47.6	11.37	12.32	37.71	6.02
26	铁路船舶航天航空和其他运输设备制造业 C37	15.39	33.62	7.91	9.73	25.16	4.79
27	电气机械和器材制造业 C38	31.62	49.57	22.3	14.25	1.34	12.05
28	计算机、通信和其他电子设备制造业 C39	46.37	30.33	9.13	7.54	−29.23	3.08
29	仪器仪表仪表 C40	37.01	38.32	10.86	13.14	5.43	5.84
30	其他制造业 C41	60.96	54.37	15.47	5.22	22.35	12.78
31	电力热力燃气及水的生产和供应业 D44-46	77.93	31.78	14.22	11.17	53.99	8.34
32	电力、热力生产和供应业 D44	80.08	30.55	13.58	11.91	70.84	8.32
33	燃气生产和供应业 D45	56.91	36.54	18.53	3.32	7.66	9.97
34	水的生产和供应业 D46	65.3	43.79	11.49	9.61	−13.94	6.48
35	建筑业 E47-50	32.15	41.06	10.17	8.95	5.62	6.14
36	批发和零售业 F51-52	38.73	35.02	4.92	5.85	−0.54	3.33
37	批发 F51	33.27	37.41	7.26	10.27	−21.2	4.89
38	零售 F52	47.2	31.78	−1	−0.19	156.84	1.22
39	交通运输、仓储业 G53-60	71.28	33.47	13.44	3.25	24.65	6.56
40	铁路运输业 G53	74.64	31.19	8.11	1.86	148.64	6.5
41	道路运输业 G54	76.91	47.94	14.49	10.32	28.18	7.44
42	水上运输业 G55	63.24	44.51	6.42	0.74	−56.44	8.67
43	航空运输业 G56	79.01	−51.45	22.67	2.66	0	−5.09
44	管道运输业 G57	37.83	53.38	9	1.65	−13.71	9.39
45	装卸搬运和运输代理业 G58	50.43	46.59	10.72	1.11	11.79	4.77
46	仓储业 G60	53.71	49.03	17.31	4.17	−2.34	7.83
47	住宿和餐饮业 H61-62	69.34	20.46	15.4	3.74	0	4.98
48	住宿业 H61	70.53	20.15	14.23	2.78	0	4.97
49	餐饮业 H62	51.52	23.44	22.82	17.17	0	5.05
50	信息技术业 I63-65	20.41	53.69	7.89	4.15	8.29	5.29
51	电信广播等传输服务 I63	17.52	68.35	8.55	2.93	4.3	7.39
52	互联网和相关服务 I64	29.11	28.38	6.46	5.31	65.58	3.57
53	软件和信息技术服务 I65	25.92	23.71	6.73	7.03	32.43	0.47
54	房地产业 K	38.91	38.28	1.48	−7.72	−20.48	−0.21

序号	单位名称	带息负债比率（%）	累计保留盈余率（%）	三年营业收入平均增长率（%）	总资产增长率（%）	营业利润增长率（%）	扣除非经常性损益净资产收益率（%）
55	租赁和商务服务业 L	61.7	37.03	8.55	2.64	36.26	4.35
56	科学研究和技术服务业 M	31.71	36.42	11.38	9.45	-12.92	6.62
57	水利、环境和公共设施管理业 N	54.3	32.44	-0.44	2.43	39.47	0.18
58	居民服务、修理和其他服务业 O	8.53	-127.25	11.71	-16.63	0	-24.15
59	教育 P	33.42	-20.54	-19.64	-9.33	0	-15.78
60	卫生和社会工作 Q	51.95	32.85	13.35	1.31	-8.24	8.58
61	文化体育和娱乐 R	24.87	35.21	6.37	1.87	243.09	4.85
62	综合类 S	53.24	35.78	17.65	-1.1	-37.38	2.74
63	二、按照申万行业代码分类（按照汉字分类）						
64	农林牧渔（申银）	63.46	30.82	10.95	2.78	-105.58	-5.01
65	采掘（申银）	40.38	46.21	4.79	9.02	14.77	8.96
66	化工（申银）	49.25	60.23	16.31	5.76	-15.97	9.74
67	化工+石油（申银）	55.64	44.16	12.65	9.05	-44.35	6.06
68	化工+石油+油气钻采（申银）	46.53	67.75	17.33	4.35	-3.17	11.46
69	钢铁（申银）	42.89	39.03	8.01	1.8	-13.85	2.14
70	有色金属（申银）	61.57	41.03	16.87	8.77	-17.49	11.76
71	建筑材料（申银）	51.86	56.07	5.78	3.85	-31.26	3.53
72	建筑装饰（申银）	33.38	41.5	10.74	10.24	8.82	6.54
73	电气设备（申银）	29.06	39.39	6.72	7.28	-0.5	5.69
74	机械设备（申银）	27.54	39.34	5.99	6.7	0.83	5.86
75	机械设备-不包括金属制品（申银）	27.54	39.34	5.99	6.7	0.83	5.86
76	机械设备+非汽车交运设备-金属制品	30.7	37.76	18.6	12.12	-10.25	7.15
77	电气设备+机械设备+国防军工	20.78	28.7	10.85	12.63	0.51	3.03
78	国防军工（申银）	33.67	39.28	29.27	15.13	-15.31	9.47
79	汽车（申银）	26.98	45.53	9.95	11.3	46.74	5.84
80	汽车整车和零部件（申银）	33.03	38.49	9.44	11.04	53.8	7.1
81	家用电器（申银）	26.63	70.16	7.33	10.2	15.42	15.46
82	纺织服装（申银）	51.3	48.71	8.18	3.14	46.98	6.71
83	轻工制造（申银）	53.11	47.28	8.06	5.03	14.85	5.61
84	食品饮料（申银）	32.99	74.63	8.66	7.56	14.62	20.87
85	医药生物（申银）	40.11	42.4	7.9	4.38	-19	6.1
86	休闲服务（申银）	47.98	18.6	12.73	2.27	0	2.01
87	电子（申银）	50.72	26.25	4.76	7.75	-28.81	2.57

序号	单位名称	带息负债比率（％）	累计保留盈余率（％）	三年营业收入平均增长率（％）	总资产增长率（％）	营业利润增长率（％）	扣除非经常性损益净资产收益率（％）
88	计算机（申银）	31.22	30.98	6.21	7.12	−21.96	1.22
89	传媒（申银）	31.03	34.26	2.59	2.61	85.86	3.76
90	通信（申银）	21.9	63.87	8.85	4.08	4.6	7.37
91	交通运输（申银）	60.06	33.1	13.54	5.83	14.04	6.19
92	房地产（申银）	36.44	38.61	0.44	−8.47	−28.27	−0.52
93	商业贸易（申银）	47.95	34.51	0.7	−0.74	103.93	2.22
94	公用事业（申银）	77.54	31.29	15.05	13.18	59.82	8.39
95	电力（申银，公共事业其中项）	78.77	30.87	14.42	13.78	69.07	8.27
96	非银金融（申银）	85.54	22	5.25	1.85	0	4.71
97	综合（申银）	53.24	26.58	1.06	−2.41	−786.58	−7.04
98	煤炭（申银，包含煤炭两字的）	37.75	55.03	9.59	3.06	−23.54	15.97
99	环保（申银，包含环保两字的）	57.76	36.78	6.1	5.06	−4.32	3.67
100	节能（申银，包含节能两字的）	0	0	0	0	0	0
101	三、按资产规模划分						
102	100 亿元以上	43.18	48.15	11.73	5.73	−2.96	7.73
103	50 亿～100 亿元	41.34	34.16	4.3	4.79	−17.37	3.6
104	10 亿～50 亿元	37.24	20.72	6.94	6.57	−10.88	1.37
105	10 亿元以下	24.78	−21.18	−1.62	0.69	0	−1.18
106	四、按上市地点划分						
107	沪市（60 开头或 900）	42.29	47.28	10.72	5.89	−4.38	7.63
108	深市（00 开头或 300）	42.52	49.59	10.38	5.52	−2.63	8.03
109	科创板（688）	35.52	17.04	23.81	13.6	−39.98	2.49
110	其中：深圳普通版（000，001，003）	43.94	38.01	11.33	5.31	−2.55	5.08
111	中小企业板（002）	44.85	39.24	10.18	3.94	0.45	5.08
112	创业板（300）	39.16	34.16	16.84	11.26	−11.73	5.07
113	北京板（8、4 开头）	35.14	40.9	17.31	11.66	−25.48	7.11
114	五、按上市时间						
115	2022 年上市	41.93	30.46	19.48	45.45	−23.76	7.12
116	2021 年上市	31.92	67.42	16.89	5.84	−7.23	9.72
117	2020 年上市	39.74	37.87	12.84	10.2	−22.23	5.38
118	2019 年上市	52.05	28.87	18.08	9.71	0.22	5.16
119	2018 年上市	46.33	41.36	15.3	8.13	−11.18	8.2
120	2017 年（含）前上市	43.01	43.41	10.32	4.96	−2.03	6.6

序号	单位名称	带息负债比率（%）	累计保留盈余率（%）	三年营业收入平均增长率（%）	总资产增长率（%）	营业利润增长率（%）	扣除非经常性损益净资产收益率（%）
121	六、按公司地点分类						
122	北京	41.06	51.15	12.02	7.17	8.28	8.1
123	天津	49.87	45.32	-7.9	3.73	-66.32	6.81
124	河北	46.14	42.96	7.51	0.2	5.39	5.03
125	京津冀地区	41.73	50.42	10.84	6.57	-2.44	7.88
126	山西	46.6	52.98	10.27	0.33	-23.38	11.28
127	内蒙古	47.51	46.32	9	6.84	-11.64	9.97
128	辽宁	63.79	29.96	8.27	4.33	40.89	2.11
129	吉林	46.81	33.98	-4.29	5.3	0.27	2.15
130	黑龙江	45	16.73	6.41	-0.55	-56.32	-1.09
131	上海	42.79	39.48	5.85	2.17	0.09	2.99
132	江苏	40.19	39.42	7.66	4.14	3.39	5.63
133	浙江	45.32	44.83	15.15	8.58	-5.15	6.61
134	安徽	43.62	51.16	10.64	9.95	3.73	6.59
135	福建	36.14	36.69	15.61	11.63	-4.55	7.69
136	江西	42.99	41.36	14.73	6.79	3.97	3.75
137	山东	43.56	47.95	6.81	9.09	-0.57	7.89
138	河南	49.97	40.67	13.68	5.39	-17.57	7.45
139	湖北	45.56	35.6	9.11	5.1	-23.56	3.59
140	湖南	45.75	35.97	10.99	6.79	-7.66	4.9
141	广东	40.97	40.64	12.45	3.88	-0.57	5.5
142	广西	68.93	32.55	10.67	1.96	149.31	1.83
143	海南	66.36	-94.9	23.01	5.16	0	-0.66
144	重庆	32.14	32.8	11.48	-0.89	111.1	1.13
145	四川	42.37	51.18	15.73	8.77	-16.14	12.91
146	贵州	48.78	70.15	16.65	7.43	11.22	22.36
147	云南	67.7	32.89	11.46	7	-7.67	8.85
148	西藏	47.15	46.79	7.24	1.22	-33.42	7.47
149	陕西	25.07	34.88	16.86	7.53	-24.93	12.07
150	甘肃	51.04	21.58	9.71	11.13	-16.59	1.75
151	青海	53.18	4.21	8.34	0.9	-36.73	18.69
152	宁夏	54.91	31.28	16.85	15.04	-19.29	8.13
153	新疆	54.69	35.69	13.5	2.31	-41.94	5.65

序号	单位名称	带息负债比率（%）	累计保留盈余率（%）	三年营业收入平均增长率（%）	总资产增长率（%）	营业利润增长率（%）	扣除非经常性损益净资产收益率（%）
154	七、按公司属性分类						
155	（一）中央国有企业	42.34	49.58	11.6	6.75	0.9	8.01
156	（二）地方国有企业	46.14	42.78	9.3	6.03	-4.38	6.75
157	（三）公众企业	39.39	34.46	1.12	-2.71	-13.61	3.9
158	（四）民营企业	42.12	40.29	14.71	6.97	-8.24	5.88
159	（五）外资企业	38.66	38.97	7.19	1.35	-16.96	4.55
160	（六）集体企业	27.92	59.38	8.16	5.56	3.67	10.54
161	（七）其他企业	36.91	22.71	18.83	0.03	52.72	3.88

后　　记

　　《中国上市公司业绩评价报告》研究与编辑工作是中联企业管理集团组建的，由国务院国资委和中国上市公司协会等机构的专家组成的"中国上市公司业绩评价课题组"完成的。课题组充分借鉴了财政部、国务院国资委颁布的有关企业绩效评价办法，以财政部等五部委颁布的《企业绩效评价操作细则（修订）》为基础，结合中国上市公司的特点，构建了一套包含 20 多项财务指标的业绩评价体系。评价结果完全基于公开披露的上市公司信息。

　　2023 年，面对复杂严峻的国际环境和艰巨繁重的国内改革发展稳定任务，我国统筹质的有效提升和量的合理增长，推动经济在结构调整和转型升级中不断创新高质量发展，国内生产总值比上年增长 5.2%。2023 年，上市公司整体业绩持续修复，沪深上市公司共实现营业收入 72.6 万亿元，同比增长 0.9%；实现净利润 5.3 万亿元，同比下降 1.3%。A 股四大指数基本与业绩情况正相关，主板股指小幅下跌，其他股指跌幅较大，其中，上证综指（代码：000001）报收于 2974.93 点，年下跌 3.70%；深证综指（代码：399106）报收于 1837.85 点，年下跌 6.97%；创业板指（代码：399006）报收于 1891.37 点，年下跌 19.40%；科创 50（代码：000688）报收于 852.00 点，年下跌 11.24%。

　　基于连续 23 年对中国上市公司业绩的深刻研究，通过对 2023 年中国 A 股上市公司的研究，形成了丰富的研究成果。通过对 2023 年国内外宏观经济背景的分析，2023 年上市公司业绩评价报告对上市公司的经营业绩进行综合评价，在此基础上，结合各界专家的意见，最终推选出中国资本市场权威、科学的"中联价值"上市公司。课题组还深入研究煤炭、石油石化、有色金属等 15 个重点行业，所选行业覆盖了产业规划重点扶持行业和投资者关注的市场特点板块，同时对科创板和创业板进行了业绩评价。为了提升业绩评价报告研究深度，组织召开部分行业的研讨会，丰富了中国上市公司业绩评价报告的内容。

　　本书分为三个部分和附录。第一部分：第一章由穆东升、张志红撰写，第二章由丁青超、赵玥撰写，第三章由李向亮撰写。第二部分：第四章由陶涛、石圣之撰写，第五章由王菊青撰写，第六章由刘杰撰写，第七章由艾雨薇撰写，第八章由金阳、张宝英撰写，第九章由俞文杰撰写，第十章由任喆撰写，第十一章由蒋霄骑、王新东撰写，第十二章由邹红、蔡嘉露撰写，第十三章由黄永佳、周洁茹撰写，第十四章由邢正、王欣撰写，第十五章由徐晶晶撰写，第十六章由白杨昊男、沈梦婷撰写，第十七章由孙禄、刘欣然撰写，第十八章由田祥雨、戴昌浩撰写。第三部分：第十九章由李亮节撰写，第二十章由郝坤鹏撰写。附录：由穆东升、潘明、金阳撰写。穆东升负责总策划与组织撰写，并与潘明、金阳、陈志红、唐章奇、鲁杰钢、刘松、周良、王大鹏共同审稿与统稿工作。孙庆红负责本书框架设计、上市公司业绩评价指标体系指标的设计、上市公司评价标准值的测算、上市公司数据的采集、全部上市公司评价结果的计算，以及不同行业、不同类型分类数据汇总与行业评价结果分析等工作。刘志、张国丽分别负责金融行业和非金融行业上市公司评价指标的设计、评价结果计算和分析工作，洪方圆负责协助课题组的综合统筹、数据分析等工作，数据均来源于同花顺金融终端、Wind 金融终端统计披露的上市公司年报。

课题研究和编纂工作得到了国务院国资委和中国上市公司协会的大力支持。国务院国资委原副主任孟建民、中国上市公司协会有关领导等为研究工作提供了诸多指导，在此谨表谢意！